谨以此书
纪念德恒走过的三十春秋

德恒之道

王丽 著

北京大学出版社

图书在版编目(CIP)数据

德恒之道 / 王丽著. —北京：北京大学出版社，2023.12
ISBN 978-7-301-34756-0

Ⅰ.①德… Ⅱ.①王… Ⅲ.①律师业务—中国 Ⅳ.①D926.5

中国国家版本馆 CIP 数据核字(2023)第 245399 号

书　　　名	德恒之道 DEHENG ZHI DAO
著作责任者	王　丽　著
责任编辑	焦春玲
标准书号	ISBN 978-7-301-34756-0
出版发行	北京大学出版社
地　　　址	北京市海淀区成府路 205 号　100871
网　　　址	http://www.pup.cn　http://www.yandayuanzhao.com
电子邮箱	编辑部 yandayuanzhao@pup.cn　总编室 zpup@pup.cn
新浪微博	@北京大学出版社　@北大出版社燕大元照法律图书
电　　　话	邮购部 010-62752015　发行部 010-62750672 编辑部 010-62117788
印　刷　者	涿州市星河印刷有限公司
经　销　者	新华书店
	720 毫米×1020 毫米　16 开　31.5 印张　479 千字 2023 年 12 月第 1 版　2023 年 12 月第 1 次印刷
定　　　价	148.00 元

未经许可，不得以任何方式复制或抄袭本书之部分或全部内容。
版权所有，侵权必究
举报电话：010-62752024　电子邮箱：fd@pup.cn
图书如有印装质量问题，请与出版部联系，电话：010-62756370

序　言

今年是德恒律师事务所建立三十周年。王丽同志写了《德恒之道》一书,邀我作序。我乐意为之。

我和律师的缘分始于"法"。二十世纪八十年代初,我在全国人大常委会工作,担任法制委员会副主任,后来到司法部工作,担任司法部部长兼中国政法大学校长、中华全国律师协会会长,参与推动了全民普法宣传教育。在全国人大内务司法委员会(现全国人大监察和司法委员会)担任副主任委员期间,对司法部推动律师体制改革,建立中国律师事务中心这个试验田有所关注。

我与德恒律师事务所的王丽同志也有些缘分。我们算是中国政法大学前后脚的同事,我卸任法大校长,她研究生毕业到法大当老师。我们也是司法部前后脚的同事,我转任全国人大,她到司法部工作。我在全国人大工作期间,参与推进中国律师事业改革发展法治建设,乐见王丽同志"下海"创建不要国家出资的律师事务所。我担任中国侨联法律顾问委员会主任,王丽同志作为委员,一起工作了多年。

三十年里,德恒律师事务所的发展我都看在眼里,一些重要的活动我也有参加。德恒建所之初,就为三峡工程和中国科学院提供服务,创办了中国第一所全日制的德恒律师学院,探讨走有中国特色律师之路;建所十年,他们移师金融街向服务资本市场进军;建所十五年,向中国法律援助基金会捐款100万元,支持环境保护绿色行动;建所二十年,建成了当初司法部期待的"千人大所",聚集法律贤达研讨"法律服务与社会责任"。习近平总书记到德恒调研,肯定了德恒党建全覆盖的探索实践。蔡奇书记到德恒调研,肯定了德恒服务中心大局,办好老百姓委托,创新服务"一带一路"的好做法,夸赞德恒是金融街品牌律师事务所,德恒律师是金融街品牌律师。德恒党委在王丽书记带领下,以党建促所建促创新促发展取得了优异成绩。建党百年,中共中央授予德恒党委"全国先进基层党组织"荣誉称号。

三十年来,我高兴地看到德恒和王丽同志的成长进步。记得我们几个老朋友给她题过几个字,现在看来很是贴切。刘白羽同志写的是"耕云播月",鼓励律师法律服务要泽被天下。黄苗子先生写的是"探索",德恒以此为题,出版了《探索法律服务的历程》,我为该书写了序言。我题的是"宠辱不惊",鼓励她不骄不馁,在法律服务的艰难险阻中勇往直前。

光阴似箭,岁月如歌。作为世纪老人,我一生经历了新民主主义革命、社会主义革命和建设,亲历了改革开放与社会主义法治建设,为党和人民奉献了我的青春与人生。进入新时代,我满怀欣喜,看到以德恒为代表的中国律师法律服务蓬勃发展,对法治中国建设和中华民族伟大复兴充满信心。

这本《德恒之道》写下了王丽同志创建德恒的心路历程,都是一件一件的实事儿,一个一个的问题,一桩一桩的案例。这本书能唤起亲身见证并参与改革开放和法治建设的我们这几代人,律师这个职业群体,一些回忆和共鸣,值得一读。

我知道王丽博士还是刘白羽同志创立的中国传记文学学会的现任会长,她的这本《德恒之道》也像一部德恒传记,读来亦会得到些文化滋养。

道可道,非常道。以上的话权作百岁法律人对这本书的序言吧。

何也,请读者自品。

邹瑜
2023年6月9日
时年一百零三岁

前　言

从一九九三年到二〇二三年,德恒律师事务所(简称"德恒")年满三十岁。子曰"三十而立"①,意味着德恒要对建立和发展跨世纪的三十年作出总结回顾,对德恒成长时间轴上的重大事件和人物进行观察评析,同时对我从业三十年的律师人生作个总结反思。

读过中国历史的人会记得北宋"横渠四句":"为天地立心,为生民立命,为往圣继绝学,为万世开太平。"②张载③之言影响了中国后世无数人励志奋发。

作为德恒的创始人,在这三十年里,我在法律服务市场上摸爬滚打,经受了创办"千人大所"的风雨磨砺,饱尝了律师执业的困苦喜悦,更亲历了为天地立心、为律师立命、为法律服务立德、为法治建设立言的难忘人生。

三十年,对一个人来说是而立之年,谓之学业立,事业立,家庭立。三十年,对一个律师事务所而言亦是而立之年,谓之业务立,队伍立,品牌立。借德恒成立三十年之际,我将德恒人的"而立之言"归集成这本——《德恒之道》。

"德恒之道"既是德恒发展的理念纲领,又是德恒发展的方向,还是德恒服务客户的职业遵循,更是德恒遵从的价值选择。一言以蔽之,可谓之"德行天下,恒信自然"。

---

① 《论语·为政》。
② 当代哲学家冯友兰将该引言称为"横渠四句"。
③ 张载(1020—1077),字子厚,凤翔郿县(今陕西眉县)横渠镇人,北宋思想家、教育家、理学创始人之一,世称"横渠先生"。

"道可道,非常道。"①老子之言历久弥新。"德恒之道",难以言表,尽在德恒律师执业体悟,事关客户百姓生死荣辱,情系"国之大者"发展繁荣。在尊重客户隐私与保密的前提下,《德恒之道》尽力以客观白描而书之,亦难免着笔用墨,词不达意,语徒其表,心意难传。敬请见谅。

《德恒之道》,吐哺发心。

谨记:朝闻道,夕死可矣。

王 丽

二〇二三年十二月八日于北京

---

① 《道德经》第一章。

目录

第一章　德恒起航 ··· 1
一、改革开放　放飞梦想 ·· 1
二、中心起步　创建德恒 ·· 5
三、不经风雨　怎见彩虹 ·· 10
四、走有中国特色的律师之路 ···································· 13
五、专业为本　服务为要 ·· 18
六、德恒全球　自主发展 ·· 30
七、法律服务　社会责任 ·· 34

第二章　党建引领 ··· 47
一、党的春风暖律师 ··· 48
二、分所开在哪里，党支部就建在哪里 ·························· 51
三、坚持党的领导不动摇 ·· 53
四、主题教育入脑入心 ·· 57
五、创新德恒党建品牌 ·· 59
六、建党百年获殊荣 ··· 62

第三章　与国同运 ... 64

一、挺进服务三峡工程 ... 64
二、创新服务科技殿堂 ... 75
三、率先服务"大国重器" ... 88
四、服务重大特殊产业 ... 94
五、服务金融监管一条街 ... 109
六、为中国农业银行改革收官之作 ... 119

第四章　龙头表率 ... 127

一、驰骋资本市场之金融证券篇 ... 127
二、为基金业多种工具提供全方位服务 ... 140
三、国际资本市场之风云际会 ... 146
四、深耕资本市场之重组并购 ... 156
五、破产重整之企业拯救 ... 164
六、房地产开发之城市更新 ... 174
七、新时代再写新篇章 ... 182

第五章　维权博弈 ... 185

一、依法维权　高超博弈 ... 185
二、知识产权　平等保护 ... 191
三、总要有一个这样的案例给民营企业家以信心 ... 202
四、为自由与生命的权利辩护 ... 217
五、WTO下的"三反"烟消云散了吗 ... 231
六、美国知识产权的利器——"337"调查 ... 239
七、反垄断的内外之战 ... 250
八、国际仲裁全球较量 ... 258
九、在美国法律下的依法维权 ... 265
十、维护依法行政与公共利益 ... 277

第六章　践行公益 ·· 282
　一、法里法外总关情——三十载院士公益服务 ·········· 283
　二、志愿保护　绿水青山 ································· 286
　三、人民至上　排忧解难 ································· 292
　四、爱心培育　祖国未来 ································· 299
　五、顽强抗疫　厚德载福 ································· 302
　六、德恒教育　心有所栖 ································· 305

第七章　举步全球 ·· 315
　一、走独立自主国际化发展道路 ·························· 315
　二、跬步千里　勇毅前行 ································· 319
　三、扎根省会　区域布局 ································· 325
　四、领新时代　深化布局 ································· 340
　五、经略港澳　深耕大湾 ································· 368
　六、中国品牌　全球专家 ································· 386

第八章　谋道创新 ·· 412
　一、"一带一路"国际合作新平台 ························ 413
　二、创建"一带一路"服务机制 ·························· 414
　三、创建一带一路国际商事调解中心 ···················· 421
　四、意思自治的商事调解受到推崇 ······················ 432
　五、打造"一带一路"服务机制全球影响力 ············· 441
　六、创建"一带一路"创新服务平台 ···················· 450

第九章　德恒之道 ·· 457
　一、践行初心使命 ··· 458
　二、党建促所建　促创新促发展 ························· 459
　三、与时代同行　为法治贡献 ··························· 460
　四、奋进新时代建功立业 ································· 468

五、中国品牌　全球服务 …………………………………… 471

六、德行天下　恒信自然 …………………………………… 476

七、我与德恒 ………………………………………………… 480

后　记 …………………………………………………………… 487

第一章 德恒起航

一、改革开放　放飞梦想

东方风来满眼春

1978年12月,中国共产党十一届三中全会确定了把全党和国家的工作重点转移到经济建设上来,拉开了改革开放的大幕。1992年3月26日,《深圳特区报》发表新闻通讯《东方风来满眼春——邓小平同志在深圳纪实》,报道了邓小平同志从1992年1月19日到23日在深圳视察时的重要谈话。1992年10月,中国共产党第十四次全国代表大会确立中国改革开放总设计师邓小平同志建设有中国特色社会主义理论在全党的指导地位,并系统论述了这个理论的科学意义和主要内容,确立了这一理论在全党的指导地位。[①] 邓小平"南方谈话"推动了划时代的中国现代化发展改革开放,鼓舞了亿万中国人民。此时,恢复高考后入学的第一届大学生,已经成为工作岗位上骨干的我们,更是热血沸腾,跃跃欲试。

恢复重建律师制度

1980年8月26日,第五届全国人大常委会第十五次会议通过并公布《律师暂行条例》,1982年1月1日起正式实施。《律师暂行条例》规定"律师是国家的法律工作者""律师执行职务的工作机构是法律顾问处""法律顾问处是事业单位"。1983年7月15日,新中国第一家律师事务所——深圳市蛇口律师事务所诞生。1983年8月8日,广东对外经济律

---

① 参见《高举邓小平理论伟大旗帜》,载求是网,http://www.qstheory.cn/2019-11/03/c_1125186563.htm,查询时间:2023年10月9日。

师事务所成立,号称首家经司法部批准建立的"办理涉外经济贸易法律事务"的律师事务所。1984年8月,司法部决定将"法律顾问处"统一改为"律师事务所"。1988年6月3日,司法部《关于下发〈合作制律师事务所试点方案〉的通知》决定,批准建立合作制律师事务所。所谓"合作制"就是要实行"两不""四自"的办所方式。"两不"是不要国家编制、不要行政经费,"四自"是自主经营、自负盈亏、自我约束、自我发展。

市场经济就是法制经济

1992年,我在司法部政治部组织处当处长。按照部里要求,我带队到南方调研,了解江苏、深圳、上海等地法律服务改革发展情况与存在的问题。彼时,恢复高考后的毕业生直接当律师的还不太多,律师事务所规模偏小,律师年龄偏大,知识结构偏旧,涉外业务律师不多见,不过北京、上海、广州、深圳已经有律师在做涉外业务。在调研报告里,我提出,发展社会主义市场经济必须大力发展法律服务,中国应当建立高素质、综合性、全球化、新体制的千人大所。为了进一步说明我在报告里提出的观点建议,1992年12月24日,我在《法制日报》发表《论市场经济与法律保障》①一文。在文章中,我提出"市场经济就是法制经济"的观点,这个观点当时在法学界还是首次被提出。文章论证了社会主义市场经济需要强大的法律保障,包括立法、司法、法治环境建设与强有力的法律服务。在给司法部领导的报告中,我建议要大力支持以市场化的方式来建立高素质、专业化、全球化、大规模、新体制的律师事务所;新体制的"千人大所"不要国家出资,要办所人自己出资,自主发展,自我管理,自负盈亏。该报告得到司法部领导的一致赞同,时任部长蔡诚和副部长郭德治找我谈话,把这个"建立千人大所试验田"的任务交给了我。

下海逐梦"千人大所"

设想中的"千人大所"新体制是合作制(即今天的"合伙制"),创办这样的律师事务所,需要我从体制内"下海"。我之前的工作多半是在读

---

① 参见王丽:《论市场经济与法律保障》,载《法制日报》1992年12月24日,第3版。

书、教书、写文章、写报告。"与其坐而论道,不如起而行之",经过一番思想斗争,我毅然放弃在司法部的工作,一头扎进市场经济的大海,逐梦"千人大所"。

当时筹备的工作人员只有我一个。经过多方斟酌,"中国律师事务中心"(China Law Office)筹备组向司法部报送成立中国律师事务中心的申请报告。1993年1月13日,司法部办公厅下发《对〈关于组建中国律师事务中心的报告〉的批复》(司发函〔1993〕011号),该批复同意成立中国律师事务中心,明确中国律师事务中心的性质是大型的高层次的律师事务所,国家对待律师事务所的所有政策适用于该中心。1993年1月30日,司法部政治部下发《关于中国律师事务中心监事会人员组成的通知》(司政〔1993〕011号),我是九名监事之一。

中国律师事务中心获批成立。

司法部对我们提出"为中国的企业走向市场、进入国际经济体系,为中国社会主义市场经济新体制的建立,为中国法律服务市场的形成和发展起到龙头和表率作用"的期许,责任重大,使命光荣。

寄望"试验田"

中国律师事务中心成立,如同开辟一块耕耘播种的法律服务试验田,成为法律界的一件大事,受到社会各界的关注。1993年6月,中共中央政治局委员、全国人大常委会委员长乔石,全国人大常委会副委员长雷洁琼,全国人大常委会副委员长彭冲,全国人大常委会副委员长程思远,全国人大常委会副委员长卢嘉锡,全国政协副主席洪学智和中共中央政法委秘书长束怀德等,多位党和国家领导人为中国律师事务中心题词。

乔石委员长的题词是"社会主义市场经济须建设完备法律体系"。1993年6月28日,《法制日报》刊登《乔石等为中国律师事务中心题词——该中心将提供高质量高效率法律服务》一文。雷洁琼副委员长的题词是"为人民排忧解难"。彭冲副委员长的题词是"依法办事　国泰民安"。程思远副委员长的题词是"健全法制　严格护法"。卢嘉锡副委员长的题词是"加强法制建设　发展市场经济"。洪学智副主席的题词是"依法保护人民的权益"。束怀德秘书长的题词是"发展市场经济　推进法制建设"。这些立法、司法界的中央领导同志对中国律师事务中心提出语重心长的寄语和高瞻远瞩的希望，给我们这些年轻创业者以巨大的鼓舞。

中国律师事务中心受到海内外关注

在那火红的改革年代，中国律师事务中心这一新生事物的出现，在法律服务市场上刮起一阵春风。党的政策、司法部的深化律师工作改革文件频频出台，给法律服务市场的发育发展注入强劲动力。中国律师事务中心的同事们摩拳擦掌，要为中国的法治事业大干一场。

中国律师事务中心的成立在海外也产生了影响。1993年6月14日，《人民日报（海外版）》报道了中国律师事务中心的成立。《中国新闻》发表题为《中国成立大型律师事务中心发展法律服务市场》的文章。《大公报》发表题为《中国律师事务中心成立——发展海内外法律服务市场》的文章。《天天日报》发表题为《中国律师事务中心成立——积极发展法律服务市场》的文章。1993年7月8日，《中国日报》刊登消息庆贺中国律师事务中心成立。

1993年7月13日，《科技日报》采访我，并发表题为《新生的法坛巨人——中国律师事务中心印象》的文章。1993年7月19日，《光明日报》发表《向千人规模挺进——访中国律师事务中心副主任王丽》一文。我接受媒体采访，心情激动，表示要认真学习落实邓小平南方谈话精神，办好中国律师事务中心；不辜负党和国家的殷切希望，服务好社会主义市场经济，服务于建设完备法律体系，依法办事，依法保护人民的利益；按照司法部批示要求，建好这块试验田。

1993年11月，党的十四届三中全会审议通过《中共中央关于建立社会主义市场经济体制若干问题的决定》，制定了建立社会主义市场经济体制的总体规划。1993年12月，国务院批准司法部《关于深化律师工作改革的报告》（司发报〔1993〕028号）和《司法部关于深化律师工作改革的方案（送审稿）》（司发报〔1993〕044号），将深化律师工作改革的指导思想确定为：大力发展经过主管机关资格认定，不占国家编制和经费的自律性律师事务所；积极发展律师队伍，努力提高队伍素质，建立起适应社会主义市场经济体制和国际交往需要的，具有中国特色，实行自愿组合、自收自支、自我发展、自我约束的律师体制；鼓励和推动律师事务所打破地域界限，跨省、跨地区设立分支机构；允许我国有条件的律师事务所在外国、境外设立分支机构或办事处；律师不再为国家干部，允许创办私人律师事务所；等等。

好风凭借力，我们刚刚迈出了第一步。路还很远，困难还会很多，但我们充满了信心，我们会坚定地向着目标迈进，我们要在这里培育起中国律师精神。

二、中心起步　创建德恒

构建中国律师事务中心

中国律师事务中心要怎么建，以什么架构来建，要实现什么功能，如何筹集资金，如何招揽律师，怎样开展业务，如何管理运作，如何给律师报酬，是发工资还是提成……一系列的问题层出不穷，像一团飞翔的雁阵终日在我脑海里飞来绕去，盘桓不停。

我捧着司法部的批件翻来覆去地研读，仔细回想部领导与我的谈话，对照我在调研报告中所提的建议，构思中国律师事务中心的筹建与发展。首先，司法部批件明确：中国律师事务中心的性质是大型的高层次的律师事务所，国家对待律师事务所的所有政策适用于该中心。这就是说，中国律师事务中心是一个中国的律师事务所，有权获得并承担国家和行业关于律师事务所的所有法律政策所赋予的权利、义务和责任。其次，中国律师事务中心是要建立一个新体制的律师事务所，国家不出资，开办资金和所有成本花销都要自筹，经营上自负盈亏，收入纳税后可自行分配，律师按照"多劳多得"的原则可以获得报酬。最后，中国律师事务中心要做到"千人大所"规模。这对当时普遍只有十几个、几十个律师的中国律师事务所来说，不啻"痴人说梦"，很多人表示怀疑。

中国律师事务中心不是一个普通的律师事务所，它担负着司法部交给的"千人大所""龙头表率"的历史使命。该中心的组织结构要有管理层和操作层，要有业务部门和公益部门，要有北京总部和分支机构，还要有国内与国外两条线。该中心的运作要按照一般律师事务所的要求和规律来进行，要有一个名号，也就是要打造一个律师事务所品牌。此时，中国律师事务中心已经招聘了几十位来自北京大学、清华大学、中国人民大学、吉林大学的博士、硕士应届毕业生和具有体制内外工作经验的律师，还有从美国、法国学习回来的海归。大家凑在一起开脑洞琢磨，七嘴八舌提建议，提出"德恒""德通"等多个名字。归拢下来，多个建议都带有一个"德"字。我想，"德恒"应该是最好的名字。

何以德恒？

厚德载物。律师事务所本业是为当事人提供法律服务。法律服务之根本则在于律法精道，诚信有德。律师的根本要求就是要德才兼备。律师提供法律服务是为当事人排忧解难，是为老百姓做好事，用百姓的话说是为天下人做德行。《礼记》谓"德者，性之端也"，以道德为人之根本。而"德者，得也"也是说有德的人，必然也会有所得。中国律师一证（律师执业证）在手，便可"德行天下"，便可以在全国执业，为十几亿人服务，也能为需要中国法律服务的外国人服务。我认为律师事务所一定要有"德"，要"厚德载物"。

有德方恒。律师事务所品牌一定要有一个"恒"字。我们的目标是办成一个千人大所，更要办成一个百年老所，律师做得长久必须德才兼备，必须恪守诚信。诚信是律师应当恪守的最高法则，一如人类社会必须遵守的自然法则。办律师事务所、做律师，要把诚信作为"自然法则"来遵守，才可能"活"得久，走得远。"恒信自然"者，当仁不让。有德方恒，"德恒"这个响亮的名字从我的心里跳将出来。从1993年开始，一代一代德恒人为她汗水浇灌、辛勤耕耘，为她呕心沥血、奋力拼搏，为她智慧创造、公益奉献，为她日积月累、风雨兼程，而今铸成中国法律服务市场上响亮的名字，信得过的品牌。

德行天下。德恒的核心解读就是"道德永恒"之意。律师为当事人所做的每一件委托事项，都是帮助他们排忧解难，通过诉讼、仲裁，通过非诉讼的咨询、调解，解决他们在生命、自由、财产、尊严等方面的法律诉求。律师法律服务的过程就是为当事人解决法律问题，实现法律诉求的过程。

律师法律服务所追求的就是"德行天下",律师为当事人服务的最终目的就是尽力维护其应有的合法权利。律师在法律范围内可以为任何地方的任何人服务,是所谓"德行天下"。律师服务要恪守诚信,遵从职业道德规范,将诚信作为"天人合一"的自然法则,作为永远遵从的信条。"恒信自然"是将职业诚信作为不可抗力的自然法则来遵从。于是,当初起名"德恒",从一个简单的名号,延伸实践成为德恒律师事务所的宗旨——"德行天下,恒信自然"。我们一直恪守至今,并将永远传承下去。

德恒律师学院

1993年,我和吉林大学法学院院长张文显教授谈起大学法科毕业生的知识能力与律师需求还不相适应,这种能力建设在法学院还是空白。大家深以为然,于是一拍即合,决定合作创办"德恒律师学院"。1993年10月30日,中国律师事务中心与吉林大学签订《关于建立德恒律师学院的决定》,议定在吉林大学南校区建立德恒律师学院。

1993年12月22日下午,中国律师事务中心与吉林大学联合创办的中国第一所专门培养律师人才的全日制高等院校——德恒律师学院在长春成立。德恒律师学院成立大会在吉林大学逸夫图书馆举行。我代表中国律师事务中心在成立大会上发言,向社会各界报告了为什么要创办律师学院,怎样创办中国第一所律师学院。为适应社会主义市场经济发展的需要,德恒律师学院的办学目标是培养和造就一大批懂法律、懂经济、懂外语,能够适应法律服务市场需求的出色律师人才。德恒律师学院为教育实体,实行董事会领导下的院长负责制,成立之初由郭德治担任董事长、院长,我和张文显、邴玉贵、李贵方担任副院长。之后,张文显、王牧、郑成良、石少侠和我先后出任院长。学院设立国际经济法学专业、经济法学专业和法学专业。学院办学之初,就有雄厚的师资力量,有教授25名,其中博士生导师4名,副教授19名,讲师26名,并聘请国内外知名的法学教授、法官及法律专家为兼职教师。我和李贵方等律师被聘为德恒律师学院的教授、副教授。

德恒律师学院是"新世纪中国律师人才工程"的主体项目,是中国第一所专门以培养律师为主的学院。它的成立在全国范围内引起了轰动,《光明日报》《吉林日报》《中国教育报》《城市晚报》等多家新闻媒体进行了报道。德恒律师学院被誉为"中国律师界的首创律师学院"。德恒律师学院的几大优势,使其在国内法学院校中脱颖而出,在招生、办学上具有独特的特色。第一,德恒律师学院面向全国统一高考招生,属教育部全日制高校本科院校;第二,德恒律师学院课程设置和教师聘任可以自主遴选决定;第三,德恒律师学院三年级以上在校生可以参加全国律师资格考试;第四,德恒律师学院毕业生要持有六证,即学历证、学位证、外语证、计算机证、律师资格证、驾驶证。

为德恒律师学院募捐办学

办学伊始,中国律师事务中心为德恒律师学院设立德恒奖学金、奖教金,奖励学习优秀的学生和教学优秀的教师。仅靠中国律师事务中心出资还是不够的,我从财政部世界银行司得知,世界银行的中国法律援助基金项目将改变传统的项目支持方式,对能够在可持续发展方面产出较大成果的法律援助项目给予较大预算支持。我凭着曾经在大学读书、教书十年的经验,认为德恒律师学院应当具有这方面的竞争力,要奋力一试。于是,我带领大家彻夜不眠地进行了充分的准备。

1993年,在世界银行通过财政部在北京召开的项目申请会上,中外专家听取申请人的竞标申述。北京大学、清华大学、中国人民大学、中国政法大学、对外经贸大学、武汉大学、华东政法学院等高校法学院依次述标。与会法学大家侃侃而谈,初出江湖的我在紧张窘迫中用不太流利的英文进行德恒律师学院"新世纪中国律师人才工程"计划项目申述。财政部和世界银行专家顾问对德恒律师学院的官学民合作办学方式和办学目标感到新奇。后来我了解到,这个项目的决策关键人物在美国,是一位在中美法律文化交流方面非常有名的教授。

1995年年初,我冒着严寒,万里迢迢飞到美国纽约,登门拜访纽约大学法学院(School of Law, New York University)杰里米·柯恩(Jerome A. Cohen)教授。我用德恒律师学院培养律师人才的新目标、新体制、新实验,说服他要支持德恒律师学院。看得出,他听完我这个年轻人的一番话,有些感动。回国后,我又与吉林大学深化了项目策划与具体落实方案。功夫不负有心人,世界银行50万美元资金终于全部到位,这笔"巨款"投入德恒律师学院的"新世纪中国律师人才工程"建设,德恒律师学院有了不错的办学条件。

1998年6月19日至21日,世界银行法律局亚太处首席律师德威特(Dewitt)女士在财政部代表陪同下,到德恒律师学院检查世界银行款项的使用情况。他们对德恒律师学院实施"新世纪中国律师人才工程"的过程和取得的成效表示肯定。德恒律师学院在各方努力下,培养了十届本科生,为法治建设培养了大量学识广博的法律实务专业人才,取得了令人满意的办学成果。此是后话。

德恒论坛走进校园

中国律师事务中心成立之时,正值改革开放引发的市场经济法制建设热潮初起。各个大学法学教育和各个法学门类及各种法律立法修法需求旺盛,各种法律服务实践中涌现出关于法律理论和立法、司法与实务应用等方面课题和亟待解决的问题层出不穷。老一辈法律大家和1977年、1978年入学后的改革开放新人,在法学研究上可谓百花齐放、百家争鸣。我和李贵方等律师都有着强烈的学术情结和教育理念。我们把律师事务所与校园看成永远的实践与学习的阵地,把教授和律师看成法律共同,当然也包括法官、检察官、公安机关以及行政执法人员,大家都是法律的实施者和实践者。离开校园脱离理论研究,律师就会逐渐变成"律匠";离开社会法治实践,法学院也会变成脱离"追求法律正义"的"空中楼阁"。

德恒律师与法学家们基于共同的认识,牵手合作创办"德恒论坛"。德恒论坛是多方位合作的法律专业系列论坛,包括与中国人民大学法学院合作开办王利明教授领衔的"德恒民商法论坛"、陈兴良教授领衔的"德恒刑事法论坛";与中国人民大学诉讼制度与司法改革研究中心合作开办陈卫东教授领衔的"诉讼制度与司法改革论坛"、何家弘教授领衔的"德恒证据学论坛";与中国政法大学合作开办江平教授领衔的"德恒法学名家论坛"、卞建林教授主持的"德恒程序法论坛";与清华大学法学院合作开办王晨光教授领衔的"德恒比较法论坛"、田思源教授领衔的"德恒行政法论坛";与中南政法大学合作开办吴汉东教授领衔的"德恒知识产权论坛";与中国社会科学院大学(原中国青年政治学院)合作举办林维教授领衔的"德恒法律实务讲堂";与吉林大学法学院合作开办李韧夫教授主持的"德恒法硕讲坛";与上海交通大学法学院合作举办郑成良教授领衔的"德恒法学前沿论坛";与德恒律师学院合作举办"德恒律师论坛";等等。德恒律师事务所创建三十年中,这些中国顶级法学大家领衔主办的德恒论坛,为中国法律学子和实务人才的培养作出了实实在在的贡献。

德恒论坛举办了数百期论坛活动,是横跨校园和律师界的重要法律与实务研究阵地。仅何家弘教授领衔的"德恒证据学论坛"就举办百期,声名远播。德恒论坛遍请中国最优秀的法学名家和法官、检察官、律师等法律实务领域的精英登台演讲。德恒论坛涉及的主题范围之广,几乎包含法治建设改革发展的所有领域和话题。德恒论坛在全国各大法学院校、学术圈树立了特有的德恒学术研究品牌。德恒论坛红红火火地开坛创办,彰显了在深化改革开放的新一轮大潮里,中国律师在法治建设潮起潮涌中的蓬勃发展。形式多种多样的德恒论坛,在三十年中帮助支持了几代法律学子的成长。诚如一位中国人民大学法学院毕业的律师说,他是听着德恒论坛成长起来的。德恒论坛的所有经费均由德恒律师事务所和德恒律师提供。德恒人曾为学子不忘初心,身为律师牢记使命,始终在法律领域亦学亦做,亦研亦行。

三、不经风雨　怎见彩虹

中国律师事务中心的横空出世催动了律师工作改革的深化。1993年,司法部向国务院报送了《关于深化律师工作改革的报告》(司发报〔1993〕028号)和《司法部关于深化律师工作改革的方案(送审稿)》(司发报〔1993〕044号),一批新的试点政策成为普遍的行业规范。

一场突如其来的暴风骤雨

中国律师事务中心的建立和创新做法引起行业内一些议论。千人大所是那么好办的?不能让他们用"中国""中心"的牌子。司法部领导班子换届也给一些人可乘之机。没想到这些背后的动作竟产生了效果。司法部发文件要规范律师事务所名称,司法部领导亲自到中国律师事务中心当着全体律师的面宣读要求整改的文件。律师们对此大感意外,李贵方、袁曙宏等博士表示不能接受。此举确实搅乱了人心,律师们听到传言后人心惶惶,个别人扛不住压力离开了,两位副主任也悄悄地不来上班了。

困难接踵而至,中国律师事务中心很多原本正在推进的工作被拖了下来。我们到司法部里办事感受到一些人"脸难看,事难办",到各地开办分支机构受到明里暗里的阻碍,一些客户也跟着律师转到别的律师事务所。此时,郭德治副部长竟查出了肺癌,跟病魔抗争不到一年,就于1994年8月31日去世了。他去世之前,提议我把中国律师事务中心主任的担子挑起来。

在中国律师事务中心危难之际,我个人更是受到一些莫名其妙的嘲讽攻击,自己心下满是痛苦、委屈,也有很多疑问和待解的难题。加之创业以来,我每天工作十几个小时,大事小事亲力亲为,夜半还要"恶补"法律,严重过劳、身体透支,引起"久违的"心脏病发作,在急救中心抢救时被下了"病危通知",眼看自己生命的火焰渐渐衰弱下来。亲朋好友劝我辞职算了,再往下走还不把命搭进去。在病床上我思来想去,没有理由退缩逃跑。我要活下去,中国律师事务中心也要活下去,只要中心还开着门,能发工资开饭,律师们就不会散。只要一件一件把业务做好,我们就能活下去。我想办法借款,对外请求捐助支持。天无绝人之路,我们最终挺过来了。

破解难题走出困境

怎么破解当时的难题走出困境?我去请教一位从延安到北京的司法界德高望重的老前辈。他说,你应该去找部长同志谈一谈。确实,司法部新部长到任后,我们还没有见过面。一番长谈,受益良多。我向部长报告了中国律师事务中心建立、发展情况和自己到司法部前后的工作经历。我们服务三峡工程等重大项目给他留下了深刻印象。部长鼓励说:"我都听说了,你很能干,能干成事。中心既然已经建立,就要好好干。我支持你,你也要学会一些工作方法。"这番话如醍醐灌顶。的确,我年轻气盛,说话办事有欠周到。我牢牢地记住"好事快办,低调不张扬"这个原则,从此多有受益。

"努力建设有中国特色的律师制度"。1997年,举世瞩目的三峡工程大江截流之际,司法部领导专程到三峡工地考察,了解到德恒服务国家经济建设、服务三峡工程所做的大量工作,听到中国长江三峡工程开发总公司(简称"三峡总公司")对德恒服务工作的肯定和赞扬。司法部向国务院汇报了德恒服务三峡工程建设的情况,受到国务院总理的批示肯定。《法制日报》对德恒服务经济建设主战场三峡工程的事迹作了整版报道。1997年4月28日,司法部部长为德恒律师事务所题写了"努力建设有中国特色的律师制度"的题词。

德恒,这只扬帆出海的小船,驶出了风浪漩涡。人生为一大事来,既要宠辱不惊,更要激流勇进。

德恒品牌完美名称

1995年7月17日,司法部律师司发布《关于核定部属律师事务所名称的通知》(司律字〔95〕第018号),对司法部所属律师事务所的名称进行了核定,其中"中国律师事务中心(China Law Office)"更名为"德恒律师事务所(De Heng Law Office)"(简称"德恒")。司法部将第018号文件和刻制好的新印章一并发到我们手中。德恒律师事务所牢记中国律师事务中心的初心使命,继续贯彻落实司法部要求,"为中国的企业走向市场、进入国际经济体系,为中国社会主义市场经济新体制的建立,为中国法律服务市场的形成和发展起到龙头和表率作用"。

德恒,由我亲自定名,由全体德恒人精心打造的律师事务所品牌,名正言顺地成为律师事务所的法定注册名称。一个律师事务所只能有一个名称,此名称具有知识产权上的排他性,在先使用者得。德恒律师事务所名称经司法部核定后,我们即通知各地分支机构将原名称中国律师事务中心××律师事务所,更名为德恒××(地名)律师事务所。

德恒,如同其名,"德者,恒也",受党和国家信赖,客户和群众信任。"德行天下、恒信自然"铸成德恒律师核心理念。

德恒创建之初,面临着重大的考验。如何建立起中国品牌的国际化千人大所？走什么样的路才能达到这个目标？是跟着西方潮流走，做人家的"搬运工"，还是随着国内大流走，先办案挣钱"糊口"，有了积累再发展？合伙人一直有着激烈的争论。我提议，在德恒成立三周年之际，对"中国律师走什么路"展开一次大讨论，开门邀请法律界专家和实务界律师及客户参加。

四、走有中国特色的律师之路

1996年1月16日，德恒在创立三周年之际，举办"走有中国特色的律师之路"大型研讨会。研讨会邀请全国人大常委会副委员长王光英、副委员长卢嘉锡，司法部原部长邹瑜，最高人民法院原副院长王怀安，司法部常务副部长张秀夫、副部长张耕等出席。著名学者、专家，人民法院、人民检察院及法律实务部门的司法专家与行政管理者和律师及其客户，在研讨会上各抒己见。与会者从立法、司法理论与实践、审判与辩护、客户需要与法律服务等不同方面对中国律师的职业定位、法律服务、人才培养、律师管理及体制改革等问题贡献了独特的见解和理论成果。"走有中国特色的律师之路"研讨会形成了重要的法律成果，1997年，法律出版社出版了论文集《走有中国特色的律师之路》一书。这个研讨会坚定了德恒律师事务所走有中国特色律师之路的坚定意志和必胜信心。

探索出一条中国律师改革之路

探索出一条既适合中国国情又与国际接轨的中国律师改革之路。王光英副委员长在研讨会上发表重要讲话，指出党的十四届五中全会通过了我国国民经济和社会发展的"九五"规划和2010年远景规划目标。司法战线的法律服务工作要服从和服务于这一目标。在这种形式下，迫切需要进一步重视和加强法律服务和律师队伍建设，以保障社会主义市场经济体制的建立和发展，不断健全社会主义民主与法制。最近《律师法（草案）》经过充分讨论修改，出台在即，德恒律师事务所能够把握这一契机就当前中国律师的体制、律师业务和素质建设进行讨论，探索有中国特色的律师之路,很有必要,也非常有意义。①

王光英副委员长充分肯定律师法律服务工作的重要性,认为发展社会主义市场经济,健全社会主义市场经济离不开法律服务,维护政治和社会稳定离不开法律服务,维护国家利益和保护公民、法人的合法权益也离不开法律服务。这是历史赋予律师的神圣使命。② 他指出,从市场经济发展和国家民主法制需要来看,律师的数量和质量都还是不够的,尤其是律师体制需进一步完善。律师队伍自身也要加强学习,不断提高整体素质和业务水平,探索出一条既适合中国国情又与国际接轨的中国律师改革之路,为促进社会主义市场经济发展,社会主义民主与法制建设,维护社会稳定与发展作出更大贡献。

建设有中国特色的律师队伍

要研究建设有中国特色的律师队伍,走有中国特色的律师之路。张秀夫副部长在研讨会上表示:德恒律师事务所是我们司法部直接主管的律师事务所之一。德恒律师事务所成立三年来,业务发展很快,我代表我自己、张耕同志以及司法部,对社会各界对德恒律师事务所的支持表示感谢。③ 修改后的1996年《刑事诉讼法》进一步提高了律师的地位和作用,赋予律师更大的权利,大大增加了律师的工作量。律师需要更大发展。中国律师队伍"八五"期间比"七五"期间增加了一倍,达到89000人,到2000年要发展到15万人。市场经济的发展要求我们律师队伍扩大,业务发展,管理加强。我们确实需要研究建设有中国特色的律师队伍,走有中国特色的律师之路。④

走有中国特色的律师之路

当代中国律师需要走有中国特色的律师之路。我在发言中表示,希望律师职业成为受人尊敬、令人爱戴、让人欢迎、对社会和人民有益的职

---

① 参见王丽、李贵方主编:《走有中国特色的律师之路》,法律出版社1997年版,第1页。
② 参见王丽、李贵方主编:《走有中国特色的律师之路》,法律出版社1997年版,第2页。
③ 参见王丽、李贵方主编:《走有中国特色的律师之路》,法律出版社1997年版,第3页。
④ 参见王丽、李贵方主编:《走有中国特色的律师之路》,法律出版社1997年版,第4页。

业。当代中国律师需要走有中国特色的律师之路。其一,应该体现社会主义方向,反映社会主义民主与法制的本质要求,使律师职业成为加强、提高、完善社会主义民主与法制,保障人民民主权利,促进社会主义市场经济的积极力量;其二,反映中国的文明与文化要求;其三,要有与之相适应的律师队伍、律师制度和律师文化,这样才能更好地完成律师的使命,实现律师工作的目标。①

律师事业发展与律师法律保障。在研讨会上,江平、张晋藩、郑成思、陈兴良等教授围绕中国律师人身及执业保障、职业定位、自身素质的培养和提高,提出了自己独特的见解。中国政法大学原副校长、著名法制史专家张晋藩教授全面介绍了即将出台的《律师法》,对进一步加强律师管理,保障律师权利;促使律师履行义务,恪守职业道德和执业纪律;维护法律的正确实施和当事人的合法权益;更好地为社会提供法律服务等将起到重要作用,可以说,它为走有中国特色的律师之路提供了保障。② 全国人大环境与资源保护委员会法案室副主任孙佑海认为,《律师法》立法宗旨应为保障律师依法执业;要加大对律师执业权利的保护,应将环境法内容列入律师资格考试范围。

律师职业定位与律师制度改革。华东政法学院孙潮教授提出"重新确定律师在社会中的定位"不是政府官员,而是社会的服务者、社会的咨询者。律师应以律师协会为主进行行业管理,律师事务所应当允许多元发展。③ 陈兴良教授指出,律师职业定位具有业务性、平等性、有偿性和自律性特征。律师执业具有不受官方干预的相对独立性。现在的合作制律师事务所从实质上看就是合伙,有待于在法律上加以明确界定。《律师法》的颁布将使律师工作纳入法律调整的轨道,同时为律师执业提供法律保障。④

---

① 参见王丽、李贵方主编:《走有中国特色的律师之路》,法律出版社 1997 年版,第 16—17 页。
② 参见王丽、李贵方主编:《走有中国特色的律师之路》,法律出版社 1997 年版,第 12 页。
③ 参见王丽、李贵方主编:《走有中国特色的律师之路》,法律出版社 1997 年版,第 24—26 页。
④ 参见王丽、李贵方主编:《走有中国特色的律师之路》,法律出版社 1997 年版,第 49—52 页。

最高人民检察院孙力检察官提出提高专业化程度、注重社会效益、理顺律师管理体制的建议。中国社会科学院法学研究所研究员和兼职律师胡云腾提出，律师应成为精通法律的专家，律师应积极参与国家的立法活动。

市场经济呼唤高质量的法律服务

市场经济呼唤高质量的法律服务。三峡总公司副总经理李永安指出，三峡工程需要用社会主义市场经济的办法进行建设，需要用法律手段进行保护。一方面需要靠法律手段规范承包商行为；另一方面，要利用律师保护我们国家的利益。三峡工程是第一流的工程，必须做到第一流的质量，第一流的施工，也需要第一流的律师服务。工程规模巨大，工程涉及数以万计的合同，而且合同标的额越来越大。这么大的合同稍有疏忽，就会造成巨大的损失，律师参与很有必要。同时，三峡工程需要国际融资40亿元，通过发行债券、股票、信贷等方式筹集资金，我们也需要律师为我们咨询、服务。三峡总公司与中外企业合作，需要懂经济和法律的律师进行参谋。我们选择德恒律师事务所，是以市场经济方式，通过竞争、优胜劣汰而决定的。德恒律师事务所在工程开工以后，为我们做了一年多的工作，没有提任何条件。他们给我们提供了很多建议，确实有一批知识面广、公正敬业的律师。经过一年多的考察，凭他们的业务水平和良好的信誉，我们正式聘请他们为顾问律师。我们相信在以后的国际交往中，法律顾问对我们的决策将会发挥更大的作用。随着市场经济的发展，法律制度的进一步健全，律师在我国的经济、社会中会起到更重要的作用。相信随着我国的经济发展，将会涌现出第一流的律师群体。①

迎接信息化社会挑战，为个体私营经济健康有序发展作贡献。国家信息中心国际信息研究所研究员尹文书、电子工业部计算机与微电子发展研究中心顾问应明、中国软件登记中心主任李维，从计算机技术发展、信息高速公路、信息安全、知识产权等方面，要求"法律工作者要积极迎接

---

① 参见王丽、李贵方主编：《走有中国特色的律师之路》，法律出版社1997年版，第101—102页。

信息化社会的到来",加快我国法律工作者队伍建设,以科学态度对待和处理新技术对法律提出的"挑战"。国家工商行政管理总局个体私营经济监督管理司司长惠鲁生向律师界朋友们提出两点期望:一是转变观念,立足市场,为个体私营经济服务;二是拓宽服务领域,为个体私营经济健康有序发展作贡献。

律师素质是律师事业发展的关键

律师素质是律师事业发展的关键。中国政法大学原校长江平教授要求中国律师要提高素质,捍卫法律的正义性,律师收费要与服务质量相结合,要与责任相结合。大连中级人民法院都本有副院长从审判方式改革实践对律师提出三点要求:实事求是,一丝不苟,严格依法办事。维护法律尊严是国家和法律赋予律师的神圣职责。①

中国社会科学院学位委员会委员、知识产权中心主任郑成思从自己在英国伦敦经济学院学习时的体会,讲述丹宁法官对"怎样才能成为一名好律师"的解答,必须使自己的学识面尽可能地广,要尽可能多学一些东西,多掌握一些知识,在信息时代的今天,不掌握尽量广的知识,难以成为一名真正优秀的律师。只有当律师用自己广博的知识把"灰色的"法律(死的)在自己的口中或笔下变为"绿色的"(活的),他(她)才迈向了"炉火纯青"。②

德恒律师学院创新律师人才的教育和培养。吉林大学法学院院长兼德恒律师学院副院长郑成良,从吉林大学和中国律师事务中心联合创办的中国第一所专门培养律师人才的全日制法学教育学院——德恒律师学院的创办实践经验,分享律师人才教育培养的体会。一是把素质教育与职业教育结合培养市场经济和社会发展需要的律师人才作为教育的定位;二是立足于受教育者未来工作需要来确定教育目标模式;三是根据受教育者未来职业需要强化职业知识教育;四是根据律师执业需要强化职业技能教育;五是针对律师职业特点进行严格职业道德规范教育;六是拓

---

① 参见王丽、李贵方主编:《走有中国特色的律师之路》,法律出版社1997年版,第142—146页。

② 参见王丽、李贵方主编:《走有中国特色的律师之路》,法律出版社1997年版,第150页。

宽法律职业人文素质教育。① 德恒律师学院教育风纪管理严于非法律专业教育,取得良好效果。

"走有中国特色的律师之路"研讨会收到大量论文,从立法、司法、理论、实践、客户需要等不同方面,探讨了有关律师及律师制度改革问题。今天,王光英、卢嘉锡、郑成思等前辈已经离我们远去,有的嘉宾已成为法律界的风云人物,他们的真知灼见被中国律师事业近三十年的发展所验证。

俗语说,三岁看大,七岁看老。德恒人年方三岁,就以"德行天下"的气概,把中国律师的路和德恒律师的路作为头等重要的大事来探索研究。中国律师事务中心,一块被寄望成为中国律师制度改革和促进形成我国法律服务市场的试验田,三年来被德恒律师事务所全盘承继。而今,德恒又登高望远,迈上一个新台阶。在这三十年里,我们自觉地以"国家队"要求自己,牢记初心使命,积极探索实践,致力于培育中国律师精神,走出具有中国特色的律师之路。

五、专业为本　服务为要

九龙起步牵动发展线条

制定德恒战略发展图谱。如何切入服务经济建设主战场这个大战略,耕种好法律服务的试验田,需要仔细研究勾画德恒战略发展图谱。经过反复琢磨研究,我形成了一个中心九条线的总构想。九条线一是以服务三峡工程为龙头,服务国家重大项目,带动非诉法律服务;二是以服务中国科学院、中国工程院以及两院院士为龙头,带动科技知识产权与公益法律服务;三是以服务中国人民银行总行、上海证券交易所等机构为龙头,带动金融资本市场 IPO 法律服务;四是以服务央企、国企为龙头,开展投资并购法律业务;五是以服务财政、能源等国家部委为龙头,开展政府法律顾问服务;六是以反倾销为龙头,开展涉外(GATS、WTO)法律服务;七是以法律维权为龙头,大力发展服务民众的刑事、民事诉讼和仲裁法律

---

① 参见王丽、李贵方主编:《走有中国特色的律师之路》,法律出版社 1997 年版,第 152—155 页。

业务;八是以创办德恒论坛和德恒律师学院为龙头,带动所校专家法律实务合作研究;九是以北京为龙头,搭建起覆盖国内外的法律服务网络。

这九条线上的每条线还有一系列节点,每个节点会有潜在客户。服务这些客户就能培育出专业律师团队。抓住每条线的龙头客户尽心服务,就能竖起德恒律师服务表率。每条线的牵头人为党员律师,就是要立起党员带头的榜样。实践证明"榜样的力量是无穷的","党员是模范"这一招是德恒发展的强大动力。

做德才兼备的德恒律师

律师要成为德恒人。德恒律师来自"五湖四海"。有从别的律师事务所转入的;有从其他机构转业做律师的;有从学校毕业的硕士、博士入门从业的。有的律师之前有当律师、法官、检察官、公司法务或者做企业、做教师的经历,并不是"小白",当然也带有其他从业经历的职业烙印。如何使律师们了解德恒,理解德恒的使命,需要耐心细致地不断讲述沟通,使其自觉成为"德行天下做好事"的德恒律师。用1993年来到中国律师事务中心的年轻人孙钢宏、陈建宏的话讲,德恒发展的宏大构想就是"王主任给每一个律师讲故事"。"德恒故事"讲的就是德恒的初心使命,德恒人"恒信自然"的胸怀定力。

德恒人要德才兼备。律师的"德"就是全心全意为当事人做好服务。不管大事小事,不管大案小案,不管收费多少,都要用高标准来要求,都要尽心竭力完成当事人的委托,解答好每一个咨询案件。律师的"才"大有讲究。要服务国家中心大局,就要成就一些能做高端业务的高手律师,形成团队合作的作业方式。这些律师要有合作精神,不斤斤计较,可能还要放弃一些挣小钱、做眼前案件的机会。人的精力是有限的,律师就是时间的打工人,在这些案件上用尽了时间就不能在"主战场"上发力。大量的律师原本不习惯团队合作,加入德恒后就要接受新的挑战,进行团队合作。团队搭档提升了律师的专业作业能力。

律师必须具有竞争和超前意识。怎么做好德恒律师,这个问题我曾讲过成百上千次。德恒鼓励律师"做好事、做好人",绝不是不讲原则、和稀泥的"老好人"。律师既要做当事人的法律"清凉油",又要能够治疗法律"脑中风"。律师要抓准客户的"病",又要"治未病",走在客户前面,走在市场前面。我们起步就瞄准了三峡工程、证券市场、金融机构和科技创新这样的重大领域,集中优势人才,研究重大基础设施法律服务。德恒集中了大批硕士起点的高学历、经验丰富、研究能力强的律师,他们一上手就承办了大批高精尖的大型项目,锻炼培养出了标杆队伍。华润收购华源尽职调查、国家电监会"920"发电资产出售项目、中国农业银行改制上市项目带出了数百人的专业队伍。当然,面对法律市场竞争中的不正当竞争,我们发挥研究优势,"做快鱼""走正步",培养组建起"一专多能"的律师、专业化服务团队和攻坚克难"黄金搭档";以研发举步,针对国家重大项目和重要政策等,研究法律创新产品和服务。随着业务发展,专业团队的增加,德恒逐步成立各个专业委员会,专业委员会指导团队作业成为律师事务所业务发展的基础。

日益壮大的专业委员会

根据业务条线和律师队伍的成熟度,德恒逐渐组织起律师业务专业委员会(简称"专委会")。专委会负责专业律师引入、业务指导、专业研究、律师培训、文件内核、质量控制和业务监管与问题解决。经过三十年发展,我们建立起20个专委会,在法律服务业务发展上起到纲举目张的引领作用。

德恒公司证券专业委员会门槛最高,从业律师达千人。按照中国证券监督管理委员会(简称"中国证监会")《证券服务机构从事证券服务业务备案管理规定》(〔2020〕52号)的规定,2022年德恒65人备案为证券法律业务风险控制人员,698人备案为从事证券法律业务律师。十余位委员先后担任中国证监会发行审核委员会(简称"发审委")委员、上市公司并购重组审核委员会(简称"并购重组委")委员,上海证券交易所(简称"上交所")、深圳证券交易所(简称"深交所")、北京证券交易所(简称"北交所")、创业板、科创板、新三板等审核委员会委员。我本人担任了中国证监会并购重组委首届和第二届委员。公司证券专业委员会支持了德恒律师业务迅速发展,加强了服务质量的制度保障,赢得了市场客户和口碑。德恒证券业务从1993年开始的法人股上市,逐渐发展到种类齐全,包括阶段性的股权分置改革、境内 A 股上市、上交所主板上市、科创板上市、深交所主板上市、创业板上市、新三板挂牌、北交所转板创业板上市及境外上市,包括美国纳斯达克上市、港交所主板挂牌上市、瑞士 GDR 发行;再融资项目;A 股非公开发行项目;发债项目,包括公司债、企业债与绿色债等项目;短融、超短融与中期票据等项目;资产支持证券化项目;各类境外债券项目,包括发行美元债、欧元债、自贸区离岸债券等项目;上市公司并购重组与收购项目;甲乙类证券业务备案 2022 年超过 300 项,具有较强的持续发展能力。

德恒刑事专业委员会专业实力最强。德恒律师承办大批具有影响力的案件,在职务侵占、滥用职权、金融犯罪、证券犯罪、计算机犯罪、信息网络犯罪、数字科技犯罪、虚拟数字货币犯罪、知识产权犯罪、经营类犯罪、侵犯财产权、商业贿赂、社会管理等各类犯罪以及侵犯公民人身权利、民主权利犯罪等主要业务领域的辩护中取得了有效辩护的突出效果,此外还代理了一系列刑事控告及被害人案件。经德恒律师提供法律服务,大量被告人获得无罪、罪轻、降低刑事处罚、不批捕、不起诉、取保候审、刑事合规"少捕慎诉慎押"判决等较好的案件结果。德恒刑事业务律师提出大量法律立法、修法建议和研究报告,举办"德恒刑事讲堂"等量刑事实务研究与论坛,出版大量刑事法律理论研究、实务案例、外国刑事法律图书翻译和办案指引等书籍。刑事专业委员会众多律师成为最高人民法院、司法部"死刑复核法律援助律师库"律师,接办死刑复核法律援助案件。刑事专业委员会律师为北京大学、清华大学等多家高校的法学院本科生和硕士研究生授课,将实务知识带进高校课堂。

德恒争议解决专业委员会办理案件最多。德恒律师半数以上有民事、商事争议解决的从业经历,代理了大量有重大影响的案件。2022 年,德恒代理各类民商事诉讼和仲裁案件近两万件。案件类型从传统的民事、商事、合同、侵权发展到社会公益诉讼与多元纠纷等新样态。德恒律师受中证中小投资者服务中心指派代表投资者就上市公司虚假陈述提起民事索赔公益案件;代理新三板挂牌公司被诉证券虚假陈述纠纷案件;代理兰州铁路运输中级人民法院受理的首起涉地铁民商最大标的额案件,本案最终成功调解;代理中国首例以合理许可费确定损失数额的侵犯商业秘密案件圆满结案;代理民商事纠纷向内地法院申请认可和执行香港法院判决等。争议解决专业委员会组织编写《德恒民事业务风控合规比照指引》。

德恒金融专业委员会最具有金融街服务特性。德恒北京总部入驻的金融街是中国金融监管一条街,也是金融机构核心聚集区。金融专业委员会有446名律师,下设银行、保险、信托、金融租赁、不良资产、资产管理、互联网金融、跨境金融等专业组,提供金融领域全面的法律服务。金融专业委员会律师承办境内外银团贷款、地产风险隔离、不良资产处置、国际投行对科技公司融资、外国公司收购反垄断申报、融资租赁资产证券化、破产重整并购融资、人居环境综合建设PPP、收购、短期私募债发行、央企混改等境内外项目。金融专业委员会牵头成立服务高端客户的"德恒财富办公室",举办"德恒财富管理高峰论坛""保险公司数据合规及相关法律风险培训""金融机构合规风险防范实操指引培训""保险与财富管理""再保险业务新趋势与发展"等专业研讨会。金融专业委员会支持金融街创新服务智库的建立和运行。

德恒融资并购专业委员为国企服务最多。融资并购专业委员会有250名律师常年从事各级国有企业、混合所有制企业、大型民营企业和外资企业的融资并购业务。其业务包括上市公司的股份要约收购、重大资产收购重组、跨境并购、并购融资等,涉及行业包括建筑、交通、汽车、船舶、石油、化工、生物医药、有色金属、黄金、贵金属矿业、电网、电站、太阳能、能源、科技、加工制造、连锁店、土畜、化肥、农药、金融证券等。2022年,德恒融资并购业绩超过230项。德恒组织申请多个大型、中央企业并购律师库入库;德恒融资并购领域及律师多次上榜各类奖项榜单。融资并购专业委员会在期刊出版、研究发表、培训讲座、内外部交流等方面持续努力发展。

德恒跨境专业委员会涉外业务律师人数最多。德恒全国涉外业务律师近千人,从事涉外业务或具备海外学习经历的专业人员有460余人,其中80%取得海外学位,数十人具有境外执业资格,分布在北京、上海、深圳、广州、成都、无锡、济南、杭州、苏州等地,近200名律师入选司法部"全国千名涉外律师人才"和省/市级涉外律师人才库。德恒涉外法律服务优势领域主要有:境外直接投资、跨境股权并购、国际工程建设、外商来华投资、跨境银行融资、境外私募融资、境外基金及发债、境外上市及退市、国际贸易及竞争法、出口管制及经济制裁、数据合规、海事海商,以及国际仲裁、涉外民商事诉讼、涉外知识产权及劳动争议解决等。德恒已经为涉及136个国家的有重大影响的项目投资、并购、融资、建设及相关争议纠纷提供了优质的法律服务。2022年,德恒在跨境投资并购、跨境银行融资、国际资本市场、国际贸易、"三反一补"、跨境追逃追赃、涉外民商事争议解决等业务领域,为企业和个人提供了优质的法律服务;完成收购英国矿业上市公司、近百亿美元银团贷款等重大复杂交易,涉及48个法域的100多个涉外争议解决案件及非诉交易项目;涉及矿产资源、能源电力、半导体、材料等传统工业及高新技术产业,以及金融、IT及互联网、交通物流、医疗、农业、文化服务等产业。跨境专业委员会团队规模整体保持平稳增长。

德恒建设工程及房地产专业委员会与市场发展最紧密。该专委会拥有300多名专业律师。其中,多名律师拥有国家一级土建建造师、造价工程师、项目分析师、土建高级工程师、IPMP国际工程项目高级(B)项目经理资格,是财政部PPP中心专家库专家。该专委会在宏观经济指导下的房地产、产业园区、城市综合开发、城市再造、轨道交通等领域,涉及开发、建设、施工、质量、监理、融资、并购重组、破产重整等业务,并在铁路电气化站区改造工程EPC项目、城市投资运营PPP项目、城市旧区改造项目业绩突出,擅长处理重大争议解决案件;在国际工程承包、"一带一路"建设、国际工程融资、银行保函、创新发行PPP-ABCP(投资PPP资产支持商业票据)、国际建设工程纠纷仲裁代理和仲裁等方面业务具有特色。建设工程及房地产专业委员会的律师为房屋建筑与市政基础设施工程总承包、建设项目工程总承包合同(示范文本)、建设工程施工发包与承包违法行为认定查处管理办法、城市再造等立法与修法工作提供法律服务。

德恒破产重整专业委员专业服务链最长。该专委会有委员150人,从业人员500人,德恒北京总部和各分所被全国各级人民法院列入破产案件管理人名册。德恒创造了山西联盛破产重整、海航集团航空主业资产破产重整等成功案例。其中涉及ST圣方等数十家上市公司破产重整项目,为稳定中国金融市场和实体企业发展起到了重要保障作用。德恒经办的齐鲁特钢等四家公司合并重整案件被济宁市政府、济宁市中级人民法院作为典型案例在全市通报表彰。德恒律师为中国第一例市场化的证券公司破产重整案——网信证券有限责任公司破产重整案及河南省淇县永达食品有限公司等149家企业合并重整案、湖北凯乐科技股份预重整案和山东金顺达集团有限公司等25家关联企业合并重整案顺利完成作出重要贡献。

德恒劳动与社会保障专业委员会最受雇主和雇员信任。该专委会有律师175人,提供劳动、用工、雇佣、工资、劳务、报酬、个税、绩效、奖金、新冠疫情复工与用工、劳动争议、劳动仲裁、调解等方面的立法、修法与法律咨询、代理服务。德恒律师为人力资源和社会保障部门依法行政提供服务,为各省市人力资源和社会保障部门提供服务;为雇主包括部委、央企、地方国企、金融机构、媒体文化、商会、协会、科技企业、通信、互联网、新能源、电动车、连锁商店、平台企业等提供服务;为雇员提供服务,依法维护劳动者合法权益;亦为跨境劳务用工、劳动合规、风险防范、华侨华人提供跨专业、跨境服务。该专委会进行公益普法咨询服务,承担律师社会责任;开展法律讲座,解答新冠感染咨询问题;在"劳动法在线"进行劳动法普法视频讲座,撰写劳动法普法文章,编撰《律师答疑解惑·后疫情时代劳动用工58问》。

德恒知识产权专业委员会与律所同龄。该专委会历史悠久,1993年最早从事知识产权业务的有张庆泰、陶鑫良等律师。2009年,德恒引进一支具有国际视野、擅办大案难案、拥有丰富经验的知识产权专业服务团队,现有158名律师,近百名专利代理人、双证律师、专利工程师和商标代理人,提供科技法律服务与商事服务从业者近千人。章社昊、李伟等一批来自国内知名事务所的涉外专利代理人和商标代理人、律师,具备法律和技术跨领域知识和经验,为客户在100多个国家及地区提供全球化、网络化、紧密型的高质高效具有国际专业水准的知识产权法律服务。知识产权团队擅长提供知识产权战略分析,为客户在全球专利布局、专利地图分析、企业知识产权管理、技术秘密与专利申请筹划等方面提供高效高质服务;能够为客户提供专业、高效、全面的知识产权法律服务,包括专利申请书撰写、含PCT申请、专利无效申请、商标注册、异议、商标无效、侵权诉讼、知识产权许可、尽职调查、商业秘密等一系列知识产权法律服务；亦提供工业产权、植物新品种、著作权等的授权、维权诉讼、仲裁、调解等服务。知识产权专业委员会为央企、中国科学院、中国工程院及各类科研院所和医疗医药、新材料、计算机、芯片制造封装、互联网科技、文化娱乐科技等行业的国内外客户，代理了诸多具有重大社会影响的案件。德恒在专利侵权纠纷、专利行政纠纷、商标行政纠纷、著作权侵权纠纷、商业秘密侵权纠纷和知识产权非诉项目中，保持着知识产权诉讼高赔偿额的记录；在应对美国发起的"337调查"对木地板、LED灯等知识产权侵权特别调查方面保持了良好的业绩。

德恒竞争法专业委员会发展最快。 该专委会从业律师逾百人，主要提供经营者集中申报代理、应对反垄断调查、代理反垄断诉讼、反垄断合规代理等法律服务，其所代理的反垄断调查案件涉及通信、燃气、原料药、制剂等行业。德恒律师经办经营者集中申报，以碧桂园收购某股权案和顺丰公司收购某物流公司资产案等影响较大。德恒代表企业应对国家市场监督管理总局滥用市场支配地位反垄断调查，担任国家市场监管机构、央企公司、移动通信公司、大型新能源上市公司、大型物流企业反垄断合规常年法律顾问。

德恒国际贸易救济专业委员会最能奋斗。 中国加入WTO前后，国际贸易救济业务逐渐增多。德恒最早从1994年代理中国客户应诉美国机构发起的一次性打火机反倾销调查胜诉开始，发展到应对来自WTO成员对我国企业提起的反倾销、反补贴和保障措施等，三十年间一直没有中断。仅2022年度就代理了包括来自韩国、印度、巴西、欧盟、乌拉圭、美国及中国台湾地区，对氢氧化铝、铝印刷板材、汽车玻璃、二环己基碳二亚胺、光伏玻璃、阿托伐他汀中间体、过氧化苯甲酰、不锈钢无缝管、钢钉的反倾销调查和信义光伏反补贴上诉案、信义浮法玻璃反倾销上诉案。

德恒国际工程与项目投融资专业委员会亮点频出。 国际工程业务律师团队主要由中国本土律师和派驻海外的律师组成，部分律师亦有在国际工程公司从事石油石化交通运输工程建设的经验；地域范围从中东迪拜扩展至海湾六国，从阿拉伯半岛扩展至非洲、亚洲、中美洲、南美洲，项目涵盖 DBB、DB、EPC、BOT 和 BOO 等类型；服务范围也跨越项目谈判、签约、索赔到最后的争议解决。德恒服务的海上工程遍及澳大利亚海域、泰国海域、波斯湾海域的石油钻井平台工程建造项目。2022 年 5 月，德恒代理中国工程承包商在阿联酋阿布扎比商事法院（Commercial Court of Abu Dhabi）一审胜诉的判决生效，判决终止并撤销中国工程承包商给 EPC 项目总包商的履约保函与质保保函，并且判令渣打银行阿布扎比分行将两份保函退还中国的开立银行。同年德恒律师在中国国际贸易仲裁委员会赢得中国工程承包商 83% 仲裁请求额的仲裁裁决；在国际商会（ICC）国际仲裁院赢得驳回申请人西班牙某公司对中国公司的全部仲裁请求的仲裁裁决。

德恒环境保护与绿色发展专业委员异军突起。该专委会有 140 名律师，参与绿色环保、碳中和、长江大环保、"一带一路"建设及黄河流域生态保护和高质量发展。德恒律师担任国家和山东、新疆、辽宁、云南、重庆、北京、苏州、济南、深圳等生态环境主管部门和中国环境科学院等法律顾问；深度参与中央和地方环境立法与社会发展重大决策的制定调研和立法研究工作；参与"北京 2022 年冬奥会和冬残奥会空气质量保障"工作专班，最高人民检察院"南四湖专案"省级工作专班，承办案例入选"山东省首届行政应诉十大典型案例"；为企业维权保障，创新企业环境法律风险合规服务。德恒北京、无锡律师办理污染环境合规案，入选 2022 年度常州市和无锡市律师服务民营企业典型刑事案例。山东省司法厅批复成立"一带一路"黄河流域高质量发展法律服务创新中心。该专委会组织沿黄流域九省市律师开展黄河流域生态保护和高质量发展研究，撰写多篇环境专业论文并在《中国环境报》上发表；组织多场"双碳"与"生态环境法律实务"讲座，开展数十次生态环境法律专题培训研讨会；周建勋律师担任环境影响评价工程师职业资格考试的法律法规考试专项培训讲师，累计培训万余人次。

德恒文旅体育与健康养老产业专业委员会跨界大健康产业。该专委会围绕城市运营中的文化教育、文娱影视、旅游、体育及健身、养老康复、医疗医药等提供法律服务。客户包括市场监督管理、规划设计、投资健康产业、文物保护、健身气功、数字科技、网络技术以及汽车传媒平台等各个类别。德恒律师为2022年北京冬奥会、冬残奥会法律顾问。王建文律师牵头连续完成了《国家文物管理法》修订和国家暨北京市多个文物课题研究和规章立法评估课题,并为行政执法与市场监管提供政策决策咨询。

德恒科学技术专业委会为高科技企事业单位提供全方位、生层次、个性化的服务。该专委会以德恒"院士公益法律服务工程"为基础,以北京市"一带一路"科技法律服务中心为抓手,于2019年组建,委员逾百人,分布于北京、上海、广州、深圳、合肥等18个高科技产业发展较好的城市及硅谷等部分海外高科技校心区。现已成立通信网络、航天航空、人工智能、生命科技、金融科技共五个业务组别,为近千家高科技企事业单位提供服务。近年来,该专委会着重在四个方面开展工作。一是研究对我国"卡脖子"的35项关键技术,并将这35项技术进行分派,由一个或两个委员负责一项技术的跟踪,找出相关企业并积极跟进,力争实现为其提供法律服务。二是通过为两院院士和一些知名专家学者开展法律服务来带动相关高科技企事业单位的法律服务。三是探索"互联网+人工智能+法律"相关领域业务发展。该专委会作为德恒创新发展的主要力量,必须密切关注相关领域发展,把握时机通过合适的方式进入该领域,确立德恒在此领域的领先地位。四是结合"一带一路"相关业务领域,积极开发为境外高科技企业提供法律服务的机会,并促进国内高科技企事业单位与境外高科技企业的合作共赢。

德恒PPP业务中心。德恒将研发阶段新业务以研究中心的方式进行探索研究创新服务。财政部在基础设施及公共服务领域大力推广运用PPP模式,成立政府和社会资本合作(PPP)中心。曹珊、贾怀远、李宏远、黄华珍、杨晓玲、周玉华律师为该中心PPP评估专家。德恒PPP业务中心在建筑工程规划设计、造价、合同纠纷、项目回购谈判、基础设施建设以及相关投融资等领域提供法律服务;开发大型ABO项目、TOD项目以及城市更新与特许经营结合项目等综合开发项目。德恒PPP业务中心PPP项目涉及城区水环境综合治理、旅游观光轨道交通武夷山景区线工程、住房和老旧小区改造工程及采用特许经营模式建设、城市应急供水系统,以及国寿资产——中国中铁PPP股权计划、中交PPP股权计划、国电投80亿元战略性股权投资项目和节能集团基础设施债权投资计划等。

德恒网络与数据研究中心。 张韬、王一楠律师是网络与数据研究领域的牵头律师,带领团队参与多项由国家互联网信息办公室和商务部等组织的关于《个人信息保护法》《数据出境安全评估办法》和《个人信息出境标准合同办法》等的数据出境路径制度设计和数据出境安全管理制度建设;承担央企与地方国企的合规建设与政策拟定项目;承担国内头部企业和平台的数据合规项目,担任区块链、智能合约等前沿领域项目法律顾问,担任"十四五"知识产权规划指导专家;参与商务部《中国电子商务报告》《中国网络零售市场诚信发展报告》的编写,就网络制裁与国家数据安全提出专家意见。德恒数据网络专业律师为数据合规、数字传播、元宇宙科技传播、数据刑事合规、NFT数字藏品交易、短视频医学主播、媒体平台运营合作、区块链平台、区块链沙盒数据合规、邮政数据合规、跨国集团数据合规、数据公司合规、人工智能大数据公司数据合规等提供专项法律服务,为数据出境安全及数据安全出境评估等参与立法与法律实施服务。

德恒政府与公共法律服务中心。 该中心集中整合政府与公共事务法律服务资源,积极推动相关业务发展。2022年4月,根据国家发展和改革委员会(简称"国家发改委")《关于对专家参与公共决策有关情况进行摸底调研的函》,该中心对德恒律师作为专家"参与公共决策"的情况和有关建议作了梳理报告。近三年来,德恒律师受邀以专家、代表、委员、法律顾问等身份参与中央国家机关,包括国家发改委、工信部、水利部、国家市场监督管理总局、国家能源局、国家烟草专卖局、国际发展合作署以及中国证监会、中华全国工商业联合会(简称"全国工商联")等部门单位组织的各类法律咨询、评审、评议活动等公共决策事项,接受委托完成政府部门委托课题,参与立法咨询修订等工作数十项,涉及律师专家上百人次。德恒律师担任多个国家部委办局和公益性社团组织,如工业和信息化部中小企业发展促进中心等常年法律顾问。

德恒仲裁调解业务发展研究中心。 该中心具有中国国际经济贸易仲裁委员会(CIETAC)、中国海事仲裁委员会、一带一路国际商事调解中心(International Commercial Mediation Center for the Belt and Road, BNRMC)以及中外各级各地各种仲裁调解机构仲裁员、调解员近300名。该中心律师在办理指派业务的同时,参与大量公益活动,例如,与中国仲裁法学研究会在京举办合作座谈会,举办关于《仲裁法》修改及仲裁公信力的专题研讨会,与CIETAC合作举办中国仲裁周迪拜专场活动,协助举办"国际商事调解论坛(2022)",赞助举办第二十届"贸仲杯"国际商事仲裁模拟仲裁庭辩论赛并开展系列讲座,等等。

德恒税法服务与研究中心。该中心税务法律专家对涉税案件提供税法咨询,涉及虚开发票、稽查要求补缴大额个人所得税、资产处置税收规划、灵活用工平台合规性规划及资产重组方案设计等领域。该中心连续四年承办"税务司法理论与实践"高端论坛,编纂年度税务影响力案例,撰写税务行政诉讼大数据报告和税务非诉执行大数据报告,并举办培训等;受全国人大财政经济委员会委托参与组织起草《税法通则》专家建议稿和起草说明,推动税法通则的立法和税收法治化。参加全国人大法律工作委员会就《个人所得税法》修改完善的座谈会。2022年,该中心提供个人所得税计算、股权转让、企业并购重组、国际税收、发票开具等上百件涉税咨询,有效地解决了客户的税法问题。该中心组织2022年"年度影响力税务司法审判"案例评选,编写《2021年中国税务行政诉讼大数据分析报告》,发布《德恒税法服务与研究》月度电子期刊。

德恒合规业务专业委员会。该专委会现有律师160多位,涉及业务领域包括全面合规体系、刑事合规、数据安全、金融、贸易、跨境、国资交易、知识产权、税务、环保等。德恒合规律师受多个国家职能部门委托,承担合规建设专项法律服务,为合规政策法律制定、企业合规规范构架、国际合规、国内商事行为合规服务,为银团金融数据合规法律风险管理与实务专业合规提供法律服务;承担民航信息网络合规、石油化工系统合规、央视网络合规尽调、技术检测、法律咨询和指导等工作;为国家计算机网络与信息安全管理中心提供数据跨境流动适当保障措施的法律政策研究,为证券行政与刑事调查当事方提供刑事合规法律服务,为某数据技术股份公司提供数据合规专项法律服务,为某国外网站在中国法项下数据合规提供专项法律服务。

六、德恒全球　自主发展

中国律师，全球专家

如何实现"为中国的企业走向市场、进入国际经济体系，为中国社会主义市场经济新体制的建立，为中国法律服务市场的形成和发展起到龙头和表率作用"，对于新生的律师事务所是一个时代的大考。德恒要建立的"千人大所"不仅是规模大、人数多，更重要的是要有国际化的发展视野、本地化的服务能力、专业化的服务优势和一体化的服务网络。德恒按照中国品牌国际化的思路规划全球发展路线图。

面向全球招聘律师。中国律师事务中心要建成全球化的律师事务所，就要求人员高层次、队伍集团化、服务国际化，就要面向全球招聘律师。这个想法得到各方面的支持。中国律师事务中心1993年3月26日在《法制日报》上发消息，面向海内外招聘有志于从事律师事业的优秀人才；同时向各大高校择优招收一批硕士、博士应届毕业生，不占国家编制，解决进京指标。1993年上半年，中国律师事务中心迎来了刚刚卸任北京市西城区人民法院院长的李养田，刚刚从美国留学回国的吉林大学副教授李贵方，来自四川的肖琦，从东欧回国的税务专家郭瀛洲，从澳大利亚留学回国的金融专家涂建，以及北京大学的袁曙宏、孙钢宏，中国人民大学的陈建宏，华中师范大学的郭圣乾，中国政法大学的齐溟等一批博士、硕士加入德恒。为了解决他们的户口、婚姻登记、计划生育等具体问题，中国律师事务中心做了细致而烦琐的工作，克服了种种困难。还有部分德高望重的老前辈，如国际仲裁专家任继圣、高宗泽，资深律师兼专利代理人张庆泰等也来到了中国律师事务中心。这支高素质的专业队伍，有能力承接各种诉讼与非诉讼、国内与涉外法律业务，为市场经济提供专业的法律服务。根据1993年12月10日的统计，中国律师事务中心员工65人，其中专职律师48人，兼职律师4人，具有博士、硕士研究生学历的有22人，三分之一有在政府、司法、教育科研系统工作的经历，五分之一是海归。后来，一些优秀人才陆续被推荐到国家机关、财政金融等部门工作，有的陆续走上了领导岗位，袁曙宏、郭圣乾、齐溟等是其中的代表。

海纳百川,发展壮大。三十年"耕云播月"茁壮成长的德恒,今天已经建立起逾5000名律师的队伍,其中以中国律师为主体,也有持香港特区、澳门特区律师执照和美国各州、欧盟及法国、比利时、老挝、新加坡、哈萨克斯坦、阿联酋等国家及地区律师执照的。另外,德恒还有持会计师、评估师、审计师、英国特许注册会计师、土建高级工程师、建造师、造价工程师、项目分析师、建筑师、测量师、工程师,以及商标、专利代理人,证券、基金、保险、破产管理人等从业资格的多种专业资质专家,加上行政管理人员共计6000余人。德恒律师、专家以中国律师、全球服务的昂扬姿态为全球客户提供服务。

跬步千里的自主发展

从1993年起步,德恒成立的第一个十年,在国内外11个城市建立了分支机构,国内的有海口、北海、上海,国外的有荷兰海牙、法国巴黎和美国纽约。德恒成立的第二个十年,建立了长沙、大连、武汉、沈阳、济南、西安、杭州、重庆、福州、南京、乌鲁木齐、成都、太原13个省会(含副省级、计划单列市)城市和阿联酋迪拜等14个分支机构。德恒成立的第三个十年,进入新时代,建立了24个国内办公室和2个联营所,并在美国硅谷、比利时布鲁塞尔、哈萨克斯坦阿拉木图和阿斯塔纳、老挝万象、韩国首尔建立了6个国外分所。国内新设的24个办公室分别是合肥、郑州、昆明、珠海、苏州、温州、无锡、三亚、东莞、南宁、宁波、石家庄、西咸、南昌、银川、厦门、兰州、贵阳、青岛、海口、雄安、烟台、香港办公室,2个联营所是香港联营所、永恒联营所。德恒在大局上谋势,于关键处落子,各地办公室已经在当地成为领先的头部律师事务所,京津冀、长三角、粤港澳、西南西北等地德恒办公室聚焦国家区域发展规划,开展区域一体化的业务合作,推动高质量共建"一带一路"与粤港澳大湾区建设,与新形势新任务同频共振。

三十年间,德恒选择落子到最需要的地方布点,与当地律师合作建立全球办公网络。每个地方办公室都要为当地客户提供全球化的高端专业服务。截至2023年,德恒建立起总部在北京,覆盖全国30个省市及港澳、国外 10 个国家的城市的 52 个分支机构和 160 个全球合作办公的服务网络。德恒在全球发展版图上布点设阵，连点成线，连线成片，走出了一条独立自主全球发展的道路。

德恒律师的发展之道

德恒发展的第一个十年，旨在探索中国律师发展之路。 中国律师走什么路才能走稳、做大、做强、做好？与中国社会主义市场经济中的企业发展相比，中国律师发展的规模、业态、服务能力、管理水平较为局促，以致走出去参加国际竞争，都有相当的差距。相比之下，一些外国律师事务所进入中国开办事处，将中国企业走出去投资、融资、并购等高端业务、大型项目、高收费项目揽在手中。即使一些项目需要中国律师提供法律服务，签署法律意见书，也只是别人做好了"菜"，让你"签个字"端上来而已。如何使中国律师的法律服务与中国经济社会发展需求相适应，如何打造中国律师和律师事务所的国际业务能力，建立国际业务平台？是独立自主还是全盘西化？德恒通过自身发展实践，对中国特色的律师之路有了进一步的体会。

德恒发展的第二个十年，服务国家战略取得重大业绩。 我们在法律维权、法律援助、科技法律服务、法律教育、绿色环保等方面做了大量工作，从传统的诉讼发展到覆盖现代市场经济全方位、全过程的非诉讼法律服务；从国内资本市场、建设地产、知识产权、劳动保障，到走出去开展投资贸易、海外工程、并购融资上市，应对反倾销、反补贴、反垄断。三峡工程、南水北调、中国农业银行改制上市等项目中，都有德恒律师的奉献。2010 年习近平等中央领导同志到德恒调研，对德恒的党建和在学习实践科学发展中取得的成效给予肯定与赞扬。创办德恒的实践让我深深体会到，中国的发展需要律师，律师也肩负着重大的社会责任。

德恒发展的第三个十年，在中国特色社会主义建设新时代再创佳绩。
德恒始终聚焦党和国家中心任务，贯彻落实新发展理念、加快构建新发展格局、着力推动高质量发展。为构建高水平社会主义市场经济体制，建设现代化产业体系，加大力度解决发展不平衡不充分，卡点瓶颈，科技创新能力，粮食、能源、产业链供应链、金融安全风险，重点领域改革提供高质量服务。

服务中心大局，助力大国重器。 新时代以来，德恒在资本市场上保持发展势头，助力国家电网改制、中国海洋石油回归国内资本市场上市等，通过立法程序成功收购俄罗斯克鲁奇金矿，设立千亿人民币中俄区域发展投资基金，跨境并购黄金、芯片、光伏电站，投资承包建设多国水电站、轻轨等项目，应对国际反倾销、反垄断和"长臂管辖"，在跨境维权方面取得骄人业绩。

聚焦发展重点创新服务。 德恒律师为新时代刑事、民事、行政科学立法，政府依法行政、人民依法维权、产权平等保护、维护金融稳定、反垄断调查等重大改革政策措施出台等提供大量法律研究与建言；"明德慎刑"，为"反腐"案被告人辩护，为民营企业家和民营经济"两个健康"发展维权，创新服务数字经济信息安全；将企业债务违约、破产重整与刑事合规综合施治，帮助海航集团破产航空资产重整，帮助三亚"半山半岛"破产重整摆脱危机，防范化解金融风险。

服务资本市场创誉三甲。 德恒这十年，为四百家A股上市公司、超百家境外上市公司以及超千家新三板公司提供包括IPO、挂牌、再融资、兼并收购以及合规咨询等方面的法律服务，涉及融资金额超万亿元。德恒还为累计近千家境内外公司提供了发行境内外债券、债务融资工具等方面的法律服务，成功为3家中国企业承办在瑞士GDR发行项目。

德恒服务国家级专精特新"小巨人"等企业37家，担任发行人律师的中芯国际总市值3040.19亿元（2022年12月28日收盘价），独占鳌头。2022年，德恒再融资项目审核通过30家，为128家企业发行579期公司债、企业债与绿色债以及美元债、欧元债、离岸债券等；短融、超短融与中期票据等项目发行规模超万亿元。

打造金融街品牌律师事务所、品牌律师。 德恒从事资本市场专业服务律师逾千人，仅备案从事证券法律业务律师和风控人员就超过700人。德恒创建了严格的内核管理制度，2022年全年内核、复核文件3207件；境内IPO接受证券监管部门例行现场检查10件，全部达到标准要求。专业精良、低调谦逊、勤勉尽职的德恒风格获得资本市场广泛的信赖，人称金融街品牌律师事务所、品牌律师。德恒好律师、德恒律师好的理念深入人心。

七、法律服务　社会责任

党的十八大召开开启新时代，正值德恒成立二十周年。我们邀请主管部门、客户、专家、学者、业界同行一起，回顾律师的初心使命，探讨律师的法律服务与社会责任。2013年1月16日下午，在北京饭店金色大厅，我们召开了有500人参加的"法律服务与社会责任"大型主题研讨会。研讨会出席嘉宾既有蜚声中外的法界博学鸿儒，又有纵横江湖的律界实务精英。他们情系中国，关心律师，爱护德恒，对律师的"法律服务与社会责任"发表了深刻见解，为律师事业的发展提出中肯的建议，向德恒律师致以美好的祝福，为我们高举公益的大旗履行社会责任、走向美好未来提出衷心的希望。在德恒发展史上，这是极其重要的思想理论建设的里程碑。

倡导社会责任具有积极意义

律师要以诚信为本，执业为民，坚定不移地推进保民生，做当事人合法权益的维护者，社会公平正义的保障者，社会稳定与和谐的促进者。在德恒成立二十年之际，在"法律服务与社会责任"研讨会上，司法部副部长张苏军发表致辞。他指出：

> 倡导社会责任具有积极意义。社会责任是一种普遍责任，是每一个人、每一个社会组织的责任，把法律服务与社会责任联系起来，说明了我们法律服务工作者对自己社会使命的清醒认识，也反映了法律服务工作者的理论自觉。这个问题的提出，符合党的十八大关于加强社会主义核心价值体系建设，加强社会公德、职业道德建设的基本精神。也是全面推进依法治国的必然要求。我们每一个人、每一个行业、每一个社会组织，都应该切实按照党的十八大要求，认真履行法定义务，自觉承担社会责任，共同营造良好的社会氛围。为全面建成社会主义小康社会作出积极的贡献。法律工作者也要明确举什么旗，走什么路。法律服务是一个特殊的行业，就其人数而言，可能不算是一个大的行业。但是其社会影响力却十分大。法律

服务工作者直接面向基层,面向群众,怎样服务,以及怎样服务好,是一个重大课题。如何以崇高的社会责任感,以建设中国特色社会主义的使命感去做好法律服务,我想这就能够找到正确的方向方法,实现法律效果和社会效果的统一。如果仅仅为了个人的得失去赚钱,就可能急功近利,甚至可能出现违法的行为。

张苏军副部长殷殷寄语:

适逢德恒律师事务所成立20周年,我代表司法部向德恒所和全体同仁表示祝贺。德恒所的发展历程也是我国律师事业发展的缩影。20年前德恒所成立时,司法部在批文中要求,德恒所为中国法律服务的形成和发展提供龙头和表率的作用。15年前,德恒所专门召开了"走有中国特色的律师之路"研讨会,研究律师发展之路。今天德恒所又召开"法律服务与社会责任"研讨会,这是德恒所的一种使命感和责任感。今天我们要建成中国特色社会主义,同样也需要有中国特色的法律制度和服务能力。在这方面德恒所走在了前面,探索在了前面,这是值得肯定的。

承担社会责任是律师的义务

承担社会责任是律师的法定义务。我在研讨会上首先向大家报告了德恒二十年的发展情况,为国家重大战略发展所做的贡献,也报告了习近平总书记到德恒调研时所作的重要指示。为什么定这个"法律服务与社会责任"主题,我的理解是,承担社会责任是律师的法定义务。律师要根据宪法法律赋予公民的权益提供法律服务,维护当事人的权益,保护社会公平正义。律师要做到:为政府机关服务,不以权大而妄为,促进依法行政;为平民百姓服务,不以民小而不为,要做老百姓的"法律随身听"。律师的社会责任也体现在从宏观上深化服务国家建设大局,促进社会发展;从微观上帮助客户创造价值,增加智慧财产,减少风险成本;为社会治理填补漏洞,避免违法违规造成的损失,使社会价值保值增值。经历二十年的办所和执业实践,我深深体会到,中国的发展需要律师提供法律服务,律师也肩负着重大的社会责任。

律师通过法律服务履行社会责任。律师通过自己的专业服务,使当事人的合法权益得以实现,使法律得以正确实施,使社会公平正义得以彰显,这就是律师社会责任的核心体现。北京市人民政府法制办公室党组书记、主任周继东认为:

> 律师可以帮助完善立法,市政府聘请王丽担任立法专家委员会委员,参与了多部法律规章的法律审查工作,作出了非常大的贡献。律师可以帮助完善政府重大决策。律师作为政府法律顾问,就要履职尽力,建言献策,使各项重大的决策合法、合理、公正,符合科学发展的要求,符合广大人民的愿望。律师可能在这里面是最有发言权的。律师可以帮助化解社会矛盾纠纷。广大律师参与诉讼、行政复议、调解,通过服务和引导,使广大群众能够更好地通过法律途径来表达诉求,解决纠纷,社会就会更为安定有序。律师在解纷止争过程中对当事人进行法律讲解和法治宣传,提高政府机关工作人员和老百姓的规则意识、法律意识、公平正义的意识、尊重别人权利的意识。律师在法律服务过程中要引导社会不断地提升法治意识和水平,为我们整个首都的法治建设奠定良好的社会基础。

律师行业需要科学构建。最高人民法院原副院长刘家琛认为:

> 律师要引导群众,化解社会矛盾,维护社会公平正义。第一,应当强化律师对行政权的监督。第二,应当提高律师的社会地位。刑法立法的时候,把律师作为伪证罪的特殊主体,我坚决反对立这一条。把律师作为伪证罪的特殊主体,说明律师没有社会地位。第三,发挥律师的调解、和解作用。我们要充分发挥律师在为人民群众、为社会提供法律服务,化解社会纷争、诉讼纷争当中的特殊作用,善于讲情善于讲理,又不违背法律。希望中国的律师为我们国家法治建设作出更大的贡献,尤其是德恒律师事务所,他们所办理的案件当中,在他们的行动和举措当中,确实体现了为社会服务,为人民群众提供法律服务的精神。习近平同志到德恒调研,律师迎来第二个春天,希望抓住这个机遇,促进律师事业的蓬勃发展。

律师的工作实际上都是为社会服务。中国政法大学江平教授认为：

> 《公司法》修改引入社会责任，具有积极意义。《公司法》修改的时候，我们在第5条加进了企业的社会责任。虽然公司是以盈利为目的，是以利作为第一。世界上有一种企业公民运动，也就是把一个企业当成公民一样，有权利，也应该承担义务，也应该承担社会责任。律师的工作承载着社会责任，是受人之托，代人来完成一些法律服务工作。在这个意义上，他的工作就是一种为社会服务。律师的社会责任体现为"诚信"。能够以自己的诚实信用的服务来为社会作出贡献，这就是他最大的社会责任。德恒律师事务所这些年来，在完成社会责任方面，给社会作出了表率。无论是在培养律师方面，或者其他为社会服务方面，都作出很好的贡献。

法律服务是律师的立足之本

法律服务是律师的立足之本，社会责任是律师的发展之基。北京大学法学院教授陈兴良认为：

> 法律服务与社会责任并重，这是中国律师制度经过十多年发展所得出的必然结论，也是有中国特色的律师之路的应有之义。第一，法律服务是律师的立足之本。律师作为法律工作者，职责就在于为社会提供有效的法律服务。在诉讼业务中，律师发挥了积极作用，为实现司法公正作出了的应有贡献。在非诉业务中，律师更加生动地介入社会的经济生活，直接为市场经济提供法律保障，为企业提供法律服务。在国际法律服务市场上也展现了中国律师的风采。在这一点上，德恒是中国律师事务所发展的标本。德恒从刚成立时带有一定的行政色彩，发展成为高度专业化、市场化的全球性的律师机构，能为社会提供优秀的法律服务，成为中国律师的翘楚，这正是中国律师发展的缩影。第二，律师社会责任的提法很新颖。社会责任是律师的发展之基。过去我只听说过企业的社会责任的提法。今天来第一次看到德恒提出了律师的社会责任这样一个命题，令人眼前一亮，耳目一新。对于一家律师机构来说，不仅要高质量地完成法律

服务的职责，而且要履行社会责任，为社会提供全方位优质的资源，使律师事业与社会发展同步，这也是律师机构回馈社会的方式。德恒在履行社会责任方面也作出了杰出的贡献，尤其是在资助学术活动方面卓有成就。德恒在各个高校创办了各种类型的德恒论坛。我所在的北京大学法学院刑法学科在2001年就和德恒律师事务所共同创办了德恒刑事法论坛，取得了很好的成果。第三，律师法律服务和社会责任相辅相成。德恒之所以能够和各高校进行学术研究方面的合作，我想是和王丽、李贵方本身具有的学者气质分不开的。德恒在学术合作方面精心投入，成果丰硕。对于一家律师机构来说，法律服务和社会责任应该并重，两者是并行不悖、相辅相成的。只有为社会提供优质的法律服务，律师机构才能得到丰厚的回报，得到发展和保障，才能为律师机构履行社会责任提供物质基础。反过来说，律师机构只有积极履行社会责任，才能获得社会的认同，取得社会声誉，从而为律师机构的进一步拓展提供空间。我想德恒律师事务所二十年发展之路，也正是中国律师的发展之路。

律师应当成为法治建设者和推动者

中国青年政治学院副校长林维教授表示，非常感谢德恒对中国青年政治学院中央团校的支持。他讲述了自己的德恒情结，回顾在德恒做兼职律师十六年，最初就在德恒北京饭店4087房间工作，门口小铜牌写着英国大元帅蒙哥马利在20世纪50年代曾下榻于此。林维指出：

> 党的十八大讲科学立法，应当从体制上鼓励更多律师参政议政，进入各层级的人大或者政协，让他们在立法或者参政议政的舞台上，充分发挥这样一批具有专业法律背景、了解社会现实、懂得立法技术、懂得司法操作的律师，参与规则的制定，真正为科学立法提供一定的智力支持。建议司法机构为律师参与立法、司法解释的制定提供途径。很多司法解释都是由最高人民检察院、最高人民法院所制定，应当有能够代表司法过程中诉讼参与人的律师的意见，以便使司法解释能够更加客观、更加合理。最高人民法院和最高人民检察

院应该为律师提供这样一种途径,甚至在具体的立法、司法乃至个案的过程中,法院应该倾听法庭之友律师的意见。作为律师,他不应当成为一个体制外的叛逆者,也应当成为体制内的法律建设者和推动者。作为法律人的律师、法官和检察官,在社会责任的担当上、在正义事业的推动上若不能达成共识,那么中国法律中的正义的价值共识,在全民当中也更加难以完成。希望我们的律师在提供法律服务的过程中,能够承担更多的社会责任。

要鼓励律师参与法律援助,建立健全公益诉讼制度,提升律师形象。希望律师们能更多地到高校授课,把司法实务中的经验,把通过诉讼、通过办理案件、通过法律服务而累积到的有关正义、公平,乃至具体操作的技术,讲授给下一代年轻法律人,促使他们能够更早、更好、更快地了解当前法律的现实,在他们进入这个社会成为一个真正的法律人的时候,也能够像各位大律师一样,既有法律服务高超的技艺,又有社会责任的担当。

我特别喜欢德恒的名字,有德乃恒

中国人民大学何家弘教授在演讲中指出:

第一,感谢德恒支持中国人民大学法学院证据学研究所。在过去十年,在德恒资助下,中国人民大学创办了德恒证据学论坛,已经举办了90讲德恒证据学论坛。第90讲还别开生面搞了一个"证据好声音"演讲比赛,效果很好。第二,律师需要有"德"。我们与德恒的合作是非常愉快的,一个主要的原因是我喜欢德恒。我特别喜欢德恒的名字,他们自己讲是德行天下,恒信自然。我觉得还可以加上一句"有德乃恒"。只有道德高尚的律师事务所才能有长久的发展。律师究竟是有德还是无德?这不仅是中国的问题,还是个世界的问题。在美国那个国家里,律师的名声也不好。对中国来讲,我们需要更多高尚的律师来推进法治的事业。我想通过我的小说来向世人演示一个偶像型的洪律师,我更希望他在中国的社会中产生更大的影响。第三,律师要通过参政议政承担更多国家和社会责任以推进法治的发展。律师应该是一种最有活力的力量,希望在不久的将来,担当更重要的社会职责,比如他们可以成为大法官、大检察官甚至是国家的领导人。我期待这一天早日到来。

唯德者恒信,唯德者恒存。中华全国律师协会会长王俊峰表示:

> 20年来,作为中国律师行业的一个闪亮的明星事务所,德恒律师事务所在引领行业发展、开拓创新、担当社会责任等方面作出了表率,为我们行业树立了榜样。我代表中华全国律师协会向20多年来坚守法律专业和职业精神,带领德恒不断成长壮大的以王丽、李贵方等为代表的第一代德恒创立人,以及众多的德恒律师取得的专业成就,表示热烈的祝贺。德恒律师事务所这个名字起得也好,事业发展,百舸争流。唯德者恒信,唯德者恒存。我们寄语德恒人,在新的起点,新的20年,为行业发展作出更大的贡献,在推动国家法治进步,在推动法律服务向更广阔的社会领域,以及推动法律服务的国际化,推动行业有更多的社会担当,为建设法治中国、幸福中国作出更大的贡献。

律师的社会责任在于提供优质法律服务

北京律师勇于承担更大的社会责任。北京市司法局副局长李公田指出:

> 首都律师的责任更重大。律师是专业性较强的职业,最主要的任务就是要为社会提供方方面面的优质法律专业服务,履职尽责地提供法律服务,就是在履行社会职责。首都独特的社会经济地位,注定北京律师要勇于承担更大的社会责任,作出自己应有的贡献。广大律师在办理大量的诉讼与非诉案件的同时,积极参与预防和化解社会矛盾。在参政议政、参与立法、信访接待、突发事件善后处理,开展法律援助、法律宣传等方面都发挥了积极的作用,为加强和创新社会管理,促进社会和谐稳定提供了全方位的法律服务。希望德恒律师事务所开拓创新,继续走在北京律师队伍中的前列,为国家经济社会的发展,促进社会和谐稳定,提供更加优质高效的法律服务。同时

也在履行和担当律师社会责任方面,为全行业作出表率。

德恒为三峡工程建设提供了优质高效的法律服务。 三峡总公司原总经理陆佑楣院士和三峡集团董事长出席研讨会。他们回顾了德恒和三峡总公司的合作历程。

1993年德恒成立,三峡工程开工,正式聘请德恒担任法律顾问。20年来,德恒和三峡工程共成长,共同合作,共同见证了三峡工程的建设,算得上是多年的老朋友、老战友。德恒为三峡工程建设提供了优质高效的法律服务,帮助解决了很多重大法律难题。三峡工程建设包含了几代水电人的努力,围绕建设三峡、开发长江的历史使命,积极倡导和践行建好一座电站,带动一片经济,改善一片环境,造福一方人民的新理念,主动履行社会责任,促进企业与社会协调发展。德恒律师做到了忠于法律,诚信至上,追求公正,充分体现了法律工作者应有的社会责任感。

三峡工程建设耗时长,任务量大,工作繁重和任务琐碎,对法律服务的要求也非常高,因为涉及大量的合同审查、招投标、资本运作、对外投资、争议处理,对律师的能力和体力都是一个严峻的考验。德恒律师在20年的服务过程中,任劳任怨,默默奉献,一直坚守在三峡工程建设现场,高质量、高效率地完成了每一项工作,不仅提供了专业化的律师服务,还为三峡集团管理、机构改革、改制上市、人员招聘等提供了宝贵的意见。对于三峡工程这样一个举世瞩目的大型项目来说,每走一步都要符合法律规范,都要经得起历史和时间的检验。德恒律师在提供法律服务的同时,充分展现了无私奉献的精神,这也是崇高的社会责任感的体现。举办今天的研讨会充分展现出德恒对于提升自身法律服务能力和履行社会责任的重视,希望中国能涌现出更多优秀的律师,帮助中国企业走出国门,走向世界,为中国的民主法治建设贡献力量。

德恒是中国科学院坚定的法律后盾。 中国科学院党组成员、秘书长邓麦村回顾德恒成立不久,1994年中国科学院就与德恒建立了合作关系。

近二十年来，德恒不仅为中国科学院院部和所属单位提供了很好的服务，还为院士们打造了良好的法律咨询平台，还大力帮助中国科学院建设和完善法律制度体系，协助中国科学院开展反腐倡廉工作，使许多科技工作者增加了法律知识，增强了法制意识。中国科学院深切体验到德恒优质高效的法律服务，更为德恒人的高尚品德和精湛业务所折服。德恒在与中国科学院合作的岁月里，总是把客户利益加以精心维护，把难以解决的法律难题作为自己的难题而真诚地给予帮助。可以毫不夸张地说，德恒已经成为中国科学院坚定的法律后盾。中国科学院许多研究所都把德恒作为最后一道法律屏障，遇到解决不了的法律问题，首先想到的都是德恒。中国科学院因有这样的合作伙伴而受益，为有这样的合作伙伴而自豪。党的十八大提出要建设创新型国家，科技创新必然会遇到各式各样方方面面的法律问题，中国科学院将不断加深和德恒的合作，探索科技和法律服务的新模式、新路子，相信我们的深入合作一定会取得更加丰硕的成果，一定会很好地维护我们的合法权益，为科技创新提供坚定的法律保障。

德恒的社会责任体现为诚信、专业、创新

中国人寿资产管理公司副总裁崔勇先生回顾德恒和该公司的八年合作历程。

在众多竞标的律师事务所中为什么选择了德恒？不是因为德恒的费用低，而是因为德恒在当时选聘的时候给了我们一个理念，即德恒愿意和新生的公司共同成长。德恒的这个承诺、这种理念符合我们公司发展的实际。我们公司管理的资产从刚成立时的4000亿元人民币，到去年年底已经达到了1.92万亿元。直接服务实体经济的投资已经超过800亿元。1.92万亿元的投资管理，没有一分钱的不良资产，没有一项违规记录，没有任何风险事件。德恒作为我们常年的法律顾问和若干个重大项目的法律服务者，我觉得这个成绩值得骄傲！你们对我们公司的发展功不可没。

德恒之所以能够和我们合作得很成功,德恒之所以能够取得一系列的成绩,特别是今天的研讨会,听了各位嘉宾的讲话,真的是感同身受,又学到了很多东西。我深深地体会到,德恒以自己的诚信、专业、创新践行了"德行天下,恒信自然"的理念。也因为如此,你们在做好了本职工作的同时,又超出自己的职责范围,给社会、给方方面面尽了很大的责任,赢得了客户的尊敬和爱戴,也使我们愿意和你们共同寻求创新。我们和德恒搞"1+1 创先争优",把保险资金投资与不动产作为在创先争优活动中具体推进业务发展的方式。这是一项新的业务,怎样确保合规合法,做了很多探索,现在已经要见到成果。

德恒成功经验:高起点、高视野、高社会责任

北京大成律师事务所合伙人钱卫清律师深情地说:

我见证了德恒发展的过程,见证了它的辉煌。作为德恒的老员工,记得在十几年前,我离开法院来到德恒,王丽、李贵方是我做律师的启蒙老师。我珍惜在德恒与每一位所结下的友情。我见证了德恒发展的过程,见证了它的辉煌。在中国律师界有一个奇迹,有一个传奇,有一个美丽的故事。这就是德恒,在中国律师界产生了巨大的影响力。它为什么能够成功?今天我找到了答案。

德恒起点高。德恒起步时就有全球化的视野,很早就开始布局全球化的战略。当时我也是德恒的全球合伙人,当时我不理解什么叫全球合伙人,多年后我才知道王丽主任的视野太开阔了,她的战略布局眼光太长远了,那时候她就致力于中国律师走出去,在全球化战略中提升律师的服务。德恒社会责任感高,这也是今天会议的主题。德恒为什么20年来一步一个脚印,事业蒸蒸日上,其成功的秘诀就是不断地去弘扬法律思想,去承担社会责任。德恒承担社会责任是全方位的,既资助教学,资助科研,又关注环保。在为企业、为社会提供法律服务的同时,全面去履行社会责任。德恒已经找到了未来发展的方向,就是通过承担社会责任,去弘扬法律思想,去提升德恒社会美誉度、品牌效应。

律师要有高尚的人格和人文情怀

北京大学法学院车浩副教授动情地说：

> 我和德恒律师事务所之间的缘分可以追溯到十年前，在德恒十周年庆典上，我因为论文比赛获得了一等奖，拿到了1万元奖金，那时我还是北大法学院硕士三年级的学生，非常感谢德恒的慷慨。十年沧海桑田，我从一个学生成长为在北大教书的老师。德恒则继续在行业中发挥着重要作用。法律服务和社会责任是历久弥新的话题，律师承担社会责任前提是要有高尚的人格和心怀天下、悲天悯人的人文情怀。哈佛大学教授桑德尔不久前到北大演讲，带来新作《金钱不能买什么》。他很惊讶于中国怎么会不是市场经济社会，有些已经过度市场化了。律师要为中国市场经济、为参与全球化所需要的国际规则进一步完善提供保驾护航服务，在教育、医疗、福利、司法等领域，提供维护社会公正价值的服务。德恒二十年当中，在两个领域都取得了非凡的成果，做到了良好的平衡，非常了不起。

德恒律师学院十年树木，薪火相传

李丽律师是德恒律师学院的毕业生，她激动地表示感谢德恒律师学院的培养，成立德恒律师学院是德恒践行社会责任的表现：

> 德恒律师学院在司法部的大力支持下，在王院长的奔走和主持下，从1994年开始招收第一批本科学生。王院长亲切和蔼地询问我们的生活，鼓励我们勇敢地面对困难，面对挑战，勤奋学习，成为有作为的法律人才。我们都把王丽院长这样的大律师作为自己的目标，感谢车(丕照)老师这样最好的国际经济法老师。作为一个新兴的独立学院，我们有自己的院服、校庆方队，以德恒命名的篮球队、足球队，这些都是我们留在心里的美好记忆。记得1998年，作为司法部特批的第一所在校学生参加律师资格考试的学院，我们以78%的高通过率回报了司法部、学校和王院长对我们的亲切关怀和殷切希

望。德恒律师学院很好地诠释了从事法律服务的律师如何践行社会责任。德恒律师学院初建时正值我国律师制度重大改革之际,高端律师人才极度匮乏。王院长勇挑重担,为建立国内第一所高端律师学院而奔走,这是她践行社会责任担当精神的体现。我感受到了律师前辈们为中国律师事业披荆斩棘、从无到有,付出心血,开拓了广阔舞台。我们将勇担社会责任,为中国社会发展与法治建设贡献力量,让我们的事业薪火相传。

律师的"第一""唯一""之一"

《民主与法制》杂志社总编辑刘桂明是律界"名嘴",他从中国法学会常务理事扩大会上赶到北京饭店。他用"第一""唯一""之一"三个关键词谈律师责任:

> 维护当事人的合法权益是律师的"第一",当事人的利益为上、为重、为先、为本。维护社会公平正义是律师的"唯一"。通过维护当事人的合法权益,达到维护法律的正确实施,最后维护社会的公平正义。坚守职业责任、专业责任是律师的"之一"。优秀律师的标准是有政治高度、专业深度、法律广度,为当事人服好务,尽到法律责任和社会责任,实现社会的公平正义。德恒的二十年诞生了许多律师,诞生了许多品牌,他们时刻记得,深刻明白专业责任、职业责任和社会责任。我相信德恒未来会比今天做得更好。

李贵方律师以他朴实幽默的语言对"法律服务与社会责任"论坛作了总结点评:法律服务是律师的立足之本,而社会责任是律师发展之基。把两者并重,就是一条正确的路。这很好地诠释了这次会议,实际上和我们在十七年前召开的"走有中国特色的律师之路"研讨会一脉相承。之后,中国人民大学副校长王利明教授在欢迎晚宴上一番热情洋溢的讲话,将德恒二十年的纪念活动推向高潮。

我的律师梦

"法律服务与社会责任"研讨会是一场心灵净化的洗礼,让我们看

到了肩上的责任之重。在大家期待的眼神里,我坚决地说出了我的律师梦:

> 律师要用服务获得社会的肯定,取得当事人的信任,找到自己的地位。当我们不因为过去是官员,是教授,曾经是海归,是法学家,就因为是律师而受到尊重,那就是我的律师梦,也是德恒的梦。

第二章　党建引领

如何带领律师事务所发展，什么是律师事务所发展的动力？合伙制律师事务所合伙人来去自由，一拍即合，一拍即散的特点使律师事务所的决策管理和运行都有着不确定性。如何超越合伙的局限，带领律师事务所持续向前发展，成为合伙制律师事务所的最大难题。在实践中，我们找到了发展的成功之路，那就是党建引领，以党建促所建。

习近平总书记在十九届中央政治局第三十五次集体学习时强调："要加强对律师队伍的政治引领，教育引导广大律师自觉遵守拥护中国共产党领导、拥护我国社会主义法治等从业基本要求，努力做党和人民满意的好律师。"[1]拥护中国共产党领导是宪法、法律对律师的要求，更是律师事业发展的宝贵经验。党的领导超越律师事务所任何利益格局，把党员合伙人律师组织起来，形成引领法律服务发展的正能量。

1993年，中国律师事务中心成立后建立了党支部，我担任支部书记。1995年，中心更名为德恒律师事务所，党支部亦更名为德恒律师事务所党支部，仍隶属于司法部机关党委领导。2001年，根据司法部统一部署，部直属律师事务所转由地方管理。德恒律师事务所的上级主管机关变更为北京市司法局，所名冠以北京市，全称为北京市德恒律师事务所。2011年3月17日，德恒由普通合伙变更为特殊的普通合伙。2011年5月3日，北京市德恒律师事务所更名为北京德恒律师事务所，党组织名称

---

[1] 《习近平在中共中央政治局第三十五次集体学习时强调 坚定不移走中国特色社会主义法治道路 更好推进中国特色社会主义法治体系建设》，载共产党员网，https://www.12371.cn/2021/12/07/ARTI1638867772193251.shtml，查询时间：2023年10月9日。

变更为北京德恒律师事务所党支部。2012年12月14日,北京德恒律师事务所党支部升级成立北京德恒律师事务所党委,我担任党委书记。

三十年来,我带领德恒党委会和管委会,坚持以党建引领,创造出以党建促所建的发展经验,促进法律业务迅猛增长,律师队伍迅速发展。德恒服务国家重大战略工程,成功办理了诸多大案要案。党组织在律师事务所夯实坚强的组织基础,党建促所建推动律师事务所又好又快地发展。

2010年,我荣幸地向来德恒调研的习近平等中央领导同志汇报工作,讲出了律师的心里话。2012年,德恒党支部被中共中央组织部授予"全国创先争优先进基层党组织"称号。2021年,德恒党委被中共中央授予"全国先进基层党组织"称号。在庆祝中国共产党成立一百周年大会上,我作为全国"两优一先"代表,在天安门广场现场聆听了习近平总书记的重要讲话。回顾创业以来德恒党建的重要进程,党建引领促进律师事务所取得的重大发展,回顾那些难忘的历史时刻,我深深感到,党的领导是中国特色社会主义律师之路的根本特征,也是德恒发展的根本动力。

一、党的春风暖律师

2009年11月,中共中央组织部领导同志到德恒调研"深入学习实践科学发展观活动"。我汇报了德恒开展活动的情况后,提出一个大胆的提议,"党要把律师当成自己人"。

一位领导说:党怎么没把律师当成自己人?我紧接着补充道:"你不把他当成自己人,别人就会把他当成自己人。律师依法可以为任何人服务,包括总统和罪犯。"此话说完,自己心里也不免忐忑。没想到的是,调研组走后,转过年来,德恒就迎来了令我们永远难忘的高光时刻。

德恒迎来习近平

2010年1月29日上午,中共中央政治局常委、中央书记处书记、国家副主席、中央深入学习实践科学发展观活动领导小组组长习近平到德恒调研新社会组织开展深入学习实践科学发展观活动的情况。

在德恒的文化长廊上,我汇报介绍了挂在墙上的一幅幅照片,三峡工程、中国科学院和中国工程院院士公益法律服务工程、中国重汽香港红筹上市……当听到德恒纽约办公室遭受"9·11"恐怖袭击被炸毁后,习近平同志关切地问,有损失吧?我回答道:"人都跑出来了,其他都炸没了,但我们很快恢复了工作。"

在"党员之家",我汇报了德恒党建和公益活动情况。当说到德恒有十八个分所都建了党支部时,习近平同志高兴地说:这个好,分所开到哪里,党支部就建到哪里。随后,他饶有兴致地翻看了我们帮助中国科学院编纂的《科技法律服务手册》。

在偌大的敞开式律师工作间,正在工位上工作的律师一排排地站立起来,习近平同志边走边听取我介绍,并同律师们一一握手,同李贵方律师进行了亲切交谈。习近平同志满面笑容,面对全体律师拱手抱拳,朗声说道:大家好啊!快要过年了,我向你们并通过你们向全国律师拜个早年!

随后在会议室里,习近平同志亲自主持座谈会,他第一句话就问:律师怎么发工资啊,是不是拿个底薪加提成?

我回答说,律师工资有三种情况,一种是拿底薪加提成,一种是不拿底薪只提成,一种是拿底薪加奖金。德恒中心平台采取的是第三种,这样可以集中力量办大案做大事。华润收购华源项目尽职调查我派了108位律师。

接着,我详细汇报了德恒党支部开展学习实践科学发展观活动的做法和成效。中华全国律师协会会长于宁补充汇报:德恒的党建和学习实践活动是很好的;全国还有很多的律师事务所学习实践活动搞得也不错,德恒是其中的代表。中共中央政治局委员、中央书记处书记、中央组织部部长、中央学习实践活动领导小组副组长李源潮,中组部常务副部长沈跃跃,中央政策研究室常务副主任何毅亭和司法部以及中华全国律师协会负责人参加了调研座谈。

习近平同志听完汇报后,发表了重要讲话。我们反复学习领会讲话精神,更加深刻地体会到,在全党全面展开学习实践科学发展观活动,就是要用马克思主义中国化的最新理论成果武装全党思想,特别是推动基层提高认识。武器一旦被新社会组织所掌握就会产生巨大推动力,将产生重要的现实意义与深远的历史意义。讲话肯定新社会组织党的建设应该是全覆盖的。德恒抓学习实践科学发展观活动是认真的,深有体会,卓有成效。整个律师行业推进学习实践科学发展观活动还是扎实有效的,与业务结合比较好。社会主义法律工作者的定位是正确的,"五者"①的定位是全面的,要在律师队伍中达成共识,非常重要。一是律师也要诚信为本,执业为民,使这支队伍成为党和人民可以放心的队伍。推动形成科学发展的思路,推进经济增长,促进经济社会又好又快地发展,坚定不移地推进保民生,做当事人合法权益的维护者,社会公平正义的保障者,社会稳定与和谐的促进者。现在国际贸易保护主义有所发展,应对贸易摩擦的案例越来越多。律师队伍要积极捍卫国家民族工业经济权益,扎扎实实多做有效服务,就要帮助打赢官司,多做贡献。我们要牢牢掌握社会主义理论体系,坚定走中国特色社会主义道路的信念。要抓好学习,在理论上自觉提高觉悟,更好地为中国特色社会主义服务。二是要推进行业诚信建设,端正执业理念,促进律师行风建设,树立律师良好形象,有关部门也要多从正面宣传律师队伍和律师工作。三是要继续开拓创新。律师对社会了解深刻,反应很快,人才济济,要利用这些优势,摸索创新开展党建活动的方式,激发内在活力。

随后,我参加了中央召开的部分新社会组织学习实践活动座谈会。座谈会要求,要认真总结学习实践活动的成功经验,扎实抓好新社会组织党组织组建工作,认真落实新社会组织党建工作责任制,积极探索新社会组织党组织发挥作用的有效途径,不断提高新社会组织党建工作科学化水平。②

把党的政治优势转化为企业发展优势

合伙制的律师事务所性质上是非公有制的新社会组织。"两新"党建工作是对新时代非公有的市场主体的政治建设,是对"两新"组织出资人、责任人、受益人的政治立场、政治取向、政治觉悟的培塑与考验。德恒党组织总结把握新社会组织党建工作规律,坚持政治定力,把握政治方

---

① 中国特色社会主义的法律工作者、经济社会又好又快发展的服务者、当事人合法权益的维护者、社会公平正义的保障者、社会和谐稳定的促进者。
② 参见《习近平:在新的起点上推进新社会组织党的建设》,载中华人民共和国中央人民政府官网,https://www.gov.cn/ldhd/2010-01/29/content_1523143.htm,查询时间:2023年4月4日。

向,坚持政治与法治系统思维,在促进法律服务社会发展中发挥实质作用,成为党领导的"战斗堡垒",律师事务所发展的"红色引擎",服务社会进步的"红色动力"。

2015年10月16日,全国社会组织党的建设工作座谈会在京召开。会议要求贯彻《关于加强社会组织党的建设工作的意见(试行)》,把党的领导与社会组织依法自治统一起来,把社会组织自身发展与坚持中国特色社会主义方向结合起来,保证社会组织健康有序发展。我应邀出席会议,并以《建强战斗堡垒 为事业发展注入不竭动力》为题在大会上作了发言。10月22日的《人民日报》第15版报道了德恒的党建工作。

2015年10月17日,中央组织部在全国组织干部学院举办各省组织部部长社会组织党建工作专题培训班。培训班邀请了中央有关部门、行业协会和清华大学的七位负责同志和专家作专题辅导,我受邀作了发言。

二、分所开在哪里,党支部就建在哪里

以党建促所建夯实组织基础

"分所开在哪里,党支部就建在哪里",组织建设全覆盖。我们把建立分所同步建立党组织作为党建标准化的第一条。分支机构通常只有被地方主管机构批准建立以后,才能申请设立党的组织。我们向地方司法行政机关与律师行业党组织建议并推进落实了分所与党支部同步审批,挂牌开业上第一堂党课。

组织全覆盖,工作四同步

我们探索形成了"分所党组织同步建、主题党课同步听、党纪与行业纪律同步警钟长鸣、服务中心大局和基层治理同步推进"的"四同步"工作党建模式。德恒北京总部与分所党组织实现全覆盖,"以大带小、以强促弱"的党建工作格局。"党委会、管委会"班子成员双向进入、交叉任职。书记、主任"一肩挑",履行"一岗双责";非党员主任要参加律师事务所的党建教育活动,确保党组织充分参与律师事务所的决策与管理。党员要带动律师提升法律意识和政治意识。党委统领战略发展和合伙人管理委员会,在律师事务所战略发展、机构管理、风险控制与品牌建设等方面把关定向,监督管理。所内重大疑难案件接办要经过"两委会"共同讨论把关,确保法律红线不碰,政治方向不偏,法律服务"国家队"的红色基因不变。

集团式党组织格局

建立集团式党组织格局。截至2023年,德恒全系统建立起40个分所与分所基层党组织。其中德恒北京总部和深圳、重庆、西咸、杭州、上海办公室设立了党委,温州、广州、厦门、济南、合肥、成都、太原、长沙办公室设立了党总支,另有分所党支部27个,其中包括永恒联营所党支部。德恒北京总部党委有16个党支部。支部书记参加律师事务所党委扩大会议,支部委员与律师事务所党办形成党建联络机制。党组织工作部署落实、学习活动、谈心谈话、发展新党员、培养入党积极分子、预备党员转正、党风党纪警钟长鸣教育等红红火火开展起来。

朝气蓬勃的中国共产主义青年团

成立德恒团委。2022年是中国共产主义青年团成立100周年。3月,德恒党委推动成立中国共产主义青年团北京德恒律师事务所委员会。全所团员大会通过选举成立团委,选举团委委员,组建团支部。三百多名团员青年和35岁以下的党员都参加了青年团的活动。德恒共青团组织的"5·4——奔跑吧,德恒青年"活动,形式新颖,圈粉吸睛无数。德恒团委以青年党员、团员为骨干,组建公益法律服务小组,加入公益法律服务中心,推动团队合伙人律师给时间,给空间,多历练。一些新入行的年轻律师通过参加北京融商一带一路法律与商事服务中心(Beijing Retio Legal and Commercial Service Center for the BRI,简称"融商中心")派驻法院的公益调解,获得了实务经验,了解到当事人的急难愁盼,能够运用专业知识帮助解决法律纠纷。党委带动团委开展的公益服务使这些年轻的律师助理和律师们更快地成长起来。

团结合作的"同心律师"

德恒律师员工中有逾百名民主党派人士,包括中国国民党革命委员

会、中国民主同盟、中国民主建国会、中国民主促进会、中国农工民主党、中国致公党、九三学社成员和无党派代表人士,还有台湾地区在大陆执业的律师。党委新联会将他们联络起来,倾听他们的意见建议,请他们当好参谋助手。2020年1月16日,德恒公众平台文章《统战春风沐德恒 来年撸袖再登峰|德恒党建》①阅读量5.9万次。

腊月的严寒挡不住组织的温暖关爱,2020年1月13日,中共西城区委统战部常务副部长莅临德恒,与参加国庆七十周年阅兵群众游行的德恒党员群众座谈交流并颁发纪念奖牌和证书。丁亮、梁对、邢龙、鞠思佳等代表激情澎湃地回忆起游行体能训练的早起晚归和通过天安门前的激动时刻。真挚的感情、质朴的话语、难忘的经历引发共鸣,大家争相交流,笑声不断,一派温馨祥和气氛。

2023年,党委指派李华等民主党派律师筹备建立新联会。德恒北京总部与各地办公室的民主党派、无党派人士参加筹备工作讨论会,讨论"新时代新联会新使命"发展计划设想。

三、坚持党的领导不动摇

深刻领会"两个确立"

律师事务所党建的重要任务是带领广大党员律师学习党的路线方针政策和决议、决定等文件。作为法律服务提供者,更要学习执政党的执政理念与法律法规。德恒坚持第一时间同步跟进学习,保持了学原文、讲党课、谈体会,对标确定战略、促进工作的传统。

党的十八大以来,德恒党委组织全体党员认真学习贯彻党的十八大、十九大、二十大报告精神,深刻领悟"两个确立"的决定性意义,增强"四个意识",坚定"四个自信",做到"两个维护"。深刻理解"中国共产党为什么能,中国特色社会主义为什么好,归根到底是因为马克思主义行"!学习习近平新时代中国特色社会主义思想,牢记"江山就是人民,人民就是江山,打江山、守江山,守的是人民的心"。深刻理解我们党

---

① 参见《统战春风沐德恒 来年撸袖再登峰|德恒党建》,载搜狐网,https://www.sohu.com/a/367308118_120059661,查询时间:2023年2月24日。

为什么能够在现代中国各种政治力量的反复较量中脱颖而出？为什么能够始终走在时代前列、成为中国人民和中华民族的主心骨？根本原因在于我们党始终保持了自我革命精神，保持了承认并改正错误的勇气，革除自身的病症，靠自己解决了自身问题。通过学习贯彻宪法，深刻理解习近平法治思想，联系法律服务实际，确保新时代党的各项决策能够在德恒落地生根、开花结果。德恒党委带领管委会和全所党员律师在政治上不迷路、不糊涂，胸有"国之大者"，以人民为中心，全心全意为法治，一心一意谋发展。"党委集中帮带，支部持续跟进"，坚定不移地推进党建工作，涌现出德恒太原、昆明、温州、深圳、上海、福州、珠海、西咸、沈阳、济南等全国、省、市级优秀党组织。

围绕党的中心工作谋发展

德恒自创立以来，始终使律师事务所的业务紧紧围绕党的中心工作部署开展。建所之初就以服务经济建设主战场为导向，率先走出去登陆欧洲建立第一个分支机构，走向国际法律服务市场，建立起全球合伙制度，大力推进应对"三反一补"等 WTO 国际业务。2003 年，德恒围绕中国资本市场布局，移师金融街，开启资本市场服务大发展。

2010 年，德恒以创先争优，科学发展，促进业务大提升。德恒服务农行改制成功上市，各项业务取得突破性进展。2012 年，党的十八大推动建设全面小康社会，德恒顺势而为将服务聚焦于脱贫攻坚与国企改革发展。党的十九大以来，德恒建功新时代，为中国特色社会主义建设提供了全方位、专业化、高质量的法律服务。

党的二十大开启全面建设社会主义现代化国家、全面推进中华民族伟大复兴的新征程。德恒也对标新发展提供高质量专业法律服务。

深刻认识合伙制律师事务所的党建特点

党的基层组织书记是党建第一责任人。要充分研究认识合伙律师事务所党的工作特点。首先，律师事务所党的组织不能自己决定自己的生存。律师事务所的生死存亡由合伙人自主决定。律师事务所开业关门天天都在发生。因此，律师事务所一建立就要建立党组织，党组织一建立就要充分发挥作用。律师事务所存在一天,党组织就要发挥一天的作用。其次,律师的去留一般由合伙人说了算。因此,律师事务所党组织建设要与律师事务所的队伍建设结合起来,要将律师事务所的骨干发展成为党员,将党员里的律师培养成为业务骨干。最后,党建在律师事务所有强大的组织优势,能够打破律师事务所合伙人团队与层级限制,将不同专业、团队的党员律师、合伙人等组织起来,过组织生活,开展党内批评与自我批评,实现党内民主。律师事务所党组织要充分发挥党建的组织优势,调动起广大党员律师的积极性,发挥"一个党员一面旗"的引领带动作用,使整个律师队伍讲政治、顾大局、讲党性、讲团结、讲奉献,实现党内民主与合伙人平等相互促进的群众路线,体现党员在律师队伍中的人民性和先进性。

建立党建促所建管理机制

打造党建领导力。要坚持党组织管理与律师管理体系交叉联动,建立起总部党组织与分支机构党组织领导与指导机制,总部合伙人与分所合伙人责任机制。要坚持党组织在律师事务所的政治领导,抓政治路线方向和组织决策。把党组织领导决策民主集中制与律师事务所管理决策合伙制相结合。党组织书记和律师事务所主任"一肩挑","党委会、管委会"成员双向进入、交叉任职,共同做好律师事务所治理。各分所凡是书记、主任"一肩挑"的,履行"一岗双责";凡是分开设立的,非党员主任参加"三会一课",参与党的组织生活,确保党组织充分参与律师事务所的决策与管理。要对党员党纪和律师执业纪律同步严管严控。建立起律师事务所党建工作的抓手与平台,实现党组织学习全覆盖,公益活动促创新带队伍,与客户党建共建。打造党建品牌矩阵,提升律师品牌美誉度。

律师事务所发展的火车头、压舱石、主心骨

党组织是律师事务所发展的火车头、压舱石、主心骨。严把律师事务所发展的政治关,在政治上听党话、跟党走。党组织是律师事务所发展的火车头,"抓方向,管路线,强动力"。党组织定期牵头召开律师事务所战略会,在律师事务所重大战略、分支机构管理、风控与品牌文化建设等方面谋发展、定战略、管监督。党组织是律师事务所发展的压舱石。针对律师行业问题多发、律师队伍年轻化的状况,坚持政治上不出轨,业务上不违规,教育、爱护、帮助律师解决困难和问题。律师遇到问题也都依靠党组织作主心骨,探讨解决。重大疑难敏感案件经过"两委会"讨论。自建所以来,德恒律师队伍逐年增大,办案数量逐年增多,还没有发生执业违法违纪事件,始终保持法律服务"国家队"的红色基因不褪色、不变质。

党员是骨干,是模范

德恒的共产党员。德恒有近1800名中共党员,从20世纪50年代到21世纪00年代出生的党员六代同堂,形成党龄近五十年的梯级结构。不同年代的律师党员,在德恒的发展史上起到了具有时代特点的模范带头作用。人常说,在德恒,党员是领导,党员是骨干,党员是模范。在急难险重的第一线,都能看到党员的身影。德恒有在海外留学获得了学位,考取了所在国家的律师资格的律师,还有曾在国外或境外律师事务所执业的海归律师。例如,贾辉律师看到身边的优秀律师都是共产党员,于是积极要求入党。如今,他已经光荣入党并成为德恒北京总部党委委员。在应对外部风险挑战的关键时刻,党员是我们的主心骨。在急难险重的紧急时刻,有人站出来一喊"我是共产党员",大家就向他靠拢,他就成了领头人。

党员是律师的主心骨。党员要带头"顶天"服务国家中心大局,"立地"办好老百姓委托的急难愁盼案件。要带头敢想敢干,做法律服务的千里马、领头羊,冲在创新发展、急难险重的第一线。面对来自各方面的困难与挑战,党员要顶住压力,挺在前面做律师队伍的主心骨、战胜困难的顶梁柱、公益建言践行的"大先生"。学党史,要学中共党史上的党员律师;忆所史,要学习德恒党员律师;看未来,要培育德恒新一代的党员律师。

德恒的党组织委员。北京德恒党委有九名委员,其中四位博士、五位硕士,年龄相差二十多岁,党龄均超过20年。他们都是律师事务所业务带头人,为律师事务所的业绩贡献均名列前茅。在参政议政贡献专业力量方面,德恒系统的党组织委员们还担任了党代表、政协委员、人大代表、律师协会和社会公益组织的负责人。2022年,北京德恒党委下属支部换届扩增中,50名党性坚定、品行良好、业务过硬的优秀青年党员律师代表,被选为16个党支部的委员,也进入各个专委会党支部和研究中心平台中。2023年,德恒党委换届,九名委员中"70后"有六人。"党的领导、中心平台、能力建设、小兵当家"的人才梯队不断壮大,党内后备人才机制建设日益发挥作用。

每个党员都有入党故事

在中国共产党成立100周年之际,德恒党委开展"学党史,悟思想"活动,党员同志们纷纷写出《我的入党故事》。从这些党员的入党故事里,我们看到改革开放以来,从农村到城市,从知青到学生,从工厂到军营,从三尺讲台到实验室,从法官、检察官到律师,从体制内的干部到体制外的"小白",从海归入党的博士到在党近五十年的老律师,每个共产党员的入党故事都有动人之处。看到他们的故事,可以感到,一个党员就是一面旗、一团火、一个螺丝钉,在各个平凡的岗位上,他们发挥着不可或缺的模范带头作用。

我的入党故事开头是这样写的:曾有外国人问我,你是共产党员吗?我说是,下农村插队时入党的。"共产党都是你这样吗?""差不多吧。""那共产党挺好啊。""是的,共产党把每个年代最能干的人都吸收成了党员。"[①]在建党100周年之际,我的入党故事被《北京律师》以《王丽:初心如磐跟党走 玉汝于成报党恩》为题刊登。

在77、78级恢复高考后上大学的德恒律师中,担任十年党委副书记的李贵方律师是党龄最长的。按农历算虚岁十八岁就入了党,如今党龄已经四十九年了。在中国刑事业务领域,他仍然是名列前茅的大律师。

四、主题教育入脑入心

主题教育是党对全体党员开展思想教育活动的基本方式之一。党的

---

① 参见《王丽:初心如磐跟党走 玉汝于成报党恩》,载北京市司法局官网,https://sfj.beijing.gov.cn/sfj/sfdt/dwjs30/11120077/,查询时间:2023年2月22日。

十八大以来,中央在全党开展了"党的群众路线教育实践活动"、"三严三实"专题教育、"两学一做"学习教育、"不忘初心、牢记使命"主题教育和学习贯彻习近平新时代中国特色社会主义思想主题教育。

党的群众路线教育实践活动。党的十八大召开后不久,党中央制定发布中央八项规定。同时,在全党开展了党的群众路线教育实践活动。德恒党委按照"照镜子、正衣冠、洗洗澡、治治病"的总要求听取意见,查摆问题,开展批评与自我批评,并进行整改,进一步团结了党员群众,提高了党员律师的凝聚力。

"三严三实"专题教育。2015年,中共中央聚焦"三严三实",突出问题导向,组织各级领导干部开展"三严三实"专题教育。我以"做'三严三实'的好律师"为题讲了一堂党课。严修身、严用权、严律己就是"讲党性"。实事求是、求真务实既是工作方法,又是为人之道。

一个好律师应当是一个忠于法律、诚信服务、勤勉尽责、维护权利、追求公正、和谐社会的有益于人民的人。律师要有崇高的正义感、昂扬的工作激情、敢于同违法邪恶势力作斗争的勇气和能力,还要始终保持职业诚信与热情。

"两学一做"学习教育。2017年3月,中共中央开展"学党章党规、学系列讲话,做合格党员"学习教育。坚持基础在学、关键在做,着力解决突出问题,持续推动全面从严治党。

德恒党委结合"两学一做"学习教育,在德恒共产党员群、党委会与管委会群、党委委员与支部书记群、分所主任群等微信群里与数千名党员、律师展开学习互动交流。守住纪律底线,强化内功,不断激发律师事务所发展的"正能量"。把严格党的纪律、律师职业纪律与律师事务所风险控制相结合,强化风险防范。严格内核制度和内核流程,并配套上线了全所OA系统,防控结合,降低风险。加强律师的职业价值引导建设,发挥党员律师模范带头作用,为各种弱势群体提供法律援助,组织参与社会公益活动。严肃党内组织生活,加强对年轻律师的教育培养。

"不忘初心、牢记使命"主题教育。"不忘初心、牢记使命",把深入学习贯彻习近平新时代中国特色社会主义思想作为根本任务,全面把握守初心、担使命、找差距、抓落实到位,实现理论学习有收获、思想政治受洗礼、干事创业敢担当、为民服务解难题、清正廉洁作表率的目标。德恒党委带头学、带头改、带头抓，切实落实第一责任人责任。

2019年10月17日,"不忘初心、牢记使命"主题教育中央督导组调研德恒党委，对德恒开展主题教育及取得的成效给予高度评价。2019年10月8日，北京市委副书记、市长陈吉宁到西城区调研，我代表德恒党委作为"两新"组织代表汇报主题教育开展情况。10月21日，北京市律师协会网站刊出《守初心担使命 德恒律师在行动——德恒律师事务所党委深入推进主题教育》，报道了德恒律师坚持学在深处、做在实处、走在前列，坚持规定动作重实效、自选动作有特色，聚焦大局服务民生，着力发挥律师在全面依法治国中的重要作用的时代担当。

根据"学思想、强党性、重实践、建新功"的总要求，每人坚持自学，对标调研问题的短板、弱项，加强针对性治理，提升解决问题的能力。针对涉外法律服务北京总部与各地办公室水平能力不均衡问题，我带领融商中心和德恒涉外律师到济南、长沙、南宁办公室和永恒联营所讲党课，促提升，开办涉外法治人才提升班和中非专项合作论坛，将融商中心的涉外资源与地方资源结合。2023年7月1日，在长沙举办的"中国纳米比亚经贸推介会"获得巨大成功。纳米比亚驻华大使致辞，"一带一路"服务机制(BNRSC)和国际商事调解都受到关注，一对一洽谈收获良多。此举在德恒全系统引起震动，《人民日报》刊发报道，主题教育打开了德恒创新提升的新赛道。

五、创新德恒党建品牌

书记讲党课

党课是党员教育的规定动作。党组织书记要带头讲党课。

律师事务所的党课怎么讲？合伙制律师事务所属于改革开放以来成长起来的"两新"组织。"两新"组织的党建怎么搞？党课怎么讲？按照规定动作讲党课就是传达党的决定文件，而有些文件主要针对党员领导干部。律师的职业需要第一时间掌握党和国家的重大方针政策和社会发展动向，以便提供及时有效的法律服务。在律师事务所讲党课就要将党中央的精神与律师职业行业特点融会贯通。

以规定动作与自选动作相结合讲好党课。律师事务所党建第一课就是党课。党课是德恒律师事务所党建第一品牌。对高学历、懂法律、善于解决法律问题的党员律师来讲,党课要受党员欢迎,就要能够"从头到脚"解决他们所面临的实际问题。党委书记以党课为抓手,率先学习把握党的路线方针政策和国家中心大局。对党建的规定动作"坚定不移抓落实",对职能范围内的自选动作"脚踏实地出成效"。德恒党委书记讲党课的特色是"五结合",一结合党的大政方针讲,二结合国家法治建设讲,三结合经济社会法律服务需求讲,四结合中国律师的特点讲,五结合本所党员律师的情况讲。党课既要高屋建瓴,又要有的放矢,还要入心入脑,激发干劲。

从2012年起,我先后在德恒北京总部和成都、重庆、南昌、上海、济南、厦门、银川、青岛、贵阳、长沙、南宁等办公室和永恒联营所,以及在中组部机关事务管理局、中华全国律师协会、北京市司法局、北京市律师协会、西城区律师协会等单位讲了近百次党课。

党课促进了校所合作、政商合作、国际合作。德恒、融商中心与山东师范大学合作在济南举办的"涉外法治实务提升班开班仪式",鼓舞了山东师范大学法学院学子和德恒中日韩涉外律师,《山东新闻联播》当日予以报道。在长沙举办的中国—纳米比亚经贸合作论坛收到了实在的效果,《人民日报》客户端等媒体刊发报道。

讲党课,"传基因",结硕果。坚持将党课带进德恒全系统的常态化机制。领先学,学在先,对德恒人手把手真帮扶。我坚持"人到分所,必讲党课",即便在新冠疫情暴发后也没中断。在济南、青岛、烟台办公室重点讲山东自贸区与中日韩发展战略布局。将粤港澳大湾区、西部陆海新通道科技创新引领等内容融入党课,与分所同事分享体会,谋求对标发展,定战略、培养人才。同时,将补短板、强弱项作为改进工作的主攻方向,将德恒和融商中心的优势资源与各地办公室结合推进思想开悟、能力提升、业务促进。

带新人,"帮过槛",重实效。针对青年律师最关心的问题,开展党课培训;讲实话、传真经,将自己对德恒、对法治建设的热情传承下来,帮助年轻同志在党性上更加坚定,在政治上更加成熟,在思想上更加过硬,在工作上更加出色。在平时的业务工作和党建活动中观察、发掘、培养人才,积极将业务骨干发展成为党员,将优秀党员律师提升为合伙人,将党委和支部委员中的佼佼者推荐为代表、委员,始终保持德恒"又红又专"的人才队伍赓续添新、生机勃勃。

创新"党建@all"品牌矩阵

"党建品牌"是德恒第一品牌。德恒党建品牌包括党的集团化组织建设,"主题教育"思想建设,党委书记讲党课,党建促队建促创新促发展,"党建@all"品牌矩阵和全覆盖党建活动。作为党组织书记,要把讲好"党的故事"作为自己的职责,这样的"党课"还要常讲常新。在德恒,新年第一课、新人入职第一课、员工专业培训第一课是党课,学习贯彻党的重大活动精神第一课是党课,党组织与外部单位开展党建1+1活动第一课还是党课。"党委书记讲党课"成为德恒党建的重要品牌。

创造"党建@all"品牌矩阵,将党建资源系统整合,将"德馨湾"身心健康品牌、"德益心"公益服务品牌、"恒习社"学习培训品牌和"德律风"联谊活动品牌联动运作。"党建@all"品牌矩阵的联动实现党建活动全覆盖,大大提升党建工作效果和党员群众心中的党建形象。"党建@all"品牌矩阵所含四大品牌均有品牌标识并已申请注册。

"德馨湾"身心健康品牌。在组织部门支持下,"德馨湾"集党建阵地、心理调节、培训讲座等功能于一体,服务社区群众三百余人,满意度百分之百。2019年,"德馨湾"获"北京市律师行业优秀党建创新项目"。"不忘初心、牢记使命"主题教育中央督导组等莅临德恒调研体验后认为,"德馨湾"是北京"两新"组织党建工作的一个创新亮点,在创新党建工作形式、体现组织关爱、服务吸引群众等方面发挥了积极作用。

"德益心""党建+公益"品牌。"德益心"依托"公共法律服务中心",采用PMP管理律师公益服务,以在线共享文档、Vlog短视频、微信公众号等为"党建+公益"赋能。2020年,"德益心"荣获"北京市律师行业优秀党建创新项目"。

"**恒习社**"**学习培训品牌**。建党百年之际,德恒党委创建了集党史学习、教育培训、写体会建议等功能于一体的"恒习社",采用微信公众号发布、视频号直播、Vlog 记录、"学习强国"APP 竞赛等互联网技术手段为党建学习注入新活力。2021 年,"恒习社"荣获"北京市律师行业优秀党建创新项目"。

"**德律风**"**联谊活动品牌**。为增强党组织战斗力和凝聚力,德恒党委将党性教育与团建活动统一筹划组织宣传等汇集于"德聚律友,风雅相和"的"德律风"平台。在组织参加国庆七十周年群众游行活动、全国律师乒乓球赛和中国国际贸易促进委员会(简称"中国贸促会")"贸法通"公益值班等活动中,教育吸引青年向组织靠拢。2022 年,"德律风"被北京市西城区律师行业党委评为"优秀党建创新项目"。

六、建党百年获殊荣

2021 年 7 月 1 日,中国共产党成立一百周年。中共中央举行了盛大的庆祝建党百年活动。

2021 年 6 月 28 日 14 时,我作为代表出席在人民大会堂召开的全国"两优一先"表彰大会。此次重大庆祝表彰活动百年一遇。我代表德恒党委领取了中国共产党中央委员会颁发的"全国先进基层党组织"奖牌、证书。

有党方定,唯德方恒。此时此刻,我想起创立德恒以来的一幕幕。年复一年,我们始终以党的领导为律师事务所指引,抓中心大局,抓发展关键,抓重大业务,抓风控自律。我体会到要想有大志办千人大所,就要有大目标,有远见,有近忧,有责任,有担当,有胸怀。更重要的是要有中国律师情怀,有国际律师气质,有为人民服务之心。没有党的领导,跟不上党和国家的中心大局,就是凑到千人、万人也不一定能走得长远。

德恒全体党员律师通过屏幕与 20 万各界代表一起聆听习近平总书记重要讲话,建党百年,德恒获奖,自信自豪,与有荣焉。大家纷纷表示,要牢记百年初心使命,珍惜获奖荣誉,焕发革命精神,闪亮人生青春。

德恒三十年党建硕果累累

德恒创办三十年来,经历了律师事务所从官批民办"两不四自"的合作制到合伙制,再到特殊的普通合伙制的发展。2012年,德恒党支部升级建立党委。党组织作为律师事务所发展的"火车头",带领全体党员律师在服务党和国家中心大局,为人民服务,建设社会主义法治国家的伟大事业中,历经艰苦奋斗,克服重重困难,创出了丰硕业绩,创造了辉煌发展,实现了律师的价值。

2020年,中央政治局委员、北京市委书记蔡奇同志到德恒调研,高度评价德恒党建工作和业务发展,称赞德恒和德恒律师是"服务中心大局不张扬、服务基层百姓接地气"的"顶天立地"的金融街品牌律师事务所和律师。

德恒党组织连续多年荣获中共中央、全国和北京市、西城区等各级党委、政法委、司法局及律师行业党委的表彰。

2021年,德恒党委被中共中央授予"全国先进基层党组织"荣誉称号。德恒党委与石家庄、温州、昆明办公室党支部获得全国律师行业党委授予"全国律师行业先进基层党组织"荣誉称号。德恒北京总部及各分所党组织和党员获得各级各类荣誉表彰117项。

2023年,沈阳办公室党支部、西咸办公室党委被评为"全国律师行业先进基层党组织",王建明获得"全国律师行业优秀共产党员"、我获得"全国律师行业优秀党务工作者"荣誉称号。艰苦奋斗追梦初心,新时代党建引领创造辉煌。德恒人深知,我们承载了党和国家对律师的期待,得到了人民的信任,一定不骄不躁,继续努力。

第三章　与国同运

改革开放吹响以经济建设为中心的冲锋号,三峡工程、航天科技、航空母舰、南水北调、京沪高铁等重大项目上马开工,中国农业银行改制上市等资本市场重大金融改革举措创制实施。经过四十多年艰苦奋斗,中国取得了创世纪的丰硕成果。德恒律师服务改革开放之经济建设主战场,为之奉献,共同成长,与有荣焉。

一、挺进服务三峡工程

东方风来满园春,中国的改革开放自南向北,自东向西,自上而下如雨后春笋勃勃生长。"当惊世界殊"的三峡工程开启,拉开了国家重大基础设施建设的序幕。科技、金融、能源、电力、地产、矿业、航天、黄金、烟草、银行等领域的改革频频举步。德恒把走中国特色的律师之路,服务经济建设主战场作为发展方向和服务目标。可以说在改革开放新的出发点上,德恒与中国客户共成长。

为三峡工程提供全方位服务

年轻的德恒人,怀揣梦想而来,心中有高远的理想。只要符合国家发展大势,只要我们发展的思路正确,方法得当,只要我们带头人坚持不懈,大家就有使不完的劲。我们这代人赶上了国家改革开放发展的大时代,也成就了服务大国重器的"龙头表率"。三十年后看过来,德恒服务三峡工程,这是何其珍贵的机遇。三十年中,三峡工程从充满争议到如今防洪、航运、发电造福人民,领先了绿色能源的国际潮流,成为名副其实的大国重器。

建设三峡工程是人民的决定。自古以来,长江两岸人民与洪水的斗争持续了数千年。1954年长江流域出现百年罕见的特大洪水,导致5省143个县市1888余万人口受灾,房屋大量倒塌,庄稼大部分绝收,京广铁路中断100天,灾后疾病流行,数年才得以恢复。[①] 为治理长江水患,1958年3月,周恩来总理在中央政治局成都会议上作了关于三峡水利枢纽和长江流域规划的报告,构想三峡工程、南水北调等远景规划。1992年4月3日,第七届全国人大第五次会议通过《关于兴建长江三峡工程的决议》。1993年1月,国务院三峡工程建设委员会(简称"三建委")成立,下设办公室、移民开发局和三峡总公司。1993年年初,首批建设队伍进入三峡工地。1993年7月,三建委第二次会议审查批准了长江三峡水利枢纽初步设计报告,三峡工程建设进入正式施工准备阶段。

瞄准"三峡工程"起步法律服务。看到"三峡工程投票表决"的新闻,我执着地奔走联系三峡总公司。先到三建委,又到移民开发局,打听到三峡总公司驻京办事处。办事处杨清同志建议我去宜昌三峡总公司。我到宜昌终于见到了陆佑楣总经理。我向他介绍中国律师事务中心,表示要为三峡总公司服务。陆总表示欢迎,但提出要高水平解决问题。

机会终于来了。1993年下半年,我受邀参加三建委和三峡总公司在北京京西宾馆召开的融资问题讨论会,葛洲坝电厂厂长侯广忠找到我咨询一桩关于武汉40亩地的仲裁案。面对看来已无力回天的局面,经过几年努力,历经仲裁、诉讼等各种法律程序,凭着我们的法律智慧和坚韧不拔的斗争,硬是一步步把局势扭转了回来。一天,三峡总公司突然被河北的法院找上门来要求强制执行。原因是河北某客车厂卖给三峡总公司一批汽车没有收到车款,遂起诉判决执行。三峡总公司账上明明显示已经付款,不肯再付一遍。危急时刻,李永安副总经理的电话来了,我立即赶到宜昌。了解案情后,感到案中有案,公司付的款被中间一个诈骗犯截了道。于是我们提出刑民交叉方案,立即报警,通过公安、法院、信用社各方几个法律步骤实施后,咄咄逼人的河北法院最终接受了律师意见,分清

---

① 参见《洪水:刻在长江记忆里的伤痕》,载澎湃号,https://www.thepaper.cn/newsDetail_forward_13850810,查询时间:2023年10月9日。

执行责任,保护了三峡总公司的合法利益。两个案件处理下来,我们的智慧和能力得到认可。三峡总公司的法人治理、公司结构、融资方案等都邀请中国律师事务中心律师参与。1994年,三峡总公司正式聘请中国律师事务中心为法律顾问。

数千份合同逐条审查。三峡工程一期有涉及标的149亿元人民币的2900份合同,涉及超大规模项目招标、百万规模征地移民、巨额先进设备的国际采购……德恒律师把这些合同全部审查后提出分类修改意见;并对那些沿用过时或生搬硬套国外文本的合同作了符合本国法律的修改。通过审查修改合同,德恒律师进一步延伸到合同管理的源头治理,协助三峡总公司建立合同起草、审查、签订的严格管理制度。履行合同的工作不断地强化,三峡工程合同管理逐步走向规范化与制度化。三峡工程二期土建与安装等涉及400多亿元人民币的合同在签订之前,三峡总公司请德恒律师对"大坝和电站厂房二期工程与安装施工招标文件(第一卷:商务部分)"进行审查。三十年回望,在法律保障下,三峡大坝巍然屹立。陆佑楣总经理曾自信地说,由于公司严格依法办事,有德恒律师把关,工程中没有出现大的合同纠纷。

重大国际招标彰显律师水平。1996年6月,三峡工程二期水轮机组招标,14台大型发电机组的标的为7亿美元,包括德国西门子、法国阿尔斯通等在内的9家世界著名制造厂商和投标商参与竞标。1997年3月,我收到招标代理公司来信咨询招标中的法律问题。我们立即组织律师就三峡工程发电机组国际招标采购合同问题进行了专题研究,迅速拟制出审查合同的关键点。我们在法律意见书中明确了关于合同卖方主体是一家公司还是联营体问题产生的偏差与卖方之间的关系和相互责任承担,并阐释了牵头公司的法律地位及其所需承担的特定责任,并就合同中的具体事项包括投标书应列为合同不可分割的文件(或附件)之一,合同效力等级条款和知识产权问题提出了清晰的法律意见。德恒律师到宜昌审阅了厚厚的投标文件,并提出了专业法律意见。两年后,德恒再次为三峡设备采购招标提供出色法律服务。1999年9月14日下午,三峡工程左岸电站高压电气设备采购合同和贷款协议、转贷协议签字仪式在人民大会堂举行,作为向此次国际采购提供法律服务的律师,我应邀出席。

三峡总公司、招标代理公司和代理融资业务的中国银行分别与来自德国、瑞士、法国的供货厂商和贷款机构签署了15台550KV/840KV变压器及其附属设备和39个间隔550KVGIS及其配套设备的采购合同和贷款协议、转贷协议。

打造三峡债券"金边债券"

创新服务三峡资本市场多面手。不同于传统基础建设全部由国家出资，三峡工程的投资由三峡总公司资本金、三峡基金、银行贷款构成，同时发挥市场主体优势，尝试发行企业债券，创出"金边债券"的美誉。在三峡工程建设期内，从1996年第一期"三峡企业债"的发行到2007年，三峡债券共发行了八期。从有纸化到无纸化，从三峡基金担保到银行担保再到自行担保，最后无担保，显示出债券的强大信用和市场的热烈追捧。每一次债券的发行、上市，所有与之相关的法律文件都是由德恒律师一手制作，都做到了万无一失。96三峡债券期限为3年，发行总额为10亿元人民币，资信等级：AAA-，1997年7月16日，96三峡债券在上交所隆重上市；98三峡债券发行总额20亿元人民币，1999年6月18日在上交所正式挂牌上市；99三峡债券发行总额30亿元人民币，期限10年，为国内第一只浮动利率企业债券，2000年12月20日在上交所上市。此后，三峡债券屡屡创新，成为中国的"龙头"企业债券。01三峡债券发行总额为50亿元人民，分别于2002年1月13日、4月19日在沪、深交易所分别上市；02三峡债券发行总额50亿元人民币，2003年1月13日在上交所正式挂牌上市；03三峡债券发行总额30亿元人民币，债券期限30年，2004年3月15日在上交所挂牌上市；06三峡债券发行总额为30亿元人民币，创新国内首期无担保公司债券，2006年5月20日在上交所上市；07三峡债券发行总额25亿元，2007年6月26日至7月2日面向境内机构投资者公开发行，募集资金全部用于三峡工程和长江上游金沙江溪洛渡、向家坝梯级电站建设。至此，三峡总公司累计发行三峡债券245亿元人民币。作为三峡债券的直接承办人，我认为三峡债券是资本市场上的优等生，是当之无愧的"金边债券"，德恒人与有荣焉。

长江电力 IPO 登陆证券市场

三峡总公司从 2001 年开始,历经两年艰苦努力,以剥离评估的葛洲坝电厂净资产作为出资,联合五家发起人共同发起设立"中国长江电力股份有限公司"(简称"长江电力"),将三峡总公司发电资产注入"长江电力"。2002 年 9 月 29 日,长江电力创立大会在人民大会堂举行,第一届董事会第一次会议审议通过董事会议事规则,决议启动上市程序。从 2002 年 11 月起,长江电力进入上市辅导期。德恒对公司董监高进行多次辅导培训。从 2003 年 1 月 13 日第一次上市工作中介机构协调会开始,德恒律师全力以赴投入资产收购、机组收购(在建工程资产评估)原则及技术路线,持续收购的股权、债务融资安排等法律服务;同时聚焦重点是解决公益性(防洪、航运)与经营性资产关系处理,推进上市辅导,规范治理结构,完善管理制度,解决同业竞争,规范关联交易等难点问题。2003 年 10 月 27 日,经中国证监会证监发行字〔2003〕132 号文核准发行,长江电力向社会公开发行 23.26 亿股 A 股,发行价格每股 4.3 元,募集总额近 100 亿元,均创年内新高。[①] 此次发行的新股占发行后总股本的 29.61%,市盈率为 17.99 倍。2003 年 11 月 4 日,长江电力在全景网举行网上路演。2003 年 11 月 18 日 9 时 26 分,随着长江电力总经理李永安的开市锣声,长江电力在上交所正式挂牌上市交易。作为长江电力发行人主办律师,我率项目团队出席长江电力上市仪式。长江电力发行上市标志着三峡工程进入收获的新阶段。2004 年 11 月 26 日,德恒服务长江电力 IPO 获得"2004 年度 ALB 中国最佳项目奖""法界最佳本地 IPO 项目奖"。

长江电力股权分置改革拥抱市场。2005 年 4 月 29 日,中国证监会颁布《关于上市公司股权分置改革试点有关问题的通知》。6 月 19 日,中国证监会公布长江电力等 42 家上市公司为第二批股权分置改革试点。德恒受聘为长江电力股权分置改革专项法律顾问。经过两次调整,7 月 21

---

① 参见《北京德恒律师事务所关于中国长江电力股份有限公司发行 2021 年度第一期中期票据的法律意见》,http://file.finance.sina.com.cn/211.154.219.97:9494/MRGG/BOND/2021/2021-4/2021-04-02/15628337.PDF,查询时间:2023 年 10 月 9 日。

日,长江电力公布修改后的方案,在每 10 股送 1.6706 股、派 5.88 元的基础上,每 10 股增派 1.5 份认股权证,行权价格为 5.5 元;认股权证存续期限修改为自权证上市之日起 18 个月。长江电力同时承诺,公司在 2010 年以前每年的现金分红比例将不低于当期实现可分配利润的 65%,并同时对公司未来业绩的增长作了充分的安排。① 修改方案受到市场欢迎,长江电力股价逆市上涨。2005 年 8 月 5 日,长江电力 2005 年第二次临时股东大会以高票通过股改方案,长江电力股票得到全流通。

收购湖北能源资本运作大招频出。2007 年 1 月中旬,德恒组织 20 人团队参加长江电力收购湖北能源项目。律师连夜对湖北能源分布在多个省市的 40 家下属公司进行尽职调查,终于在长江电力召开董事会之前,提交 900 页的尽职调查报告。2007 年情人节的前一天,长江电力和湖北能源"有情人终成眷属"。长江电力董事长李永安和湖北省国有资产监督管理委员会领导对德恒的工作给予了极高的评价。

三峡发电资产整体上市惊人之举

三峡总公司主营业务资产整体上市暨长江电力重大资产重组项目当时是我国资本市场上最大的一次逾千亿元资产重组,涉及资产金额 1073154367000 元。长江电力 2003 年上市后先后收购三峡工程 8 台发电机组。三峡总公司自 2008 年 5 月开始启动主营业务资产整体上市工作,以其控股的上市公司长江电力为平台,将三峡工程发电资产整体注入。交易目标资产包括三峡工程发电资产中 9#—26# 共 18 台单机容量为 70 万千瓦、合计装机容量为 1260 万千瓦的发电机组及对应的大坝、发电厂房、共用发电设施(含装机容量为 2×5 万千瓦的电源电站)等主体发电资产,以及与发电业务直接相关的生产性设施和辅助生产专业化公司股权,包括三峡总公司持有的实业公司 100% 股权、设备公司 100% 股权、水电公司 100% 股权、招标公司 95% 股权以及三峡高科公司 90% 股权。

---

① 参见《北京德恒律师事务所关于中国长江电力股份有限公司发行 2021 年度第一期中期票据的法律意见》,http://file.finance.sina.com.cn/211.154.219.97:9494/MRGG/BOND/2021/2021-4/2021-04-02/15628337.PDF,查询时间:2023 年 10 月 9 日。

长江电力向三峡总公司支付交易对价的方式包括承接债务、向三峡总公司非公开发行股份和支付现金。长江电力以承接三峡总公司债务的方式向三峡总公司支付对价约为500亿元。长江电力向三峡总公司发行1587914543股股份,三峡总公司以其持有的评估价值为20134756405.24元的部分目标资产认购本次发行的全部股份。扣除非公开发行股份和承接债务之后的交易价格剩余部分,长江电力以现金支付给三峡总公司约372亿元。德恒律师提供了全面的专业服务,同时帮助公司处理了整个交易的一些特殊问题,如保证三峡工程防洪、发电、航运和供水等功能发挥的公益性资产问题,地下电站的收购安排问题,金沙江下游梯级电站建设项目安排;三峡总公司已发行但尚未到期的部分企业债券,包括99三峡债券、01三峡债券、02三峡债券和03三峡债券四期三峡债券,本金合计为人民币160亿元,目标三峡债券的转让问题;交易增值税税收豁免问题;等等。三峡总公司主营业务资产整体上市自2008年5月8日长江电力股票停牌开始,至2009年9月11日通过中国证监会并购重组委的审核,历时一年零四个月。我作为总负责人,组织带领赵怀亮、徐建军、杨继红、董宸等一批青年律师,完成了这个重大项目。如今,这些小将已经是德恒证券专业委员会的牵头骨干律师。

持续投资并购新能源公司。作为新时代美丽中国建设的清洁能源国之重器,三峡集团从长江流域发展到金沙江流域,从水电开发扩展到工程机械制造,从清洁能源扩展到生态环保科技,从水利基础设施扩展到城市水务管理,发展成为国资央企的优等生。清洁能源产业发展路径促进了三峡集团全系统投资并购的蓬勃发展。德恒律师当仁不让地为三峡集团这些战略发展重大交易提供精准高效、高质量法律服务。例如:三峡集团投资中电新能源、国网新源控股有限公司;联手云南煤化工集团共同增资组建云南解化清洁能源开发有限公司;联手战略合作伙伴入股四川省凉山州商业银行和宜宾商业银行。长江电力新风一号、二号、三号及收购郑州水工机械有限公司、云南华电金沙江中游水电开发有限公司。为落实长江生态大环保宏伟规划,三峡集团成立长江生态环保集团有限公司。德恒从其创立至今常年担任其法律顾问,并为公司投资武汉启迪生态环保科技有限公司、苏州市吴江区城市水管家、武汉给排水设计院、六安河海基础设施投资有限公司、浏阳北控水务建设有限公司、武汉科凌联诚环保有限公司提供持续的法律支持。同时,德恒跨境律师为三峡集团挺进国际能源市场,成功实施中国三峡(欧洲)有限公司收购加拿大北国电力项目提供法律支持。

打造国际债券市场上的三峡品牌

持续发行债券票据等金融工具。在三峡集团持续发展中,债券票据等金融产品的使用达到了高效而纯熟的境界。德恒持续为三峡集团、长江电力逾千亿元债券发行项目提供专项法律服务。德恒律师也为三峡融资租赁有限公司债券发行、三峡资本控股有限责任公司债券发行及投资四川能投发展股份有限公司提供了专业服务。三峡债券在国内资本市场上的良好表现,深受国际投资人的青睐。

2015年6月,三峡集团同步在美国成功发行7亿美元债券,在欧洲成功发行7亿欧元债券。[①] 摩根大通、德意志银行和中国工商银行是本次双币债券的全球协调人,德恒担任三峡集团发行双币债券的券商境内法律顾问。该债券是中国企业发行美元、欧元双币债券的第一单。

2016年6月,三峡集团在境外成功发行15亿美元债券,德恒律师担任发行人境内法律顾问(全球协调人为中国工商银行、摩根大通和德意志银行)。

2017年6月,三峡集团在境外成功发行6.5亿欧元7年期绿色债券,德恒律师担任承销商全球协调人中国银行、摩根大通和德意志银行等承销商的境内法律顾问。

2019年10月,三峡集团在境外成功发行5年期5亿美元及30年期3.5亿美元债券。该等债券吸引了国际投行的广泛兴趣。德恒律师担任德意志银行、中国银行、摩根大通、花旗银行、工商银行、摩根士丹利、瑞穗证券、渣打银行、瑞士银行、里昂证券、光大新鸿基、星展银行、法兴银行和海通金融等承销商担任境内法律顾问,提供了高质量法律服务。

---

① 参见《三峡集团首次成功发行全球双币种债券》,载国务院国有资产监督管理委员会官网,http://www.sasac.gov.cn/n2588025/n2588124/c3799103/content.html,查询时间:2023年10月9日。

2020年9月，三峡集团于境外成功发行5年期5亿美元及10年期5亿美元债券，承销商为中国银行、德意志银行、工商银行、摩根大通、农业银行、瑞穗证券、建设银行、渣打银行、里昂证券、交通银行、星展银行、瑞银、摩根士丹利、法国兴业银行、光大新鸿基、海通银行以及招银国际，德恒律师担任发行人三峡集团境内法律顾问。

我们也是三峡工程建设者！

我们也是三峡工程建设者！ 从大江截流到长电上市，中国工程院院士、三峡总公司总经理陆佑楣不止一次地对我们说。这是三峡总公司对德恒律师的最高奖赏，是德恒三十年为国之重器——三峡工程服务所获得的至高无上的荣誉。几代德恒人为之深感自豪，永远珍惜。三十年间，我们向三峡人学习水电工程知识，跟着陆佑楣、李永安等深入三斗坪工地，了解熟悉左岸、右岸、导流明渠、五级船闸、坝址、岩心、大坝砼浇筑、发电机组、励磁设备、直流变电站……我们学到三峡人严谨务实、精益求精的工作态度，系统性逻辑思维与工作方式和对事业的忠诚与创新精神。德恒人为他们尊重科学、尊重专业机构、公正廉洁的行事风范而深受感动。同时，我们也为三峡人传送法律知识，开展法律培训，解答法律问题，解决法律难题，提供大事小情各方面的公益咨询和法律建议。

三十年的服务，我们记住了"跟着江河走，把三峡工程建成的人"——陆佑楣。 2023年年初，我去拜访三峡总公司创业掌门人陆佑楣院士，表达德恒人对他"一生为一大事来"，为长江三峡工程贡献一生的敬重。用李永安总经理的话说，"陆总是跟着江河走，把三峡工程建成的人"。陆佑楣1934年生人，一生学水电做水电，亲自参加了黄河刘家峡水电站、汉江石泉水电站、汉江安康水电站、黄河龙羊峡水电站的建设，是著名的水利水电工程专家。他曾任水利电力部副部长、能源部副部长、武警水电指挥部政委、三建委委员、三峡总公司总经理和中国大坝委员会主席。他是中国工程院院士，河海大学教授、博士生导师。

1993年我初到三峡，登上三斗坪江心中堡岛，清楚地看到一块周总理题写的"中堡岛"刻石。小岛上莺歌燕舞，蝴蝶翻飞，我怎么也想象不出在这里要筑成大坝建水电厂。三峡工程从三斗坪镇江心中堡岛开挖第一斗土开始,拦江大坝建设、大江截流、大坝浇筑、导流明渠、设备招标、左岸电厂……2003年陆总带领的三峡总公司迎来高光时刻。经过十年锻打的三峡工程,走进收获期:按期蓄水、通航,6台机组提前发电并网投产,发电资产投入组建长江电力,新三峡旅游借"三花开放"引资开发……令人瞩目的长江电力2003年11月6日网上公开发行股票。11月18日,长江电力上市铜锣敲响,600900股票"高开高走"。陆总作为首届三峡总公司总经理、首届长江电力董事长,奋战十年攻克千难万险,缔造并见证了这一切。这一年,他欣慰地挥别岗位。

初识陆总,他年富力强,从容果断,温文尔雅,而今米寿之年的他依然精神不减,头脑清醒,说到德恒还是满口夸赞。陆总一再地对我说,我们为三峡工程做了这么多年,做了这么多工作,解决了很多法律问题和难题,三峡工程有我们的功劳。我们也是三峡工程的建设者!2023年,我收到陆总写下的"德行永恒,律辩真理"大字手书,这是三十年的宝贵纪念。

三十年的服务,我们记住了"跟着市场走,把三峡集团建成的人"——李永安。2022年春,李总从武汉到北京来,我去拜访他,说起德恒三十年要总结。李总高兴地说:"是要好好总结回顾一下了。你们当初一建立就跑来三峡,给我们做了这么多年。开始一年都没有费用,没有点觉悟真就是做不到,不容易啊。"李总在三峡总公司一建立就担任副总经理,2003年接任陆总担任总经理,兼任长江电力董事长。李总主管公司融资、改制上市、对外投资合作和重大事件处置等工作,是跟我们接触最多、相处工作时间最长的公司领导。

李永安生于1942年,毕业于沈阳建筑材料工业学院,曾在湖北省工业设备安装公司、机械化施工公司和湖北省基本建设委员会工作,担任清江水电开发公司总经理、党委书记兼湖北省人民政府副秘书长,三峡总公司副总经理、党组成员、纪检组组长、党组副书记、总经理,三建委副主任(正部级),享受国务院政府特殊津贴,荣获"共和国60年影响中国经济60人"称号。

如果说陆总是把三峡工程建成的人,李总就是把三峡集团建成的人。李永安担任总经理后,带领三峡总公司在2003年实现了长江三峡工程蓄水、通航和发电三大目标。2005年9月左岸电站14台700MW水轮发电机组全部投产发电,2006年5月三峡主体工程大坝全线到达185米设计坝顶高程,比初步设计工期提前约10个月,提前两年发挥防洪能力。2006年10月,三峡水库蓄水至156米。2009年9月27日,三峡总公司更名为中国长江三峡集团公司。

跟着市场走,为三峡工程筹资。三峡工程计划动态投资2039亿元人民币,静态总投资按1993年5月末价格为900.9亿元(含移民经费400亿元)。① 李永安主导了从96三峡债券开始的系列债券发行,制定了三峡债券发行规范。二十年中依循市场化、灵活化原则,三峡集团累计发行企业债、中期票据、境外债券等各类债券3508亿元,累计兑付1965亿元,实现还本付息无一违约,累计节省财务费用逾250亿元。他促进三峡工程从建设银行获得信贷资金100亿元,2002年、2003年分别与三峡总公司与长江电力签订一揽子金融服务与综合额度授信合作协议。他推着长江电力走,主导把葛洲坝电厂建成长江电力,将"长江电力源远流长"作为长江电力发行股票上市的路演口号,吸引世界巨型投资人青睐。长电上市后与三峡集团联手持续投资并购清洁能源,拉开向长江大能源大环保进军序幕。

2010年李永安年届退休,他交棒的三峡集团已建成以长江水力资源开发和经营为主,为社会提供清洁能源,与环境和谐发展,对国民经济具有重要作用的国内领先、国际一流的现代化大型水电集团,为新时代发展腾飞奠定了坚实的基础。离开三峡金融圈,李永安融入京剧文化圈,操琴开腔,快意人生。我会永远记住李总的话:这三十年来,德恒和三峡长电一起成长!

2017年12月28日,德恒持续服务三峡集团完成公司制改制,由全民所有制企业变更为国有独资公司,名称变更为中国长江三峡集团有限公司。三峡集团成为全球最大的水电开发运营企业和中国最大的清洁能源集团,国务院国有资产监督管理委员会(简称"国务院国资委")首批创建

---

① 参见《三峡工程资金》,载中华人民共和国中央人民政府官网,https://www.gov.cn/test/2006-05/12/content_278991.htm,查询时间:2023年10月9日。

世界一流示范企业。其战略发展定位为：主动服务长江经济带发展等国家重大战略，在深度融入长江经济带、共抓长江大保护中发挥骨干主力作用，在促进区域可持续发展中承担基础保障功能，在推动清洁能源产业升级和带动中国水电"走出去"中承担引领责任，推进企业深化改革和创新发展，加快建成具有较强创新能力和全球竞争力的世界一流跨国清洁能源集团。

2018年4月24日，习近平总书记来到三峡实地调研时说，我们要靠自己的努力，大国重器必须掌握在自己手里。要通过自力更生，倒逼自主创新能力的提升。2022年12月20日，白鹤滩水电站最后一台机组顺利完成72小时试运行，正式投产发电。至此，白鹤滩水电站16台百万千瓦水轮发电机组全部投产发电。三峡集团携手国内水电建设和装备制造企业，创造了百万千瓦水轮发电机组单机容量、300米级高拱坝抗震设防指标、地下洞室群规模等六项世界第一。三峡集团的乌东德、白鹤滩、溪洛渡、向家坝、三峡、葛洲坝6座巨型梯级水电站，共安装110台水电机组，总装机容量达7169.5万千瓦，形成世界最大清洁能源走廊。这条走廊跨越1800公里，形成总库容919亿立方米的梯级水库群和战略性淡水资源库，对保障长江流域防洪、发电、航运、水资源利用和生态安全具有重要意义。6座巨型电站联合调度、协同运行，年均发电量达3000亿千瓦时，可缓解华中、华东地区及川、滇、粤等省份的用电紧张局面，为"西电东送"和电网安全稳定运行发挥支撑作用；每年可节约标煤约9045万吨，减少排放二氧化碳约24840万吨，对改善我国能源结构，助推实现"碳达峰、碳中和"目标发挥巨大作用。

煌煌长江三峡，巍巍大坝耸立，三十春秋圆梦，绿能源远流长。

德恒人与有荣焉！

二、创新服务科技殿堂

中国科学院法律顾问服务

科学技术是第一生产力。1978年3月18日，中共中央在人民大会堂召开全国科学大会，中共中央副主席、国务院副总理邓小平着重阐述了

"科学技术是生产力"这一马克思主义观点。1988年,邓小平进一步提出"科学技术是第一生产力"的重要论断,指明科学技术在生产力中处于第一重要、具有决定性意义的地位。1993年7月2日,第八届全国人大常委会第二次会议通过《科技进步法》。《科技进步法》规定,国家保障科学技术研究开发的自由,鼓励科学探索和技术创新,保护科学技术人员的合法权益。经济建设和社会发展应当依靠科学技术,科学技术进步工作应当为经济建设和社会发展服务。中国科学院是中国自然科学最高学术机构、科学技术最高咨询机构、自然科学与高技术综合研究发展中心,是科学技术的大本营。中国科学院在自然科学学科体系,物理、化学、材料科学、数学、环境与生态、地球科学等方面代表着中华民族的伟大科技力量。

科技与法律联姻。中国律师事务中心成立之初,我设想要把"科学技术"纳入服务范围,为科技创新、知识产权保护及科技人员的科学研究、科技开发成果保护提供法律服务。时任全国人大常委会副委员长、中国科学院院长卢嘉锡院士很赞同并为我们书写"加强法制建设 发展市场经济"的大字表示支持。中国科学院这个科技殿堂就是我们的服务目标。经过肖琦联络,我跟中国科学院领导、院士交流,彼此都感到科学技术发展迫切需要法律服务,需要法律保护,遂达成共识促成科技与法律服务联姻。1994年6月,我代表中国律师事务中心与中国科学院签订法律服务协议,自此,德恒担任中国科学院常年法律顾问,并派员驻场服务。我牵头组成中国科学院法律顾问团队,由肖琦带队进驻中国科学院,建立法律顾问室,零距离全天候为中国科学院提供常年法律咨询服务,根据需要为中国科学院下属研究院所服务。中国科学院和后来成立的中国工程院以及两院院士都被纳入我们的服务范围,而且我们承诺免费为两院院士提供法律咨询服务。

三十年间,德恒关注中国科学院的重大发展,并从多个方面参与了一些重大的科技工程项目。这些项目包括航天科技、探月工程、计算机与芯片、生物科技、互联网信息、量子通信、专利、商标等知识产权保护等。德恒为中国科学院本部及下属近百个局委办和地方分院、科研院所提供常年法律服务和专项诉讼、仲裁与非诉讼委托代理近千起,提供法律咨询服务逾万人次。服务内容包括合同审查、项目引进、合资合作、企业改制、人才流动等各方面的非诉讼法律服务与民事、知识产权、行政与刑事诉讼法律服务。

德恒中国科学院法律顾问室，按照德恒与中国科学院管理制度实施双重管理。顾问律师坐班，全天接待中国科学院系统在京及京外研究机构来访咨询。中国科学院历任院长、副院长等都非常支持德恒法律服务工作。与我们联系最多的邓麦村秘书长及办公厅、院士工作局等领导同志也非常支持法律服务工作。1997年5月，中国科学院为"中国科学院法律顾问室"配备专门办公室，德恒挂牌服务。法律顾问室首先为中国科学院建章立制，规范中国科学院对外合作合同管理。1998年4月，德恒起草了《中国科学院合同管理规定（建议草案）》。中国科学院正式发布该规定时要求，凡涉及院里与有关国际国内各类合同协议签署前，必须首先送法律顾问室审核，把好法律关。其次，制定院士管理规范。1998年5月，顾问律师接受中国科学院学部联合办公室的委托，起草《中国中科院院士行为准则（建议草案）》。为配套实施该准则，顾问律师草拟《中国科学院学部科学道德建设委员会具体工作程序（建议草案）》，并就《中国科学院院士章程》第8条提出修改意见，建议对院士资格的取消或审查作出程序性规定。最后，顾问律师从法律角度为科研院所审查各类规章制度，提供包括法律咨询、起草、审查、修改相关法律文件，出具书面法律意见。通过事先防范堵塞法律漏洞，可以避免不必要的纠纷和损失。顾问律师还为中国科学院系统的基建项目，如中国科学院中关村群众体育健身中心项目、中国科学院北郊住房建设项目等提供专项法律顾问服务。

加大知识产权保护。科学技术是第一生产力，在改革开放的进程中已经被大众所普遍接受。但是，中国科学院本身和下属科研院所和科研人员经常受到来自各方面的侵权困扰，主要集中在知识产权领域。针对知识分子不愿惹麻烦、不会用法律武器维权等情况，德恒律师把法律服务和普及法律常识结合起来，加大知识产权保护方面的法律知识宣传。德恒与中国科学院办公厅举办"科技领域知识产权法律保护研讨会"，邀请郑成思等著名知识产权法律专家学者、司法界和科技界人士共同就科技领域知识产权法律保护的有关问题进行研讨，以增强科技工作者的维权意识。德恒与中国科学院京区党委、管理干部学院和办公厅联合举办数期"研究所运行管理及对外合作中的法律问题"专题讲座,就资金管理、房产管理、人员管理、所投资企业管理及多种形式的对外合作问题,结合在工作中碰到的、研究所发生的案例,对涉及的诸多法律、法规进行讲解,受到所领导和各部门的普遍欢迎。自1998年1月起,德恒律师每年参加中国科学院年度工作会议,将其作为重要集中服务窗口,律师现场为参会人员发放材料,为院士发法律服务卡,并在现场提供咨询服务。参会律师分头参加中国科学院各片、各组的讨论,走访各科研院所和公司企业,对中国科学院系统法律服务状况进行摸底调研,从而提出建议。德恒顾问律师及时举办针对性法律知识讲座,向科研院所和科学家致函并开展法律服务访谈回访工作。

坚决为"中国牌晶体"维权

中国科学院福建物质结构研究所(简称"物构所")1960年由福州大学副校长卢嘉锡创立并担任首任所长。卢嘉锡40岁时当选中国科学院化学学部委员(原称为学部委员,1994年正式更名为院士),曾担任中国科学院院长、第三世界科学院副院长。他组建了包括陈创天在内的物构所科研队伍,在结构化学特别是原子簇化学和新技术晶体材料科学方面成绩斐然。陈创天是中国科学院院士、第三世界科学院院士,在物构所带领团队发现了偏硼酸钡晶体(简称"BBO晶体")和三硼酸锂晶体(简称"LBO晶体")两种非线性光学晶体材料,领先美国十五年发现了氟代硼铍酸钾晶(简称"KBBF晶体"),三种晶体被国际上誉为"中国牌晶体",后又发明了KBBF晶体棱镜耦合技术,获得中、美、日专利授权,保障了中国在深紫外固体激光方面的国际垄断地位。他先后荣获1978年全国科学大会奖,1991年国家发明一等奖,2013年国家技术发明二等奖,2015年国家自然科学二等奖,以及国际晶体生长协会最高奖之一LAUDISE奖。

建物构所及其于1990年成立的福建晶体技术开发公司(简称"福晶公司")以技术入股与香港某集团合作开办了一家合资公司。香港某集团没有履行合资协议投足资金,双方发生争议。1995年,物构所向CIETAC提交仲裁申请,但却被裁决驳回。物构所向中国科学院汇报后找到我们咨询。我和李贵方认真听取案件情况,仔细分析案情,找出问题的关键所在。本案如果不能通过仲裁追究对方的违约责任,反过来被对方继续侵害物构所的专利知识产权的话,未来可能会丧失珍贵的 BBO 晶体和 LBO 晶体(两项科学发现的)权益。我们建议再次向 CIETAC 提起仲裁申请。

1996 年,我们代理物构所向 CIETAC 第二次提起仲裁。第二次仲裁准备充分、证据确凿,迫使某集团承认违约并与物构所达成调解协议,由香港某集团分期给付物构所 1200 万元人民币补偿费,并变更企业名称和经营范围,不再使用原合资公司的名称,注销科某激光有限公司。其后不久,物构所发现香港某集团再次违约,我们再次给出了仲裁意见。1997 年,我们代理物构所向 CIETAC 提起第三次仲裁,仲裁庭作出裁决:香港某集团赔偿物构所 850 万元人民币。德恒律师就本案锲而不舍地维权,保护了物构所两项科学技术发现的知识产权及其商业应用中的合法权益。本案的处理在中国科学院系统其他科研院所中树立了威信,是技术合作中维护科研院所及科技工作者合法权益的典型案例。

德恒支持物构所与福晶公司坚决依法维权并持续提升发展。2001 年 10 月,福晶公司改制、增资,物构所将 LBO 晶体、BBO 晶体和掺钕钒酸钇晶体(简称"ND:YVO4 晶体")专利等资产折股投入福晶公司,2002 年福晶公司再度增资并引入战略投资人,2006 年改制为股份有限公司(简称"福晶科技")。2007 年,德恒律师陈建宏、黄侦武为福晶科技首次公开发行股票及上市担任发行人律师,助力福晶科技于 2008 年 3 月登陆深交所成功发行上市。德恒持续为福晶科技提供上市后的法律服务,支持其发展成为全球领先的非线性光学晶体 LBO、BBO、ND:YVO4 及激光晶体、精密光学元件和激光器件制造商,"光电行业发展有力推动者"。

获赔 555 万元的中国科学院商誉维权案

1996 年,中国科学院办公厅的同志找到我,反映中国科学院的名称被人印在保健品包装上,问有什么办法解决。我们的律师调查发现,侵权公司与中国科学院下属单位个人有合作。经过认真研究,我带领团队设计出一个提起诉讼同时证据保全的以打压谈诉讼方案。1997 年 2 月,我们向北京市第一中级人民法院提起商誉侵权诉讼。北京市第一中级人民法院知识产权庭根据我们提供的证据线索,派出干警从北京赶赴天津被告所在地进行证据保全。法院干警们冲破现场公司人员的阻挠,查封了侵权公司正在工作的电脑,并全部带回北京。在被查封的电脑中查到了侵权公司的年度销售量,从而计算出了侵权赔付数额。一系列的法律行动使我们占据诉讼主动地位。迫于我们已经掌握了大量证据,最后被告请求和解,赔偿中国科学院商誉损失555万元人民币。这起胜诉获得巨额赔款的案件,在科学家和知识产权界引起了震动,激发了他们用法律武器维权的勇气和热情。

此后,德恒帮助中国科学院石家庄农业现代化研究所、中国科学院生物物理研究所、大连经济技术开发区凯飞高技术发展中心、新疆生态与地理研究所等单位维权,通过一次次维权行动,解决了联营合同、科技成果权转化和出口合同等纠纷,为科研院所挽回了经济损失,使科研人员增强了法律意识。法律和科技的联姻有力维护了科学的尊严。

编纂《科研事业单位实用法律手册》

2003年4月初,中国科学院法制教育工作领导小组委托德恒法律顾问室编写《科研事业单位实用法律手册》。彼时,北京全城正在抗击非典疫情,车水马龙的城市处于静默状态。我和肖琦、李文卉、黄允三位律师决定要在第一时间完成,文卉、黄允两位律师更是全力以赴,夜以继日地搜材料、敲键盘、苦熬盛夏,拿出初稿。《科研事业单位实用法律手册》围绕科研事业单位在科学研究和日常管理工作中遇到的常见法律问题,结合中国科学院过往法律服务经验,从针对性和实用性出发,采用一问一答的方式,从科技成果转化、股权激励、知识产权、安全科研生产、招标投标、民事诉讼程序等18个方面分列110个专题和1445个具体问题,涉及法律、法规、规章约128个,全书66万字。中国科学院组成编委会,我是成员之一。经过德恒律师草拟大纲、征求意见、修改大纲、三次补充完善编写内容、三次审稿,终于按时完成书稿。《科研事业单位实用法律手册》针对性强,简明实用,正式出版后大受欢迎,首批书籍被争购一空。

时任全国人大常委会副委员长、中国科学院院长路甬祥为本书题写书名,并作序称赞说,"有关专家、学者联手编纂这本《科研事业单位实用法律手册》是一件非常有意义的工作"。中国科学院办公厅发出通知,要求院属各单位、各部门要以《科研事业单位实用法律手册》为实用教材,开展干部职工学法、知法、懂法、用法活动,切实提高领导干部和管理人员依法决策、依法行政、依法管理、依法办事的水平和能力。2003年中国科学院年度工作会议期间,路甬祥院长对我说:"你们的律师给了我们很大帮助,给我印象最深的,是你们在侵权官司中居然为我们赢回了500多万元!"

2010年1月29日,习近平同志到德恒调研。在德恒党员之家,我把科学出版社出版的《科研事业单位实用法律手册》拿出来作了汇报介绍。习近平同志仔细翻看了厚厚的法律手册。这个瞬间被新华社记者拍了下来,至今这幅照片挂在中国科学院法律顾问室作为永远的纪念。

中国科技出版传媒股份成功上市

科学出版社改制设立股份公司。科学出版社是传统的事业单位,经营时间长、包袱重、业务面较窄,盈利能力不高,不通过改制就很难在激烈的竞争中获得良好发展。在推进社会主义文化大发展大繁荣、建设文化强国、创新驱动发展等国家战略引领下,科技出版业进入快速发展的机遇期。德恒担任科学出版社改制的法律顾问,派出以张杰军律师牵头,以苏文静、丘汝、杨昕炜为主办律师的律师团队,从2010年开始进入改制的紧张阶段。2011年7月19日,中国科技出版传媒集团有限公司暨中国科技出版传媒股份有限公司成立大会在人民大会堂隆重举行,我应邀出席。

科技传媒聘请德恒为发行人律师,为其上市提供法律服务。经过紧张有序的发行上市准备工作,中国科学院国有资产经营有限责任公司、中国科学出版集团有限责任公司、人民邮电出版社、电子工业出版社等股东顺利完成所有股份发行上市需要的法律程序,中国科技出版传媒股份有限公司(简称"中国科传")向中国证监会申报IPO。2012年6月25日,中国证监会公布了最新的首次IPO申报企业基本信息表,中国科传位列"初审中"。时任新闻出版总署署长柳斌杰指出,通过整合中央各部门、各单位出版社,组建四大出版集团:中国出版传媒集团、中国教育出版传媒集团、中国科技出版传媒集团和中国国际出版集团。四大出版集团都要走发行上市的路。

中国科技出版传媒股份成功上市。2017年1月18日,中国科传在上交所成功挂牌上市。国家新闻出版广电总局党组成员、副局长孙寿山出席并致辞,中国科学院党组成员、秘书长邓麦村出席并宣读院长、党组书记白春礼的贺信。孙寿山、邓麦村和中国科学院京区企业党委书记、国有资产经营有限责任公司董事长吴乐斌,中国科传党委书记、董事长林鹏共同敲响开市金锣。中国科传股票代码为601858,本次发行价格为6.84元/股,发行市盈率为22.97倍。上市首日开盘价为9.85元,较发行价上涨44.01%,收盘时公司市值高达77.86亿元。中国科传打了翻身仗,年出版新书4000余种、期刊近300种,业务领域覆盖图书出版、期刊业务、出版物进出口、数字出版四大板块,拥有20多家下属分子公司,具备完善的出版发行网络。中国科传精品图书、重大项目获奖成果丰硕,期刊学术影响力显著提升,科技出版"走出去"成效显著,总资产、净资产、营业收入和净利润都实现了年均两位数增长,社会影响力和核心竞争力不断提升。

德恒张杰军律师牵头为中国科学院系统资本市场服务的这个团队,通过服务中国科传,在业内积累了良好口碑。自此,德恒在实践中培养了一支优质的律师队伍,随后,张杰军带领丘汝、彭闵律师承办新华网股份有限公司IPO承销商法律顾问服务,该公司于2016年成功上市。李哲、张杰军、侯阳、王冰律师又为内蒙古新华发行股份有限公司改制提供法律服务,该公司于2021年上市。2021年,德恒证券业务领头人张杰军律师出任北交所首届上市委员会委员。

中国科学院院士公益法律服务工程

中国科学院院士和中国工程院院士作为中国科学界最优秀的专家群体,在他们进行高难度科学研究的同时,也会遇到常人常见的法律问题和日常生活中的民事纠纷。以往,他们遇到问题只能向院士工作局或本人所在研究所求助,但是涉及家庭法律事务,单位也难以插手,有些小事积累起来就成了麻烦事。了解到这些情况,我想,德恒要"德行天下"做好事,应该去帮助院士解决这些难题。自1993年成立以来,德恒在为科研院所服务的同时,自觉自愿地为院士提供公益法律服务。德恒为院士提供公益法律服务得到中国科学院和中国工程院的大力支持,两院要求签署正式服务协议以作为一项永久工程来实施。

德恒与中国科学院联合实施"中国科学院院士公益法律服务工程"。 1994年6月3日至8日,中国科学院第七次院士大会通过正式建立中国科学院院士制度,中国科学院学部委员改称院士。中国科学技术协会、中国律师事务中心与中国科学院共同推进科技与法律联姻,法律服务科技发展,法律服务科技工作者依法维权进展迅速。1995年,中国律师事务中心更名为德恒律师事务所后,合伙人管委会继续支持这项院士公益法律服务。2000年10月25日,德恒与中国科学院正式签署协议,联合实施"中国科学院院士公益法律服务工程"(简称"院士法律服务工程")。德恒律师根据院士本人的要求,通过电话、网络、传真、信函、面谈等方式,为其提供公益法律咨询服务。这项公益服务的对象是所有的中国科学院院士。承办这项工作的律师承诺诚信、耐心、周到服务,除了院士自身的法律服务需求,院士工作团队的法律服务,包括知识产权与科技转化等扩展服务,也被一并纳入法律服务范畴。律师决不能以院士的名誉、地位和工作身份等为自身法律执业进行"广告"推广。

院士法律服务卡,一卡在手,服务全有。 2001年1月16日,在德恒成立八周年之际,德恒和中国科学院在北京友谊宾馆联合举行了"中国科学院院士公益法律服务工程"赠卡仪式。德恒向401位院士赠送了"院士法律服务卡"。院士们持卡,可以根据卡上的信息联系德恒律师,根据自己的需要寻求律师的法律帮助。院士法律服务的内容包括法律咨询、律师见证、诉讼或仲裁代理、代拟、审查、修改法律文书,承办科技、知识产权、公司等专项法律服务。中国科学院副院长许智宏院士、司法部副部长段正坤和十名中国科学院院士代表出席仪式。许智宏副院长在讲话中称,这是"法律和科技联合的新举措,把中国科学院和德恒的合作推进了一大步,进入了更高的层次",段正坤副部长称赞"这项工程既是经验总结,也是大胆创新"。2022年,中国科学院院士共有898人,他们均持有德恒院士法律服务卡。

三十年来,德恒与中国科学院联合实施的院士法律服务工程,以及后续中国工程院与德恒签署协议联合实施的院士法律服务工程,一直持续至今,从未间断。德恒几代律师投入了大量时间、精力,德恒承担全部的成本费用,德恒北京总部的合伙人及合伙人管委会毫不动摇地表示,对两院院士的公益法律服务支持要一代一代接力做下去。

中国工程院法律顾问服务

中国工程院是以中国科学院技术科学部为基础筹备成立的,是中国工程技术界最高荣誉性、咨询性学术机构,系国务院直属事业单位。

中国工程院常年法律服务。德恒在中国科学院筹备成立工程院的过程中提供了法律支持。很多中国科学院院士同时也是中国工程院院士,在中国科学院的院士公益法律服务中,两者不分家,德恒也为中国工程院院士提供了法律咨询服务。中国工程院在与德恒进行几年合作后,于2009年9月24日签订聘请德恒作为常年法律顾问的协议,由我担任顾问并组织中国工程院律师服务团队。法律顾问提供的服务有一般性法律事务、行政管理法律事务、诉讼仲裁等对抗性法律事务和知识产权法律事务以及特殊案件的专班服务。平时如果有规章制度修订,中国工程院科学道德建设委员会办公室也会联系律师办理。

中国工程院历任院长都非常重视法律服务工作。徐匡迪院士担任中国工程院院长后,立即启动中国工程院院士公益法律服务工程工作,副院长王淀佐院士、副院长杜祥琬院士和副院长邬贺铨院士亲自与我们一同落实院士公益法律服务工程的启动。周济院长到任后和副院长干勇院士亲自领导法律工作团队处理"急难愁盼"的法律老大难问题。继任院长李晓红院士亲自安排指导,副院长邓秀新院士推动在发展中解决积存的疑难法律问题。白玉良等历任中国工程院秘书长和办公厅主任亲自安排各类法律服务工作。

中国工程院截至2023年11月,共有院士978人。[①] 每逢院士的增选和变动,德恒律师都及时联系并办理院士法律服务事宜。中国工程院的

---

① 参见《2023年两院院士增选结果揭晓 133位专家当选》,载中华人民共和国中央人民政府官网,https://www.gov.cn/yaowen/liebiao/202311/content_6916585.htm,查询时间:2023年10月9日。

建制与中国科学院不同,下面没有直属科研院所,所有院士都在各自工作单位包括大学、公司和科研机构等工作。中国工程院的特点决定了很多法律服务由各学部直接联系律师。

中国工程院院士公益法律服务工程

2002年10月,德恒与中国工程院正式签署院士法律服务协议。2003年1月6日,在北京友谊宾馆举行"中国工程院院士公益法律服务工程"赠卡仪式,642名中国工程院院士获赠"院士法律服务卡"。中国工程院常务副院长王淀佐、司法部副部长段正坤及中国工程院院士代表出席赠卡仪式。王淀佐副院长表示,德恒为中国科学院院士提供义务法律服务以来,一直受到院士们的好评。这次联合组织实施中国工程院院士公益法律服务工程,相信通过双方的合作和努力,必将开拓合作的新天地。中国工程院每两年增补一次院士,每次增补完成后,德恒院士法律服务室都会给新增补院士发放法律服务卡和院士公益法律服务工程介绍手册,确保全部院士获得德恒"院士法律服务卡"。

风雨兼程三十载,德恒为院士提供公益法律服务延伸到全国各地。德恒北京总部及上海、广州、成都、武汉、南京、大连等办公室百余名律师积极参与院士公益法律服务工程,为全国近二十多个省市的两院院士及其家属,甚至包括院士身边的工作人员,提供贴身式公益法律服务。德恒北京总部律师直接为院士提供相关咨询服务逾千人次。德恒律师不仅协助院士处理养老赡养、婚姻家庭、遗产等家庭法律问题,也处理了大量涉及名誉侵权,专利、商标、著作权权属保护与争议解决问题;大量涉及债权债务、合作合同、开办公司、股权纠纷等成果转化商事活动纠纷;还有涉及行政及刑事的非诉讼和诉讼案件。一旦感受到律师能够帮助解决很多实际问题和困难,院士们就非常信赖德恒律师,大量找不到人解决、长期难以解决的疑难问题都向律师求助。

三十年来,我带领德恒院士律师服务团队的李贵方、戴钦公、李广新、李养田、肖秀君、贾东明、杨昊等律师为院士们提供了大量公益法律服务。李养田是院士公益法律服务中心主任,肖秀君律师是院士律师服务团队中专职全天候服务律师。李养田主任和肖秀君律师通过走访面谈、电话传真及发送律师函、亲自跑腿办事等多种形式,协助院士处理子女户口进京政策咨询、材料递交、补办结婚证明、国外养老金提取、祖产房政策落实、登报声明、邻里关系、政府信息公开等大量法律事务。在大量涉及院士的名誉侵权纠纷中,德恒律师以法律手段和高超的智慧,帮助院士解决诸如网络平台售卖院士字画、借院士名誉进行商业宣传、剽窃院士及其科研团队的论文与专利成果等各种问题。李广新律师帮助傅熹年院士调解解决了跨境内外缠讼经年的"遗产"继承问题,获得当事人的信任和很高的评价。

在服务院士的同时,我们也为院士所在的科研院所的相关法律事务,如知识产权维权、公司治理与股权架构、合同签署与履行、跨国合作等提供法律服务。这些服务已经远远超出院士公益法律服务工程的内容。德恒律师并不计较自己的得失,尽力为中国科学院与中国工程院的科研单位和院士及其团队中的科技工作者们,提供大量法律咨询,参与纠纷调解、诉讼与仲裁代理,帮助审查起草法律意见书,提供专项法律服务等,还帮助相关单位处理各类未能进入程序的法律纠纷。肖秀君律师厚厚的工作日志记录下了院士们的难忘记忆。

为科学家服务的过程也是向他们学习的过程。2012年夏天,中组部组织北戴河专家休假活动,我与邬贺铨院士不期而遇,一起参加了专家座谈会。2022年秋天,中国工程院王礼恒院士和邬贺铨院士应邀出席我们主办的中国国际服务贸易交易会(简称"中国服贸会")第七届"一带一路"综合服务能力建设论坛。邬院士的主旨演讲为我们上了一堂深刻的数字经济专业课。"闻道有先后,术业有专攻",法律与科技联姻是法律服务科技事业发展的需要,也是法律专家与科技专家彼此永远的需要。

百折不挠的依法维权服务

为解决中创公司难题艰苦奋斗十五年。中国技术创新有限公司(简称"中创公司")是中国工程院持股的合资公司,自2002年改制以来就已失控,成为中国工程院的"心病"。2008年,中国工程院副院长邬贺铨院士委托德恒全权处理其在中创公司的股权转让工作。其后几任中国工程院院长、副院长都为本案费尽心力。2011年年底,董事长、法定代表人毕某企图私下非法处置价值数十亿元的中国国际科技会展中心大楼(简称"会展中心")。德恒律师紧急汇报,得到中国工程院指示马上出手予以制止,并于2011年12月9日从毕某处收回公司章证照。中国工程院恢复对中创公司的法律控制权,扭转了十余年"失管失控"的被动局面,德恒律师受到中国工程院的表扬。此后,毕某派人多次闹事并向法院起诉中国工程院和德恒。中国工程院坚决要求撤换董事长和总经理并指派德恒律师贾东明担任董事长。贾律师无奈放弃律师身份,挑起这个沉重的担子。德恒同时委派多个律师团队为解决中创公司难题提供法律支持。首先,理顺公司治理关系,对公司进行法律尽调,摸清复杂的历史沿革、人事构成、财务状况和法律问题等情况。根据委托要求,制订股转方案,并进一步调研论证,沟通了解公司管理班子、股东情况、利害关系人等情况和公司法律风险。2012年5月底,毕某因病去世,会展中心被其原有的管理人员控制。2012年8月5日,部分股东非法召开临时股东大会和董事会,推翻之前的决议。中国工程院坚决反对并向所有股东发了声明。经过数度司法较量,非法股东会议决议被法院确认无效。

坚决与违法乱纪分子作斗争。2013年11月24日,北辰创新公司依法依规接管其名下的物业会展中心,随后被清除出场的非法控制人员(简称"非控人员")纠集百余人冲击会展中心。中创公司多次紧急报警并进行自卫,双方发生肢体冲突。公安机关将"11·24"事件错误定性为寻衅滋事,通缉公司董事长、法定代表人,刑拘二十余位员工,非控人员趁机重新控制会展中心。中国工程院和德恒即向中央和北京市政府、各级检察机关和公安机关反映,公安机关纠正了先前的错误做法,撤销了通缉令和刑拘决定。2016年6月,北京朝阳区人民检察院根据事实认定"11·24"事件相关员工不存在任何犯罪行为,依法作出不起诉决定。中国工程院和德恒的维权努力取得良好效果。非控人员担心其非法贪占公司财产行为被揭露,不停地利用各种手段,向公安机关报案、向法院起诉、向司法局投诉,给中央办公厅、国务院办公厅、审计署、中纪委巡视组等写举报信,抹黑诬陷中国工程院和德恒。德恒律师为中国工程院和自身清白付出了巨大的努力,数千个日夜辛勤劳动,顶住了压力。

不忘初心，不负所托。非控人员背后势力通过将银行对公司的优质有足额抵押物的债权变成不良资产，然后低价拿到手，再通过法院拍卖会展中心，两次流拍后将会展中心大楼收入囊中。德恒一直维护中国工程院和中创公司合法权益，在追究违法犯罪人员法律责任，追回公司被非法侵占的财产，应对不法分子的诬告、捣乱、破坏，应对法院司法拍卖、破产重整等一系列工作中不屈不挠，站稳立场，顶住压力，依法服务。德恒通过为中国工程院处理股权转让问题挖出了深层的中创公司腐败问题。如果没有德恒的斗争，中创公司早就不复存在。多年来德恒不惧腹背受敌，忍辱负重，不忘初心，不负所托，尽职尽责，服务中国工程院解决历史顽疾。

在十五年的法律服务斗争中，中国工程院历任院领导和具体工作部门坚持讲政治顾大局，坚持正义和法律底线，依靠德恒提供法律顾问和全面法律服务支持。我们感到这个案件已经不是单纯的客户与律师的委托关系，更不是单纯"法律服务费用"的事，是正义和邪恶的较量。我们还会继续尽心尽力为中国工程院提供法律服务，不断探索新的思路，希望在发展中解决问题。

三、率先服务"大国重器"

关于国家经济命脉的重要机构、重大项目、重要产品和重大经济活动是国家的核心利益，是国家经济发展、经济安全、经济命脉、财政贡献的大国重器。德恒为三峡工程、南水北调、航天科技、嫦娥探月、瓦良格号归国、汽车、能源电力、有色金属、黄金、烟草等重要产业和财政、金融、卫生等国家管理机构提供高质量的法律服务。德恒先后担任财政部、国家发改委、国家卫生健康委员会、工业和信息化部、水利部、国家有色金属工业局、国家能源局、国家烟草专卖局(中国烟草总公司)、国家市场监管总局、国家国际发展合作署等单位的法律顾问。德恒律师为其提供了大量法律咨询、立法政策制定、依法行政、合同签订履行、非诉讼、诉讼与仲裁纠纷解决等法律服务。

为航天科技法律服务护航

航天科技分拆航科通信上市。1997年6月,中国航天科技集团公司控股的航天科技国际集团有限公司(简称"航天科技")在香港回归之前,分拆香港航天科技通信股份有限公司(简称"航科通信")在香港联合交易所(简称"港交所")上市。当时,我持有中国证监会和司法部授予的证券业务资格,有幸担任航天科技法律顾问,为该分拆上市出具法律意见书。航科通信上市是将航天科技下属康年公司资产装入分拆上市。航天科技将康年公司的系列进出口贸易纠纷案交给德恒承办。本系列案又引发了交易对方的破产偿债案。我在处理这些案件中,进一步认识到海外BVI"壳"公司的灵活性、重要性及其工具意义。这些"壳"资源,不仅可以作为交易的工具,也可以作为解决纠纷的工具。

商业合同要预判并控制未来风险。航天科技作为跨境的国企控股公司,在处理跨境商事纠纷时有很多特殊问题,高超地运用两地法律保护是律师的"绝活"。一位马来西亚客商跟航天科技借一笔巨款,我在写合同时要求借款方出具担保,但他只能以马来西亚的股票作担保,我认为股票不可靠,于是拒绝以此作担保。得知他借款是用于其在北京朝阳区已经购置的高档写字楼装修,我就有了主意。我适用香港法律拟出借款合同,又拟出适用内地法律的购房合同,借款数额就是购房款数额,并要求他在房地产管理部门备案购房合同。如果还款违约,航天科技就去收房。果不出所料,几年以后该借款人无力还款,我们即在北京通过一、二审诉讼将该房产收回。尽管对方律师辩称两个合同是无效的,是欺诈,但法院依据事实和法律,支持了我们的诉求。后来航天科技被审计时,发现有两个交易中公司不但未吃亏,还有很好收益,就是我处理的前述法律服务项目。

及时出手确认所有公司债权。1999年以前,航天科技对外借出大量款项,有的竟然没有合同。我给公司建议,将所有对外借款全部进行对账,让对方签署确认后收回公司存档。幸运的是,这些确认对账单锁定了所有的债权。其中有一件澳门创律公司徐某的借款逾期不还,用途是去某国购买航母做娱乐船。没想到此事跟德恒律师另外一件委托案件竟然也有了关联,这是后话。服务央企,我的体会是,要尽自己的专业智慧能力为他们打好防火墙,既防备被人"挖坑",又要充分设计好未来维护自己权益的"玄机"。曾担任航空航天工业部副部长、中国航天科技集团总经理的中国工程院院士王礼恒多次提及我为航天科技提供的法律服务,很是感谢。

空间法治需要律师

1992年12月,中国空间法学会成立,这是由航空航天工业部、外交部、国家科委(现科学技术部)、国防科工委(后总装备部)、中国科学院五家单位和国家有关部门、空间研究机构、空间科学技术研究和应用机构及空间法学领域专家学者组成的全国性学术社团组织。我被推荐为中国空间法学会理事。

2012年11月21日,我应邀出席中国空间法学会年会,并在会上作了"空间碎片应对与国际民事责任问责机制"的专题发言。地球人对外层空间的认识、利用,必然涉及各国之间的权利、义务和责任。要在外层空间有话语权,就必须认真研究空间法。2012年12月22—23日,由中国空间法学会主办,外交部、北京理工大学法学院和德恒北京总部协办的第九届CASC杯国际空间法模拟法庭竞赛暨专题研讨会在北京理工大学隆重举行。德恒合伙人张帆到会发言。由德恒兼职律师王国语副教授任指导教师的两支北京理工大学代表队获得了亚军、最佳辩手奖、最佳书面诉状奖、优胜奖和最佳指导教师奖等优异成绩。现今,王国语已经是北京理工大学空天政策与法律研究院院长,国际空间法学会常务理事,2016年至2022年还担任探月中心的外空法法律顾问。

见证嫦娥四号发射升空

服务探月与航天工程中心(简称"探月中心")。探月中心是国家航天局直属的事业单位,承担着组织实施以探月工程重大专项和首次火星探测任务工程为代表的航天重大工程的历史重任,负责探月工程等国家重大专项的立项论证、总体设计和组织实施;负责首次火星探测任务总体设计、系统协调和组织实施;承担探月工程等深空探测领域科学数据及样品管理、科技成果推广应用、战略规划、政策法规、标准体系、科普宣传和国际合作等。德恒自2017年起连续获聘担任探月中心常年法律顾问。王一楠律师带领团队以优异的法律服务,支撑探月中心顺利完成探月工程的嫦娥四号和五号任务、首次火星探测等重大任务,提供了包括国际合作中有关协议及法律咨询、审阅修改有关月球样品管理规定及科普宣传规范等服务。我们荣幸地受邀到现场观摩"嫦娥四号"的发射升空,也欣然收藏了探月中心的"谢礼":嫦娥四号、嫦娥五号、天问一号的原型缩小实物精美模型。

为"瓦良格号"航母出具法律意见书

"瓦良格号"航母1985年12月4日在尼古拉耶夫黑海造船厂开工建造。1995年,俄罗斯将"瓦良格号"航母退出海军编制,并以抵债的方式"送"给乌克兰。1995年5月,中国船舶工业总公司派人考察后认为该航母值得购买。此后购买航母的"神操作"也有德恒律师的贡献。1997年10月,香港创律集团徐某到乌克兰了解到"瓦良格号"的出售条件。徐某向航天科技借款2.5亿元港币,拿到乌方需要的5000万美元资信证明。1998年3月19日,徐某以2000万美元出价竞拍成功并签署中标书,但其将2.5亿港元挪作他用,未支付购船款。德恒李志勇、杨利律师调查发现,徐某的资产几乎都是虚假的。我在香港航天科技担任法律顾问时,也在追讨这笔债款。航天科技致函有关部门,要求协助追回这笔2.5亿元港币。徐某其后从华夏证券八次以支付"瓦良格号"航母款名义取得3.2亿元人民币。乌方对徐某一再违约不付购船款发出最后通牒:至1999年10月前不付款拖走船就终止合同,重新拍卖"瓦良格号"航母。相关机构决定收回徐某的股权,香港创律集团召开股东大会及董事会,免去其一切职务,收回"瓦良格号"项目文档和公司印章,由东方汇中投资控股有限公司(简称"东方汇中")继承项目。

1999年4月,东方汇中聘请德恒担任法律顾问。德恒律师帮助规范完善了各项合同,办妥接收"瓦良格号"航母80%的股权法律文件。1999年10月24日,买方终于签署了购买"瓦良格号"航母合同,支付购船款,获得了一系列所有权主证明文件,最终从法律上确定了中方对该航母的所有权。1999年7月,"瓦良格号"航母开始启航由拖船拖驶到中国。在通过博斯普鲁斯海峡(Bosporus Strait,又称伊斯坦布尔海峡)时,拖船受到土耳其方面拦阻,其强行命令"瓦良格号"航母退回黑海。自2000年11月起,我国与土耳其官方进行各种斡旋交涉。2001年8月,土耳其终于同意放行"瓦良格号"航母,但又索要保证金,在希腊政府提供了"国家担保"后才予以免除。土耳其政府在法律上又设置了障碍,为了证明该航母的商业目的,需要律师出具法律意见书。德恒刘继律师出具了一份英文法律意见书,交给我审查时,反复说明该意见书的用途。我端详着这份法律意见书,心想,如果因为此法律意见书招致国家与国家之间产生误解或矛盾,那责任可就大了。我签批这个字发出去时也要做好应对准备。终于,德恒的法律意见书发出了。刘律师后来高兴地对我说,土耳其见到我们的法律意见书后就放行了。没想到,此事后面还有更为曲折的经历。

2001年11月1日,"瓦良格号"航母在11艘拖船,12艘救难船、消防船的前呼后拥下,驶出博斯普鲁斯海峡。2002年3月3日,历时四个月,航程15200海里,历尽艰险的"瓦良格号"航母抵达大连港。经过建造改装,2012年9月25日,中国首艘航空母舰"辽宁号"正式交接入列。在新中国成立七十周年成就展览会上,我看到辽宁号航母模型的雄姿,心底倍感自豪,这一"大国重器"也有德恒助力。

南水北调中线工程

水是万物之母,生命之源。"南方水多、北方水少,如有可能,借点水来也是可以的。"1952年10月,毛泽东主席视察黄河,一个宏伟设想横空出世。这一伟大构想,开启了改变我国水资源空间分布的新工程。[①] 南水北调中线工程,是从长江最大支流汉江中上游的丹江口水库调水,经输水干渠输往河南、河北、北京、天津等沿线14座大中城市,干渠总长1277公里。2014年12月12日,经过几代人的接续奋斗和40多万沿线移民的无私奉献,南水北调中线工程正式通水,宏伟设想成为当今中国的"大国

---

① 参见唐佳:《为了南水北调,他这样拼》,载人民网,http://www.people.com.cn/n1/2021/0830/c32306-32212181.html,查询时间:2023年10月9日。

重器",开创了人类水利史奇迹。这是继三峡工程之后,又一个足以让德恒骄傲的超大型工程建设法律服务项目。

2004年7月13日,南水北调中线干线工程建设管理局(简称"南水北调工程局")经国务院南水北调工程建设委员会办公室批准成立,负责南水北调中线工程建设和运营,包括筹资、建设、运营、还贷、资产保值增值。南水北调中线一期工程包括水源工程、输水工程和汉江中下游治理工程,批复总投资2528亿元,以"政府宏观调控,准市场机制运作,现代企业管理,用水户参与"方式运作,是兼具公益性和经营性的超大型项目集群。南水北调工程点多面长,包括库、渠、闸等单位工程2700余个,涉及征地移民、生态与环境保护、水污染治理、文物保护、节水、地下水控采、产业结构调整等多个方面和众多地区、众多部门的职责和利益关系调整,工程各项政策的制定与实施,水资源的合理调配,还贷风险的控制,等等,必须充分考虑有利于工程建设、经济发展、社会稳定的要求。

贴身的全面专业法律服务。从2005年至今,德恒作为南水北调工程局的常年和专项法律顾问,由孙钢宏律师领衔,组成以李雄伟、张凯、李宏远等律师为核心成员的三十余名律师和律师助理工作团队。在南水北调中线干线工程建设阶段和运行管理、通水运行、安全防护方面,德恒律师为中线工程建设行政法规、部门规章、规范性文件、司法判例、政府审批要求等问题提供咨询,出具法律意见,提供从招标投标、合同文件的审查、修订与履行管理到工程变更索赔、工程质量纠纷、竣工验收等事项的全过程法律服务;提供移民安置、补偿、搬迁、征地方面的一般性法律事务处理的律师意见;提供工程建设、通水运行、安全防护领域法律法规基础知识培训。德恒律师承担南水北调管理局的日常法律事务,参与办理商标、专利、商业秘密保护、公证、鉴证等有关法律事务。同时,德恒律师作为南水北调工程局公司制、改制的法律顾问,在企业机构设置、企业管理与公司治理、人力资源安排、法制培训、立法建议、应对突发、应急事件、信访上访提供处理意见等方面做了大量工作,作出了突出贡献。南水北调中线工程参与机构众多,合同实施中出现的法律纠纷多种多样。德恒代理了客户委托的各种案件,包括施工项目部民事侵权、非开挖工程侵权、通信发展项目侵权责任纠纷及征地拆迁补偿纠纷、交通肇事财产保险责任纠纷、股权纠纷、生命权纠纷等案件,并向客户提出预防与解决纠纷的系统法律建议。德恒在服务南水北调中线工程建设和运营全过程中,带出一批建设工程领域的年轻专业律师。德恒律师团队被南水北调工程局誉为"当之无愧的南水北调工程建设者、亲历者"。

南水北调关系国家水资源安全和国民经济命脉。中国南水北调集团有限公司(简称"南水北调集团")2020年10月成立,注册资本1500亿元,2022年12月31日列入国务院国资委履行出资人职责企业名单。2022年11月,南水北调集团发布律师事务所备选库选聘公告,选择"诉讼""非诉"两个包件律师事务所入库,对投标律师事务所的规模、品牌、任务理解、服务方案、团队构成、以往业绩及研究成果均提出了很高要求。此次招标吸引了全国多家知名律师事务所参与投标。德恒以合伙人孔伟平牵头的诉讼工作团队和以执行主任孙钢宏牵头的非诉讼工作团队共同参加竞标,仅服务方案一节,就从业务理解、工作范围、具体方案等十个方面作了精细阐述。2023年1月20日,南水北调集团发出中标通知,德恒均以排名第一入选两库。继续服务中国水利与国家水资源安全,德恒重任在肩,与有荣焉。

四、服务重大特殊产业

汽车产业交响曲

一汽并购夏利法律财务双顾问。德恒律师服务并见证21世纪初中国汽车工业史上最大重组。2002年1月中国加入WTO后,国际汽车巨头加快进入中国汽车尤其是轿车市场。2002年年初,德恒应聘担任中国第一汽车集团公司(简称"一汽集团")法律顾问,担任其收购天津汽车夏利股份有限公司(简称"天津汽车")交易律师。当时天汽集团、天津汽车巨额亏损,亟须注入巨额资金。其合作伙伴天津丰田汽车欲与一汽集团合资,按当时合资政策1+2,即一家外国汽车公司只能与两家中国汽车公司合资设立汽车整车厂,天津丰田汽车与一汽集团合资的前提是,必须由一汽集团收购天津丰田汽车中方出资者天津汽车的股权。此事得到天津市政府大力支持。

2002年4月,一汽集团与天汽集团进入法人股协议转让的实质谈判阶段。2002年6月14日,双方在北京签署关于天津汽车国有法人股的《股权转让协议》,7月3日获得天津市人民政府批准,9月9日,财政部以财企〔2002〕363号批复批准本次股权转让。2003年2月18日,中国证监会豁免一汽集团向天津汽车的全体股东发出要约收购的义务;2月28日,一汽集团与天汽集团办理股权过户手续。至此,一汽集团正式持有天津汽车(一汽夏利)50.98%的股权,天汽集团继续持有33.99%股权。天汽集团还将其子公司华利公司75%的中方股权全部一次性转让给一汽集团。2003年4月9日,一汽集团与丰田汽车在日本东京签署关于天津汽车与丰田汽车的合资合同。一汽集团从丰田汽车引进四款新车。通过重组,中国最大的汽车生产企业一汽集团将中国最大的经济型轿车生产企业天津汽车收入囊中,天津汽车、丰田汽车各得其所,实现多赢。

德恒律师实际承担了本次收购过程中的全部法律顾问和大部分财务顾问工作,在收购方案制订、重要框架设计、主要障碍克服、政府部门沟通等方面,在一定程度上起到了主导作用,提供了超值服务。天津汽车对天汽集团应收账款为35.4亿元,构成交易重大障碍,且有被ST的风险。德恒律师建议,该债务必须全额偿还,或以其持有的其他资产、股权承担担保责任。在一汽集团申请豁免要约收购义务时,中国证监会的核心反馈意见就是要求天汽集团全额偿还对天津汽车的欠款。这一条最终由两个还款协议及两个补充协议加以落实,新董事会对如期归还发表了意见。在律师的建议与帮助下,经过各个层次的沟通解释,中国证监会出具了豁免一汽集团要约收购义务的确认函。根据律师建议,就天津汽车与天汽集团及其控股子公司的大量关联交易,在收购协议中加入了关联交易处置条款,并在其后的天津汽车重组中得到贯彻。就天汽集团要求一汽集团在股权过户前将转让金14.2亿元中的13亿元交由其托管一事,律师建议,一汽集团应与天汽集团签署股权托管协议约定,将标的股权中除处置权及收益权之外的权利托管给一汽集团,使其提前行使股东权利,对天津汽车进行资产重组,从而缩短从股权收购至资产重组的时间跨度。从后来的发展来看,股权托管很有必要。此外,在律师的建议与协助下,对本次收购过程中的资产和业务重组、避免同业竞争、高级管理人员任职等问题都作出了妥善处理,为收购工作及后续经营提供了有力保障。

托起"金色的太阳"。"金色的太阳"是中国重型汽车集团(简称"重汽集团")在境外以红筹方式整体上市项目的代称。重汽集团曾因1960年4月制造出中国第一辆8吨黄河牌重卡受到毛主席视察参观。作为老牌国企,重汽集团下属有卡车、商用车、特种车、专用车、客车、动力、发动机、桥箱等公司和华沃卡车合资公司,以及房地产、进出口、财务等经营性二级公司。要解决其资金紧张、债务沉重的历史包袱,上市融资是关键一招。首先要下大力重组,德恒担任重汽集团常年法律顾问和重组、红筹上市的中国律师。

我带领德恒合伙人律师徐建军、李广新、赵怀亮、李嘉慧、袁凤等组成的律师团队与其他中介机构一起,通过法律尽职调查,提出重组方案和以红筹方式设立全资子公司在香港上市的方案,通过资产划转、收购卡车股份资产,增发股份,设立重汽BVI公司,设立重汽香港作为上市公司。在上市过程中募集资金使用、法律文件起草、重组合同和境内外报批等方面,我们帮助重汽集团解决了一系列"老大难"法律问题。第一,在起草境外注资协议时加重对注入资产的保证。在起草重组协议时,对重组事项的过程和完成的法律状态及重汽集团对重组事项的承诺与保证进行了详尽描述。两个顺序、内容衔接的协议,满足了两个协议主体的相关性及具体事项的逻辑性要求。第二,针对重汽集团与另一家企业的多件纠纷,我们对每一事项的法律性质及后果作出分析,提出解决方案,并参与谈判、起草和修改相关法律文件等,最后圆满解决问题,为重汽集团上市扫清障碍。第三,针对重汽集团过往经营中不规范的情形涉及多个行政法律部门,境外中介机构对此的不同理解,我们全面研究了该事项的性质和相关法律关系与政策规定后,提出解决思路,出具法律意见。后来相关监管机构出具的意见及中介机构走访相关政府部门得出的结论,确认我们的意见是完全正确的。

2007年11月28日10时,中国重汽(香港)有限公司在港交所成功上市,发行股票7.02亿股,筹资90.4亿港元,创造当年港交所上市规模最大的红筹股。发行认购倍数达311倍,冻结资金2840亿港元。德恒律师在现场见证了这一激动人心的时刻。数年并肩战斗,争论论证,加班熬夜,一切都值了!德恒律师被誉为"为项目取得成功而扎实工作并积极动脑筋解决实际问题的律师"。一直战斗在一线的德恒重汽改制上市项目组主办合伙人李广新律师,写下一篇感人至深的随笔《在济南的日子里》①。

德恒拥有令人尊敬的汽车行业客户。德恒在汽车行业里的法律服务不断拓展宽度、广度、深度,站在了领域高地。我们为一流的汽车行业包括研发、制造、贸易、投资、金融等公司,提供常年法律顾问、公司合规治理、技术知识产权、国企改制、混合所有制改革、投资融资、股票发行、债券、票据、境内外 IPO 等非诉讼、诉讼、仲裁、调解、谈判斡旋等专项法律服务。德恒积累了一大批国际知名、令人尊敬的中外客户,除前述一汽集团旗下轿车股份、一汽财务、汽车金融、天津夏利、天津丰田、马自达等公司外,还有北京汽车集团及其旗下产业投资、北汽福田、北汽奔驰、北汽工业控股、北京福田戴姆勒,东风汽车集团系列公司、中国重型系列卡车股份、商用车公司,长安标致雪铁龙、特斯拉汽车(北京)、阿尔特汽车技术股份、沃尔沃汽车金融、德国大众汽车(中国)投资、大众汽车金融(中国)等。德恒创造了汽车领域法律服务骄人的业绩。

920 项目开启电力市场化

新世纪中国能源电力改革。国务院于 2002 年 2 月发布《电力体制改革方案》(国发〔2002〕5 号),为打破电力行业垄断,通过引入竞争提高行业效率,促进电力行业发展,推行以厂网分开重组国有电力资产为主的电力体制改革。为贯彻落实国务院《电力体制改革方案》,原国家计委配套下发《关于国家电力公司发电资产重组划分方案的批复》(计基础〔2002〕2704 号),对原国家电力公司发电资产作了明确划分;为支持电力企业主辅业分离重组,改善辅业单位的经营状况,将国家电力公司参股发电资产权益容量中的 920 万千瓦,划转给重组设立的辅业集团公司,该权益暂由国家电网公司代管,单列财政账户。

2006 年 8 月,为进一步巩固厂网分开,加快推进电网主辅分离改革,根据国务院和电力体制改革工作小组的决定,国家电力监管委员会

---

① 参见德恒:《探索法律服务的历程》,法律出版社 2008 年版,第 1003—1006 页。

(简称"国家电监会")正式启动预留920万千瓦发电权益资产变现工作(简称"920项目")。组织变现920万千瓦发电资产是"十一五"初期电力体制改革的一项重要工作。920项目涉及38家标的企业,从发电资产类型看,其中有6家为综合型发电企业,29家为火电企业,2家为水电企业,1家为铝电联营企业;从企业类型看,其中7家为上市公司,3家为电力控股公司,8家为中外合资/合作企业,1家为股份公司。截至2006年6月30日,38家企业总装机容量为4711万千瓦,920项目对应的权益容量为1081万千瓦,出售股权对应账面净资产值为119.7亿元。920项目涉及的38家企业股权分散、资产情况复杂、经营状况差异大,变现工作组织实施专业性强、技术难度较大,具有很大挑战性。

为确保项目操作独立、公正、高效、合规,不留后遗症,国家电监会对920项目变现工作采取市场化并购处置方式,进行了周密部署。在选聘中介机构时,国家电监会采取"公开发布信息、有限邀请竞标"的方式,择优选聘四类中介机构。

项目准备阶段。德恒接受委托后,迅速组织以戴钦公律师为总协调人、以徐建军律师为总负责人的920项目团队。920项目团队一方面立即着手开展前期准备工作。根据电力资产分布情况,划分为东北、华北、华东、华中、西北和南方区域组,杨继红、刘焕志等律师各自带队进入各区域组。李晓明律师负责上市公司组。另一方面着手准备法律尽职调查问卷及相关文件,针对38家企业分布于21个省且具有发电企业资产特殊性,对参加法律尽职调查工作的律师进行系统培训,明确本次法律尽职调查的工作重点,确定工作流程和工作分工,由专人研究和撰写920项目可能涉及的重大关键法律问题备忘录。

2006年8月上旬,国家电监会组织召开920项目工作会议和尽职调查动员培训大会,与会者包括相关政府部门、股权代持单位、目标企业、大股东及中介机构,律师就法律尽职调查的具体内容、要求和注意事项向参加会议的全体人员进行了全面、深入、细致的讲解和辅导。

法律尽职调查阶段。2006年8月中旬,920项目所涉38家企业的尽职调查工作陆续展开,德恒从北京、上海、广州调集四十多名律师,分成七个组赴21个省对920项目所涉企业展开全面法律尽职调查。具体工作包括对31家非上市公司进行现场核查;对22家网省公司采用下发法律尽职调查清单与要求提供文件资料结合现场访谈方式进行调查;对7家上市公司采用收集公开信息资料、下发法律尽职调查清单与要求提供文件资料相结合的方式进行调查。徐建军、杨继红等律师还陪同和配合国家电监会920项目工作组有关负责人赴华中、东北等区域的省级电力、电网公司进行专项调研和访谈工作,有针对性地协助工作组从网省公司渠道了解和掌握更多的有效信息,以促进920项目后续工作的开展。

本次法律尽职调查任务重、时间紧,发电厂位置偏僻,现场环境较为艰苦和恶劣,当时山西运城市暴发了流行性乙型脑炎。德恒律师积极组织应对、团结协作,化困难为动力,幸而未被影响,圆满完成工作任务。根据国家电监会要求,坚持"日报"制度,律师在西柏坡电厂尽调时,结束一天的工作后,晚上到镇里找网吧上网发出日报。在湖北汉川电厂,住地距离电厂50公里,中介机构人员每天来回往返,白天与公司沟通搜集材料,晚上回宾馆整理撰写文件,很是艰苦。通过对尽职调查情况的梳理、分析并汇总,形成重大法律问题汇报文件。在向国家电监会、国务院国资委及国家发改委等部门进行了多次汇报并不断完善之后,2006年9月27日,德恒920项目法律尽职调查汇报文件和38份法律尽职调查报告定稿提交,各类报告共计130万字。德恒对尽职调查中所发现的企业股权、融资、担保、软贷款、集资办电等方面的全部重大法律问题进行分析和论证,提出了可行的解决方案和措施,并协助国家电监会与920项目相关企业、国家电网公司、南方电网公司和有关省网公司进行协调和磋商,有效推动了影响920项目实施的相关遗留问题的妥善处理。

资产出售阶段。2006年10月中旬,为提高出售的竞争性,国家电监会在官网和《中国电力报》上发布《关于邀请投资者参与920万千瓦发电权益资产变现的公告》,公开征集投资者。这一公告标志着920项目正式进入资产出售阶段。实际上从920项目尽职调查现场工作结束后,国家电监会、国家电网公司、财务顾问、律师等各方协调会就开始频繁举行。项目进入实施阶段,国家电监会办公楼现场协调会经常在晚上,甚至半夜或双休日密集召开线上电话会议。920项目各类法律文件数不胜数,时间要求非常紧急,项目关系重大,日夜开会加班起草、修改法律文件。德恒920项目团队成员几乎全部"以所为家"。为了满足投资者尽可能深入调查了解目标公司和相关电厂的情况,国家电监会设立专门的920项目资料库,资料库的全部资料来源即为德恒现场尽职调查获得的资料。德恒律师成为项目资料库的建设者,在资料集中、分类、整理、装订、入库等各个环节,德恒律师都是主力。德恒北京总部作为分库,派专人协助管理与维护资料库,德恒律师还为投资者审阅目标企业资料人员提供接待等便利服务。

经过初步筛选及多轮竞价过程,综合考虑报价、资产组合、企业长期发展以及顺利解决历史遗留问题等因素,920项目绝大部分股权的受让方得以最终选定。德恒全面参与了资产出售方案和程序的制订与具体执行等各项实质性工作,包括起草、准备920项目各个阶段所涉的全部法律文件、建立与开放中央资料库、参与投资者竞价、谈判及股东沟通;协助国家电监会就920项目涉及的重大和关键问题与国家发改委、国务院国资委、中国证监会、商务部、财政部、国家税务总局、国家工商行政管理总局等主管部门进行协调、沟通、确认及协助相关企业完成报批工作等。

成效与评价。2007年5月30日,920项目部分股权转让协议签字仪式暨新闻通气会在人民大会堂举行。国家电监会、国务院国资委、国家发改委、财政部和电力体制改革工作小组办公室等相关部委和机构的领导和有关负责人,两大电网公司、五大发电集团、有关电力企业的负责人和920项目中介机构代表等参加大会。我和徐建军律师应邀出席会议。会上,国家电监会表示,920项目的顺利完成,得益于国务院和电力体制改革工作小组的正确领导,得益于国家发改委、国务院国资委、财政部、商务部、中国证监会、国家工商行政管理总局、国家税务总局等部门的大力支持,得益于国家电网公司、南方电网公司的协同配合及各类投资者的积极参与,也是国家电监会及相关中介机构努力、高效工作的结果,中介机构独立、专业的工作,对于本次项目的成功实施起到了重要作用。德恒在920项目股权受让方和资产出售结果经国务院电力体制改革工作小组审定确认后,积极配合和协助各有关方面适时推进920项目股权转让协议签约、付款及交割等后续事宜,并进一步跟踪了解有关新情况、新问题,及时向国家电监会提出合理、可行的咨询意见、建议和解决方案。

作为近年来中国并购市场交易金额及影响力较大的项目之一,920

项目的成功实施有两大积极意义：一是有利于全面深入地推进电力体制改革。变现资金将有效促进电网企业的主辅分离及电网企业自身的改革。38家标的资产从电网企业代管变为由发电企业实际持有，有利于相关企业公司治理的完善和长期稳定发展，也是厂网分开改革的进一步落实；其投资者的多元化，亦有利于促进电力行业的有效竞争。二是920项目为我国政府主导的通过市场化方式处置国有电力资产的成功案例，有效避免了一般行政性划拨导致的一些遗留问题。

服务国家能源管理命脉

德恒抓住能源行业"水火风光核电网"客户，在能源领域创造性地提供了一系列法律服务。能源领域重要客户群多为中央企业、国有大公司。德恒从三峡工程起步，先后担任长江电力、湖北能源、三峡新能源、中国核工业集团、中国核能电力股份有限公司、中国节能环保集团、华能集团及其华能新能源、华能国际电力股份，大唐集团及其大唐华银电力股份、华润集团、国家电网、国电电力发展股份、中国电力国际等常年或专项法律顾问，在水电、火电、核电、陆地与海上风电、太阳能光伏发电、煤炭、蓄能、电池、电力工程、技术开发、收购股权、项目融资、环境保护等领域提供非诉讼法律服务和诉讼纠纷解决。另外，德恒帮助客户在共建"一带一路"的巴基斯坦、阿联酋、埃及、塞尔维亚、缅甸、匈牙利、土耳其、印尼南加里曼丹、乌兹别克斯坦等国家和地区进行项目投资、融资、建设运营等。

为国家能源局提供全天候法律服务。国家能源局是国家最高能源行政管理机构，其历史沿革代表新中国能源事业的发展改革过程。2013年3月，国务院《关于提请审议国务院机构改革和职能转变方案》（国发〔2013〕15号）将国家能源局、国家电监委的职责整合，重新组建国家能源局（副部级），由国家发改委管理。在合并之前，德恒接受国家电监委委托，为其处置920万千瓦电力资产重大项目提供尽职调查。我带领德恒律师经过公开竞标，从2009年开始至今一直担任国家能源局常年法律顾问并派律师驻场服务。德恒前后参与国家能源局服务团队的有高辰年、潘铁铸、南红、王敏、孔伟平、王建文、贾怀远、李广新、贾辉、罗铭君、黄开国、张敏等律师，我们从各角度、各领域为国家能源局提供法律服务。

为国家能源局履行法定职能服务。德恒律师从法律层面就国家能源局履行法定职能提供法律审查及法律服务。德恒律师参与《节约能源法》《电力法》《煤炭法》《电力设施保护条例》《石油天然气管道保护条例》等能源领域法律法规的起草、修订工作;承办逾百件能源领域行政复议、行政应诉案件,审核政府信息公开事项,对重大决策和二百余件能源行业行政规章规范性文件进行合法性审查,修改能源领域重大合同,对行政领域相关事项、问题和突发事件从法律层面提出风险点和解决措施。

为能源法治政府建设服务。为在政府机构内部加强法治机关建设,国家能源局委托德恒法律顾问组开展了前瞻性项目研究。2018年3月,我带领高辰年、王敏律师承担"国家能源局法治机关建设实施方案"课题研究项目,提交了研究报告。报告以法治政府建设为前提,调研现存问题,进行理论和实务综合分析与横向比较研究,提出国家能源局法治机关建设建议实施方案。项目组又一鼓作气于2018年5月完成国家能源局法制和体制改革司委托的国家部委与能源局派出/派驻机构设置及其职能定位比较研究,提出有益的思路和建议。

参与国内外能源立法相关研究。2018年11月,德恒接受国家能源局法制和体制改革司委托,承担"我国加入WTO后能源相关情况的梳理研究"项目。我牵头成立由穆忠和、贾辉、南红、王敏等WTO能源领域专业律师组成专门项目组,完成框架性研究报告《WTO与中国能源规则改革》。该报告在有关国际活动中发挥了作用。2022年3月,德恒协助国家能源局开展能源法专题研究论证工作,组织王建文、廖名宗、高辰年、王敏等律师,围绕能源法部分章节内容,从立法技术、法律实务角度对包括行政检查和行政强制在内的监督管理措施、行政处罚标准与额度,以及与相关法律法规的衔接协调等方面,提出具有建设性的修改建议。

妥善处理行政复议和行政诉讼案件。2021年8月,能源领域行政复议案件和行政诉讼案件引发"转供电"争议。这既是个政策问题,又在执法中出现了法律纠纷。我带领孔伟平、南红、王敏等律师对"转供电"现状、问题和相关法律法规进行梳理研究,出具专业法律意见与解决思路。2022年6月,针对新能源补贴处理案例的合规性问题,我们受托进行专项研究,从相关行政行为的性质、多个行政规范性文件之间的关系及适用问题、实务以及解决问题的情理角度,对具体案例进行了深入专业的法律分析,提供了务实的解决办法。德恒受国家能源局法制和体制改革司委托,总结2018年至2022年9月之间的行政复议案件和行政诉讼案件,撰写《国家能源局行政复议案件和行政应诉案件典型案例评析(2018—2022年)》(简称《案例评析》)。《案例评析》从政府信息公开、举报投诉、行政许可、行政处罚四个方面选出15个典型案例,梳理案件事实,对案件焦点问题进行分析,总结各类案件的典型意义,为行政执法工作提供参考经验。本项目由我领衔,南红参加,王敏执笔。我欣喜地看到,在国家能源局坐班服务的王敏从实习律师到红本律师,已经成长为独当一面的熟手,她代理的行政诉讼案件还未有败诉的。2022年,国家能源局发来对德恒的感谢信,点名表扬王敏律师。作为保障中国能源安全的国家能源局的常年法律顾问,我们德恒人与有荣焉。

独特的烟草行业法律服务

1992年1月1日,《烟草专卖法》正式施行。我盯住这个产值万亿元的巨大产业,准备把它纳入德恒的客户名单。2002年,国家烟草专卖局、中国烟草总公司(简称"烟草总公司")与德恒签订常年法律顾问合同。德恒的服务内容为协助国家烟草专卖局、烟草总公司及其直属专业公司处理全方位的法律事务。

把握烟草专卖法律,做好履职服务。"烟草是朋友还是敌人?"首先要研究《烟草专卖法》。《烟草专卖法》立法目的是"为实行烟草专卖管理,有计划地组织烟草专卖品的生产和经营,提高烟草制品质量,维护消费者利益,保证国家财政收入"。国家对烟草专卖品的生产、销售、进出口依法实行专卖管理,并实行烟草专卖许可证制度;国家加强对烟草专卖品的科学研究和技术开发,提高烟草制品的质量,降低焦油和其他有害成分的含量。为了人类的健康,医生总是告诫人们不要吸烟;烟草产业也在尽力降低烟草对人们健康的侵害,提高烟草的吸食成本。国家增加对烟草的税收,限制对烟草的过度销售,打击对烟草的走私等违法违规行为。吸烟的人在为自己的行为自由而寻求对烟草制品的享用,法律保护人们选择自己健康生活方式的权利与行为自由。我在北京市履职政协委员时,针对《北京市控制吸烟条例》的立法,根据德恒担任中国烟草顾问和国家卫生健康委员会顾问的服务体会,提出立法建议,并提示警惕境外力量借着"反烟草"干预中国立法的倾向。

烟草专卖法下的法律服务。德恒常年法律顾问服务及专项法律服务对象包括国家烟草专卖局、烟草总公司以及下属的北京、山东、天津、上海、湖北、湖南、广东、河南、福建、吉林、新疆、云南、辽宁、陕西等省市专卖局、工业公司,中烟国际集团、中烟国际巴西有限公司、中巴烟草股份有限公司、上海烟草机械有限责任公司、中国烟草云南进出口有限公司、中国双维投资公司、《中国烟草》杂志社有限公司等烟草行业企业。二十年来,德恒为烟草行业服务的团队越来越庞大,我为挂帅的"火车头",李贵方、徐建军、陈雄飞、王建平、孔伟平、谢利锦、伍志旭、张杰军、陈小敏、朱可亮、丁亮、廖明霞、周冰、王葳、黄开国、贾辉、潘铁铸、彭先伟、罗铭君、桂磊、晏子楠、李红菊、高辰年、袁凤、任亮、黄梁林、王煜卓、陈宗跃、朱慧、王敏、黄灿、李文英、姜凤歆、高鹏、刘双俊、潘勇、余成龙、谢岳、罗玲玲、李通、孙进超等众多各领域、各分所的德恒律师,都为烟草系统提供了大量专业、优质的法律服务。

德恒律师熟悉烟草行业体制机制和烟草企业运营管理,代理国家烟草专卖局行政复议、行政诉讼等众多案件。德恒参与为国家烟草专卖局汇编《美国、欧盟在外国人进行烟草方面投资的市场准入障碍性规定(摘编)》;参与研究提供国外组织资助我国控烟活动的法律分析。德恒中美律师代理中国十几家卷烟厂关于烟草托管基金在美国几十个州的系列案件,促成"世纪大和解",代理北京、湖南常德和长春卷烟厂的美国烟草基金账户管理事宜。我带领德恒律师为烟草系统进行法律培训讲座;为国家烟草专卖局和烟草总公司提供政府信息公开、信访、投诉举报、行政复议、行政诉讼、行政处罚、合同审核等相关法律服务;参与《烟草专卖法实施条例》修订及《电子烟相关监管研究与建议》相关法律问题研究,提供立法建言;提供中烟国际集团章程的修改意见,为其在香港上市排除障碍;参与某美国知名烟草制造商在中国的分销商业模式是否符合反垄断法及其广告行为是否符合反不正当竞争法的研究;担任烟草总公司与英美烟草香港合资项目的专项法律顾问,担任中烟国际巴西有限公司收购中巴烟草股份有限公司的专项法律顾问,担任中烟国际集团与帝国烟草合资项目专项法律顾问,担任中烟国际集团与菲莫国际合作的非洲项目专项法律顾问,提供全程法律服务。服务烟草行业二十多年来,德恒识烟草、知烟草、懂烟草,以"勤勉尽责,竭诚服务,追求公正"为宗旨,以行业公认的服务标准,为我国烟草事业提供优质法律服务,解决了一些重大的烟草行业政策法规的制定与纠纷案件,为烟草系统法律风险防范和减少提供行之有效的法律建议,为我国的烟草事业法治环境提供法律可信赖的服务。

捍卫"烟草科研工作者"的权利与尊严。 2011年中国工程院增补院士,烟草总公司郑州烟草研究院副院长谢剑平被推荐为候选人。在公示阶段,谢剑平本人和烟草公司甚至烟草行业受到一些人的攻击,被谑称为"烟草院士"。甚至有人在媒体上煽动,要联合向国家烟草专卖局和中国工程院施压,撤掉其院士资格。烟草总公司要求我们就此事提出法律意见和有效的解决办法。我们仔细研究了谢剑平的科研经历和对"降焦减害"的贡献,形成了法律上的判断。我们正式提出法律意见,烟草总公司要支持谢剑平依法合规参评院士,不应撤销其参评申请;对外界所称之"烟草院士"应予以纠正,以"烟草化学家"之类的称谓来称呼更为科学。中国工程院院士、烟草系统科研第一线的卷烟加工工艺专家朱尊权(1919年2月3日—2012年7月16日)一直呼吁研究"我国卷烟降焦与发展混合型卷烟",为"降焦减害"作出突出贡献的谢剑平为什么不能参评呢?烟草总公司坚定地支持谢剑平依法合规参评院士。令人欣慰的是,谢剑平于2011年正式当选为中国工程院院士。

国际收购要听中国法律顾问的意见。 2011年秋的一天,烟草总公司来电说有一桩跨国的烟草收购项目聘请了贝克·麦坚时国际律师事务所,其律师的法律意见不能有效回应监管部门的关注点,局领导要听中国法律顾问的意见。我和谢利锦律师接手本项目,重新开展法律尽调。本项目所在国是世界第二大烟叶生产国、第一大烟叶出口国。2011年12月31日,收购主体公司与被收购公司的股东公司和被收购标的公司签署《股份购买协议》,收购其股东公司持有的标的公司51%的股份。一个看起来合理的交易,律师需要看出本项目要直接解决的法律问题。第一,

《农产品买卖合同》是否能够作为出资？在获得肯定回答后，我们要求将《农产品买卖合同》的签署主体变更为标的公司，标的公司获得了《农产品买卖合同》项下的权益。第二，《农产品买卖合同》作为一种出资方式，是否需要经过评估？当地律师出具了该等出资不需要评估的法律意见。德恒律师还是要求股东公司就此增资程序事宜出具了兜底的承诺函，减少可能的风险敞口。第三，《农产品买卖合同》系公司与数千家农户签订，存在一定的不确定性，需要在估值上予以锁定。德恒律师创造性地通过商业类比的方式对《农产品买卖合同》的估值进行了分析，并通过查阅某著名国际烟草公司的年报及其他公开信息，测算出2010年该国际烟草公司收购其他公司的《烟草买卖合同》的交易作价金额与本合同相当。这个公开的交易数据对于本项目的顺利获批至关重要。在这个案件中，我们律师动足了脑筋，在多重保障条件均达成后，德恒出具了法律意见书。客户在3个月内收到法律意见书，澄清了原先的一些模糊问题，打消了监管部门的顾虑，使得项目交易成功并顺利落地运营。

搅动人心的"红塔"案

2012年元旦前的一天，烟草总公司急电："请王主任亲自来一趟。"当时办公室已经放假，远道的外地律师员工都已经在回家的路上了。我赶到烟草总公司直奔会议室，领导们都在。会议就一个主题，云南红塔集团有限公司(简称"云南红塔")被诉了！

原来，2009年1月4日，烟草总公司作出《关于云南红塔集团有限公司转让持有的云南白药集团股份有限公司股份事项的批复》，同意云南红塔有偿转让其持有的云南白药集团无限售条件的流通国有法人股份65813912股，要求云南中烟工业有限公司依该批复指导云南红塔按《国有股东转让所持上市公司股份管理暂行办法》和《上市公司解除限售存量股份转让指导意见》的规定进行股份转让。2009年8月13日、14日，云南白药集团先后刊登提示性公告和公开征集受让方的公告。2009年9月10日，云南红塔与收购方签订了《股份转让协议》，转让65813912股云南白药股份。协议签订后，收购方按协议支付了相当于全部价款的22亿元人民币保证金，云南白药股价疯涨。但是，在根据国有资产监管法规逐级上报有权机构批准的过程中,烟草总公司一直没有批准云南红塔的该项股权转让。收购方勃然大怒,先是发函要求办理云南红塔转让手续,随后一纸诉状将云南红塔告到云南省高级人民法院,要求云南红塔全面履行协议、办理股份过户。与此同时,收购方联络了国内知名专家和各大媒体发动强大的舆论攻势。一时间,"福建首富秋菊打官司"等各种强烈刺激大众眼球的报道铺天盖地,云南红塔和烟草总公司被"收了钱,股价涨了就不卖了"的批评、谴责团团包围。

转让协议对云南红塔是有利的。看完材料后,我感到当初双方签署的转让协议对云南红塔是有利的。转让协议约定,协议自签订之日起生效,但须获得有权国资监管机构的批准同意后方能实施。转让协议对该协议不被批准的处置条款约定得很清楚,"将乙方交付的全部款项不计利息退还给乙方,甲、乙双方互不承担违约责任,本协议自乙方收到甲方退还的全部款项之日起解除"。虽然转让协议规定得很清楚,但负有审批义务的上级机构是否有法律责任,是否要承担交易不被批准而导致的责任?必须认真研究对策,且不能按照原告的路数走,不能在媒体上分高低。我认真研究了针对烟草行业管理特点和国有股份转让的批准程序后,提出一个大胆的建议。这个建议在烟草决策层内部引起了反复争论。

烟草总公司应当立即作出不予批准的决定。我提出的建议在领导层决策会议上受到质疑,有的领导搬出某律师事务所的意见来论证反驳。在僵持不下的情况下,我向领导决策层郑重表态,如果接受我的建议,烟草总公司就不会成为被告。反之,烟草总公司可能因为并未履行完毕审批程序而被拖入案件成为被告。如果不接受我的建议,我会按照客户决策的方案执行,但不能为此承担后果。我建议的应对方案最终被客户采纳。2012年1月17日,烟草总公司作出《关于不同意云南红塔集团有限公司转让所持云南白药集团股份有限公司股份事项的批复》。依据该批复意见,云南中烟公司和云南红塔分别于2012年1月18日和19日作出了不同意本次股份转让的相关批复。果然,其后几年的官司打下来,用烟草总公司主管副总经理的话说:"打到最高院,就是打这张不批准函。"

德恒北京、昆明两地律师配合应诉获胜。接受云南红塔的委托后,我牵头,李贵方、周冰、王葳与昆明办公室伍志旭牵头的三位律师组成专案组。在准备专家论证会时,我们发现原告的阵营确实豪华,国内著名民商法、公司法、行政法专家差不多都接受了原告邀请作为专家发表了意见,而无法再接受我方邀请。德恒律师只能"裸奔"应诉,奋力前行。本案涉及各级机构,意见层出不穷,交锋激烈。经过多次研判,我们确立了堂堂正正依法应诉,谨慎应对舆情冲击的总方针,并确定了三大基本应诉思路:旗帜鲜明地主张云南红塔及各上级机构依法依约行事,毫无过错;坚持合同相对性,反对追加任何上级机构为第三人;主张股权转让协议依法依约解除,云南红塔不承担任何违约责任。云南省高级人民法院首次开庭后,原告宣称要将烟草总公司这个"变形金刚"打定形,遂向国家烟草专卖局申请行政信息公开,向北京市第一中级人民法院起诉烟草总公司,同时又召开多次专家论证会和部分"两会"代表讨论会等,力图影响案件的审理。一时间,烟草总公司压力、风险大增。我们经反复推敲论证相关行政诉讼复议、国资监管等法律问题,提出国家烟草专卖局无本案股权转让审批相关行政信息可供披露、烟草总公司依法履行国有资产转让逐级审批职责不属于人民法院行政诉讼案件受理范围的整体应对方案。其后,北京市第一中级人民法院裁定不予受理原告提出的行政诉讼请求,其另辟战场的图谋就此无果而终。

经德恒律师以大量扎实证据佐证,系统、严谨、有力的法律论证,云南省高级人民法院最终采纳了德恒律师的诉讼主张,驳回原告一方的诉讼请求,对方上诉后,最高人民法院二审判决《股份转让协议》应依法认定为不生效合同。收购方不服二审判决,向最高人民法院提起再审。2015年5月7日,最高人民法院裁定驳回原告的再审申请。就此,这场以舆论攻势强力施压,超豪华代理团队出庭的"秋菊打官司"最终落幕。[①] 这场标的大、费用高、时间长、影响广泛的诉讼给我们的启示是:律师要敢于坚持自己的正确观点,要有捍卫客户法权的斗争精神,要有说服客户接受法律建议的能力,还要具备高超的专业判断和实践能力,以及顾全大局并能够张弛有度地进行舆论应对。

---

① 参见谢岚:《不服云南白药股权案一审判决　陈发树提起上诉》,载中国经济网,http://finance.ce.cn/rolling/201302/08/t20130208_17056001.shtml,查询时间:2022年10月9日。

五、服务金融监管一条街

从资本市场的巨头着手

20世纪90年代,中国的资本市场在改革开放中持续改革发展,包括资本市场的要素平台,保险公司、信托投资公司、城市信用合作社、证券交易所、债券和股票发行、上市交易行为和主体不断浮出水面,出现了金融机构多元化和金融业务多样化的局面。人们感到,资本不再是像马克思在《资本论》里讲的,"每一个毛孔都滴着血和肮脏的东西",反而觉得它就是金融工具,掌握在谁手中,谁就可以自由地运用。市场经济发育发展的最根本标志就是资本市场的形成。如何进入经济建设主战场,不光是基础建设工程,更重要的是有资本、劳动力、生产资料等生产要素的市场配置。服务资本市场从哪里入手?我最直觉的就是金融机构,而管理金融机构的最大机构就是中国人民银行。于是,我把中国人民银行作为客户目标开始研究。

中国人民银行是中华人民共和国的中央银行,是国务院组成部门。它成立于中华人民共和国成立前夕的解放区石家庄,1983年9月,国务院决定其为国家中央银行。1995年3月18日,第八届全国人大第三次会议通过《中国人民银行法》,确定了中国人民银行的中央银行法定地位。中国人民银行不断改革机制,搞活金融,发展金融市场,促进金融制度创新。中国人民银行曾利用诸如光大集团下属的资产公司处理不良资产。1999年,东方(农行)、长城(中行)、华融(工行)和信达(建行)四家资产管理公司(AMC)分别对口成立。财政部分别为四家AMC提供巨大资本金,由中国人民银行提供巨大再贷款。中国人民银行完全成为以货币政策进行信贷宏观调控的政策银行,以求达到"宏观管住、微观搞活、稳中求活"的效果,在制止"信贷膨胀""经济过热"及促进经济结构调整的过程中发挥了重要作用。随着海口、北海等地疯狂的房地产开发信贷风被刹住,曾任中国人民银行行长(1993年7月—1995年6月)的朱镕基总理由此成为银行行长"最害怕"的人。

我找到中国人民银行条法司,跟他们谈了我们要为中国人民银行提供法律服务的意愿。当然，不只是简单地讲讲，他们非常认真地听我谈了服务计划，提出大量问题，我一一作答……不啻一场考试。我早已仔细研究中国人民银行的职能和条法司的职责。其中都是与法律相关的重要任务：拟订相关法律法规草案，拟订、审核规章；拟订银行业、保险业重要法律法规草案和审慎监管基本制度；承担合法性审查和中央银行法律事务；承担行政复议和行政应诉工作，统一协调各地发生的金融风险和案件指导；还有一些改革中出现的问题研究。此时，与中国农业银行河北省衡水支行有关的一件案子，直接促进了我们与中国人民银行的合作。

获聘中国人民银行法律顾问

中国律师事务中心（案号19930003）法律顾问协议书。1993年5月1日，我与中国人民银行副行长童赠银先生在《聘请法律顾问协议书》上签下各自的名字。我荣幸地受聘担任中国人民银行的常年法律顾问。协议书内容除了常规的法律顾问，我们还承担为中国人民银行设立法律顾问室的任务。在此期间，发生了中国农业银行河北省衡水支行（简称"农行衡水支行"）100亿美元备用信用证诈骗案。

中国人民银行征求我们的意见时还没有形成案件，只是外国某银行要求农行衡水支行确认兑现100亿美元备用信用证。农行衡水支行向农行河北分行汇报，农行河北分行又向中国农业银行总行汇报，中国农业银行总行向中国人民银行条法司报告了情况。中国人民银行条法司开始只是说有件事情要咨询，后来情况紧急，需要我们研究提出法律意见，需要对这件事情定性，农行衡水支行不兑现信用证的法律责任是什么，现在可以采用什么措施控制住局面。我了解情况后立即和李贵方、高宗泽组成专案组，仔细研究材料。感到这就是诈骗，绝对不能给他们兑现，而且要立即报案。今天看来，这个案件的刑事定性与决策层快速判断处置起到关键作用。

1993年2月底，美籍华人梅直方、李卓明回国与王发运相会，相约以3039备用信用证引资。王发运找到农行衡水支行行长介绍亚联集团"采用国际上八大财团通用的3039备用信用证方式"融资，农行衡水支行只需要签署一份"承诺书"：开证银行对所发出的信用证不负任何责任，只是贷款程序,使用贷款的单位不还本、不付息;亚太集团承担融资中的一切费用。梅直方、李卓明制作的备用信用证英文版本中有"亚联集团因信用证而产生的贷款债务将由衡水农业银行全部承担",中文版本备用信用证删去了此内容,在其收买的翻译的帮助下作了隐瞒。1993年4月1—2日,梅直方、李卓明与农行衡水支行签署三份分别为16亿元、34亿元、50亿元的"合作引进外资开发协议书",共计100亿美元(大致相当于1993年国家现汇结存的一半)。梅直方、李卓明拿到农行衡水支行的信用证,立即去国外银行贷款,贷款不还的责任由开具"备用信用证"担保的农行衡水支行承担。备用信用证又称担保信用证,开证行保证在开证申请人未能履行其应履行的义务时,受益人只要凭备用信用证的规定向开证行开具汇票,并随附开证申请人未履行义务的声明或证明文件,即可得到开证行的偿付。4月5日,农行衡水支行行长赵金荣在亚联集团是申请人、农业衡水支行是开证行、巴哈马莎物德投资有限公司为受益人的1年期可转让但不可撤销的到期即付的200份总金额为100亿美元的备用信用证上签字盖章(编号1101—1200,共计100份,每份金额是2500万美元;编号2101—2500,共计是50份,每份金额是5000万美元;编号3101—3150,一共是50份,每份金额高达1亿美元)。4月6日,梅直方、李卓明要求把这200份备用信用证寄给加拿大维多利亚矿务有限公司的罗伯特·麦西华以便早日引资。农行衡水支行行长派专车把李卓明送到天津,以国际快递的方式寄出备用信用证。4月7日,从澳大利亚传过来三份咨询函,主要是索要编号1101、2101、3101三张一共1.75亿美元备用信用证的确认函。赵金荣让梅直方代为制作确认函,自己签字盖章。梅直方、李卓明又哄骗赵金荣开了多份确认函。4月17日农行河北分行要求赵金荣、徐志国汇报有关"引资"一事。二人找到梅直方、李卓明,后者炮制一份以"联合国共和银行"抬头制作的反担保文件,让二人拿给上级看。

看到这份反担保文件,律师确定必是诈骗无疑。5月26日,中国人民银行、中国农业银行在京开会确定对本案的应对处理。此事被参会的赵金荣透露给副行长徐志国,二人要求翻译赵永强再给之前向国外发过确认函的机构发一次《否定确认函》。徐志国让赵永强给梅直方、李卓明报信。赵永强报信后又按梅直方的指示,把《否定确认函》都发到了梅直方的美国金辉公司。梅直方、李卓明二人准备逃走时于5月17日被逮捕。

1993年6月17日,《人民日报》头版登出了新华社刊发的中国农业银行的声明:"……中国农业银行衡水中心支行'国际业务部'名义开出、赵金荣签字的备用信用证,系国内外不法分子采取诈骗手段……所以,该全部信用证自开出之日起就是无效的……我行一概不承担任何责任和后果……"为查清案件,国务院成立9341专案小组。一年后,100亿美元备用信用证诈骗案在衡水开庭,梅直方、李卓明等各被告人被判决有期徒刑20年至2年不等。本案的处理,尤其是在高层下决心作出具体的判断和解决方案上,中国律师事务中心(德恒)律师的工作功不可没,律师的能力受到中国人民银行的信任。

担任上海证券交易所法律顾问

1998年10月5日中秋佳节,德恒新迁入中粮大厦,新办公室一派喜气洋洋。上交所聘请德恒担任常年法律顾问签字仪式在诸多贵宾见证下隆重举行。司法部原部长邹瑜、副部长刘飓、中国人民银行总行保险司副司长和上交所总经理与副总监出席并见证签约。

上交所总经理介绍说中国证券业发展迅速,但证券立法相对缺乏,交易所要履行证券发行交易与监督上市公司、监督交易市场职责,也要接受行政和司法监督,接受广泛的社会监督。交易所的运转是否能正常有序事关证券市场的稳定,甚至对整个金融秩序和经济的正常发展都有着重要影响。上交所聘请德恒作为常年法律顾问,使交易所的法制建设跃上一个新的台阶。我表态一定像为三峡总公司、中国人民银行、中国科学院、国家有色金属工业局服务那样为上交所提供高质量法律服务。当时我们正在筹建上海分所,将优先派出京沪两地专业律师团队提供及时有效的服务。

司法部副部长刘飓在讲话中赞扬德恒是司法部直属律师事务所,多有改革、创新和开拓之举,与吉林大学联合创办的目前国内唯一一所专门培养律师的全日制德恒律师学院,在国内有着知名度很高的客户,在涉外诉讼中成绩不凡。德恒靠服务质量、靠实力、靠信誉赢得了客户的信任。德恒与上交所签约合作可谓强强联合、珠联璧合，要不负厚望、不负重托，搞好服务，当好参谋。邹瑜老部长提笔致贺，勉励两所签约合作能像三顾茅庐、隆中对那样以诚相见，携手奋进，文韬武略，共图大业。

第一批证券律师事务所和证券律师

能够担任上交所顾问律师，德恒是有底气的。1993年1月，中国证监会和司法部联合颁布行政规章，创设了证券律师许可证制度，按照规定，从事证券法律服务，除取得律师资格外，还须取得"律师从事证券法律业务资格证书"。一个律师事务所至少有三名具有从事证券法律业务资格的律师才有资格申请机构许可证（正式名称为"律师事务所从事证券法律业务资格证书"）。1993年3月，首批35家律师事务所和大约120名律师取得了机构和个人的执业许可。1993年3月22日，《中华人民共和国司法部、中国证券监督管理委员会联合公告（第一号）》确认中国律师事务中心具有从事证券法律业务的资格，并公布了中心的地址与电话信息。我、涂建、李贵方首批获得证券律师资格，之后，陈建宏、陈静茹等都获得证券律师资格。德恒的证券法律业务从一开始就奠定了较好的基础。

首秀社保基金和企业年金客户

"十三五"时期，全国社会保障基金理事会（简称"社保基金会"）管理的资产总规模52535亿元，年均增长率达到23.93%。社保基金会累计投资收益额6857亿元，年均投资收益率7.58%。自受托以来，养老基金累计投资收益额1986亿元，年均投资收益率6.89%。企业年金基金披露2021年业绩：规模达到2.64万亿元，同比增长17.4%。① 将近8万亿元资产规模的以上两类社会保障基金是中国人民的养命钱，它们的设立是金融和社会保障改革开放的举措，它们的发展是二十年来中国社会进步与

---

① 参见《"十三五"时期全国社会保障基金事业发展取得显著成绩》，载全国社会保障基金理事会网站，https://www.ssf.gov.cn/portal/hndt/hndt/webinfo/2021/11/1639751491896282.htm，查询时间：2023年10月9日。

金融创新的重大成就。我有幸成为社保基金会专家和原劳动和社会保障部企业年金的专家，为这两个基金的建立发展尽了一份力量。

全国社保基金理事会的筹资与投资。全国社保基金是中央政府集中的社会保障资金，是国家重要的战略储备，主要用于弥补今后人口老龄化高峰时期的社会保障需要。全国社保基金是具有社会主义基本性质的老百姓"养命钱"。全国社保基金的资金筹集来源于国有企业持有的国有股减持划入资金及股权资产、中央财政拨入资金，经国务院批准以其他方式筹集的资金及其他投资收益形成的由中央政府集中的社会保障资金。社保基金会直接运作的全国社保基金的投资范围限于银行存款、在一级市场购买国债，全国社保基金其他投资需委托投资管理人投资和运作并委托托管人托管。社保基金会委托投资管理人投资运作的基本原则是在保证基金资产安全性、流动性的前提下，实现基金资产的增值。

由于全国社保基金的资金来源、投资原则、管理方式等与证券投资基金相比具有特殊性，因此，其适用的法律亦有别于证券投资基金。目前，全国社保基金在中国境内的投资管理，适用财政部和原劳动和社会保障部于2001年12月13日颁布的《全国社会保障基金投资管理暂行办法》；其在境外的投资管理，则适用2006年3月14日颁布的《全国社会保障基金境外投资管理暂行规定》。

受聘担任社保基金会法律顾问。全国社保基金的管理在我国是开创性的事业，对于维护和促进社会的稳定与发展具有十分重要的意义。社保基金会作为社保基金的管理者，其在选聘常年法律顾问过程中，非常注重法律顾问在资本市场与基金投资管理等方面的经验和综合实力。我把社保基金会作为重要客户目标，组织强有力的专业律师服务团队。我们研究了社保基金会初创本身的法律服务需求，也针对其投资管理所需要的专业法律服务，精准对标提出服务方案。最终，我率领德恒律师团队从众多资本市场出色的竞争对手中脱颖而出，2003年担任首届社保基金会法律顾问。这一服务从2003年以来一直持续了二十年。

鉴于全国社保基金的特殊性，社保基金会作为全国社保基金的管理者，其一举一动都受到全国人民的高度关注。社保基金会对社保基金管理的合法合规性就显得尤为重要。德恒金融、民事、合规、劳动等专业律师为社保基金会的建章立制、法律治理和日常运行,提供专业的常年法律服务,为社保基金会与相关部门沟通落实社保基金如何依法合规开展工作提供法律支持。社保基金会与相关专业机构的合作,从建立账户到委托管理、托管业务、清算等具体业务操作,涉及对证券、基金等相关法律法规具体条文的理解,需要有关部门进行界定。比如,社保基金会委托多家机构、多个账户与一个最终管理人之间的法律关系,如何符合《证券法》对证券投资账户的规定。我们发挥为证券交易所、证券登记、监管等机构服务的实务运作经验,支持社保基金会与中国证监会、证券交易所、清算机构沟通形成顺畅的工作流程,在每个流程节点上,明确操作规范,阐明法律依据和监管规范,确保社保基金投资运作行为合法合规。同时,作为律师,我被社保基金会选聘为专家,参与委托投资人评审工作,依法依规、客观公正地履职,受到社保基金会的好评。

为企业年金客户提供投资咨询与专项服务。企业年金作为企业为个人所上的补充养老金制度起步晚、发展快,已经形成非常大的影响。企业年金法律服务是一项比较新的法律服务业务。近年来,随着企业年金相关制度和政策的出台和完善,企业年金的发展呈现良好趋势。

德恒金融业务部设有专门的企业年金业务团队,长期关注企业年金制度的完善和发展。通过对企业年金法规政策的深入研究、理解和把握以及在实践中积累的经验,德恒为客户提供长期、专业的企业年金法律服务,赢得了如中国人寿资产管理有限公司、中国工商银行股份有限公司、建信基金管理有限责任公司等知名的客户群。德恒为客户提供企业年金业务法律支持,包括协助企业建立企业年金,协助金融机构申请企业年金基金管理机构资格,以及企业年金基金投资管理运作、起草有关法律文本等全面的法律服务。企业年金的主管部门是原劳动和社会保障部(现人力资源和社会保障部),我被选聘为企业年金管理机构资格认定评审专家,从 2005 年开始履职,尽职尽责地完成了专家评审工作。

助力战略投资四大商业银行境内外上市

社保基金会以雄厚实力,先后作为战略投资人,斥资 450 亿元人民币入股交通银行(简称"交行")、中国银行(简称"中行")、中国工商银行

（简称"工行"）、中国农业银行（简称"农行"）四大商业银行，并收获了丰厚的上市收益。德恒律师团队为社保基金会战略投资入主四大商业银行并在境内外上市提供了专业法律服务。

德恒助力社保基金会入主交行及交行成功上市。2004年6月，社保基金会作为战略投资者，与交行签订《股权投资协议》，投资100亿元，以每股1.8元的价格认购了交行约55.6亿股股份，并于2005年6月23日在香港成功上市，又于2007年5月15日回归A股在上交所挂牌上市。德恒作为社保基金会的专项法律顾问，在战略投资、尽职调查、合同拟制、法律问题咨询等方面提供了专项法律服务。社保基金会成为中国首家H+A上市的全国性商业银行交通银行的第三大股东。

德恒助力社保基金会入主中行及中行成功上市。2004年中国银行股份有限公司成立。2006年3月，社保基金会作为战略投资者，投资100亿元人民币取得中行约85.14亿股股份。该等股份与汇金公司根据国家规定划转给社保基金会的28.03亿股共计113.18亿股均转换为中行H股。2006年6月1日，中行H股在港交所挂牌上市。这是当时全球金融业最大IPO，是全球有史以来第四大IPO。德恒律师为此次社保基金会入主中行提供了全程专业法律服务。

德恒助力社保基金会入主工行及工行成功上市。2005年10月28日，中国工商银行股份有限公司成立。2006年，工行选定战投高盛和美林、中金投行团、瑞士信贷、德意志银行、工商东亚金融控股等五家IPO承销商，引入高盛、安联和美国运通境外战略投资人。2006年6月19日，社保基金会与工行签署战略投资与合作协议，向工行投资180.28亿元人民币。2006年10月27日，工行H股在港交所、A股在上交所同步挂牌成功上市。工行是第一家内地A+H公司，创造了IPO募集资金额全球第一。德恒律师为此次社保基金会入主工行提供了全程专业法律服务。

社保基金会作为唯一战略投资人入主农银及农行A+H上市。德恒又一次荣享农行创出新的IPO融资额全球之最的辉煌。

社保基金会对银行股的强势布局成了中国股市的风向标。社保基金会及其委托投资的养老金组合对银行股的青睐是由其投资理念和资金性质所决定的，因为它们作为长线资金，都需要一个长期稳定的投资回报。

2019年9月,社保基金会国有资本划转账户接收财政部一次性将农行、工行、交行三家银行合计股权划转总市值约为1344.88亿元人民币。社保基金会的强势迅猛发展,也成就了德恒资本市场专业法律服务团队和业绩高速成长。德恒在和社保基金会的成功合作中,积累了为类似机构提供法律服务的宝贵而独特的经验。同时,德恒在社保基金会选聘境外投资管理人、基金托管人等重大事宜中发挥了重要作用。

担任财政部法律顾问

因一件税案与财政部结了缘。建所头几年,我们已经积累了相当的经验和客户。我个人也学到并做了很多法律实务工作,很多新业务,包括反倾销案件等都能上手了。尤其是应对来自美国的"一次性打火机"反倾销案件的成功,使我们在几个中国的进出口商会获得信任。中国医药保健品进出口商会(简称"医保商会")、中国机电产品进出口商会(简称"机电商会")等也邀请我们担任法律顾问,处理所遇到的棘手问题。其中有一件是我亲自经办,而且办成功了的案子,这是值得记载并对中国党派社团的党费、团费和商会会费税收制度有重大影响的案子,并从此与财政部结下了缘分。

1997年年初,机电商会领导找到我,紧急反映他们被税务执法大队立案稽查的情况,因为机电商会自身收缴的会员会费没有交营业税而被税务部门稽查并将部分资金(相当于应税金额)划扣转走。我们认真研究了案情,认为这是一件行政执法案件。如果是应缴税而未缴税,稽查部门立案并划扣税金并没有错。而机电商会反映,他们的会员会费是按照会员大会通过的数额收的,用作一年的开销还很紧张,被划扣后就没有钱了。有人提出要走行政执法救济程序,提起行政复议。经过仔细研判,我认为从行政执法上恐怕也没有多少理由可以救济。商会的性质属于社会团体,当时国家并没有关于会费收税的规定。我突然想到"法无明文规定不为罪"的刑事法律原则,行政执法应当有明确的法律依据,没有明确的对商会会费收税的法律规定,强行征收就是违法的。回到本案,如果税务部门是有法不依或是执法犯法,或可提起行政复议或行政诉讼程序。但此事属于没有税收依据,在行政程序中要么按照税务部门的惯例,要么上溯到立法层面，案子拖的时间就长了。

直接与税务主管部门交涉，从政策层面解决问题。我想到这个办法，客户不甚乐观。因机电商会与北京市税务部门已经有过交涉，感到他们态度强硬，不会改变已经作出的决定。那就要找财政部，国家税务总局是财政部管理的国家局。我通过正规委托手续找到财政部，并与财政部办公厅主任和国家税务总局相关负责人进行了会谈。会谈气氛很严肃，国家税务总局的意见是已经执法不可能退还。我的意见是没有执法依据不应当强行执法。两边谈得挺客气，但表达的意见针锋相对。国家税务总局的同志一再强调"没有明文规定免税的一律收税"。"共产党员的党费、共青团员的团费没有规定不收税，你们强行划扣了吗"？我的最后一问，他们没有再作回应。

会谈之后不久，问题得到了解决。机电商会的会费不再收取营业税，同时我提出的问题也以一个"通知"的方式予以解决。《财政部、国家税务总局关于对社会团体收取的会费收入不征收营业税的通知》（财税字〔1997〕63号）中规定："社会团体按财政部门或民政部门规定标准收取的会费，是非应税收入，不属于营业税的征收范围，不征收营业税。社会团体会费，是指社会团体在国家法规、政策许可的范围内，依照社团章程的规定，收取的个人会员和团体会员的款额。本通知所称的社会团体是指在中华人民共和国境内经国家社团主管部门批准成立的非营利性的协会、学会、联合会、研究会、基金会、联谊会、促进会、商会等民间群众社会组织。各党派、共青团、工会、妇联、中科协、青联、台联、侨联收取的党费、会费，比照上述规定执行。"

此事的处理得到商务部和财政部对德恒工作的认可，尤其是对我们处理问题的方式比较满意。律师接受委托处理棘手问题，不是简单地抡起法律大棒诉诸法律程序从而挣到律师费，而是能够在有限的范围内，用妥善的方式将复杂问题简单化。这个事情使德恒在财政部留下了一个好口碑。从2003年开始，财政部聘请德恒担任法律顾问，从常年到专项，二十年间，我牵头和李贵方、陈长斌、张安灏、丁亮、陈特、晏子楠等律师，前后为财政部及其下属条法司、国库司等提供诸多法律服务。

2002年9月4日，在南非约翰内斯堡举办的"联合国可持续发展世界首脑会议"闭幕这天,我作为中国参会的非政府组织(NGO)代表受到朱镕基总理的接见。总理和夫人饶有兴致地问了我几个问题,听到德恒能做国际业务,总理连声说好。陪同接见的国务院副秘书长高强看到我这个曾跟财政部打过交道的老朋友很高兴。高强原是财政部的领导,时常提起"会费官司",德恒是财政部的法律顾问,可是给财政部帮了大忙。

"为国出力,为民分忧",善莫大焉。

担任中国证监会并购重组委、发审委委员

2007年,中国证监会发布《中国证券监督管理委员会上市公司并购重组审核委员会工作规程》的通知,成立中国证监会上市公司并购重组审核委员会,聘请了一部分专业人士和中国证监会系统内的同志担任并购重组委委员,我也位列其中。

我受聘履职中国证监会并购重组委委员后,认真履职,尽职尽责,对所审核的案件事项独立发表专业意见,遵守制度与纪律,廉洁自律,不受任何干扰和影响,没有出现过任何问题与差错。第一届任期一年,任职届满后,我又被聘为第二届并购重组委委员。中国证监会对我专业上的认可,使我从内心找回了德恒律师的尊严。此后,戴钦公、徐建军、黄侦武、陈静茹等多位同事被聘为中国证监会发审委委员和并购重组委委员。他们清正廉洁、严谨高效、专业精准、工作勤奋。德恒律师为中国多层次资本市场的建立和证券业的改革发展作出了积极贡献。

2023年2月17日,中国证监会发布全面实行股票发行注册制相关制度规则,同时,取消发审委和并购重组委。在中国证券业发展史上,我们完成了"发审委委员"和"并购重组委委员"的历史使命。

六、为中国农业银行改革收官之作

进入21世纪以来,中国加入WTO,国际社会希望中国加快进入全球市场经济。因此,国际金融资本对中国国有商业银行的改制上市抱有极大的兴趣。中国的交行、建行、中行和工行争先恐后启动IPO,并在两年内成功实现在港交所挂牌上市。中国五大商业银行中还有最后一家中国农业银行的改制上市,成为资本市场巨头和头部全球财务、法律等中介服

务机构"虎视眈眈"的最后目标。

获聘中国农业银行改制专项法律顾问

中国农业银行是我国成立最早、上市最晚、融资规模最大的国有商业银行。其历史最早可追溯至1951年新中国设立的第一家国有商业银行——农业合作银行，也是改革开放后第一家恢复成立的国家专业银行。其成立之初即担负着解决中国"三农"发展问题的使命。受到各种政策性业务的限制，农行商业化进程较之其他国有商业银行慢了一步。20世纪70年代末以来，经过国家专业银行、国有独资商业银行和国有控股商业银行等不同发展阶段，中国农业银行成为中国网点最多、业务辐射范围最广的特大型国有商业银行。

农行改制上市使命重大。2007年是农行改革发展史上具有重要意义的一年。2007年1月召开的全国金融工作会议确定了农行"面向'三农'、整体改制、商业运作、择机上市"的改革原则，赋予农行新的使命。自此农行正式开启了建设现代化商业银行、登陆资本市场的新纪元。作为中央直属的特大型国有金融企业，农行在我国金融体系中占有十分重要的地位。农行改制上市是党中央、国务院作出的重大战略部署，事关中国金融改革的全局；农行改制上市作为中国五大国有商业银行改制上市的收官之作，对于农行及全球任何一家专业服务机构来说，都是难得的机遇和挑战。

斗智斗勇的招标获聘。农行委托招标公司就农行改制项目对财务顾问、法律顾问进行招标。经过三轮公开竞标，我带领的德恒团队在中国最强IPO专业律师事务所的激烈竞争中胜出。从开始部署律师对标研究工作方案时的心情忐忑，到现场带领团队述标时的信心坚定，我拿出精心核算的报价方案，报价开标后招标方与各家二次确认报价，我亲手添上了决定命运的一笔。经过场内场外各种的斗智斗勇，最终德恒强势胜出，作为农行改制上市的唯一境内法律顾问正式获聘。

农行改制上市是一场硬仗。德恒获聘后迅速组建了由我牵头的律师团队，合伙人徐建军律师为具体作业牵头负责人，吴莲花、孙艳利、李广新律师为现场主办律师。根据项目需要，德恒北京总部和分支机构先后有上百名律师和律师助理参与农行项目专业法律工作。在此后长达三年零三个月的时间里，德恒律师发挥专业优势，忠于职守、顽强拼搏，协同农行及其他中介机构同仁，完成了改制上市过程中的常规工作，重点发现并攻克、解决了农行特有的各类疑难杂症，为农行于2009年1月完成股份制改制、2010年7月完成发行上市夯实了法律合规基础。

在广袤大地上全面尽职调查

2006年年末，农行改制启动前有境内外分支机构约4100多家、3所培训学院和上千个待处置的自办实体和股权投资，还有大量不良资产和行社纠纷等亟待解决的历史遗留问题。德恒律师全线跟进，2009年解决了农行影响上市的全部法律问题。

农行IPO项目启动与进展过程，按照项目经历的四个关键性环节，划分为全面摸底阶段、解决问题阶段、股改阶段和上市阶段。德恒律师始终全面跟进坚守，参与全流程工作，为改制上市工作提供了强有力的法律支持。

全面摸底启动改制上市。 2007年全国金融工作会议确定了农行改革原则，农行召开全系统动员大会，向全系统部署股改法律尽职调查工作。德恒律师工作的重头戏——股改法律尽职调查正式启动。

德恒律师面向全国19个地点举办了法律尽职调查清单答疑培训，利用热线电话、电子邮件及网上论坛等方式进行答疑，先后对农行各分支机构负责工作人员累计3888人次进行了培训和答疑。

我要一层楼做法律文件库。 调查工作收集的资料是巨量规模，资料的存放也要保密，律师要能够大规模地同时对这些材料进行研判、尽调……我开口要一层楼做法律文件库，要能够存放一两万案卷材料。保证办到！罗熹副行长干脆地回答。

自2007年5月25日开始，大批案卷资料从祖国广袤的城市、农村，从农行的各个机构向北京运送。总行、分行和德恒律师三方人员监督完成接收、整理、上架和交接，至2007年6月12日，全部尽调资料入库完毕。

极具挑战的法律尽职调查。 从接收第一批资料开始，德恒40余名律师及律师助理24小时连轴转，不下班，不关灯，不离开办公室，不停顿地奋战70天；归集、审阅书面文件15486卷，对近25000个境内外分支机构进行尽职调查，出具3986份资料审核表，提供37份资料情况统计表，撰写39份专访法律尽调报告，撰写提交316万字的法律尽职调查报告。

德恒律师的尽调工作为农行后续工作整改和规范奠定了坚实的基础。2007年农行各项股改准备工作取得重要成果，全行基本完成了不良贷款全面清理、尽职调查、档案资料清理和责任认定工作。

解决问题：整改及规范运作

整改关键词："三农"、不良资产、行社纠纷、自办实体。针对农行存在的各种特殊情况和疑难问题，德恒律师先后分专题就公司治理、土地房产、不良资产、行社分家、自办实体和长期股权投资、企业年金、聘请境外中介机构、引进战略投资者等多项问题进行研究和梳理，历经项目全周期，共整理出具55份书面法律备忘录，从五个方面推动解决了具有特殊意义的问题。

探索"三农"金融服务事业部制改革试点。国务院全国金融会议提出的改革原则给农行和上市中介团队提出了一个复杂的课题，即如何协调解决农行商业化经营改革目标与服务"三农"定位的矛盾，这成为农行改制上市面临的前置性关键问题。为顺应国家服务"三农"的战略要求，探索服务"三农"的有效盈利模式，农行研究成立"三农金融部"，探索"三农"金融业务的事业部制改革试点。我们为农行解决"三农"服务与商业化经营矛盾，建立"三农"金融业务差异化管理体制提供了政策研究、制度确立和完善等方面的有力支持。

完善公司治理。我们一贯秉承的理念是股份制改制并不仅仅是在工商行政部门将企业性质进行变更，而应该是在组织架构、企业管理、公司治理方面实现真正意义上的现代化企业运营。为此，德恒律师充分利用因解决"三农"问题而延长上市的时间，化被动为主动，从2007年下半年提出第一稿股份公司治理文件开始，历经一年的时间，就股份公司适用的各项治理文件与可比银行实践进行逐一对比研究，与农行相关负责人员开展多轮逐条讨论和修改，最终于2008年年底形成报送各股东方征求意见稿。长达一年半的公司治理文件研讨和适应性修改,为农行相关职能部门和相关负责人员理解和掌握股份公司的公司治理要求,为后续农行改制及上市后良好地适应和执行相关制度夯实了基础。

剥离不良资产。针对农行存在的大量不良资产,我们全面研究了不良金融资产处置规定及可比银行实践,并提出了多种可行的选择方案和倾向性意见,制订行之有效的剥离方案,并最终顺利获得财政部批准,为后续剥离不良资产8156.95亿元提供了有效依据。

妥善解决行社纠纷风险。行社纠纷是农行专属问题,专指农行与农村信用社的纠纷。1996年下半年,按照国务院及国务院农村体制改革部际协调小组的有关文件,各地农行与农村信用社签署脱钩协议,实行了资金、财产和人员等方面的全面分家,从此结束了行社行政隶属关系。但是,从1979年农行归口领导农村信用社以来,在长期的发展过程中,行社形成了"你中有我,我中有你"的特殊关系。因此行社脱钩后,一些地方的农村信用社与农行因脱钩遗留问题产生纠纷并提起诉讼。行社纠纷存在历史久远、关系复杂、涉案件数和金额均较多的特点。

德恒律师对行社纠纷进行了专项调查,除统计审核各分支机构填报的行社分家情况表、行社诉讼统计表等基础资料外,还赴广东现场调查取证,在前述工作基础上,德恒律师汇总、分析行社纠纷的形成原因、类别,对行社分家债权主张证据效力问题、行社脱钩遗留资金问题、行社诉讼问题等进行归类,为后续通过谈判、和解、执行、计提准备等不同方式妥善解决行社纠纷提供了有力保障,最终协助农行消除了该复杂专项问题对改制上市的不利影响。

处置自办实体及股权投资。截至2007年年底,农行约有900家自办实体、200多项股权投资。经过专项排查,我们厘清了农行与该等实体、投资的法律关系,协助确认了自办实体和股权投资的范围。至IPO申报时,绝大部分问题得到了解决,余下有17家境内自营的招待所和培训中心,取得了原中国银监会同意暂时保留的批复,另有3家因特殊原因持有的境内公司股权,按照符合条件时尽快处置的口径获得了监管认可。

建立现代化公司治理制度

2008年是农行股份制改革的关键一年。农行大力开拓"三农"和县域"蓝海"市场,积极推进经营战略调整,我们则协助深入论证和优化股份制改革方案、建立和完善公司治理机制,协助做好财务重组和股份公司设立的准备工作。为协调商业化发展与"三农"服务的关系,农行股改方案在酝酿过程中几易其稿,直至2008年10月21日《中国农业银行股份制改革实施总体方案》获得国务院原则通过。各方在2008年开展的周密、细致、充分的准备工作为农行在方案获批后不足三个月内完成重组改制工作奠定了坚实基础。农行于2009年年初完成国家注资、不良资产剥离等重大财务重组事项,并于2009年1月15日完成了从国有独资商业银行向股份制商业银行的转变。

农行IPO造就顶级律师

德恒律师拼命冲刺。德恒律师在农行IPO阶段,又进行了从改制到设立股份公司以来的补充尽职调查。补充尽调和资料审阅从2010年4月12日开始,到5月4日完成向中国证监会申报,历时22天。之所以能够在如此短的时间内同步完成资料审阅、A股和H股两条线申报法律文件的起草,以及协助后加入的其他上市中介团队的法律支持需求等诸多工作,得益于德恒是境内和境外法律服务机构中唯一一家全程坚守在项目现场的服务机构。德恒律师团队对农行的法律状态包括发展情况熟稔于心。在这段时间里,德恒律师团队包含5名主办合伙人和20余名律师和助理,人均每天工作超过18个小时,顶住压力,确保了全部法律文件的及时、准确出具。德恒为项目组送去行军床、方便面和瓜果饮料。律师们饿了就泡碗面,累了就在行军床上打个盹,工作连轴转。有的律师回答各种咨询,嗓子都嘶哑了。德恒律师敢打能拼,高强度、高负荷、高效率工作,为完成这项"不可能的任务"提供了确定性和可靠的保障。

农行IPO造就顶级律师。德恒作为发行人的委托律所,在农行A股、H股同步发行上市阶段,组织了强有力的项目团队,协助农行在最短的时间内高质量地完成了大规模法律尽职调查与重要法律文件出具工作,并与其他中介机构一道完成了 A 股、H 股招股书的撰写与完善;中国证监会、港交所等境内外监管机构的报批;引进 A 股战略投资者及 A 股发售,引进 H 股基石投资者及包括 144A 发售、POWL 发售在内的 H 股全球发售等一系列相关工作。我作为德恒首席全球合伙人亲自领导本项目,合伙人徐建军、吴莲花、孙艳利、李广新四位律师率领项目组全体律师以优良的业务素养和高度的敬业精神,夜以继日,顽强拼搏,为项目的顺利完成作出了重要贡献,得到了农行的嘉许和其他中介机构的一致好评。农行 IPO 律师团队的律师今天都是德恒证券专业委员会的领衔律师。

农行 IPO 登顶全球。经过四年艰苦努力,中国农业银行股份有限公司于 2010 年 7 月 15、16 日登陆上交所和港交所成功上市。2010 年 7 月 15 日农行发行的 A 股股票在上交所正式挂牌交易,7 月 16 日农行发行的 H 股股票在港交所正式挂牌交易。农行 A+H 股同步首次公开发行并于境内外两地上市获得圆满成功。农行 A+H 股上市,募集资金共计 221 亿美元,创造了当年全球有史以来最大 IPO、A 股有史以来最大 IPO 以及中国企业最大 IPO 记录。德恒律师也因本项目获得多项国际大奖。

德恒服务农行 IPO 获得客户高度评价。我参加了农行在上海和香港的挂牌上市活动,与全球资本市场顶尖机构携手成功服务农行,摘取世界最大 IPO 桂冠,留下了难忘的记忆。出席农行香港上市活动的除了农行相关方面的人员,还有香港证监会主席方正、港交所主席夏佳理、港交所行政总裁李小加、金管局高级顾问穆怀朋等,盛况空前。

尤其高兴的是,我收到了潘功胜副行长签名的《感谢信》,兹全文照录如下:

> 尊敬的王丽女士:
>
> 2010 年对于我们来说,是极具意义的一年。农业银行的发行上市项目取得了极大成功,上市以来表现良好,获得了投资者肯定。在此,我谨代表中国农业银行,对您在此过程中提供的大力支持表示由衷的感谢。
>
> 新的一年即将到来。希望在新的一年里,我们双方能够继续加

强沟通,加深了解,续创双赢。

最后,衷心祝愿您和家人圣诞快乐,新年吉祥。

潘功胜

中国农业银行副行长

德恒证券业务服务能力大幅跃升。德恒服务农行 A+H 上市,在全球资本市场上创造出 IPO 融资额世界第一,全面提升了德恒在资本市场上的领先地位,大幅度提升了律师服务国有商业银行改制上市专业水准。坚持和付出,汗水和泪水都是我们人生最难忘的回忆。农行 IPO 项目锻炼出上百人的德恒 IPO 专业队伍,成为攻坚克难、解决法律难题的业务能手。在这个过程中,德恒不信邪,不怕鬼,敢于抵制资本市场上的不良倾向,坚决与律师江湖中的错误做法作斗争。本项目先后有 30 余家境内外中介机构及农行内部众多部门和分支机构参与其中,沟通协作是否顺畅直接关系到工作效率和质量。德恒人始终以大局为重、不计得失,对相关单位的各种法律需求均鼎力相助,能够快速完成最终申报任务,也诠释了协作共赢的价值所在。德恒在资本市场高地上展现出中国律师诚信服务的本色。

2010 年,注定是德恒发展史上辉煌的一年。

第四章　龙头表率

为中国的企业走向市场、进入国际经济体系,为中国社会主义市场经济新体制的建立,为中国法律服务市场的形成和发展起到龙头表率作用。三十年探索实践,德恒始终走在资本市场法律服务的前沿,助力多层次资本市场多品类金融产品发行上市,通过并购重组、破产重整,使困难企业走出困境,涅槃重生。

一、驰骋资本市场之金融证券篇

抓住资本市场法律服务先机

改革开放,建立社会主义市场经济,需要将生产要素的计划配置转变为市场配置。改革开放以来,经过激烈的思想理论碰撞,取消统购统销,取消票证配给,允许商品自主定价、自由流通,改变银行角色,推行"拨改贷",砸碎"铁饭碗""大锅饭"……国有工厂和农村集体经济体制改革发展日新月异。中国社会逐步冲破传统观念束缚,尝试还原资本的本来面目,将对资本"每一个毛孔都滴着血和肮脏的东西"的政治经济学批判,还原为"资本是重要的生产要素"。将资本主义与资本市场分开,大力培育发展多层次资本市场正是改革开放的重要目标任务。社会主义市场经济要逐步利用各类资本,通过资本市场的有效配置,推动实体经济发展。

资本市场需要法治的笼子。在资本市场运行中会出现种种违法违规、垄断交易、破坏市场经济秩序、侵害公众利益,甚至违法犯罪的行为。为维护资本市场秩序,就要强化法治,防止资本无序扩张形成垄断,依法规范资本市场,防范资本疯狂失控的风险,维护市场公平竞争。

法治政府与资本市场监管部门要着力防范和化解金融风险,克服经济脱实向虚的倾向,重点解决不良资产风险、泡沫风险等,为各类资本发展营造更加有利的市场环境和法治环境。现代资本市场不应当成为弱肉强食的丛林,需要规范和监管。需要营造良好的法治环境,健全资本发展的法律制度,形成框架完整、逻辑清晰、制度完备的规则体系,保护、引导、规管资本市场发展。资本市场的监管部门要设立"红绿灯",要以保护产权、维护契约、统一规则、开放市场、平等交换、公平竞争、有效监管为导向。立法部门要针对存在的突出问题,做好相关法律法规的立改废释。要严把资本市场入口关,完善市场准入制度,提升市场准入的科学性和精准性。要完善资本行为制度规则,加强反垄断和反不正当竞争监管执法,依法打击滥用市场支配地位等垄断和不正当竞争行为。

资本市场需要强有力的法律服务。资本市场从主体设立、经营运行、风险管理、欺诈防控、危机处置等全流程和各维度都需法律服务。以上市公司为例,从它的创办、建章立制、资本筹集、发行股票到股权融资 IPO 等,都需要投资人、发行主体、承销商、战略投资人、各类中介机构参与运作。公司内部需要建立公司治理制度,需要建立合规机构、监管机构,需要明确股东、董事、监事和管理层等的权利、义务、责任等,均需要专业法律服务。律师的法律意见书更是交易的必备文件。资本市场在中国从改革开放起步,有着巨大的发展前景。

1993 年,中国律师事务中心创立之初就把资本市场法律服务作为重大发展战略。2003 年,德恒十年磨一剑,在资本市场法律服务上已经地处山腰,但离"龙头表率"还有差距。我力主德恒要跟资本市场最强的机构毗邻而居,浸润成长。这一年,德恒年满十周岁,冒着"非典"的风险,迁入北京市西城区金融大街十九号富凯大厦。

领衔资本市场服务金融街品牌

获得首批证券法律服务牌照。先发于上海和深圳的证券交易催生了中国证券交易市场。彼时,证券交易尚无法律可依却有巨大的市场需求。1992 年 5 月 21 日,上交所 15 只上市股票暴涨 105%,买股即暴富。① 1992年"8·10"逾百万人抢购认购证秩序失控,引发冲突游行。中国证监会为规范证券市场服务,规定券商、律师、会计师等从事证券业务要持有专业服务资格。如前文所述,我敏锐地抓住这一机会,迅速组织起证券法律服务团队和有经济金融专业背景的律师队伍。1993年,经司法部、中国证监会批准,中国律师事务中心首批获得从事证券法律业务及从事涉及境内权益的境外公司相关业务的专业资格,五位律师率先获得证券法律业务资格。

证券法律业务业绩辉煌。经过三十年奋斗,资本市场法律服务成为德恒的核心优势业务。德恒累计为400家A股上市公司、逾百家境外上市公司以及逾千家新三板公司提供了IPO、挂牌、再融资、兼并收购以及合规咨询等方面的法律服务,涉及融资金额数万亿元。德恒还为近千家境内外公司提供了发行境内外基金、债券、票据等债务融资工具等方面的法律服务。德恒深耕三十年业绩卓著,立足金融街声名远播。

创出资本市场多项世界第一。盘点德恒服务资本市场业绩榜单,2003年作为发行人律师完成长江电力A股发行上市项目,长江电力A股上市创出当年度最大A股IPO;2006年作为中国法律顾问完成中国华润集团公司并购中国华源集团公司项目;2007年作为发行人律师完成重汽集团香港红筹上市项目;2007年作为中国法律顾问完成国家电监会"920万千瓦发电权益资产"处置即"920项目";2008年作为发行人律师完成中国铁建A+H股发行上市项目,中国铁建A+H股上市创出当年全球第二大IPO;2009年作为中国法律顾问完成三峡总公司主业资产的整体上市项目;2009年作为中国法律顾问完成中国农业银行股份制改造项目,2010年,中国农业银行A+H股上市融资额1500亿元人民币,为当时全球最大IPO;2016年,国银金融租赁H股上市;2020年,中芯国际科创板上市,创出近十年最大A股IPO,开盘市值达到6780亿元;中国长江三峡集团债券发行创造了中国企业最大规模的企业债券发行;中国平安保险集团收购深圳发展银行拉动万亿元交易,创出当时A股市场最大的收购项目;2022年,中海油成功登陆A

---

① 参见《中国证券历史性一页:马兴田被判12年,A股野蛮时代结束了》,载澎湃号,https://www.thepaper.cn/newsDetail_forward_15436956,查询时间:2023年10月9日。

股资本市场,创出近十年中国能源行业规模最大的 A 股 IPO,中海油也是适用扩大红筹企业上市试点范围的第一单红筹回归 A 股主板 IPO,是我国能源行业转型发展、国有企业和资本市场改革创新的典范,填补了国内市场在纯上游油气股票上的空白。"中国海油(600938)上交所主板上市,'三桶油'齐聚 A 股市场"入选 2022 年度石油和化工行业十大新闻。

德恒为这一系列具有中国资本市场里程碑意义的项目提供法律服务,创造了中国资本市场法律服务几十项第一。每一个重大项目都要进行繁重的法律尽职调查工作,都要解决纷繁复杂的境内外法律难题。律师有时还要"看天吃饭",适时为客户抓住带来特殊机遇的发行窗口。德恒律师牢记使命,顽强拼搏,确保每个重大项目高质高效完成。三十年奋斗,德恒证券法律服务的"金融街品牌"已经深入人心。

领先资本市场服务研究与创新发展。资本市场是经济杠杆的核心,涉及的领域和问题纷繁复杂,挑战不断。德恒始终紧紧抓住研究与创新这个应对挑战的"牛鼻子"。每到资本市场重大改革发展的重要关口,我们都及早地组建研究小组,通过立法和国内外实践案例比较研究、制度解读等方式,领会改革举措内涵、构造法律服务模式,领跑在创新服务第一线。1997 年,德恒为香港回归前最后一单"航天科技在港交所分拆航科通信上市"出具法律意见书;2005 年德恒为长江电力、中信证券两家试点上市公司实现股权分置改革提供法律服务,成功开启中国资本市场发展的新时代;2007 年,德恒服务重汽集团以红筹方式登陆香港资本市场;2008 年德恒助力三峡总公司完成其主业资产整体上市;2011 年德恒助力华能新能源在港交所上市;2021 年德恒助力中金珠宝 A 股上市,中金珠宝成为混合所有制改革及"双百行动"名单中首家 A 股票主板上市公司。近年来,在注册制改革中,德恒更是加大研究与创新力度,在科创板和创业板注册制改革大潮中持续发力,贡献智慧、积极实践,领衔服务航天宏图、天智航、煜邦电力等数十家科技企业在科创板上市,助力中红医疗、建工修复、谱尼测试等一批"三创四新"企业在创业板上市。北京证券交易所创建后吸收德恒律师作为首批挂牌委委员。

严格内核,审慎履职。为加强资本市场律师服务队伍建设,德恒成立了证券委员会及内核风控委员会,负责所内证券业务制度建设,以老带新培训专业律师,做好传帮带;以合规制度与文化控制作业质量,对违法违规采取零容忍态度,孜孜不倦地培养年轻律师对资本市场高度负责的使命感和责任感。几代证券律师都以吃苦耐劳、团队合作精神强获得客户和合作伙伴的高度认可。德恒作为法律顾问服务上交所超过二十年,上海期货交易所、上海金融期货交易所、上海保险交易所和全国中小企业股转公司等都聘请德恒为常年法律顾问。我和戴钦公、陈静茹、徐建军、黄侦武、苏启云、张杰军等骨干律师,先后出任中国证监会并购重组委委员、发审委委员,上交所科创板上市委委员,深交所创业板上市委委员,新三板挂牌委委员,体现了德恒服务资本市场的专业能力。

德恒常年在《钱伯斯亚太法律》(Chambers Asia Pacific)、《亚洲法律杂志》(Asian Legal Business, ALB)、《商法》(China Business Law Journal, CBLJ)、汤森路透(Thomson Reuters)、《法律500强》(The Legal 500)发布的资本市场业务榜单上位居前列。大批专业达人、业界领军律师上榜,大量青年优秀才俊脱颖而出,德恒资本市场业务捷报频传。

中国铁建股份 A+H 股发行试水

2007年,德恒担任中国铁建股份有限公司(简称"中国铁建")首次公开发行股票并上市的法律顾问。德恒为中国铁道建设总公司整体重组改制、独家发起设立中国铁建股份、首次公开发行 A+H 股并在境内外同步上市提供了全程法律服务。本项目高居铁路建设领域龙头地位,并具有以下典型特征和创新做法。

发行主体规模巨大。经过国资改革〔2007〕878号、国资产权〔2007〕1216号、国资改革〔2007〕1218号文件批准,中国铁建 2007 年 11 月 5 日在国家工商行政管理总局注册成立,注册资本人民币 80 亿元,总资产 1550.19 亿元,是中国乃至全球最具实力、最具规模的特大型综合建设集团之一。① 其业务涵盖工程承包、勘察设计咨询、工业制造、房地产开发、

---

① 参见《中国铁建股份有限公司 2021 年年度报告》,https://www.crcc.cn/module/download/downfile.jsp?classid=0&filename=949019697bee4ab192d5e63d96f3adf9.pdf,查询时间:2023 年 10 月 9 日。

物流与物资贸易等,遍及世界 121 个国家。发行人在高原铁路、高速铁路、高速公路、桥梁、隧道和城市轨道交通工程设计及建设领域,占据行业领先地位。

法律服务艰巨复杂。一是中国铁建的法律尽职调查规模宏大、任务艰巨复杂。中国铁建下属机构和分、子公司 2000 多家,其中独立法人单位近 500 家。律师对人数众多的各层负责人进行尽调前培训;创新性地通过多级不同清单、单项分类再汇总的尽职调查设计,圆满完成了资产量大、地域分布广、拥有 5—6 个层级、近千家下属单位的尽职调查工作;出具尽职调查报告 423 份,汇总报告 1 份,各类统计表共 13 份。二是改制需解决的历史问题多、业务复杂、难度高。律师对涉及国有股权设置和国有资产管理、人员安置和费用精算、职工股的处置、股份公司设立、重大重组、A 股的发行、H 股的发行等业务均需提供法律意见及建议。三是需要协调的机构众多,申报文件问询繁复。参与项目的境内外中介机构众多,包括中外券商 4 家、中外律师事务所 4 家,加上评估、审计、精算、公关公司等共计 18 家机构参与本次发行上市工作。德恒律师亦为公司"三会"运作提供文件起草及系统整理服务,为全系统公司规范运作提供法律咨询,出具中国律师工作报告、法律意见,回复监管部门的问询,出具交割法律意见等,出具各类专题备忘录约 40 份、专题回复意见 30 份、正式法律意见书及律师工作报告 14 份。

多项法律服务创新。一是在改制重组方面,德恒团队参与设计多项改制方案,帮助大型央企切实解决了改制上市过程中的实质困难。二是在内部职工股处置方案设计中提出多项创新建议,得到企业领导和广大职工的认可,并获得了国务院国资委的批准。其中包含结余的处置方案、分红调整方案、特别分红方案、比例付款方案等的精心设计,既充分保障了国家和职工利益,又确保了程序合法合规、职工队伍稳定,为方案的顺利实施打下了良好基础。三是在福利费用精算计提方案设计中提出的创新建议充分考虑了企业实际情况和国资监管要求,在国务院国资委出台相关正式规定之前,顺利通过了其审核,保证了项目进度。国务院国资委以中国铁建福利费用精算计提方案作为参考出台了后续的具体规定。四是德恒团队参与设计的股份登记方案,创新性地采用国有股预提留方式,解决了先 A 后 H 紧随发行,社保基金会转持股份的登记问题,并圆满解决了 H 股未能全额行使超额配售引致的补登记问题,该问题在跨境发行项目中尚属首例。

中国铁建 IPO 创造了中国资本市场的多项纪录。中国铁建在 A 股发行中,网下有效申购总量达 380.92 亿股,网上及网下合计冻结资金达到 A 股发行项目记录的 31255 亿元人民币,在 H 股发行中,锁定认购资金约 5400 亿元港元,创造了股票申购冻结资金的新高,获得约 290 倍的超额认购倍数。本项目总募集资金额 407.47 亿元人民币,成为 2008 年亚太地区最大 IPO 及全球第二大 IPO。中国铁建 IPO 项目,德恒律师以优良的专业能力、业务素养和敬业精神,获得 2009 年度 ALB"年度最佳股权市场项目大奖"。在亚洲三大金融专业杂志《亚洲金融》《亚洲货币》和《亚洲财务总监》举办的 2008 年度最佳 IPO 发行评选中,中国铁建 IPO 项目一举囊括"最佳股权交易""最佳首次公开发行"及"年度交易大奖"等多个奖项。

为北京银行 A 股发行上市券商服务

担任北京银行主承销商律师。2007 年 1 月 5 日,德恒正式以境内主承销商律师参与北京银行上市项目。继股份制商业银行、大型国有商业银行之后,城市商业银行也试水资本市场。本项目中,发行人厘清股东阶段就遇到了中国资本市场上非常特殊的问题。按照有关规定,股份公司上市前需要将股份进行托管登记。但由于北京银行是从城市信用社改制而来的,历史上形成了 1 万多名自然人股东。在这些股东中,一部分自然人股东已经死亡,有的长期失联,还有的因其他原因已不再具备合格股东资格。针对这种特殊情况,德恒律师仔细研究了股东的构成和历史演变,派出十多名律师及助理协助主承销商和发行人解答股东咨询问题,审查股东登记资料,从 2007 年 2 月 15 日开始开展尽职调查,编写招股书。2007 年 8 月 22 日至 9 月 19 日,北京银行进入发行挂牌阶段。

做好尽职调查并编写招股书。德恒律师从保荐人角度对发行人及下设 123 家支行和 1 家分行的历史沿革、股权结构、组织机构、营业执照、业务资质文件、重要合同、关联交易、对外投资和抵债资产、接受监管和处罚情况进行专题调查,形成法律尽职调查工作底稿;协助承销商就许多重要专题与发行人进行访谈。德恒律师负责参与撰写招股书中关于发行人基本情况、公司业务、董监事和高级管理人员、同业竞争和关联交易、公司治理、公司监管、重大合同、诉讼和仲裁等章节。承办律师与承销商、发行人、发行人境内外律师、境外承销商保持了顺畅沟通和友好合作的工作关系。德恒律师协助承销商准备各种报批文件,并开始招股书验证,最终形成了近300页的验证笔录和10余卷验证工作底稿。律师审查了100多个询价机构和400多个配售对象的资料,高效率、高质量地完成了网下发行的见证工作。

德恒在北京银行发行上市项目中提供的服务得到了承销商、发行人等各方面的一致认可,德恒律师吃苦耐劳、业务过硬、高效务实的工作作风给他们留下了深刻印象。

中芯国际登陆科创板创市值之最

为创业板巨无霸 IPO 冲刺服务。 2020 年 7 月 16 日,中芯国际集成电路制造有限公司(简称"中芯国际")成功于上交所科创板挂牌交易,成为国内首家回归 A 股的境外上市红筹公司。从本项目获得主管部门受理起,中芯国际以 19 天过会、29 天获准注册的审核速度开创了科创板新纪录。中芯国际 A 股 IPO 融资 532.3 亿,一举刷新了科创板最高募集资金纪录,是 A 股市场融资规模最大的半导体企业 IPO,同时也是近十年来 A 股市场融资规模最大的一次 IPO。

德恒担任中芯国际本次发行上市保荐机构(主承销商)海通证券股份有限公司的法律顾问,全程参与了中芯国际本次科创板上市申请和发行上市工作。德恒负责的法律工作主要集中于三大部分:首次申报;上交所及中国证监会反馈问询回复;战略配售及股票发行见证。

中芯国际作为设立于开曼群岛并在港交所上市的红筹企业,是全球领先的集成电路晶圆代工企业之一,也是中国技术最先进、规模最大、配套服务最完善、跨国经营的专业晶圆代工企业,主要为客户提供 0.35 微米至 14 纳米多种技术节点、不同工艺平台的集成电路晶圆代工及配套服务。中芯国际对于其他注册地在境外的红筹企业从海外回流 A 股发行上市具有显著的示范效应,也为国产半导体等科技公司登陆 A 股资本市场做好了政策铺垫,有利于吸引半导体产业优质公司登陆 A 股市场,借助资本市场真正推动科技核心产业成长,促使国产半导体产业链赶超国际先进水平。

首次申报撰写招股书。德恒在首次申报阶段的工作包括:招股说明书的撰写、修订和验证,法律工作底稿的编撰整理,主要法律问题的分析和讨论,协助保荐机构回复质控、内核相关问题,参与沪港两地上市规则适用的比较研究工作。这一阶段法律服务主要解决的核心法律问题是内外法律适用与衔接,具体体现在:

(1)多地法律适用情况下的公司治理。中芯国际现行的公司治理制度是根据其注册地、境外上市地的相关法律法规制定的,与注册在中国境内的 A 股上市公司的公司治理存在一定差异。根据《国务院办公厅转发证监会关于开展创新企业境内发行股票或存托凭证试点若干意见的通知》及相关上市规则,在境内发行股票并在科创板上市的红筹企业,其股权结构、公司治理、运行规范等事项适用境外注册地公司法等法律法规,其投资者权益保护水平包括资产收益、参与重大决策、剩余财产分配等权益,总体上应不低于境内法律法规的要求。德恒与其他中介机构结合《开曼群岛公司法》《香港上市规则》《上市公司章程指引》《科创板上市规则》等注册地、境外上市地、境内适用法律、法规和规范性文件的具体规定,协助中芯国际对《公司章程》《内部审计章程》及议事规则等具体制度和细则进行修订,确保了内部规章制度的合法性,兼顾了境内外不同地区的法律,为多地法律适用情况下的公司治理问题作了成功的探索。

(2)对于类别股东及其股东权利的制定与适用。《香港上市规则》对于类别股东予以特别保护,并建立了相关表决机制。中芯国际依据开曼群岛相关法律法规成立,无须适用《到境外上市公司章程必备条款》关于类别股东及类别表决机制的安排。根据开曼群岛律师的法律意见,公司人民币普通股与在香港市场流通的普通股属于同一类股票且平等地拥有《公司章程》赋予股东的权利。中芯国际在上交所科创板上市流通的股票为 A 股股票,与其在港交所上市流通的股票均属于相同的普通股类别,《公司章程》中亦明确中芯国际所有普通股彼此间于各方面均拥有同等权利。

（3）对沪港两地上市规则适用的比较研究及境内投资者权益保护。鉴于中芯国际同类公司在 A 股市场尚无先例且涉及因素众多，德恒律师与其他中介机构对公司治理、规范运作以及与公司注册地及股票上市地相关法律规则的衔接问题进行了论证与分析，并将《上海证券交易所科创板股票上市规则》与公司现行治理制度、《香港联合交易所有限公司证券上市规则》进行逐条对比分析。中外律师就公司现行的治理架构不会导致公司对投资者权益的保护水平总体上低于境内法律、行政法规及中国证监会的要求的专项事宜进行分析论证。

上交所及中国证监会反馈问询回复。中芯国际系设立于开曼群岛并在港交所上市的红筹企业，相关法律、法规及规则体系较为复杂，上交所和中国证监会的部分问询问题无可考案例且富有挑战性。德恒充分发挥业务专长，依靠牢固的专业知识技能，深入参与讨论相关法律问题，协助保荐机构对有关法律问题进行认真核查，起草复核了问询答复，为中芯国际顺利通过上交所审核和中国证监会注册作出了积极贡献。本项目中受到特殊的关注问题也在律师的帮助下获得了解决。

战略配售及股票发行见证。中芯国际本次公开发行股份初始发行股票数量为 168562.00 万股，超额配售选择权全额行使后，发行总股数扩大至 193846.30 万股，其中最终战略配售数量为 84281.00 万股。德恒作为主承销商律师，对拟定的战略配售对象进行细致的资格核查，起草战略配售的相关核查报告，出具战略投资者核查事项的法律意见书等文件。德恒组成以合伙人徐建军、王雨微、沈宏山、王贤安、王剑锋及杨勇律师等为主要成员的项目组，深度全程参与了中芯国际本次科创板上市申请和发行上市工作。

"黄金为民"与德恒"服务初心"

中国黄金集团黄金珠宝股份有限公司（简称"中金珠宝"）是将美好生活具象化的重要载体。他们有信心也有决心走向世界，与国际奢侈品牌展开竞争。2021 年，中金珠宝党委书记、董事长陈雄伟在《证券日报》记者专访时袒露雄心，中金珠宝要让世界看到中国的美。

在德恒的全程服务下,中金珠宝于2021年2月5日正式在上交所主板挂牌交易上市,成为国家发改委批复的第二批混合所有制改革试点单位和国务院国有企业改革领导小组办公室组织开展的国企改革"双百行动"首单主板上市企业。全球新冠疫情持续暴发,越来越多的年轻群体开始以投资理财、保值增值的心态去看待包括金饰在内的黄金消费,"黄金为民"有了实在的意义。

国有企业的出路与改革。 2006年,中金珠宝的前身"中金黄金投资有限公司"带着延伸黄金产业链的新任务正式成立。2010年12月,在中国黄金集团公司各个部门的合力支持下,由原中国黄金集团营销有限公司、上海黄金公司、江苏黄金公司、深圳中金黄金创意有限公司共同整合设立"中国黄金集团黄金珠宝股份有限公司",开始了国有黄金企业发展新起点。

中金珠宝所处的黄金珠宝零售行业完全市场化竞争。多年来,国内及国际各类知名黄金珠宝品牌在此领域长期精耕细作,在中国市场拥有很高的市场占有率。面对黄金消费市场日趋激烈的竞争,国际时尚品牌的不断兴起,传统黄金品牌的变革出新;年轻的中金珠宝在发展中面临国有企业体制和内部发展的多重压力。面对企业内部创业创新动力不足、经营机制僵化等问题,企业发展遇到瓶颈和严峻的市场挑战,中金珠宝迫切需要推行现代企业制度,解决黄金企业投资主体单一、产权不清、经营机制不灵活的问题。中金珠宝将深化混合所有制改革作为重要突破口,为更广阔的发展寻找出路。

混改道路上的探索。 国有企业混合所有制改革的根本目标是转化国有企业经营机制,鼓励社会资本参与国有企业治理、推动国有企业现代企业制度的完善,建立健全国有企业法人治理结构;提高国有资本利用效率和运行效率,增强国有企业实体的经济活力和抗风险能力,为国有企业打造一个富有竞争力和创新力的治理体系;实现国有资本与民营资本的相互促进、协同发展。时光倒流至中金珠宝"改革"之初,企业内部不理解、不认同的反对声音不断出现。2016年11月,经过公开招投标及中金珠宝各部门的联合遴选,德恒有幸成为中金珠宝混合所有制改革及首次公开发行股票并上市项目的专项法律顾问,正式参与中金珠宝的改革进程。

2017年1月,德恒组成十余人的法律服务团队,开始持续驻场工作。

历时三年,德恒律师克服项目时间节点紧、情况复杂、工作量大等困难,协助中金珠宝完成了大规模法律尽职调查、外部投资者引进、股份公司设立、上市申报等一系列重要法律工作。2017年,中金珠宝完成混合所有制改革后,加强党建工作、完善公司治理、建立激励约束机制、调整业务结构,实现了体制机制的创新、产业和资源的协同发展,员工对改革的认识与积极性不断提高,公司的核心竞争力有所提高、市场份额不断扩大,各项财务指标运行良好。2019年6月,中金珠宝向中国证监会递交首次公开发行股票并上市申请文件,9月24日获得第十八届发审委第142次会议审核通过。

制订混合所有制改革方案。国有企业混合所有制改革是一项十分复杂、牵扯多方利益调整的改革。改革实质需要解决的问题离不开法律问题,甚至存在法律难题。防范国有资产流失,加强对国有资产的产权保护,以及对于引进股东的资格和程序核查等,在混合所有制改革起步阶段,是改革讨论的热点和焦点,且将伴随始终。德恒律师在项目推进过程中当仁不让地站在前列,妥善协助中金珠宝及社会资本、持股员工在改革中的经济活动依法而为,逐步推进改革的实施。混合所有制改革方案贯穿中金珠宝项目始终,包括项目的工作目标、工作执行步骤、进度及预期成果的落地。方案要对企业自身状况开展充分的尽职调查,针对企业存在的问题开展法律论证,针对企业发展量体裁衣,制订出真正适合企业的混合所有制改革方案。

为协助中金珠宝制订契合的混合所有制改革方案,德恒从项目之初积极主动参与跟进,强化法律风险控制,在宏观层面把握中金珠宝混合所有制方案及措施的合法合规性,在微观层面则关注中金珠宝及各投资人权利义务的保障与协调,将方案做实、做细,为中金珠宝未来发展和经营打下良好基础。在与多方中介机构的合力协作下,最终中金珠宝选择采用"增资扩股"的路径,通过进场交易,设定投资者资格条件,以综合评议或竞争性谈判的方式遴选最切合自身发展需求的投资者,在选定未来契合的合作伙伴的同时,亦有效解决企业的资金需求问题;同时,考虑到多年来与中金珠宝共同进退的员工,选择了混合所有制改革与混合所有制企业员工持股同时开展的操作模式,协作外部资本的同时,调动内在动力。

成功引进优质战略投资人。混改成功与否首先在于合作伙伴的选择。作为国有优质资产,中金珠宝在进场增资挂牌之初就受到众多优良社会资本方的关注并表达了明确的投资意向。如何在众多意向投资人中优中选优,协助中金珠宝引进优良的战略合作伙伴,确定持股比例,是对中金珠宝及其法律顾问的考验。德恒派出项目组多名律师对中金珠宝从设计和优化社会资本方选择条件,起草、审查增资扩股交易文件,参与投资人交流、谈判,同时配合法律尽职调查,对拟引进投资人的股东资格逐一进行筛选排查,协助中金珠宝应对各家外部投资人的全面尽职调查和其他相关法律问题解答。中金珠宝通过增资扩股成功引进了中信证券、京东、兴业银行等财务投资人和产业投资方北京彩凤金鑫;同时中金珠宝核心骨干员工通过员工持股计划参与持股。中金珠宝增资扩股完成后引入资金22.5亿元,11家非公股东持股比例合计40.33%。

困难与变化中的法律服务保障。中金珠宝项目最初预计在2017年9月30日前完成混合所有制改革,在2018年12月31日前完成上市申报工作。由于审计时间延长、有关部门审批时间延迟等多种原因,致使项目工作周期超过三年。德恒先后派出10名律师及工作人员持续性驻场工作,对全国范围内2000余家中金珠宝品牌加盟商、供应商进行实地走访核查,足迹遍布全国几十个城市。随着项目时间延长,律师又进行了补充法律尽职调查,补充完善公司治理各项制度。律师就公司治理、引进战略投资者、商标授权、土地房产、员工持股、劳动用工、专利出资、股份制改革及上市流程等数十项专题出具法律备忘录,并审查、修改项目推进过程中涉及的所有法律文件,协助中金珠宝与主管单位进行汇报沟通;亦持续为公司提供经营管理、规范运作等多方面的日常法律咨询服务工作。

2021年2月5日,中金珠宝正式登陆中国A股市场,2021年实现营业收入约507亿元人民币,同比增长约50.23%。德恒律师可靠、专业、科学、高效的法律服务功不可没。

中海油回归A股上市

法律高手的举重若轻。德恒律师在中海油A股上市项目中巧妙平衡和衔接香港特区法律、A股上市条件及《公开发行证券的公司信息披露编报规则第 21 号——年度内部控制评价报告的一般规定》(中国证券监督管理委员会、财政部公告〔2014〕1 号)(又称"21 号文")的法律合规要求,恰当解决了适用香港特区法律与 A 股上市发表意见的衔接;厘清了公司成立至今的历史沿革情况,确立了把握核心、删繁就简的原则对外披露公司历史沿革主要信息,使监管部门一次性反馈通过;同时将公司存在的重大法律问题、可能存在的法律风险进行了逐一排查,就主要法律事项或可能影响本项目的重大法律问题,提出了中肯、可行且不会带来额外负担的有效解决方案。

首只巨型能源央企回归 A 股 IPO。中海油拟公开发行不超过 26 亿股人民币股份,计划募集资金不超过 350 亿元,实际 IPO 募集资金 280.8 亿元。中海油回归 A 股是自红筹企业境内上市试点扩容以来首只巨型能源央企 IPO,也是 2022 年以来 A 股市场第二大的上市新股(以融资额计算),而且是双碳政策背景下能源行业转型发展、中央企业和资本市场改革创新的又一典范。2021 年 9 月 26 日中海油正式宣布启动 A 股上市发行工作,2022 年 2 月 24 日通过中国证监会审核,前后历时不到五个月。2022 年 4 月 21 日,中海油 A 股股份在上交所挂牌上市,总市值超 6400 亿元。

二、为基金业多种工具提供全方位服务

与中国基金业风雨同舟

德恒金融专业委员会设有专门的基金和基金公司法律业务板块,主要业务包括基金公司设立、转股、变更,证券投资基金创设、发行、上市、分拆,以及基金公司治理规范等。

我国的证券投资基金业起步较晚。1997 年 11 月经国务院批准,国务院证券委员会出台《证券投资基金管理暂行办法》,为我国证券投资基金业的发展奠定了法律基础。2000 年 10 月,中国证监会发布《开放式证券投资基金试点办法》。1998 年 3 月,新成立的南方基金管理公司和国泰基金管理公司分别发起设立了规模均为 20 亿元的两只封闭式基金——"基金开元"和"基金金泰",由此拉开了中国证券投资基金试点的

序幕。2001年9月,第一只开放式证券投资基金"华安创新"获准发行,中国基金业自此进入一个以开放式基金为主流品种的成长阶段。《证券投资基金法》自2004年6月1日起施行,以法律的形式确认了证券投资基金在证券市场的地位和作用,对我国基金业的发展起到了重大的推动作用。基金管理公司如雨后春笋层出不穷,基金产品更是呈现多样化、逐渐形成了以股票型基金、混合型基金、债券型基金、货币市场基金四大类别为主,以保本基金、指数基金、系列基金、ETF、LOF等特殊品种为辅的新格局。国际上主流的基金品种几乎都已出现在中国的基金市场。在短短的十余年里,中国证券投资基金从无到有,经历了从试点到规范、从发展到创新的历程。

德恒律师在中国基金业发展的初期即开始投入对证券投资基金制度的研究。德恒的客户有老牌基金公司,也有与外资联手的合资基金公司,还有背靠商业银行的银行系基金公司。中国基金业方兴未艾,德恒也成长为能够为各种基金主体类型和产品提供法律服务的头部律所。

德恒的基金业务涵盖基金管理人登记与变更备案、基金募集及备案、基金投资、基金日常运营管理和基金清算退出等全环节。德恒服务的基金募集及备案、基金投资业务和基金管理人登记与备案占比较大,合计超过整个基金业务的90%。德恒服务的客户有中俄地区合作发展投资基金、国家集成电路产业投资基金、中国国新控股有限责任公司债转股基金、全国社会保障基金理事会、中国互联网基金等共计近千亿元人民币规模基金的设立及运营或投资项目;基金产品涉及TMT、生物医药大健康、高端制造、基础设施、新能源、新材料、半导体等多个行业。

德恒律师与基金客户建立了长期合作关系,以侯志伟律师团队为例:其多次服务的基金投资类客户有中国互联网投资基金、北京科创基金、商汤、保利和华盖等,其中为华盖近30单投资项目提供法律服务,涉及投资总额约人民币30亿元;为商汤近20单投资项目提供法律服务,涉及投资总额约人民币10亿元;为中网投10多单投资项目提供法律服务,涉及投资总额约人民币10亿元;为保利近10单投资项目提供法律服务;为北京科创基金4单投资项目提供法律服务。其参与基金募集总规模合计超过人民币 6500 亿元，其中，政府背景基金募集总规模约人民币 3800 亿元，占参与募集资金总规模比例的近 60%；市场化基金募集总规模约为人民币 2700 亿元，占参与募集资金总规模的比例约 40%。

探索创新产品上证 50ETF

基金业的生命力在于不断创新，中国基金业之所以保持着旺盛的生命力，其中一个重要的原因就是创新产品的不断推出。在短短十年间，我国基金业不但发展了封闭式基金，而且成功地推出了开放式基金；不但发展了股票型基金，而且推出了混合型基金、债券型基金与货币市场基金、指数基金、QDII 基金。

ETF 基金。ETF 基金是指可以在证券交易所上市交易的基金，其代表的是一揽子股票的投资组合，它既可以在二级市场上市交易，也可以在一级市场随时申购和赎回，兼具开放式基金和封闭式基金的特征。华夏基金管理有限公司发行的上证 50ETF 为中国首只交易型开放式指数证券投资基金，该基金募集规模高达 54.35 亿元人民币，于 2005 年 2 月 23 日在上交所上市并开始办理申购和赎回。这个酝酿已久的全新投资品种的推出对完善我国证券现货市场产生了积极而深远的影响。该基金于 2005 年 3 月 1 日和 4 月 4 日在我国香港特区和美国纽约获得《亚洲资产管理》杂志"最佳产品创新奖"与美国 Exchangetradedfunds.com 和英国国际基金投资杂志 2005 年全球 ETF 大奖中的"亚太地区最佳产品创新奖"两项国际大奖。德恒徐建军、李娜律师担任上证 50ETF 募集设立的法律顾问，并提供了相关法律服务，特别是对其申购、赎回模式进行了法律上的分析和论证，为华夏基金顺利完成基金报批工作扫清了障碍。

保本基金。保本基金是指在一定投资期限内，对投资者所投入的本金提供一定比例保证的基金，它在成熟的资本市场上有着相当长的发展历史，是特殊的市场环境下衍生出来的金融产品。它诞生于美国 20 世纪 70 年代末，2000 年登陆我国香港特区。2003 年 6 月，我国第一只保本型基金——南方避险增值基金宣告成立，此后银华保本、万家保本等四只保本基金相继成立。保本基金诞生的社会环境基本上都是处于市场前景低迷、银行存款利率较低、投资者投资意愿不够强烈的情况下，市场急需能够规避市场风险且兼顾保值增值功能的投资产品。保本基金一经推出即受到投资者的广泛认可，一时之间多家基金公司纷纷推出自己的保本产品。德恒陈静茹和苏文静律师为客户就保本基金的产品设计、募集方案等事项提供了一系列法律服务。

伞型系列基金。在伞型基金的结构下，基金管理人可以通过一份总的基金合同和招募说明书募集设立多只子基金，投资者可以根据规定的程序及费率水平进行基金投资的转换。其运作机制是为投资者提供一个无成本转换的"体系"内投资选择，能较好地保障投资者的利益。从单一基金到系列基金的变革将中国基金业的发展推向了一个新阶段。伞型基金是中国基金业的新兴事物，作为一个已经在海外市场迅速发展起来的基金产品，伞型基金近年来已经得到了投资者的广泛关注和青睐。德恒为鹏华普天系列基金募集设立提供了全程法律服务，在产品设计、投资运作等方面提供了专业的建议和意见。

货币市场基金。货币市场基金在海外已有三十多年的发展历史，属于基金产品中风险水平较低的品种。易方达基金管理公司于 2005 年 1 月 4 日推出旗下首只货币市场基金，同时也是同年国内发行的首只货币市场基金，德恒担任该基金的发行人律师。易方达货币市场基金拟全部投资于剩余期限在 397 天以内的国债、金融债、AAA 级企业债、期限在一年以内（含一年）的债券回购和中央银行票据以及同业存款等低风险品种，具有风险小、收益稳定等特征。《亚洲法律杂志》2005 年第 1 期报道了德恒完成的易方达货币市场基金发售项目，并对负责这个项目的合伙人律师徐建军进行了采访。

创新型封闭式基金。在我国基金业的发展史上，封闭式基金曾经扮演了重要的开拓者的角色，但后来由于封闭式基金折价率的不断攀升，其发展陷入了困境。2006 年 11 月，中国证监会主席在第 31 次基金业联席会议上提出，要鼓励推出创新型的封闭式基金产品，封闭式基金在运作上的种种优势，例如资产规模稳定，基金管理人可以制定和贯彻长期投资策略等，开始再一次为投资者所关注。各家基金公司开始了对创新型封闭式基金的研究和开发。德恒律师在这一基金品种发展的关键时期参与并见证了这一过程。

QDII 基金。伴随着国内资本市场的逐步开放,合格的境内机构投资者(Qualified Domestic Institutional Investor,QDII)开始慢慢地为普通大众所知悉。根据《合格境内机构投资者境外证券投资管理试行办法》的规定,QDII 是指符合该办法规定的条件,经中国证监会批准在中华人民共和国境内募集资金,运用所募集的部分或者全部资金以资产组合方式进行境外证券投资管理的境内基金管理公司和证券公司等证券经营机构。基金公司通过上述途径已经可以凭借其投资管理经验、专业人才配备等方面的优势开展境外投资业务。该办法一出台即引发了基金公司争相申请 QDII 资格以及推出 QDII 产品的热潮。德恒客户中有多家基金公司也开展了这一新的业务领域。德恒律师正以其一贯敏锐的头脑和洞察力密切关注并服务这一市场的发展。

基金公司治理日益完善

随着我国基金业的迅速发展,基金管理规模急剧扩大,基金管理公司之间的竞争日益激烈,治理问题随之凸显。股东利益凌驾于基金份额持有人利益之上,是制约我国基金业发展的桎梏。

2006 年 1 月 1 日《公司法》正式开始实施,同年 6 月,中国证监会公布实施《证券投资基金管理公司治理准则(试行)》。该准则确立了基金公司治理的十项基本原则,并强调当基金公司、股东及公司员工的利益与基金份额持有人利益发生冲突时,应优先保障基金份额持有人的利益。

随着《证券投资基金管理公司治理准则(试行)》的颁布,中国证监会要求各家基金管理公司根据自身实际情况完善公司治理结构,并依照相关法律法规修订公司章程。德恒律师作为多家基金管理公司的常年法律顾问,协助工银瑞信基金管理有限公司、建信基金管理有限责任公司、招商基金管理有限公司等多家机构修改公司章程,起草或完善内控制度。

实现入世承诺的先锋合资嘉实基金

2002 年 6 月 1 日,中国证监会发布《外资参股基金管理公司设立规则》,根据相关规定,外资持股比例或者在外资参股的基金管理公司中拥有的权益比例,累计(包括直接持有和间接持有)不得超过 33%,在中国加入 WTO 后三年内,这一比例不得超过 49%。2002 年 12 月,首家中外合资基金公司成立,中国基金业拉开了对外开放的序幕。在中国按照入世承诺放宽基金业外资持股比例的政策背景下,大批中外合资基金公司纷纷涌现。德恒客户中工银瑞信基金管理有限公司和建信基金管理有限责任公司在设立之初即拥有国有商业银行和外资的双重背景。

德意志银行入主嘉实基金。2005 年 5 月,德意志银行下属的德意志资产管理公司签署了受让嘉实基金管理有限责任公司(简称"嘉实基金")19.5% 股权的协议,与嘉实基金联手打造当时国内资产管理规模最大的合资基金公司。嘉实基金作为中国证监会批准成立的首批十家基金管理公司之一,无论管理资产规模还是旗下基金业绩,都位居业界前列,是国内领先的基金公司之一。外资已经在成熟的国际金融市场上积累了丰富的经验,在发展战略、治理结构、投资理念、产品设计以及运作流程等方面都可以为国内基金业的发展注入新的活力。

德恒律师在这一股权转让项目中担任嘉实基金及其中方股东的法律顾问,全程参与相关谈判,并协助客户完成合作协议的起草,以及后期的公司章程修改和申报文件的准备工作。按照入世承诺,2005 年基金公司外资持股比例可以突破 33%,达到 49% 的上限。嘉实基金和德意志银行的强强联手成为外资加速进入中国基金业的信号。

履职国联安基金

国联安基金系国泰君安证券公司与德国安联集团合资设立的基金公司。德恒律师先是担任该公司法律顾问,之后两位德恒律师又先后被聘任为公司独立董事。2006 年 2 月 16 日,我受邀担任国联安基金独立董事,第一个任期负责法律风控工作;第二个任期负责薪酬工作,担任薪酬委员会主席。我建议采取岗位定责方式,将董事长、总经理和督察长的考核权利拿到薪酬委员会,对各部门和中层考核权放给总经理,考核原则与标准由董事会来决定;董事会对总体考核薪酬结果予以决定,并直接决定董事长、总经理和督查长的年度奖金。如此一来,董事会工作理顺,调动了中外各方积极性。十年履职,各方交道,中外交流,获益良多。

三、国际资本市场之风云际会

服务银团贷款融资收购海外企业

金融—银团贷款—股权间接投资境外芯片企业。德恒律师马恺牵头,参与中国进出口银行、中国农业银行、中国建设银行、兴业银行等组成的银团为紫光集团收购法国一家高科技企业提供融资,贷款金额约80亿元人民币。交易涉及中国、法国、卢森堡及我国香港特区等多个国家和地区的数十家机构及私募基金和跨境并购等领域,并涉及不同银团之间的衔接和协调。本项目涉及法国公司的股权质押,由于法国存在较为特殊的法律规定,对律师解决相关问题的能力提出了更高的要求。项目时间较为紧迫,需要在较短时间内协调多个司法管辖区的数十家各方机构和律师完成各项工作。

牵头跨国、跨法域的专业服务。马恺、田悦、谢思梦等律师组成项目组,牵头协调法国、卢森堡及我国香港特区等地的律师组成法律服务团队,为本项目提供法律服务。德恒一方面与各家银团成员机构合作,设计银团交易的诸多法律环节,并协助梳理银团内部的总体架构和细节安排;另一方面牵头协调境外律师对相关主体和并购交易进行详尽的法律尽职调查,完成各项交易文件的起草、谈判和修改工作,完成境外股权的质押登记,协助客户在短时间内顺利完成交易。

阿穆尔天然气化工项目银团贷款

中国石油化工股份有限公司(简称"中石化")通过其全资子公司海投香港特区,与俄罗斯化工巨头西布尔公司共同投资设立阿穆尔天然气化工有限责任公司(Amur Gas Chemical Complex,简称"阿穆尔公司"),开展阿穆尔天然气化工项目。该天然气化工项目计划建设年产能达270万吨的基础聚合物基地,包括230万吨聚乙烯和40万吨聚丙烯,计划在2024年竣工,有望成为世界上最大的石油化工工厂。

为向此天然气化工项目建设和开发提供资金支持,二十余家境内外金融机构组成国际银团,向借款人阿穆尔公司提供长期银团贷款,用于支付此天然气化工项目建设和开发等支出,银团贷款总金额65亿美元和21亿欧元。银团贷款的担保措施全面且复杂,包括境内外股东提供的保证及多类物保。

德恒作为银团的中国法律顾问,就项目与中国法相关的法律尽职调查、融资文件准备、贷款资金发放、法律意见出具等工作提供了全程法律服务。本银团贷款涉及上市公司担保,且被融资的项目涉及中国企业境外投资,在常规的融资项目法律工作以外,根据贷款人的要求,德恒还特别就中石化投资该天然气化工项目所需的中国政府部门(包括国家发改委、商务部、外汇管理局)与境外投资相关的备案和登记要求,以及中石化作为上市公司依据偿债承诺函(DSU)提供担保所需的批准及公告手续,提供了充分和透彻的法律分析,协助贷款人厘清中国法项下该银团贷款需重点关注的法律问题。

银团中国律师要按照惯常融资交易的标准对中国上市公司担保人的行为能力、担保合法性、担保涉及的审批登记等尽职调查要点进行尽调,并配合牵头律师在融资文件中妥善设置相关陈述保证、承诺、提款前提条件和提款后续条件。中国律师需要具有特别丰富的中国企业境外投资实务经验,以精准把握中国境外投资相关法律法规的适用,协助银团审核和判断中方股东就境外投资取得的国家发改委、商务部和外汇管理局登记/备案证明从法律角度看是否足够,且从实务角度是否符合国家发改委、商务部和外汇部门的管理惯例。

收购马瑞利股份银团并购贷款

在本次并购交易中,马瑞利将其汽车空调压缩机和空调系统的资产和业务进行剥离重组,并设立马瑞利(香港)控股有限公司(简称"马瑞利香港")作为整合目标资产和业务的主体,上海海立(集团)股份有限公司(简称"海立股份")通过其子公司收购马瑞利香港60%的股权。海立股份在新能源汽车压缩机技术和市场上占有领先优势。马瑞利在汽车零部件全球市场占有领先地位。

德恒接受中国进出口银行上海分行与中国银行上海分行的委托担任本项目的专项法律顾问。中国进出口银行上海分行与中国银行上海分行共同组成银团,向海立股份香港子公司海立香港提供金额总计不超过1.2亿美元的贷款,用于支持海立香港收购马瑞利香港60%股权的部分资金。德恒张旭作为银团牵头律师,联合香港律师协调银团与借款人进行多轮沟通谈判,与香港律师反复磋商,在两个月的时间内为客户完成了交易尽职调查、贷款合同及担保合同起草、提款文件收集、法律意见出具等法律服务。本项目基础并购交易涉及多个法域的资产和业务剥离,结构复杂,同时还涉及收购完成后在海立股份仅持有马瑞利香港60%股权的情况下解决股权质押及其限制等相关融资法律难题。

某非洲国家主权授信项目

中非合作论坛惠民成果落地生根。某国有政策性银行向某非洲国家提供主权授信贷款项目是在中国国家主席和该国总统共同关心和支持下实施的,是共建"一带一路"取得的新进展,标志着中非合作论坛又一个惠民成果的落地生根。本项目包含两个子项目:一个是农产品项目,项目贷款用于该国某农产品加工厂的建设和运营,主承包商为中国某建设公司,项目业主为该国商业、贸易和工业部;另一个是通讯网项目,项目贷款用于该国城市公共安全网的建设和运营,主承包商为中国某通讯公司,项目业主为该国内政部。其中,农产品项目将在该国10个省市建设上千个粮食加工厂,有助于缓解该国粮食供应紧张、稳定粮食价格,为当地提供就业岗位,为当地农业领域发展树立新的典范。

本项目作为主权授信项目,借款人为主权国家政府,一方面,律师要根据该国的政治体系和法律规定完成对借款人行为能力、国家内部授权、业主和承包商资质、项目所涉审批、贷款用途、还款来源等的尽职调查。律师要在融资文件中妥善处理相关陈述保证和承诺事项,选择适当的管辖法律和争议解决方式,防范主权豁免风险。另一方面,主权国家政府作为借款人使本项目更易受到一国政治格局、财政状况和国际社会环境的影响,律师需要有敏锐的洞察力、判断力和决策力,及时识别风险并提出解决方案,与国家政府频繁沟通协调,了解项目实际推进情况,提出切实的咨询建议并注重沟通技巧。

德恒接受该国有政策性银行委托,由张旭律师担任本项目牵头法律顾问,协调项目当地非洲律师和贷款合同管辖法英国律师,为本项目提供尽调评审、融资文件起草及贷款发放、法律意见书出具等全程法律服务。在该国政府拒绝承认内阁解散导致贷款合同效力瑕疵的情况下,德恒顶住压力,协助客户成功地要求该国政府(在新内阁组建后)重新签署本项目贷款合同,化解了相关政府信用风险,维护了客户权益。

贝拉德罗金矿融资并购

山东黄金矿业股份有限公司(简称"山东黄金")是中国最大的黄金生产商之一。巴理克黄金公司(Barrick Gold Corporation,简称"巴理克")创立于1983年,是一家以黄金勘查和开发为主的跨国矿业公司,其拥有的黄金储量地和采矿、选矿、冶炼技术都处于世界领先地位。阿根廷贝拉德罗(Veladero)金矿于2003年开始建设,2005年9月投产,坐落于阿根廷西北部,为阿根廷第一大在产金矿,南美洲第二大在产金矿。2017年6月底,山东黄金通过其全资子公司山金香港收购巴理克在贝拉德罗金矿50%权益项目正式完成交割。收购完成后,山金香港取得位于阿根廷的项目公司MAG 50%的股东权益及MAG 50%的股东贷款。本次交易是中国企业对拉美大宗商品领域的最新一宗投资。

为向本次交易提供贷款资金支持,境内A银行和境内B银行的多家境外分行组成银团,为山金香港提供9.6亿美元、为期3年的国际银团并购贷款,用于支付项目并购交易对价。同时,中国境内一家政策性银行的境外分行为山金香港提供营运资金贷款。银团并购贷款及营运资金贷款总金额超过10亿美元。

融资担保结构。本项目推进时,正值我国出现资本外流、国家外汇储备下降的特殊时点。国家外汇管理部门强化了外汇管控,并采取"扩流入、控流出、降逆差"监管态度。本项目的融资担保结构在设计时充分考虑到了资本"控流出"的政策背景。银团并购贷款分为两部分,其中A部分为A银行境外分行提供的4.9亿美元贷款,B部分为B银行境外分行提供的4.7亿美元贷款。其中,A银行境内分行就A部分贷款提供备用信用证(stand-by letter of credit)担保,B银行境内分行就B部分贷款提供备用信用证担保。具体而言,银团并购贷款中的30%被备用信用证中的 30% 所担保,而备用信用证中的 30% 由山东黄金的保证金质押担保所覆盖,属于无风险敞口授信;剩余 70% 被备用信用证中的 70% 所担保,并且对本项目交易担保享有第一顺位的担保物权。而备用信用证中的 70% 由山东黄金提供反担保保证,同时就交易担保享有第二顺位的担保物权。

境外融资结构特点。境外银行风险敞口由境内银行开具的备用信用证全覆盖。境外融资担保结构为共同交易担保(Common Transaction Security),即交易担保同时为 A 部分贷款非现金支持备用信用证和 B 部分贷款非现金支持备用信用证提供担保。境外融资针对境内备用信用证不同性质而区分为不同部分。

境内融资结构特点。30% 的资本金以人民币形式分别存入 A 银行和 B 银行两家的境内行。现金支持备用信用证与非现金支持备用信用证分别开立。无风险敞口部分(现金支持备用信用证)与有风险敞口部分(非现金支持备用信用证)的担保结构不同,无风险敞口部分的担保为现金质押,有风险敞口部分的担保为交易担保。

法律服务难点。难点之一是境内外融资结构下"义务人"的界定。难点之二是境内外融资结构下"交叉违约"的界定。难点之三是境内外融资结构下担保执行偿还顺位。难点之四是并购结构对并购融资的影响。境外贷款协议以国际通用的 LMA 为基础,包含多项对目标公司经营进行限制的条款(如在设立担保或准担保、资产处置等方面的限制)。难点之五是并购交割程序对并购融资的影响。并购交割有关各方在交割当日召开视频会议,由买卖双方律师在视频会议上确认并购交割前提条件已经满足,银团在其律师确认并购交割前提条件已经满足后发起汇款,买方将在收到并购对价后安排释放并互换交割前提条件有关文件。本项目的银团采取了一定的维护资金安全的途径,买卖双方并未在交割环节安排设立第三方监管账户,在并购交割日,买方的资金直接从其在银团处开立的归集账户划入卖方账户。难点之六是并购融资所涉及的政府审批。本项目涉及发展和改革部门、商务部门审批和外汇管理部门境外直接投资(ODI)登记以及发展和改革部门对境外并购贷款的备案和国资部门的支持。德恒律师向客户提出了加快程序办理的有效建议。

具有里程碑意义的标杆性项目。首先,在国际并购贷款项目中担任牵头律师非常具有挑战性,牵头律师要对项目具有特别强的掌控能力,能够高效地引导、监督和管理境外合作律师工作,对交易中的复杂商业和法律问题有深刻的理解和洞察,能够根据客户的需求提供解决问题的方案。其次,本项目交易结构和担保结构十分复杂,不仅境内和境外融资安排紧密关联,而且还涉及阿根廷、开曼及我国香港特区等多个法域,法律难点多,任务难度大,各方签署的融资担保协议多达几十份。最后,由于交易后目标公司将由买方和卖方分别持有 50% 权益并共同运营,对股东股权质押及境外贷款协议中限制性条款的执行恐形成掣肘,德恒作为本项目牵头律师,不仅需要代表山东黄金与银团谈判,还需要与巴理克进行协商。在德恒律师的协助下,最终实现了借款人满足本项目银团对于融资担保的要求。

备受信任的牵头律师。德恒牵头联合阿根廷、开曼及我国香港律师,代表客户完成了相关银行融资工作。在本项目的决策专家论证会上,收购方控股股东代表,山东省副省长,四位黄金产业矿业方面的专家、院士及参与服务的中外中介机构代表出席并发表意见。我作为法律专家发表的意见受到中外中介机构代表的赞同。山东省政府希望德恒为山东黄金做好法律服务保障。山东黄金作为老客户,完全信任德恒律师。项目组由张旭、陈巍两位律师具体操盘,济南办公室支持配合。

山东黄金收购贝拉德罗金矿项目成为国际矿业、黄金行业并购交易的典范。项目顺利实施至今,已为山东黄金贡献了相当的经济价值。山东黄金贝拉德罗金矿获得阿根廷矿业企业家协会颁发的"可持续发展矿山"荣誉奖,是阿根廷全国首家通过可持续矿业国际标准认证矿山,携此殊荣迈入国际先进矿山行列。

摩根士丹利转让中金股权

中国国际金融股份有限公司(简称"中金公司")是中国首家中外合资的投资银行,1995 年成立,初期股东包括建行、中投保公司(原中国经济技术投资担保公司)和摩根士丹利、名力集团和新加坡投资有限公司(GIC)。2004 年,建行将其持有的中金公司 43.35% 的股份转交中央汇金。

2010年,摩根士丹利将其持有的中金公司股份分别转让给TPG、KKR集团。TPG成立于1992年,是一家全球领先的另类资产管理公司。KKR集团是全球历史悠久、经验丰富的私募股权投资机构。

德恒受聘担任交易法律顾问。我带领德恒团队在摩根士丹利股权转让中提供法律服务。本项目看起来并不复杂,但因为交易主体TPG、KKR是有限合伙,与以往交易的有限责任公司主体不同,在监管审批上受到关注。在项目材料报到中国证监会后,审批官员对本项目颇有疑虑,律师与公司团队在操作层面多次进行沟通也没有效果。"一定要请王主任亲自出场。"中金公司李总的要求让我感到事情并不简单。我仔细研究了问题的症结所在,有关方面的担心应该出在对合伙的理解上。如果交易主体是有限责任公司,其责任能力不难判断,但"合伙"是否有履行能力确实让人感到担忧。于是,我就将合伙、无限合伙、有限合伙,合伙的GP和LP,如何判断它们的履行能力等,与相关方面进行深入交流。对于合伙来说,判断交易方的风险承担能力不能像有限责任公司那样将GP和LP分开单独作为一个主体来判断,而应当将GP和LP合成一个合伙主体来判断。KKR与TPG承接摩根士丹利转让股份的主体是合伙则应以上面的理解去进行判断。

最终本项目在各方面的努力下交易成功,鼎鼎大名的"接盘手"促使全球资本市场的多赢。摩根士丹利受美国次贷危机的冲击,于2010年年底在中国获利27倍退出中金公司。PE界神一般存在的TPG于2010年投资中金公司,2015年11月9日,中金公司在香港挂牌上市,TPG获利退出,账面回报75.84倍。为世界级金融公司提供法律服务,我的体会是,抓住重点,攻克难点,用常识去解决"高精尖"问题。

华能新能源改制H股上市

撒豆成兵,老兵新传。2010年开年,得知华能集团将要把新能源板块分拆到境外融资上市,要拿下这个项目,我有几分把握,却也担心团队的力量不足。当时参加过央企能源电力IPO的律师都在大项目上,农行上市处在冲刺阶段,各团队人手十分紧张。当然,此时中央领导到德恒来跟律师们亲切交谈给德恒律师尤其是青年律师莫大鼓舞。年轻人摩拳擦掌，急切地向高难度的大项目冲锋。我向客户表态，一定全力以赴完成任务。

春节之前，我把华能新能源改制为股份公司并到港交所上市项目部署给张杰军。根据项目的战略统筹，需在半年之内完成改制工作并提交上市申请，时间非常紧张。他率领团队律师"新手"上路，丘汝、彭闳、侯青云、谷亚韬，个个朝气蓬勃，摩拳擦掌。春节分工培训、完备尽调清单，做好充足准备。节后项目组全部进场对三十多家分布在山东、云南、新疆、内蒙古、吉林等地的项目公司进行尽职调查。华能新能源风力开发新项目较多，土地使用权、环保、水土保持、复垦、安全生产等各项手续和档案资料复杂，需要项目组对尽调原始资料汇总，交叉检查，进行问题梳理，提出解决方案。张杰军律师向年轻律师讲解基本会计知识和公司改制过程中的财务处理，毫无保留地帮带年轻律师成长。他把观察问题、解决问题的系统性方法论教给大家，梳理项目从头到尾需要经历什么，重点在哪里，难点怎么解决。

国际中介机构摩根、中金、高盛等大投行对工作要求高，德恒律师受到他们的充分信赖。律师高效严谨的工作使华能新能源在香港发行H股上市比较顺利，受到市场追捧。华能新能源成功上市后，继续请德恒为公司的信息披露和公司治理提供法律服务。德恒律师在华能新能源的法律业务从此一发不可收，该上市公司后续的H股增发、债券发行等业务依然请张杰军团队担任顾问律师。张杰军前后在德恒党委会和管委会负责纪律内核风控，是一个十足的"风险厌恶者"。他带出的团队在资本市场业务中，一直保持着有责任、有担当、有风险意识的风格。

国银租赁香港发行上市

国银金融租赁股份有限公司（简称"国银金租"）成立于1984年，是中国最大的金融租赁公司，中国租赁行业的开创者、领导者和引领者，长期致力于为航空、基础设施、船舶、普惠金融、新能源和高端装备制造等领域的优质客户提供综合性的租赁服务，租赁资产及业务合作伙伴遍及全球四十余个国家和地区。

明星中介服务团队。2015年年初,国银金租筹划改制为股份有限公司赴香港上市,全面开展上市中介选聘工作。本项目在改制和香港上市阶段的两次招标,均吸引国内一众顶尖律师事务所的参与。德恒凭借过硬的专业实力和卓越的服务质量两次脱颖而出,担任发行人境内律师,与中信里昂、美银美林、德意志银行联席保荐人和德勤、高伟绅律师行担任发行人境外律师以及承销商境内外律师方达和达维共同组成明星中介服务团队。

德恒集合北京总部与深圳办公室的优势力量,组建了由徐建军、刘震国、浦洪和张杰军律师牵头,以丘汝、徐帅、王建康律师等为主要成员的服务团队,于2015年4月进场开展工作,针对本项目历史沿革时间长、股东情况复杂、审批条线多、公司体量大、工作要求高的特点,德恒制订了针对性的解决方案并投入了大量的人力和资源协助客户逐步规范完善。

复杂的改制与上市构架。本项目启动时,国银金租设立已超过三十年,历史上存在多次股权转让、增资等工商变更登记事项,仅项目组在工商管理部门调取的公司工商内档即多达5000页。由于公司设立较早,发展过程中经历了我国公司法、国资监管规定和行业监管规定从无到有并不断发展完善的过程,厘清公司主体及其发展沿革就是难度很大的工作。为此,德恒项目组对公司的工商内档、内部留存档案等历史材料进行了详细梳理,并结合历次变更时所适用的有效规定加以论证,最终协助公司就历史沿革的合规性取得相关主管部门的批复确认。因历史原因,国银金租股东构成较为复杂,包括财政部下属的国家开发银行、国务院国资委下属的西安飞机工业(集团)有限责任公司、地方国有资产监督管理委员会下属的乌鲁木齐市商业银行股份有限公司、地方金融企业四川金融租赁股份有限公司以及民营企业海航集团有限公司,等等。其中,四川金融租赁股份有限公司在国银金租改制和上市过程中更是长期处于破产清算状态。德恒团队派遣专人陪同客户多次往返各地进行股东沟通,针对公司改制和上市的需求以及股东关注问题提供专业意见,协助客户就相关事项与监管机构进行充分沟通,确认相关情况对公司改制及上市不构成实质性影响。

高效的串联与并联审批。因国银金租属于财政部下属的非银金融机构,其改制及上市涉及多个条线的审批,包括但不限于:(1)国资审批。

国家开发银行作为国银金租第一大国有股东进行的经济行为审查、评估结果备案、国有股权管理方案审批;财政部、国务院国资委、地方国有资产监督管理委员会对国银金租国有股权管理方案、国有股标识、国有产权变更登记的审批;财政部及部际联席会议对国银金租国有股减转持的审批。(2)行业审批。原中国银监会及深圳银监局对于公司改制的审批、境外上市监管意见函以及完成情况报告。(3)工商登记。国银金租整体变更为股份有限公司及发行H股所涉及的变更登记。(4)上市审批。中国证监会和港交所对公司上市的审批等。以上各项审批涉及部门多、可参考案例少,部分审批可以并联审批,部分审批又只能串联审批。德恒团队基于过往大型央企上市项目的服务经验,在进场之初即为客户拟定了完善可行的监管报批清单,并在项目推进过程中向客户出具了数十份备忘录。针对可参考案例少的情况,德恒团队协助客户完成了与多家监管部门的预沟通,并协助起草和完善监管审批涉及的大量请示材料,确保全部监管审批环节均按时间表完成。

德恒提供了加强性服务。作为中国最大的金融租赁公司,截至上市前,国银金租拥有65家境内子公司、94家境外子公司,自有物业32项,租赁物业45项,拥有415架飞机、45艘船舶、9083辆商用车、16345套工程机械以及占中国融资租赁市场10%以上份额的基础设施。公司庞大的资产和业务体量,导致本项目的法律尽职调查工作量远远超过常规香港上市项目,给律师团队带来了巨大的挑战。为此,德恒团队一方面充分发挥德恒遍布全球的服务网络优势,协调各办公室骨干力量支持项目尽职调查;另一方面也协助客户出色地统筹协调其在全球各地聘请的专项法律顾问。

作为金融企业和央企下属子公司,国银金租管理团队专业化程度高、工作作风严谨,也对中介团队服务质量提出了较高的要求。德恒在本项目中投入了由多名高级合伙人组成的高规格服务团队,在项目实施的关键阶段始终保证两名以上合伙人驻场工作。对于公司章程草案等重要文件,德恒团队均制作了对照版、请示报告和汇报PPT,逐条注明依据的法规和案例,向客户详细汇报相关立法背景、市场常见做法及对客户权益的影响,并协助客户完成各级汇报。针对法律尽职调查中客户关心的专项问题,德恒团队也动员了本所各领域的专家,为客户提供了大量增值服务。

2016年7月11日,国银金租在港交所主板正式挂牌,合计发行股票31亿股,募集资金53亿元人民币。国银金租凭此成为首家登陆香港主板市场的境内金融租赁公司,国家开发银行旗下首家上市公司。本项目被《新财富》杂志评为2016年"最佳海外项目",被《中国融资》杂志评为"年度最佳IPO项目"。德恒在本项目中的专业服务,得到了客户、全体中介机构以及业界的好评。

四、深耕资本市场之重组并购

拉动万亿元交易的中国平安收购深发展

2010年,中国平安保险(集团)股份有限公司(简称"中国平安")收购深圳发展银行股份有限公司(简称"深发展")、深发展吸收合并平安银行项目为当时A股市场有史以来最大的并购交易。本项目涉及两家上市公司的重大资产重组和上交所、深交所、港交所三个交易所,涉及深圳发展银行、平安银行两家银行,涉及中国证监会审批、中国银监会审批、国有权转持豁免申请、商务部经营者集中反垄断申报等多项程序。具体项目方式及构成如下:

第一步:2010年5月,中国平安以向NEWBRIDGE ASIA AIV Ⅲ,L.P.(简称"NEWBRIDGE")定向发行299088758股H股作为对价,受让NEWBRIDGE持有的深发展520414439股股份;2010年6月,平安寿险认购了深发展非公开发行的379580000股股份。至此,中国平安及平安寿险合计持有深发展1045322687股股份,约占深发展总股本的29.99%。同时,中国平安还持有平安银行7825181106股股份,约占平安银行总股本的90.75%,是平安银行的控股股东。

第二步:中国平安以认购对价资产(即中国平安持有的平安银行7825181106股股份)及现金2690052300元,全额认购深发展非公开发行的新股份。交易完成后,中国平安将直接及间接持有深发展约52.38%的股份,成为深发展的控股股东。深发展2010年年末/度经审计的资产总额、净资产额、营业收入分别为7276亿元、335亿元、180亿元,本次交易的成交金额(总认购价格)为290.80亿元,中国平安2010年年末/度经审计的合并财务报表资产总额、归属于母公司股东的净资产额、营业收入分别为11716亿元、1120亿元、1894亿元。本次交易同时构成中国平安和深发展的重大资产重组事项。2011年7月,第二步交易全部完成。

第三步:深发展吸收合并平安银行。存续后的主体深发展在平安银行注销后更名为平安银行股份有限公司,2012年4月,中国银监会批准了本次吸收合并,平安银行于2012年6月完成注销。

新平安银行骐骥一跃,营收、利润、资本规模和市值均超过了三倍的增长,跻身中国股份制银行第一梯队。2022年实现营业收入1798.95亿元,同比增长6.2%,实现净利润455.16亿元,同比增长25.3%。[①]

德恒刘震国团队作为中国平安的法律顾问,全程参与中国平安收购深发展项目的全过程,为中国平安提供全流程的优质法律服务,本项目于2011年获得《亚洲法律杂志》2011年度中国最佳并购项目大奖提名。

"宝万之争"的深铁成功并购

2015年股灾爆发之后,"宝万之争"成为中国资本市场最令人瞩目的事件之一。万科企业股份有限公司(简称"万科")作为中国地产行业的龙头企业,同时也是最早登陆A股的一批企业,业务聚焦全国经济最具活力的三大经济圈及中西部重点城市,其在资本市场的一举一动向来备受关注。围绕万科控制权展开的这场争夺,不仅引起资本市场的关注,也在社会各界引发热议,对中国资本市场影响之深远,已远超交易本身。2016年万科首次跻身《财富》"世界500强",位列榜单第356位,2021年上升至第160位。

"宝万之争"持续一年有余,涉及主体众多,利益格局纷繁错乱,交易金额巨大,交易方案异常复杂。以"宝能系"收购万科股份为开端,万科

---

① 参见欧阳晓红:《"平深恋"十年答卷——一本畅销书号引发的往事钩沉》,载经济观察网,http://www.eeo.com.cn/2023/0320/582638.shtml,查询时间:2023年7月9日。

原第一大股东华润股份有限公司(简称"华润股份")、万科管理层、"恒大系"、"安邦系"、深圳市地铁集团有限公司(简称"深圳地铁")轮番登场,围绕万科控制权展开了激烈的博弈。为了取得万科的控制权,各方使尽浑身解数,不仅通过二级市场轮番增持,还先后提出非公开发行股份、重大资产重组、股份协议转让、表决权委托等诸多方案。在这场博弈中,各方均动用了巨额资金。根据公开信息,"宝能系"为取得万科第一大股东地位,总耗资约430亿元;万科拟向深圳地铁发行股份购买资产的方案,标的资产预估值约456亿元;深圳地铁收购华润股份、"恒大系"所持万科股份,耗资分别约为371亿元、292亿元。

在"宝万之争"之前,中国资本市场发展中关于上市公司控制权的争夺尚不多见。在这场争夺中,"宝万之争"吸引了银行、保险、证券公司、私募股权基金等各类资金加入,"宝能系"将杠杆收购发挥得淋漓尽致,万科管理层推行事业合伙人持股计划,万科独立董事频繁公开发表言论,万科董事会的决议引发的"分母之争",纷争各方向监管机构举报,小股东、万科工会分别向法院提起诉讼。围绕万科控制权之争产生的问题,既存在此前立法和司法实践尚未涉及的情况,也有对施行中的法律法规及政策的反思,而这些实践与反思也必将继续推动我国金融监管政策、资本市场法治环境的提升和完善。

赢者的法律军师是德恒。作为深圳地铁的专项法律顾问,德恒组建由合伙人苏启云律师和刘爽律师牵头,皇甫天致、李君亨、汪洋为主要经办律师的工作组,深度参与并见证深圳地铁入股万科从交易方案设计、法律路径论证到最终成功实施的全过程。德恒律师帮助深圳地铁在融资、税务等多个方面精准把握本次交易涉及的重点法律问题,配合深圳地铁妥善答复及回应国有资产和证券监管部门的相关询问以及各类媒体的关注,为深圳地铁提供了专业、严谨、高效的法律服务。

德恒律师深刻认识到"宝万之争"的法律意义是争夺具有业界领袖地位的万科控制权。我们的法律服务要在时间上紧跟万科控制权争夺的紧张节奏,在内容上及时响应客户的全部法律需求,先后针对不同阶段的各项交易为深圳地铁提供了主要法律服务。首先,在最初万科拟采用发行股份购买资产方式引入深圳地铁成为第一大股东的交易中,德恒协助深圳地铁制订重组方案,从标的资产的选择、尽职调查、出资方式、土地注入路径、税务筹划等方面进行总体策划,全程参与深圳地铁内部,深圳地铁与国资监管部门之间,深圳地铁与房产、土地、税务等主管部门之间的沟通、汇报,及时梳理方案中的难点、问题并提供解决思路和建议,就所涉法律问题出具法律意见。此外,德恒还多次参与本次交易的沟通谈判、会议协调,尽心完成了本次重大资产重组交易文件的起草、审阅、修订相关工作,出具了报国资监管部门的法律意见,成功协助深圳地铁顺利完成相关审批工作,与万科签署《发行股份购买资产协议》。在万科公告发行股份购买资产事宜后,德恒及时就关注事项向深圳地铁提供法律意见,协助深圳地铁妥善回应各方媒体关注、回复证券监管部门的问询。由于发行股份购买资产方案除了程序和时间上的考虑还有市场反应的不确定性,交易方案随后作了调整。

面对交易方案的重大调整,德恒律师将服务重点聚焦到标的公司万科的股东层面。在深圳地铁收购华润股份、中润贸易所持万科股份的交易中,德恒为深圳地铁提供了包括交易路径设计、方案论证、沟通谈判、交易文件起草与修订、出具报国资监管部门的法律意见等在内的全套法律服务,成功协助深圳地铁完成本次股份收购。在深圳地铁与恒大集团的表决权委托、股份转让交易中,德恒全程参与方案论证、交易文件制定、沟通谈判等各环节,为本次交易提供所需的各项法律服务,协助深圳地铁顺利完成股份收购。德恒助力深圳地铁圆满完成上述各项交易,帮助深圳地铁实现入股万科的既定目标。从 2015 年"宝万之争"伊始,至深圳地铁入主圆满落幕,万科股票价格大幅提升,资本市场的反应表达了公众对此次"宝万之争"结局的充分肯定。在此次资本市场较量过程中,德恒提供的专项法律服务水准受到了客户的高度赞许。

国望高科"借壳"东方市场

江苏吴江中国东方丝绸市场股份有限公司(简称"东方市场")发行股份购买江苏盛虹科技股份有限公司(简称"盛虹科技")及国开发展基金有限公司(简称"国开基金")持有的江苏国望高科纤维有限公司(简称"国望高科")100%股权项目,于 2018 年 6 月 27 日经中国证监会并购重组委第 29 次工作会议审核通过。本项目的顺利过会标志着东方市场国企混改及国资民企联姻的成功。本项目涉及重组上市、国企混改、国资民企联姻、反垄断审查、房地产业务专项核查等多项法律服务。

重组的相关协议。

(1)《重大资产重组框架协议》。2017 年 5 月 23 日,东方市场与盛虹科技、国开基金签署《重大资产重组框架协议》,就本次重组整体方案、定价原则和定价依据、支付方式、善意合作及排他期、后续工作安排等事项进行了约定。

(2)《发行股份购买资产协议》。2017 年 8 月 18 日,东方市场与盛虹科技、国开基金签署附条件生效的《发行股份购买资产协议》,并于 2017 年 9 月 20 日签署《发行股份购买资产协议之补充协议》。协议就标的资产、交易对价及定价依据、交易对价的支付方式、本次重组的实施与完成、锁定期安排、债权债务处理和员工安置、过渡期损益和未分配利润安排、业绩承诺及补偿安排、各方声明保证及承诺等事项进行了约定。

(3)《业绩承诺及补偿协议》。2017 年 8 月 18 日,东方市场与盛虹科技签署附条件生效的《业绩承诺及补偿协议》,并于 2017 年 9 月 20 日、2017 年 11 月 23 日、2018 年 3 月 26 日签署《业绩承诺及补偿协议之补充协议》《业绩承诺及补偿协议之补充协议(二)》《业绩承诺及补偿协议之补充协议(三)》。协议就业绩承诺、业绩承诺期的确定、承诺净利润数与实际净利润数差额确定的原则、业绩承诺补偿安排、资产减值测试及补偿等事项进行了约定。

德恒律师着力解决的法律问题。 解决重大资产重组的法律问题是重组成功的关键。针对交易所关注的公司前期资产整合是否会导致国望高科最近三年内主营业务发生重大变化,最近三年公司高级管理人员是否发生重大变化,公司部分商标未完成变更手续是否符合资产完整的要求,本次交易的业绩承诺约定是否符合《上市公司监管法律法规常见问题与解答修订汇编》第 8 条的规定,《业绩承诺及补偿协议》关于不可抗力条款的约定是否符合《关于上市公司业绩补偿承诺的相关问题与解答》的相关规定等问题;中国证监会关注的国望高科及其子公司报告期受到的行政处罚是否属于《首次公开发行股票并上市管理办法》所述的受到行政处罚且情节严重的行为,公司安全生产及污染治理情况,因安全生产及环境保护原因受到处罚的情况,最近三年相关费用成本支出及未来支出情况是否符合国家关于安全生产和环境保护的要求,披露跨境经营的管控措施、内部控制的有效性,是否存在跨境管控风险,标的资产排污许可证的办毕情况等;中国证监会重组委关注的进一步核查披露标的资产排污许可证的办毕情况,核查并披露实际控制人投资持股香港百思特是否符合个人外汇管理规定等问题。重组的专项法律顾问德恒杨继红律师带领钟亚琼、李碧欣、王华莹等律师与公司各方作了妥善的说明,对法律问题进行深入的调研并作出有效的应对。律师项目组为本次重组提供包括标的资产尽职调查、重组交易方案的设计与实施、反垄断审查、交易文件的拟定、合规咨询、风险控制、法律意见出具、交易所及证监会反馈回复、项目上会、资产过户等全程法律服务,助力此复杂的重组项目获得成功。

抽丝剥茧批量处置金融不良

经公开选聘,德恒成功中标建行不良资产批量转让项目法律顾问。法律服务内容是针对拟转让的逾千亿元的贷款资料进行逐笔审核,并出具法律尽职调查报告;为涉疑难法律问题提供法律咨询服务并出具专项法律意见报告;协助分行进行不良资产转让推介,审核各资产管理公司注册资料,确认是否属于可购买不良资产有资质主体;与建行、财务顾问等一同开标不良资产竞价结果并出具律师见证意见等。李雄伟、刘焕志、孙小莉律师牵头,组织三十余名律师与助理为本项目提供法律服务。

法律服务基本业务流程。建行向借款人贷出款项后,依据借款人的实际还款能力,按风险程度将贷款划分为正常、关注、次级、可疑、损失五级分类,次级、可疑及损失的三种贷款类型即归类为不良资产,可纳入不良资产转让范围。各批次不良贷款转让前,德恒前往建行总行调取当期批次的不良资产基础材料,并取得各分行和财务顾问统计的不良资产池基础信息表。审核拟转让不良资产的客户贷款材料,审核内容包括借款合同、保证合同、质押合同、抵押合同等基础贷款协议的有效性和存在的瑕疵;诉讼情况、执行情况等不良资产的司法状况;保理合同、银团贷款合同、银行承兑协议等特殊银行贷款所产生的不良资产。依据审核资料的基本内容、不良资产池基础信息表信息及德恒在审核不良贷款基础资料中发现的问题,制作单笔不良资产批量转让律师工作尽职调查报告和法律状况汇总表,披露经德恒审核后发现的相关法律问题或法律瑕疵。

德恒法律服务效率高、覆盖广。德恒为建行21家一级分行2500余户不良贷款出具法律尽职调查报告。对于21家一级分行包括广东、山东、浙江、江苏、深圳、河北、河南、湖北、湖南、内蒙古、青岛、宁波、大连、云南、广西、重庆、贵州、山西、辽宁、吉林、黑龙江分行发生的2500户不良贷款,德恒作出尽职调查,出具法律尽职调查律师工作报告,作为建行不良资产批量转让评估价的重要依据。德恒提供法律服务的不良资产批量转让,累计成交金额逾千亿元。

参与八批次不良贷款竞价资料审核并现场见证竞价结果。各批次不良贷款批量转让前,德恒审核各竞买人提供的总公司授权委托书、分公司法人授权委托书、转账凭证以及信息销毁承诺函等的真实性和有效性,并于竞拍现场审核各竞买人的合同签字页。同时,德恒与建行竞拍监督人和不良贷款转让交易顾问一同审核竞拍金额、见证竞价结果。

回复与不良贷款转让相关的法律咨询。各批次不良贷款转让中,德恒与建行各分行及中介机构保持紧密联系,积极回复相关的法律咨询。

协助建行广东分行进行不良资产转让推介。2017年第二季度不良资产批量转让中,应建行广东分行邀请,德恒合伙人李雄伟律师出席推介会,并作"建行不良资产推介会之广东地区法律情况介绍"的推介宣传,重点介绍广东地区广州市、大佛山地区、河源市、珠海市四大不良资产主要地区的有利司法环境,以提升投资者的投资信心。

把握不良贷款处置专业法律关口。德恒律师发现提供服务的首批不良资产批量转让中,某地区一笔1.5亿元人民币的贷款因贷款者提供虚假的抵押物建设立项文件,虚假的房地产开发企业资质证书、营业执照,虚假的财务资料等原因,涉嫌刑事犯罪。建行此前已被该笔贷款困扰多时,意将该笔贷款通过不良资产转让,一次性解决问题,遂询问德恒处置意见。德恒出具了涉刑事犯罪不良贷款的专项法律分析,并提出解决问题的建议,获得客户的高度肯定。

从客户利益出发创新性地解决联保联贷。德恒在提供法律服务过程中发现,2016年第四季度至2018年第一季度共六批次的不良资产批量转让中,联保联贷形式的不良资产在多个分行或某省分行范围内不同市分行皆有发生,出现频率相对较高。联保联贷群体成员的基准五级分类通常为次级,该类等级的不良资产在转让中虽可能有较高的转让评估值和市场接受度,但其作为不良资产被转让的价值距其应被偿还的金额仍有较大差距。正常经营的情况下,联保联贷群体中的多数成员能够按时清偿银行贷款,联保联贷形式下出现集体违约现象,并非所有群体成员皆无力偿还其本身应负担的清偿责任,而大多是由于联保联贷成员之间的不信任致使其他成员不得已而采取的"自保"措施。此外,建行不良资产批量转让中出现的联保联贷贷款,每一组合贷款下,其借款人几乎全部来自同一地区、同一行业、开展相似之业务。客户群体的同质化实质上致使建行对外借款的去向趋于集中,增加对外贷款风险,有违信贷资产多元化和分散化经营的基本思路。同时,分散来看,联保联贷形式下各客户的整体实力及担保能力并不突出,如此信用水平相近的企业进行群体联保,很难起到应有的增信作用。批量转让中所涉联保联贷下资产,某一户借款发生违约或不能按时偿还时,其余同质化的借款主体因自身能力所限及群体间的信任问题,亦未承担相应的担保责任。

德恒就此向建行提出建议,尽量妥善处理,达到较高收益收回贷款,避免客户群体同质化的情况,以免彼此之间形成无效担保。德恒法律服务团队在为建行2016—2018年八批次的不良资产批量转让提供服务的过程中,与建行总行及建行境内各一级分行建立了友好合作关系,同时培养了一批不良资产处置专业律师,受益颇多,影响较为深远。

海润系境内外债务风险化解

海润系境内外贷款风险化解及债务重组系列项目涉及四个国家的法律,德恒作为牵头律师事务所为国家开发银行提供法律服务。本项目的原贷款项目发起人财务状况严重恶化,濒临退市和破产,五个境内外贷款项目的收入无法覆盖本息偿还。为了化解不良风险,国家开发银行经与债务人、保证人反复磋商,最终就保证人收购四个贷款项目的股权并承接国家开发银行债务的股权及债务重组方案达成一致。德恒律师在为本项目服务的过程中,就涉及瑞士、保加利亚、罗马尼亚和中国法律有关的股权收购、债务转让、担保承接、债权及担保权的司法、非司法途径执行和破产程序的提起等复杂法律问题,与客户进行反复的评估与讨论,并协助客户进行谈判,最终促成各方达成股权及债务重组的方案。同时德恒还提供了全套债务及担保重组合同的起草、审阅,境内外股权重组文件的审阅,法律意见的出具等多项法律服务。

五、破产重整之企业拯救

破产重整与刑事合规联动助企脱困

自《企业破产法》实施以来,破产重整制度化解债务风险、拯救企业的功能愈发凸显,破产重整成为大型困境企业涅槃重生的首选方案。

2022年,第十三届全国人大将修改《企业破产法》列入立法计划,并就完善破产财产、债权人保护、管理人、重整及清算转重整、跨境破产、法律责任以及增加个人破产、府院协调、预重整、破产简易程序和金融机构破产等内容,形成企业破产法修订草案。回顾德恒曾参与的破产重整案例,积极摸索破产制度的法律价值和社会价值,非常必要。其中,在企业破产重整与实际控制人因涉嫌犯罪而被采取强制措施的两难困境出现时,如何统筹各方资源实现依法治理与助企纾困,如何实现法律效果与社会价值的统一,是非常具有挑战性的。

从总体上看,大型企业因实际控制人涉嫌犯罪而严重影响破产重整工作有序进行的情况并非个例。我们曾参与的ST圣方、ST天颐、ST天发及太子奶等企业破产重整项目,涉案人员在企业尚未进入重整程序之前就已被羁押,企业的管理运行失序、债务违约等集中爆发。当地政府为保企业和社会安定,成立风险处置工作组,并邀请德恒律师参与工作组的工作。一般说来,这类陷入困境的企业在实际控制人被采取强制措施后,往往只能通过被收购、兼并或借壳的方式来解决问题。换句话说,一家本来可以使多方获益的大型企业,因实际控制人的违法犯罪而可能让一切烟消云散。要想走出这个为追究犯罪"因一人而毁全家"的法治怪圈,人民检察院应当落实刑事政策,带动各方开展涉案企业合规改革试点。我们办理的湖南千山制药机械股份有限公司(简称"千山药机")破产重整与企业刑事合规政策结合实施的案例颇有意义。

千山药机曾为湖南省药械包装行业龙头企业、国家火炬计划重点高新技术企业。由于市场环境变化,公司从2014年开始大肆投资或收购大健康企业,现金流吃紧,通过银行、信托和民间等各种途径大规模融资,实际控制人及其一致行动人也质押了自持股份。千山药机其后谋求三次定增均未成功,资金流动性愈发紧张,银行账户被司法冻结,大股东质押股票跌破平仓线,又因被举报而受到中国证监会立案调查,公司资金链彻底断裂。关联方甚至为了在体外偿还公司高额的借款利息,将手伸向了上市公司的"口袋",产生违规担保、关联方非经营性资金占用等一系列问题。千山药机的实际控制人等"犯罪"目的主要是满足上市公司净利润及营业收入条件和筹集产品研发及公司扩张所需资金,2023年,司法机关调查的情况证明其个人并未因此获得违法收入。律师发现千山药机关于大健康产业的美好梦想及其收购兼并的大肆扩张,导致了大规模融资、实际控制人股份质押。从民营企业的角度来看,千山药机实际控制人还是有勇于开拓的企业家情怀,企业三次定增未果既有科技创新投资机制缺失的因素,也有证券市场的定增发行监管制度不健全的因素。实际控制人因涉刑被捕同样发人深省,公司在治理过程中缺乏合规意识及有效的治理机制,实际控制人凌驾于公司内部控制之上致使公司出现融资混乱、信息披露违规等不正当经营行为,有必要深入分析、综合看待。

实际控制人涉刑的公司重整案件利弊权衡的两难困境。一则,对于公司及社会公众而言,其已经因相关违法犯罪行为遭受了损害,若不对该行为加以整治,盲目地以"保生产经营"为由帮助相关方逃避刑事制裁,则国家对企业及企业家的"厚爱"会被滥用;二则,直接予以相关方严厉的刑事制裁极可能导致公司的经营状况因其遭受刑事制裁或核心人员被羁押而进一步恶化,对职工、债权人、股民等社会公众造成二次伤害。在此情形下,涉案企业刑事合规制度恰恰能够成为一剂兴利除弊的良药,其核心价值是在"违法必究"原则所要求的严厉刑事制裁与破产重整公司纾危解困的迫切现实需求之间构筑了一道缓冲带,甚至是另辟了一条新路。当然,"历史不会教给我们任何东西,但会惩罚没有吸取历史教训的人"。将涉案企业刑事合规制度引入重整企业,需要在保障公司健康发展的同时,适当警示重要的涉刑人员,令其认识刑事罪行与责任,主要采取整改措施,弥补对社会造成的侵害与损失,帮助企业走出困境。涉案企业刑事合规政策要实现法律效果、社会效果与政治效果的有机统一,取得理想的司法办案效果。

涉案企业刑事合规为重整中的千山药机赋能。在千山药机重整期间,德恒团队实事求是,充分运用破产重整制度,有针对性地解决了公司继续经营面临的重大问题,为企业阻断并疏导了债权人等群体的愤懑情绪,夯实了债务人平稳经营的基础。对于千山药机而言,一方面,公司的治理机制和治理水平亟待纠偏和完善;另一方面,其实际控制人拥有千余项专利,主导项目曾获国家科技进步二等奖、中国机械工业科学技术二等奖,是未来经营不可或缺的灵魂人物,保障其正常履职对公司走出困境、恢复生产经营造血能力、实现涅槃重生意义重大。为使企业可以心无旁骛地研究和创新,经周密论证,德恒破产重整律师与刑事律师紧密合作,按照检察机关的要求协调组建了以证券、刑事领域的多位专家律师为核心的合规辅导团队,对千山药机开展调查研究并梳理经营风险点,拟定合规工作计划。合规工作计划敲定后,管理人协助公司设立合规工作组织,与技术公司沟通在财务管理及 OA 系统中嵌入合规管理程序。再者,管理人与合规辅导团队根据相关法律、法规制定了合规建设的纲领性文件《合规管理制度》及作为员工行为规范指引的《诚信合规手册》,协助合规辅导团队开展全员合规、董监高公司治理专项培训。此外,管理人定期向检察机关报告重整及合规工作推进情况,确保信息对称。

经过各方的努力,作为国内退市公司及其关联企业合并重整的第一案,千山药机长达一年的合规整改工作顺利通过了第三方组织的验收,检察机关在多次合规联席会议上也充分肯定了合规整改的成果。同时,正是由于千山药机的合规建设与司法重整深度契合,2022 年 9 月 21 日,千山药机等七家公司《重整计划(草案)》被法院裁定批准,促成了千山药机的自救重生。德恒计划也将根据千山药机业务的发展进程,推动重整后的千山药机重新上市,或将相关核心子公司分拆上市。

千山药机重整案是探索府院联动机制解决债务人经营难题的典型案例,也是统筹协调破产审判与刑事审判工作的经典案例。在管理人的协调下,破产受理法院与检察机关携手,共同开创了破产重整与涉案企业刑事合规工作协调推进的崭新工作模式。通过重整程序解决了公司的债务负担,实现轻装上阵,为未来公司全面恢复生产经营能力并实现腾飞创造有利环境。通过合规整改修正错误的发展运营习惯,为公司经营明确设定"依法依规"的轨道,有效防范了经营风险,提升了公司综合治理能力,也为类似重大、疑难、复杂案件的解决提供了优质的参考模板。同时,结合德恒团队的切身体会,在破产重整案件中注重与刑事合规工作的融合衔接与共振,为重整工作打破障碍、引入合力,对保护支撑创新的"金刚钻"人才,打造好重整竞争力的"活力源"具有重要意义。

全外资"吉林德大"重整新生

吉林德大有限公司(简称"吉林德大")成立于1989年,1992年正式全面投产运营,是集粮食种植、种禽繁育、肉鸡饲养、饲料生产、粮油加工、白酒酿造及鸡肉制品于一身的农牧工商一体化、产加供销一条龙大型农业产业化龙头企业。2003年,吉林德大开始出现持续性亏损,资金链面临断裂,随时面临破产。到2010年9月,吉林德大负债将近28亿元,其中银行贷款本息将近18亿元,供应商及农户欠款近3亿元,职工工资及社保欠款将近4亿元,股东欠款2.6亿元,而公司账面资产仅为12亿元且已全部抵押。2010年11月2日,中国农业发展银行吉林省分行申请查封吉林德大所有银行账户,公司资金链断裂,员工工资不能发放,引发供应商及相关债权人纷纷上门讨债。

2010年12月1日,吉林德大向吉林省长春市中级人民法院递交重整申请书,申请对吉林德大进行重整。2010年12月8日,长春市中级人民法院以(2010)长民破字第3-1号民事裁定书,依法裁定受理吉林德大破产重整一案。德恒北京总部作为本案破产管理人,由合伙人张春雷、范利亚、李哲律师等主办,贾海涛、周冰、王葳、张帆、罗敏、郭晓辉、黄壮、刘宏兵等律师参办。本项目历时八年,破产重整完成后,吉林德大一跃成为行业领袖。

重整难点。吉林德大成立二十余年,长期管理混乱,工作难以开展;更新淘汰资产数量巨大、人事变动频繁,债权债务关系复杂,账务经年不清;公司员工与债权人关系紧密,债权人大部分在本地,情绪敏感易受影响。这些都给管理人资产清查、债权申报乃至维护当地社会稳定等工作带来极大挑战。地方包括政府部门、债权人、企业自身等人员对《企业破产法》下的"重整"不甚了解,需管理人作出合法合理、深入细致的解释。

资产清查缜密确权。吉林德大资产登记混乱,资产购入时间与入账时间不一致,资产名称与入账名称不一致,存放地点变换不登记,母公司与十余个子公司资产权属不清,资产清查难度大。公司最大的债权人某银行曾在重整前两次派员到吉林德大清查抵押资产情况,均未能查清。重整开始后,审计、评估机构介入项目并为资产清查做过一轮工作,效果不理想,结论无法使用。管理人发挥律师执业能力优势,组织人员对万余项设备情况先进行纸面核查,在近千页纸质资料中核查出上千项疑点。随后,管理人召集审计、评估及公司人员一同前往工厂、车间等设备所在地进行逐项确认。经过缜密、细致的资产核查,核查出来的资产和清查结论赢得债权人认可。

依法沟通方案奏效。就重整计划草案与债权人沟通,是重整成功的关键。管理人针对数量众多的养殖户债权人,通过分组逐户清偿,并安排法律解释工作。此举使方案取得了广大债权人的理解,为重整计划草案的投票奠定了基础。同时,管理人与各金融机构债权人进行多轮谈判,在担保债权抵押物权属认定、抵押物评估方法、转普通债权额度等方面细致算账、深入沟通,最终得到了各金融机构的支持。

精心组织债权人会议。债权人会议的组织、召开、投票、通过必须精心策划。出于稳定社会大局考虑,既要充分保证债权人投票权人数,又要保证会议现场不至于拥挤,保证会议顺利召开。管理人综合考虑各方面因素,做好会场选址、会议召开和秩序维护等筹备预案,作出清晰、全面的会议指引,统筹各方资源,应对相关安排,有效组织演练,使筹备工作全方位落实到位。管理人在前期取得相当数量债权人信任的基础上,成功地安排1200余名债权人参会。

全票通过重整方案。在2011年8月25日召开的债权人会议上,全体债权人投票表决重整计划草案,最终以100%同意全票通过《吉林德大有限公司重整计划草案》。重整计划草案涉及的有财产担保组、职工债权组、税款债权组、普通债权组和出资人组五个组,按法定程序全票通过重整计划,经审计后的总资产值为8.16亿元,小额债权100万元以下全额清偿。长春市中级人民法院根据管理人的申请,裁定批准上述吉林德大重整计划,重整计划执行期两年。

吉林德大重整成功后,经过2013—2019年的发展,公司转亏为盈,利润逐年增加,连续两年利润过亿元。2017年,吉林德大同行业单体获利跃升全国第一,成为名副其实的行业领袖。

联盛32家公司破产重整成功脱困

联盛破产震动全国。一场震动全国的山西"塌方式腐败"连带的煤矿企业联盛集团破产重整案,经过激烈竞争,破产管理人法律顾问的重任落在德恒肩上。德恒破产重整专业委员会合伙人范利亚、孙钢宏、张帆、郭慧慧和太原办公室张培义、王恩惠、申晓杰、刘渊、汪忠及王海燕律师联手珠海办公室崔峰、广州办公室杨巍、深圳办公室廖名宗等20余名合伙人,带领德恒各地办公室律师及助理近180人参与承办本项目。

山西联盛能源有限公司组建于2002年6月,主营业务为煤炭、煤焦化、农业、房地产四大板块。联盛能源作为控制实体,先后成立了60余家控股企业,并参股20多家企业(简称"联盛集团")。联盛集团煤炭板块拥有全资、控股矿井10对,其中生产矿井5对,基建矿井5对,综合设计生产能力900万吨/年,主要煤种为焦煤;煤焦化板块拥有3座焦化厂,焦炭生产设计能力416万吨/年,配套有3个合计入洗能力750万吨/年洗煤厂;农业板块位于联盛农业园区,涉及18个行政村、52个自然村、人口20050人、耕地41477亩,已完成投资30亿元;房地产板块拥有海南陵水15万平方米建设用地,开发了"万联晋海"高端地产项目。

2012年以来,受国家煤炭最高800元/吨的限价要求及欧债危机不断恶化引发的全球经济增长缓慢的不利影响,煤炭价格大幅走低,联盛集团盈利能力大大降低,加之盲目扩张、煤炭资源整合投资过大、财务成本居高不下、企业经营管理混乱等因素,再加上实际控制人被采取强制措施,使得联盛集团于 2014 年资金链断裂,发生大面积债务违约。联盛集团金融债权众多、民间集资规模庞大、职工人数近 2 万人、吕梁当地重点企业均有为联盛集团提供担保。联盛集团的经营困境引起吕梁市委市政府、山西省委省政府的高度重视,若处理不善,极有可能导致大规模地区金融风险及社会维稳事件的发生。

破产重整现转机。2015 年 3 月 8 日,经债权人建行山西分行等申请,吕梁市中级人民法院(简称"吕梁中院")裁定受理联盛能源等 9 家企业(第一批)破产重整,并指定山西省、吕梁市、柳林县等政府机关工作人员组成的清算组担任破产管理人,指定吕梁市人民政府市长担任管理人负责人。2015 年 7 月,管理人向社会公开招募具有丰富重整经验的律师事务所担任管理人法律顾问,经过数轮选拔,德恒成功中标,于 2015 年 10 月 11 日正式进驻项目现场开展工作。根据吕梁中院的指定管理人裁定,德恒是管理人成员之一。2015 年 7 月 8 日、7 月 13 日及 2016 年 1 月 18 日,经债权人及管理人申请,吕梁中院裁定受理海南航通有限责任公司等 23 家公司重整申请。至此,联盛集团破产重整企业范围确定为 32 家。鉴于联盛集团 32 家公司是以集团化模式运营,在重大决策、人事任免、财务、经营管理、生产过程等方面一体化严重混同,吕梁中院于 2016 年 7 月 8 日裁定联盛集团 32 家公司合并重整。

强有力的破产管理人法律顾问。德恒进驻现场后,依法开展包括清产核资、受理债权申报及审查债权、对外追收联盛集团债权、制订重整计划草案等各项工作。联盛集团经审计后的总资产账面值为 26098129786.64 元,假设清算条件下资产评估值为 10308174066.64 元。德恒协助管理人进行战略投资人招募工作,多方寻找投资人,制订重整计划草案。

联盛集团的债权人会议以现场会议和书面会议相结合的方式进行。2017 年 4 月 20 日,重整计划草案涉及的有财产担保组、职工债权组、税款债权组、普通债权组和出资人组五个组,按法定程序对重整计划草案进行表决,各组均表决通过。同日吕梁市中院裁定批准山西联盛能源有限公司等 32 家公司合并重整计划并终止重整程序。联盛集团 2770 家债权人向管理人申报债权,经管理人审核,确定及预留普通债权共 48115770408.02

元,涉及债权人2000余家。

依法保护弱者利益。重整计划全额清偿全体普通债权人20万元以下的债权,对经销商和农民债权人的利益给予了充分保障。小额债权的清偿设计对《重整计划草案》的表决通过起到了重要作用。在联盛集团没有战略投资人投资的情况下,债权人进行自救重整,重整后的联盛集团由债权人自我管理、自我经营。目前,联盛集团生产稳定,经营效益显著提高,重整计划执行工作稳步推进,重整收效明显。

助力海航航空资产成功重整

海航集团破产重整案备受瞩目。德恒李哲律师团队代理海航集团破产重整投资人成功获得海航集团最重要的航空资产,从而使得海航航空起死回生。2021年年底,方大竞得海航航空板块控制权。2021年9月27日,海航航空主业召开二债会,海航管理人和联合工作组公布重整方案。重整引入战略投入380亿元,其中海航控股将获得约250亿元现金流补充。重整债转股清偿近400亿元债务,带息负债降至600亿元,按10年期2.89%计息清偿。清偿债务后的海航控股总资产为1700亿元,总负债为1380亿元,负债率降为81%,财务费大幅降低。飞机租赁成本下调了15%～20%,与国航、东航、南航的水平相当,生产经营得到长期保障。

帮助海航进行有效合规治理。海航重整后的信誉、信心恢复需要相当的工作和时间。德恒律师帮助新海航梳理存在的紧急困难,针对社会上和中小股东质疑的破产重整期间各类信息不透明,内部不好决策,留债将加剧公司经营困难,80余起标的额达上百亿元衍生诉讼等各种问题,有效地助力投资人阻断管理人风险和新投资人风险。针对海航股权纠纷问题,产权瑕疵问题,部分股权、资产交割、过户尚未全面完成……以及市场信用恢复等问题,德恒帮助规范公司治理,新增和修订1300余项管理制度。重整后的海航从"一言堂"到"制度化",脱虚向实,专注主业,按照法律法规、民航局的要求和企业的制度、市场的规矩去做,让每位员工感受公平公正。重整后,发展方向明,员工受激励,制定下发100余项激励制度,管理精细化,经营讲信用,给所有供应商、金融机构都吃了一颗定心丸。海航"万亿"级巨额债务的破产重整,难度空前,成功不易。

"不派一个人,注入资金,输入机制"。德恒律师助力方大用新机制使海航焕发出活力。

法律援手、凤凰涅槃、绝处逢生

大规模全方位开展破产清算和重整服务。不在同的案件中,德恒律师分别担任破产管理人或清算组负责人,担任管理人/清算组、债权人/取回权人、重整方/投资人的法律顾问,帮助企业通过破产重整获得新生,被列入ST的上市公司摘帽重新恢复交易,有的企业则甩掉了沉重的债务,焕发了青春,恢复了市场价值和行业地位以及在供应链中的核心作用。

担任上市公司破产重整管理人的代表业绩。上市公司破产重整具有特别的意义。在资本市场上市公司资源有限的情况下,上市公司的破产重整在程序上要经过中国证监会与最高人民法院的批准。德恒担任四川方向光电股份有限公司破产重整管理人成员,黑龙江圣方科技股份有限公司破产和解监管组(相当于管理人)成员,湖北江湖生态农业股份有限公司破产重整管理人成员,广东华龙集团股份有限公司破产重整管理人成员,湖北天颐科技股份有限公司破产重整管理人成员,湖北天发石油股份有限公司破产重整管理人成员,湖北洪湖蓝田水产品开发有限公司破产清算管理人成员等。

德恒律师在破产重整中的多重服务。德恒律师担任管理人/清算组、债权人/取回权人、重整方/投资人的法律顾问,以不同法律身份在破产重整/清算/清盘程序中,帮助当事方获得应有的法律权益。其中,代表性案例有:上海华源企业发展股份有限公司的公司破产重整和资产重组法律顾问,西安宏盛科技股份有限公司的公司破产重整法律顾问,牡丹江水泥股份有限公司保壳实体资产置换及破产的法律顾问,太平洋证券收购云大科技股份上市、云大科技清盘法律顾问,瑞银收购北京证券有限公司牌照与净资产、壳公司清算法律顾问,海南第一投资公司收购珠海证券有限公司牌照与净资产、壳公司清算法律顾问,广发证券有限公司收购兼并锦州证券有限公司净资产、壳公司清算法律顾问等。2022年,中国第一例市场化的证券公司破产重整案——网信证券有限责任公司破产重整案完美收官。

珠峰系六公司实质合并破产预重整

重庆珠峰投资有限公司、重庆顺景纸箱制造有限公司、重庆市悦众汽车销售有限公司、重庆市融众汽车销售有限公司、重庆市国亚汽车销售有限公司、重庆市江津区珠峰汽车销售服务有限公司（合并简称"珠峰系公司"）于1997年开始陆续创办成立，前期主要经营汽车、摩托车、电动车及车辆零配件销售、维修等业务。珠峰系公司因实际控制人涉嫌非法吸收公众存款犯罪而爆发债务危机，企业固定资产全部被抵押融资，资金流动性枯竭，无法清偿到期债务，无力继续经营。珠峰系公司涉及260名职工，800余名民间借贷债权人，上千名车友会会员债权，以及其他金融债权等，给当地造成恶劣社会影响，维稳压力巨大。江津区政府亟须探索出一条行之有效的化解此类困境企业相关社会问题的道路。

提出预重整模式。 2017年，重庆办公室接受重庆市江津区政府委托，担任珠峰系公司债务问题化解的法律顾问。曾凡波、杨洪梅律师领衔主办，律师王岚、杨黎、代礼东、尹珂姣、郭晓曦、朱进燕、曹冲等参与承办。重庆办公室对珠峰系公司资产、债务和业务发展等进行深入调查研究，提出采用预重整模式化解珠峰系公司风险的建议。江津区政府和江津区人民法院批准德恒牵头组织各方就此方案进行论证、实施。

主导预重整顺利实施。 2018年3月，重庆办公室担任珠峰系公司预重整专项顾问，迅速制订了预重整工作预案和工作指引，参照破产重整程序，开展了债权申报审查、财务审计、资产清查评估、招募投资人、重整方案设计、与债权人就偿债方案进行磋商谈判、债权人网络会议等各项工作。2018年6月9日，预重整债权人第一次会议表决通过《预重整方案》。江津区人民法院裁定正式受理珠峰系公司破产重整，并指定重庆办公室担任珠峰系公司破产重整阶段的管理人。管理人取得了6家公司实质合并决定书，债权人会议亦表决通过重整计划。江津区人民法院裁定批准该重整计划并终止破产重整程序。2964名普通债权人的债权清偿率高达80%，整个破产重整程序仅用2个多月时间，创造了预重整与破产重整程序衔接的成功经验。珠峰系公司重整案采用在预重整期间，通过电子授权方式确立债权人代表参与破产重整程序，极大降低了债权人会议召开成本,提高了效率。

实现了从法律顾问到管理人直接指定的制度突破。珠峰系公司重整案中,人民法院许可珠峰系公司聘请具备破产管理人资格的重庆办公室担任珠峰系公司预重整期间的法律顾问,负责总方案设计并具体处理预重整工作中的各项事务,待人民法院受理珠峰系公司破产重整申请后,人民法院直接指定重庆办公室为破产管理人。在预重整网络债权人会议上,重庆办公室继续在破产程序中担任管理人是表决事项之一,在该事项得到债权人表决通过后,考虑到预重整与重整程序之间需迅速、有效结合的要求,且并不违反管理人回避的相关规定,法院指定重庆办公室担任珠峰系公司破产重整管理人。

本案的典型意义在于创新探索,系全国近年来首例预重整成功案例,被重庆市律师协会评为"2018年度十大商业交易(非诉讼)法律服务经典案例"。

六、房地产开发之城市更新

城市更新　深圳办公室先行

世界范围内的城市更新源于"二战"后欧洲城市重建浪潮。近年来,随着中国经济高速发展,土地作为不可再生资源的匮乏及大城市中心城区的规划与配套功能的需求提升,由深圳引领的"三旧改造"和城市更新逐步波及粤港澳大湾区。深圳办公室城市更新团队洞察先机,抓住城市更新法律服务发展态势,较早地进行理论及专业储备,并在法律服务实践中打造了一支专业的团队,且一直追求在该业务领域的深度参与和持续不断的法律服务创新。"专业与创新是我们能够为深圳及粤港澳大湾区客户提供城市更新卓越法律服务的基础。"李建华律师如是说。

由于城市更新领域缺乏全国统一的立法,各地政策不一且灵活多变,城市更新法律服务的非标法律服务特性突出。城市更新在中国没有先例可资借鉴,只能在"实践中学习,学习中实践"。深圳办公室律师从立法入手,以问题为导向,提出解决路径,占住先机。针对城市资源禀赋先天不足和后天规划建设欠缺,律师系统研究梳理城市更新目标政策与法律问题症结,将土地及地上建筑物权属核查认定、农村集体用地交易监管、搬迁安置、项目融资、收并购等过程中易发的争议纠纷列为重要靶点,并提出解决方案。

深挖城市更新风险点,着力研究争议解决路径。在对大量城市更新案例分析研判的基础上,深圳办公室梳理出城市更新主要风险与纠纷,并通过大数据检索总结案件的司法裁判趋势,提炼城市更新风险防控措施,为客户城市更新项目提供风控经验。李建华律师牵头,雷红丽、于筱涵、张朋、蒋蓉蓉、张家威等合作撰写城市更新类实务研究论文二十余篇,结集的《城市更新法律实务——拆除重建类城市更新操作指引》由北京大学出版社出版。

超前研究支持首批城市更新项目法律服务。自2010年起,深圳市人民政府以公示形式发布城市更新计划公告,德恒律师承担了全市首批列入城市更新计划的田厦新村、南苑新村、海涛花园和大冲村项目法律服务。由华润置地实施的大冲村城市更新是当时全国最大的旧改项目,也是十多年来深圳市城市更新领域最成功的项目。德恒打造出专业化程度高、服务意识强的服务队伍,为城市更新项目立项、实施、投融资、收并购、争议解决的全周期提供法律服务。从2009年至今,在高质量法律服务跟进保障下,路劲地产盐田区海涛花园城市更新项目逐步取得成功。德恒律师为华润置地、招商地产、万科、中海地产、金地、南山地产和中洲等数十家知名房地产企业,以及平安信托、信达资产等财务投资机构参与或者投资城市更新项目,提供尽职调查、参与谈判、设计交易架构、起草交易文件等专项法律服务。城市更新项目新旧关联、争议多发,德恒律师发挥诉讼、仲裁或非诉服务综合性专业特长,代理100多宗有关拆迁补偿纠纷、城市更新中投资方与原权利人纠纷、开发主体与回迁人纠纷案件。在处理历史遗留问题或涉及新情况的案件中,德恒律师善于提出富有建设性、创新性的解决问题思路或者观点,并为裁判机构采纳,部分判例已成为业内典型案例。为"工改工"城市更新项目提供法律服务,拓展了城市更新法律服务的广度。德恒律师为正中集团龙华清湖新型产业用地项目、深港科创集团福保卡西欧厂房项目等多个"工改工"项目提供法律服务,将商住类城市更新拓展至工改工类城市更新,充实了城市更新法律服务产品。

突破难点丰富城市更新项目法务工具库。德恒律师在城市更新业务领域创新持续发力,取得显著成果。2020年1月,受华润置地委托,德恒律师为"粤港澳大湾区重点城市城市更新标准化工具库研究"提供专项法律服务。经过八个月的不懈努力,最终以可视化方式对深圳市、广州市、东莞市各地城市更新的流程、风险、案例及政策进行研究和梳理,汇集成217幅导图、157份清单、57个案例、96个风险点、180项对策、660份文件,输出百万字研究成果。2020年12月,法律出版社正式出版《城市更新项目法务工具库:案例·风险·流程·政策》一书。该书基于粤港澳大湾区城市更新发展的政策背景,通过对大量纠纷案例的研究,归纳纠纷种类及典型案例,为城市更新纠纷预防及处理提供针对性参考;提炼城市更新项目各阶段、各参与主体间的法律风险事项,建立城市更新风险库;通过流程图简明直观呈现项目办理流程、关键节点及注意事项;对法规政策的具体适用情形进行分析解读,为开展城市更新业务提供政策法律指引。该书系国内首部对城市更新风险点、纠纷并结合案例进行详细分析的城市更新专业著作,也是国内首部以图解、案例、风控指引方式指导城市更新业务体系的工具书。《城市更新项目法务工具库:案例·风险·流程·政策》一经出版,即获得城市更新领域各界人士广泛好评,并受到房地产企业法务人员的热捧。

探索城市更新行政调解与行政征收法律服务。2020年12月30日,《深圳经济特区城市更新条例》(简称《城市更新条例》)正式出台,其中,第35条、第36条关于城市更新项目由区人民政府调解,调解未达成一致可对未签约房屋实施征收的条款备受瞩目,被认为是城市更新项目破解"钉子户"问题的利器。在《城市更新条例》细则尚未出台,具体实施政策空白的情况下,德恒律师创新性地为盐田区海涛花园城市更新项目和蔡屋围城市更新统筹片区蔡屋围(城中村)项目提供法律服务,协助作为市场主体的客户及政府相关部门探索在城市更新项目中依法实施调解、征收的路径和方案,同时推动了《盐田区行政调解实施暂行办法》《罗湖区城市更新工作行政调解程序指引(试行)》的出台及《城市更新条例》的落地实施。

2021年9月1日,盐田区人民政府发布《深圳市盐田区人民政府关于海涛花园城市更新项目行政调解事项的公告》,海涛花园城市更新项目成为深圳首个开展行政调解的城市更新项目。2021年12月3日,深圳市罗湖区城市更新和土地整备局在依法完成行政调解后发布《罗湖区桂园街道蔡屋围城市更新统筹片区蔡屋围(城中村)项目一期子项目B房屋征收提示》,成为《城市更新条例》颁布后国内首例启动行政征收的城市更新项目。两项目所取得的重大进展被"今日头条""腾讯新闻""凤凰网""合一城市更新"等媒体刊发。

倾心传播城市更新法律知识。2018年,深圳办公室联合深圳市城市更新开发企业商会和碧桂园举办以"城市更新风险管理与争议解决"为主题的高端培训会。李建华律师通过实战案例与数据解析城市更新现状、特征,评析城市更新纠纷案件可以预见的裁判趋势。2018年5月25日,李建华应北京大学法学院邀请,在"北大春季论坛"上发表了"加快全国城市更新立法"的主题演讲。2018年8月25日,应西南政法大学深圳校友会的邀请,李建华发表"城市更新风险与争议解决"主题演讲。2018年9月7日,深圳国际仲裁院主办第八届中国华南企业法律论坛之城市更新争议解决实务研讨会,李建华在会上作"城市更新纠纷的现状、趋势与对策"主题分享,得到与会近百位房地产企业法务负责人和同行律师的称赞。2019年3月12日,深圳市律师协会邀请德恒就"当前政策下城市更新判例研究"向同行传授经验。2019年10月31日,深圳市城市更新开发企业商会和碧桂园以"城市更新"为主题举办论坛,李建华律师的主题发言超前使用大量案例揭示城市更新立法、执法和纠纷解决的真知灼见与实务服务经验。

提升行业竞争力,凝聚优质客户。城市更新法律服务为深圳办公室树立了好口碑、靓名片。专业研究创新和令客户满意的法律服务,提升了深圳办公室在城市更新法律服务领域的竞争力和议价能力,成功凝聚了一批优质客户。华润置地、中国金茂、招商地产、金地、中洲地产、平安信托、信达资产、东方资产、中国振华集团、深圳投资控股、中海地产和万科地产等优质头部企业客户,将德恒作为长期合作伙伴,共同成长。

地产基金构筑大悦城旗舰项目

国寿投资控股有限公司（简称"国寿投控"）投资大悦城地产项目，选聘德恒为其提供专项法律服务。德恒组成由李雄伟、张凯、安逸律师牵头的多个项目组，服务内容是对中粮置业投资有限公司及其子公司等八家目标公司，以及北京中粮广场、北京安定门项目、北京西单大悦城、北京朝阳大悦城、天津大悦城、上海大悦城六个目标物业项目进行全面法律尽职调查；协助国寿投控有关投资协议等交易文件的起草、谈判、签订，协助完成内部审批、行业监管、出具法律意见、办理股权交割过户等相关法律事务。

大悦城控股集团股份有限公司（简称"大悦城控股"）是中粮集团旗下唯一的地产投资和管理平台，拥有在港交所上市的大悦城地产有限公司（简称"大悦城地产"）。大悦城控股业务覆盖商业、住宅、产业地产、酒店、写字楼、长租公寓、物业服务等领域，布局北京、上海、深圳、成都、杭州、西安等近三十个一、二线核心城市，总资产超1700亿元。大悦城（JOY CITY），系中粮集团旗下城市综合体的核心品牌，是集大型购物中心、甲级写字楼、服务公寓、高档住宅等于一体的城市综合体。

大悦城项目具有行业影响力和创新性。大悦城地产以同股同权共担风险的真正股权投资者，能够与商业地产的生命周期相吻合的长期投资者，能够持续开展全方位合作、熟悉中国国情、对中粮有一定了解的投资者为标准，选出了中国人寿及新加坡主权基金GIC。大悦城地产之全资附属公司作为普通合伙人，联合这两家战略投资者创新融资成立嘉实基金平台，并与有限合伙人就基金订立有限合伙协议，收购大悦城地产下属北京西单大悦城、北京朝阳大悦城、上海大悦城、天津大悦城和北京中粮广场、北京中粮·置地广场六个商业地产旗舰项目49%的股权，交易对价约为93亿元人民币（约14亿美元）。基金之初始期限为7年，可由普通合伙人在获得所有有限合伙人同意之情况下延期一年。基金的有限合伙人为Reco及恒悦富，其分别同意以不超过人民币31.67亿元及人民币63.33亿元的等额美元之资本承担总额认购的基金权益。一旦发生退出事件，基金将有权向大悦城地产公司发出书面通知，启动认购期权及新股东认购/拖售期权。在收到通知后，大悦城地产公司将在120天内决定是否行使认购期权,来购买基金所持目标公司的全部股份,价格则为该等股份的市场公允价值。

恒悦富为中国人寿保险股份有限公司全资附属公司,其股份在港交所、上交所及纽约证券交易所上市。作为中国房地产行业首创融资模式,大悦城地产核心基金交易对价明显高于市场对房地产行业的平均估值。交易完成后大悦城地产仍持有51%的股权并将继续担任资产管理人管理旗舰项目,此次交易所得将用于加快公司现有项目发展、收购新项目、偿还债务等。

全面专业的法律服务。八家目标公司及六个物业项目的法律尽职调查规模巨大,主体复杂,涉及法律管辖国家和区域众多,主体涉及多地上市的公众公司和非上市公司,法律风险评价与法律尽职调查报告需符合国际并购的标准。德恒在与国寿投控建立委托代理关系后,快速响应客户要求,制定了《国寿投资国悦项目法律尽职调查初步工作日程计划》,同时就法律尽职调查清单、沟通确定进场时间、法律尽职调查资料准备、分赴各地现场尽职调查工作、出具法律尽职调查报告、出具重大法律问题汇总等,提出了任务内容和时间表。德恒律师通过尽职调查,充分全面了解八家目标公司及六个物业项目的基本情况,了解目标公司在合法存续、规范运行及其在开发物业项目等重要业务经营方面的真实情况,及时发现六个物业项目可能存在的潜在风险及交易可能存在的法律障碍等,针对不同的问题制订出相应的解决方案。

在充分尽调的基础上,德恒律师出具了8份321页逾16万字的法律尽职调查报告:《关于中粮置业投资有限公司及目标项目的法律尽职调查报告》《关于西单大悦城有限公司及西单大悦城项目的法律尽职调查报告》《关于北京弘泰基业房地产有限公司及北京朝阳大悦城项目的法律尽职调查报告》《关于大悦城(天津)有限公司及天津大悦城项目的法律尽职调查报告》《关于上海新兰房地产开发有限公司及上海大悦城项目的法律尽职调查报告》《关于北京中粮广场发展有限公司及中粮广场项目的法律尽职调查报告》《关于北京昆庭资产管理有限公司及安定门项目的法律尽职调查报告》《关于大悦城(上海)有限公司法律尽职调查报告》。法律尽职调查报告的内容揭示了目标公司的基本情况,股东变更历史沿革、目标项目的项目建设合法性、重大合同及其履行情况、所涉及的纠纷、诉讼、仲裁、融资贷款、对外担保及是否受过行政处罚等方面,其中对于目标公司签订的合同,德恒将重点设定为可能对目标公司后续经营或目标项目后续建设产生重要影响的合同。

交易标的强势地位。六个目标物业项目体现出该交易标的的强势地位。一是西单商圈规模最大的时尚商业综合体之一,融购物中心、酒店服务式公寓和甲级写字楼多功能于一体的西单大悦城项目,占地面积14540.58平方米,总建筑面积185654.45平方米;二是位于北京城市东部朝青板块核心地段的朝阳大悦城,包括大型购物中心、办公楼、地下车库、酒店式服务公寓;三是位于天津市南开区南门外大街2—6号的综合体天津大悦城项目;四是上海大悦城项目,是上海市新一轮经认定的旧区改造项目,总用地面积78092平方米,业态包含商业、办公、公寓式办公、住宅及配套商业等;五是位于长安街商圈的中粮广场项目,包括A、B、C三座商业楼;六是位于北京市东城区安定门外大街208号的安定门项目,土地使用权面积为13030.28平方米,建筑功能为写字楼、停车场等,规划总建筑面积81698平方米。本项目是中国地产界城市开发进入成熟运营后最优秀的项目之一。德恒提供的法律尽职调查与交易服务创造了一线城市旗舰地产项目典范。

德恒服务深入扎实。德恒团队在深入扎实的基础上,对本项目进行高等级归档,将项目案卷材料归档卷名为:"目标公司及项目整体情况概要""法律尽职调查清单及补充清单""中粮置业公司全套工商档案""中粮广场公司全套工商档案""西单大悦城公司全套工商档案""昆庭公司全套工商档案""弘泰基业公司全套工商档案",卷宗材料共计1557页。德恒法律服务团队在本项目服务过程中与相关各方,包括中国人寿、国寿投控及中粮大悦城相关公司等建立了互信友好的合作关系。德恒在新型房地产投资领域,培养了一批一线专业律师,也储备了专业后备力量。

主动型市场化债转股项目

主动型市场化债转股试水。中国长城资产管理股份有限公司(简称"长城资产")就中国铁路物资股份有限公司(简称"中国铁物")进行以主动型市场化债转股为核心的一揽子综合创新金融服务项目，聘请德恒为项目提供法律服务。德恒组成了由吴娟萍律师牵头，马骋、赵毅律师参加的项目组。

中国铁物是经国务院国资委批准以中国铁路物资(集团)总公司核心资产组建的大型央企。2016年4月11日，中国铁物公告9期共计168亿元债务融资工具暂停交易，债务危机爆发。中国铁物债务规模大、债务结构复杂、债权人众多，受到了有关方面高度重视。长城资产为中国铁物设计了以市场化债转股为核心的一揽子综合金融服务方案，经过债务重组、资产重组和重组上市三个阶段，全面化解债务危机。长城资产承诺在满足风控条件下，分阶段为中国铁物提供100亿元偿债资金支持。在债务重组阶段，长城资产出资收购中国铁物17.6亿元私募债。在资产重组阶段，长城资产协助中国铁物对接各类资源，助力中国铁物圆满完成2017年度重组债务偿还工作。在重组上市阶段，长城资产还将依托处置不良资产主业及集团综合金融服务功能，协助中国铁物做好资本运作规划，推进重组上市方案，助力中国铁物做优做强做大。

本项目是2016年9月国务院出台《关于市场化银行债权转股权的指导意见》后，金融资产管理公司重点参与的首个市场化债转股项目，整体金融支持额度高达100亿元，历经两年，圆满化解了中国铁物的债券风险。德恒律师的法律服务有力支持了整个项目的顺利实施。

大消费产业股权投资基金

长城财富资产管理股份有限公司投资深圳天图兴鹏大消费产业股权投资基金合伙企业(有限合伙)间接投资中证信用增进股份有限公司、上海竞跃网络科技有限公司、杭州恩牛网络技术有限公司、深圳中兴飞贷金融科技有限公司及其他项目公司中，投资标的跨众多领域，涉及信用增进、科技网络、小额信贷等领域，且标的企业下辖众多子公司，控股关系交错，有待进一步明确。在业务开展后期，中国证券投资基金业协会(简称"中基协")发布《私募投资基金备案须知》(简称《备案须知》)，进一步明确了私募投资基金是一种由基金和投资者承担风险，并通过主动风险管理获取风险性投资收益的投资活动。私募基金财产债务由私募基金财产本身承担,投资者以其出资为限,分享投资收益和承担风险。私募基金的投资不应是借贷活动。就此,《备案须知》直接列举了私募基金投资范围的负面清单。《备案须知》从投资标的和投资形式两个角度,杜绝最终投向借贷类业务的私募基金,让私募基金回归到"自担风险、自负盈亏"的投资本质中。

鉴于投资标的及各方投资参与人的特殊情况,德恒法律服务团队大量查阅监管要求,深入把握网络小额贷款最新监管动向及资质要求,并结合中基协发布的《备案须知》,及时并有效地结合私募基金投资范围负面清单,提出针对网络小额贷款具有建设性的法律意见。同时,德恒法律服务团队从宏观角度出发,整体分析并全面研究标的企业通过VIE结构,以境外注册公司于港交所上市的具体进展,准确作出风险判断,为投资项目提出有益法律建议。重点关注:第一,关于公司回购股东股权、投资人与目标公司的股权回购式对赌,因涉及公司回购自己股权合法性问题而始终未得到司法实践的支持问题。第二,关于优先购买权的阻碍。第三,投后管理的重要性。

全方位的尽职调查。贾辉律师带领团队严格依据最新监管要求及基金业内自律规则,对被投资企业、股权投资基金、托管机构、基金管理人及被投资企业增信主体进行尽职调查,出具法律尽职调查报告及法律意见书,就标的公司未设定增信措施,在整个投资阶段适时调整法律补充意见,着重指出16项法律风险,有效保护交易安全并降低保险资金投资风险。

在法律意见书出具过程中,德恒法律服务团队不简单依赖现有监管文件的合规性审查,注重信息的不断更迭,以保持审核内容合规性及评判的准确性,特别是金融行业自律管理规范的检索与审核方面。从法律和合规层面不断调整并评估标的公司的投资合法合规性,严格依据《备案须知》,进一步明确私募投资基金是一种由基金和投资者承担风险,并通过主动风险管理,获取风险性投资收益的投资活动。

七、新时代再写新篇章

创金融街律师品牌,撒豆成兵,百炼成钢。星光熠熠,英才济济,资本市场,业绩煌煌,国际榜单,不遑多让。回顾三十年,德恒向资本市场交出了一份优异的答卷,站在了资本市场服务的高地。展望新时代,德恒及德恒律师充满信心,将持续深耕资本市场领域,打造金融街品牌律师事务所、品牌律师。

国际媒体与中国律师一席谈

2022年12月21日,汤森路透榜单公布ALB 2022年度亚洲交易律师,德恒徐建军登榜。汤姆森路透的记者与部分登上ALB年度亚洲交易律师榜单的中国律师就市场态势观察及新监管环境对律师提出的能力要求和挑战进行采访交谈。建军律师如是说:

> 2022年中国公司境内上市保持了较高的活跃度,无论成功上市的项目数量还是募集资金数量都保持了较高的水平。尤其是在注册制改革方面,境内市场提出坚持尊重注册制基本内涵、借鉴国际最佳实践、体现中国特色和发展阶段特征三个原则,着力建立了以信息披露为核心、全流程公开透明的发行上市制度,全面注册制改革已箭在弦上,势必将推动更多中国企业选择登陆境内资本市场。同时香港资本市场方面会吸引更多的中概股回归,美股市场也将继续保持对中国公司的吸引力。中国上市公司赴瑞士、伦敦等发行GDR的项目将越来越多,展现出更强的开放与合作趋势。

德恒资本市场"梦之队"

作为首批经司法部、中国证监会获准,从事证券和涉及境内权益的境外公司相关法律业务的律师事务所,资本市场领域始终是德恒的核心与优势业务领域之一,在业内久负盛誉。

在全球关注的中国法律服务领域,有这样一支在资本市场领域横扫各大奖项的"德恒梦之队"。我和德恒资本市场逾百位律师先后获得国际法律杂志与评级机构推荐的各大榜单,被誉为中国顶级律师、年度领军律师、业界达人、最佳并购律师、资本市场律师、最佳交易律师、商法和公司法顶级律师、资本市场多面手、律师新星……这支"劲旅"可谓是星光熠熠、人才济济,有入选钱伯斯"业界贤达"的实力掌门,有驰名业界的"中流砥柱",有涉猎多个领域的跨界人才,也有锋芒初露、熠熠生辉的"明日之星"。群英荟萃、共聚一堂,组成了这支连续多年蝉联各大榜单的精英队伍。他们,就是德恒资本市场团队。

作为德恒资本市场服务板块带头人的徐建军律师,在担任德恒管委会委员十周年之际,写下了履职总结,他感慨道:

> 转瞬间加入德恒已经十八年了,我从一名青年律师逐步成长为团队负责人、专委会负责人、党委班子及事务所管理团队成员,参与很多德恒历史上具有重大意义的法律服务项目,我们携手同行,走出了德恒特色发展之路,逐步成长为一家具有一定全球影响力、国内综合实力位居前列、业绩显著均衡、深受党和人民信赖的中国本土律师事务所,成绩得之不易,我能有幸参与,与荣有焉。履职十年间,我不曾忘记党委和管委会的嘱托,致力于把德恒的优质服务根植于客户心中,努力做好德恒带头人。感谢德恒同仁的鼎力支持,收获良多,也有些许遗憾,这些都已化作我赓续前行的不竭动力。感恩德恒、感谢大家,未来的德恒在德恒人的努力下一定会越来越好。

第五章 维权博弈

法庭上见！ 法庭是律师的战场。法庭是当事人博弈的"角斗场"。人们为自由、生命、财产和尊严走进法庭，走上博弈的战场。诉讼代理是律师的看家本领。See You in Court 则是战场上的冲锋号。

德恒律师在三十年里，接受中外当事人委托，代理刑事、民事、行政和知识产权等诉讼、仲裁以及行政特别调查程序和咨询等案件数百万件，其中不乏影响巨大、震撼人心、令人印象深刻、难以忘怀的案例。

一、依法维权　高超博弈

"律师依法可以为任何人服务，包括总统和罪犯。"如何理解这句话的意思，如何为当事人"维权服务"，律师们见仁见智。

坚守职业精神，最大限度依法维权

律师，尤其是刑事辩护律师承担着当事人最重的托付。2023 年 3 月 14 日，德恒党委副书记、副主任、全球合伙人，中华全国律师协会刑事业务委员会顾问、中国行为法学会司法行为研究会副会长李贵方博士在武汉办公室"德馨业精，学贵有恒"培训活动上，作了《刑事辩护面临的新挑战》的专题讲座，给律师们解疑释惑并提出了忠告。李贵方律师是中国刑事辩护界的大律师，也是与我一同创业并合作三十年的黄金搭档。他代理过著名的刑事辩护案件，担任过奚晓明受贿案、顾雏军虚报注册资本案、安邦保险吴小晖集资诈骗案等一批有重大影响案件被告人的辩护人。作为诉讼律师，李贵方是维权博弈的高手，他恪守着以下的三个原则。

刑事辩护律师首先要坚守职业精神,在合法范围内,最大限度维护当事人合法权益;要具备专业法律素养和尽职尽责的工作态度;在办理刑事案件过程中,刑辩律师要把握好法律和政策的界限。

要根据事实、证据和法律进行具体的辩护。办理职务犯罪案件,要根据不同案件的事实、证据和法律进行具体的辩护,抓住主要矛盾,找到影响案件的关键点进行辩护。2018年修正后的《刑事诉讼法》提升了检察机关在刑事案件中的作用。重大职务类犯罪案件批捕、羁押率高,认罪认罚从宽制度实施中的异化等都给刑事辩护律师带来了新的挑战。"少捕、慎诉、慎押""可诉可不诉的,不诉;可捕可不捕的,不捕",针对检察院的批捕权与羁押必要性审查制度,辩护律师就犯罪嫌疑人是否具有社会危害性,是否有羁押必要方面的工作还是大有可为的。

要充分利用程序发挥维权作用。新兴的涉案企业合规可以更大程度地发挥辩护律师的作用。对于如何推进庭审实质化,实现法官的"自由心证",保证审判的公平、公正,辩护律师要在庭前会议、证人出庭、庭审质证、辩方规范取证、举证以及鉴定(专家)意见等环节作出努力。针对刑事案件二审不开庭,仅进行书面审理的不合理之处,刑事辩护律师在二审刑事辩护中积极争取开庭审理,最大限度地维护当事人的合法权益。

在我三十年律师执业生涯中,接办过民商事、刑事、行政、知识产权等诉讼案件,也代理过商事仲裁案件,还处理过跨国跨境的反倾销、反垄断、"337"等行政调查与制裁案件。律师办案的结果有胜有负,有赢有输,但可以从案件中看出法治的进步与不足,司法的公正与腐败,也能够看出律师的尽职与否。三十年来,我们为法治进步而努力,为委托人维权而努力,为建设法治国家而奉献。我欣慰地看到,律师执业环境不断改善,法治社会的建设不断进步。从德恒律师接办的刑事案件的代理与辩护,民事案件的起诉与应诉,仲裁案件的申告与申辩,多元纠纷解决的衔接与效果,认罪认罚的诉辩协商,刑事、行政合规与案件判罚,判决与裁决执行案件的能效与结果……从管辖到审判,从程序到实体,从法益到民心,无不体现着国家法治建设的程度与水平,体现着社会主义法治文明的光辉。

证券虚假陈述追偿抗辩成功

这是一件在业界影响甚大的案子。广州办公室曾繁军律师代理江苏保千里视像科技集团股份有限公司(简称"保千里公司")与上诉人中车金证投资有限公司(简称"中车公司")、陈海×以及被上诉人庄×等证券虚假陈述责任纠纷案。律师以"定向增发的机构投资者在证券虚假陈述责任纠纷案中的追偿,不适用《证券虚假陈述若干规定》,可按普通侵权之诉或违约之诉追责"被法院支持而震动全国资本市场。本案作为典型案例,被全国各上市公司及非公开募集(定向增发)的投资者广泛关注。2021年2月10日,本案被最高人民法院作为2020年度全国各级人民法院已判决生效的具有重大社会影响和标志性意义的案件,入选"2020年全国法院十大商事案例"[1]。

上市公司中达股份公司(股票代码:600074)因破产重整,于2014年10月30日披露《保千里电子公司及庄×等收购中达股份公司的收购报告书(草案)》,其中包括银信资产评估有限公司对保千里电子公司的估值为28.83亿元。2014年11月,中达股份公司股东大会通过重大资产重组决议;2015年2月证监会核准前述重大资产重组;2015年3月,中达股份公司正式完成重大资产重组,更名为"保千里公司"。

2016年1月28日,保千里公司因经营需要,拟非公开发行(定向增发)股票,并公告《非公开发行股票预案》;2016年6月21日,保千里公司公告涉案的非公开发行股票获得证监会核准批复;2016年7月19日,中车公司与保千里公司签订涉案股票的《股份认购协议》,以每股14.86元的价格认购保千里公司非公开发行股份中的13383604股股票,锁定期12个月。2016年12月29日,保千里公司公告披露公司涉嫌信息披露违法违规,被证监会立案调查。2017年8月9日,中国证监会作出《行政处罚决定书》,认定保千里公司在中达股份公司破产重整进行重组资产评估时,保千里公司向银信评估公司提供了两类9份虚假的意向性协议,虚假

---

[1] 《2020年全国法院十大商事案例》,载最高人民法院微信公众号,https://mp.weixin.qq.com/s/rR-cumhR8MDzEBasKJ4W7Q,查询时间:2023年2月19日。

协议致使虚增评估值2.71亿元,故对保千里公司及相关责任主体予以行政处罚。针对保千里公司的虚假陈述行为,中车公司向深圳中院提起诉讼,请求判令保千里公司赔偿其各项投资损失1.2亿多元,庄×等十一人承担连带赔偿责任。

本案主要争议焦点为:(1)中车公司是否有权作为本案的原告提起证券虚假陈述侵权之诉,即主体是否适格;(2)基于本案所涉的股票是非公开发行而获得的股票,中车公司对保千里公司等主体的索赔,能否适用最高人民法院《关于审理证券市场因虚假陈述引发的民事赔偿案件的若干规定》(2003年2月1日起施行)(简称《证券虚假陈述若干规定》);(3)假如保千里公司应承担证券虚假陈述责任,则虚假陈述实施日、揭露日和基准日如何认定;(4)保千里公司的虚假陈述行为与中车公司的投资损失是否有因果关系;(5)中车公司的损失如何认定;(6)涉案的董监高等自然人是否应当承担连带责任、如何承担责任。本案一审判决认定,非公开发行股票不属于《证券虚假陈述若干规定》第3条排除适用情形,一审原告及一审被告保千里公司、陈海×均不服,提出上诉。广东高院二审认定,本案为证券虚假陈述责任纠纷,但不适用《证券虚假陈述若干规定》,仅为普通侵权纠纷,按照普通侵权损害赔偿责任的构成要件进行侵权责任认定。本案最终认定:保千里公司向中车公司赔偿投资差额损失等款项约2065万元,并认定上市公司部分董事不承担赔偿责任。

德恒律师是本案江苏保千里公司一审、二审的代理人。代理律师经充分研究,提出:非公开募集(定向增发)投资者中车公司的索赔,不适用《证券虚假陈述若干规定》,非公开募集(定向增发)的机构投资者不是前述虚假陈述索赔案件的适格主体,主要理由是:(1)参与非公开募集(定向增发)的投资者中车公司是特殊索赔主体,不是普通"散户"而是专业的机构投资者,其参与非公开募集(定向增发)前已经进行了详细的尽职调查;(2)交易方式特殊,非公开募集(定向增发)的投资者不是通过公开竞价、公开募集发行,而是通过参与非公开募集(定向增发),以协议方式认购获得股票,在此情形下,对非公开募集(定向增发)的投资者不适用《证券虚假陈述若干规定》;(3)更重要的一点是:中车公司作为机构投资者,在非公开募集(定向增发)过程中,已与上市公司及各方签订了非公开募集(定向增发)相关的书面合同即《股份认购协议》,应适用合同违约责任的相关法律规定进行归责,而不适用前述《证券虚假陈述若干规定》所规定的特殊侵权责任进行归责。由此,中车公司只能依据《股份认购协议》中的违约责任条款追究保千里公司的违约责任,其仅能提起违约之诉,而不能提起侵权之诉。

本案二审法院认可了德恒律师提出的"非公开募集(定向增发)的机构投资者在证券虚假陈述责任纠纷案中的追偿,不适用《证券虚假陈述若干规定》"的观点;这在全国法院司法判决中尚属"首次"。二审法院进一步认定:非公开募集(定向增发)的机构投资者在证券虚假陈述责任纠纷案中的追偿,虽不适用《证券虚假陈述若干规定》按照特殊侵权责任追偿,但可依据证券法提起普通侵权之诉,也可依据各方基于"面对面交易"签订的书面协议提起违约之诉,起诉人有选择权。在起诉人选择依据证券法提起普通侵权之诉后,法院按照"损害事实的客观存在""损害行为的违法性""违法行为与损害事实之间的因果关系""行为人的过错"这四个普通侵权损害赔偿责任的构成要件对案件进行认定。二审法院在认定"非公开募集(定向增发)机构投资者的追偿不适用《证券虚假陈述若干规定》"的同时,又为非公开募集(定向增发)机构投资者的追偿,明确了追偿路径,这在当时全国类似的案件审判中,具有非常大的典型意义。

由于本案"非公开募集(定向增发)机构投资者的追偿,是否适用《证券虚假陈述若干规定》"的有关争议,在法律实务界及理论界引发了广泛影响,根据最高人民法院《关于审理证券市场虚假陈述侵权民事赔偿案件的若干规定》(法释〔2022〕2号)的规定,从2022年1月22日起,非公开募集(定向增发)机构投资者因证券市场虚假陈述,提起侵权诉讼,应适用该司法解释。但同样如前述所言,存在侵权之诉与违约之诉的竞合,在证券发行市场或非公开募集(定向增发)发行股票时,由于存在股份认购的相关协议,股票购买投资者,既可以依据该司法解释提起侵权之诉,又可以依据签订的相关协议提起违约之诉。可以说,德恒律师代理的本案推动了司法的进步。

"多因子量化模型"核定赔偿额

上市公司"证券虚假陈述"所导致的投资者损失如何计算赔偿是司法实践中的难题。由于证券市场上影响股票价格形成的因素具有多样性和复杂性,甄别导致投资者损失的证券市场系统风险和影响因素,如何确定这些风险因素分别对投资者损失的影响构成及其比例,认定的方法和标准是什么,长久以来始终是证券虚假陈述责任纠纷案件中的重点和难点。上海办公室王军旗律师主办的一件典型案例,建设性提出通过引入第三方专业机构的技术支持的方式认定损失,得到了法院的认同。

被告甲公司系于1993年10月至2019年5月期间在上交所上市交易的公司,于2019年5月23日被摘牌,股票终止上市。中国证监会调查认为,甲公司通过虚假贸易,虚增利润总额占其2014年度合并财务报表利润总额的73.68%,其在2014年年度报告中虚假披露的行为构成证券虚假陈述行为,并作出《行政处罚决定书》。原告许某鑫等投资者于2015年3月21日后买入甲公司股票,其根据《行政处罚决定书》认定的相关事实起诉甲公司,要求其赔偿因信息披露违规行为所造成的损失。

上海金融法院接受律师建议,在释明并征求双方当事人同意后,依职权委托上海交通大学中国金融研究院核定投资者损失。后者出具了《损失核定意见书》。法院认为:(1)关于投资差额损失计算方式,《损失核定意见书》中采用第一笔有效买入后的移动加权平均法对于持股单价的计算更全面、客观,更能反映投资者真实的投资成本,也为司法实践所认可。(2)关于证券市场系统风险等其他因素导致的损失如何计算,《损失核定意见书》的计算方式为:市场系统风险等其他因素导致的损失=投资者买入成本×模拟损益比例。关于模拟损益比例的计算,采用多因子量化模型实现了量化计算各种对股价产生影响作用的因素,克服了无法将虚假陈述因素与其他股价变动因素予以有效分离的弊端,更具有科学性和精确性,也更加符合虚假陈述案件中损失计算的立法本义与司法实践需求。故对本案投资者因虚假陈述导致的投资差额损失金额以《损失核定意见书》核定的金额为准。法院遂于2020年4月17日作出(2018)沪74民初1399号民事判决:被告甲公司分别向原告许某鑫、厉某宏、胡某、王某军支付赔偿款7571.17元、9406.06元、10301.83元、54727.19元。宣判后,甲公司提出上诉。上海市高级人民法院于2020年6月11日作出(2020)沪民终294号民事判决:驳回上诉,维持原判。

本案在全国首次开创性地采用"多因子量化模型"计算方法,通过"收益率曲线同步对比法",精准核定了每名投资者因虚假陈述行为导致的投资损失金额。作为探索推动证券民事赔偿纠纷案件科学化和精细化审理的一次有益尝试,本案确定的损失计算方法,对今后同类案件的审理具有很强的借鉴意义。本案入选"2020年度上海法院金融商事审判十大案例"。

二、知识产权　平等保护

甲骨文公司诉软件侵权案获胜

20世纪末,世界上最大的数据库供应商和第三大软件公司美国Oracle软件公司(简称"Oracle")1989年进入中国市场。1991年7月,Oracle在北京注册成立全资子公司北京甲骨文软件系统有限公司(简称"甲骨文公司")。后来,Oracle发现其员工于1992年6月因故先后离开甲骨文公司,另行组建的公司对甲骨文公司实施了知识产权侵权行为。Oracle认为,中国已经加入了许多保护知识产权的国际条约,1990年颁布实施了《著作权法》,希望在中国率先拿起法律武器寻求知识产权保护,为大批拭目以待的国际投资者试水。Oracle关注到中国律师事务中心成立伊始就聚焦科技法律服务,1993年10月12日,甲骨文公司正式委托中国律师事务中心代理本案。常被诟病的中国知识产权保护,新型的涉外计算机软件侵权,率先探路的国际软件巨头原告,大量潜在的外国投资者"静候佳音",1993年新建的北京市中级人民法院知识产权庭和初出茅庐的中国律师事务中心律师,一系列因素组合,使本案备受关注。

我们接受委托后,迅速采取措施收集、固定证据,掌握被告的侵权事实为:侵权人曾为Oracle员工,熟悉公司及其软件产品,尤其掌握软件生成技术和加密技术。他们违反与甲骨文公司签订的保密协议,非法利用在原告工作期间掌握的技术、秘密,大量非法复制甲骨文软件并以低价销售,非法利用原告软件承接、承做相关工程，牟取利益，致使原告遭受巨大经济损失500多万元。律师查证出1993年年初被告向某市税务管理系统销售安装侵权产品。掌握了大量证据后，律师代表原告于1994年1月10日向北京市中级人民法院提起诉讼。诉讼的成败在于保全。律师向法院申请调查取证并封存相关软件复制品，对被告的资产采取财产保全措施，对被告财务资料证据保全并延迟向被告发送起诉书，以保障财产及证据保全的顺利进行。这一系列法律措施以及法院对证据、财产保全申请的支持及积极行动，使原告取得诉讼主动地位，被告提出和解。之后，原被告双方达成了调解协议，原告撤诉。这起用时不到半年，吸引了众多目光，背负众多考验的软件侵权纠纷在律师的代理下取得圆满结局，为甲骨文公司挽回了损失，使国际投资人对中国的知识产权司法保护树立了信心。

原告致信北京市中级人民法院院长："本案的办理使我们第一次以当事人身份接触到中国的司法体系及其运作，了解了一些中国对知识产权包括计算机软件保护的法律和实际做法，感受了中国法官和律师的工作方式和职业精神……增加了对中国司法官员公正执法精神和能力的信任。"1995年1月，《高技术产业》第4期刊登《一九九四知识产权审判回眸之二（律师篇）访中国律师事务中心王丽、李贵方律师》的文章。我将本案作为实证，以此证明"以北京市中级人民法院知识产权庭为首的一批知识产权审判庭的建立，尤其是随之而来的日益增加的知识产权诉讼，在立法和司法领域将我国知识产权保护提高到了一个全新的层次"。1995年3月13日，最高人民法院院长任建新在第八届全国人大第三次会议上，把本案作为中国加强知识产权司法保护，对中外知识产权一视同仁予以保护的典型案例做了报告。

三十年来，我国对知识产权的保护从未止步，尤其是加入世贸组织后，《与贸易有关的知识产权协议》完善了中国知识产权保护体系，使其与国际惯例进一步接轨。重拾三十年前的案卷，依然能够看到为知识产权保护而奋战的德恒人的贡献。

北京维权获胜令世界刮目相看

2006年11月，我国台湾地区某世界500强T公司副总经理兼总法律顾问找到我,问北京法院有没有地方保护,能不能依法维护境外公司法律权益。原来 2006 年 11 月 16 日,北京市高级人民法院受理了 S 公司诉 T 公司不正当竞争、商业诋毁纠纷案。我告诉他,应当信任中国大陆的法律和北京的法院。T 公司决定聘请我们代理应诉,指定由我总负责与客户高层沟通决策,德恒派出李贵方、倪晓红律师出庭应诉。

以管辖权异议争取时间。我们仔细研究原告与被告多年纠缠不休的宿怨和在中国、美国几个同时进展的诉讼,决定首先要以管辖权异议争取时间,做好实体应诉准备。经过管辖权异议程序为 T 公司争取到近两年的时间。律师收集整理了数千页法律资料,分析整理出可用证据,形成应诉战略。律师团队采取平实的诉讼风格,对案件信息保密等作出妥善管理安排。

原告先下手为强。2008 年 10 月 29 日,北京市高级人民法院公开开庭审理本案。原告诉称被告在美国发起了一系列针对原告无理由诉讼后,再次实施不正当竞争行为,违反诚实信用原则、滥用诉讼权利对原告的商业信誉、名誉和商品声誉造成严重损害。被告故意通过报纸、互联网等媒体向公众披露和散布大量不实、引人误解的信息,在事实上已经直接造成了对原告社会评价的降低、商业信誉的贬损和无形资产的巨大损害。请求判令被告立即停止侵权行为、消除不良影响;在《第一财经日报》《21 世纪经济报道》以及新浪网等媒体上公开致歉;赔偿原告经济损失人民币 1 亿元。

应以太极之力应对压顶之势。针对原告的起诉,我们以具体、细致的证据来说明事实,进行辩驳。双方在《和解协议》中明确规定 T 公司享有"保留重新起诉"的权利。诉讼行为本身不会违反法律规定的"诚实信用原则",也不产生不正当竞争,亦未"滥用诉讼权利"。T 公司应按上市公司信息披露要求,向证券监管机构以及证券交易所披露起诉信息。法院即在公开的官方网站上公布了诉讼文件及庭审信息。T 公司未在起诉前后主动向任何媒体提供起诉状或刊载新闻稿,亦未主动向任何机构发布、提供前述公告声明外的其他评述新闻稿。而原告却同步发布了加州案和本案相关的对其有利的媒体言论。从原告提供的证据看,其所谓被告"捏造和散布虚伪事实"是 T 公司在美国加州法院的起诉状、反诉答辩状中的陈述,而没有其他行为。

法院判决驳回原告诉讼请求。法院经过深入细致的庭审,通过原被告双方举证、质证、辩护,查明了事实,辨明了是非。2009年6月10日,北京市高级人民法院作出一审判决,驳回原告的诉讼请求。一审判决后,双方均上诉至最高人民法院。最高人民法院将二审的第一次开庭定于2009年11月25日。全球联动的诉讼格局决定了本案走向。2009年11月3日,美国加州联邦地方法院作出了判决。本案在最高人民法院二审开庭之前,双方达成和解。两家长达九年的官司画上了句号。资本市场对这个结局给予了积极回应:S公司股票在港交所复盘后,股价大涨63%。

本案是全球瞩目的大案,是对律师的考验,更是对中国司法公正的考验。客户高度认可德恒处理法律问题的风格与能力。法官们的专业、公道、正派给客户留下了深刻印象。在其全球知识产权律师阵营中,德恒律师获得了由衷的尊重,并获得客户颁发的全球IP大奖。本案完美体现"细节决定成败"的技术特点,这也令我们印象深刻。

后续积极效果。本案通过执行和解,化干戈为玉帛,T公司随后加大了在大陆投资建厂的力度。S公司也更加注重知识产权原创与保护。

好人之间的恩怨——《一百个人的十年》公堂较量

1994年两位文艺家为四幅照片对簿公堂的"中国摄影第一案"已经过去近三十年。这是我办的第一件被法院公开审理全程直播的知识产权案。原告李振盛(1940—2020)已经作古,他拍摄的"文革"照片为他一生带来重大影响,获"艰巨历程"全国摄影公开赛"系列新闻照片大奖"。1991年7月江苏文艺出版社出版冯骥才的"文革"历史纪实文学《一百个人的十年》(简称《十年》)一书,使用了李振盛的四幅摄影作品,未经其本人同意,也未署名。1993年9月受李振盛委托,我们于11月4日向南京市中级人民法院递交了起诉状。媒体称其为"中国摄影第一案"。同为被告的江苏文艺出版社代表、本书责任编辑张昌华先生在日记里记载:

> 12月15日,法院通知,李振盛偕律师王丽一行到宁。14时法院调解。民庭沈亚峰庭长主持调解。对方律师王丽,我方律师陈炘和

冯骥才委托律师吴波共同参加。我代表社方希望原告对冯骥才撤诉,一切损失由本社负责。原告表示可以对我社撤诉,但仍须和冯对簿公堂。我表示:撤销对冯的起诉,是我们谈判的前提。原告不同意。直至天黑,法庭宣布调解无效。

1994年4月8日,南京市中级人民法院公开开庭审理并由电视台现场直播。双方当事人对案件事实均无太大争议,法庭辩论却是你来我往非常激烈。审判长不得不屡次提醒双方注意。出版社认为:《十年》一书于1991年1月5日发排时,《著作权法》尚未实施,各出版社所出纪实作品中采用他人摄影作品而不署名的情况很普遍。被告有勇气承认自己"版权意识薄弱",但著作权法施行于1991年6月,而书的出版日期却是1991年7月。出版社认为,在《十年》一书出版前,确实将挑选的几十幅照片寄给作家过目,他看后表示"悉听尊便",所以选择和使用照片一事与该作家完全无关。如果该著名作家不同意采用这些照片,那么出版社还会不会用呢?我请被告举例,结果被告无例可举。被告作家的代理人认为:"悉听尊便"只是客气话,并不能成为该作家承担责任的依据。作家只拥有该书文字部分的著作权,至于封面设计及插页照片的稿酬是由该部分作品的作者享有。我们反驳道,某作家是《十年》一书的唯一著作权人,即文字与插页构成的整体——全书都成了该作家的著作。在享受上述权利的同时,该作家应承担因该书侵权而产生的连带责任。如果作者坚决反对使用某些插页,出版社是不可能单方决定采用的。事实上这些照片事先均经该作家"过目"审阅,其表示"悉听尊便",这实际是在法律上予以授权了,所以该作家应负连带侵权责任……

庭审三个多小时唇枪舌剑的辩论令到庭旁听的新闻、出版、摄影和法律界人士大开眼界。法官在庭审小结中认定:"某出版社在他们出版的《十年》一书中擅自使用李振盛的四幅照片,未得到李振盛的同意,也未署李振盛的名字,构成了侵犯李振盛摄影作品著作权的事实;某作家没有明确表示反对在他的著作中使用未署名的他人照片,也应承担相应的民事责任。"本案的是非已现端倪。庭审结束一年后的1995年4月20日,南京市中级人民法院作出(1993)宁民初字第101号民事判决书。判决书判定出版社侵权,却认为"某作家作为文字作者,对出版社如何使用插图、是否合法使用,没有法定的审核义务,故不构成对李振盛著作权的侵害"。李振盛不服继续委托上诉,江苏省高级人民法院终审维持原判。李向最高人民法院提交长达六千字的申诉书。著名法学家、知识产权专家郑成思教授给我的回信中说道:"该作家既然在事实上允许以自己为唯一作者之名义收入李振盛的作品,应确认为无疑构成侵犯李的版权。" 1998年3月16日,八位人大代表就"李振盛状告某作家案",联名向全国人大法律委员会提出议案。

无独有偶,2003年7月,时代文艺出版社经该作家授权,出版了北京牧童之春文化公司策划编辑的《十年(插图本)》,再次侵权使用李振盛的"文革"照片。李振盛再次以同样的事由将该作家告上了法庭。2003年12月17日,北京市第二中级人民法院初审判决认定:该作家作为《十年(插图本)》出版合同一方的作者,其此时对该书使用涉案照片的行为具有主观过错……该作家应当与时代文艺出版社和牧童之春文化公司共同承担民事责任。

2005年8月28日,该作家正式向李振盛先生道歉。两位令人尊敬的老人就"中国摄影第一案"有了一个圆满的结局。或许,案件本身的输赢早已不再重要,人们更加关注的是中国司法能否做到"法律面前人人平等",公允地保护知识产权。后来,在中国传记文学学会的一次会上,我有幸遇到张昌华先生,他给我看了当年对簿公堂时写下的万字日记。这位大兄说,这个案子的法律教训是永远记住了。

为国际知名品牌维权

在商标领域,德恒知识产权代理多个世界知名品牌进行维权,例如,在"口袋"诉讼案件中,德恒知识产权团队提交了证据四千余页,最终全面维护了客户的权益并使对方受到严惩。案件背景是,"树叶图形商标"现权利人于2008年受让该商标商品上注册的**ONLY**商标(简称"树叶图形商标")后,对丹麦品牌ONLY采取了系列的侵权行为。德恒知识产权团队受丹麦品牌ONLY委托,在一系列繁复冗长的商标异议、无效、侵权行动中,维护客户的合法权益。彼时德恒客户ONLY品牌在服装领域已具有一定知名度,因此对树叶图形商标受让具有明显的恶意。"树叶图形商标"现权利人受让商标后并未开展实际使用,直到2013年,对德恒客户ONLY提起商标侵权诉讼的前几个月,其才开始进驻一些商场。这些商场已经有德恒客户ONLY品牌进驻,不仅如此,"树叶图形商标"权利人进驻商场的商铺位置均是选取在ONLY品牌旁边。

该商标侵权诉讼历经一审、二审、再审程序。此外,"树叶图形商标"现权利人对德恒客户ONLY品牌提出商标无效,历经无效复审、行政诉讼一审和二审程序。德恒代理客户收集整理四千余页证据,结合证据整理答辩状、理由书近三百页,通过有理有据的辩论和陈述,向国家知识产权局商标评审委员会和各级法院呈现了事实:最终获得各方支持,多个判决书、裁定书一方面认定德恒客户ONLY品牌的合法正当性,包括ONLY品牌系诚实信用经营宣传、其长期使用具有一定知名度、其不可能与"树叶图形商标"构成混淆,另一方面也揭露了"树叶图形商标"权利人大量注册商标的非正当性及具有一贯利用知名商标商誉谋取利益的恶意。本案的重大意义在于:第一,特别强调和支持了"诚实信用是市场经营的基本原则";第二,对恶意利用法律规定违背诚实信用原则的行为予以严厉打击;第三,在德恒以及客户双方的共同努力下,能够收集和整理出十七年前至诉讼时的证据以及整理出四千余页的证据,均是获得胜诉的关键。

在专利的红海里搏杀

德恒知识产权代理我国行业领军企业,在世界专利维权大战中亦夺得胜利。华为与三星都是世界通信巨头,双方都持有大量3G、4G标准必要专利。自2016年5月起,华为在美国和中国多次提起对三星的知识产权诉讼,其中华为对三星在北京、广州、深圳、泉州等多地发起了专利侵权诉讼,索赔金额在千万量级。三星对华为的专利开始了反击,其作为专利无效领域有丰富作战经验的老对手,对华为提出的专利无效程序也是全面开火。虽然表面上只针对10件专利,但是三星选择了三个公司,即三星中国、天津三星、惠州三星分别作为请求人,对华为的10件专利提出了29项无效请求。

德恒知识产权团队受华为委托,在具有丰富专业经验的专利代理人章社杲带领下，夜以继日、披荆斩棘，代理华为对10件专利无效进行抗辩。这10件专利绝大多数是标准必要专利，对客户及我国行业发展有至关重要的意义。德恒知识产权团队感受到这批案件的重要性，他们进行充分发散思考、反复对标问题展开思路碰撞，充分研判实体问题和程序问题并适时布局兼顾，最终成功地为客户维持了8件专利权有效性，帮助客户守住了专利堡垒，支持客户得以在前方战场冲刺成功。在代理华为委托的专利无效案件的过程中，德恒充分体现出处理大案难案中亟须的专业经验。特别是如何找出对方最有破坏性的逻辑主线，如何从"逻辑上"反驳，如何避免惯性思维，如何有效区别专利代理人和技术专家的工作，等等，凸显了德恒知识产权团队的智高一道，技高一筹。

咬文嚼字的"合理性"专利胜诉案

专利权利要求用语"合理"，但何为"合理"，在专利诉讼中经常模糊不清。上海办公室律师韩颖和陈哲担任上海联影医疗科技股份有限公司（简称"联影"）的代理人，代理的西门子（深圳）磁共振有限公司（简称"西门子"）与国家知识产权局、上海联影医疗科技股份有限公司发明专利权无效行政纠纷案[1]经历了几番波折，最终获得法院支持。

联影是一家专业从事高端医疗影像设备及其相关技术研发、生产、销售的中国高新技术企业。2013年3月6日，联影向国家知识产权局提交了涉案专利——"平面回波成像序列图像的重建方法"的发明专利申请，并于2015年5月13日获得授权公告，专利号为201310072198.X。涉案专利是联影通过自主创新获得的平面回波成像技术领域的高价值核心专利，属于磁共振成像的原创性技术，并于2016年荣获第十八届中国专利奖金奖。联影的创新因给原有市场上的老牌国外企业带来冲击而遭到针对。[2] 2016年11月30日，西门子针对该涉案专利向国家知识产权局

---

[1] 参见（2019）最高法知行终61号中华人民共和国最高人民法院行政判决书。
[2] 参见何伦健、哈达：《依法保护发明贡献，坚决捍卫中国创新——中国金奖专利战实录》，载IPRdaily微信公众号，https://mp.weixin.qq.com/s? src=11&timestamp=1702024732&ver=4943&signature=keJQ1sXSVYpRYBiBsxo8NualzDj9P598Z5QkmLXZiGvyTYQNH4eKbxCbdZT Ugk ECnmb6iV9aUXyVFPDSRn1nAcsEDyrieWAd8qhLFjQxPexvyGV0ob－XgVdjd70lhosY&new=1，查询时间：2022年3月24日。

专利复审委员会(简称"专利复审委员会")提出了无效请求,主要理由包括权利要求1等不具有新颖性,权利要求2、5及其从属权利要求不符合"清楚"的法定要求且不能得到说明书支持等。专利复审委员会经审查认为,涉案专利符合《中华人民共和国专利法》相关规定,具备新颖性、创造性、实用性,且权利要求清楚,并能够得到说明书的支持,故于2017年10月9日作出第33719号无效宣告请求审查决定(简称"被诉决定"),维持201310072198.X号发明专利权有效。

涉案专利无效纠纷一审撤销第33719号决定。西门子对此不服,故提起行政诉讼,北京知识产权法院于2018年2月5日受理,8月15日公开开庭进行了审理。针对权利要求1,原告认为其提交的证据1已经公开了涉案专利权利要求1的全部技术特征,被诉决定将权利要求1中的"计算"限缩解释为"直接进行计算",进而认定其与证据1计算方式不同的结论错误。一审法院经审理认为,"计算"一词对于本领域技术人员而言是具有明确清晰含义的,即根据已知量算出未知量,并不需要借助说明书中的相关界定来理解其含义。故在涉案专利说明书中既未针对权利要求1中的"计算"进行专门界定,也没有与"直接进行计算"相关的任何表述的情况下,应当遵循"最大合理解释规则",对"计算"作出最广义的解释,且此种广义解释也未超出合理范围。因此,被诉决定有关涉案专利权利要求1相对于证据1具备新颖性的认定错误,对原告该项诉讼主张予以支持。

针对权利要求2、5及其从属权利要求,原告诉讼主张的核心观点在于相关权利要求中涉及的"零次项相位偏差因子""一次项相位偏差因子""零次项相位偏移因子""一次项相位偏移因子"四个词组并非本领域技术人员熟知的技术术语,说明书中亦未明确其含义,因此是不清楚的,进而也无法确定权利要求的保护范围。除此之外,针对该四个词组,说明书中有限个数的示例亦不足以为相关权利要求提供支持。一审法院经审理认为,前述词组的确并非本领域技术人员所知晓的具有明确含义的技术术语。在此情况下,涉案专利说明书中是否存在以及存在何种针对上述术语的记载至关重要。然而根据说明书的记载,本领域技术人员可知其是用于平面回波成像序列的图像重建方法中,为了得到清晰完整能用于诊断的高质量图像,用于消除图像 N/2 伪影带来的影响的校正参数。计算方式说明书里也给出了以 R_2 为参照系的具体计算实施方式,本领域技术人员在说明书具体实施方式所公开的内容基础上可以想到其存在其他可变形的方式。可见,根据说明书的全面阐释和明确界定,本领域技术人员能够知晓其确切含义和用途,故权利要求 2 是清楚的,该技术方案能够从说明书公开的内容得到或概括得出,也即能够得到说明书的支持。权利要求 5 同理,故权利要求 2、5 及其从属权利要求均不存在不"清楚"的缺陷,亦能够得到说明书的支持,对原告该诉讼主张不予支持。最终,一审法院于 2019 年 4 月 26 日作出一审行政判决,撤销第 33719 号决定,国家知识产权局重新作出无效宣告请求审查决定。

涉案专利无效行政纠纷二审撤销一审判决,并驳回西门子的诉讼请求。一审判决作出后,西门子、国家知识产权局、联影均上诉,最高人民法院于 2019 年 7 月 17 日立案。本案二审中,国家知识产权局与联影均认为一审法院用"最大合理解释原则"来解释权利要求 1 中"计算"系法律适用不当,导致对新颖性的认定错误。联影主张,权利要求 1 中的"计算"对象是"所述参考回波信号",即权利要求 1 所述的"同时采集的三条没有经过相位编码的参考回波信号 R_1、R_2、R_3";而证据 1 是利用一条采集获得的参考回波信号和一条经算术平均后所获得的虚拟信号进行计算,该信号已不是"参考回波信号",两者具有本质差异。一审判决对权利要求的解释不符合发明目的,即不符合"最大合理解释"中"合理"要求。

二审法院经审理认为,涉案专利权利要求 1 中"计算"一词的解释,不应当简单以其字面含义为准,而应当以本领域技术人员阅读权利要求书和说明书及附图后的理解为准。结合涉案专利发明目的、说明书及附图对"计算"的解释与说明可知,涉案专利中的"计算"并不包括所有可能的计算方式,而是有其特定含义。涉案专利的发明目的已经明确排除了两个回波信号计算相位差异因而损失相位信息的计算方法,故涉案专利权利要求 1 未被证据 1 公开,应当认定具备新颖性,一审法院有关认定错误,二审法院予以纠正。最终,最高人民法院于 2021 年 5 月 21 日作出二审行政判决,撤销一审判决,并驳回西门子的诉讼请求。至此,联影在涉案专利的无效决定阶段与专利行政诉讼阶段均大获全胜。

本案德恒两位代理律师是德恒的新生代,他们拥有生物医药、高分子化学、集成电路、通信技术、计算机软件等理工科技术背景和丰富的知识产权法律的理论和实务实践,尤其擅长专利、技术秘密等诉讼和非讼事务处理。他们提出的观点,有法理依据和专利授权技术支持。最高人民法院在二审判决中,全面支持了代理律师关于权利要求解释的意见,即"人民法院应当以所属技术领域的技术人员在阅读权利要求书、说明书及附图后所理解的通常含义,界定权利要求的用语。权利要求的用语在说明书及附图中有明确定义或者说明的,按照其界定。即便在适用所谓的最大合理原则解释权利要求时,亦应当在权利要求用语最大含义范围内,以'合理'解释为出发点和落脚点"。本案的核心法律问题是权利要求用语解释的合理性。最高人民法院《关于审理专利授权确权行政案件适用法律若干问题的规定(一)》于 2020 年 9 月 12 日施行,第 2 条就权利要求的解释作出了新的规定。

权利要求的解释,一直是专利授权确权程序中老生常谈、常谈常新的问题。对何为所属技术领域的技术人员所理解的"通常含义"加以评析,应当遵循以下原则:(1)"通常含义"应为权利要求最广义的解释。(2)权利要求最广义的解释应以"合理"为前提条件。基于权利要求的文字记载,结合对说明书的理解,对权利要求作出最大化广义解释时,应当以专利所确定的"发明目的"为前提,以符合《最高人民法院知识产权案件年度报告(2015)》之权利要求最广义的合理解释之"合理"性要件。

司法实践中,专利实施例存在多种可变形方式的情况,因此,权利要求不得不进行"上位概括"。但对上位概括的技术特征并不能进行无限制的最大化广义解释,权利要求所涉技术方案出于其发明目的,必然排除了专利背景技术所涉现有技术的缺陷,即发明创造改进对象的技术方案。综上所述,所属技术领域的技术人员以所理解的"通常含义"对权利要求进行解释,应为权利要求最大化广义解释,但应当以专利所确定的"发明目的"为前提条件,以符合专利文件中的客观记载,亦符合专利权人、专利申请人的主观保护意图。在此基础上,专利权人获得了合理的保护范围,并且避免了其在侵权诉讼中不合理地扩大保护范围,获得不当利益的可能性。

本案入选了《最高人民法院知识产权法庭裁判要旨摘要(2021)》①,集中体现了最高人民法院知识产权法庭在技术类知识产权和垄断案件中的司法理念、审理思路和裁判方法,以期能够为日后发生的类案提供一定程度的指引。

三、总要有一个这样的案例给民营企业家以信心

风起 2005

2004 年 8 月,一位香港中文大学教授在复旦大学发表了震惊中外的演讲《格林柯尔:在"国退民进"的盛宴中狂欢》,拉开了史称"朗顾之争"的大幕。顾雏军曾是叱咤风云的资本巨擘,他以"顾氏循环理论"发明了拥有知识产权的制冷剂,创办了格林柯尔系列公司,从家电和汽车两个条线快速并购了科龙、美菱、亚星客车、襄阳轴承等 5 家上市公司,将科龙、容声、美菱等冰箱品牌揽入麾下。2001 年 10 月,顾雏军以 3.48 亿元收购科龙电器;2003 年 7 月,科龙电器收购杭州西冷集团 70% 的股权;2003 年 12 月,顾雏军以 4.178 亿元收购扬州亚星客车 60.67% 的股权;2004 年 4 月,扬州格林柯尔以 1.01 亿元收购襄阳轴承 29.84% 的股权。2004 年 8 月,扬州格林柯尔以 1.85 亿元购买河南冰熊集团冷藏汽车制造及生产设备、土地及物业(包括债务),并成立商丘格林柯尔冷藏汽车有限公司。他是全国工商联执行委员,2003 年中国经济年度人物,2004 年胡润资本控制 50 强,2005 年胡润中国富豪榜第 83 名。

证监会立案调查。2005 年 4 月,中国证监会湖北、江苏、安徽、广东监管局对格林柯尔系的 ST 襄轴、亚星客车、美菱电器、科龙电器四家上市公司展开调查。2005 年 5 月,顾雏军被立案侦查,7 月底被警方带走,随后顾与科龙及格林柯尔 8 名高管因涉嫌虚假出资、虚假财务报表、挪用资产和职务侵占等罪名被正式拘捕。此前,顾雏军找到德恒律师寻求法律咨询。基于对我们的信任,他签署了委托书,一再跟我讲:"请你立即去找

---

① 参见《最高法知识产权法庭发布年度报告(2021)裁判要旨摘要(2021)》,载《人民法院报》2022 年 3 月 1 日,第 4 版。

全国工商联领导汇报,我是全联执委,他们会保护民营企业家的。"

民企"娘家"出手救助

全国工商联的领导非常重视,听取了我的汇报。当时这一事件面临着几个不确定性,一是对顾雏军的调查,如果其仅仅是违反了证券监管法规,那要进入证券监管部门的行政法律责任追究程序;二是如果调查中发现其涉嫌刑事犯罪,则要转入刑事侦查程序,后续会进入批捕、起诉、审判程序;三是格林柯尔及其控制的几家上市公司,尤其是已经爆雷的科龙,需要迅速采取措施,稳定公司、工人、客户和生产秩序,确保相关银行与债权人不要进入全面债务违约流程,各方谈判进行债务重组,保证公司不关门,工人不离岗,地方社会秩序不混乱。格林柯尔系统的公司争取不被全部查封扣押,保持自救的能力,不会走到破产境地。

经过认真研究论证,全国工商联决定组成一个工作小组,指派法律部与我们联系。德恒亦组成法律服务组,包含刑事、行政、公司重组的律师,对此事件进行调查研究、提出解决方案、经批准后推进方案实施。国务院有关部门也协调广东省地方政府、中国证监会以及全国工商联妥善化解风险。由此,我与全国工商联法律部部长王瑷结下了一段难忘的工作情谊。王瑷于2022年3月26日写下了这段为全国工商联民营企业和企业家化解风险的工作实录:

> 与德恒的联系,与王丽的相识和共事,缘于中华全国工商业联合会参与科龙及格林柯尔系企业风险处置及重组工作。科龙及格林柯尔系的重组从开始直至尘埃落定的整个过程,起伏曲折,峰回路转,仿佛山路行走之际领略到了"山重水复疑无路,柳暗花明又一村"的意境,其中的是非曲直、毁誉得失已经众目昭彰,但有些真实的片段却挥之不去,难以忘却。
>
> 中华全国工商业联合会接受顾雏军先生的委托,参与进行科龙及格林柯尔系的重组工作,中华全国工商业联合会成立了有中介机构专家参加的工作小组,在半年多的时间里,先后十五次到看守所与顾雏军先生交换意见。企业重组是一项专业性很强的工作,对相关

的尽职调查,股权转让谈判,协议文本起草及有关的事务处理,工作小组需要借助中介机构的专业力量。作为工作小组的专家成员,北京德恒律师事务所王丽主任发挥了不可或缺的重要作用,她与德恒人在科龙及格林柯尔系企业重组工作中秉承着公益的精神,贡献了公益的力量,在与她和德恒人共事的日子里,我深深地感受到了他们良好的专业素养,超强的斡旋能力,执着的敬业精神,向德恒人学习,我十分受益。

对格林柯尔系企业被查封财产处置建议

格林柯尔系及其资产债务涉及数个省份,多个上市公司。2005年格林柯尔危机爆发后,德恒派出律师对所有涉诉的公司、财产、债权债务、诉讼情况作了梳理。格林柯尔系所有的公司几乎全线亮起红灯,所有的资产都被查封,很多法院都是轮候查封,也有的法院进入审理程序,有的法院已经下达了判决。2009年11月,国务院办公厅秘书二局向全国工商联提出明确要求,要求其会商最高人民法院、有关地方政府,研究格林柯尔系企业被查封财产的处置问题,并提出意见报国务院。经与广东省、江苏省、安徽省有关方面沟通协调,三省分别拿出了处置意见返回全国工商联。黄孟复主席对此作了批示,全国工商联法律部征求德恒意见。

全国工商联提出"先清理债权债务再清偿"的两步走方案,安徽省表示同意。广东省则建议:(1)加快并优先执行以科龙电器为执行申请人的相关判决、裁定(大多数生效于2006年之后,共20余件),维护顺德区政府和科龙电器的权益(科龙电器7.32亿元、顺德区政府2.2亿元);(2)建议适用执行程序处理以格林柯尔系企业为债务人的诉讼案件;(3)加快处置进度,对实物资产进行变现,提存变现款,以待统一分配。江苏省提出不能将2005年12月国务院《研究格林柯尔系企业风险处置有关问题的会议纪要》以外的案件纳入本次处置方案进行清偿。顾雏军个人对上述判决、裁定也有较大意见,认为:这些判决都是在股权转让后发生的,且是在其被羁押无法应诉的状态下作出的,极不公正。如果科龙公司硬把所谓"债权"纳入分配,就会推翻当年科龙重组的基础。

德恒法律服务组认为,上述系列判决、裁定的生效时间相对较晚,科龙、美菱、亚星三家上市公司的股权转让款在此之前已被依法冻结。1998年最高人民法院《关于人民法院执行工作若干问题的规定(试行)》第88条规定:"多份生效法律文书确定金钱给付内容的多个债权人分别对同一被执行人申请执行,各债权人对执行标的物均无担保物权的,按照执行法院采取执行措施的先后顺序受偿"。因此,优先执行以科龙电器为执行申请人的判决、裁定缺乏明确法律依据。如采用民事执行程序按照各债权比例依法分配财产,虽然严格依法办事,但略欠公平,且无法兼顾职工和其他债权人利益,可能产生后续问题,使格林柯尔的财产处置工作面临重大不确定性。如果采用合并破产的方案,根据破产法相关规定,所有债权人都将在规定期限内申报债权,并由破产管理人予以登记,报全体债权人会议通过。所有变价、清偿方案也将在法定程序内及债权人、法院的监督下进行。科龙电器可申报债权,如果得到确认,则按比例受偿。债权债务问题将一次性得到解决。合并破产在国内尚无正式解释,主要指当资产混同、人员混同、账目不清、相互担保、经济利益一体化的多个关联企业出现资不抵债等无法经营的情形时,将所有资产、债权、债务视为一体,纳入破产清算程序进行分配、清偿。根据目前掌握的情况,格林柯尔系企业基本符合上述标准。应当贯彻2005年12月国务院《研究科林柯尔系企业风险处置有关问题的会议纪要》确定的原则,"统一协调、统筹考虑债权债务关系",以科龙电器为申请执行人一系列判决、裁定已经生效,并进入执行程序,从维护司法威信和维护稳定的角度,宜以适当方式妥善处理。2010年3月1日,德恒向全国工商联提交了法律建议和代拟的《情况汇报》。

重大重整谈判斡旋

2005年5月,科龙面临着资金链断裂后公司重组和破产两条路。我们也在顺德,从全国工商联、格林柯尔、科龙几个方面进行保企业、保就业、保稳定工作。此时,有几家家电企业,包括海信、长虹也在找公司,意图寻找机会参与科龙重组。我心里很清楚,如果有行业投资人出手,格林柯尔与科龙就有拯救的希望。

我与海信谈判开价9个亿。在顺德,我先后见到这几家家电企业的联系人。他们表达了要跟格林柯尔接触的意向,同时确认我的身份,是否能够代表顾雏军来谈判。初步接触后,我认为海信和长虹方面有可能进一步商谈。海信方面马上派人找到我,并提出要我开价。经过一番琢磨,我拿出一个测算方法,并将这个方法交给海信团队去测算。海信按照我给定的方法,测算出来是9个亿。对我的9个亿报价,海信周厚健董事长找我说,怎么算也就值3个亿,你报的这个价能不能降。我答曰:不能。就是这个价还要去跟老顾商量。如果顾总同意,与海信签股权转让协议同时一并授权科龙经营托管,直至完成收购批准程序。如果不同意就免谈了。周董事长对我的建议表示赞同,但他想去见顾雏军当面说说。

与顾雏军艰难的会见与谈判。当时,顾雏军已被公安机关关押,要想跟他交流就必须去跟他面谈。当然,我们是律师,可以在刑事程序下去申请会见。

烈日炎炎的广东,关押顾雏军的看守所在极其偏僻的乡下。我和同事费了很大的周折,找到看守所。先是被拦在门外,后被阻在窗外,所有人就一个答复:不许见。我站在烈日下,一遍一遍地打电话,联系北京、广东政府、公安等有关部门,上上下下找了个遍,直到下午,这才被允许进去会见,但要限制话题。看守所会见室潮湿、炎热,不时有异味飘出。顾总的头脑清醒,心情急切。我告诉他科龙重组跟几个公司谈的情况,尤其是给海信开了9个亿,但周厚健说太高!顾听到我的开价瞪大了眼睛,马上表示科龙发展前景很好,很值钱。他强烈要求报告全国工商联,要交易就得让他取保出去,要不就让周董事长来跟他谈。

会见后,我立即回京向全国工商联领导汇报。此时全国工商联已经成立了一个工作专班,我被吸收到小组中,王瑗部长就是小组的联络人。全国工商联与国务院有关方面沟通了情况,指示我们继续工作,争取与海信达成协议。我知道,在价格上有三个难点,一是海信愿不愿出钱,二是顾雏军能不能接受,三是顺德区政府是真支持重组还是放任其破产。

与顺德区政府连续谈判8小时,要求他们对账承诺出2.2个亿。2.2亿这个数怎么来的?我知道当时广东证监局请毕马威华振会计师事务所做过一个审计,揭示"科龙集团与格林柯尔系公司于调查期间内发生的不正常现金流向,涉及现金流出金额人民币21.69亿元,现金流入金额人民币 24.62 亿元"。这 2.93 亿显然是科龙欠格林柯尔的。在顺德区政府的办公楼里，法制科科长及多位工作人员跟我谈判。我坚持要求区政府组织对科龙公司资金流入与流出进行对账，到底是不是有这两个多亿的流入，如果有就要还给格林柯尔；如果没有，就请会计所拿出审计凭证证明。如果科龙破产，这部分也是顾雏军的债权。总之，这是重组的基础。政府方面反复跟我谈判，最后答应可以对账，如果海信不愿意出这部分钱，政府考虑可以先垫上，随后通过对账再找齐。我马上让科长把这个意见写下来形成文件盖上章给我，我向全国工商联汇报并告诉顾雏军。请他们立即安排会见顾雏军。

以 9 个亿出售科龙股权成功重组。经过全国工商联领导和重组工作组与德恒律师团队的大量工作，经与各方多次谈判沟通，2005 年 9 月重组落定。海信与广东格林柯尔达成协议，以 6.8 亿元人民币现金受让格林柯尔持有的科龙电器未流通法人股，占科龙电器已发行总股份的 26.43%。海信同时托管科龙公司并要对公司进行审计。顺德区政府根据对账结果，承担 2.2 亿对价支付给格林柯尔。格林柯尔一方未另外聘请任何交易财务顾问和法律顾问，我带领德恒团队为格林柯尔承担起草了所有交易合同文件。

顾雏军先生在看守所签署股权转让协议后真诚地对我说，他一定支付所欠的律师费。

重组协议实施拉锯谈判。海信接手托管科龙后尝到了各种压力和艰辛，要迅速恢复生产经营，解决债务危机，扭转持续亏损，解除退市的风险。这期间，有人还是想让科龙破产。他们认为海信 6.8 亿元收购科龙每股价格远高于 2005 年科龙每股净资产负 1.099 元，要求科龙马上进入破产清算程序。海信应该取得债权人的委托负责经营科龙，而不能再凭借股东的授权，尤其是"罪魁祸首"的授权继续经营科龙。[1]

周厚健董事长后来说，当初对收购科龙的预期底线是 2005 年年底，最迟不晚于 2006 年 3 月，但直到 2006 年 12 月 14 日，海信才完成收购

---

[1] 参见闻道：《科龙应破产清算而不是重组》，载新浪财经，https://finance.sina.com.cn/roll/20060816/0009860942.shtml，查询时间：2022 年 6 月 4 日。

科龙 26.43% 股权的过户手续。这里面长达一年的博弈让我们更加清楚地认识了彼此。海信进驻科龙后聘请上海立信长江会计师事务所对科龙电器全面审计。截至 2005 年 8 月 31 日,科龙对可以确认的事项进行调整后的净资产为 5.28 亿元。另有 10 亿元左右应收账款无法对账,10 亿多元的逾期贷款,涉及金额高达 8 亿元的 150 项诉讼。2006 年 2 月,科龙向法院起诉格林柯尔及顾雏军挪用资金 3.28 亿元,并做好了计提 2005 年 15437 万元的坏账准备。同时,海信将一份股权分置改革授权书交由我们,请顾雏军签署。

交易双方的博弈。可以想见,顾雏军不同意以低于 9 亿元转让股权,没有签署《广东格林柯尔授权海信空调对科龙电器进行股权分置改革的授权委托书》。2006 年 2 月 9 日,在南海看守所,顾雏军当着我和王瑷面表示,愿意与周厚健面谈。2 月 24 日,海信周厚健、汤业国、立信长江会计所的戴定毅与王瑷和我到看守所与顾雏军商谈。戴定毅报告了初步审计情况,顾雏军不认可立信长江审计报告。顾雏军认为科龙电器的净资产不低于 18 亿。目前他愿意在重组程序下最大限度对海信让步,但价格上不同意海信 6.8 个亿,坚持按 9 个亿转让。补偿办法可以再谈,但底线是不能破产。周厚健表示,如果 3 月底尚未达成补充协议,则海信代理权到期就撤出科龙。之后,顾坚持与我和王瑷继续谈,他不想放弃难得的会见机会,更不想放弃科龙重组机会。他反复表示,自己有先进的顾氏制冷技术,格林柯尔有技术品牌优势,他收购科龙后的管理使科龙成为国际品牌,并能够成长为世界大品牌。他对股份转让坚持价位是 9 个亿。他要求我力争延长海信对科龙代理经营协议期限。当然,如果海信撤出,就拍卖股权。底线是一定要重组,科龙不能破产。通过这番会见,我心想还是要准备好三个方案:第一方案海信入主,第二方案海信替代,第三方案股权拍卖。海信入主的关键在于要签订海信与格林柯尔的股权转让协议的补充协议。海信不能再退,顾雏军要接受"6.8 亿元+承诺"的股权转让方案并签署补充协议。我将与双方谈判后形成的方案向全国工商联重组工作小组汇报,并得到广东省佛山市顺德区政府认可。如果这个方案不能落实,则重组无望。顾雏军强烈希望得到全国工商联领导的支持。3 月 22 日,全国工商联驻会副主席谢伯阳到南海看守所会见顾雏军。顾雏军需要顺德区政府表态。在区政府,我同顺德区政府代表连续谈判数小时,再度确认由顺德区政府主持科龙与格林科尔对账,由区政府代付2.2亿元承诺款。海信一方面表示撤出科龙,另一方对格林柯尔和顾雏军提起多个诉讼。全国工商联胡德平书记、黄孟复主席要求,要看大局、看长远,坚决维护民营企业家的合法权利。顾雏军要求先给他办理取保候审,再签字。律师也为顾雏军提出了取保候审申请,但这个申请始终没有被批准。在我要求下,顺德区政府派人去给顾雏军说明政府对2.2亿元对账承诺代付的决定。4月13日,在南海看守所谈了近3个小时,顾雏军终于同意签字。我能理解,重组后各方各得其所。当与格林柯尔相关的几家上市公司重组完成后,顾雏军的法律维权就只剩下刑事程序了。

2006年4月24日,科龙电器公告:青岛海信空调有限公司与广东格林柯尔企业发展有限公司达成协议,海信将最终支付6.8亿元用于收购科龙26.43%的股权,首付款为5亿元。海信在股份过户日起7个工作日内向格林柯尔支付剩余1.8亿元,该款项中包括海信已支付到海信与全国工商联共管账户的定金2000万元及其共管期间的所有利息。2000万元定金及其利息由全国工商联和海信在标的股份过户日起7个工作日内付至法院指定账户。

还有关键一招

海信和格林柯尔的股权转让协议及补充协议签订后,海信与格林柯尔从交易对手变成诉讼对手。随着海信对科龙公司的深度进入,诸多问题暴露出来,重组协议的执行也越来越困难,甚至几乎停滞不前。如果真的走不下去,还要有关键的一招,要在临界点上扛得住,于是我开始准备后手。在全国工商联召开的推动落实格林科尔科龙重组会上,海信集团董事长周厚健、总裁于淑珉提出一大堆意见,主要是股权收购价格过高,格林柯尔掏空科龙,诉讼与证券监管可能迫使科龙退市,已签的重组协议执行不下去。有人悄悄问我,你还有办法吗?我离开会场打了两个电话,其中一家国际基金主管合伙人表示同意以1.6亿美元接手科龙26.43%股权。回到会场,我说,如果海信退出还有人要用1.6亿美元接手。全场人都愣住了,一时间,会议室鸦雀无声,空气仿佛凝固了。于是休会，各方去透透气。等大家再回到会议室，气氛大变，全国工商联和海信包括我所代表的出售方，达成共识，海信马上履行承诺，在年内完成股权交易手续。

周厚健和我是山东老乡，我们彼此尊重。我永远记得他盯着我耿耿于怀地说，嗨，你真是个挚守敬业的律师！当然了，我知道他知道处于败势的顾雏军对我为格林柯尔系所作的重组没有支付任何费用，我们"自带干粮"做到了"受人之托忠人之事"。我感到唯一对不住的是这位太平洋基金的朋友，他是真的想进科龙帮顾雏军一把。

科龙重组是成功的，实现了"保企业、保就业、保稳定"的大局。海信得到科龙大股东地位，在家电业迅猛发展。2007年3月，科龙实施了股权分置改革方案。海信空调持有科龙电器A股股份占股改完成后科龙总股本的24.08%。2008年2月，海信空调通过认购科龙定向发行股份，将其旗下全部白色家电资产及业务注入科龙，股权比例由24.08%提高到44.46%。顾雏军的亲密战友与合作伙伴林澜成为海信科龙发展上的领头人，将海信带入国际家电市场领先梯队。2022年，林澜正式接替周厚健成为海信集团董事长。从历史场景看，这恐怕是海信科龙重组的最大成功。

出席戒备森严的美菱股东大会。顾雏军在家电市场上的布局是雄心勃勃的。2003年5月，顾雏军与美菱集团签署协议，以2.07亿元现金收购冰箱行业"四巨头"美菱电器20.03%股份，成为最大的股东并改组美菱董事会任董事长。顾雏军被调查后，美菱集团有回购股份的意向。长虹集团在科龙重组花落海信后挥师北上，与合肥方面达成协议。长虹采用长虹集团持3785万股（占9.15%）、四川长虹持4500万股（占10.88%）的夹层方式将顾雏军收购尚未完成过户的8285万股美菱股份拿到手。此交易由长虹与美菱直接达成，并未通过顾雏军。2006年1月4日美菱电器董事会以顾雏军因涉嫌经济犯罪被公安机关立案调查并采取刑事强制措施，已无法正常履行董事长职责为由，决定免去顾雏军董事长及格林柯尔方面的4位董事，四川长虹推荐的二人为新任董事候选人。该交易在市场上也相当吸引眼球。毕竟格林柯尔还是股东，需要参加股东大会确认这一结果。

2006年2月9日,顾雏军在看守所签署委托书,委托我代表格林柯尔参加美菱临时股东大会。在这种特殊时期,作为格林柯尔的特殊人物顾雏军的代表,我成为合肥方面"最戒备"的人。那天,天气清冷,雾霾夹杂着煤烟味笼罩城市。会场内外气氛紧张。当我登记股东身份时,所有人都在紧张地打量,小声嘀咕"格林柯尔的人来了"。会议并不复杂,只是在所有议程完成后,我讲了一段话:我代表顾雏军先生参加会议,他委托我向美菱电器的股东、董事、高管和员工们表示感谢。在这困难时期,你们坚持工作,积极作为,为公司发展找到新的投资人。四川长虹是令人尊敬的行业先进,希望赵总把长虹美菱做得更好。我话音一落,全场一片寂静,突然响起一阵热烈的掌声。我走出会场,看到人们的脸上和眼睛里露出轻松与善意。这一段我没有向顾雏军说过,相信在场的人至少会从心底里感谢他。

2006年5月22日,因涉敏感消息停牌长达10天的美菱电器发布消息称,长虹入主美菱近日已经获得国有资产监督管理委员会批准,长虹将以1.74亿元的代价以第一大股东的身份控制美菱20.03%的股份。

有罪耶,无罪耶

2008年1月30日,广东省佛山市中级人民法院一审以虚报注册资本罪,违规披露、不披露重要信息罪,挪用资金罪判处顾雏军12年有期徒刑,执行10年,并处罚金680万元。宣判后,顾雏军不服,提出上诉。2009年3月25日,广东省高级人民法院作出二审裁定,驳回上诉,维持原判。2012年,顾雏军释放,他召开新闻发布会,头戴一顶"草民完全无罪"的高帽,为自己喊冤。2022年1月7日,广东省高级人民法院对顾雏军申请国家赔偿案作出决定,决定赔偿顾雏军人身自由赔偿金28.7万余元,精神损害抚慰金14.3万元,返还罚金8万元及利息。同年1月8日,央视财经发表评论:从被判"三宗罪",到改判部分无罪,再到如今获得国家赔偿,十多年的坚持与等待,顾雏军终于"要回了失去的东西"。

近年来,司法机关依法监督纠正了一批有较大影响的案件,体现了执法上的实事求是精神。顾雏军本人说过:"总要有一个这样的案例出来,给民营企业家以信心"。李贵方律师担任了顾雏军刑事案件辩护人,他谈了顾案代理的辩护意见。

"三宗罪"始于四项指控。2006年9月,广东省佛山市人民检察院向佛山市中级人民法院提起公诉,指控顾雏军等人犯虚报注册资本罪、提供虚假财会报告罪、挪用资金罪、职务侵占罪。其中涉嫌虚假出资额6.6亿元,虚增利润额3.3亿元,挪用资金超过7亿元,职务侵占4000万元,整体涉案金额近18亿元。

无罪辩护。李贵方通过查阅相关案卷,结合当事人的意见,对案件情况作出了分析,决定进行无罪辩护。

关于"虚报注册资本罪"。辩护人认为顾雏军等人的行为不是在申请注册成立公司过程中发生,而是在"变更登记"过程中发生;顾等人的实际出资额是真实的,不符合罪名要求的"虚报"行为;关于资本置换问题,事实不清,且顾主观不存在虚报注册资本的故意;顾等人的行为不符合最高人民检察院规定的追诉标准。

关于"提供虚假财会报告罪"。辩护人认为:(1)本案认定事实不清,有关科龙电器虚报的利润以及证明科龙电器因为财会报告而导致的重大损害的证据不足;(2)公诉机关指控科龙电器虚假销售,事实定性是错误的,科龙电器的压货销售是真实存在的销售合同行为;(3)顾雏军并没有夸大科龙销售业绩和虚假销售以及出具虚假财会报告的主观故意;(4)公诉机关没有充分的证据证明科龙电器提供所谓"虚假"财务会计报告的行为与股东或者其他人利益的损害存在因果关系;(5)科龙电器提供全部财务资料给德勤做年报的行为不构成法律规范所定义的"虚假陈述";(6)压货销售是制造行业的惯例,是普遍采取的一种销售方式,不是虚假销售。

关于"挪用资金罪"。辩护人认为:(1)公诉机关指控顾雏军犯挪用资金罪的基本事实不清。科龙系公司和格林柯尔系公司之间的资金往来笔数很多,互有往来。这些款项到底是挪用还是还款,公诉机关没有全面证明;(2)本案中涉案的七笔资金不符合刑法及相关司法解释规定的"挪用本单位资金归个人使用或者借贷给他人"的情形,不构成挪用资金罪;(3)本案中公诉机关没有充分证据证明顾雏军指使他人挪用单位资金;(4)顾雏军等人对数笔资金的挪用行为,并不具有职务便利;(5)追加起诉的三笔挪用实际是合法有效的购销行为,均有实际的履行行为,且相关款项从格林柯尔公司进入了江西科龙,该合同仍然在履行期;(6)本案涉案的七笔款项中,有六笔相关公司已经提起民事诉讼,(前两笔和后三笔)法院已经民事立案,第四笔已经作出生效民事判决,证明相关公司和法院均认为本案涉案的六笔款项系民事法律关系。

关于"职务侵占罪"。辩护人认为:(1)本案涉案的4000万元是扬州经济开发区财政局的钱,不是扬州科龙的钱,无论从所有权属性还是账户资金本身,都不能认为扬州科龙作为"预收征地费"缴纳的4000万元与开发区财政局支付扬州格林柯尔的4000万元奖励是同一笔资金;(2)扬州经济开发区财政局支付给扬州格林柯尔的4000万元,是政府基于扬州格林柯尔收购亚星客车而给予的奖励,不是科龙投资4000万元买土地的返款;(3)有确凿书证和证人证言证明扬州科龙向扬州经济开发区财政局交付4000万元是对开门冰箱项目用地土地款,是"预收征地费",并不是虚构名目;(4)科龙电器的账目表明该4000万元记为"应收账款",至今尚未平账,这说明该款仍是科龙电器的债权,并未被任何人侵占;(5)顾雏军没有将4000万元据为己有的主观故意;(6)涉案的4000万元是扬州经济开发区奖励给扬州格林柯尔的"科技发展基金",不是给顾雏军个人的;(7)涉案4000万元款项,在已经刑事立案的情况下,相关公司仍然提起民事诉讼,佛山市中级人民法院也予以民事立案受理,这说明相关公司和法院均认为本案涉案的款项系民事法律关系,而不是刑事案件。

辩护意见的结尾提到对本案相关事实的刑法评价应把握较严尺度,"本案全部被告都是企业高级管理人员,他们从事企业管理工作,对于相关法律并不熟悉,而指控他们的犯罪都是在企业经营管理过程中发生的,与管理行为、经营行为、商业惯例交织在一起,相关的法律界限也不像抢劫、杀人、放火那样容易判断和把握,即使在法律专业人士中间也存在分歧和争议。对于他们的行为应给予一定程度的理解和宽容。就所指控的事项,本案当事人并非无可指责,比如,在虚报注册资本的问题上,确实存在资金放大的问题;在提供虚假财会报告问题上,确实存在退货问题;在挪用资金问题上,确实存在一些企业之间非披露的资金流动问题;在职务侵占问题上,确实存在相关文件、手续有一定瑕疵问题。但是,当把这些行为上升到刑事层面评价时,应从严掌握。可定罪可不定罪的,不予定罪。严格落实罪刑法定、无罪推定原则。宽严相济的刑事政策不仅要体现在量刑上,更要体现在定罪上。刑事审判要充分考虑个人与社会的各种因素,要有利于社会的发展、社会的进步、社会的和谐"。"正如一些人所说,一个刑事审判,判决被告人有罪,不是控方的胜利;判决被告人无罪,不是辩方的胜利,这是法律的胜利,正义的胜利。这种胜利都压在审判者的肩上,我们热切地追求这个胜利,也期盼这个胜利!"

打掉"关键证据"。本案经过了漫长而复杂的质证、法庭辩论等阶段。其中,在质证阶段,天职所作出的22个鉴定报告是关键证据之一,公诉机关在提起公诉时提供了由天职所作出的11个"专项司法会计鉴定报告"以证实所指控的事实。由于该"报告"署名的鉴定人没有司法鉴定人资格,公诉机关补充侦查后再次提供了新的11个司法会计鉴定报告。辩护人在浏览这些鉴定报告时发现鉴定报告存在多方面的问题。前11个鉴定报告因鉴定人不具备司法鉴定人资格而无效,不应作证据使用。后11个鉴定报告既不是发现新的相关鉴定材料或鉴定项目有遗漏而作的"补充鉴定",也不是对鉴定结论有异议而进行的"复核鉴定",更不是鉴定人所称的针对原始材料独立作出的"初次鉴定"。重新鉴定应当由其他司法鉴定机构进行,而不应由原机构进行,因此程序违法而不应作为证据使用。在对鉴定人提问的过程中,辩护人做好了充分的准备,后次鉴定的鉴定人在法庭上对一些司法会计的基本概念、基本原则及鉴定报告中的基本内容等问题均无法回答,展示了鉴定人对于鉴定内容的不熟悉,司法鉴定的专业能力值得怀疑,所作出的司法鉴定可信度不高。

一审判决。一审法院经审理查明认为不构成犯罪的主要意见是:起诉书所指控顾雏军等人提供虚假财会报告的基本事实清楚,应认定科龙电器财会报告有虚假成分,但指控的犯罪数额证据不足,对指控的具体犯罪数额不予认定,理由是天职所作出的22个鉴定报告因违反程序均不能作为证据使用;控方提供的证言因提取程序不合法,不予采信。且指控的罪名应变更为违规披露、不披露重要信息罪。江西科龙被天津格林柯尔用于作为注册江西格林柯尔的注册资本金(9000万元)、江西科龙被天津格林柯尔用于偿还银行贷款(7500万元)的证据不足,不予认定。江西科龙资金 4080 万元、深圳市科龙采购有限公司资金 8960.03 万元、广东科龙配件有限公司资金 9741.222 万元的事实不清，证据不足，不予认定。顾雏军构成职务侵占罪的事实不清，证据不足，不予认定。2008 年，广东省佛山市中级人民法院一审作出判决，顾雏军因犯虚报注册资本罪，违规披露、不披露重要信息罪，挪用资金罪，决定执行有期徒刑 10 年。

二审维持。一审宣判后，顾雏军表示要上诉，在上诉书中仍坚称自己无罪，对自己被定的罪名均不认同。李贵方在二审辩护意见中认为：顾雏军没有虚报注册资本的故意，也没有虚报注册资本的行为，其注册资本中无形资产比例过高的问题，在公司法修改后已不具有社会危害性，顾雏军的行为不构成虚报注册资本罪；顾雏军领导下的科龙公司并没有提供虚假财会报告的故意，也没有虚假销售的故意，顾雏军不构成提供虚假财会报告罪，更不构成违规披露、不披露重要信息罪。本案损失后果不清，不能证明股东等受到损失；因果关系不清，不能证明股东或其他人的利益因为科龙电器提供虚假财会报告而受到损害；挪用资金的事实不清、证据不足。2009 年 4 月 10 日，广东省高级人民法院二审终审裁定驳回上诉、维持原判。

再审提审"两罪无罪，保留半罪"

2012 年 9 月 6 日，顾雏军结束 7 年牢狱生涯，被提前释放。之后，顾雏军走上漫漫申诉路。2014 年 1 月 17 日，广东省高级人民法院对顾雏军申诉立案审查。在此期间，顾雏军继续向最高人民法院提出申诉。2017 年 12 月 28 日，最高人民法院公布人民法院依法再审三起重大涉产权案件，对于顾雏军案，最高人民法院经审查认为，将由最高人民法院第一巡回法庭提审。对此，顾雏军曾说："这个案子我完全无罪，正义来得晚一点，但是终于还是来了。"

2018 年 6 月 13 日，最高人民法院第一巡回法庭公开审理了本案。2019 年 4 月 10 日，最高人民法院再审认定，顾雏军等人的虚报注册资本行为，情节显著轻微，危害不大，根据《中华人民共和国刑法》第 13 条规定，可以不追究刑事责任。原审被告人顾雏军犯挪用资金罪，判处有期徒刑 5 年。

缘何改判? 对于原审判决中的**虚报注册资本罪**,最高人民法院再审认为,原审认定顾雏军等人在申请顺德格林柯尔变更登记过程中,使用虚假证明文件以不实货币置换无形资产出资的事实是客观存在的,但综观全案,顾雏军等人的行为属于情节显著轻微危害不大的情形。侦查期间,法律对无形资产在注册资本中所占比例的限制性规定已经发生重大改变。原审审理时,顾雏军等人虚报注册资本行为的违法性和社会危害性已明显降低。此外,顾雏军等人虚报注册资本的行为与当地政府支持顺德格林柯尔违规设立登记有关,也并未减少顺德格林柯尔的资本总额。

对于**违规披露、不披露重要信息罪**,最高人民法院再审认为,原审认定顾雏军等人在2002年至2004年间将虚增利润编入财会报告后向社会披露的事实存在。但是,根据刑法规定,必须有证据证实提供虚假财会报告的行为造成了"严重损害股东或者其他人利益"的危害后果,才能追究相关人员的刑事责任。根据相关司法解释,"严重损害股东或者其他人利益"是指"造成股东或者其他人直接经济损失数额在五十万元以上的",或者"致使股票被取消上市资格或者交易被迫停牌的"情形。本案中,在案证据不足以证实本案存在上述情形。由于侦查机关收集司法(会计)鉴定意见和四名股民证言的程序违法,原第一审未予采信。原第二审在既未开庭审理也未说明理由的情况下,采信其中三名股民的证言,确属不当。案件再审期间,检察机关提交的民事调解书系在本案原判生效之后作出,未能体现顾雏军等人的真实意愿,且不能客观反映股民的实际损失。本案也不存在"致使股票被取消上市资格或者交易被迫停牌的"情形,原审以股价连续三天下跌为由认定已造成"严重损害股东或者其他人利益"的后果也缺乏事实和法律依据。综上,原审认定科龙电器提供虚假财会报告的行为严重损害股东或者其他人利益的事实不清,证据不足,不应追究顾雏军等人的刑事责任。

对于**第三个罪名挪用资金罪**,共涉及两起事实,其中顾雏军、姜宝军挪用扬州亚星客车6300万元给扬州格林柯尔,合议庭认为原审判决事实不清,证据不足,且适用法律错误,不应按犯罪处理。但原审认定顾雏军、张宏挪用科龙电器2.5亿元和江西科龙4000万元归个人使用,进行营利活动的事实清楚,证据确实、充分。从再审查明的事实和证据来看,能够证明顾雏军挪用这笔钱,利用了职务上的便利,而且挪用了作为本单位的资金是归个人使用,被他个人用于注册新的资金谋取了个人利益。所以从这个意义上完全符合刑法规定的挪用资金罪的构成要件。

依法纠错,彰显司法公正。改判的事实及理由在一审、二审期间,李贵方作为辩护律师在辩护意见中均有所陈述,时隔多年,顾雏军案的再审判决体现了实事求是、依法纠错和罪刑法定的原则。顾雏军案再审过程堪称一堂依法治国的法治公开课。

国家赔偿如何计算?

2021年1月12日,顾雏军在个人社交平台发布动态称,已向广东省高级人民法院递交"国家赔偿申请书",而广东省高级人民法院也已经接收了申请书以及相关材料与证据。这是否意味着广东省高级人民法院开始受理此次申请?顾雏军表示:"我已经等了15年,我当然还有继续等下去的耐心和决心!"在顾雏军"国家赔偿申请书"中共提及16项赔偿事项,主要涉及三个方面:一是返还被非法转让的4家上市公司股权,分别是原科龙电器股权26.43%、原扬州亚星客车股权60.67%、原合肥美菱股权20.03%、原襄阳轴承股权29.84%;二是返还申请人及格林柯尔系公司在江西、扬州、合肥、商丘、深圳、珠海、天津等地的土地厂房共计8000亩;三是赔偿顾雏军人身自由损害和精神损害,申请赔偿金额共计1.2亿元。

2022年1月7日,广东省高级人民法院对顾雏军申请国家赔偿案作出决定,决定赔偿顾雏军人身自由赔偿金28.7万余元,精神损害抚慰金14.3万元,返还罚金8万元及利息。对于这个国家赔偿决定,顾雏军自是不服。就连原全国工商联党组书记胡德平也就此连发三篇《外行人说法律》!从顾案最终结局和过程来看,国务院相关协调会作出的许多正确的决定,并未得到正确执行,而是大大走样了。纠正冤假错案,这才是顾案能被最高人民法院提审并给以国家赔偿的意义所在。

四、为自由与生命的权利辩护

张子强感谢律师辩护

1998年12月5日上午,在广州郊外的刑场上,张子强及其他四名同伙被依法执行死刑。至此为止,有"亚洲第一大案"之称的张子强犯罪集团案终于落下了帷幕。在1998年,被媒体称为"世纪贼王"的张子强,曾在几年中横行于香港和内地,绑架、抢劫、走私武器、运输爆炸物,其名字无人不知。

1990年2月22日,在香港启德机场,张子强带领四名手下,持枪抢劫了瑞士劳力士总公司空运到香港的40箱共2500只劳力士手表,总价值为3000万港币。此案经香港警方侦查,虽发现了一些线索,但是没有找到确凿证据,只好作为悬案挂了起来。1991年7月12日上午,香港某银行要调配一部分现金到美国,其中有美金1700万、港币3500万,总值约港币1.7亿元。然而,犹如劳力士案的重演,这笔巨款在机场全部被张子强等人劫走。为此,香港高等法院以抢劫罪判决张子强入狱十八年。然而,张子强在入狱三年后被香港终审法院裁定无罪释放。为此香港警方后来赔付了张子强800万港元的"冤案赔偿费"。

1996年年初,出狱不久的张子强起了"动动"香港富商的念头。经过周密计划,1996年5月23日,张子强等将某香港富商的长子劫持。1997年9月29日下午6时许,尝到绑架富豪甜头的张子强随后又盯上了另一名香港富商。以上两起绑架行为,由于被绑富豪的低调处理,竟在较长时间内不为外人知晓。1997年10月间,为了进一步实施绑架行为,张子强通过其同伙从广东省汕尾市非法购买炸药818.483公斤、雷管2000支、导火索750米,分装在40个泡沫箱内伪装成海鲜,并于1998年1月7日运至香港,同月17日,该批爆炸物被查获。

……

但是,不可一世的"大佬"张子强等人并没有想到自己竟在1998年遭遇了灭顶之灾。1998年7月22日,张子强因涉嫌绑架等罪而被广州公安机关逮捕。8月26日,香港警方逮捕了15名涉嫌为张子强洗钱的嫌疑人,冻结了1.6亿港元的物品。同年10月30日广州市中级人民法院一审认定张子强构成非法买卖爆炸物罪、绑架罪、走私武器、弹药罪,主刑分别判处死刑、无期徒刑,决定立即执行死刑。张子强随即向广东省高级人民法院提出上诉。

在此期间,香港一位人士约我,提出要请我们担任张子强二审案件辩护人。1998年11月,德恒接受张子强及其家属委托,指派林维律师担任张子强的二审辩护人。本案发生在香港回归周年之际,备受舆论关注,内地及香港各大报纸、电台、电视台都对本案进行了跟踪报道。而且因为本案直接关系到《香港特别行政区基本法》所规定的香港特区独立司法权、终审权、高度自治权等问题,因而变得极为敏感。此外,本案之审理涉及内地与香港特区之间的刑事管辖冲突,而当时相关司法协助又无明文规定,这就导致了各方面对"一国两制"政策中审判独立是否会受本案影响而产生疑问。

接受委托后,我和贵方、林维组成办案组,林维律师会见了被告人张子强,仔细查阅了本案所有案卷,不放过任何蛛丝马迹。经过大家的共同努力,共同讨论,分析案情,终于形成了一份长达32页的辩护意见。辩护意见认为一审判决在管辖和实体审理上均存在着适用法律不当、事实证据不清和司法管辖的问题。

辩护意见认为本案中所认定之事实多基于被告人口供,缺乏确实、充分的物证、书证、证人证言、被害人陈述等其他证据佐证;甚至在走私武器、弹药罪中,没有出示可资以佐证的判决所认定的全部枪支弹药;在绑架罪中,没有任何有关被害人的陈述、辨认。律师大胆提出:"在绑架这类侵犯人身权利犯罪中,被害人之举报、证实是案件成立的前提和基础。没有被害人,就等于案件未发生过。"并且,仅仅依据同案被告人口供进行相互印证,即据以定案,也违背了刑事诉讼法的有关规定。

同时,一审法院仅因个别犯罪人参与了其中数起犯罪,而将若干互不相干的共同犯罪合并审理,不恰当地将张子强作为第一被告人,在事实和法律上不合理地加重其地位,使其在量刑中受到不利影响。一审判决对于张子强所作之量刑存在着畸重现象,和触犯同一罪名、犯罪性质完全相同、情节基本相同、社会危害程度基本一致的其他被告人的量刑之间存在严重失衡。

尽管本案二审判决最终结果未能挽救张子强的性命,但是德恒律师从维护法律的尊严出发,依法依证据尽职尽责为其辩护,给当事人留下了很深的印象。张子强本人及其家属对律师的表现表示满意。德恒律师的辩护也在粤港两地产生了正面的影响,体现了中国律师的职业水准与能力。

生命倒计时法律临终关怀

2021年4月1日晚,王灵芳律师来电话说:"今天会见张育军,他说医生告诉他可能得了癌症,已转移,活不久了。他皮肤暗黄,样子已经很难看。"怎么会?我大吃一惊,"立即申请取保候审!要到专业的医院去治。""已经申请了。因已经开庭还没判,取保向天津二中院提的。"

这位被告人之前是中国证监会主席助理,博士,善于研究,出版过证券专著,能讲也很自信,曾带领中国证券业代表团去巴西开展中巴证券市场的拓展合作。德恒律师在证券业务领域也曾与其同台切磋证券业务改革与国际合作。

2015年9月16日,他被立案审查并采取"两规"措施。天津市人民检察院第二分院于2018年3月18日将其以涉嫌受贿起诉至天津市第二中级人民法院。其妻请求我们一定要为他辩护。我指派陈雄飞、王灵芳律师担任辩护人,经过承办检察官、法官和司法行政机关、律师协会及法律援助机构等方面的沟通,曲曲折折,终于进入审判程序。2019年5月16日,本案公开开庭审理,陈王二位律师在庭上作了高水平的无罪辩护,庭前庭后沟通也都较为顺畅。但一直没有作出一审判决。

为当事人尽心提供最后的法律服务。虽然德恒律师只是张育军的辩护律师,但张育军尚未被判决有罪,而唯一能够接触到他的人就是律师。他突发重疾,随时有生命危险。律师立即向法院提出申请变更强制措施,使其能够去医院医治,律师在此时应当帮助当事人,至少能够尽到在他生命倒计时阶段的法律临终关怀。我向有关领导紧急报告张的情况。相关领导表示,救人要紧。

2021年3月,张育军腹痛数日,被天津市第一中心医院诊断为:胰头占位病变、梗阻性黄疸。医院进一步告知:该症恶性程度高,发展迅速,极易转移,危及生命。4月1日下午,律师在会见中了解到,张的身体状态已经非常糟糕,医生高度怀疑其为胰腺癌,且已转移,其生命可能最长不超出三个月,近期要进行各项大小手术。

4月2日,律师递交了取保候审申请书,希望张育军能在取保后前往专业肿瘤医院进行及时有效的医疗,也希望能有家属在旁倾力陪伴与照料,尽最大的努力来挽救其生命。申请书论述了其本人被指控的罪名为受贿罪,不具有任何暴力性,没有任何人身危险性,不予羁押不会危害社会。而且,本案已经经过法院公开开庭审理,相关证据办案机关已经全面收集并在法庭上公开质证,对其取保候审也不会发生毁灭证据、互相串供等危险。另外,张育军在被羁押前有良好的社会地位,有稳定的家庭和工作,不会发生逃跑等妨害诉讼程序顺利进行的情形。根据《刑事诉讼法》第67条的规定,患有严重疾病,采取取保候审不致发生社会危险性的;或者可能判处有期徒刑以上刑罚,采取取保候审不致发生社会危险性的,依法可以取保候审。张育军的情况符合取保候审的条件。张妻收到看守所通知后,也立即提出了取保候审去医院救治的申请。

给绝望的人以希望的会见。张育军突发癌症的情况震惊了我。他通过代理律师传话非常希望能够见到我。在证券法律业务领域,我带领的德恒律师一直非常活跃,此时去会见这样一位案涉"证券犯罪"的被告人,还是要想一想。如果我去会见他,可能使他说出想说的话,或许使他对生命对未来还抱有希望。如果不去会见,他一定会失望或绝望,或许……我意识到,律师,也许就是此时才显示出职业优势,只有你才是那个对他生命至关重要的人!

我决定去会见张育军,通过内部协调变更,办好委托手续,申请预约会见。2021年4月6日,清明节过后第一天上班,我驱车赶到天津看守所。16时,我和王律师进入会见室。因疫情控制,看守所采取严格防控措施,只能在会见室以电脑视频会见。会见双方全部戴口罩,通过视频镜头看到彼此。

我告诉他,大家都在为他做取保工作,也在为他找医院和医生,现在有实验特效药。我向他介绍了脑场治疗法,有条件时可以用来治疗。会见中,听声音,情况比我想象得要好,只是人瘦了很多。

张育军大声说:"现在你就是我遇到的最重要的人,请你为我取保候审多做工作。今天上午去医院看了,做引流要做一段时间,再穿刺确定是不是癌症。处理完黄疸没准就好了。"我告知他,已经向法院提出申请,有关方面本着人道主义精神,态度是积极的。

张育军要我记下一段话:写两封信。第一封同时寄给"两高"、中央纪委国家监委,内容是:我因非法从事股票交易被羁押六年。法院已经开庭尚未判决。律师作了无罪辩护。这六年来我不断反省,认罪伏法。最近我突发疾病恐来日无多,我要求尽快取保或判决,认罪认罚。我无限热爱党,忠诚于党的事业,坚决拥护党中央反腐,拥护中央决策。如果有来生也要一直跟党走。第二封信以张的名义写给中国证监会的老领导和现任领导。他一字一句说出同第一封信相同的内容,对中国证监会新主席表示感谢。

会见过后,我亲自向张的工作单位领导写信,转达其请求,也向有关方面报告了情况并持续联系促进。这些工作明显起到了作用。4月12日,张入住天津肿瘤医院,法院变更强制措施为指定居所监视居住,王律师亲自在医院跟进。13日,经过我们持续申请,家属得以顺利入院陪护。26日,张育军要我提到的"脑场治疗指引",我马上转发给他。28日,天津肿瘤医院确诊胰头癌淋巴转移。重离子治疗是可选择的方案,国内目前只有上海的医院能做,要尽快做,贻误了时机,再好的设备也没有用。律师赶去天津市第二中级人民法院提交到上海市治疗申请,与家属和各方面进行了充分沟通。

5月7日,王律师告知:张育军本人提出认罪服判,要求立即判决,服刑期间去医院治疗。律师积极沟通判决后的监外执行。2021年6月7日上午,法院宣判,判处张有期徒刑11年,判处罚金100万元。律师为其提出10天上诉期满后去上海的书面申请。

为在判决生效之后立即办理监外执行马上去上海治病,我们又提前向负责办理监外执行手续的北京市司法局和西城区司法局报告,沟通说明情况,获得了各方面的理解与支持。6月18日,判决上诉期满,北京与天津联系安排妥当。张乘车从天津出发,到达北京后直接在金融街的丰融园小区办完交接手续,立即送到怡德医院住院。从19号开始,西城司法局与家属落实上海方面住院并核查有关情况。25日,家属报告已经落实上海医院下周一的床位。27日中午12时,张育军乘高铁商务座离京赴沪,又经过一番努力,总算办好了入院手续。

2021年8月7日晚上,家属告知,张数日前在瑞金医院做第一次化疗,身体反应很大,接连数日高烧,意识有些混乱。8月21日,医院下了病危通知。家属拨通了我的手机,张育军在电话里一个劲儿地道谢。我还是鼓励他加油努力。他的夫人恳请律师每天给他发一段语音鼓励他,说他听到心里明白。29日9时许,张育军去世,时年57岁。张夫人第一时间告诉律师,并对我们表示了深深的感谢。

一段法律服务的临终关怀终结了。在这段时间,陈雄飞、王灵芳律师几乎放下所有的工作,全情投入这段临终关怀的法律服务中。德恒律师和中国证监会,津京沪三地的法院、检察院、司法局、看守所和医院及其亲朋好友等所做的方方面面工作,都显示出法治的尊严和人道主义的光辉。

律师这样做值得吗?他有没有感觉到生命的自由?王律师说,张育军回到他工作过的老地方——金融街的那几天真是很高兴。我不由地感慨,做律师做到法律的临终关怀,殊为难得,惟吾德馨。

印象深刻的被告人名单

"反腐"的法治境界。党的十八大以来,"十年磨一剑"的反腐"刮骨疗毒",使党的队伍更加干净纯洁。在复杂、敏感案件的处理过程中,德恒刑事业务律师奉行依法、平和、稳健的处事风格,根据案件需要,采取法治和德治相结合的处理方式,以实现客户利益最大化,社会利益最大化。德恒刑事业务形成了口碑相传的正面效应,赢得了客户、业界同行及社会公众的认可与高度评价。德恒刑事律师至今办理了多起原副国级、省(部)级官员的重大案件以及其他多起知名疑难案件,取得了良好的辩护效果与社会效果,赢得了当事人方及司法机关的肯定。如原河北省委书记周本顺案,原最高人民法院副院长奚晓明案,原江西省副省长姚木根案,原山西省委常委、太原市委书陈川平案,原证监会主席助理张育军案,原山西省政协副主席令政策案,原中纪委副部级官员张某某案,等等。德恒律师为中央国家机关干部开展预防违法犯罪法律讲座,以案说法,扫除法盲,警示教育,使其自觉尊法守法护法,与违法犯罪作斗争,同时,以案为镜,律己正人,以儆效尤。德恒律师以依法维权法律服务的方式,以法治巩固了党纪监察的反腐成果。

反腐的安全警戒。金融、证券犯罪关系国家经济安全,由于其专业性、交叉性以及涉众性,对刑事律师提出了非常高的要求。德恒刑事律师在金融、证券犯罪业务领域积累了丰富的经验,代理了多起全国有重大影响的刑事案件,不仅获得了良好的辩护效果,且有效协助相关部门处理解决涉众疑难问题。例如:违规披露和不披露重要信息案,包括中国经济开发信托投资公司原总经理姜某某操纵证券交易价格案(定罪不处罚),东方电子主要负责人提供虚假财会报告案,齐鲁银行遭遇的系列贷款诈骗、票据诈骗案,安邦集团原董事长吴小晖集资诈骗案,"昆明泛亚"非法吸收公众存款案,西北证券董事长非法吸收公众存款案,香港人参交易所非法吸收公众存款案,黄某系列案中财务总监内幕交易案,长春某上市公司高管内幕交易案,徐翔操纵证券系列案中的万邦达高管案,灵岩投资法定代表人竺某案,丹东欣泰董事长欺诈发行股票、违规披露信息案,某安保险法定代表人背信运用受托财产案(无罪),受北京金融局委托对80多家互金企业进行风险专项整治核查案。

刑事风控和刑事合规是德恒刑事律师大力推进的业务领域。刑事风控和刑事合规将律师工作提前到刑事追诉之前,变救济为预防,帮助企业建立、完善合规制度,有效应对可能的刑事法律风险。德恒刑事律师已经成功为众多金融机构、投资公司、大型国企以及上市公司提供了系统或者专项风控合规法律服务,拥有一套独立的操作体系和工作规范。如:为中国移动通信集团近十个电商业务板块出具专项合规分析报告(包括数据合规),为京东金融旗下的网贷平台出具合规报告,为北京十几家网贷平台提供互联网金融风险专项核查的整改合规咨询,为"百度互联网消费众筹平台"提供法律合规以及方案设计服务,为新西兰某数据公司在华大数据业务提供合规服务,为中某信托提供刑事风控合规服务,为某某资产管理公司提供刑事风控合规服务,为上市公司嘉某股份提供刑事风控合规服务。

英气飒爽的刑辩女律师

法学博士程晓璐,曾为检察官,荣获北京市优秀公诉人称号。现为德恒刑事专业委员会副主任兼秘书长、北京市西城区律师协会业务指导委员会副主任兼刑事专业研究会负责人、中国诉讼论坛"中国刑事诉讼专家律师"、首都"刑辩十人论坛"秘书长。这是个美女律师,她从北京市检察院辞职出来转行律师。执业以来她最难忘、感受最深的事情,是切切实实经历的一场刑辩律师的雪夜惊魂之旅。

这是晓璐执业以来耗费心力最大的案件之一,是河南首个零口供职务犯罪案,案外因素的干扰成为办理本案最大的挑战。而案件本身极具难度及当事人和家属频繁的会见和取证需求,使得律师无论严寒酷暑,二十余次往返于北京与鹤壁、三门峡、濮阳之间。律师调取新证据达70多份,动摇了公诉方指控的部分事实,为案件的转机带来希望。

本案2017年一审判决去掉两起指控事实,二审维持原一审判决。当事人仍不服,2018年,程晓璐再次接受委托代理申诉。2019年,河南省高级人民法院决定再审立案,经审查后,指令原二审法院再审。原二审法院认为事实不清、证据不足,裁定发回原一审法院重审,重新审理后改判量刑大幅度减轻。

2022年度LEGALBAND推荐程晓璐为中国律师"商业犯罪与刑事合规15强"。

王轶楠律师已经成长为合伙人了。有一次,我听到别人背后对她的夸赞,当面一问,她娓娓道来两个案子。这才知道,对这个年轻的律师要刮目相看了。

第一个案子是刑事执行案件。委托人找到德恒,因其父被判处刑罚并处没收个人全部财产,其母亲因病生活不能自理。现案件进入执行刑事判决阶段,执行法院将其名下一套房产认定为其父个人财产并予以查封。这套房产是他名下唯一的房产,如果被没收,那么他就面临无房可住的境地。经过王轶楠律师的努力,最终不仅帮委托人保住了这套房产,法院还从执行财产中优先偿还了涉及这套房产的700余万元购房款借款。

第二个案子是一个代理故意杀人案被害人的案件。委托人是受害人的父亲,刚开始接到他的电话咨询时,他提到最多的一句话就是"我要杀人者偿命,要求法院判他死刑,不行我就去北京上访"。王轶楠律师接受委托不久,当地司法鉴定所关于犯罪嫌疑人"无刑事责任能力"鉴定意见就出来了。委托人不服,经律师与公安机关充分沟通,公安机关同意另请鉴定机构重新鉴定。同时,律师向委托人释法说理,司法鉴定是个科学过程,无论重新鉴定的结果如何,都应尊重重新鉴定的意见。经重新鉴定,犯罪嫌疑人为"限定刑事责任能力"。王轶楠律师欣慰地说,坚持重新鉴定是很难,律师坚持一下就有了这一改变,这不仅是对生者的抚慰,也是对这个案件中被无辜杀害的年轻女性的一丝慰藉。

为外国当事人依法维权

在律师眼中,依法维权,不仅是依中国法,在不同法域下也要遵守该法域的生效法律;不仅是依法为相同国籍的人服务,也可以为不同国籍的人服务;不仅为其维护民事权利,也要为其维护刑事权利。依法办理应对中国国家机关对外国当事人执法的案件是德恒依法维权的重要业务。涉外刑事业务要求律师具备法律素养和外语能力,还需要政治过硬。德恒刑事律师能够熟练运用英文、日文、法文、韩文、德文、俄文等语言处理涉外刑事案件,在该业务领域拥有丰富的办案经验。例如:全球大宗商品交易商某某公司骗取金融票证案,钓鱼岛冲突事件中的日本间谍案,法国某红酒公司走私红酒案,韩国某天集团聚众赌博案,德国某公司主要负责人走私案。德恒律师还担任了加拿大使馆法律咨询专家库律师。

德恒律师陈雄飞在一起中国有关机构对"日本间谍"案的处理过程中,忠实地履行了律师依法维权的使命。中方在河北抓捕两名涉嫌"间谍罪"的日本嫌疑人。德恒律师陈雄飞接受日本大使馆代表其家属委托,为其提供法律咨询和辩护帮助。

陈律师接受委托后,经初步研究后感到本案不仅涉及法律和证据问题,还可能涉及两国间的敏感问题。律师不仅需要法律功底,还需要熟悉外交和国际政治。当时两国民众情绪激动,如果律师处理不好,会引起社会上民众对律师事务所和律师的攻击。如果律师拒绝或者不尽职处理,甚或表现出某种国家、民族倾向,都会被别有用心的人用来攻击我国司法、法治和律师制度。律师必须政治站位要高,法律功底要强,外交处理要懂,职业担当要足。

陈律师依据律师准则和实事求是原则,进行法律分析,一方面对当事人进行中国法律的讲解,一方面请日本使馆工作人员了解中国的法律。根据当事人的情况介绍,也让其知悉并关注到两名被捕的日本人确实存在的问题。根据委托人的要求,陈律师分析了法律上和其他可能解决问题的途径,对本案下一步的走向和时间进行了预判。最终本案的发展和解决,与陈雄飞律师提出的可能解决方案以及时间预判基本吻合。德恒律师在本案的法律与政治、外交等因素的综合预判中发挥了专业作用,得到了当事人的信任与肯定。

成功的无罪辩护

太原办公室何锐律师。他从2016年入职起就对"你为什么要做律师?你为什么要做刑事律师?你为什么要给坏人辩护?你为坏人辩护时在想什么?"诸如此类问题进行思考。他在大学学习时,因对沉默权这种"不说话"的权利感兴趣,竟然与其刑法老师从2004年一直聊到2022年。

第一个无罪案件。2017年1月,何锐办理了一个故意伤害案,经分析,认为是正当防卫,不构成犯罪。本案一波三折,先是与公安机关据理力争,又向检察机关提交不批捕的法律意见,获不捕决定,犯罪嫌疑人走出看守所。之后,公安机关搜集证据,再次以故意杀人罪将其逮捕。太原市中级人民法院开庭审理,何律师坚持认为其是正当防卫,不构成故意杀人罪。然而,当年的正当防卫条款一直处于"休眠状态"。2017年12月28日,太原市中级人民法院认定本案被告人正当防卫成立,不构成故意杀人,宣告无罪。何锐律师人生中代理的第一份真正的无罪判决案件就此诞生。临别时,合议庭的一位法官对何律师说:"没想到吧。"的确,律师以前拿的都是不起诉之类的裁决,收到无罪判决那一刻,终于体会到刑事律师的价值和意义。因为我们都有一颗追逐公平正义梦想的心,通过律师的努力,梦想成为现实。

本案庭审中,被告人情绪突然失控,何律师请求休庭的同时,说了句:"可以(给被告人)倒一杯热水吗?"法官不仅同意休庭十几分钟,而且让法警给被告人倒了一杯热水。很久以后,当日参加庭审旁听的记者对何锐说:"你在法庭上要求给被告人倒一杯热水,温暖了在场的每个人,我决定报名参加司法考试,还报了个辅导班。"何锐说,每每想起这杯热水,也温暖了他,鞭策着他前行。

第二个无罪案件。2018年中期,何律师接到了耿某放火辩护案。一审法院以放火罪判处耿某10年有期徒刑。一审辩护人系省内资深老律师，作的是"骑墙式"罪轻辩护。本案证据之间存在矛盾，疑点无法合理解释。二审承办法官认真、负责听取了何律师意见，之后将本案发回重审。之后，何律师从申请调查证据到申请证人出庭等做足了功课。然而，一审法院依然以放火罪判处被告人耿某有期徒刑10年。再次进入二审，耿某不胜压力想早点服刑减刑。何锐沉默良久还是坚持了辩护意见。经申请开庭，极其负责任有担当的太原市中级人民法院同意开庭。2020年9月30日，太原市中级人民法院二审终审判决宣告耿某无罪。羁押1063天以后，耿某重获自由。这一瞬，刑事律师的成就感无可比拟，所有的付出都值得。刑事律师亲历了理念的提升，人权的保障和法治的进步。耿某放火案入选2020年度全国十大无罪辩护经典案例。

何锐律师感慨，作为刑事律师，每当拿到一个不起诉的裁定，拿到一个免予刑事处罚，拿到一个全案脱黑，甚至拿到无罪判决……这些都会坚定我选择刑事专业化道路的信念。生活没有那么轰轰烈烈，更多的时候，我们为保障当事人的合法权益奔走呼吁，尽己所能，去追逐公平正义，去实现有效辩护。所有这一切，都要感谢德恒大家庭对他的支持和关爱。

魔高一尺　道高一丈

币圈诉讼。对于游走在监管边界的"金融创新"，德恒律师接受某"通道"服务银行委托提供诉讼代理服务。在诉讼过程中，律师经过大量的证据分析、事实梳理、策略研究、多次庭审模拟，穿透"金融创新"的交易形式，对交易的法律性质进行正名，据此实现交易中法律风险的合理界定与分配。律师不仅维护了客户的利益，更为司法如何正确判定与规避金融风险提供了有益的实践。2022年，德恒刘扬律师代理了中国币圈的数个大案，如币安某算力币项目被控非法吸收公众存款案，某头部交易所被控非法经营案等，取得了较好的结果。其中有一起是当事人更换了很多所谓的网红律师后，最终确定由德恒律师来代理。德恒律师还为一个以数字货币为依托的外汇平台非法经营，河北衡水武邑的自由协议和小浣熊项目被控组织领导传销，岳阳平江县某交易所被控开设赌场，徐州A网被控非法经营和开设赌场，都提供了法律咨询服务。

涉嫌诈骗六百余万元虚拟数字货币案。张某是一家虚拟数字货币交易所的实际控制人,涉嫌诈骗被害人90万元美金和25万元人民币,总案值600余万元。该"交易所"通过代理商吸引客户进场交易,进而赚取手续费并实现盈利。2021年5月18日,互联网金融协会、中国银行业协会、中国支付清算协会出台公告,要求会员机构不得开展虚拟货币交易兑换以及其他相关金融业务,提醒防范虚拟货币交易存在的风险。本案于2021年2月移送审查起诉后,德恒律师介入辩护环节,2021年7月20日检察机关作出不起诉决定。本案办理期间正是国家逐步加强虚拟数字货币监管时期,司法机关对币圈刑事案件处于严打趋势。刘扬律师具有法律和信息工程研究背景,在移送审查起诉阶段,通过仔细充分阅读案卷材料,结合对行业和技术的了解,依据被害人提供的客观证据,对涉案虚拟数字货币链上转账情况、钱包地址情况、交易所服务器数据情况等进行深入地址分析。经过律师向办案检察官陈情,证明:一是张某在事前没有和代理商共同诈骗被害人的主观故意,二是张某在侦查阶段的供述与区块链上的记录情况严重不符,口供存在造假,三是张某关闭交易所服务器系因频繁遭受攻击,与本案无关,并非逃避侦查打击,四是交易所不存在技术性修改K线行为,被害人损失不排除系因行情波动引发,五是证明被害人并非基于错误认识处分财产。

因为本案涉及虚拟数字货币,检察机关也是初次接触,代理律师多次和办案人员沟通案件情况,探讨区块链和虚拟数字货币相关知识,介绍炒作虚拟数字货币的行业形态。最终检察机关认为:现有证据无法证实被害人的损失是如何造成的,张某是否实施了骗取他人财物的行为不清,是否具有非法占有目的不清,现有证据不符合起诉条件,并最终作出证据不足不起诉决定。本案是山东省临沂市检察院承办的第一起虚拟数字货币诈骗案件,案发时虚拟数字货币,并不为一般社会大众所熟知。虽然监管政策不断趋紧,但从打击刑事犯罪的角度来讲,相关虚拟数字货币司法解释尚未出台,为辩护赢得了空间。同时,在犯罪嫌疑人既有不实口供且是有罪供述的情况下,通过客观证据让检察官内心认可证据为王,为犯罪嫌疑人重新录制了口供,并最终作出不起诉决定。本案能实现证据不足不起诉,体现律师在新兴犯罪领域中发挥的专业服务作用。

涉嫌诈骗两万枚以太坊案。2018年,李某制作了"未上市公司股权交易平台"项目白皮书,向相关机构募集20000枚以太坊,承诺向投资人按照一定比例兑换项目发行的虚拟代币×,并推动在交易所上市交易。时逢监管政策收紧,比特币行情下行,其发行的虚拟代币虽然上市,但币价一路下跌,最终归零。其中一名投资人因投资损失了50万元人民币,向北京市公安局朝阳分局报案。2021年6月7日,李某被朝阳分局刑事拘留,同年7月13日,朝阳检察院对李某作出不予批准逮捕决定。2022年7月,朝阳分局解除对李某的取保候审强制措施,并将扣押的电脑、手机、硬盘等物品发还李某。

刘扬律师在李某被刑拘后代理本案,通过会见李某,了解到其募集到的以太坊全部用于公司经营,公安机关认定的其豪宅、豪车系由违法所得购买的情况不属实。随后,辩护人调取了李某涉案银行流水,以及李某给财务人员的转账记录,通过上述记录"反推"李某所变现的金额需要消耗的以太坊数量。最终,在没有虚拟数字货币交易所交易记录的情况下,将反推环节形成完整闭环,使得检察官内心确认李某将募集的以太坊全部用于公司经营,没有用于个人生活。同时,辩护人在家属和李某朋友的协助下,调取了李某此前的投资合同、转账记录、支付记录等相关证据,对相关流水进行逐项说明并辅以客观证据,证明李某购买豪宅、豪车的钱款来源合法。最终,辩护人的辩护意见被检察官采纳,认为证明李某将所募集的以太坊非法占有的事实不清、证据不足,对李某作出不予批准逮捕决定,在取保候审的一年时间内,辩护人多次提供对李某有利的证据,并向侦查机关提交多份法律意见书,旨在证明李某不构成非法经营、非法吸收公众存款等其他犯罪。最终,取保期满后,公安机关没有再次向检察院移送审查起诉,并解除了对李某的取保候审强制措施。

本案是北京市公安机关打击的第一起虚拟数字货币ICO(首次代币发行融资)案件,具有典型的ICO特征。随着虚拟数字货币在2021年开始进入牛市阶段,为更多人所熟知,司法机关对虚拟数字货币的认识和理解也更加深刻。本案从李某被采取强制措施至解除强制措施,其间国家相关部门多次发布监管政策,逐步加大对虚拟数字货币的监管力度。在此情况下,通过辩护律师的不懈努力,调取了大量证明李某无罪的证据,动摇了侦查机关组织的证据体系,最终没有向检察院移送审查起诉。

魔高一尺,道高一丈。律师在打击新型犯罪中,依法维护了人民权益。

五、WTO 下的"三反"烟消云散了吗

即使是在加入 WTO 谈判过程中,中国也遭受了 WTO 规则下的大量反倾销、反补贴调查和惩罚。这是中国改革开放后融入世界要迈过的第一个坎儿。德恒律师在帮助企业应对反倾销的过程中,学习规则、遵守规则、利用规则、参与制定规则,亲身体验和应对了全球化的机遇与挑战。

*应对美国打火机反倾销案,赢了满贯!*①

1994 年 5 月 9 日,美国 BIC 公司代表美国一次性打火机制造业向美国商务部(DOC)及美国国际贸易委员会(ITC)提出对向美国出口一次性打火机的 57 家中国公司征收反倾销税,指控其低价倾销行为导致美国其他厂家关门停产,迫使 BIC 公司降价销售,严重侵害其利益。1994 年 5 月 31 日,DOC 国际贸易小组以 5∶1 表决通过对一次性打火机倾销案立案调查。同时,ITC 已根据初步调查结果认为从中国进口的一次性打火机给美国制造厂家带来经济上的损害。7 月 1 日,DOC 发出反倾销调查问卷,要求被诉厂家 8 月 9 日前完成并提交 DOC 反倾销调查办公室。此时,中国正在争取加入 WTO,必须按照其规则接受成员国的反倾销调查。

1994 年 7 月,机电商会召集应诉厂家通报情况。我和李贵方与商会和五家公司沟通,提出由中国律师与外国律师合作办案,中方主导客户,美方负责程序的新思路,得到客户和商会的支持。我们聘请了美国华盛顿特区颇有反倾销诉讼经验的凡纳布律师事务所的约翰·歌礼和麦亚·林赛律师,摩斯·布赖特律师事务所的约翰·奈勒律师加入应诉律师组。我们决定三步走,第一步争取区别税率,第二步争取最低税率,第

---

① 参见中国律师事务中心反倾销工作小组:《应诉美国一次性打火机反倾销案的几点体会》,载《中国律师报》1995 年 10 月 4 日。1994 年《中国青年报》等多家媒体报道打火机反倾销案胜诉的消息。

三步全力以赴争取 ITC 作出无损害裁决。这是一个对中国该产业所有公司最无私的支持方案。我们用中文编写了应诉指南、调查问卷和申诉书要点指导客户。从 1994 年 8 月 6 日开始，我和李贵方、张益宏、约翰·奈勒律师到广东轻工、高要（香港）华发轻化有限公司（简称"高要华发"）、中国海外贸易总公司（简称"中海外"）指导客户应诉填表。美国律师申请延期成功。DOC 初裁结果理想，其中合资企业反倾销税仅 0.10%。而未应诉公司为 197.85%。

美国原告收到 DOC 初裁后，又以短期内大量进口为由申请 DOC 特殊裁决。1995 年 2 月，我们赴美会师美国律师一起拟定核查对策。1995 年 2 月 24 日至 3 月 16 日，美国商务部官员一行 4 人到中国核查，中美律师及机电商会代表参加了全部核查工作。DOC 官员对各公司每笔出口货物的成交价格、数量，生产厂家的生产成本、数量、工人工资、包装仓储及煤、电、水消耗等逐一进行核对，查证各种原始凭据。厂家提供了大量原始材料证明答卷内容及各种数据的准确性。外商投资协会代表一些公司企业亲自赴美出席 DOC 听证会，与律师一起当庭抗辩。经过反复努力与抗争，DOC 终裁将我们代理的三家公司税率大幅下降，中海外从 37.48% 下降到 0，高要华发由 0.10% 下降到 0，广东轻工从 35.08% 下降到 27.91%。据知，"中国"字头国有企业在美国反倾销诉讼中得到 0 税率在国内尚属首次。同时，我们准备 ITC 抗辩工作，1995 年 6 月 2 日 ITC 以 4∶2 作出裁决：中国三家企业向美国出口一次性打火机"对美国相关工业无损害"，免征反倾销税！这样，所有应诉和未应诉公司都无须缴纳任何反倾销税，彻底赢得了这场诉讼。中国进出口企业、商务部、商会和媒体都为之欢呼。

通过承办一次性打火机反倾销案，我们体会到对来自美国的反倾销案必须坚决应诉；反倾销应诉须以中国律师为主，监督督促外国律师做有用工作，维护客户与国家利益；要慎重选择律师。我们的客户一方面非常高兴，同时又对没有应诉的"搭便车"的厂家有意见。我也在反思其中的教训。

应对欧盟"三反"的长跑

据中国贸易救济信息网的数据，2008 年至 2018 年间，全球对中国发起的反倾销调查总计730起,其中,印度发起118起,欧盟发起52起;全球对中国发起的反补贴调查总计147起,其中,欧盟12起,印度8起。印度对我国发起的特别保障措施、保障措施调查案件分列全球申诉国家/地区第一、第二名。

从2013年到2022年,欧盟与WTO成员对中国最大的光伏玻璃生产商和出口商之一,信义集团旗下的信义光伏、信义玻璃控股有限公司(简称"信义玻璃")等发起的反倾销、反补贴和特别保障措施调查等近二十起。信义光伏是欧盟反倾销的"老运动员"也是德恒的老客户。从开始积极填写问卷配合调查,到后来将欧盟委员会(简称"欧委会")诉至欧盟法院获得胜诉,一场一场较量下来,信义光伏不断成长,成为行业龙头。德恒任永忠律师的反倾销团队不离不弃尽职服务,取得了一场又一场胜利。回顾这些惊心动魄的案件,仿佛是WTO现实版的连续剧。

2013年2月,信义玻璃被欧盟立案调查。其在律师指导下按照WTO规则积极配合调查,认真填写问卷,并根据企业自身情况提出市场经济地位申请。然而,欧委会对信义玻璃进行实地核查后,以其享有"企业所得税优惠"为由,拒绝给予其市场经济待遇,并相继驳回了其他三家中国企业提交的市场经济地位申请。2014年5月,欧委会发布反倾销终裁公告,裁定对信义玻璃征收36.1%反倾销税。2014年12月,经同一申请方申请,欧委会就相同涉案产品又对中国企业发起反吸收调查。欧委会"三箭齐发",引发中国光伏企业的强烈反应。信义玻璃据理力争,积极应诉。欧委会反吸收调查之后,再次力压中国光伏产业,整体提高反倾销税,信义玻璃适用的税率已高达75.6%。

德恒律师代理客户于2014年8月将欧委会诉至欧盟法院,请求判定欧委会关于"市场经济地位"的裁决无效。2016年3月16日,在欧盟初审法院第四法庭上,信义玻璃在与欧盟委员会的诉讼中大获全胜。法院判决欧委会于2014年5月13日公布的第470/2014号法令中对信义玻璃征收反倾销税的裁决无效,否定了欧委会之前拒绝给予信义玻璃市场经济地位(MET)的结论,并要求欧委会承担全部诉讼费用。任永忠律师感慨道:这一判决不仅是个案的胜利,而且是一个不畏强权的里程碑式事件。办案律师能为国内企业争取的最大利益就是个案的胜利,将司法程序作为重要的抓手,稳扎稳打,各个击破。① 中国企业终于拿到进入欧盟的通行证。从2013年应诉欧盟对中国光伏玻璃反倾销、反补贴和反吸收调查到取得初审的胜诉,已历时四载。欧委会对判决不服,于2016年6月向欧盟法院提起上诉,欧盟上诉法院二审并发回重审。欧盟法院重审支持了信义玻璃的诉求。欧委会再次上诉。上诉法院支持了欧委会的主张并将一审法院未审理的诉求第二次发回一审法院。本案在来来回回的程序中不了了之。

印度反倾销紧跟欧盟"抄作业"。2016年6月,应印度企业Gujarat Borosil Limited(GBL)的申请,印度商业和工业部(简称"印度商工部")启动了包括信义玻璃在内的对华光伏玻璃生产与销售企业的反倾销调查。信义玻璃在德恒律师帮助下,积极参与应诉,最终获征的反倾销税率在涉诉中企中排名最低。信义集团先后遭受欧盟与印度对华反倾销、反补贴、反吸收调查的重创。经过认真研究WTO规则,信义集团决定调整策略,进行全球化布局,转战马来西亚市场设立信义光能,分散市场风险,重整旗鼓。不料,信义集团依然遭遇印度、欧盟申请方穷追不舍地围攻"追杀"。2018年2月与5月,应印度企业GBL的申请,印度商工部对原产或进口自马来西亚的光伏玻璃启动反倾销调查,调查期为2016年10月1日至2017年12月31日。调查机关向马来西亚光伏玻璃生产商/出口商发送了出口商调查问卷。德恒律师再度披挂出征,代表信义光能单枪匹马应诉。2018年6月11日,印度商工部组织听证会,允许利益相关方就本案相关事实及争议点发表意见。同年11月28日,印度商工部发布终裁前披露,各方就披露结果发表评论意见。2019年1月17日,印度商工部公告最终裁决,认定印度国内光伏产业确实遭受了实质性损害,但造成损害的原因多样,其中包括来自马来西亚的进口光伏玻璃。不过,信义光能不存在倾销行为,无须对其征税,但马来西亚其他生产商/出口商则未能幸免。

印度刚一点火,欧盟立即冒烟。2018年5月23日,应欧盟企业EU ProSun Glass的申请,欧盟委员会决定对原产自马来西亚的光伏玻璃发起

---

① 参见姜业宏:《水滴石穿 从个案中寻求突破》,载中国贸易新闻网,https://www.chinatradenews.com.cn/content/201705/25/c2281.html,查询时间:2022年8月29日。

反倾销立案调查,调查期为2017年4月1日至2018年3月31日。随后,欧委会向马来西亚生产商/出口商发送了调查问卷,仅信义光能参与应诉。2018年10月,调查机关派员赴马来西亚对应诉企业进行实地核查。2018年12月14日,欧盟反倾销调查申请方致函欧委会,请求撤销立案。欧委会于2019年2月15日公告裁定终止调查。

二十年来,作为反倾销老运动员的教练员和陪练者,德恒律师对每个案件都要复盘。德恒律师帮助信义光伏应对欧盟"三反"的长跑,把握住几个诀窍:一是牢牢把握具有市场经济地位之优势。一直以来,"市场经济地位"对于确定应诉企业是否存在倾销行为以及计算倾销幅度具有举足轻重的作用。中国在市场经济地位之争中的劣势导致我国企业屡屡遭受采用"替代国"正常价值之苦。马来西亚的市场经济地位是为印度和欧盟承认的,信义光能产品的正常价值可在其内销价格的基础上,通过对成本、费用等进行核算、分摊、调整加以构造。这是此次应诉需要把握的重中之重。二是厘清应诉企业架构关系。欧盟反倾销实地核查期间,律师代表两家公司就子公司、关联公司关系向核查官进行了详细解释和说明,说服核查官对其共享部分进行严格区分,在计算和分摊成本时做到谨慎、准确、公允。对印度核查官说明原材料关联采购公允价格,使其经过详尽核查后否定了申请方的不实指控。三是准确把握案件进程,全力配合实地/书面核查。反倾销应诉是场持久战,各国家/地区均有其相对固定的反倾销调查流程,企业在应诉时应全面把握案件的进展程度。实地/书面核查作为整个调查过程中最关键的环节,关乎调查机关对企业提交的数据和信息的认定和采纳。此次欧盟反倾销实地核查,短短两天时间内,信义光能配合核查官完成了多个事项的详尽核查,并按照规定格式准备好全部证据资料一并提交给调查机关。

此次印度、欧盟反倾销调查启动时间前后仅隔三个月。通过研究企业的生产、销售数据等,律师团队初步估计,信义光能出口涉案产品极有可能对欧盟光伏产业造成实质性损害。而从涉案产品的定价策略来看,应诉企业对欧盟出口的价格一定比例上高出对印度出口的价格。之所以引起欧盟申请方申诉,主要是其生产成本低廉所致。从这个角度进行倾销抗辩,胜诉把握更大。信义光能舍弃了对欧盟方面的损害抗辩,重点集中于倾销抗辩。针对印度的损害抗辩,律师团队将抗辩的重点放在印度国内产业并未遭受实质性损害上。在仔细研读印度国内产业提交的申请材料后,律师发现申请方提交的数据存在不对应、不一致之处,请求调查机关责令其改正。随着调查深入,律师将抗辩重点放在切断倾销与损害的因果关系上,即其国内产业所遭受的损害并非由应诉企业"倾销"所致。经过积极充分应诉,信义光能最终赢得了此次印度和欧盟对马来西亚光伏企业的反倾销调查。

如何赢得反倾销案,德恒律师对企业做了善意提示:一是要建立反倾销预警机制,案发后积极应诉。二是建立完善的财务系统,集聚强大的团队力量。三是与调查机关进行充分有效的沟通。四是转变经营方式,防患于未然。企业若想从源头上避免遭反倾销调查之苦,选择海外市场分散涉诉风险是重要的举措。

终结印度 DSD 酸反倾销调查,彻底"日落"

德恒助力彩客集团胜诉印度反倾销日落复审调查。2019 年 1 月 15 日,印度商工部贸易救济局公布裁决,终止对从中国进口 DSD 酸的反倾销日落复审调查,不再对彩客集团征收反倾销税。至此,历时七年之久的 DSD 酸反倾销调查正式"日落"。这不仅是彩客集团的胜利,也是中国整个 DSD 酸行业的胜利。

2012 年 7 月,应印度国内产业 Deepak Nitrite Ltd.的申请,印度商工部对原产或进口于中国的 DSD 酸进行反倾销立案调查。彩客集团系香港主板上市企业,是全球领先的染料/颜料/农药中间体生产商,拥有全球最大的 DSD 酸、DMSS 生产基地,其中 DSD 酸占世界市场份额 50%以上。彩客集团下属子公司河北华戈染料化学股份有限公司[先后更名为"彩客化学(东光)有限公司""河北彩客化学有限公司",简称"华戈染料"],作为全球 DSD 酸最大的供应商之一,委托德恒协助其应诉。2013 年印度商工部裁决,对中国生产商/出口商征收为期 5 年的反倾销税,其中华戈染料为 270 美元/吨,中国其他生产商/出口商为 460 美元/吨。2015 年 10 月,印度商工部启动反倾销中期复审,在德恒律师的帮助下,彩客化学(东光)有限公司的反倾销税率降低至99美元/吨,而中国其他生产商/出口商的税率增加至477美元/吨。

2018年6月26日,印度商工部发出针对中国进口DSD酸的反倾销日落复审调查。彩客集团下属子公司彩客化学(东光)有限公司,联合其关联公司彩客化学(沧州)有限公司、彩客科技(北京)有限公司,代表中国国内生产商/出口商参加应对调查。德恒律师再次"临危受命",在极短的时间内制定了倾销幅度抗辩和"无损害"策略。面对核查官设置的道道关卡,德恒律师全力配合彩客集团,有的放矢,逐个击破。律师注意到申请方在提及其国内产业所遭受的损害或损害威胁时避重就轻、证据不足。以此为突破口,律师通过研究Deepak Nitrite Ltd.提交的申请材料,结合对印度市场真实数据的分析,证明调查期间印度国内产业总体经营状况向好,其所声称的个别损害指标并非从中国进口DSD酸所致,而是由申请方关厂、原材料供应不足等自身问题所造成。

在彩客集团的强势反击下,申请方空口无凭的指控再也站不住脚,调查机关最终裁定印度国内产业没有受到损害,原审和中期复审裁定的反倾销税率已经实现了其目的,从此不再征税。彩客集团取得了全面胜利,本案终结了印度征收反倾销税的历史,从此正式"日落"!

台湾地区反倾销首次承认大陆企业市场经济地位

WTO成员的市场经济地位决定着适用WTO规则的关键因素。自2005年9月的毛巾"特保调查"以来,我国台湾地区已对大陆企业发起五起特保和反倾销调查,涉及纺织、制鞋、造纸等行业,金额近1亿美元,多数大陆企业都被征收高额反倾销税。《法制日报》2010年8月26日刊登了《过氧化苯甲酰反倾销案终裁 台湾首次承认大陆企业市场经济地位》一文。文章报道了我国台湾地区经济主管部门对大陆过氧化苯甲酰反倾销发布终裁,作为唯一应诉者,江苏强盛化工有限公司(简称"强盛化工")的市场经济地位获得承认,仅被课以4.73%的反倾销税率,这也是台湾地区自2005年对大陆发起反倾销调查以来,首次对大陆企业认定市场经济地位。这个案子的代理律师是德恒合伙人任永忠律师。

2009年12月1日,应台湾育宗企业有限公司申请,我国台湾地区经济主管部门对中国大陆过氧化苯甲酰生产企业启动反倾销调查。大陆企业生产过氧化苯甲酰并出售到台湾地区被反倾销调查的很多，最终只有行业龙头强盛化工一家应诉。

以往对大陆企业提起的反倾销调查中，台湾地区一直不承认大陆企业的市场经济地位，而是选择印度等国作为替代国来核算产品正常价值。在承认市场经济地位的前提下，如果一件商品在大陆卖10元，在台湾地区卖8元，那倾销幅度就是20%；如果假设以替代国美国20元的价格为正常价值的参考系，那么企业的倾销幅度就成了120%。任永忠律师说："争取到市场经济地位对企业来讲是极为重要的。当然，这也是很困难的。"

律师团队研究了强盛化工是民营企业，决定就以市场经济地位为突破口。律师从股份控制、生产要素、价格形成、企业定价及产出决定、企业运营的法律保障、企业会计制度、员工雇佣自由等各方面大量采集证据，向调查方提供了企业符合市场经济地位的充分信息，并作出有信服力的说明。终于促使台湾地区调查方于2010年5月12日的初裁中承认了强盛化工及其关联公司的市场经济地位，并对其征收13.61%的反倾销税率。

律师团队发现，这一税率的计算不符合WTO的通常计算方法。律师团队通过对加拿大、欧盟等国家反倾销案例对比研究，对初裁结果提出抗辩。在实地核查过程中律师向台湾调查官员递交抗辩材料，并就关键问题反复讨论沟通，最终获得调查官员认可。本案终裁，强盛化工反倾销税率大幅降低至4.73%，其他未应诉者仍以替代国为基础，被课以59.70%的反倾销税率。

台湾CTP版材反倾销"无损害"辩护成功

2013年11月25日，我国台湾地区经济主管部门对从大陆进口的"计算机直接感光数位版材"发起反倾销调查，来势凶猛。倾销事实如果得到确认，大陆印刷及设备器材厂商对台湾地区的出口将造成极大影响，甚至会彻底退出台湾市场。德恒临危受命，代理中国印刷及设备器材工业协会（简称"印刷协会"）及乐凯华光印刷科技公司、上海强帮印刷器材公司、重庆华丰印刷材料公司、成都星科印刷器材公司、成都华维印刷器材公司及柯达六家企业进行抗辩。抗辩双方斗智斗勇,过程惊心动魄。台湾地区经济主管部门于 2014 年 1 月 10 日发布产业损害初步调查报告,认定大陆出口至台湾地区的热敏 CTP 版材对岛内产业虽未造成实质损害,但"有实质损害之虞"。根据台湾地区"平衡税及反倾销税课征实施办法"相关规定,将继续对涉案产品有无倾销事实作出认定。2014 年 5 月 2 日台湾地区经济主管部门初步认定单独应诉的六家企业"无倾销情事",其他未应诉企业"仍有倾销事实",倾销幅度为 18.06%。

印刷协会委托德恒律师就"无损害"抗辩继续加力。2014 年 9 月 26 日,印刷协会印刷器材分会袁建湘秘书长与德恒任永忠、邓亚岚律师亲赴台湾,参加台湾地区经济主管部门举行的产业损害最后调查听证会。律师从台湾对涉案产品的进口增加率符合台湾岛内相关产业对 CTP 版材的需求;大陆涉案产品生产者的产能逐年增加,对台出口量占涉案产品实际产量的比例是逐年递减的;大陆涉案产品生产者的存货水平正常且稳定;大陆涉案产品生产者的出口能力逐年增强,对台出口量占总销量的比例下降;大陆涉案产品的出口价格虽逐年下降,但符合国际铝价的价格走势,且得益于大陆生产技术的提高和生产规模的扩大,符合产品生产周期的规律等方面提供证据作出说明,回答了相对方的询问并进行抗辩。

律师对 CTP 版材行业了解透彻,对本案要点把握准确,明确提出大陆企业不可能对台湾 CTP 产业造成实质损害或损害威胁,应终止对这六家企业的调查。这一观点被终裁采纳。2014 年 10 月 14 日,台湾地区经济主管部门终裁认定,"原产于中国大陆的倾销进口热敏计算机直接感光数字版材未对台湾产业造成实质损害亦无实质损害之虞"。2014 年 11 月 13 日,其发布公告,对来自大陆的 CTP 版材不征收反倾销税。德恒律师代理印刷协会进行的行业"无损害"抗辩取得全面成功。

六、美国知识产权的利器——"337"调查

美国有关知识产权的进口调查

根据 1930 年关税法案 337 节,ITC 对某些进口贸易中的不公平行为进行调查。该条款项下的大部分申诉都是关于知识产权侵权的案件。ITC 是一个由美国国会设立的准司法性联邦机构,拥有广泛的调查处理与贸易相关问题的权力,就某些不公平贸易行为作出行政裁决决定。通过研究,ITC 同时也成为一个国家贸易数据收集和分析的来源,并将相关信息和分析意见提供给执行机构和国会帮助它们制定和发展美国的贸易政策。ITC 的职能主要包括三个部分:公平、客观地执行美国的贸易法;就关税、国际贸易及竞争等问题向美国总统、贸易代表、国会等提供独立的高质量的信息和专业支持;保持美国关税明细表平衡。基于上述职能,ITC 通过执行美国法律,为美国贸易政策发展和实施及公众提供服务。

美国 ITC"337"调查。"337"调查的当事人包括申诉人、应诉人、来自 ITC 不公平进口调查部门的律师(他们的作用是调查控告中的主张并代表公众利益)。"337"调查需要依照行政程序法案,并要求在行政法官面前进行正式的证据听证。

违反 337 条款的构成要件: (1)不公平竞争的行为或方式。例如侵犯知识产权、商标、外观设计等。(2)以进口为目的的销售、进口或者进口后的销售。进口要求的满足可以通过证明存在实际的进口或者说明被指控的产品已经在美国销售。进口样品或订立进口产品的期货合同也可满足这项要求。而且,需要注意的是在美国境内制造的商品也可满足进口的条件,如果这些产品出口到美国以外的国家(地区)只是为了在装配成为最终产品之后仍进口到美国。因此,即使是在美国经营的公司也有可能被指控违反了 337 条款。(3)美国已经存在与该知识产权相关的工业,或者正在建立(如通过在厂房和设备方面的重大投资;在工人和资本方面的重大投资;在开发知识产权方面的实质投资,包括设计、研发或申请许可证等),ITC 将从经济和技术两个方面进行审查。(4)经济损害。在专利权、著作权、商标权与半导体芯片产品有关的案件中,并不要求证明损害,除非原告要求采取临时措施;在因其他不公平竞争行为而发起的调查当中,需原告提供有实际损害或可能产生实际损害的证据。

代理木地板厂商应对"337"调查

荷兰 UNILIN 公司、爱尔兰地板工业公司和美国 UNILIN 北卡罗来纳地板公司(后两者是荷兰 UNILIN 公司的关联公司,统称"原告")其因地板锁扣专利向 ITC 状告 38 家地板厂商侵权。ITC 于 2005 年 7 月 29 日立案,启动了强化地板的"337"调查程序。在近九个月的时间里,我带领黄文俊等律师到江苏省常州市的木地板企业,调查了解情况,制定应诉战略,形成应诉知识产权分析。德恒律师与美国律师合作代表国内企业完成了书面答辩,答复申请人的四轮调查取证请求和三轮证据采信请求,代表国内企业向申请人进行调查取证,研究分析涉案专利及涉案产品、聘请专家撰写专家报告,提交专家试验报告及反驳申请人专家报告、参与三轮和解会议,以及接受质证等大量烦琐与细致的庭前工作。本案形成的证据材料堪称"等身"。本案承办律师黄文俊参加了赴美听证,写下了《在大洋彼岸为国内企业维权》①一文。

赴美听证。 2006 年 3 月 25 日,德恒律师及国内专家从首都机场出发,抵达目的地——美国华盛顿特区。9 个月前,国内 17 家木地板企业地板锁扣技术被以侵犯美国专利权诉至 ITC。如不应诉,中国 300 亿市场的强化木地板生产企业都将被迫退出美国市场!在历经了与申请人长达四个阶段的拉锯战后,进入了短兵相接的听证会较量。德恒律师和美国合作律师 12 人与五家中国被告企业和一家行业协会的代理人,来到美国全程参加调查听证会。尤为值得一提的是,第一次有中国工程院院士专家走向证人席。

艰难质证。 2006 年 4 月 3 日,美国时间 8 时 4 分,穿着黑色法袍的卢克恩法官走进位于华盛顿特区的 ITC 101 听证室,宣布强化地板"337"调查程序听证会开始。当事人、出庭人员核对及简单陈述结束后,质证程序开始了。首先由申请人进行专利说明与指控陈述,其次申请人方证人出庭作证,然后申请人对其专家进行直接询问,把争议焦点归纳集中。申请人花 1500 万美元的诉讼费聘请的律师团队果然不俗,带去木地板样本及

---

① 参见黄文俊:《在大洋彼岸为国内企业维权》,载《法制日报》2006 年 6 月 14 日。

资料整整 33 箱证据。首席律师举证、出示文字证据及图表、陈述辩论。专家证言流畅,论证有条有理。申请人陈述结束,被申请人立即陈述,随后双方不断交叉询问。美国 GT 律师事务所 Mark、Kathryn 两位"337"专业律师提问引导,中方专家环环相扣地提出应诉企业的产品不侵权和申请人涉诉专利无效的专家意见。中方专家通过专门的试验报告及现场演示,对申请人专家对相关产品的测量方法作了批驳,揭示出其不具备科学性与客观性,极易导致非常大的误差,而不同的测试结果将直接证明双方争议产品的非同一性,继而反证中方产品的非侵权性。中方专家的步步推理使申请人律师们沉不住气了。Dimalleo 律师几次站起来提出反对意见及异议。法官也走下审判台站到证人席边上,并让全体律师们都围过来仔细地看中方技术专家曹平祥教授的试验模拟演示与说明。法官与双方律师还不时提出一些问题与专家交换意见。在 ITC 的法庭里发生的这一幕,令人感慨"科学是真正没有国界的"。

询问反驳。经过两天的双方律师及专家单方陈述后,听证会第三天进入直接询问、交叉询问及反驳阶段。在 4 月 5 日、6 日和 12 日,中方律师对申请人专家进行多轮交叉询问,对方专家出现了许多自相矛盾的证词,承认了多个对中方抗辩有利的问题,动摇了其权威性和证词的可信度,为中方抗辩提供了有力的证据。申请人律师对中方交叉询问时,重点攻击中方专家所作的实验报告。中方律师灵活应变,打乱了申请人律师的部署,很好保护了中方的专家证人。中方专家沉着应对申请人律师的刁钻提问。交叉询问中,中方专家分析了其与申请人专家实验方法的不同,揭示了申请人专家的错误测量方法,对申请人律师和专家意见进行了有力的反驳,支持了中方产品的不侵权抗辩。中方专家还引用了大量先进技术,证明申请人涉诉专利的无效性。接下来几天的交叉询问中,双方的搏杀也达到了白热化。双方竟为一个单词的解释与理解而争论两个小时,"寸土必争"。

感悟良多。卢克恩法官如同在主持一个脱口秀节目,极富智慧、洒脱又不失权威。被诉的企业代表和律师们也信心大增,从 9 个月前面临"灭顶之灾",一派慌乱,到今天步步为营,层层推进,渐入佳境。黄文俊律师说,我们是在登一座看似不可能的天山,一批人已经登上了山腰,正不停地向山顶跋涉。九天的高强度听证,德恒团队始终积极、主动与对方博弈。经过一番艰苦抗辩,中方在不侵权和专利无效等抗辩上取得了明显的进展,之前对美国"337"调查的疑虑也一扫而光。法官平和、冷静和超然的态度,以及以高超的法律水平主持的听证会公开、公正、透明,让大家对美国行政审判程序有了一些新的感悟。美国的移民文化兼收并蓄、博采众家之长,在司法活动中倡导抗辩与充分举证。有理就应当理直气壮地说清楚。美国的知识产权保护制度与"337"调查程序也不是那么高不可攀,只要做好充分准备,我们是可以靠实力赢得美国市场。"中国企业与中国律师对"337"调查的陌生感和恐惧感正在消失。"

初裁获胜。2006年7月3日,保罗·卢克恩法官作出最初裁定。初裁认定,原告UNILIN公司的6928779号专利无效;来自中国的四种锁扣不侵犯原告UNILIN公司的诉争专利,其中包括燕加隆公司的"一拍即合"1号、"一拍即合"2号,菲林格尔公司的"LOCK 7",以及福建永安的"ARC LOCKING"。其中,菲林格尔公司和福建永安公司对"LOCK 7""ARC LOCKING"不具有专利权。中国厂商均保留了出口该等产品的机会。初裁结果表明,我们应诉取得了重大胜利!

本次"337"调查对全球复合木地板产业有着相当深远的影响,可以说是一个教科书式的经典"专利策略攻防"案例。

终裁裁定侵权。2007年1月,ITC对全球38家木地板企业的"337"调查作出终裁,裁定这些企业在美国销售的地板侵犯了原告的地板锁扣专利,其中包括圣象等在内的中国18家木地板企业。终裁结果宣布的同时ITC签发了普遍排除令,美国海关随后将根据该排除令要求限制相关产品的进口。这也意味着圣象、菲林格尔和升达三家企业在初裁中获胜的"LOCK 7"专利被推翻。

在UNILIN与中国复合木地板产业的"攻防"较量中,燕加隆公司在"337"调查开始以前就投入开发出新概念锁扣:"一拍即合"1号、"一拍即合"2号。按照卢克恩法官的裁决,这两种锁扣将不会侵犯UNILIN公司的任何专利,因为它们与UNILIN公司的锁扣采用了完全不同的概念。这是燕加隆公司为中国复合木地板产业作出的重要贡献。事实上,此次"337"调查促进了中国企业的自主创新与升级换代。

敢打就会赢。与此同时,德恒担任法律顾问的山东圣奥化工股份有限公司(简称"山东圣奥")传来消息,2007年12月21日,美国联邦巡回上诉法院对山东圣奥就ITC认定其侵犯美国弗莱克斯公司拥有的美国5117063号专利和5608111号专利的四项方法权利要求而发布的有限排除令所提出的上诉作出了判决:ITC认定山东圣奥侵权的判决是基于其对有关权利要求中"控制量"一词的错误解释而作出的。而按照正确解释,山东圣奥并无字面侵权,ITC的裁决被撤销并驳回。

应诉美国对华LED摄影照明设备"337"调查胜诉

LED摄影照明设备"337"调查案情。2011年8月3日,美国利攀特公司(Litepanels, Inc.)和英国利攀特公司通过其律师,向ITC提出申请,要求USITC依据美国《1930年关税法》第337条,发起主要针对中国企业的"某些LED摄影照明设备及部件"的"337"调查,指控包括福州富莱仕影像器材有限公司(简称"富莱仕")在内的14家企业侵犯其专利权,要求ITC依据《1930年关税法》第337条启动"337"调查程序,并向被告发布永久性排除令和禁止令。

富莱仕是一家做影视器材及影视灯光技术研发、生产、销售的民营企业。公司产品已在中国、美国以及新加坡等国家销售。在案件办理过程中,我们到公司实地调查,发现这款被诉产品其实技术比较简单,装备起来也不复杂,产品在美国销量并不大。其LED系列影视灯光产品在美国市场销售额也仅10万美元,约占全部出口额的3.5%。其被诉原因可能是原告预测到未来的市场损失会越来越大,而被告已有相应的发展计划。

为维护中国公司及其行业利益,我们参与了前期的调研,并与商务部及福建省、福州市政府有关部门沟通后决定支持企业坚决应诉,积极应对美国"337"调查。我牵头组成了德恒律师团队。其中,郑小军为总协调人,他是谙熟美国知识产权的专家,章社杲是电子工程专利代理人,美方律师有阿尔伯·雅各布斯(Alber L. Jacobs.)、杰弗里·D. 约翰(Jeffrey D. Jchnson)等。公司对德恒的中美律师与知识产权专家组成的团队很满意,迅速与我们签订了委托协议。公司法务、技术、财务等积极配合德恒团队进行调查取证。

及时应诉的程序策略。美国"337"调查的程序要求和实体要求都极为严格,在整个调查程序过程中,技术问题和法律问题也往往纠缠在一起,且审理过程通常有十分明确的时效要求和技术条件要求。针对本案,我们认为可以在宏观上采取诉讼与谈判相结合的战略,并从程序和实体两方面着手,准备相应的应诉策略。通常,欧洲、美国、日本等的企业在开发产品之初,会进行全面的知识产权布阵。例如,通过申请PCT专利,指定多达上百个国家,涵盖所有消费市场、加工地及原产地、原材料生产地、零配件加工地等国家,除在欧洲、美国、日本等直接获得专利授权以外,这些专利申请可以搁置(或称"蛰伏")长达36个月之久,不进行实审,避免高额费用;一旦发现侵权活动,这些"蛰伏"的申请可以立即进入实审,进而获得授权,在此基础上,对潜在侵权人(竞争者)进行全球性打击。美国的"337"调查,是知识产权出击的便捷利器,进展速度比法院快得多,但程序并未简化。这就造成该调查对美国企业十分有利,而使外国企业十分被动。如果不及时应诉,ITC会缺席裁决,认定专利侵权;尽管可以上诉,但难度会大很多,而且所产生的费用会更高。在全球化的今天,美国并不是唯一的战场。美国企业在本国站稳脚跟后,将会在其他国家采取同样的行动,甚至包括在中国以及其他的消费市场国家,利用其外围专利对公司实施进一步打击。在知识产权诉讼史上,因侵权赔偿而元气大伤(甚至破产)的企业比比皆是。柯达公司在1990年与拍立得公司的专利侵权诉讼败诉后赔偿了9亿美元,从此退出一次成像市场,并一蹶不振。

应诉的实体抗辩点。在本案进行实际审理过程中,可以主张的抗辩理由包括:(1)不侵权;(2)申请人知识产权无效;(3)申请人知识产权瑕疵导致不能主张其权利;(4)滥用知识产权并涉嫌垄断和排斥竞争(反诉理由)。从答辩到调查取证开始之前这一阶段,公司的工作重点应首先放在比较分析对方知识产权与我方涉案产品的技术特征上,进而得出是否存在侵权的初步结论。如果初步结论是公司涉案产品的技术特征不为原告知识产权的权利要求所覆盖,则基本上就有了胜诉的把握,在同对方进行和解谈判时也有了较多的筹码。如果ITC判定专利不侵权,除非对方上诉,本案基本上可以胜诉结案。

如不能排除侵权,则可以将重点转向破解对方的专利权。在调查取证过程中,公司的抗辩重点应放在确定原告知识产权是否有效这个焦点上。一般来讲,在美国"337"调查过程中,申请人的知识产权也只是被推定为有效,而实际案例中美国知识产权的无效比例也是相当高的。《美国专利法》第 102 条、第 103 条、第 112 条规定了关于专利无效的抗辩依据,涉及对方专利是否具备新颖性、创造性和充分公开,包括对方是否在其国际专利申请上保持同步性、是否过早公布其专利技术、是否在申请专利前的一年内向其他方面提出销售或转让的承诺、是否在申请美国专利时将一切相关事实向美国专利局作了充分披露等、是否在审查过程中有过缩小权利范围的承诺,以及在相同或项技术领域内是否具有可预见性等。一旦发现对公司有利的事实,我方应尽快将其告知对方,使其认识到胜诉的可能性很小,不值得付出巨大的代价,令其知难而退。具体的抗辩点包括:

一是无侵权行为。专利侵权包括"字面"侵权和"等同"侵权。如果被指控的产品技术既不为原告专利的权利要求的文字所覆盖,又不构成"等同",则不存在侵权行为。总的来说,在寻求和解之前,应在上述问题上对原告的申请提出强有力的挑战,要通过特定的、有目的性的调查取证(包括广泛而深入的专利检索),以实现上述突破,并在所获得的信息基础上,集中精力在初审中提出这些抗辩。这意味着在寻求和解可能之前,必须花数月的时间来进行相关调查。实际上,我们有可能在早期就将公司从这个案件中解脱出来,这取决于前述几项抗辩的成功程度。

二是原告专利权无效。导致原告专利权无效的因素包括:如果在原告申请专利以前已经存在"在先技术",专利可能无效;原告专利与公开技术相比,具有"显而易见性",即未达到"发明"的程度;原告专利缺少足够的书面描述或文字说明,从而使其不具有"可实行性";未按时缴纳年费,且已超过缓交期;原告的专利通过欺诈获得,即"不公正行为"。

三是原告专利不当使用。原告在获得专利后存在不当使用该专利的行为;专利的不当使用或诉讼策略误导了公众和被申请人;原告企图在专利授权范围以外实施专利;具有市场力量的专利持有人知道该专利没有被侵权或专利无效,但出于反竞争目的提起专利诉讼;其他任何可能的不正当行为(取决于调查结果)。

四是滥用专利权及反垄断反诉。 如对方拒绝就我方提出的和解建议进行谈判,我方可考虑在联邦地区法院对其提出反垄断反诉,指控其滥用知识产权来达到垄断市场的目的;也可仅提出反垄断的反诉,支持其知识产权不当使用的结论。反垄断可以成为本案中的一个积极的抗辩策略,这也是许多"337"调查的被告常用的辩点。在反垄断方面,德恒和美国合作所 Tannenbaum Helpern Syracuse & Hirschtritt 均有着丰富的诉讼经验。最好通过反诉的反垄断抗辩策略要求损害赔偿,这样一来就可以将案件移送至地区法院,获得更多的调查取证时间,表明被告对本案有一打到底的决心,从而给原告在和解谈判中施压,使我方能够争取到更有利的条件。因为,如果原告败诉,他们不但会丧失其知识产权,还将支付赔偿,同时,复杂的证据调查程序也能分散原告的部分诉讼资源,从而使其在整个案件中的诉讼成本上升。为了达到排除竞争的目的,知识产权侵权诉讼是排除其竞争者的方式之一,从而获得提升价格的能力。在实践中,的确有一些公司在提起知识产权侵权诉讼时就希望案件不用进入实体审理就能达到排挤竞争者的目的。而这种滥用诉讼程序的做法可以成为我方针对原告发起反垄断诉讼的基础。

根据美国《克莱顿法》第 4 条和第 16 条的规定,因反托拉斯法所禁止的行为而遭受商业或财产上的损害或损害威胁的任何人都可以要求获得经济赔偿,赔偿的数额为其实际损失的 3 倍,通常称为"三倍赔偿"。以上所说的"任何人"的范围已经由美国法院的判例进行了定义,包括"所有根据美国联邦法、州法、领土法和外国法设立的自然人、合伙企业、公司及协会"。因此,只要我方能够证明由于"337"调查中的原告违反美国反垄断法的行为,致使中国企业的商业或财产利益受到了损害,就能够在美国法院提起反垄断诉讼。

制胜的关键一招。 我们应对本案的重磅炸弹是进行检索并出具强有力的专利检索报告。专利侵权案,尤其是在美国"337"调查中,证据是决定性的因素。ITC 行政法官审理就是看证据,作判断,出判决。而在这个程序中,知识产权不侵权的证据是至关重要的。本案关键就是要做一个全球专利查询报告。北京德恒专商知识产权代理有限公司合伙人章社杲是国际保护知识产权协会 AIPPI 会员,国际许可证贸易工作者协会 LES 会员,国际工业产权律师协会 FICPI 会员,中华全国专利代理人协会 ACPAA 会员。他 1985 年就成为中国注册专利代理人开始从事知识产权代理法律服务工作,主要技术领域涉及材料科学、机械工程、电子及电气工程、通信工程、计算机科学和半导体技术以及生物科学与技术。他曾被 MIP 杂志评为全球最优专利从业人员,多次为知识产权侵权专利诉讼案件提供专家意见。章社呆带领德恒知识产权中方专家在本案中作出了重要贡献。他们充分发挥了专利查询分析的专业优势,对涉及被诉产品的专利进行了全球查询,出具了查询分析报告。该报告列出这个产品所涉及的全球相关专利,并指出原告所拥有的专利不具有在先性、新颖性和创造性。这样,原告就没有胜诉的可能。当然原告也会分析,我方报告的知识产权含量,如果确实能够证明原告的专利缺乏三性,被告的产品不侵犯原告的专利权,对方就会主动来找我们和解。

你们撤诉吧! 德恒知识产权团队的专家通过艰苦工作出具了《专利技术检索报告》。令人兴奋的是,该报告验证了我们对本案的分析与办案策略设计。郑小军教授最早在中国贸促会从事知识产权工作,在国家专利局国际申请部担任 PCT 文字指导,并在美国 Hopgood, Calimafde 事务所和 Morgan & Finnegan 事务所担任知识产权专家,有着丰富的实践经验和精熟的法律英文功底。看到专利检索报告后,郑小军满怀信心直接与原告律师通电话告诉他:你们撤诉吧!对方听到后极为震惊,满腹狐疑地打探《专利技术检索报告》的结论,急迫地想知道我们的查询内容。小军与我商议,如果现在把报告给他们,他们可能会投降,也可能会根据报告准备材料证据反扑。如果在"337"调查程序里给他们,法官和所有的被告就会共享这些报告内容证据。虽然我们依旧有胜诉的把握,但其他被告就会免费享受到我们的工作成果。我们的客户估计不会答应。果然,客户对我们提出的要求是,既要胜诉又要省钱;既要快点结案又要不留后患;既要自己胜诉,又要其他没有委托我们的人(被诉的其他公司)继续留在程序里与原告继续打。不让其"搭便车"。

原告利攀特公司律师要求看到《专利技术检索报告》。我们在提出保密要求后将报告给了原告。因为我们有充分的信心,但也在试探原告的反应。果然,原告马上主动联络我们说愿意谈谈。我们代表富莱仕公司在声明保密的前提下向 ITC 的法官提交了其产品的专利证明以及在先性证明的《专利技术检索报告》等证据。这些证据足以证明原告的指控无效,迫使原告提出和解谈判。最终,2012 年 6 月 18 日,美国利攀特公司与富莱仕公司和汕头市南光摄影器材有限公司签订了和解协议,同时向 ITC 提交了和解协议书,明确上述两家公司没有侵犯利攀特公司的专利技术。德恒代表的两家客户在积极应对美国利攀特公司、英国利攀特公司向 ITC 提起的主要针对中国企业"某些 LED 摄影照明设备及部件"的"337"调查中获得胜诉。我国 LED 摄影、摄像灯行业首次应对美国 LED 摄影、摄像灯企业的涉嫌滥诉、恶意调查挑战并取得了重要胜利。本案的胜诉为富莱仕公司开拓美国市场铺平了道路,在行业内赢得了声誉,极大提高了中国企业应对国际贸易摩擦的信心。

复盘。在中国企业尤其是民营企业应对"337"调查的案例中,本案可谓是经典案例,诸多做法可资借鉴。首先,律师以专利检索直接打击对方的核心专利基础。其次,律师要求公司完全配合应诉战略策略。富莱仕公司的代表对媒体记者说出了胜诉秘诀。一是坚定信心,迅速反应。公司组建了由副总经理、法务、技术人员、外贸人员、财务组成的应对工作小组,配合代理律师应对调查。二是分析案情,冷静决策。配合律师迅速组织技术专家,认真分析对方与我方双方产品专利技术特征,判断是否构成侵权。事先预判应诉、不应诉或败诉可能产生的市场后果。三是整合资源,积极应对。争取政府商务部门支持。四是联合应诉、共同进退。经过充分沟通和协商,富莱仕公司与汕头市南光摄影器材有限公司联合应诉,签订《联合应诉承诺书》。五是选对律师团队是成功关键。应对"337"调查的律师团队,不仅要有丰富应对"337"调查案件的经验,团队成员还要有熟悉中美知识产权法律和涉讼专业技术领域等各方面的专家。富莱仕公司负责人建议,选择律师团队既要根据案件需要,又要逐个考证团队成员的背景和经历。[①]

[①] 参见穆清龙:《榕企欲开辟欧美市场 应注重深耕专利布局——福州企业首例应对美国"337"调查成功经验》,载福州知识产权网,http://www.fuzhou.gov.cn/zgfzzt/zscqj/fzzscq/zlbh/wqyz/201709/t20170908_1641815.htm,查询时间 2023 年 4 月 1 日。

专家观点:要考虑长期利益。一家小微企业花费重金来打这场"难啃"的国际官司,不仅针对福州富莱仕公司,对中国 LED 摄影照明设备行业都将产生深刻的影响。当时在美国市场上绝大部分该类产品由中国企业生产,利攀特公司指控的涉案产品相关美国海关税号几乎涵盖 LED 摄影、摄像灯光的所有产品。一旦败诉,就意味着中国这一行业将永远失去美国市场,还有可能殃及欧洲市场。

投入产出算算账。"为提高官司胜算,我们联合汕头市南光摄影器材有限公司,聘请含美国律师、中国律师在内的律师团队协同作战,这样总体花费就比较高,经两家企业分摊,最后每家企业各花了近 100 万美元。"而福州涉案企业在本案中的涉案金额并不大,2010 年福州富莱仕公司对美直接出口涉案产品 2.36 万美元,去年该公司 LED 系列影视灯光产品在美国市场销售额也仅 10 万美元,约占全部出口额的 3.5%。福州富莱仕公司有关人士告诉记者,打这场官司主要是从长远发展考虑。他说,具有节能、环保、便携优势的 LED 灯在摄影、摄像行业的应用刚开始起步,具有很大的市场发展潜力,保守估计美国年市场容量就达 3000 万美元。如果官司输了,那以后就不能再进入美国市场了。所以虽然官司代价很高,但还是值得的。①

律师观点:应对美国的"337"调查包括其他案件,首先是由中国律师专家牵头提供中美合作高超应对战略策略和强有力的专业代理服务。其次,中国公司尤其是民营企业,应对外国制裁或诉讼,要签好法律合同,坚决要求履行,以免在律师费上被"重外轻内"上套路。

七、反垄断的内外之战

纠缠不休的维生素 C 反垄断案

美国维生素 C 反垄断案件前因。二十多年前,维生素 C 的生产被瑞士的罗氏集团、美国的默克公司、德国的巴斯夫公司、日本的武田公司和中国的四家企业所垄断。2000 年左右,罗氏、默克、巴斯夫和武田因为价

---

① 参见《企业花百万美元打赢 2 万美元官司专家:并不傻》,载中新网,https://www.chinanews.com/cj/2012/07-27/4062501.shtml,查询时间:2023 年 4 月 1 日。

格联盟被美国政府起诉，共被罚款近十亿美元。中国的四家企业河北维尔康药业公司（简称"维尔康"）、石家庄制药集团维生药业公司（简称"石药"）、江山制药公司（简称"江山制药"）和东北制药集团公司（简称"东北制药"）迅速取而代之占领市场，低价竞争使维 C 原料药的出口价格从每公斤 5.2 美元狂跌到 2.8 美元。

为避免被反倾销调查，医保商会牵头召开了一次行业会议，统一协调达成维 C 出口的"最低定价"为 3.35 美元，并约定限制产能和出口数量。此后，维 C 的出口价格迅速回升到 6 美元以上，一度还达到 15 美元。医保商会的"协调会议"一年一次定期举行。

老辣的原告代理律师。首批向中国四家企业发起反垄断诉讼的拉尼斯公司（Ranis Company Inc.）和动物科学产品公司（Animal Science Products Inc.）等美国公司的是 Boise, Schiller & Flexner 律师事务所的律师大卫·博伊西（David Boise）。他曾是微软反垄断案中的美国政府代表律师。2005 年 1 月 26 日，拉尼斯公司与 ASP 在美国纽约东区联邦法院提起针对维尔康、石药、东北制药、江山制药的反垄断诉讼，后又追加维尔康母公司华北制药集团（简称"华北制药"）为被告。此后其他美国企业及个人又分别在美国马萨诸塞州、加利福尼亚州和田纳西州等州法院和联邦法院提起十余起针对上述四家维 C 生产商的集体诉讼。

德恒律师代理应诉。四家企业被诉后，分别委托不同的律师事务所应诉。当时，华北制药是德恒常年法律顾问单位，我担任华北制药独立董事。医保商会也曾是德恒客户。我亲自到东北制药研究对策，并联系美国律师。2005 年 4 月，东北制药委托我带领德恒团队与美国 Greenberg Traurig 律师事务所（简称"GT"）资深律师杰米·塞罗塔（Jamie Serota）组成律师团应诉。杰米·塞罗塔有三十多年反垄断诉讼的经验。

第一回合案件成功合并审理。首先要想办法减少案件数量。德恒提出动议，申请将所有州法院的案件移送且合并到同一个联邦法院一起审理，而且今后再有新的原告加入诉讼，案件也自动移到同一个联邦法院。2005 年 11 月起，马萨诸塞州法院等几家州法院陆续批准了被告中止诉讼的动议，将案件移到该州所属的联邦法院。2006 年 2 月，多地区诉讼司法专门小组批准将所有待决案件移送至纽约东区联邦法院审理。从原告起诉到确定管辖就用了一年时间。

东北制药赢下维 C 反垄断第一程。我们打完管辖打原告,首先将矛头指向原告,质疑其不具备原告资格。原告指控中国企业从 2001 年 12 月起在向外国市场包括美国市场销售维生素 C,在医保商会的帮助下形成了卡特尔价格联盟,通过控制出口数量和销售价格,导致原告购买维生素 C 产品的实际价格高于正常市场价格,违反了美国反垄断法。按照美国的反垄断法,只有直接购买人才可以在联邦法院起诉要求 3 倍赔偿和禁令,间接购买人一般只可以提起禁令而没有赔偿。进入法庭调查证据开示阶段后,双方很快证实 ASP 只是间接购买人,但拉尼斯公司则声称自己从一个直接购买人那里获得了诉权。德恒与 GT 律师立刻提出疑问,要求拉尼斯公司拿出直接购买人证明,其则以商业秘密保护为由百般阻挠,后来其提出的购买人正是东北制药的一家美国客户。

我们立刻审查了该客户与东北制药之间签订的销售合同,发现在这些贸易合同中已经约定了仲裁条款,即双方当事人之间的任何纠纷应交由 CIETAC 进行仲裁。2006 年 9 月,我们律师向法院提交了东北制药要求强制仲裁和中止本案件的动议。原告方此时竟提出了对 CIETAC 本身公平性、权威性的质疑,认为 CIETAC 不是一个可信赖的争端解决机构。经过证据开示,法院没有采纳原告方的意见,而是支持我方意见,CIETAC 的公平性、权威性以及贸易合同中仲裁协议的有效性都得到了美国法院的承认。德恒与 GT 律师提出的强制仲裁程序使原告感到已没有任何翻身的机会。就在法院即将对强制仲裁动议进行正式裁决之前,拉尼斯公司认为前景不妙遂主动撤回对东北制药的起诉。这个程序上成功的案例为今后同类问题的解决找到了门路,奠定了基础。

2007 年 1 月 3 日,原告美国拉尼斯公司向纽约东区联邦法院提交《自愿撤回诉讼的通知》,自愿撤回其对我国东北制药的全部诉讼。拉尼斯公司撤诉,意味着德恒代理的东北制药在这起"反垄断第一案"中取得了阶段性的重大胜利。"两年了,我们利用对程序的熟练把握和精巧运用,终于获得了一个重大胜利。"先以程序抗辩取得的初步胜利坚定了我们的信心。

精心研究应对之道。第一,勇敢面对美国反垄断诉讼,沉着应诉,决不能放弃答辩的机会和抗辩的权利。反垄断案件非常复杂和艰巨,必须有熟悉中国企业和反垄断规则的中美资深律师专家合作应对,东北制药的做法效果明显。第二,程序决定胜负。在两年时间里,案件表面波澜不惊,我们不做媒体宣传,但在美国每一步都走得惊心动魄。这两年律师抓住以程序抗辩为主的先机,为客户节约了成本。虽然其他间接购买人起诉的案件还在进行中,但由于直接购买人撤出,间接购买人原告要证明集体诉讼资格并要求赔偿会变得更加困难;预计新的直接购买人出现在案件中的可能性也已经微乎其微,因为要证明是直接购买人必须提供贸易合同,而一旦向法院出示合同,就会依合同回到 CIETAC 仲裁。两年来,除了拉尼斯公司,原告律师也一直没有找到直接购买人参与到本案中。第三,预防为主,把损失提前减到最小。中国企业要研习反垄断规则,深入了解产品销往国家的法律,听取法律专家建议,确定国际市场竞争模式和企业经营策略、宣传策略,提前堵住产品介绍、广告、公司声明甚至内部网站等方面的漏洞。要在销售合同中加入仲裁条款。集体诉讼中的原告律师由于有垫付各种费用的成本压力,一般都不愿意到美国本土之外打官司,这也是原告对东北制药撤诉的重要原因。第四,利用主权豁免,争取商会与中国政府支持。中国国有企业的大股东仍是国有资产监督管理机构,国有企业必须接受政府的监督和管理。维 C 出口价格与数量的卡特尔行为也可以被解释为政府意志。这样就将案件转化为一国内政问题,即使依然有争端,也可通过外交渠道解决。如果被起诉的事情是属于中国政府授权的行为,在《反垄断法》中可以提出申请"国家豁免"。此后,其他律师事务所代理这类案件也主要是沿着这一思路。中国维 C 行业反垄断案对中国企业而言,将是一场鏖战。

维 C 案进程几波几折

打得赢就打,打不赢就走。2008 年 4 月左右,美国原告修改起诉状再行起诉。2012 年 1 月,针对四家的诉讼合并为集体诉讼。联邦地区法院驳回了被告请求对本案作出简易判决的动议,采取陪审团审判方式。2012 年 11 月 5 日,法院开始由陪审团参加审理。

2011年5月，江山制药评估了本案之后选择与原告和解，签署了1050万美元的和解协议。我们的客户东北制药最终也采取了和解策略但没有对外透露具体费用。2013年3月12日，石药集团也与原告达成和解，支付了2250万美元。维尔康及其母公司华北制药仍困在案件程序里。这两家公司聘请的其他律师事务所还在努力抗争。硅谷办公室朱可亮律师对本案其后的走向进行了观察分析。

主张国家豁免未奏效。中国商务部第一次在美国法院公开出庭并聘请了美国顶级的律师事务所，试图协助中国企业维权，但没有得到美国法官的认可，其中一个最关键的法律主张被美国联邦最高法院的九位法官以9∶0的票数一致否决。中国外交部向美国国务院多次发出正式照会表达抗议，但没有奏效。中方企业提出了一个关键性的主张：医保商会作为商务部隶属机构，代表中国政府对出口企业施加强制性约束，要求中方企业遵守最低定价的政策。中方企业违反美国反垄断法的行为实质上是中国政府强制而导致的。中方企业不能因为遵守美国反垄断法而违反中国的相关法规政策，因此根据"外国主权强制性"原则和"国际礼让"原则，中方企业不应该在本案中承担责任。

这一主张得到了中国商务部的官方认可。从2005年开始，商务部向纽约法院三次递交正式文件，说明中方企业的定价行为是根据政府要求实施的。商务部以正式身份参与美国诉讼案件，这在历史上是第一次。这一主张是有风险的。在2001年中国加入WTO之后，中国一直试图向外界证明中国的市场经济地位。如果在美国法庭上公开承认商务部强迫中方企业统一定价，那么其他国家将利用这一点对中国企业发起更大规模的反垄断、反倾销调查。事实上几年之后美国利用中国商务部在这个案件里的公开表态向WTO证明中国政府违反了入世承诺。

但这一主张是有漏洞的。那就是根据事实证据很难说明医保商会的统一定价政策属于强制性。医保商会的负责人也不得不承认其只是行业的组织者，联合定价是形式上的，并不具有绝对的强制性。事实上也有企业多次违反协商的最低定价，也没有遭受什么惩罚。这一主张还有另外一个漏洞。2002年，商务部根据入世承诺，取消了维C的出口限制。这一承诺和"维C出口企业必须遵守出口统一定价的强制性规定"是有直接冲突的。这些漏洞直接导致了纽约法院质疑中国商务部的立场,其中一位法官甚至评价中国商务部向法院提交的官方文件其实是"为了保护被告公司、为了达到诉讼目的而临时编造出来的"。一个美国最低级别的地区法院的法官公开指责中国商务部的做法动机不纯甚至有作弊的嫌疑,这在历史上也是第一次。

美国法院一审判决开出巨大的反垄断罚单。2013年3月14日,陪审团审判后,美国纽约法院对"维生素C反垄断案"作出裁决,法院没有听取中国商务部的意见,判定中国政府没有强迫中方出口企业统一定价,裁定中国企业违反了美国反垄断法,原告所指控的维尔康制药和华北制药对操控维生素C产品价格负有法律责任。根据美国反托拉斯法有关3倍赔偿原则,判处被告支付1.47亿美元损害赔偿金,并永久禁止被告从事反竞争行为。

一个不懂中文和中国法律的美国法官,在判断一项外国政策的时候,是否可以考虑其他证据而得出与该国政府的官方解释的不同结论呢?纽约法院前后两位法官认为没必要遵循商务部的解释,美国法官有自由裁量权来判断中国政策的真实意思。

美国联邦第二巡回上诉法院推翻纽约法院的判决。华北制药、维尔康输掉一审官司之后,上诉到美国联邦第二巡回上诉法院。在此期间,两公司又寻求德恒的帮助。德恒反垄断律师胡铁为本案上诉提供法律服务。中国商务部通过其美国律师也再次递交了正式文件,表示支持中方企业的诉求,认为纽约法院对中国商务部非常"不尊重",引起了中方的"强烈不满"。经过双方律师的多轮辩解之后,联邦第二巡回上诉法院在2016年9月颁布判决,认为中国商务部对于本国出口定价政策的解释具有权威性,根据国际礼让原则,美国反垄断法不应适用于被告行为,联邦地区法院在滥用其裁量权。考虑到中国商务部的说明表明了美国反垄断法和中国对维生素C产品出口监管之间存在真正的冲突,根据国际礼让原则,当外国政府直接参与美国法庭诉讼程序并对如何适当解释本国法律提供了正式的说明时,美国法院在合理的情况下应该选择尊重该等解释。最终,上诉法院撤销了联邦地区法院判决,驳回原告诉讼请求。

美国联邦最高法院推翻第二巡回上诉法院的判决。输了上诉的原告立即上诉到了美国联邦最高法院。彼时,美国的总统已经是特朗普了,其带领美国政府对涉嫌违反美国反垄断法的中国企业开始实施严厉打击的政策。在案件前面的十多年里一直对于本案保持沉默的美国政府突然跳出来,并向美国联邦最高法院递交了一份支持原告的文件。

2018年6月14日,美国联邦最高法院的九位大法官以9∶0的票数一致推翻了第二巡回上诉法院的判决,认为第二巡回上诉法院不顾诸多相反证据,以中国商务部的声明作为认定中国法内容的唯一决定性证据,属于对外国法的不当认定,因此决定撤销第二巡回上诉法院的判决,将案件发回第二巡回上诉法院重审,要求第二巡回上诉法院根据《联邦民事诉讼规则》第44.1条仔细考虑而不是决定性地尊重(conclusive deference)中国商务部的意见。美国联邦最高法院特别指出了中国商务部在2002年入世承诺的表态和在2005年之后在本案法庭上的立场存在明显不一致,因此美国法院有权对中国相关出口政策和做法进行评估和判断。

美国联邦第二巡回上诉法院再次对本案作出判决。维尔康和华北制药集团在美国联邦第二巡回上诉法院继续上诉。2021年8月10日,联邦第二巡回上诉法院再次对本案作出判决,推翻联邦地区法院的判决,发回重审,并指示联邦地区法院驳回起诉,原告不得再诉(dismiss the complaint with prejudice)。

原告与被告打了多轮的"球"又回到了美国联邦地区法院。联邦地区法院在纽约的法官们如何再次重审,中美相关企业、政府、法官和律师们还在拭目以待。

德国汽车"五巨头"反垄断调查案

反垄断法律是要有牙的。反垄断是法治国家对市场主体通常的监管手段,以维护国家和社会正常市场秩序。中国加入WTO以后,对来自国外的反倾销、反垄断从被动应对,到主动出手,经历了很长的时间过程。

代理汽车"五巨头"应对反垄断调查。2019年,中国政府反垄断执法机构对中国司法辖区德国汽车制造商"五巨头"(circle of five)提起反垄断调查。德恒合伙人丁亮律师担任被调查主体德国大众的牵头律师。本案涉及汽车清洁技术领域有关限制技术研发创新的反竞争行为。经过一年多的努力,律师在调查案中,通过成功论证国外有关反竞争行为在中国不具有排除、限制竞争影响,使得反垄断执法机构最终终止了对本案的调查。

成功解决关键问题。接受全球汽车"五巨头"的委托后,从应对的法律依据到应对策略,德恒律师团队作出了正确的决策。在具体的办理过程中,律师成功地解决了德国汽车制造商"五巨头"反垄断调查案的三个重大难题。一是本案涉及的宝马(BMW)、戴姆勒(Daimler)、大众(Volkswagen)及其子公司奥迪(Audi)和保时捷(Porsche)是全球顶级知名车企,涉案行为时间长,涉案信息资料和文件量巨大;二是本案涉及多国司法辖区抗辩工作的协调与合作。为有效避免各司法辖区调查程序的冲突,律师促使有关方面在本案调查程序上进行了独创性的工作;三是本案为中国限制开发新技术领域卡特尔案件第一案,各个方面都面临着探索创新。丁亮律师带领律师团队充分调研收集证据,充分深入沟通,充分摆事实讲道理。律师通过充分的竞争法分析,最终成功维护了被调查对象的合法权益,获得客户的一致认可。反垄断执法机构对于调查过程中律师团队的配合与创新也给予了肯定和认可。

中国反垄断法下的经营者集中制度研究

以往能够形成产品经营垄断的是生产力较为发达的国家与经济体。而能够制定并实施强有力反垄断法律治理的是法治环境较为成熟完善的国家。从中国改革开放以来的经济与法治发展来看,前三十年中,中国企业基本上是外国政府及其反垄断监管机构的反垄断反补贴的主要调查与执法惩罚对象。近年来,随着中国社会主义市场经济发展和社会主义法治建设的进步,维护社会经济公平竞争的法制越来越健全,反垄断的法律意识和法治能力也得到了提升。具有新时代中国特色社会主义的法律不断发展,中国反垄断法律制度的发展越来越受到欧盟等国家的重视。德恒高级法律顾问、法国艾克斯-马赛大学法学博士吴建安在这方面作出的研究成果在法国出版与刊发。

《中国反垄断法下的经营者集中制度比较研究——一条通向建立自由竞争制度的荆棘之路》(Le contrôle des concentrations en Chine: un cheminement sinueux vers l'établissement d'un marché de pleine concurrence），吴建安博士的这部法语专著由法国艾克斯-马赛大学出版社（Presse Universitaire d'Aix-Marseille）于 2017 年 10 月出版。作者以美国和欧盟法为比较,对中国反垄断法下的经营者集中制度作了比较研究。作者认为,经营者集中审查是竞争法中的重要支柱之一,该项制度旨在通过竞争监管当局对相关企业拟进行的达到一定规模的市场并购活动进行前置性审查,从而达到维护相关市场的有效竞争。作为一种开放、前瞻和动态的法律审查机制,经营者集中审查制度应用于全球化背景下市场经济的有效运营,并受到积极参与全球性经济合作国家的广泛认可与采纳。本书以建立良好营商环境背景下的经营者集中法律审查机制的发展历程为主线,针对如何通过法律手段保护有效市场竞争,建立和完善当代中国市场经济为课题进行探索研究。结论表明,以多元和开放为基础,鼓励中国企业积极融入全球化的市场与竞争,将有助于实现中国有效治理模式下的完整与统一,而这也是中华文明一以贯之的历史追求。该著作被收录在法国、加拿大、比利时、瑞士等多所大学法律图书馆,并作为馆藏图书收录在哈佛大学法学院图书馆。

吴建安博士还就欧盟国家感兴趣的中国税务行政诉讼和中国法视角下的国际仲裁临时措施撰写研究文章,发表在欧盟的相关刊物上。比如：L'évolution du contentieux fiscal en Chine（《中国税务行政诉讼实证分析与研究》）,发表于 Revue européenne et internationale de droit fiscal（《欧盟与国际税法评论》）2020 年第 2 期；The issuance and enforcement of interim measures in international arbitration under Chinese law（《中国法视角下国际仲裁程序中临时措施的发布与执行》）,发表于 Arbitration International（隶属于哈佛大学出版社）。

八、国际仲裁全球较量

"9·3 事故"仲裁智赢跨国索赔[①]

"9·3 事故"。2000 年 9 月 3 日 18 时 48 分,位于长江三峡大坝工地

---

① 参见刘必华：《三峡工程致 34 人伤亡事故索赔案历时 8 年告捷》,载环球网,https://china.huanqiu.com/article/9CaKrnJmc6e,查询时间：2023 年 10 月 1 日。

泄洪七号坝段、正处于检修过程中的 TC-2400 三号巨型塔带机(编号 TB-3,简称"3号塔带机")的内外皮带机与吊耳突然断裂,两节长约 40 米、重量近 20 吨的机臂以及部分皮带从约 19.6 米的高空落至混凝土浇筑仓面,30 名检修工人随机坠落,仓面 4 名工人和施工设备被砸,造成 3 人死亡、31 人伤残及财产毁坏的重大事故(简称"9·3事故")。发生事故的 3 号塔带机由美国罗泰克公司(Rotec Industries Inc.)设计、制造,1996 年 11 月 1 日,销售给三峡总公司。3 号塔带机由葛洲坝股份有限公司(简称"葛洲坝公司")安装使用。

"9·3事故"处置与维权索赔的重点与亮点。

重点之一,三峡总公司和葛洲坝公司立即采取果断措施、立即组织抢救伤亡人员,保护现场,并向上级报告事故情况;立即通知了发生事故的塔带机设计、制造者美国罗泰克公司;对其他 3 台塔带机(TB-1、TB-2、TB-4)均暂时停止运行,进行全面检查和检修,未发生次生灾害。

重点之二,我牵头迅速组成德恒律师团队:首先协助三峡总公司和葛洲坝公司对死者家属和伤者作了一次性工伤补偿;马上搜集整理证据材料,初步判断事故的责任方是产品提供者罗泰克公司;计算伤亡人员、损坏设备等费用,整理出了用于协商解决"9·3事故"的部分索赔清单;精心研究法律对策,对付罗泰克公司这个老对手。这个美国公司曾经为了施压三峡多买设备,诬告三峡总公司知识产权侵权。此事在科技部调查谈话时,被我澄清,三峡总公司未有侵权。时任三峡总公司副总经理贺恭就此事件解决还曾赋诗一首:奥氏无理闹,一时乌云涌。穷于公务忙,难以拨乱正。律师请助阵,运筹帷幄中。刀笔见功底,理利节分明。但愿旗开胜,不负丽人行。

重点之三,2000 年 9 月 4 日,国务院三建委成立了"9·3"重大事故调查领导小组对事故进行调查。三峡总公司、罗泰克公司派出代表参加技术调查小组,德恒也派员参加。调查组迅速履行对事故现场的勘查、测量、拍照等取证工作,对所取得的原始证据由各方共同签字确认。这些当时固定的证据对后来的事故调查和分析论证评估及仲裁救济提供了极为重要的第一手原始证据资料。

重点之四,在谈判中获得对事故解决的仲裁条款。为获得有效的仲裁条款,在事故处理过程中,德恒律师推动各方在对事故技术确认文件中加入了仲裁条款,以此保证能够提起国际仲裁。事实证明,此举在其后的仲裁裁决以及按照《纽约公约》在美国提起的对仲裁裁决的承认和执行起到关键作用。

重点之五,高度重视仲裁程序与实体庭审。德恒律师和三峡总公司充分准备仲裁请求,提交证据与技术支持,充分论证产品设计缺陷与质量责任,仔细研判对方提交的长达几百页的精算报告等证据,质疑对方专家证人能力,把握和解谈判分寸,进退有据保留回旋余地,站稳立场坚持索赔理由数额不让步。德恒律师妥善处理三峡总公司与仲裁对手关于工伤索赔诉讼与仲裁程序的交叉关系,调解解决诉讼,严审调解文书,纠正关键字眼,重点把控仲裁程序。

重点之六,坚决提起仲裁裁决书的承认与执行程序。在 CIETAC 的仲裁裁决获胜后,我们首先在中国执行了罗泰克公司两笔已经被我们保全的货款 1100 多万元人民币,剩余 257 万美元委托纽约办公室律师于 2004 年 12 月向美国特拉华州地方法院提起承认和执行申请。经过我方申请执行、对方申请撤销仲裁裁决几个回合的缠斗,2006 年 2 月,法院判令罗泰克公司应支付三峡总公司索赔余额加上延迟利息共 300 万美元。5 月 13 日,该法院判决最终生效。德恒立即向罗泰克公司住所地的法院申请强制执行,并申请对罗泰克公司和其高管人员进行财产调查。

重点之七,在破产程序中坚持索赔。在法院判令执行后,罗泰克公司又玩了一招——破产保护。在采取破产行动之前,罗泰克公司就曾威胁过三峡总公司,要么他们拿 100 万美元走人,要么就申请破产,让三峡总公司一分钱都得不到。罗泰克公司不惜破产,就是要在跟三峡公司的缠斗中赖掉债务。案子重点又转到破产法院,三峡总公司重新聘请了美国破产律师。但三峡总公司是最大的无担保债权人,很可能无钱可拿。还要继续追下去吗?三峡总公司的意见是坚决追到底!不追,就相当于国有资产流失。德恒律师与罗泰克公司债权人委员会进行了多次谈判,和解协议也易稿十余次,但由于罗泰克公司的保险公司不同意相关条款,和解最终失败。三峡总公司又直接与罗泰克公司的保险公司进行谈判,又回到仲裁对峙情形,整个仲裁就是保险公司请律师来打的,因为罗泰克公司买了一个 100 万美元的全险,这家保险公司损失巨大。经过多轮谈判,在和解金额上一直僵持不下。罗泰克公司就是想一直拖到三峡总公司拖不起,最终自己放弃。

我要收了你的全部债务! 看清对方的老赖嘴脸,我就照着重组并购的路子(本人曾是中国证监会并购重组委委员)找了两家中资公司,也包括三峡总公司本身。我介绍说罗泰克公司虽然申请破产保护,但还有 5000 万美元的合同,还在正常经营,而且其拥有世界上唯一的塔带机专利,很值得收购,他们都表示同意。有了这个底牌,我让德恒美国律师告诉罗泰克公司,我要收购公司全部债权。果然,对手慌了神,罗泰克公司根本不愿意让出企业的控制权,开始与我们进行实质性谈判。2007 年 7 月,罗泰克公司主动与三峡总公司联系,要求直接与三峡总公司领导谈判。李永安总经理要求依法要回所有赔偿款,坚持要求罗泰克公司清偿全部债权,否则宁愿将破产清算进行到底。面对或被收购或被清算的威胁,罗泰克公司最终不得不同意向三峡总公司支付 200 万美元的现金赔偿。三峡总公司领导说,"经历了这么多曲折,三峡总公司最终拿到了可能情况下的最好结果"。李贵方律师说:"西方一些企业利用法律进行周旋的能力非常强。以罗泰克公司的案子为例,它没有一个条件是痛痛快快答应的,什么手段都使得出来,不逼到最后走投无路,它就会一直跟你斗下去。"我对记者刘必华说:"中国的一些企业跟外国公司的纠纷,拖到最后都是不了了之。罗泰克公司可能会觉得自己也能拖过去。你们干嘛这么较真儿?但没想到碰到了三峡总公司这样高度负责的国企,碰到了德恒这么尽职专业的律师。"

"一带一路"标志性项目的仲裁与执行

合同有仲裁条款。 在"一带一路"建设中,不免出现商人利益之争,最终酿成纠纷而诉诸法律。2019 年元旦刚过,一位境外商人 H 先生找到我,讲述了一件颇有影响力的国际商事交易。这是 2016 年完成的位于南美的玛格丽特岛港口(简称"玛岛港")项目的股权买卖交易,本项目当时被媒体誉为"是'一带一路'的标志性项目"。H 是交易标的公司的四个股东之一,是买卖协议的出售方。交易合同的对手方一个是境外人士 G 先生,另一个是中国法人 L 集团。合同文本为英文,约定纠纷解决管辖为 CIETAC,适用中华人民共和国法律,并约定败诉方应承担与仲裁有关的一切费用,包括但不限于仲裁费用和律师费。

合同违约事实存在。我仔细研究了项目材料,认为 2016 年 1 月 7 日签订的《卖方股东与 L 集团有限公司股权买卖协议》有三方的签字,已经生效并履行。L 集团已经顺利拿到项目公司。2016 年 5 月 24 日,人民网报道,L 集团"于 2016 年 5 月 12 日收购巴拿马最大港口——玛格丽特岛港口,计划建成现代化和高效率的深水港口,为实现'一带一路'沿线港群协同发展发挥积极作用"[①]。巴拿马玛岛港项目于 2017 年 6 月 7 日开工建设,但是 H 完全履约后却未收到交易对价。本案中,G 与 L 方违约情况需要进一步取证。如果仲裁解决了送达问题,开庭胜诉没有悬念。但是如果对方迟滞拖延程序,节外生枝,或者在法院承认和执行程序中获得"地方保护",H 能不能拿回钱来,能拿回多少钱来就成了关键。我找了马律师搭档,接下案子并研究出一套解决方案,获得当事人高度认可。

提起仲裁并财产保全。2019 年 2 月 1 日,我们向 CIETAC 提起仲裁,并提出财产保全申请。经过几番送达,解决了"地址改变""查无此人"等送达问题,仲裁庭亦将财产保全申请转至有管辖权的 R 市中级人民法院。R 市中级人民法院于 2019 年 5 月 16 日查封冻结 L 集团持有的 R 银行股份 1200 万股,价值 3380 万元,另外冻结一个银行账号。G 与 L 集团一直以其有债务为名互相推诿给付 H 的责任,此时 L 集团着急了,其总法律顾问找到我方代理人要求降一半律师费,不开庭走调解,本金加 2 年利息,当天要答复。G 的律师也找到我表示要调解。但是,对方跟 H 先生直接谈判的条件并不令他满意,况且 L 集团与 G 声称扣除了 40 万美元的税费并不能拿出证据。庭外调解未能成功。

仲裁裁决胜诉提起承认与执行。2019 年 9 月 23 日,仲裁开庭过程并无悬念。2020 年 2 月 28 日,仲裁委作出仲裁裁决,裁决 L 集团向 H 支付

[①] 《岚桥集团收购巴拿马最大港口玛岛港将实现三港互联》,载人民网,http://world.people.com.cn/n1/2016/0524/c1002-28376144.html,查询时间:2023 年 4 月 1 日。

合同约定股权转让款和迟付利息与 50% 罚息。我们向 R 市中级人民法院提出承认与执行申请,法院裁定支持并采取执行措施,结果是 L 集团被查封的账户上都没有钱。

我们申请拍卖所查封的 L 集团持有的 R 银行股份,但是,R 银行告知法院,你们查封的价值 33807493.7 元的 R 银行的股权还在那里,有抵押,剩余的没有抵押的部分已经被卖给了 R 市的大型国有企业了。我们认为,被查封冻结的财产在冻结查封期间未经法院许可,不得支付、转让、抵押和进行其他处分。被转让的第一笔价值 33807493.7 元的 R 银行的股权,就是我们查封的 R 银行股权,我方坚持要求必须拍卖。如果 R 银行敢说我们查封的股权有抵押,我们就追索 R 银行擅自处置被查封股权的法律责任。根据法院委托,2020 年 8 月 25 日山东蓝色经济区产权交易中心对 1200 万 R 银行股份作出评估报告。8 月 26 日,R 市中级人民法院作出拍卖裁定。第一次拍卖不出所料,标的流拍。按照规定还有权要求第二次降价拍卖,如果还是流拍,则我们就有权以拍卖标的物作价抵债。L 银行的股份是优质资产,持有它是我们客户乐意接受的结果。最终 R 银行妥协,安排被执行人从 R 银行贷款,用贷款定向打给 R 中级人民法院,偿还了我方申请执行的款项。

做生意要讲信用。"一带一路"建设就是投资做生意,在签订合同时当事人一致同意由中国法律管辖,由 CIETAC 仲裁。案件赢点在于代理律师迅速提起仲裁,迅速推进法院实施财产保全,仲裁开庭程序严谨,代理准备充分且证据确实,推动法院及时作出对裁决书的承认与执行裁定,在执行中抓住被申请人和利害关系人的错误行为及时推动相关法律程序,顶住地方势力干扰,果断解决所遇到的一系列具体问题。这件案子的委托人对德恒建立之时便有所认识和支持,此时对我们办案律师充分信任,对案件的办理结果非常满意。

ICC 国际仲裁精彩的案情反转

2022 年 11 月 5 日星期六,德恒国际业务委员会的律师们正在准备材料迎接司法部对涉外法律服务示范机构的实地核查。同在一个工作群的贾怀远律师发来一个给力好消息,他收到了 ICC 裁决书。贾怀远律师带领迪拜办公室团队代理中国承包商应诉西班牙公司ICC(伦敦)仲裁胜诉并将案件彻底反转！这是中国承包商在国际工程仲裁中里程碑式的案情彻底反转、最终完全胜诉的仲裁案件。

2022年11月4日，ICC国际仲裁院签发仲裁裁决，在西班牙某分包商起诉中国EPC总包商中东某项目的仲裁一案中，驳回仲裁申请人西班牙某公司的全部仲裁请求。至此，西班牙某公司从最初给中国公司恶意设置陷阱、多次威胁采取法律行动、假装谈判再次给中国公司设置陷阱之后，在ICC(伦敦)提起仲裁，向中国公司索赔1.1亿元人民币。最后，本案经过中方律师团队艰苦而卓越的奋战，ICC国际仲裁院不仅仅驳回西班牙公司全部仲裁请求，而且使其支付整个仲裁案件费用和中方律师团队的律师费。

案件背景。2019年年初，中国公司投标全球第三大光伏发电项目，鉴于与西班牙某公司以往的合作，便邀请西班牙某公司作为分包商一起投标，并指定中国公司的加拿大代理人Y负责所有与西班牙某公司的沟通。但西班牙某公司提出在中国公司中标后，将全部的现场施工和地方采购独家分包给它，双方签署了意向书(Letter of Intent)。

西班牙某公司反复无常。在投标阶段，西班牙某公司并不认为中国公司能够中标，所以消极对待，也未与中国公司达成分包合同价格。在得知中国公司即将中标后，其态度异常积极。当中国公司指出双方对分包合同价格没有达成协议时，西班牙某公司称，如果中国公司不履行，要提起ICC仲裁，仲裁地为伦敦。中国公司回复会严格履行LOI。西班牙某公司口气立改，随后给中国公司提出诸多无理要求。在中国公司拒绝后，西班牙某公司又提出不履行LOI，其将采取法律行动。

律师提前介入把控走向。中国公司感觉到了西班牙公司的反复无常及潜在风险，便邀请迪拜办公室的贾怀远团队参与谈判，负责和把关所有与对西班牙公司的沟通，一直到西班牙公司在ICC提起仲裁。本案的全程演进直至最后胜诉证明了中国公司决策的正确性与及时性。彼时，全球疫情暴发，西班牙公司看到原材料、设备、劳务、签证等问题受到严重影响，即便是签署了独家分包合同，也很难履行。但如果不履行LOI，自己将承担违约后果。所以，西班牙公司开始假借谈判，循着最终无法谈成独家分包合同，还要把责任推卸到中国公司一方的路数进行。在随后的谈判过程中，不论中国公司提出什么要求，西班牙公司均胡搅蛮缠、以种种理由拖延推诿。由于西班牙公司的策略明确，谈判结果可想而知。到2020年4月，西班牙公司正式通知中国公司：由于中国公司违反LOI，而且不能友好协商解决争议，只能在ICC（伦敦）提起仲裁。考虑到本案适用英国法，贾怀远律师邀请迪拜办公室多年的合作伙伴QC和伦敦著名财务专家组建本案的中方应诉团队，坚决给予反击。

中国公司代理人的"叛变"。中国公司加拿大代理人Y当时负责与西班牙某公司沟通。Y得知中国公司需要他提供文件时，开始勒索中国公司。更让人没有想到的是，Y看到中国公司拒绝勒索后，倒戈去做了西班牙公司的事实证人！将中国公司从头到尾的内部的微信、邮件、电话、内部签署的资料以及投标资料全部出卖给西班牙公司。他转身指控中国公司，前后两次出具长达25页的证人证言，历数中国公司种种"LOI违约行为"。

庭上律师较量。Y反水之前，中方律师团队已经将西班牙公司打得即将偃旗息鼓。西班牙公司看到Y"叛变"后，信心大增：一方面重新整理证据，一方面坚决要求延期审理。中方团队和律师经过精心、细致、全面、高度专业的准备，在5天的庭审里，通过交叉盘问，将西班牙公司的关键事实证人包括Y的证言推翻，又将西班牙公司的专家证人报告彻底推翻。

赢了大满贯。本案中，西班牙公司在ICC起诉中国公司，中国公司应诉后将整个案件完全反转。西班牙公司的所有仲裁请求都被驳回。仲裁庭裁决西班牙公司支付整个仲裁案件费用和中方律师团队的律师费，目前，该等钱款俱已执行完毕。这是中国承包商在国际工程纠纷解决中，依靠中外律师依法应对外国公司挑起的仲裁案件，经历仲裁员撤换、证人"背叛"、庭审较量、获胜诉裁决并完全执行的里程碑式的胜利。

九、在美国法律下的依法维权

席卷而来的美国烟草基金案

大案突发。2002年的一天，烟草总公司法规体改司刘司长打电话请我立刻到公司来。听到这样的口吻，我思忖一定是发生了什么大事，立即赶到烟草总公司。在会议室里，主宾分列两边，对面递过来一大摞英文文件。这是美国法院的传票，被告首先就是烟草总公司，其他被告是烟草总公司所属的省属公司卷烟厂。如何应对？委托谁来应对？本案是否会引发以美国为首的全球反"中国烟草"的连环行动？是否会有巨额赔偿？时任烟草总公司法规司司长的刘敬如此忧心忡忡，直截了当地要求我拿出解决办法。

中国烟草系统烟厂遭到美国数州检察官起诉。2000年前后，我国一些卷烟厂在美国各州售卖卷烟，违反美国环境保护署(EPA)关于n-甲基吡咯烷酮(NMP)和二氯甲烷(TSCA)等有毒物质控制法案，遭到各州起诉。中国烟草总公司，中国烟草进出口公司及其辽宁分公司、吉林分公司、湖南分公司，北京卷烟厂、原常德卷烟厂、原长春卷烟厂均被列为该系列案件的被告方，涉及美国二十多个州。其中，有些案件已经进入诉讼程序，有些案件即将进入诉讼程序，中国烟草总公司及下属各相关公司、卷烟厂面临巨大的风险。

德恒中美律师携手应对。经过仔细研究，我提出建议：本案涉及敏感的中美关系，还涉及更为敏感的烟草行业。在一般人眼里，只要涉及烟草诉讼，就可能会有天价的赔偿。只能由烟草总公司的法律顾问德恒中美律师来代理，以中国和美国两边的法律规范来协商解决。将已经进入诉讼程序和正在美国各州检察长手里还未诉至法院的案件转化为非诉讼的方式协商解决。我的建议被烟草总公司采纳。在大家都捏着一把汗的当时，凭着对国家利益和客户责任的高度负责，我与刘司长签下了委托协议书。2002年起，德恒代理了中国烟草总公司及下属各相关公司、卷烟厂上述在美国面临的这一系列法律诉讼。因美国各州法院要求具有美国相关律师执业资格的律师进行代理，我和陈小敏沟通后，经过综合研究判断，决定由德恒组成中美律师团，配备具有相关州执业资格的律师，多角度、全方位提供法律服务。德恒中美律师团成立后迅速了解案情，就烟草方不同被告主体所涉及的案件与美国涉案州检察院一一沟通、协调。在德恒中美律师团的努力下，这一系列案件达成调解、和解、撤诉并由北京卷烟厂、原常德卷烟厂、原长春卷烟厂设立美国烟草基金账户予以解决。

从2003年起，三家卷烟厂分别与美国一些州签订相关和解协议，并按协议要求建立烟草基金。德恒协助各卷烟厂与美国Wells Fargo银行签订托管协议建立适格的烟草托管基金。德恒始终勤勉尽责地做好该项烟草基金的代理服务。近二十年来，德恒中美律师团结合烟草的行业性质特点和国内外法律区别点对相关信息进行综合分析判断，向烟草企业提供具体操作的法律建议和相关操作指南。从信息联络到信息更新，从合规分析到综合研判，从FW8BEN表格到1042-S表格，从境外汇款到账户明细，从文件翻译到签字盖章，从法律审查到操作指引，德恒各位经办律师兢兢业业、仔仔细细、认认真真地做好烟草基金的每项事务。众多德恒律师和专业人士为此项烟草基金事项提供了中国法律和美国法律下的法律服务。

本案是为数不多的众多中资公司同时在美国各州被诉的案例。案件波及范围广，对于中国企业"走出去"提前审查、充分熟悉相关行业的法律法规、防范违规风险等方面具有借鉴意义。由于以上案件不是单个案件，而是一系列复杂案件，加上美国各州的法律、诉讼程序各不相同，很多案件有多名被告，需要做大量的内部协调、沟通工作，以及我国外汇管制等原因，使得案件处理变得非常复杂。在德恒律师团队的积极努力下，烟草总公司和中国烟草进出口公司的烟草基金诉讼系列案件均以长春卷烟厂和常德卷烟厂补交少量基金和小额罚款为代价顺利了结，避免了一些州原计划针对烟草总公司和中国烟草进出口总公司起诉甚至追究刑事责任。烟草总公司不仅从案件中脱身，也有效阻止了美国相关各州禁止中国烟草制品进入其市场销售的目的。绝大部分州的罚款金额从300%降低至100%，个别州还免除了罚款，争取到了对烟草总公司和卷烟厂最好的结果。在中国烟草总公司的果断决策和大力协调下，德恒律师通过大量工作和艰辛努力，终于圆满达成了总公司交办的目标，上述系列案件最终胜利完结。

此系列案件结束后，中国三家烟草公司在美国建立了"烟草基金账户"，可以进行正常的烟草制品销售。在此后长达二十年中，德恒纽约律师继续为已经建立的烟草基金账户的日常维持提供法律服务。陈小敏、王敏、朱可亮律师都为此作出了巨大的努力。

把中国法院判决"变身"为美国法院判决

河南省安阳市中级人民法院民事判决书在美国获得承认和执行。安阳信益电子玻璃有限公司(简称"信益电子")是一家中外合资企业,其外方股东是一家在美国加州成立的公司 B&F International(USA) Inc.(B&F)。2007 年,河南省安阳市中级人民法院受理了信益电子的破产申请。2008 年,信益电子破产管理人向河南省安阳市中级人民法院提起针对 B&F 的诉讼,要求其履行对信益电子已认缴但尚未实际出资部分。2013 年,河南省安阳市中级人民法院作出民事判决,判令 B&F 支付本金 300 多万美元。

但是 B&F 在中国没有任何资产,导致该判决无法在中国境内得到执行。如果到美国追究 B&F 责任则面临两个途径:(1)在美国另行起诉,胜诉后申请执行;或者(2)直接用河南省安阳市中级人民法院的民事判决书去美国法院申请承认和执行。这两个途径都困难重重,因为途径(1)需要案件从零开始,意味着之前投入的时间精力将付诸东流,而且美国诉讼程序漫长,律师费昂贵,面临很多不确定性;途径(2)似乎没有法律依据,因中美之间尚未签署互相承认和执行判决的双边条约。

在美国加州地区法院成功立案。德恒持有中国律师资格和美国纽约州律师资格的王一楠律师凭借在美国多年的学习和执业经验,发现本案可能依据美国加利福尼亚州《承认外国金钱判决统一法》来向美国法院申请承认和执行。该法规定了一系列与承认和执行外国法院的支付判决有关的判断标准,并且只要求对外国司法体系和法院判决进行程序是否正当的审查而并不对实体问题进行重审。而且王律师也找到了美国以往有利于中方的司法判例作为支撑。

受信益电子破产管理人的委托,王一楠律师设计了诉讼方案并指导加州当地律师成功于 2015 年 2 月在美国加利福尼亚中央区联邦地方法院正式立案,向美国法院正式申请承认和执行河南省安阳市中级人民法院作出的民事判决。

美国法院作出判决正式承认和执行河南省安阳市中级人民法院的民事判决。经过一年多的审理,王一楠律师带领的法律团队从两个方面成功说服美国法院接受己方观点。一是在河南省安阳市中级人民法院的诉讼程序中，B&F 在程序上没有受到任何不公正的对待，并且送达程序合法公正；二是中国判决是终局的、结论性的和可执行的。最终，美国加利福尼亚州法院于 2015 年 12 月 2 日作出判决，正式承认和执行河南中院的民事判决，并要求被告 B&F 向原告信益电子支付 3851672.23 美元。

成功"绕过"美国的民事诉讼程序。事后问起王一楠律师，他回顾本案的办理经过，画龙点睛地说："我成功'绕过'美国的民事诉讼程序，将中国法院审理后的判决直接'变身'为美国法院判决，为当事人节省了大量时间和成本。"同时，本案也进一步打开了中国法院判决在美国得到司法承认和执行的成功大门，具有里程碑意义。

本案的结果证明中国是一个法治国家，中国的司法制度及程序公正性在国际上正得到越来越广泛的认可。德恒律师的成功代理为中国法院判决在其他国家和地区申请承认与执行提供了值得借鉴的成功经验。

成功撤销美国法院的缺席判决

2013 年 12 月—2019 年 1 月，无锡办公室王建明律师及其团队成员接受无锡振发铝镁科技有限公司（Wuxi Chenhwat Almatech Co., Ltd.，简称"振发公司"）委托，与美国加利福尼亚州（简称"加州"）贾斯汀·施伦格（Justin Shrenger）律师合作，与美国威望汽车技术公司（Prestige Auto-tech Corporation，简称"威望公司"）在美国加州圣贝纳迪诺郡库卡蒙格牧场市地区法庭和加州高等法院圣贝纳迪诺郡法院和加州上诉法院，进行多轮较量。最终振发公司的诉求成功获得加州上诉法院的支持，作出维持加州高等法院圣贝纳迪诺郡法院撤销缺席裁决的决定。

振发公司被美国法院缺席判决赔款。2013 年 3 月 25 日，原告威望公司以振发公司为被告向圣贝纳迪诺郡库卡蒙格牧场市法庭提起民事诉讼，要求振发公司因合同违约、商标侵权等若干诉因赔偿威望公司至少 4650 万美元的损失。在振发公司缺席、振发公司法定代表人与威望公司存在恶意串通的情况下，2013 年 7 月 31 日，法庭作出一份要求振发公司赔偿威望公司 1730 万美元的判决。

振发公司破产管理人委托德恒律师处理美国巨额不利判决。2013年年底,振发公司因不能清偿到期债务而被宣告破产,由无锡市中级人民法院指定的管理人无锡振发铝镁科技有限公司管理人(简称"管理人")接管了该公司。管理人在接管后发现了这一巨额的不利判决。该判决的存在将使得振发公司全体债权人的利益受损,主要表现为:一是振发公司的债务总额增加了近一倍;二是振发公司账面存在对威望公司的应收款约1200万美元,该判决将抵消振发公司对威望公司的债权,妨碍应收款的追讨。

德恒律师向法院提出撤销缺席判决的诉讼请求。王建明律师接受管理人委托后,仔细研究了案件进展及相关法条,与加利福尼亚州的出庭律师合作,于2014年4月17日代表振发公司向加州高等法院圣贝纳迪诺郡法院提出了撤销缺席判决的诉讼请求。2014年6月10日,加州高等法院圣贝纳迪诺郡法院基于民事诉讼法第473(b)款,撤销了对振发公司不利的缺席判决。

对方提起上诉。2014年7月15日,威望公司针对撤销缺席裁决向加州上诉法院提起了上诉,2016年3月22日,加州上诉法院认为一审所适用的法律存在错误,应当以公平原则为由撤销原来的缺席判决,而不应当以时效未过为由撤销原来的缺席判决,故裁定发回加州高等法院圣贝纳迪诺郡法院重审。发回重审的同时,加州上诉法院向振发公司提供了新的救济意见,建议振发公司基于衡平救济法、民事诉讼法第473(d)款等展开救济。

再次提出撤销缺席判决申请。2016年9月8日,振发公司再次向加州高等法院圣贝纳迪诺郡法院提出撤销缺席判决的申请,2016年10月17日,加州高等法院圣贝纳迪诺郡法院作出裁决,撤销了要求振发公司赔偿威望公司1730万美元的缺席判决。

对方再上诉被驳回。2016年10月,威望公司不服加州高等法院圣贝纳迪诺郡法院的裁决,向加州上诉法院提起上诉,2019年1月22日,加州上诉法院作出维持加州高等法院圣贝纳迪诺郡法院撤销缺席裁决的决定。

扎实的法律功底和高超的实践智慧。本案何以能够在法律上站得住脚,取得程序上的机会和实体上的支持,展现出德恒律师扎实的法律功底和高超的实践智慧。王建明带领团队律师接受委托后,仔细研究案件进展及相关法条,一是把重点放在境内调查取证,对原振发公司管理人员及工作人员进行取证并收集与证人证言相关的证据材料,研究振发公司审计报告及其与威望公司贸易往来资料;二是重点进行多法域法律检索和法律分析。着重对海牙公约关于送达的法律规定进行检索和研究分析并对加州诉讼程序相关法律问题进行学习和研究;三是重点展开境外取证和调查,前往印度尼西亚进行调查;四是参加庭审等。

律师办理本案体会。中美律师在涉及中美商业利益的案子精诚合作非常重要。德恒律师和所聘请的加州律师代表振发公司,先后历时六年,经历了加州高等法院圣贝纳迪诺郡法院上诉审(结果:撤销缺席判决)、被上诉至加州上诉法院(结果:被发回重审)、加州高等法院圣贝纳迪诺郡法院再审(结果:撤销缺席判决),再被上诉至加州上诉法院上诉审(结果:维持撤销缺席判决)。诉讼过程虽漫长艰辛,但是通过律师艰苦努力工作,取得的结果令人欣慰。

抓住案件疑难点重点攻克是关键。一是涉及多法域的问题,本案涉及美国加州的法律、中国的法律,涉及海牙公约(关于向国外送达民事或商事司法文书和司法外文书公约)在本案的应用,也涉及如何在中国进行取证以符合美国法庭的要求。律师团队不仅进行多法域法律检索和法律分析,还透彻地研究了法律适用。二是取证难,律师介入的时候缺席判决已经作出,且已经过了六个月有效撤销时间,且此时的振发公司已进入破产程序、人员不整齐、资料搜集困难。在此情况下,王建明带领律师团队尽职地完成了中国境内的取证,包括对近十名原振发公司工作人员以及振发公司管理人进行取证并搜集与证人证言相关的证据材料。律师研究了振发公司的审计报告,取得了振发公司与威望公司之间数千页的贸易往来资料,并将全部证人证言、主要证据翻译成英文提供给了美国出庭律师,并积极地到印尼进行取证,以查实印尼公司与美国公司以及振发公司的关系,为出庭律师提供资料。三是基于中美法律思维及诉讼程序的不同,提供高质量证据材料。得益于王建明律师对美国法律和诉讼程序的熟悉,证据取证与提交从形式到内容都符合美国诉讼制度的要求。最终美国法庭主要依赖审计报告、货物贸易交易文件、振发公司管理人员的证词,裁决振发公司胜诉,撤销了缺席判决。

微信使用者的自卫反击战

德恒美国律师在微信案中作出了卓越贡献。硅谷办公室律师朱可亮是2020年8月美国微信用户起诉特朗普总统案件的主要策划人和核心诉讼律师。本案经四次庭审获得美国联邦地区法院判决和第九巡回上诉法院禁止令,逼迫拜登总统在2021年6月撤销封杀微信的特朗普总统行政令。本案成为华人告倒美国总统,对抗美国政府滥用总统行政制裁权的第一案。本案的特殊难度是通过司法途径挑战美国总统在"国家安全"问题上的自由裁量权。如果以微信和腾讯公司作为原告直接起诉,诉讼程序中原告需要披露大量的内部资料,胜算不高。律师运用诉讼技巧和策略,以美国普通微信用户名义起诉,利用美国宪法对于个人言论自由的保护来对抗美国政府,将一个美中对抗的事件巧妙地转变成一个"维护美国人个人自由权利"的法律案子,最后才大获全胜。

特朗普总统颁布微信封杀令。2020年8月6日,美国总统特朗普发布总统行政令(简称《特朗普禁令》),以国家安全为由将在45天后禁止任何美国个人或实体与"微信"及其中国母公司进行任何交易,并命令美国商务部在9月21日前颁布实施细则。以下内容节选自《特朗普禁令》:

> (a)在适用法律允许的范围内,自本命令发布之日起45天后,禁止以下行为:任何人与中国深圳腾讯控股有限公司或该实体的任何子公司进行任何与微信有关的交易,或与受美国管辖的任何财产有关的交易,或商务部长根据本命令第1(c)条确定的该实体的任何子公司。

微信由于它在中文使用者之间交流的巨大便利,几乎美国华人都在使用。禁止使用微信会给他们与家人、朋友的联系带来不便,也会给现有工作带来极大障碍。硅谷办公室的朱可亮律师与几位华人律师拍案而起,不畏《特朗普禁令》的巨大政治威力,自发组织起来,拿起法律武器捍卫自身的权利。

朱可亮律师深知,在美国245年的历史上,美国历届总统颁布的共计

1.5万多项总统令中,只有极少数被法院限制或否决。特朗普总统的不按常理出牌的总统风格,更是作出了很多难以逆转的非常之举。对美国总统特朗普提起诉讼,在一般人看来几乎是最没有胜算的。

正是这样一群既在中国读了法律,又在美国读了法律,且在美国持牌的跨国、跨文化、跨法域的新时代华人律师,勇敢地站了出来。他们组成诉讼团队毅然起诉特朗普总统。经过与美国政府在五次法院听证的多轮较量,终于在45天期限内,离《特朗普禁令》生效之前几小时,被美国北加利福尼亚州地区联邦法院紧急叫停。5个月后,美国时间2021年6月9日上午,美国新任总统拜登签署一份总统行政令,宣布正式撤销2020年8月由前总统特朗普颁布的微信封杀令《特朗普禁令》。至此,一场惊心动魄的由普通华人起诉美国总统的案件获得了最终的胜利,而这起案件的主要发起人之一和核心诉讼律师就是硅谷办公室的管理合伙人朱可亮律师。

奋起自卫成立微信使用者联盟。微信禁令一出,举世哗然。我跟朱可亮律师通话说到微信禁令,朱律师表态一定要维权。我坚决支持,也从德恒角度做了一点提示。朱律师认为,特朗普总统封杀微信的决定,不仅仅是美国政府对中国高科技企业的制裁,更是严重侵犯了在美华人自由使用微信的权利,不管结果如何,必须坚决反击。

在面临巨大的政治压力之下,为避免给律师执业的律师事务所造成压力,朱律师牵头发起成立了非营利组织"美国微信用户联合会"(简称"美微联会")。对抗美国总统的诉讼案件要有一支一流的律师团队,通过朱律师的联络说服,旧金山本地著名的诉讼律师事务所RBGG和美国顶级律师事务所Davis Wright Tremaine、Sidley Austin先后同意加入律师团队。然后在朱律师的组织之下,团队确定了诉讼策略,找到并确定了具有不同背景的原告,迅速在加州地区联邦法院成功立案。

在美国进行诉讼要有能干的律师,找到有效的证据,还要有强大的财力。提诉动议开始前,兵马未动粮草先行。朱律师的团队需要在美国华人社区筹款,同时要应对媒体和社会的质疑,并要夜以继日地寻找证据和专家证人来证明微信没有威胁美国国家案件,其中的艰辛一言难尽。在中美关系紧张的大环境之下,反对和仇视中国已经成为美国社会的主流观点，因此最开始的行动遭到了各种质疑，还有多家媒体故意抹黑这些维权律师的动机和来历。有的甚至把朱律师是硅谷办公室律师，德恒是一家什么样的中国律师事务所都扒了出来。但朱律师坚信法律与正义站在自己这一边。他把控案件走向，顶住各方的压力，与美国司法部的律师斗智斗勇，并在短短45天之内完成了立案并获得了法院颁布的禁止令。

四次惊心动魄的法庭交锋。整个案子的对手应该不在一个数量级上。原告这边的主力是一群年轻的华人律师，对方则是司法部的御用律师。双方在加州联邦地区法院经历了四次惊心动魄的法庭交锋：

2020年8月21日，朱可亮律师等代表美微联会向美国加利福尼亚州北区联邦地区法院正式递交诉状，起诉美国政府《特朗普禁令》侵犯美国微信用户宪法权利。法院予以立案。2020年8月28日，美微联会向法院递交《初始紧急禁止令》动议，提请法院叫停总统禁令的执行。

2020年9月8日22时30分，美国司法部给美微联会律师团发来一份50多页的书面回复，附带1200多页的书面证据。2020年9月16日，美国司法部突然提出和解要求，承诺微信禁令不会追究个人用户的责任，只是针对腾讯公司和微信App。朱律师团队经过研究后认为这一和解方案换汤不换药，因此拒绝了对方的和解要求。

2020年9月17日，美国加州北区联邦地区法院通过网络直播公开进行第一次法庭听证会。在双方律师激烈争辩后，法官质疑了发布微信禁令的动机和其对国家安全的可能影响，并表示在未来几天将颁布判决。

2020年9月18日的凌晨，美国商务部颁布了微信禁令的实施细则。该实施细则虽然没有针对普通微信用户，但从技术上"全面断网""掐死"了微信在美国的使用。

2020年9月18日上午，法官收到司法部提交的《实施细则》，随后原告提交对此的回复。法庭召开第二次紧急听证会。法官决定，原告朱律师团队可以在5小时之内，修改诉状和禁止令申请动议。18日15时30分原告递交了修改的动议，18时递交了修改数百页的诉状。半小时后，司法部递交了针对修改动议的回复。20时，原告又递交了针对司法部回复的一项回复。法官因此召开第三次紧急听证会，听取了双方律师对这一实施细则的看法。考虑到微信禁令即将在9月20日生效，法官罕见地决定在第二天(9月19日周六)举行最后一次听证会。

第一次胜诉判决。2020年9月19日13时30分,法官召开第三次听证会,双方律师就微信对于在美华人的重要性和不可替代性展开了激烈的辩论。法官没有当庭宣布判决。2020年9月20日凌晨,就在微信禁令即将生效的十几个小时前,美国北加州联邦地区法院主审法官劳瑞尔·比勒对《特朗普禁令》及其实施细则作出长达22页的判决书,发布了在全美国均有法律效力的《初始禁止令》(Preliminary Injunction)。原告第一次胜诉。法官判决书全面采纳了朱可亮律师团队的观点,法官在判决书中写道,"禁止使用微信将侵犯数百万主要依靠微信的华裔美国人的宪法第一修正案所赋予的权利,他们主要依靠微信与在美国境内以及与中国的亲戚和朋友交流。而美国司法部提供的微信对国家安全构成所谓威胁的证据又明显不足,几乎没有证据可以表明禁止所有美国用户使用微信可以解决这些担忧"。法官还指出,微信完全禁令有明显的替代方案,例如政府机构禁用微信。法官认为微信禁令违反了美国宪法下的个人言论自由,而且美国政府提供的有关微信侵害国家安全的证据没有说服力,因此颁布禁止令,阻止了微信禁令的实施。

法官判决后,美国司法部不服,2020年9月24日,美国司法部向地区法院递交动议,申请暂停执行之前颁布的《初始禁止令》。2020年10月2日,美国司法部向更高级别的美国联邦第九巡回上诉法院递交申请暂停执行地区法院《初始禁止令》的动议。这意味着两个法院同时审理微信案,原告必须"两线作战"。

第二次胜诉判决。2020年10月15日,美国联邦地区法院法官开庭审理(第四次听证会),就司法部提出撤销《初始禁止令》进行口头辩论。在这一过程中法官没有给美国司法部律师什么争辩的机会,并表示新证词依然没有说服力。10月23日,地区法院法官驳回了司法部暂停执行《初始禁止令》的动议,维持了原判。原告取得第二次胜诉。

第三次胜诉判决。10月26日,联邦第九巡回上诉法院也驳回了司法部申请暂停执行《初始禁止令》的动议。原告取得了第三次胜诉判决。

第四次胜诉判决。美国司法部旋即将案件上诉到了美国联邦第九巡回上诉法院。经过多轮的书面交锋之后,联邦第九巡回上诉法院三位上诉法官一致决定维持原判。2021年1月14日,联邦第九巡回上诉法院就本案召开听证会(第六次听证会)审理司法部的上诉。朱可亮律师团队的观点再次获得了三位法官的认可,当场表示微信禁令既违反了美国宪法,同时还涉嫌违反了美国的《经济紧急状态法》对于总统权力的限制规定,因此美国司法部的主张不可能得到采纳。法庭最终作出裁定维持原判。原告取得第四次胜诉。

美国总统轮换的变局。美国的总统选战和新老总统的交班与微信案的走向密切相关。美微联会团队也通过各种渠道极力推动案件的早日结束。2020年12月,美微联会已经跟当选的拜登团队取得了联系,递交了相关的材料和文件,希望说服他们继续坚持封杀微信是没有理由和好处的。2021年1月20日,美国第46任总统拜登上台之后,主动要求暂停案件的进行,以重新审查前总统的政策。2021年2月11日,朱可亮律师收到了美国司法部发来的邮件——美国政府准备主动向联邦第九巡回上诉法院和北加州联邦地区法院递交动议,申请暂停微信禁令的诉讼案。由于多位法官已经认定微信禁令违反了美国宪法以及其他多条法律,这场官司继续打下去,美国政府没有任何胜算。所以,拜登总统才决定撤销这一禁令。这是美国历史上第一起华人起诉美国总统并获得成功的案件。

2021年6月9日上午,美国新任总统拜登签署总统行政令,宣布正式撤销2020年8月由前总统特朗普颁布的微信封杀令。

微信案承办律师的公益心。2021年10月,经过与美国政府在两级法院五轮庭审的较量,原告即微信使用者联盟取得四次胜诉判决,大获全胜,美国司法部撤销微信禁令并要求和解。经协商后最终美国政府赔了原告90万美元律师费,已全部执行完毕。这些赔偿的三分之二用于支付外部律师费用,剩下三分之一由朱律师等华人律师全部捐给了非营利性组织,用于继续为在美华人维权。

硅谷办公室主任朱可亮律师在整个案件过程中起到了主办团队核心作用,投入了最多的时间精力,提供的法律服务全部为义务。朱律师在美国已经执业二十余年,拥有丰富的诉讼经验,在美国法庭上维护了无数中国企业和其他中国客户的利益。这次的胜利体现了法律人不畏强权、维护正义的勇气,为在美华人和中国企业在美国维权创造了一个历史性的成功案例。

十、维护依法行政与公共利益

律师不光是为市场主体提供法律服务,还为管理这些市场主体的政府部门,或是行使行政权力的行业管理部门提供法律服务。从行政权力的依法行使,到行政权力行使过程中产生的法律救济,都是法律服务的内容。律师既可以为行政相对人提供服务,也可以为行政权力行使人提供法律服务,还可以为与此相关的机构遇到的特殊法律事务提供法律研究和决策建言服务。

政府依法行政的服务者

根据国务院"三定"方案,中国行政权力的划分落实在国务院行政管理部门及其承担行政管理责任的事业单位。政府部门与行业行政管理部门,例如中国证监会、国务院国资委等,依法享有行政管理权力,承担行政管理责任及其行政行为法律后果。因此,这些国家机关、部委、单位应当聘请专业法律顾问,为其依法行政保驾护航。我研究了主管经济与市场的行政管理机构,将为它们提供法律服务作为德恒的重要业务,相继为财政部、国家卫生健康委员会、国家烟草专卖局、国家能源局、国家市场监管总局、国家国际发展合作署等提供常年法律服务。

三十年来,我们为政府提供法律服务积累了丰富的经验,也有深刻的体会。政府机关行政有权力,办事有规矩,办文有程序,行为有约束,决策有层级,但是很难有公务员敢于独立承担责任,尤其是牵扯部门之间关系的问题。也有一些政府机关将外聘律师作为内部工作人员坐班使用,这些在政府机构里面坐班的律师的法律服务费只相当于最低层级律师的水平。尽管政府机关名称响亮,但一些律师事务所并不愿意做这种"赖汉子干不了,好汉子不愿干"的活。依法行政是依法治国的基础,行政权力依法正确行使也需要法律服务。依法保护行政执法者们的合法权利,保障他们手中的行政、执法权力正确实施,同时防止其将公权力滥用也是律师的责任。德恒坚持了下来,培养出一支强有力的行政法专业律师队伍,为客户提供了满意的服务。

企业合规免予行政处罚

随着行政监管手段越来越智能高效,行政执法机关与刑事侦查机关推行"行刑衔接",使行政处罚与刑事诉讼案件"双罚"得以在程序上实现。

在面临潜在或现实的行政处罚风险时,涉案企业亦有强烈的行政合规整改法律服务需求。如能给予涉案企业通过合规整改不予处罚的机会,不仅可以达至强化经营者合规经营意识,主动根除违规经营行为,提高企业经营管理水平,提升企业经济效益,延长企业高质量发展、可持续发展生命周期的企业内部治理成果,在"行政追责"阶段阻断企业落入刑事诉讼程序遭受灭顶之灾,亦可达至降低行政监管机构、行政执法机构运营成本,节约社会治理成本,培育企业界守法合规经营意识,引导全社会守法合规经营,提升社会治理效能等良好社会效果,促进国家整体经济发展和法治建设水平。

深圳办公室熊晓军律师带领王增科、金小雨律师为某医疗器械公司提供行政合规专项法律服务,对开展行政合规不处罚业务做了探讨,律师应顺应合规的国内发展形势,在行政合规业务领域大胆开拓创新,以实践推动立法改革,有效推动我国企业的合规治理建设水平。2021年7月,深圳市市场监督管理局(简称"深圳市监局")按照A公司备案的行业标准对其生产的医疗产品进行抽检,结论为不合格。A公司面临被责令停产停业、吊销许可证、没收违法所得、十年禁业的行政处罚风险。

熊晓军带领合规律师调查后发现,A公司被抽检产品并非依据其向深圳市监局备案的行业标准生产,而是依据最新的国家标准生产,导致其产品抽检不合格。A公司遂立即主动召回该批次产品,且该批次产品未造成任何损害后果。

A公司正处于上市辅导期,如被科以行政处罚,将对其上市进程及未来发展造成重大不利影响。2022年8月,A公司咨询深圳办公室熊晓军律师团队,该公司能否通过企业合规整改,获得免予行政处罚的机会。

律师团队研究后认为,深圳市系社会主义法治先行示范区,A公司所在某区具有深圳市合规示范区的政策区位优势,A公司主观上没有生产不合格产品的故意,客观上没有造成社会危害,依据《行政处罚法》等相关法律及政策规定,建议 A 公司尽快开展企业合规整改,争取深圳市监局"合规免予行政处罚"的合规激励。

在律师团队指导下,A 公司开展了合规整改工作,包括但不限于:停止违法行为,配合监管调查,成立合规组织,明确合规职责,梳理合规风险,挖掘违法成因,起草合规计划,作出合规承诺,起草及完善修订管理制度,健全业务流程,搭建合规运行机制并试运行,开展合规培训,申请合规管理体系认证证书。合规整改完成后,A 公司向某区市监分局提交了《合规整改报告》及全套工作底稿,并请求验收。某区市监分局组织听证后,依法作出了《免予行政处罚决定书》。A 公司依法获得"合规免予行政处罚"的合规激励。

行政监管、行政处罚的目的,从来都不是让企业停业、企业家破产、员工失业,而是敦促企业摒除积弊,改过自新,高质量发展。A 公司通过本次合规整改,建立了制度完备、流程清晰、岗责明确、实时监督的产品质量合规管理体系,最终免予行政处罚。由是观之,行政合规可以在个案层面有效落实中央"六保""六稳"要求。我们建议,在全国范围内扩大"合规免予行政处罚"试点,在国家立法层面进一步加快推进行政合规立法,促进中小微企业合规经营,保障就业,保护税源,优化行政监管模式,提高社会治理水平,维护社会稳定。

"无居民海岛保护和开发利用"法律建议

在《海岛保护法》颁布之前,我国对于国土资源中无居民海岛的权属并无明确规定,存在法前用岛问题,海岛使用权问题和保护开发利用机制等问题。很多无居民海岛,尤其是具有较大开发价值的无居民海岛,早有习惯上的"所有者"或"占有者",甚至有政府及有关部门依法颁发的集体产权证明。2010 年 3 月 1 日起施行的《海岛保护法》第 4 条规定:"无居民海岛属于国家所有,国务院代表国家行使无居民海岛所有权。"由此,造成了法律颁布前集体所有权和法律颁布后国家所有权和集体所有权的冲突,形成了历史遗留问题或者法前用岛问题。受有关部门委托,德恒律师经研究提出了法律建议:一是尊重历史的原则。通过在本法施行后逐步征收为国有等方式妥善处理。二是采取国家所有权和经营者使用权分离的制度。三是逐步征收为国有等方式,并提出法前用岛征收的操作建议。例如,征收的客体,如征收林地的所有权而非使用权,征收的依据参照现有《森林法》《土地管理法》等相关法律法规规章进行。

无居民海岛保护和开发利用机制的管理和协调。《海岛保护法》侧重海岛生态保护和管理,并体现与现行相关法律和国务院有关部门的职责分工相衔接。无居民海岛往往远离大陆,《海岛保护法》规定由海洋部门负责无居民海岛保护和开发利用的管理工作,应当理解为综合管理,而不是专属管理。应当将行政审批职责统一赋予海洋部门,海洋部门在审批过程中如遇专业技术、公共安全等公共利益审查的,将由海洋部门向有关部门征求意见后审批。长远而言,涉及专业技术审查,还可以通过建设单位书面承诺和第三方中介组织审查解决。

无居民海岛使用权。无居民海岛使用权的客体是一个相对独立的生态系统,应该是包括岛体、岛滩、岛基(礁)和环岛浅海四个小生态环境在内的有机整体。无居民海岛使用权的性质系新型的不动产用益物权。

德恒律师以科学规划、保护优先、合理开发、永续利用原则为指导,草拟了福建省无居民海岛保护和开发利用管理办法,以供决策部门参考。

突发事件处置的法律建言

一个国家出现某种突发事件后,需要国家立即采取行动应对。但一些突发事件究竟应由谁来管并不明确,就无法及时处理,比如,"南海撞机事件"。

中方对这种公然侵犯我国领空,并对我国财产、人员实施犯罪,造成机毁人亡事件并未追究美方人员的法律责任。我们作为法律人很不理解,立即针对这个事件开展了法律救济讨论。

2001年4月11日,《法制日报》就美国侦察机撞毁我国飞机事件采访了我和李贵方、林维律师。我们认为,应当依法对该侵犯中国领空,违反中国刑法的美军及其飞行器追究刑事责任。但当时并不知晓哪个部门是处置责任人,且飞机与机组人员已被放回。于是,我们三人联名在《法制日报》发表了《美国霸权行径于法难容》一文。多年后,当我与一位在新西兰的外交官谈到此事,我讲出几个我们当时开出的应对药方。他不无惋惜地说,当时要是知道你们这些想法就好了。显然,当时负责处理此事的是他熟悉的部门。实际上,应当在有实战经验的律师帮助下去处理这种突发事件,相信结果会更加有利。

躬耕不辍,一览众山

看德恒法律服务"龙头表率"就要看亲力亲为的带头人。刑事辩护维权大律师李贵方、陈雄飞,资本市场重大工程建设专业律师孙钢宏,资本市场领军人徐建军、沈宏山、刘震国、黄侦武、苏启云,后起基金新秀侯志伟,民商新星王军旗……他们都是在德恒历练、成长起来的,还有更多的人我没有点名字,每一个德恒人都是可以写上一笔的。

第六章　践行公益

大道至简,天下为公。日行一善,涓流成河。为人民服务,是律师的公益之道。

三十年来,德恒秉承"人民至上"的宗旨,坚持为人民服务。在国家面临自然灾害、人民生命财产受到损失之际,我们挺身而出,捐资助力,帮助抗击灾害。在老少边地区人民脱贫攻坚的斗争中,我们提供法律援助,帮助群众解决困难,依法维权,妥善定分止争,维护社会稳定和人民生活平安。三十年来,我们累计志愿服务百万人次,捐钱捐物逾亿元。德恒律师全员参加从中央到地方各级各地各部门各行业组织的各类公益行动成为常态。德恒律师倾心投入中国法律援助基金会和司法部、中华全国律师协会组织开展的"1+1"法律援助志愿者行动,统战部组织的新社会组织"同心律师服务团";省市区对口"援藏援疆律师服务团",京地对口开展的"大手拉小手",少数民族贫困儿童助学,未成年人关怀救助,老少边区教育扶贫、抗击疫情社会救助,绿水青山,保护环境污染治理,普法宣传教育等公益法律服务活动。

三十年间,德恒坚持把公益服务视为律师的职业责任。从1993年开始,德恒律师接续接力,持续为"两院"院士提供义务法律服务。我带头出资与德恒发起建立德恒公益基金会,支持各种社会公益活动。大量德恒律师参加"公益律师进社区""一社区一律师"等活动,深入企业、社区和农村,精准施策扶贫,一对一帮扶,捐资助学帮助贫困家庭与少数民族儿童教育学习。德恒律师自发地向各级各类学校捐款,支持基础教育,改善法学教育,提高学子涉外法律能力培养。德恒每年投入上千万元为共建"一带一路"提供公益法律助力,组织数百人的法律服务队伍支持

"一带一路"国际商事调解事业,支持《"一带一路"列国人物传系》文化图书工程。德恒向中国法律援助基金会捐助100万元支持环境保护项目。德恒为社会各界、基层人民群众提供免费咨询上千万人次,被誉为"法律咨询专家门诊"。在抗击疫情以及地震、洪水等大灾大难面前,德恒党员律师员工挺身而出,捐资出力,参加抗疫、救灾,力所能及地为社会、为人民排忧解难作出贡献。从扶贫、助学、乡村振兴到抗震、救灾、抗疫,德恒律师的每个公益故事不一定被看见,但德恒从不缺席。德恒与中国农村专业技术协会签订合作协议,就农业专业技术知识产权保护、新型农业经济组织建设、环境保护等达成多项共识。德恒将继续扎实履行法治助力乡村振兴的社会责任,切实为乡村振兴法律体系建设贡献力量。做一件好事不难,难的是把这件好事一直做下去。德恒人有恒心将公益法律服务一直做下去。

三十年,德恒人厚德载物,以"德行天下"之力,服务"大国重器",与中国客户共成长;以"恒信自然"之心,提供多样式公益服务,与人民群众心连心。有一种力量催人奋进,有一些场景温暖人心,漫漫公益路,拳拳赤子心。德恒人微光星河,心系苍生,以点点微光汇聚星辰大海,亲力亲为,追梦理想长歌。

一、法里法外总关情——三十载院士公益服务

20世纪90年代三峡工程开工之后的一天,著名水利水电专家、中国科学院和中国工程院资深院士张光斗先生打电话来找我。我不敢怠慢,与戴钦公律师一起立即赶到清华大学张院士的寓所。谈话之间,张院士问了一些法律问题。我们一一做了解答。张光斗院士恳切地说,术业有专攻啊! 科学家院士需要德恒的法律支持。

院士一席话,让我陷入深思。中国科学院和中国工程院院士是建设科技强国的宝贵财富,受到全社会的尊敬和支持。在进行高难度科学研究的同时,也会遇到法律问题。尤其年事已高的院士还会遇到家庭代际传承等法律问题,需要法律帮助。于是,德恒为院士提供公益法律服务成为常态。

院士公益法律服务工程

德恒律师为院士提供公益法律服务看似很琐碎,既没有轰轰烈烈,也没有对外张扬,但确确实实解决了很多院士的具体困难和问题。中国科学院院士服务局的同志明显感到院士们来找得少了。院士们过去遇到的一些问题,尤其是不属于科学院管理的一些问题,在律师这边咨询过后就解决了。中国科学院和律师事务所都意识到,院士法律服务非常有必要,而且要进一步深化,把院士法律服务上升为长效服务模式。经过讨论协商,2000年10月25日,中国科学院与德恒正式签署协议,联合实施"中国科学院院士公益法律服务工程"。中国科学院下发正式文件,遵照院所合作协议由双方共同实施。这项公益法律服务工程主要内容是,德恒向院士发放"院士法律服务卡",院士们凭卡可以得到德恒律师的服务,服务内容包括法律咨询等公益法律服务和律师见证、诉讼或仲裁代理,代拟、审查、修改法律意见书,科技、知识产权、公司等专项法律服务,律师可以通过电话、网络、传真、信函、面谈等方式,为院士提供法律咨询服务,不收取任何费用。

2001年1月16日,中国科学院与德恒在北京友谊宾馆举行了"中国科学院院士公益法律服务工程"赠卡仪式。中国科学院副院长许智宏院士、司法部副部长段正坤与十名中国科学院院士代表出席仪式并发表讲话。许智宏院长称这是"法律和科技联合的新举措,把中国科学院和德恒的合作推进了一大步,进入了更高的层次",段正坤副部长称"这项工程既是经验总结,也是大胆创新"。院士公益法律服务工程受到院士们的一致称许。袁隆平等近百位接受过服务的院士表示了对德恒律师的诚挚感谢。

中国科学院院士获得法律服务卡这一做法在院士圈里有了一些影响。有的院士是科学院和工程院双院士,一些工程院院士也在问这个做法能不能推行到工程院院士。经与中国工程院商讨,这件事情很快就定下来了。2002年10月,德恒与中国工程院正式签署院士法律服务协议。2003年1月6日,中国工程院与德恒在北京友谊宾馆举行了"中国工程院院士公益法律服务工程"赠卡仪式。中国工程院副院长王淀佐院士、副院长杜祥琬院士和司法部副部长段正坤与中国工程院院士代表出席了仪式。王淀佐副院长表示,德恒为中国科学院院士提供公益法律服务以来,一直受到院士们的好评,这次联合组织实施中国工程院院士公益法律服务工程,相信通过双方的合作和努力,必将开拓合作的新天地。

德恒服务两院院士风雨兼程三十载,德恒北京总部律师和上海、广州、成都、武汉、南京、大连、西安等地办公室百余名律师都积极参与院士公益法律服务工程。全国二十多个省市的院士及其家属以及院士身边的工作人员都享受到德恒律师提供的公益法律服务。仅德恒北京总部律师就直接向院士提供的咨询服务千余人次。德恒律师不仅协助院士处理过养老赡养问题、婚姻家庭遗产问题、名誉侵权、债权债务、合同、公司、专利、商标、著作权、行政及刑事案件,也通过走访面谈、电话传真及发送律师函等形式,协助院士处理过子女户口进京政策咨询、材料递交、补办五十多年前的结婚证明、国外养老金提取、祖产房政策落实、登报声明、邻里关系、政府信息公开等与法律关联事务;在处理大量名誉侵权纠纷中,涉及网络平台售卖院士字画、借院士名誉商业宣传、剽窃院士及科研团队论文与专利成果等各种形式;在服务院士的同时,我们也接触了诸多与院士所在院所的知识产权、公司治理与股权架构、合同签署与履行、跨国合作等法律事务,通过参与调解、诉讼、仲裁代理,起草法律意见书、专项法律服务等形式帮助相关单位处理了各类法律纠纷。

德恒三十年服务院士各种案例不胜枚举……"院士公益法律服务工程"延续至今,不仅在于德恒的坚持,更有赖于中国科学院、中国工程院和司法部等各部门的支持和指导。"院士公益法律服务工程",不仅是为律师服务科学家建立了"绿色"通道,对德恒律师而言,更是一次次难能可贵地向科学家致敬和学习的机会!

院士们的难忘记忆

德恒律师为院士服务积累了大量的咨询记录,收到大量院士来信、来电、邮件。阅读那些蜚声中外的伟大科学家们的亲笔信函,亲耳聆听他们的讲述,帮助他们实现愿望,目睹那些与律师的亲切留影,回忆那些充满信任与感谢的话语,成为德恒律师对院士们的难忘记忆:接电即办,快速回复;病床前遗嘱,解决挂心事;家事传承,法律帮助;爱情亲情,老有所依;家庭顾问,忘年之交;托幼关系,老少咸宜;网络侵权,迅速处置;叫停汇款,不受诈骗;执行案件,五年跟踪;疫苗侵权,诉讼救济;规范之举,安慰疏导;存款继承,提取有道;知产投资,及时维权;刑事案件,有惊无险;及时评估,妥善解约……这些就是德恒律师们从事"院士公益法律服务工程"最大的回报。

二、志愿保护　绿水青山

几十年来,中国经济迅速发展的同时带来的环境污染代价越来越大,污染治理欠账已久。从1979年试行到1989年正式实施的《环境保护法》确立了环境标准、影响评价和排污治理等一系列基本制度,其后相继制定了《海洋环境保护法》《水法》《草原法》《大气污染防治法》《固体废物污染环境防治法》《水污染防治法》《环境噪声污染防治法》《环境影响评价法》《清洁生产促进法》《循环经济促进法》和《节约能源法》等环境和资源保护法律。

党的二十大报告将"推动绿色发展,促进人与自然和谐共生"作为全面建设社会主义现代化国家的重大任务和内在要求。必须牢固树立和践行绿水青山就是金山银山的理念,站在人与自然和谐共生的高度谋划发展。我们要推进美丽中国建设,坚持山水林田湖草沙一体化保护和系统治理,统筹产业结构调整、污染治理、生态保护、应对气候变化,协同推进降碳、减污、扩绿、增长,推进生态优先、节约集约、绿色低碳发展。积极稳妥推进碳达峰碳中和。

德恒律师始终把环境保护作为自己的社会责任,并为之付出了巨大努力。

2008法律援助绿色行动

中国法律援助基金会是一家致力于发展法律援助事业的全国性公募基金会,主要任务是募集法律援助资金,为实施法律援助提供物质支持,促进司法公正,维护社会公平与正义。"2008法律援助绿色行动"是中国法律援助基金会重点支持的一项公益法律行动。

2008年恰是德恒成立十五周年,德恒作为"2008法律援助绿色行动"活动的承办方和志愿者,全程参与了"生态环境保护法律援助专项基金"的设立和实施工作,并向中国法律援助基金会捐赠100万元人民币。2008年1月18日,由中国法律援助基金会牵头组织发起、以保护生态环境为宗旨的"2008法律援助绿色行动"启动仪式在人民大会堂隆重举行。全国人大常委会副委员长顾秀莲在启动仪式上说,环境保护是一项功在当代、利在千秋、造福人类的崇高事业。党的十七大对建设资源节约型、环境友好型社会作出了部署。生态环境保护需要社会方方面面的参与和支持,为环境污染受害群众提供法律援助是加强环境保护、维护群众切身利益的一项重要工作。

德恒作为本项目的实施方,与多所高等院校合作开展项目。我和李养田律师、肖秀君律师组织总部和各地办公室律师及多所高校的700多名优秀学子参与"高等院校优秀学子环保公益万里行"。项目组购买照相机发放至学子手中,大学生、研究生们利用假期回到家乡所处的城市、工厂、乡村,进行环保调查。发现有违反环保法律实施固体废物、废气、废水乱排放的现象拍摄下来,最后形成《2008法律援助绿色行动环保调查报告》,提出维护环保法律权益的建议和法律行动。本项目站在受害人一方对破坏环保的现象进行揭露,给予受害人法律帮助,震慑了环保责任人,增强了公众尤其是青年人对环保法律的重视,激发了他们立志投身环保立法和法律服务的热情。

原中国法律援助基金会名誉理事长、司法部常务副部长张秀夫同志曾在《探索法律服务的历程》一书序言中写道:

> 2008年法律援助绿色行动即将启动。这一大型公益活动的志愿者是北京德恒律师事务所,令我格外高兴。因为,该所原来是司法部批准创办的中国律师事务中心,领头人是当时在司法部政治部工作的一位年轻人王丽同志。
>
> 德恒律师事务所十五年来一直立足于服务本职,同时用各种形式回报社会。这些义举包括:坚持十五年如一日义务提供法律咨询,义务给中国科学院院士、中国工程院院士、孤寡残疾人、弱势群体提供法律帮助,组织翻译蒙古文法律文本送到牧民手中,捐资几百万

元开办德恒律师学院、并为贫困学生助学,支持开办数十个法学研究和实务论坛,对客户单位实施义务法律培训,出版论文书籍,资助青年律师到国内外大学深造,等等。

我为我们国家的法治建设和法律服务市场的发展感到高兴,更为德恒律师事务所的进步与发展感到骄傲,王丽同志和德恒律师事务所给司法部和参与支持这一决策的人交了一篇合格的答卷。

服务长江大环保

长江是中华民族的母亲河,是中华民族发展的重要支撑,长江流域生态环境保护是关系中华民族永续发展的千年大计。2016年年初,习近平总书记在重庆召开的深入推动长江经济带发展座谈会上强调:当前和今后相当长一个时期,要把修复长江生态环境摆在压倒性位置,共抓大保护,不搞大开发。2016年3月25日,中共中央政治局审议通过《长江经济带发展规划纲要》,长江生态保护上升到国家战略高度,保护长江的蓝图正在绘就。2018年4月,在武汉召开的深入推动长江经济带发展座谈会上,习近平总书记系统阐述了共抓大保护、不搞大开发和生态优先、绿色发展的丰富内涵;共抓大保护和生态优先讲的是生态环境保护问题,是前提;不搞大开发和绿色发展讲的是经济发展问题,是结果;共抓大保护、不搞大开发侧重当前和策略方法;生态优先、绿色发展强调未来和方向路径,彼此是辩证统一的。2019年1月,生态环境部、发展改革委联合印发《长江保护修复攻坚战行动计划》,围绕长江保护修复攻坚战的一系列行动紧锣密鼓展开,中国长江保护修复攻坚战全面打响。

环境保护与绿色发展是主业又是公益事业。德恒律师长期为政府环境决策、行政执法、重大生态环境工程项目、企业环境管理、企业清洁生产和环保产业等提供法律服务。德恒律师率先参与了国家生态环境损害赔偿制度改革工作,协助政府机关完善相关制度,办理全国最大一起生态环境损害赔偿诉讼案件并多次被中央电视台等媒体报道。长江保护修复攻坚战的号角吹响后,德恒以问题为导向开展实务研究。2018年12月,德恒联合中华环保联合会主办首届长江经济带生态修复与环境保护法律论坛,针对"如何运用法律手段界定经济带、经济块和生态块、生态带之间的利益边界""如何建立协调、平衡各种利益关系的程序性和实体性规则"等问题,组织业界专家和实务工作者深入研讨。研讨会从多个方面深化了对长江经济带生态修复与环境保护的认识,对全流域保护提升到"从中华民族长远利益考虑,把修复长江生态环境摆在压倒性位置,共抓大保护、不搞大开发"的共识,明确了相关企业转型的方向和重点任务。

跟进三峡抢抓长江大环保服务。三峡集团是德恒的老客户,长江大环保是生于斯长于斯的三峡集团的初心使命。德恒在长江流域各省市都建立了分支机构,为三峡集团实施长江大保护的计划提供优质专业法律服务。

长江大环境基金盘子 2000 亿元的总投资计划,分成具体项目分步投资实施。首先,先从江西省九江市、湖南省岳阳市、湖北省宜昌市与安徽省芜湖市 4 个试点城市的水资源等项目开始做起,进一步延伸至长江沿岸的 11 个省市。德恒组织北京、重庆、武汉、长沙、南京、合肥、上海等地办公室的律师,投入这一生态环保系列项目服务。各地办公室的律师根据不同地域项目需要,深入研究长江大保护的内在逻辑,创新和调整合作模式、交易结构,积极开展法律培训和内部研讨,适时而变,为长江大保护战略的积极推动和实施提供了有益的建议和强有力的支持。随着大环保项目的进展,德恒项目团队为长江大保护的 50 多个 PPP、特许经营、EOD 项目,20 多个并购项目提供了法律服务,为长江大保护贡献了德恒力量。

承办大环保项目亮点纷呈。德恒参与服务的第一个 PPP 项目"九江市中心城区水环境综合治理 PPP 项目"被国家发展和改革委员会评为"绿色 PPP 项目"。德恒服务的长江保护 PPP 项目受到参与各方的好评,让人民群众获得了安全感和满足感。德恒人维护绿水青山,致力于长江大保护,贡献出法律服务专业水平。长江保护 PPP 项目入选《商法》"2020 年度杰出交易"。2021 年春节前夕,三峡集团向德恒发来感谢信,国家能源局也发来感谢信,表扬德恒律师为其提供的高质量、全天候法律服务。

一百个环境公益诉讼

"一百个环境公益案件"行动起航。"一百个环境公益案件"是德恒与中华环保联合会共同启动的公益项目。德恒以德恒全球法律服务体系为依托,办理100个环境公益案件,包括生态环境损害赔偿非诉磋商、环境法律合规专项服务、环境民事公益诉讼、生态环境损害赔偿诉讼、环境刑事诉讼等各种类案件。无锡办公室的设立吹响了环保公益诉讼的号角,主任王建明律师、环境与资源法团队负责人吴晓宇律师,牵头主办上述环境公益法律诉讼案件。

无锡文明网以《无锡:"一百个环境公益案件"行动起航》为题的报道中写道:"德行天下,恒信自然"是北京德恒律师事务所的办所理念。把"客户"放进SLOGAN的律师事务所很多,但是把"自然"这个词放进SLOGAN的律师事务所可能就德恒一家。追求天人合一、人与自然和谐相处,是德恒刻在骨子里的基因。德恒律师将以知难而上的进取精神,静水深流的坚毅行动,为捍卫人类家园的碧水蓝天、为保障环境领域的公平正义而努力。德恒北京总部及无锡、济南等办公室在环境公益案件方面已经先行一步,办理大量环境侵权类诉讼案件。其中无锡办公室律师办理的"全国十大影响性诉讼案件""全国首例NGO提起的环境公益诉讼案""全国首例环境替代性修复案"等多起案件入选"最高人民法院公布的环境资源审判典型案例""最高人民法院公布的保障民生典型案例"以及"江苏法院环境资源典型案例",在环境与资源法领域树立了良好的社会形象。德恒办理的全国最大一起生态环境损害赔偿诉讼案件多次被中央电视台等媒体报道。

德恒律师代理中华环保联合会诉宜春市某安公司等水污染公益诉讼案影响巨大。2016年1月至4月,宜春市某安公司无危险废物经营资质、建设项目未依法取得环境影响评价审批同意、未配套任何污染防治设施,非法从湖南、江西等地购入铅泥、"机头灰"等危险废物,用于非法生产提炼铁渣、锌渣、金属铟等"产品"。某安公司在生产中将未经处理的含镉、铊、镍等重金属及砷的废液、废水,通过私设暗管的方式,直接排入袁河和仙女湖流域,严重污染环境,造成新余市第三饮用水厂供水中断的特别重大环境突发事件。仙女湖特别重大环境突发事件,引起国务院和环境保护部领导的关注并作出处理批示。最终经刑事侦查及审判,某安公司的负责人、实施人员、参与非法经营的某田公司的法定代表人,以及非法提供危险废物的各公司经办人,均构成污染环境罪,各被告人均已服判。

2017年4月10日,吴晓宇律师受中华环保联合会委托向江西省新余市中级人民法院提起环境民事公益诉讼,江西省新余市人民检察院依法支持了起诉。2017年4月18日,新余市中级人民法院依法受理了该环境民事公益诉讼案件。审理期间,原环境保护部华南环境科学研究所参与了污染事件的环境损害鉴定和评估,出具了评估报告,并就环境损害鉴定的专门问题向法庭发表了专家意见。律师通过举证、申请鉴定,提出清除污染的损失共计9263301元,生态环境损害量化结果8610万元和合理费用支出8724179元,并追究各被告共同侵权行为的责任。法院一审判决令各被告立即停止违法转移、处置危险废物,并于判决生效后十日内通过江西省级媒体向公众赔礼道歉。分别判处五被告各自按65%、15%、8.87%、3.76%、7.37%承担责任,并根据上述比例赔偿各项损失。被告上诉后,江西省高级人民法院经开庭审理,作出驳回上诉、维持原判的终审判决。

本案于2018年入选"最高人民法院环境资源审判保障长江经济带高质量发展典型案例"。这起特殊的环境公益诉讼案引起了社会各界对仙女湖景区水质的关注,也极大地触动了其他排污业主。本案触及环境侵权损害赔偿范围的确定、生态环境损害司法评估鉴定、各被告是否构成环境共同侵权、环境侵权责任的承担方式等,均属于环境侵权司法实践中的疑难复杂问题。环境保护部华南环境科学研究所对仙女湖水体污染进行了生态环境损害鉴定评估,后又受法院委托,选用虚拟成本法对仙女湖水体污染事件的生态环境损害进行了货币量化,并出具了专家意见。该生态环境损害鉴定评估及专家意见,为法院确定环境侵权的损害赔偿范围提供了参考。部分被告提出未直接参与涉案实业公司对外排放污染物的行为、向实业公司非法提供危险废物系个人行为等抗辩意见。无锡办公室律师通过细致分析依法调取的刑事案卷,详细论述了各被告共同实施的环境侵权行为及行为的违法性,向法院提供了翔实的事实和法律依据。法院采纳了原告代理人的观点,认定各被告共同实施了环境侵权行为。仙女湖特别重大环境事件的依法解决成为中国环境司法保护的样板。

三、人民至上　排忧解难

大爱不言

德恒律师把"德行天下"作为从业责任，不论何时何地、人前人后都自觉践行。德恒自建所以来，律师对来访者首次法律咨询必然提供公益帮助。德恒律师积极参与各级各地立法、司法和行政机关以及律师协会、乡镇、社区、人民法院、人民检察院、妇联、侨联、工商联等组织的法律援助活动，包括到岗值班、接待投诉、法律咨询、解纷调解等工作，受到当事人的信任、感谢和各方面的肯定与好评。在公益法律维权服务中，德恒律师经受住各种法律挑战和底线冲击，坚守职业操守，坚持追求法律公正，抵制歪风邪气，捍卫国家和人民利益，维护当事人合法权益。

2003年，德恒总部入驻北京市西城区金融街，同时将公益法律服务下沉进基层街道社区。李养田律师曾经担任过西城区人民法院院长，他没有丝毫架子，牵头与肖秀君组成的公益律师团队做公益。在德恒党组织带领下，德恒律师深入到手帕口、丰汇园、丰融园、大院、丰盛等多个金融街地区的社区，到朝阳区高碑店村委会，做公益法律服务咨询，开展党建结对子，实施"1+1"公益活动，开展公益法治咨询宣传。德恒律师接办各级法律援助中心指派法援案件数千件，参与律师千余人次。德恒律师参加"12348"公益法律援助热线值班五千余人次，出色完成法援公益工作。

德恒公益基金会

2013年，德恒成立二十周年，成立了北京德恒公益基金会。

北京德恒公益基金会经北京市民政局批准，于2013年10月29日注册登记成立，属于地方性、慈善公益类、非公募基金会。注册资金为人民币350万元，由德恒捐赠200万元、我本人捐赠100万元、合伙人陈建宏捐赠50万元。业务范围为开展就业帮扶、贫困扶助、社区普法宣传、困难群众法律援助及支持促进教育事业发展等公益活动。基金会实行理事会决策制，理事长为白明亮，我担任名誉理事长。

创办3A级公益基金会。律师事务所办公益基金会首先建章立制规范管理,制定章程和捐赠工作管理办法、项目管理制度和基金会志愿者管理等十余项相关制度。明确了"三透明""两不准"原则,即坚持募捐透明、审批透明、使用透明和不准谋私利、不准违章办事。基金会及时公开基本信息、年检信息、项目信息等,促进项目运作规范。北京德恒公益基金会探索公益工作创新模式,秉承践行社会责任、支持公益事业、促进社会和谐的宗旨,开展了就业帮扶、贫困扶助、社区普法宣传、突发事件捐款、贫困少数民族群众法律援助及支持促进教育、文化事业发展等大量公益活动,促进了社会公益事业的发展,受到了社会的广泛关注,公众舆论反映良好。2022年,北京市民政局将北京德恒公益基金会评定为3A级公益基金会。

无私公益捐助,关爱教育成长

北京德恒公益基金会依托德恒的业务优势,一直坚持免费法律咨询和各种形式的法律援助,开展了多种义务服务和捐助活动,进行了大量的社会捐助和专项捐资助学活动。2014年8月3日,云南鲁甸发生地震,为支援灾区重建,德恒公益基金会理事会决定,通过云南省司法厅向鲁甸灾区捐款20万元。为支持司法部法律援助中心《全国法律援助办案支持系统》的建设与开发,基金会组织德恒律师成立工作组,就《全国法律援助办案支持系统》建设与开发成立专门项目组,制订整体项目实施方案,研究搭建互联网平台,完成模块与功能开发,为法律援助和贫困地区救济提供支持。为鼓励学术研究活动和助学贫困大学生,基金会长期捐助北京大学、中国人民大学、中国政法大学、中国社会科学院法学研究所、中国社会科学院大学、华东政法大学、中国人民公安大学、中南财经政法大学、南京大学、苏州大学等院校举办专业学术论坛,资助品学兼优大学生,效果良好。合伙人陈雄飞律师向吉林大学考古系募捐款100万元成立奖学金,鼓励优秀学子。为支持云南少数民族地区贫困大学生顺利完成学业,基金会理事伍志旭累计捐款逾百万元,资助云南少数民族贫困优秀学子完成学业。中西部贫困地区基础教育资源匮乏,基金会理事刘震国向上海真爱梦想公益基金会累计捐款上百万元,开展真爱梦想公益活动,为中西部欠发达地区的孩子搭建学习空间,促进更好成长。我向山东师范大学捐赠 100 万元,建立红云教育基金,支援法律科技师范教育发展。

创新"一带一路"公益服务

进入新时代,习近平总书记高屋建瓴提出"一带一路"倡议,为百年大变局布阵谋篇。如何服务"一带一路"建设,帮助参与者、持份者防范风险、获得收益。如何将这一设想变为现实,参与协商的各方,包括中国产业海外发展协会、中国五矿化工进出口商会、中国民营经济国际合作商会一致认为,需要德恒举步,由我牵头落地实施,德恒勾画了 BNRSC 国际服务平台。鉴于这是一个国际性的公益平台,参与协商发起的任何一家都有着程度不同的决策难度。通过咨询有关方面,我们获得了北京市委市政府支持,并由北京市法学会作为指导单位。2016 年,德恒公益基金会捐资 50 万元,联合中国产业海外发展协会、中国五矿化工进出口商会、中国民营经济国际合作商会共同发起创立了"一带一路"服务机制落地执行机构——北京融商一带一路法律与商事服务中心。从此以后,"一带一路"法律与商事创新服务红红火火地开展起来。

捐款百万元建民族公益法援中心

2014 年 10 月,北京德恒公益基金会捐赠人民币 100 万元,在昆明成立了云南省律师协会贫困少数民族公益法律服务中心,并与政府及律协配套资金成立了覆盖云南全省 16 个州市的工作站。1+16 的公益法律服务模式成为云南省律协 6 个公益法律服务中心的"标准模式"和"动力引擎",推动形成了云南省律师行业"中心+工作站"的公益法律服务新机制,成为推进法治云南、平安云南建设的重大举措。基金会和昆明办公室律师以"小球带动大球",一个中心推动了五个中心建立;以 16 个工作站推动了 75 个工作站的成立;以 100 万元的捐赠,拉动了 2800 万元投入。此项公益之举成为云南省 2015 年十大惠民实事之一。

"德益心"公益平台

"我为群众办实事"。德恒党委在党建统领所建基础上再进一步,以党建统领公益活动,探索"党建+公益""接地气、易实施、常态化、增成效"

的新路子。党委制定《德恒党委公共法律服务五年规划(2021—2025)》和《关于成立德恒党委"德益心"公共法律服务中心的决定》,以"德益心"为抓手,从组织架构、人员调配、协调机制等方面将德恒公益活动纳入党委集中统一管理,统一组织实施。

"德益心"公共法律服务中心采取项目管理模式,在公益活动策划、渠道对接、活动组织、现场保障、宣传发布、归档备案等各个环节,均采用PMP项目管理方法工具。运用在线共享文档、Vlog短视频、微信公众号等现代互联网技术为"党建+公益"赋能,并在律师事务所OA系统上创新开发记录律师公共法律服务时长系统,不断探索"互联网+党建+公益"新途径新模式,提高了公益服务的工作效率和惠及范围。"德益心"实施党建1+1对外合作,"挂牌式"公益服务模式,"锁定"公益活动,开展长期专业规范化的服务。"德益心"已在"聚力·金融街"党群服务中心和司法部定点扶贫单位河北刘爱国律师事务所挂牌,居民群众可通过"聚力金融街"和"德馨湾"微信公众号上发布的活动预告,预约德恒律师的普法讲座或心理减压咨询等公益活动。德恒党委开展了金融街购物中心广场公益法律咨询、门头沟区"青春学雷锋、创城我先行"主题志愿服务活动、"慈善暖人心德益进精协"公益慈善活动等公共法律服务十余次,受益居民群众上千人。2021年3月15日,"德益心"的志愿者到红莲中里社区进行公益普法宣传。当天北京遭遇了近十年来最大的沙尘暴,一时间朔风呼啸,黄沙蔽日。德恒报名的22名律师顶着风沙,悉数到达普法地点。社区工作者和居民群众大呼想不到,纷纷为德恒律师的坚毅精神和专业素养点赞。

"德益心"公共法律服务中心组织党员律师发挥专业优势充分参与社区基层治理,参与反馈"12345"市民热线诉求,帮助化解邻里、物权纠纷和多项历史遗留"烫手山芋"和"老大难"问题。党员律师到砖塔社区"双报到"捐助防疫物资,参加社区值守、消杀检查、登记清查、防疫值勤和垃圾分类"桶前值守"工作。党员律师通过与社区"结对子",为群众做实事,缓解了社区工作压力、提升了群众满意度、锤炼了党员能力,成了社区的"贴心人"。通过律师事务所与社区的"机制共建、资源共享、成果共赢",实现"为服务群众赋能、为党建工作赋能、为社区治理赋能"。德恒律师参加了由西城区委统战部牵头、金融街街道党群服务中心组织的"新阶层人士爱心服务岗"活动,为快递小哥、保安师傅、保洁大姐等一线工作人员登记发放口罩、手套、酒精等抗疫防护物资。为百盛集团等多家企业发放防护用品,提供疫情期间企业用人、税收等方面的义务法律咨询。德恒律师助力企业复工复产,体现了其在疫情防控工作中的责任和担当,受到各级机关和受赠群众的高度评价和诚挚谢意(图1),区委统战部、金融街街道等官方公众号都进行了宣传报道。

"德益心"公益平台被评为"2019—2020年度北京市律师行业优秀党建创新项目",先后被《法治日报》《中国律师》等权威刊物报道。2020年9月,中央政治局委员、北京市委书记蔡奇同志莅临德恒调研"两新"组织党建工作,对德恒"党建+公益"的做法表示充分肯定,称赞德恒是"顶天立地"(服务中心大局不张扬、服务基层百姓接地气)的金融街品牌律师事务所。

图1

"1+1"法援志愿者

德恒律师积极参与中国法律援助基金会"1+1"中国法律援助志愿者行动,派出了多名律师支援新疆、西藏等中西部地区的法律援助工作。他们用自己行动诠释了法律援助这一伟大事业。《法治日报》全媒体记者鲍静以《张红旗律师:当好为民服务的"螺丝钉"》为题,报道了德恒赴疆法援律师的事迹。

法治随身听

德恒各分所贯彻德恒办所理念,组织律师发挥专业特长,积极开展法律援助活动,回馈社会。昆明办公室律师多次深入文山、红河、怒江、大理、迪庆、西双版纳等州、市,以法律服务进机关、进企业、进校园、进社区、走村串巷、送法下乡等形式,为群众开展包括宪法、民法典等法律宣讲63场,为"八五"普法工作贡献律师力量。全所承办群众法律援助案件、公益法律服务案件476件,担任怒江傈僳族自治州泸水市下属34个村镇法治村主任,承接云南省12348公益法律服务热线,仅2021年度全省群众法律咨询来电16万件。德恒律师致力于当好全省的"法治随身听",让群众切身感受法治的温度,维护社会稳定,促进民族团结。

"红石榴"公益法律服务平台

2014年10月,云南省律师协会贫困少数民族公益法律服务中心在昆明办公室挂牌成立。为保障中心工作顺利开展,昆明办公室率先投入100万元启动资金,专项用于云南各民族群众公益法律服务。针对中心服务对象主要聚集在基层和少数民族地区的现实情况,为确保服务取得实效,2015年1月,昆明办公室分别与云南16个州市的律师事务所签订了项目合作协议,正式搭建起覆盖全省16个州市的"红石榴"公益法律服务平台。该公益法律服务中心工作也被写入2015年省政府工作报告,成为当年度全省十大惠民实事之一。

为加快解决边疆少数民族地区律师资源短缺问题,昆明办公室与澜沧众志律师事务所签订结对帮扶协议,连续派出五批律师到拉祜族自治县澜沧驻点对口帮扶。驻点律师以澜沧群众听得懂的语言开展法治讲座，承办委托案件、代写法律文书、开展义务法律咨询等，切实为少数民族群众排忧解难。通过以大带小、以强带弱，实现与少数民族地区律师事务所和律师资源共建共享，进一步推进少数民族地区律师服务能力提质增效。

依托新时代文明实践点，德恒律师主动融入脱贫攻坚和乡村振兴工作，持续开展志愿服务。依托全国志愿云网站成立昆明办公室法律志愿者服务队，制定志愿者管理制度，开展志愿者招募、注册、项目发布，律师事务所员工志愿者注册率达100%，近三年累计志愿服务时长达12771小时，人均志愿服务时长达122小时。德恒律师先后帮助寻甸回族彝族自治县塘子街道钟灵社区小海新村居民小组配备活动室配套设施，向东川区、泸水市等地定向捐赠扶贫款，2019年积极参与云南省委统战部脱贫攻坚工作，捐赠50万元扶贫款用于捐资助学、乡村医生和乡村教师帮扶工作。昆明办公室持续十余年关注边疆少数民族地区教育事业，公益支出近千万元，区域覆盖普洱、德宏、红河、西双版纳、迪庆、昭通等少数民族聚集地，为千余名各族学子实现梦想提供支持。通过"知识改变命运"，这些学子毕业后返乡就业、创业，进一步推进当地经济和社会发展。通过各项活动，为广泛带动各族群众共同迈进现代化，推动中华民族成为认同度更高、凝聚力更强的命运共同体贡献一份力量。

"云南省法援好人"情暖人间

云南省普洱市景谷傣族彝族自治县内居住着汉族、傣族、彝族等26个民族，少数民族群众达14.98万人。2017年6月，云南省普洱市景谷傣族彝族自治县唯一的制糖企业——普洱景谷力量生物制品有限公司由于长期资不抵债，被迫进行破产清算。景谷傣族彝族自治县人民法院指定昆明办公室担任景谷力量公司破产管理人。本案是自2007年《企业破产法》实施以来，云南省普洱市法院系统审理的第一宗破产案件，涉案金额达1.67亿元，涉及10个乡镇的6900余户农户。本案社会影响大，关注度高，最大矛盾点为破产企业资产有限，全部变价后也不足以清偿所有债务，而这些蔗农们在法定的清偿顺序中排在末位。如果这个案件稍微处理不当,就会衍生上访事件、群体性事件,给当地维权维稳工作造成巨大压力。德恒律师团队与投资人展开艰难谈判,经过多轮磋商,最终让所有债权人获得100%清偿,没有一户农户蒙受一分钱的利益损失。本案的承办效果获得了当地群众和党委政府的高度认可,本案也被收录至云南电视台"情暖人间"纪录片,进行广泛宣传报道,取得了积极社会效应。

昆明办公室先后获评云南省委组织部"学雷锋活动示范点""昆明市最佳志愿服务组织""中国律界公益榜公益爱心优秀奖",多名律师被评为"中央电视台优秀公益律师""云南省法援好人""昆明市新的社会阶层优秀代表人士""西山好人""西山向上向善好青年""云南省律师行业维护农民工权益优秀律师""云南省律师行业脱贫攻坚工作优秀律师"等荣誉。公益法律服务最大限度将法律专业人士的智慧和力量凝聚到了促进民族团结进步、服务地方发展建设、共建美好家园上来。

昆明办公室所做的这些公益服务只是德恒各分所热心公益回馈社会的缩影,德恒每建一个分所,不光同步成立党支部,也把德恒"公益为先"的精神传播到各地。

四、爱心培育　祖国未来

为困境儿童撑起一片天

深圳市点亮心光社会工作服务中心(简称"点亮心光")荣获"全国农村留守儿童关爱保护和困境儿童保障工作先进集体"称号,受到民政部的表彰。2017年6月,在深圳市人民检察院、共青团深圳市委员会及深圳市民政局的大力支持下,经深圳市民政局批准,由深圳办公室等五家单位联合发起成立的深圳市点亮心光社会工作服务中心注册成立。深圳办公室通过发起成立该社会组织,对刑事矫治社会综合治理进行了有效探索。

点亮心光秉承"用生命影响生命"的价值理念,专注于涉案未成年人服务。点亮心光接受市、区两级人民检察院、人民法院的委托,为2200余名犯罪的未成年人提供帮教服务,包括涉罪未成年人犯罪原因社会调查、附条件不起诉考察期、缓刑期的帮教。同时,为308名涉案未成年被害人提供了心理疏导、社会支持类服务,形成"社工+心理咨询师"少年司法社会服务模式。2019年,点亮心光被共青团中央、最高人民检察院认定为全国首批"未成年人检察工作社会支持体系建设单位",2020年被评为4A级社会组织。点亮心光积极拓展服务范围,联合深圳市福田区园岭街道办事处、深圳市救助管理站共同创建园岭街道未成年人保护工作站,关注其深层次问题和需求,从家庭、学校、社会、司法以及心理五个维度开展未成年人救助和保护工作,精准服务深圳户籍和非深户籍困境儿童及其家庭。点亮心光积极搭建集预防、干预、介入及持续跟踪保护等于一体的未成年人服务和转介平台;助力流浪乞讨、失学辍学、监护缺失、遭受家庭暴力等困境未成年人解决成长过程中遇到的困难和问题,优化未成年人成长环境,促进未成年人健康成长。深圳办公室于秀峰主任担任点亮心光理事长。这位业绩卓著的刑法学博士倾注心力,不断深化对涉罪未成年人及未成年被害人的社会服务,推动少年司法服务专业化、规范化发展,促进了少年司法社会支持体系建设。他带领深圳办公室所做的善举为困境儿童撑起一片天,受到社会广泛赞誉。

助力"云端小学"凉善公益

从青藏高原的德恒爱心小学(麻秀村小)到大凉山山区学校,无锡办公室的公益脚步伴随着蓝天白云、一望无际的群山、一双双纯真清澈的眼神和笑容不断前行。

2022年6月底,无锡办公室派出了由执行主任宁飞律师带队的公益助学团队,前往四川省凉山彝族自治州进行公益助学回访和调研。律师在调研过程中了解到,"凉善公益"组织管理的11所小学存在志愿者支教老师收入待遇低、学校配备师资力量严重不足等亟待解决的现实问题。调研结束后,无锡办公室全体合伙人展开热烈讨论,经过深入的思考研究后决定,无锡办公室将启动具体的针对大凉山公益助学的支持计划,为大凉山地区的公益助学事业尽一份绵薄之力。

7月底,无锡办公室与"凉善公益"正式签订了公益捐赠协议,约定通过定向捐赠、普法支教、专项筹款相结合的公益合作模式开展公益助学活动。无锡办公室的公益支持具体内容包括:捐赠15万元人民币帮助凉善公益解决支教老师各类费用不足问题;每年2月和8月定期派出由合伙人律师带队的资深律师团队为凉善公益的支教老师录用、考核提供专业法律培训;定期为管理人员、高年级学生、村民提供《未成年人保护法》《教育法》《预防未成年人犯罪法》等普法教育培训;设立咨询热线,随时解答日常公益活动中遇到的法律问题;每学期/学年将派出律师跟随凉善公益教学督导组到所有学校巡视,从法律专业层面提出建设性建议和意见;根据实际情况举办相关筹款募集物资活动,辅助凉善公益进行善款募捐或物资筹集,改善凉善支教老师和孩子们的教学条件。

帮助云贵川疆小球员"圆梦绿茵"

"圆梦绿茵"足球公益项目从公益出发支持边疆少年儿童热爱足球运动,是温州办公室2016年首创的公益项目。本项目坚持以普及为目的,凸显全面育人,力求帮助更多孩子在足球运动过程中享受乐趣、增强体质、健全人格、锤炼意志,助力实现中国偏远山区、农村留守青少年的足球梦。"圆梦绿茵"足球公益项目已在西藏高原、贵州铜仁、四川大凉山、南疆四个地区的多个学校开展,给小球员们带去持续的正能量。

希望在未来的三年、五年,温州办公室能够在更多的地方,更多的学校,让更多的孩子参与进来,为他们的童年编织更加美好的绿茵之梦。时下火爆中国、吸引世界眼光的"村BA"证明,中国广大的边远农村的农民已经从消灭贫困走向享受文明的中国式现代化挺进。

2015德恒杯全国美式室内橄榄球联赛

2015年,国家体育总局小球运动管理中心、中国橄榄球协会希望我们支持中美合作推广的全国室内橄榄球联赛。"少年强,则中国强"。为了增进中国青少年对橄榄球运动的了解,培养竞争、拼搏、勇敢、团结、合作、纪律的橄榄球精神,丰富我国体育教育事业的多元化、国际化。我募集了50万元资金,以北京德恒公益基金会冠名支持了"2015德恒杯全国美式室内橄榄球联赛(CAFL)"。2015年11月4日至7日,联赛在武汉华中科技大学光谷体育馆开赛。来自沈阳体院、武汉体院、山东体院、河北体院、天津体院和西安体院运动员代表队通过六场小组积分赛及三场决赛,为广大橄榄球爱好者奉献了一系列美式室内橄榄球的饕餮盛宴。

我与美方组委会主席共同为冠军颁发"德恒杯"奖杯。

在中国开展这一项目属于中美文化交流运动创新。美式橄榄球是美国最具影响力的运动项目,在全美四大职业体育联盟居首位。在激烈的拼抢、强劲的冲撞、快速的跑动中表现橄榄球运动员勇猛顽强、一往无前、无私奉献、团结协作、遵纪守法的橄榄球体育精神。北京德恒公益基金会通过与各方合作,集合优势,扩大了美式室内橄榄球运动在中国青少年群体中的关注度,给更多年轻人树立拼搏、勇敢、团结的良好榜样,提升了全国美式室内橄榄球联赛的观赏性和影响力,推动了中美在当代体育、文化方面的交流与发展。媒体对北京德恒公益基金会冠名联赛的报道近百篇,提升了基金会的影响力,吸引更多的人投身公益,回馈社会。

五、顽强抗疫　厚德载福

2020年春,全世界人民遭遇第二次世界大战结束以来最严重的全球公共卫生突发事件。面对突如其来的新冠疫情,中国率先报告、率先出征,以对全人类负责的态度,打响了一场疫情防控的人民战争、总体战、阻击战。

疫情暴发后,德恒党委会迅速牵头管委会成立疫情防控领导小组,我担任组长。从德恒北京总部到各地分支机构,抓自身防范,抓抗疫支援,抓法律服务不中断。我们向四十家医疗机构和法国、德国及巴基斯坦等国捐款300余万元和紧急医用物资数百万件;完成2020年度中国法学会部级法学研究重点委托课题"构建疫情防控国际合作体系研究";建立300人抗疫研究组,撰写法律文章270余篇,举办抗疫法律培训57场,逾2万人次收看。

向巴基斯坦紧急捐赠新冠测试盒

2020年2月27日,德恒贾辉和鞠光律师在"一带一路服务机制BNRSC"微信公众号发表英文文章,对海外机构人士对中国武汉等地抗击新冠疫情捐赠物资援助的法律政策和程序等作了介绍。2020年3月14日凌晨1时许,巴基斯坦参议院副主席萨利姆·曼迪瓦拉先生突然给我发微信:我们亟须检测新冠病毒的测试盒。15日,他又发信息:请您能不能立即就给我们送来。看情形是非常紧急,我立即回复,马上组织采购与捐赠事宜。

我立即请李嘉慧律师着手办理,她是 BNRSC 创立时的秘书长,又跟我一道访问过巴基斯坦,跟曼迪瓦拉先生也相识。同时,我向德恒两委会通报,经商议,由德恒的共产党员自愿捐款购买测试盒等抗击新冠医疗用品捐赠给巴基斯坦。不办不知道,一办真麻烦。采购这种抗击新冠的测试用品必须具有国际医疗用品出口资质,医疗产品本身要获得出口批准证书。我只好请中国红十字会领导推荐具有该等资质,产品质量合格,靠谱的生产厂家。紧急采购、打包装箱、办理出口手续、等待航班、国际验收检测……终于,我们捐赠的测试盒带着德恒人的爱心,飞向巴基斯坦。这些捐赠直接由巴基斯坦议会接收。我收到了曼迪瓦拉议员写来的感谢信。

向法国捐赠口罩等防护用品

"您的 656547 只口罩已抵达法国并运往塔恩。它们将重点被派送到那些物资采购尚未到位的市长手中,以便于复学工作和应对不可预期的需求。这也将使我们能够更慷慨地为那些为贫困人士服务的慈善机构和那些收容被殴打妇女的慈善机构提供捐赠。"

2020 年 6 月,李贵方律师收到来自法国盖亚克市市长帕特里斯·高斯朗的一封感谢信。与此同时,上海办公室王军旗律师收到来自法国塔恩省众议员菲利普·福利奥和法国塔恩省省长凯瑟琳·菲利埃女士的感谢信。法国受援地的主政者向德恒牵头组织捐赠防疫物资表达了真挚的感谢和崇高的敬意。

德恒与法国素有渊源,在巴黎设有分支机构,和法国驻华使领馆也有紧密的合作交流。疫情暴发之初,菲利普议员在法国购买了 10000 个 FFP2 专用口罩并通过中国驻法国领馆送达武汉疫区,并在 2 月份专程到上海表达对中国人民抗击新冠疫情的支持。

2020 年 3 月,在中国疫情趋于稳定后,法国也暴发了新冠疫情,口罩"一罩难求"。李贵方和王军旗律师立即行动组织德恒和社会各界捐赠口罩,并历经复杂的"出口"手续,终于将两批 65 万只口罩安全运抵法国。德恒援助的口罩运抵塔恩后,在当地引起极大反响。菲利埃省长说这批口罩来得非常及时,没有这批口罩,很多学生无法复课,很多中小企业没法复工,这关系到当地很多贫困人口的生计。

随着口罩一同送往法国的,除了中法双语的诗句,每一个包装箱上还贴着笔触稚嫩的爱心儿童画,这些都是王军旗律师的两个孩子停课期间在家里画的。帕特里斯·高斯朗市长在感谢信中写道,德恒律师向世界展示了人类的美好价值,博爱之举在法国人民最需要帮助的时刻给予了足够的支持,友谊在过去和今日都得到了强烈的鼓舞,坚如磐石。

主持完成课题"构建疫情防控国际合作体系研究"

德恒律师法律研究的专业优势在抗疫救灾中发挥了独特作用。疫情暴发之初,我牵头组织300人参加的德恒应对疫情法律专家研究组,研究范围覆盖政府、研究机构、红十字会、医院、医护、病人、志愿者、慈善捐助,经济社会等各个方面的法律问题,提出了包括公共卫生、社会稳定、权益保护、国家安全、"一带一路"、社会公共秩序、知识产权等具有国际影响的建议建言。德恒律师还在第一时间对武汉封城的相关法律依据进行了详细解读,对PHEIC(即国际公共卫生紧急事件)的相关信息进行普及,在可能的范围内减少恐慌并及时传播相关法律知识,为社会各方面应对疫情、维护社会稳定提供支持。曾创下中国法律服务市场多个纪录的德恒,以其雄厚的专业实力携手各地工商联和商会,为民营企业应对国际投资贸易中遇到的涉疫法律问题,开展网上免费咨询、商事调解等公益法律服务。

为服务国家疫情防控国际合作的中心大局,经北京市法学会推荐,我承担了中国法学会的年度重点研究课题。我迅速组织起以德恒律师为骨干的课题组,克服时间紧迫、材料受限、疫情行动不便等各种困难,在规定时间内,完成了2020年度中国法学会部级法学研究重点委托课题"构建疫情防控国际合作体系研究",为相关部门提供了决策支持。

在德恒律师看来,作为法律从业人员,应及时观察、总结问题,提出解决建议,既着眼于疫情中以及疫情后可能引发的法律纠纷,也关注加强完善相关立法问题。这是社会的大公益,是为大众提供强有力的智力支持,同时也是从法律角度总结教训,发挥法律应该承载的社会功能。在生命危机面前,没有人是一座孤岛,人类必须联合起来才能有生机。在一次又一次的公益奉献中,德恒人愈发感受到德行天下的使命荣光!

六、德恒教育　心有所栖

德恒人的教育情结

我的人生面对多次选择,从知青到工人,从恢复高考改革首届考上大学到毕业留校当大学老师,再到去读研究生,研究生毕业再度当大学老师,到履职国家机关,从"庙堂"到下海当律师。几十年的律师生涯把我打磨成了"为民请命"的草根,但我却始终摆脱不了对教育的那份情结,始终不能对那些"教育不公"听之任之。

在大学任教和读书期间,我就教育公平与效率问题、"搞导弹的不如卖茶叶蛋的"言论发表了多篇观点鲜明的文章。我在《教育研究》发表的一篇《关于教育商品化的思考》被《新华文摘》全文转载。1988年《中国社会科学》发表了我的硕士论文《论教师劳动补偿》。1993年创建中国律师事务中心前后,我又发表了《教育有价论》《论市场经济与法制保障》《论市场经济与法制导向》等文章。教育、法学研究与教育成为我经常思考的问题。

三十年前选择下海做律师,这份对教育的钟情与敏感使得我不能对其"相忘于江湖"。创业之初,我又深感能说能写能干的国际化律师人才奇缺,培养既有理论功底又有实务能力的人才培养基地难觅。于是,创办一个律师学院的强烈念头产生了。偏巧,创业之初即来德恒的李贵方博士曾留校吉林大学任教,他对中国法学教育现状也有清醒的认识。

在长春,吉林大学法学院这个老牌法律名校培养出诸多知名校友。时任吉林大学法学院院长张文显教授,更是法学教育的"弄潮人"。我们一见如故,相谈甚欢,对建立德恒律师学院一拍即合,并愿意为追求这一共同理想尽心竭力。于是,中国第一所全日制培养律师人才的"吉林大学德恒律师学院"诞生了!

在武汉,2018年3月,刚刚担任武汉办公室执行主任的杨恒敏律师代表武汉办公室与武汉大学签署捐赠协议,德恒向武汉大学捐赠1000万元,用于共同开拓发展网络法新兴学科和支持国际法研究所的建设发展。杨恒敏律师承诺在十年间持续支持本项目。为此,他被聘为武汉大学校董,负责项目的落地实施。

在济南,2019年,济南办公室在山东大学(威海)法学院设立法科教学改革人才培养基金,济南办公室捐款30万元,用于法科教学改革人才培养。济南办公室又与山东政法学院签订合作共建协议,向其捐赠30万元,用于法治人才培养和法律职业共同体之间的良性互动和协同发展。2021年10月,济南办公室向山东政法学院教育发展基金会再次捐赠20万元,支持山东政法学院教育事业的发展。

在全国各地,凡有德恒办公室的地方都有这样的院校合作,德恒人都有着深深的教育情结。在德恒创办三十年间,德恒人捐资助学,讲座授课,师徒亲传,人才辈出。

2023年2月22日,贵阳办公室在公众号上发表一篇《德恒教育 | 让德恒人心有所栖》的文章,对"德恒教育"作了概括介绍。我读了此文感到,作为德恒最年轻的分支机构,新的德恒律师能够如此用心回顾历史,了解德恒,如此不忘初心,牢记使命,殊为难得。

"德恒教育"品牌

德恒三十年亦工亦学,寓教于业。在这三十年里,经过德恒人和社会各界的不懈努力打造起吉林大学德恒律师学院、北京市德恒培训学校、德恒论坛、德恒大讲堂、德恒书屋等系列"德恒教育"品牌。

德恒律师学院十年树木

德恒律师学院以高于一般法学院的分数线招收了十届本科生。为落实"新世纪中国律师人才工程"项目要求,德恒律师学院开设了法学专业基础课程和国际经济法学专业、经济法学专业和律师实务课程。德恒多位兼职教授律师为学院特别开设了国际私法、贸易救济、跨境并购、诉讼法律实务等课程。德恒律师学院对招收的本科生培养强度和要求超过法学院学生,在学期间为他们提供了各种培训和职业强化培训,增加了外语教学难度和国际合作交流机会。德恒律师学院与中国和美国、日本等国家及中国香港、台湾地区的律师学院、律师事务所开展合作交流。

加大教育投入获得国际支持。1996年,德恒律师学院获得世界银行"中国法律经济技术援助项目"50万美元的支持。这笔巨款大大改善了吉林大学德恒律师学院办学条件和办学能力。1999年12月15日,德恒律师学院李全等37名同学荣获"德恒律师奖学金"。

注重培养学生实践能力。德恒律师学院在靖宇县设立扶贫助学基金,帮助当地贫困学生完成义务教育阶段的学业。同时法学院、德恒律师学院设立法学会、德恒学术研讨会、法学沙龙等各种学术团体,通过法律电影展播,影评活动,参观庭审,参观女子监狱,到街头进行法制宣传,利用假期时间组成社会调查小分队深入乡村、社区、厂矿、企业、法院、律师事务所、政府部门,以调查、实习的形式参加社会实践,全面地接触社会,体验社会生活,了解社会法律实施的现状和法律学习的意义。

联合创办《法制与社会发展》期刊。1994年1月,中国律师事务中心与吉林大学联合创办中国法学类核心期刊《法制与社会发展》杂志。1994年7月27日,国家新闻出版署下达《同意创办〈法制与社会发展〉双月刊的批复》。该期刊由吉林大学法学院与德恒律师学院合办,属于全国性的核心学术期刊,面向国内外公开发行。经过三十年的打造,目前该期刊已经成为重要的法学研究阵地。

律师资格考试通过率独占鳌头。20世纪90年代,中国律师资格考试的学历要求是大专毕业。我想要为中国第一所律师学院的学生参加考试寻求突破。经过调查论证,司法部最终批准了我们的申请。从1998年开始,德恒律师学院在校三年级以上的学生,获准在校参加全国律师资格统一考试。德恒律师学院九五级学生首次参加全国律师资格考试34人,其中26人通过240分的及格线,通过率76.5%。总成绩最高分302分,最低分242分,其中260分以上的考生15人。相比全国律师资格考试平均通过率10%～12%,德恒律师学院学生的通过率独占鳌头。

十年树木,百年树人。十余载的辛勤培育,十余载的心血浇灌,昔日幼苗一批批成长起来。德恒律师学院培养出法律人才的绿色种子,撒到法治国家的广袤大地上,必将生根开花结果;德恒律师学院培养出建设祖国的金色种子,洒在广大法律青年的心中,成就人生起飞的金色翅膀,飞向高山大川海阔天空。

教育好不好,关键看学生。德恒律师学院的学生不管是在哪里,做什么,都令人刮目相看。一次,海牙办公室来了一个荷兰莱顿大学的研究生求职,她自豪地说她是回家了,因为她毕业于吉林大学德恒律师学院。她的名字叫胡顿。曾经就读于德恒律师学院的上海办公室的合伙人黄金鹏、广东东莞律师秦逊辉以及他们的下一代都记住了德恒,记住了德恒律师学院,也走上了法律之路。

我和德恒的故事——黄金鹏

我大学就读学院全称是吉林大学德恒律师学院,是全国高校中首家以培养律师人才为目标的学院,全国招生只有两个班。德恒律师学院学生几乎要全部读完法学院3个系的课程,同时要求毕业达到英语6级、计算机2级的水平,力争每一位律师学院毕业的同学做到"三懂一会",懂法律、懂经济、懂外语、会计算机。

德恒律师学院是中国法制发展道路上的一次突破和探索,是全日制高校培养律师人才的一块试验田。我同时知道了在北京有一家著名的律师事务所,就是北京德恒律师事务所,前身还是司法部的中国律师事务中心,主任就是德恒律师学院的副院长,我们亲爱的老师。

当时王丽主任,她每年都会抽出时间从北京来长春,到学校给我们做宣讲和报告。我们学生会的同学经常是忙活完了发现报告厅已经人满无座了,我就站在门口过道上,一边听老师的报告一边再照应点会场,当年能听到老师这种顶级大律师的口传心授,同学们心里真的是美滋滋啊。

在26年后的今天,我也在律师行业工作了22年以后,当年王丽老师的那些总结、预测和判断,的确是非常高屋建瓴和准确的。王丽老师侃侃而谈、娓娓道来的风采,洋溢着对律师职业的热情和热爱,话里充满着对学习法律的同学们的鼓励和期盼,在今天都是历历在目,不仅仅是言传身教,也是为我们展示了一位优秀律师的样子,一个多么好的榜样和示例。当年真的是一边听一边想:"这律师太棒了,我们什么时候能成为像王老师那样的优秀律师啊?!"

当年在20世纪90年代中期,我国律师行业发展的确是方兴未艾,特别是我们在北方城市,基本上律师大多都是司法局的干部转制后担任的,市场化程度不高,如今天这般纯粹市场化的律师不多。你想啊,当我们20岁上下,一边学习法律,一边满怀着对律师职业的憧憬,同时社会信息的传播手段主要靠电视、报纸和广播电台的时代,客观说我们对所学、未来想做的律师行业是非常小白的。这种条件和情况下,王丽主任和李贵方老师等其他几位德恒律师事务所大咖来校为我们做讲座、做报告,可想而知在当年是多么的吸引人和雪中送炭啊。

有了这么好的学校和领路人,大学一毕业,我就义无反顾地投身到了律师行业,经过了很多年的摸爬滚打,现在又成了德恒律师事务所的一名合伙人律师,真的是与有荣焉。

德恒对我的培养——秦逊辉

我是相信德恒的人都有气场的。

接到大学金鹏班长电话,要我写一下我成功经验,我竟然犹豫了,比我优秀的德恒人比比皆是,我一平平之辈,有什么可以拿得出手的?直至有幸参加95届赖师兄成功登顶7000多米雪山幕峰分享会之后,他说大风、落石是最大的威胁,随时可能遭遇不幸。我问,你为什么还去?他说,人生无憾!

我来自一个七口之家的普通家庭。在我小时候的世界里,一切都得独立自主。伴随着这种心态于1996年进入吉林大学德恒律师学院学习,四年的本科生活让自己发生了质的变化,我可以心无旁骛地学习我感兴趣的东西,我可以通读马克思、恩格斯资本论,我可以在食堂等打饭时间,别人在排队,我却不愿浪费排队时间却在食堂书店看一会计算机编程书籍,哪怕是一会儿。就这样,自由自在地在吉大学习着生活着。懵懵懂懂地来到毕业那年,一切都是重新开始。

我毕业时很清楚地知道自己想要的是什么,是获得锻炼的机会。

所以，2000年一毕业，我就要去找律所获得能快速成长的锻炼机会。去过北京、上海，最后与汕头有缘，我进入当地案源多的律所。我还获得了汕头大学外聘法学教师的邀请并入职，一直到2004年。

终于，我下定决心，辞去汕头大学教学工作，于2004年年底前往东莞发展，我要用自己双手在一个陌生的城市打造属于自己的更为的精彩世界。

相信自己，也是一种幸福。我虽然羡慕在德恒律师所工作的同学，但更宁愿相信自己虽然起点低，但起步会快。就这样，凭着自己在大学学到的计算机知识，自己创建网站宣传自己，在世界工厂的东莞站稳脚跟并逐步发展起来，并自己创办律师事务所，成功立足于当地律师协会、省律师协会并任职，成为广东省涉外知识产权专家律师库、广东省涉外律师信息库一员，经常往返于香港、澳门等地与律师同行交流，学习先进经验。也基于客户需要多次往返越南提供法律服务，甚至于有在越南开律师所的冲动。同时也在汕头仲裁委员会、广州仲裁委员会东莞分会担任仲裁员。能有今天，一切基于德恒律师学院。谢谢德恒。

现在的我，在思考着未来。正如1994年德恒与吉林大学在合办德恒律师学院的时候，已经思考到很远的未来，提出了培养中国四懂一会的律师人才，眼光高瞻远瞩。我一方面后悔没有把英语学好，没有勇气申报司法部涉外领军人才，另一方面，鼓励自己的女儿读中外法律合作办学班，希望她成为未来优秀的涉外律师。不仅如此，我的律师职业也深深影响到了家族后辈，有五人读大学法学专业，已经有三人通过司考并成为律师。未来一定可期。再次感谢德恒。

德恒培训学校

北京市德恒培训学校于2003年经北京市海淀区教委批准成立。德恒培训学校立足点是成人教育的法律、商事和语言培训，解决律师学院地处东北，难以满足北京律师的培训需求问题。本着取之社会、服务社会的宗旨，德恒培训学校请北京老一辈法学专家和年富力强的社会各界法律专家、学者、著名律师共 44 人组成了教育委员会和顶级教师阵容。德恒培训学校组织编写了《司法考试培训教材》《政府法制教程》《政府法制案例分析》《政府法制重要法律简析》等高级培训教材,依托德恒律师资源开设德恒大讲堂,积累了数百讲法律实务课程。

德恒大讲堂

在德恒教育系列多个品牌中,德恒大讲堂具有鲜明的时代特色。随着互联网+时代到来,德恒培训学校与德恒律师事务所合作,不断探索新模式,与时俱进,与互联网科技相融合,创办了形式新颖、受众广泛的法律商务培训,这些丰富的公益讲堂,培养了一代代的德恒青年,德恒的文化与专业不断传承,让所有德恒人感觉心有所栖。

德恒大讲堂系列课程几乎囊括了法律实务领域综合性服务的各种专业课题。"德恒教育"根据细分领域深入打造了德恒大讲堂分讲堂矩阵:"德恒刑事讲堂"系列课程 20 余讲;"企业人力资源合规实战课"系列课程 12 讲;"老王说法"系列课程 8 讲;"明德慎刑公益讲堂";"德恒金融委大咖秀";"4.26 世界知识产权日"活动等专业领域的培训,深受学员好评。

德恒大讲堂每年举办约 50 讲。到 2022 年年底,已举办了逾 500 堂次,更加注重突出培训项目的公益性和实用性,主要授课内容紧密结合行业热点、企业痛点,以及律师最关心的专业知识和实操经验,涉猎广泛。如 2022 年结合俄乌冲突局势,讲师丁亮推出了"美欧制裁俄罗斯对中国企业的影响"课程;从中美比较的视角,分析疫情期间合同执行过程中的调整规则,讲师朱可亮、王军旗推出"中美比较视角:疫情下的合同严守、不可抗力与情势变更"课程;共享经济突破了传统的劳动用工方法,企业如何利用好共享经济蓬勃兴起带来发展机遇,妥善处理好新型用工关系下的各种法律风险,讲师王建平带来"共享经济环境下人力资源市场法律主体的认定和责任"课程;在新冠疫情暴发之初,讲师们推出了一系列在线课程,如贾辉推出"疫情对'一带一路'建设的影响和对策",江涛推出"疫情与合同中的不可抗力条款相关问题",吴娟萍推出"行成于思——疫情防控下,金融机构的应对",等等。诸如此类课程为法律人研究社会热点、了解企业痛点、开展工作指明了方向,同时企业学员通过课程学习,也可以做到先行先试,引领企业合规。

优秀青年研修班

德恒对于青年律师的培养非常重视,与北大法学院联合开展的高端培训课程——优秀青年研修班,将身处天南海北的同事聚集在一起进行为期一周的集中学习,根据大家的学习需求,不但设置了法律专业知识课程,同时也囊括了人文、心理、中美关系等综合内容,从多方面、多角度让大家了解最前沿的知识。除了与高校合作,德恒培训也同行业协会联系紧密,与西城区律协举办"西游记"之"德恒涉税案件实务研讨游学交流会"等创新形式的培训。

"德恒教育"尊崇"德行天下、恒信自然"的理念,以诚信、专业、创新精神,创造了良好的学习环境,以全新的管理模式、完善的技术、周到的服务、卓越的品质为生存根本,致力于为学员提供全球战略和行业竞争力培训与发展、无私奉献、助学成才,为中国法治建设培育出合格的接班人。

国际商事调解员岗前培训

作为 BNRSC 成员单位,德恒培训学校为 BNRMC 的国内外调解员提供相关岗前培训,获得良好效果。调解员培训课程 48 讲,主要内容包括"一带一路"国际商事调解环境与文化、在线纠纷解决机制在世界的发展、调解技能与诉调对接、案例分析、调解规则与调解员行为规范等。发布的"'一带一路'国际商事调解"培训课程,帮助调解员加深了解"一带一路"倡议在国际法治和各国法律规范中的地位,系统学习"一带一路"国际商事调解相关基础知识、深入了解各国的调解制度和规范。

德恒论坛

"德恒论坛"是中国律师事务中心创建的律师事务所品牌之一。德恒论坛从建立至今亦可谓"三十而立"。德恒论坛立起了德恒法律理论探究的平台,立起了德恒法律研究品牌,立起了德恒法律研究专家队伍,立起了对法律理论疑难问题的探索实践,立起了依法法治崇德向善的德恒法律人风骨。以德恒论坛为核心,逐步延展出一系列的德恒专业研究序列,包括实体与程序法律研究、立法修法、法律专业类、法律服务、法律公益、法律救济、法律咨询、法律顾问、法律诉讼、法律谈判、刑民交叉、冲突解决、跨境法务、国际法治、WTO、长臂管辖、法律合规,等等。德恒论坛紧紧团结了国内外法律学术研究、法学教育、法律交流各个条线的几乎所有前沿著名专家、教授和研究工作者,并为其提供了力所能及的研究帮助。德恒与中国人民大学、北京大学、清华大学、吉林大学、中国政法大学、中国青年政治学院及中国社科院大学、北京航空航天大学、上海交通大学、武汉大学、华中师范大学、西南政法大学、山东大学、山东师范大学、山东政法学院以及江苏、浙江、湖南、湖北、河南、河北、辽宁、新疆、陕西、甘肃、四川、重庆、广东、福建、江西、广西、云南、贵州等地大学和研究机构、政府部门、政法部门、法院、仲裁、贸易促进、民主党派、工商联,以及国际上各国政府与民间机构、企业、商会协会等广泛合作,开展形式多样的法律研究、研讨、论坛、讲座、培训、会议等活动。德恒成为上述机构进行法律专业研究的可靠的合作伙伴。

德恒论坛旗下举办了众多富有影响力的专业法律论坛。其中,民商法论坛、证据学论坛、诉讼制度与司法改革论坛、法学前沿讲坛、程序法论坛、法硕讲坛、行政法论坛、法律实务论坛、刑事法论坛、比较法论坛、律师论坛等,由王利明、陈兴良、何家弘、卞建林、李曙光、王晨光、车丕照、崔建远等许多著名专家学者亲自担任论坛的主持人、主讲人。许多论坛成为广受关注、备受欢迎的品牌学术活动,由著名民法专家王利明教授主持的民商法论坛、何家弘教授主持的证据学论坛、陈兴良教授主持的北京大学刑法论坛等,常常听众云集,深受欢迎。如吉林大学法学院的德恒法律硕士讲坛,针对法律硕士知识背景广泛,学习能力强,专业积累欠缺的特点,坚持走学术与实践并重、理论与现实相结合的路子,邀请多位学术与实务方面的名家、大家,邀请实践一线的诸多法官、律师做客论坛,为众多法律硕士同学及法律职业爱好者讲学。一百多个席位的模拟法庭,每次都被挤得水泄不通。

德恒系列讲坛密切关注当今中国法治建设时代进程。在校园内外,法律专家与法律实务专家共同紧扣时代脉搏,捕捉法律发展前进中的焦点、热点问题，始终走在理论与实践的前列。张文显、应松年、王利明、陈兴良、崔建远、车丕照、郑成良、李曙光、赵旭东、王轶等知名教授以及香港特区、台湾地区及国外许多名家、大家、著名学者都曾应邀做客德恒论坛。我和李贵方、孙钢宏、徐建军、王建平等众多德恒律师也被聘请为大学的兼职教授、法律硕士导师。做精彩的学术演讲，或逻辑严谨，深入浅出，或幽默风趣、娓娓道来。曾经的同学少年，今天的博学鸿儒、法学大家、大律师同堂发言切磋，渊博的知识背景和独特的角度，往往融理论与实践同体，集智慧与人生一炉，将"法律行走与行走的法律"诠释得深刻透彻、质朴现代，获得了高校师生和律师、法务们的热烈欢迎。

凡是存在的就是合理的，凡是讨论的就是实践中存在的，也就是德恒律师可以帮助客户去办的。德恒论坛既是学艺的课堂，又是模拟的战场，从这里走出来的律师，不啻律师行业某个专业的"博导"。

德恒书屋　理性之光

德恒人都读过书，在迈入律师门槛之前，或多或少有"为往圣继绝学"的念想。以律师为业以后，面对大量的现实问题，典籍里面并没有现成答案，需要你去探索实践，去探究关乎人的生死、价值、财富、尊严等"绝学"。于是，德恒律师就拿起笔，记录遇到的疑问，写下疑难的问题，提出自己的观点，坚持自己的主张，整理经手的案例，点评法院的判例……

三十年里，德恒律师的专著、编著、评论、翻译，甚至传记、诗歌等等，逐渐充实到书架上。这些作品虽然说不上字字珠玑，部部精彩，却是法学经典的有益补充。从作品中也能够看出德恒律师是一些善思考、动脑筋、勤笔耕、能吃苦的勤快人。

德恒书屋收录了德恒律师撰写出版的法治研究与刑事、民事、行政、社会治理和跨境法律书籍及案例选编数百种。

技能拍案惊奇，书有一瓣心香

2023年德恒成立三十年之际，又有一批新作出炉。欢迎大家到德恒书屋来读书。

第七章　举步全球

日月经天,江河行地。不忘初心,跬步千里。

三十年来,我们不舍昼夜,不敢懈怠,不惧风雨,奋力奔跑;从北京到全国,从中国到全球,从法务到公益,从改革开放到新时代,德恒建立起一个"德行天下"的中国品牌,打造出一个全球服务的国际化平台。

一、走独立自主国际化发展道路

胸怀祖国　放眼世界

千人大所,昂首举步。1993年开年,中国律师事务中心朝着"千人大所"的全球化目标在北京起步,我带着律师队伍一步一步地踏上国际化发展的"万里长征"。三十个寒暑,记录了我们前进的脚步。德恒发展的第一个十年,我们向高处立,从南到北起步,在上海、广州、天津、深圳扎根。这个起步布局看似因人设事,实则需求使然。德恒头十年布局发展虽有波折起伏,但从高处立,立足北上广深,战略部署开局有益。德恒发展的第二个十年,跟进国家发展战略,对接区域经济,向宽处铺展,在长沙、大连、武汉、沈阳、济南、西安、杭州、郑州、重庆、福州、南京、乌鲁木齐、成都、太原等省会城市设立办公室。德恒发展的第三个十年,奋进新时代,拓展合肥、珠海、苏州、温州、无锡、昆明、三亚、东莞、南宁、宁波、石家庄、西咸、南昌、银川、厦门、兰州、贵阳、青岛、香港特区、澳门特区、海口、雄安、烟台等区域重镇。三十年探索不停步,三十年服务遍全球。

走向市场,进入国际经济体系。按照司法部要求,律师事务所要"为中国的企业走向市场、进入国际经济体系"服务。从哪里起步走向全球?

有人说要"傍大款",如跟上房地产公司攻城略地建点;也有人说要"吃洋饭",跟上国际"几大"律师事务所"联盟"在全球跟班铺点。如何抉择?首先自己要想明白。从经济学上看,资本会走遍世界,法律服务必须跟着走遍世界。一旦律师事务所为资本所控制,就会扭曲法律服务的本质。从法律上看,与国外律师事务所"联营联盟"能快速获利,但律师事务所如果被外国所控制,就可能会失去自主发展的初心和使命。

要实践全球化中国品牌律师事务所的初心使命,就要做法律上、政治上的明白人,在全球化服务发展中保持定力,把握底线,不偏向、不迷航,自力更生自主发展。1999年,德恒向司法部申请"走出去",登陆欧洲,建立荷兰海牙办公室获得批准。从海牙到巴黎、纽约、迪拜……德恒走出了一条自主发展的国际化道路。进入新时代,在"一带一路"建设大背景下,德恒共商、共建、共享的国际化发展再上新台阶,联合全球法律、商事专家资源,建立起覆盖全球的"一带一路"法律和商事服务平台。

对标国际一流律所

"国际一流"既没有统一的国际标准,也没有各国的法定标准。所谓国际一流,更多的是从行业内部实力和行业外部口碑来衡量。国际上一些第三方机构,如杂志、媒体和调查、评估事务所等依据调查某种业绩、某项业务、某种指标来进行中介机构排序排名。

目前,国际一些知名法律评级机构的排名,常常被用来评价国内外律师事务所。这些机构还根据律师在专业领域的业绩表现编制排名榜单或推荐名单。法律评级机构钱伯斯、《法律500强》专注于评选出各个法律领域的全球知名律师事务所和顶级律师。Benchmark Litigation 专注于争议解决领域的年度评级指南。汤森路透旗下的《亚洲法律杂志》旨在表彰业界领先的律师事务所和优秀的企业法务团队,以及上一年度突出的交易案例。Vantage Asia Publishing Limited 旗下顶尖的法律杂志《商法》,专为从事中国跨境业务的决策者、公司法务及中外律师提供适用法律建议及深度分析。Legal Media Group 旗下的《亚洲法律概况》(Asialaw Profiles)专注于亚洲及太平洋地区的律师事务所及律师推荐榜单。《国际金融法律评论》(IFLR1000)对全球超过120个法域的律师事务所与律师进行研究排名。

德恒跻身全球排名榜单。 德恒凭借卓越的综合实力及优异的客户服务,连续多年上榜上述知名法律媒体榜单。2022年度,德恒在各个专业榜单的51个项目中榜上有名,涵盖37个省市/地区,33个业务/行业领域,德恒律师210人次荣获各大榜单推荐。德恒的"中国品牌,全球服务"发展战略取得重大进展,获得国际上客户、媒体和同行的信任评价。德恒品牌国际化体现出中国文化的包容性和制度的先进性,能够为全球客户提供专业、全面、优质法律服务的特质。

三十年前,中国没有一家律师事务所敢说是"国际一流",甚至没有人公开表示要做国际一流律师事务所。彼时,中国和外国法律服务市场的差距实在是太大了。仅仅过了三十年,伴随着中国经济社会日新月异的迅猛发展,中国法律服务情势也发生了大变化。中国律师事务所从当初的"小、散、少",发展出规模上的"千人大所""万人大所",也出现了收入上的"亿元所""数十亿元所"。全球律师事务所百强排名中出现了中国的身影。德恒也在国际机构 Law.com International 榜单上荣列全球律师事务所百强,跻身国际一流律师事务所行列。

2022年8月26日,Law.com International 发布最新的全球前200大律师事务所排名,即2022 GLOBAL 200。此次进入榜单的中国律师事务所共有11家,其中7家进入世界排名前100。

全球这200家律师事务所在上一财年创下了营收和利润的新高——营收总额超过了1856亿美元(约合人民币13068亿元)。德恒在全球律师人数、总创收和权益合伙人人均利润排名中均被列入百强。

独立自主国际化发展

2022年9月3日上午,中国服贸会第二届中国国际服务贸易法律论坛"促合作 迎未来:涉外法律服务新发展"会议在国家会议中心举办。会议邀请境内外律师、仲裁、公司法务、专家学者与谈"打造国际一流律师事务所"。这是中国律师第一次在中国服贸会上向全世界展示中国律师的"国际化"发展,更是对中国律师"走出去"的大检阅。我代表德恒接受了一场三十年全球发展答卷面试。

"打造国际一流律师事务所" 主题鲜明,富有挑战。我往台上走的那几步似乎走过了三十年:第一个国际客户,第一单跨境业务,第一个国外分所,跬步千里,德恒走出了一条与众不同的路。主持人如是说,德恒是走出去比较早的律师事务所,20世纪90年代他到荷兰海牙出差,就知道德恒在海牙建了分所。他请我讲一讲德恒国际化发展道路和相关经验。我向全场并通过线上直播向全球道出了德恒的秘密:走独立自主国际化发展道路。

　　德恒1993年建立时就立下目标,要建成高素质、综合性、专业化、全球化的千人大所。经过三十年艰苦奋斗,德恒走出了一条自主发展的国际化道路,目前德恒在境内外设立50家分支机构,其中境外12家,境内38家,律师有4000多人,跟涉外业务相关的从业人员有1000人。在服务中国客户"走出去"、外国客户"走进来"的过程中,德恒代理了很多跨境交易、国际工程、跨境融资投资、跨境纠纷解决包括诉讼仲裁、调解等领域的案件。其中,国际工程方面比较有突出特点的是,贾怀远律师负责的2022年7月3日非洲首条电气化轻轨铁路埃及斋月十日城的电气化铁路通车;在资本市场国际化方面,中国农业银行、中芯国际、中海油回归A股上市;在跨境诉讼方面,朱可亮律师带领微信使用者在美国起诉特朗普政府,大获全胜。这些案例证明中国律师是有能力的,是能够以自己为主导和全球律师合作为客户做好服务的。

　　律师服务是有弱点的。 在服务"一带一路"建设过程中,德恒发现,律师是专业人士,只能提供法律服务,比较单一,很多客户需要有一个机构可以同时提供律师、会计、咨询、保险等各方面的服务。德恒联络国内外商会协会建立BNRSC,主要是为"一带一路"建设提供项目对接服务、风险化解服务、纠纷调解服务。在最高人民法院司法改革领导小组办公室指导下,建立融商中心、BNRMC及其互联网调解系统。BNRMC已经拥有近700名全球调解员,受理案件2万多件,调解结案成功率达到60%。粤港澳大湾区"七子联动"有12个调解室,基本上能够使港澳台与内地(大陆)的多元化纠纷解决机制相对接,调解的结果也得到了自动履行或司法确认和执行,这些都是非常可喜的。

　　中国律师国际化的道路要两条腿走路:一条腿是专业,要能够靠它走出跟国际大所同台共舞的能力和效果;一条腿是公益,要为中国广大中小企业和"走出去"的企业排忧解难。

走出一条服务国家发展的国际化发展道路。德恒是在走一条独立自主的国际化发展道路,吸收了很多国际律师。德恒没有加入任何一家以国外机构为主导的服务网络,但是德恒创造了以中国机构牵头的网络,也就是BNRSC和依托北京"两区""三平台"建立的北京市"一带一路"法律商事服务创新平台。这个平台在2020年中国服贸会上获得"业态创新示范案例"。该平台向所有律师开放,德恒愿意和所有的中国律师、外国律师一道在这个平台上服务自己的客户,发展自己的业务,交到好的朋友,实现共商、共建、共享。

德恒在全球160个国家和地区,为中外客户提供国际投资、融资、工程建设、WTO贸易救济、反垄断、知识产权、信息安全、刑事辩护、纠纷解决等专业法律服务。德恒三十年的探索实践,走出一条服务国家发展中心大局、独立自主国际化发展的道路。

二、跬步千里　勇毅前行

从改革开放的热点起步,我们把目光投向了早春的南方。

一九九三年　北海起步

广西壮族自治区北海是美丽的北部湾小城,改革开放之初,从东西南北来的雄心勃勃的青年人扎进北海,准备大干一番,10万人的小城有"炒家"(二手房)50万,房地产公司1000多家。我们决定在这里布一个点。1993年6月11日,中国律师事务中心北海市事务所经广西壮族自治区司法厅(桂司函〔1993〕64号)批复成立。年方二十四的孙钢宏被派到北海,从房地产开发服务入手打出了一片天地。那时当地的法律服务有点"与虎谋皮"的惊险。北海也给我留下了一个深深的记忆。那是在一个年关,为"营救"一位被羁押的当事人,我经历了"文件被偷",飞机延误,"逃离北海",转道海口,年夜到京的风险之旅。

随着各地开放开发,炒房炒地的问题逐渐积累,风险频出。中央开始对金融风险进行"铁腕"调整治理。1993年3月,朱镕基担任国务院副总理,6月,兼任中国人民银行行长。同年6月23日,朱总理发表讲话,宣布终止房地产公司上市、全面控制银行资金进入房地产业。① 一批银行行长被问责倒台,大批开发商"欲哭无泪",大量项目被"烂尾"。北海的"魅力"不再,美丽风景下留下一片"烂尾楼"。我们的法律服务重点也逐渐转移。

一九九三年　海口挂牌

海南,正吹来强劲的改革之风。1992年,"南方谈话"后的市场经济在海南发动起来。中央提出加快住房市场改革步伐;国务院审议批准海南吸引外资开发洋浦经济开发区。1988年,海南省和海南经济特区成立,全国十万人下海南,房地产公司两万家,海口成为全国的淘金热点。1993年5月12日,中国律师事务中心海口办事处经海南省司法厅下发(琼司函字〔1993〕64号)批复成立。1993年6月18日,我和郭德治副部长飞往海口,与海南省委副书记、省人大常委会主任杜青林,省委常委、省政府副省长王学萍等出席中国律师事务中心海口办事处开业典礼。海南岛内政治、经济、金融、法律界的人物齐聚一堂,希望法律服务加持海南开放发展,气氛相当热烈。中国律师事务中心派驻海口的律师团队为海南资本市场发展,助力海南企业IPO作出重要贡献。随着海南经济重心的调整,我们也将重点转向资本市场的中心。

一九九三年　青岛秘密

青岛是北方城市中最有开放禀赋的城市。1993年8月18日,中国律师事务中心青岛德恒律师事务所经山东省司法厅(鲁司发政〔1993〕190号)文件批准成立。我和李贵方、秦庆华加入管委会,我担任主任与管委会主任。1993年12月,青岛市委副书记徐长聚出席德恒青岛开业挂牌,对我们在青岛的发展寄予很高的期望。2021年,青岛新办公室开业又受到他的热情支持。

---

① 参见《【冰点特稿】:房子那些事儿》,载《中国青年报》,https://zqb.cyol.com/content/2010-05/19/content_3238271.htm,查询时间:2023年10月9日。

1995年7月,中国律师事务中心更名为"德恒律师事务所"。中国律师事务中心下发通知,要求将中国律师事务中心青岛德恒律师事务所更名为"青岛德恒律师事务所"。1995年8月,当时在德恒青岛工作的三位律师在青岛市司法局另行注册由其三人所有的"青岛德恒律师事务所"。1999年,该三位律师所属的青岛德恒律师事务所更名为"山东德衡律师事务所"。

很多秘密藏在时间里。三十年黄沙吹尽,历史真相还原。今日之"德恒",是司法部注册的唯一德恒律师品牌。2021年,北京德恒(青岛)律师事务所揭牌,宣告德恒在美丽青岛再度扬帆起航。

一九九三年　长春接力

长春是中国法学教育的"四大摇篮"之一,吉林大学与中国律师事务中心合作成立的德恒律师学院就在吉林大学南区新校园内。为契合办学合作,德恒长春开始筹备,后因中国律师事务中心名称变更换发文件等原因,自1993年9月18日提出筹办,到1998年12月再次审批,北京德恒(长春)律师事务所(简称"长春办公室")才得以开始运作。长春办公室关注传统的诉讼业务;长期坚持进驻长春市第三看守所为青少年犯罪嫌疑人及家属提供法律援助,并捐赠图书,培训普法。长春办公室为一汽集团旗下多个公司提供常年顾问服务,清理逾百件不良贷款,为企业挽回重大经济损失。2020年,长春办公室调整管理班子,制订改革发展计划,扩大引进新生力量,提升管理水平。长春办公室党支部获得年度优秀党支部称号。长春办公室正在将德恒北京总部资源与本地资源相结合,焕发出"长春之力"。

一九九八年　追梦上海

浦江风雨廿五载,直挂云帆向未来。1998年,德恒上海律师事务所(简称"上海办公室")经司法部批准,经上海市司法局审批落地。邹瑜老部长题写所名,段正坤副部长和澳大利亚前总理霍克先生参加开业典礼。浦东小陆家嘴世界广场,是上海办公室梦开始的地方。德恒派出涂建、李志宏到上海建所,后有沈宏山担纲,现由王军旗出任管委会主任。上海办公室从 3 位员工开始,如今增长到 300 多人,其中 200 多位执业律师;坐拥浦西天际线白玉兰广场,实现了跨越式腾飞。上海办公室主业定位在资本市场证券业务法律服务。

上海办公室的发展有三个波段。建立伊始,第一波段以证券业务为主完成多个标志性重大项目。例如首发国内第一家上市公司可转换公司债上海机场转债项目;首任上交所顾问;参与《上证联合研究计划》编撰;参与长江电力 IPO、抚顺特钢 IPO、华夏银行 IPO 等重大标志性项目。上海办公室由此奠定了在资本市场、争议解决、知识产权、跨境投融资等多个领域的领先地位。

第二个波段实施"白玉兰战略"。上海办公室创建十年,第一波创业者随着新世纪的经济大潮风起长河,第二波管理合伙人走出"小作坊"式简单合伙模式,积极探索具有上海特色可持续发展的律师事务所管理制度,开启二次创业新征程。他们革新布局,以本土化经营、制度化建设、精细化管理这三驾马车拉动上海办公室驶入高速发展的快车道,如今更是保持稳健的发展势头和蓬勃的生命力。依托先进的管理理念,上海办公室以科学的分配体制和良好的职业规划吸引并培养优秀的律师团队。上海办公室实施"白玉兰战略",枝繁巢暖,引凤来栖;五个中心建设定位业务体系,从单一的资本市场到股票与债券境内外发行、投资基金、并购重组、争议解决、跨境投资、劳动人事、知识产权、环境保护、海商海事等相对完整的综合性全领域法律服务体系建立。栉风沐雨,深耕厚植,上海办公室用了十年的时间完成了一个时代的飞跃。

业务覆盖全领域。上海办公室飞速发展交出了亮眼的成绩单,在资本市场领域保持 IPO 引领地位,境内外发行上市覆盖了 A 股、主板、科创板、创业板、新三板、大型企业发行商上市等领域,参与承办中国铁建 A+H 股上市、华润重组华源等一大批国家级重点项目,完成中芯国际、康德莱集团、康德莱医械等数百个 IPO 项目和重大资产重组项目。上海办公室长期担任上海证券交易所、中国金融期货交易所、上海保险交易所、上海期货交易所常年法律顾问,为中国金融资产交易场所和上海国际金融中心的建设和发展不断贡献力量。上海办公室代理了一批在司法实践中具有里程碑式意义的案件:全国首例适用多因子量化模型审理证券虚假陈述责任案件;为客户妥善处理1000多起证券虚假陈述责任纠纷案件,有效化解巨额的不当索赔;成功代理首例内地法院审查跨法域"维好协议"效力案件。在诉讼、仲裁领域,上海办公室律师有深厚积累和良好信誉,在各级法院、各类仲裁机构均有大量的成功代理记录,帮助客户避免或挽回巨额损失。由陶鑫良律师领衔的上海办公室知识产权团队,长期倾力于专利、商标、著作权(版权)、商业秘密及反不正当竞争、反垄断等方面的全方位、高质量、多元化的知识产权综合法律服务,团队代理的案件曾先后被选入最高人民法院、最高人民检察院与相关省、市法院以及中华全国律师协会知识产权专委会等相应年度的"十大知识产权案件"之列。

厚植客户资源,拓宽业务领域。上海办公室从金融到涉外,发挥全球联动的优势,帮客户成功实现跨境并购;拓展海事海商业务,医疗健康、新经济、大数据、清洁能源、金融科技与数据合规、进出口管制合规风险及劳动关系业务。

第三个波段新时代领航。上海办公室坚持党建促所建,现有党员115人。2021年7月,上海办公室党支部升格成立党总支;2022年,上海办公室成立党委。党委书记沈宏山带领党委会一班人,发挥德恒"以党建促所建"传统优势,实现党建工作与业务工作的共同发展。上海办公室党总支获得"上海市律师行业先进基层党组织"称号。

恪守责任担当是初心。未出土时先有节,已凌云霄仍虚心。上海办公室律师对法律、对人民始终保持着一颗敬畏之心,埋头深耕,默默积累,参加社会公益、捐资助学、帮教引路、法律援助等公益活动。2010年,王军旗律师被上海市委市政府授予"上海世博工作优秀个人"荣誉称号。

在国际职场,上海办公室连年榜上有名。上海办公室上榜"2021ALB中国区域市场法律大奖:沿海地区""2021ALB CHINA区域市场排名:长三角地区"及"2022年度IFLR1000中国区域榜单"六大业务领域:资本市场、公司并购、银行与金融、投资基金、私募股权、破产与重组;荣获"SSQ 2021年ALB中国法律大奖""China Law & Practice Awards 2021"等数十项事务所荣誉。上海办公室律师荣获"强国知识产权研究院年度十佳知识产权大律师",上榜Legalband"2021年度中国律师特别推荐15强:刑事合规",Benchmark Litigation中国首刊榜单"争议之星","2021年度Legalband中国顶级律师排行"等众多荣誉。上海办公室2022年再次上榜钱伯斯《2022大中华区法律指南》《法律500强》及Legalband"客户首选:诉讼多面手15强",WTR100"全球商标领域领先律所及律师名录"等。

"海纳百川"城市气质融合"德行天下"德恒理念,铸成了上海办公室律师安静、自信、专业、感恩的执业风格。博观而约取,厚积而薄发。德恒建所三十周年,上海办公室也迎来25岁生日,站在历史的交汇点,德恒人正朝着现代化、国际化大所奋楫前行,迈向灿烂的明天!

二〇〇一年 津滨天津

2001年12月14日,北京德恒(天津)律师事务所(简称"天津办公室")成立。德恒派出陈静茹、高国富律师开拓天津证券法律业务取得突破,也遇到发展瓶颈。2016年,岳爱民、王治刚和张泽学带领团队成功落户滨海双创大厦。2021年,天津办公室迁进天津市新地标——天津周大福金融中心,办公面积2000平方米,律师70名,多人担任仲裁员、调解员,形成房地产与建设工程、企业重整与破产、刑民交叉、融资租赁、金融与不良资产处置、海事海商及争议解决等近百人的成熟专业团队,业务收入同比增长33%。

参政议政,履行社会责任。2022年2月,政协委员张泽学律师提交解决临街住宅小区出入拥堵问题、改善农村基础设施等提案建议。2021年11月1日,李忠群律师当选天津市滨海新区第四届人大代表。天津办公室积极投身抗疫防控志愿服务,2021年累计服务3800余小时。

2021年4月20日,一带一路国际商事调解中心天津滨海新区(自贸)法院调解室揭牌成立。王治刚调解员和从民珺、金涛调解秘书进驻调解室,通过线上与线下相结合,成功调解多起诉讼案件,节省当事人诉讼成本和司法资源。天津办公室与融商中心和天津东疆保税港区合作建立融资租赁商事调解室。

三、扎根省会　区域布局

二〇〇三年　星城长沙

2003年8月19日,经湖南省司法厅批准,北京德恒(长沙)律师事务所(简称"长沙办公室")成立。初创的长沙办公室经历了"谋生存、立稳足"的发展。贺小电担任主任期间,长沙办公室的诉讼业务发展迅速。2020年7月,曾鼎言担任长沙办公室主任,带领新班子看长远,严要求,讲团结,守规矩,坚持开放、包容、平等、共建,加强与司法行政部门和律协的沟通交流,改变了律师事务所面貌,提升了社会声誉。2021年12月26日,在毛主席诞辰128周年这天,伴随着第一场冬雪,长沙办公室迁入芙蓉区建湘路世茂环球金融中心61层。长沙办公室成立民商事争议解决、刑事、证券、金融、知识产权、拯救与破产、保险与交通事故、建筑与房地产、税务、国有资产法律、劳动、政府与公共服务等12个专业委员会。长沙办公室现有高级合伙人15名,从业人员150名,业务能力迅速提升。

长沙办公室荣获"创建湖南信用单位先进集体""2005—2007年度湖南省优秀律师事务所"及2017年"湖南省规范管理示范律师事务所"称号。长沙办公室与湖南大学刑事法律科学研究中心、中南大学建立法学实践教学基地;与湖南工业大学法援中心开展合作,广泛开展各种公共法律服务活动;与中南大学合作成立企业法与国企改革研究中心,为优化营商环境作出积极贡献。2019年2月15日,老挝驻长沙总领事本·印塔巴迪先生莅临长沙办公室考察,探讨"一带一路"建设法律服务。2019年3月17日,我在长沙看到了朝气蓬勃的年轻一代德恒律师。

2023年,长沙办公室在涉外法律服务领域实现跨越式发展。中非经贸博览会期间,长沙办公室承办了融商中心与纳米比亚驻华大使馆主办的"纳米比亚—中国经贸合作机遇论坛",接待纳米比亚驻华大使和商务参赞,合伙人律师与参会各方进行了深入交流。曾鼎言主任感慨道,这次活动为长沙办公室在国际业务和商事法律服务高质量发展上注入了强大动力。

二〇〇四年　昂扬大连

2004年4月,北京德恒(大连)律师事务所(简称"大连办公室")经辽宁省司法厅批准成立。首任主任是王刚毅,他曾在南极游泳获吉尼斯证书,是"2006CCTV体坛风云人物",2018年4月28日病逝。2009年,知识产权专家郑军博士接任主任,大连办公室走上正轨,并保持知识产权业务优势。2014年6月21日,大连办公室与大连市版权保护协会承办由中国国际软件和信息服务交易会组委会主办的"企业软件版权的取得与保护策略"研讨会暨2014国际软件版权保护论坛。大连办公室以民事、刑事业务为主,也开展政府依法行政与公益法律服务。

2011年,大连办公室党支部获大连市司法局创先争优先进党支部、大连市优秀律师事务所;2012年,郑军律师获得辽宁省司法行政系统优秀党员律师称号。大连办公室于2014年8月被辽宁省司法厅评为"2012—2013年度辽宁省优秀律师事务所";于2016年4月被辽宁省律师行业党委评为"2014—2015年度辽宁省优秀律师行业先进党支部";于2016年12月被大连市总工会、大连市晚报社、共青团大连市委、大连市法制宣传协会评为"大连市公益普法突出贡献单位";于2018年被大连市律师协会评为"优秀律师事务所",被辽宁省律师协会评为"2016—2017年度辽宁省优秀律师事务所",被大连市律师行业党委评为"2016—2017年度大连市律师行业先进基层党组织";于2020年8月被辽宁省律师协会评为"2018—2019年度辽宁省优秀律师事务所";于2022年4月被大连市律师协会评为"2020—2021年度"大连市优秀律师事务所""大连市优秀抗疫律师事务所"。

低调务实的大连办公室不断拓展国际海事海商等区位优势资源方面的业务。

二〇〇五年　火热武汉

2005年1月,北京德恒(武汉)律师事务所(简称"武汉办公室")正式获批设立。李明、杨霞、连全林等几位带头人和2020年接任的杨恒敏律师都为武汉办公室的发展贡献了心力。

武汉办公室律师过百人,学历层次较高,设有 14 个专业委员会。武汉办公室 2014 年度助力 12 家新三板公司挂牌。2020 年,武汉办公室全面升级办公环境,开启运行"智慧律师事务所"的管理模式;依靠《律师管理制度》《OA 使用制度》等内控制度实施,实现有序高效的智能化办公。

武汉办公室以党建引领,深入"法律服务"进政府、进企业、进重点工程、进协会;调优队伍结构,创造活力迸发的"人才高地";为 100 余家政府及大中型企事业单位提供法律顾问服务;获得湖北省优秀律师事务所、武汉市十佳律师事务所等荣誉称号。李明律师荣立湖北省司法厅三等功,杨霞律师荣获湖北省司法厅与湖北省律师协会联合授予的"律师执业 30 年纪念章",杨恒敏等七位律师入选武汉市名优律师库,余成龙律师当选洪山区政协委员,郭纪东律师当选洪山区人大代表,孙薇律师入榜 2022 年度《法律 500 强》亚太地区,汪瑞君等五位律师荣获武汉市青年律师人才"双百"计划青年英才律师荣誉……

使公益成为终身事业。2018 年,杨恒敏代表武汉办公室与武汉大学签订捐赠协议,向武汉大学捐款 1000 万元,支持国际法研究所的建设发展,成立武汉大学网络治理研究院。2019 年,杨恒敏又向东润公益基金会捐赠 5 万元。2020 年,党支部书记孙薇律师被授予"美庐社区"抗疫先锋荣誉。2021 年,年近八十的资深律师杨霞坚持为武汉市道能义工服务中心提供慈善公益法律服务。2023 年 7 月,"一带一路"国际商事调解中心武汉东湖新技术开发区人民法院调解室被武汉市委平安武汉建设领导小组选树为"品牌调解室"。万芸芸被选为全市"金牌调解员"。

武汉办公室十八年一路披荆斩棘,以法律回报社会,以信誉立足市场,以实力驰骋未来。

二〇〇六年　上新沈阳

沈阳,辽宁省会,中国传统的人口重镇。

北京德恒(沈阳)律师事务所(简称"沈阳办公室")于 2006 年成立,经过一段时间的发展起色不大。2018 年,黄晓行律师担任沈阳办公室主任,她雷厉风行,带领沈阳办公室发生了积极变化,入驻沈阳市金廊地区嘉里中心,办公面积扩至 1500 多平方米,人员与业务等都大幅度拓展提升。

沈阳办公室现有各型法律人员超百名,其中21名律师分别在辽宁省、市律师协会担任职务,11名律师被省市各级评为先进。沈阳办公室常年法律顾问单位及重点服务客户过百家,涵盖党政军企各种类型,年承接各项法律服务项目逾千件。沈阳办公室党组织建设和律师事务所总体收益连续三年实现跨越式增长,先后被沈阳市和辽宁省评为"优秀律师事务所"。

沈阳办公室保持服务依法行政的强势地位,在"民刑兼顾,诉讼与非诉并进"上取得突破。沈阳办公室经办吉林李某某涉黑涉恶案、沈阳"10·21"管道燃气泄漏爆炸应急处置、鞍山七彩化学深交所创业板IPO、内蒙古新华发行集团上交所主板IPO、网信证券破产重整、航空工业下属公司破产清算、方大集团投资海航集团主业破产重整等复杂艰深、具有社会影响力的项目,实现经济效益和社会效益双提升。2021年,一带一路国际商事调解中心东北亚分中心落地辽宁自贸区沈阳片区。

黄晓行律师豁达睿智,诚恳热情。她兼任辽宁省律师协会理事、青年律师发展专门委员会主任,沈阳市律师协会副会长,民建辽宁省委员会法律服务中心主任,社会法制委员会副主任,沈阳市人民监督员,沈阳市政府及国有资产监督管理委员会法律顾问;入选"辽宁律师专家库""沈阳市市属国有企业外部董事人才库",获评辽宁省"最具风采女律师""优秀律师""优秀青年律师",沈阳市"诚信律师标兵"、首届"优秀仲裁员""巾帼建功标兵"和民建"全国优秀会员"等荣誉称号;在推进华侨侨企、妇女权益保障,"一带一路"东北亚国际商事调解服务等方面大胆作为,取得良好社会评价。

东北亚是德恒战略发展的一个重地,沈阳办公室律师重任在肩。

二〇〇七年　华美济南

2007年北京德恒(济南)律师事务所(简称"济南办公室")创建,十几年来勾画出华美的法律服务画卷。回望激情岁月,打造德恒品牌的历程,不断创新优化,创造行业典范。济南办公室自2007年成立至今,依托德恒大平台,立足山东,实现跨越式发展。

坚持高标准,始终坚持追求卓越、不断创新。济南办公室从服务中国重汽香港上市开始,立足服务高端资本市场,持续精耕大客户,在政府与公共法律服务、企业拯救与破产、环境保护、知识产权、跨境业务、建设地产和商事诉讼等领域深耕细作。济南办公室现有 8 个专业委员会、3 个专门委员会,律师达到 150 余人。他们从租赁两间办公室起家,如今坐拥 8 层独栋律师楼,栽起梧桐树,引来金凤凰。

坚持高起点,始终服务国家战略、社会大局。 济南办公室坚持塑造专业品牌助力业务拓展,以更高标准打造国际化法律服务体系。济南办公室立足省会之利,主动拓展青岛、烟台等业务版图;整合专业团队、院校人力资源服务山东省属国企国资和民营企业,为山东黄金、中国重汽等重大"走出去"企业投资、并购、设立制造业基地提供专业服务。济南办公室助力中日韩暨"一带一路"法律服务集聚区建设。2023 年 11 月 4 日,济南办公室承办中日韩国际商事调解中心启动活动,并接待日本前首相鸠山由纪夫先生到办公室访问。济南办公室同事给中日韩嘉宾留下深刻印象。中日韩商事调解工作的启动受到山东政法界和侨界的热烈欢迎。一带一路国际商事调解中心自由贸易试验区济南片区调解室、济南融商法律服务中心与各人民法院、仲裁委员会、自贸区管委会等建立合作关系,助力矛盾纠纷多元化解。宋俊博主任与九省市办公室律师牵头合作研究黄河流域大环保项目,撰写《法佑母亲河》(暂定名)一书,服务生态环境损害赔偿制度改革,服务生态文明司法实践和立法活动。

坚持高站位,始终坚持党建引领。 2010 年,济南办公室党支部正式成立,2021 年升级成立党总支。党组织在律师事务所中发挥政治领导核心作用,积极推动高质量发展;维护职工合法权益,开展公益服务,抗击疫情,关爱白衣天使,助学贫困生,引领青年律师成长。

2023 年,济南办公室借德恒北京总部之力与山东师范大学法学院合作举办"涉外法律实务提升班",开展党建共建,山东师范大学党委书记与济南办公室党委书记同台讲主题教育党课,有力提升了济青烟德恒体系的涉外法律服务热情,激发了德恒人学习创新的动力。

济南办公室秉"德行天下",精诚服务,勇于担当;尚"齐鲁之风",热忱诚恳,默默耕耘。济南办公室"登泰山而小天下",与德恒大家庭携手合作,继续攀登法律服务的高峰,为社会和谐发展再添绵薄之力。

二〇〇九年　不古西安

西安,陕西省会,是"一带一路"的起点。

德恒面向西北,落子西安,试水法律服务本地化。2009年8月,北京德恒(西安)律师事务所(简称"西安办公室")设立,曾荣获司法部授予的二等功,陕西省第九届、第十届、第十一届政协委员,西安市第十一届政协委员,兼任全国工商联女企业家商会副会长的何玉辉任主任。西安办公室规模一直不大,凭借德恒品牌资源优势与业务协作,拥有专业与涉外法律服务团队,在跨境投资并购、外商投资、国际贸易、争议解决以及传统的民商事、金融、破产重组、刑事、房地产与建设工程、政府和公共法律事务等方面,服务政府和大型企事业单位500余家。

西安办公室党支部成立于2009年,有12名党员,2020年被陕西省律师行业党委授予"先进基层党组织"称号。党支部书记潘宁律师两次被陕西省律师行业党委授予"优秀党务工作者"称号,并被德恒党委授予"优秀共产党员"称号。

西安办公室抓住陕西省打造"三个中心一个基地"的国家级国际商事法律服务示范区机遇,在陕西自贸区设立全国首家"公共法律服务中心"。2017年3月,一带一路国际商事调解中心西安调解室和"一带一路"服务机制陕西办公室成立。德恒与融商中心和西安国际港务区、灞桥区、雁塔区人民法院、西安仲裁委员会签订诉调对接、仲调对接等多元化纠纷解决机制合作协议,与西安市中级人民法院知识产权庭开展合作。2019年,西安办公室邀请BNRSC主席团中外专家到西安举办三场国际商事法律服务论坛,受到最高人民法院和司法部及陕西省人大与律师协会等的好评。2021年3月,西安办公室设立"矛盾纠纷诉前化解在线调解办公室",与西安市碑林区人民法院开展合作,已调解成功逾百起案件。

如何整合陕西省德恒律师资源、实现引领性发展是德恒发展中的重要课题。

二〇〇九年　如意杭州

杭州,一个来了就不想走的地方。

2009年8月28日,北京德恒(杭州)律师事务所(简称"杭州办公室")创建。时光荏苒,杭州办公室在新经济的热土上,从业务单一发展为专业突出、综合平衡,从最初的十几个人发展到现在的200多人,办公面积从270平方米扩展到4000平方米;年营收能力更是持续增长,各项指标均在杭州同行中名列前茅。

这一切都源于2008年在上海西郊宾馆的一次会面。我与夏勇军和吴连明律师短短十几分钟交谈留下了深刻的印象。次年10月16日,杭州办公室开业仪式上,德恒百余位同事从四面八方莅临,与法律界、金融界老朋友在西湖边同贺。

2011年,杭州办公室引进骨干张立灏律师,实现IPO零的突破,助力中威电子IPO、泛微网络、元成股份、普利制药、万通智控、正元智慧等6家企业成功上市。伴随债券、增发、股权激励等资本市场法律业务的大幅增长,杭州办公室成为浙江证券龙头所。邵瑞青、黄加宁等一批诉讼律师加盟,杭州办公室的综合业务能力大幅提升,金融保险、劳动人事、知识产权、股权投资、刑事、建筑房产、执行、不良资产处置、破产、家事、财富传承、境外投资等业务构筑起全方位、全链条法律服务的专业板块。

杭州办公室成立后就创建党支部,很快扩展到党总支,2022年正式成立党委,党员逾百人,党组织充分发挥党员的先锋模范作用,促进律师事务所业务,强化公益服务。杭州办公室获得浙江省优秀律师事务所、杭州市规范化律师事务所称号;党组织获得省市"三强双进"党组织及杭州市司法行政系统党建示范点、最强党支部等一系列荣誉称号。大批优秀律师受到各级党政机关和律师协会的表彰。

合伙人管委会新老带头人夏勇军、马宏利薪火相传,新老结合,优势互补。杭州办公室以"以天时地利人和"深耕行业,以优异成绩对"德行天下,恒信自然"理念作出最好的诠释。

二〇一一年　硬核重庆

重庆,一座热辣辣的城。

2011年6月,北京德恒(重庆)律师事务所(简称"重庆办公室")正式获批成立。开业庆典是一场干货满满的国际研讨会,我和贾怀远律师、西南政法大学赵万一教授、英国伦敦威廉·高文律师、美国纽约柯龙斯律师齐聚山城，面向200多位重庆企业家代表，围绕"中国企业海外投融资及工程建设"做主题演讲。在这次国际研讨会上，重庆办公室闪亮登场。

"不辣不行，只辣不行。" 重庆人喜辣，但法律服务市场能力却不太辣。重庆办公室看准投融资、上市、涉外业务这个缺口，决心补上这个缺口。他们招来国际大律师讲"道"，引进人才，设证券部、涉外部，派律师到德恒北京总部学习。大手牵小手，德恒北京总部+重庆办公室开始承办主板、新三板、OTC挂牌业务，已帮助近40家企业在新三板挂牌，持续提供转板服务，助力三峰环境上市，实现重庆办公室IPO业绩零的突破。

栽好梧桐树，自有凤来栖。 2015年，重庆市律师协会副会长陈昊律师携30余名律师正式加盟重庆办公室并担任执行主任。重庆办公室的管理决策水平进一步提升，再次扩租提升基础设施，引进合并壮大队伍，共建共享德恒品牌，促进重庆办公室发展腾飞。重庆办公室取得破产管理人资格，成立破产管理业务中心，为重庆曾家岩嘉陵江大桥PPP项目等提供服务。重庆办公室执业律师超百人，跻身重庆律师行业前十。2017年，重庆办公室迁址江北区江北嘴金融中心三面环江、3000平方米的宽敞办公室。

重庆办公室成立后即成立党支部，2019年正式升格为党委。他们以党建引领所建，自觉做公益。给山区的孩子送冬衣；在街道、电台提供法律咨询；参加信访值班；与酉阳麻田村结对，开启一对一帮扶之路；疫情期间为数百个企业提供法律帮助。

重庆办公室承办长江经济带生态环境保护法治公益论坛，赞助125万元支持西南政法大学应用法学院专业期刊与学术活动，推出重点培养青年律师的"恒星计划"；设立15万元专才基金，承担重庆大学法学院教育实践基地。与重庆两江新区人民法院、江北区人民法院签署诉调对接协议，助推一带一路商事调解中心重庆市江北区人民法院调解室落户重庆。重庆办公室举办八月龙舟竞渡，激励奔跑文体活动；三次荣获重庆市最佳律师事务所称号。2019年，重庆办公室联合成都办公室荣登《法律500强》。2023年，重庆办公室以一场十全十美的运动会，向德恒成立三十周年献礼！

二○一一年　醇厚郑州

郑州,"伸手一摸就是春秋文化,两脚一踩就是秦砖汉瓦"。

还淳返朴、厚德载物;揽辔中原,行稳致远。2011年,全国工商联在郑州召开的执行委员会会议。中部崛起的中原经济区发展战略机遇激励与会企业家,彼时初识魏俊超,这个高大英俊的小伙子热情诚恳,对德恒在河南的发展充满信心。

2011年11月5日,北京德恒(郑州)律师事务所(简称"郑州办公室")获批准成立。十年磨一剑,2022年,郑州办公室在魏俊超主任带领下,发展到拥有150多名律师,2900多平方米办公面积。郑州办公室党支部2013年5月成立。党支部带领管委会"以党建促所建、以所建谋发展",2019年荣获河南省"全省律师行业先进党组织",书记尹若谷律师被评为河南省"全省律师行业优秀党员律师"。郑州办公室先后被郑州市司法局授予"司法行政系统先进集体"和"十佳律师事务所"荣誉称号,并荣获"郑州市律师行业杰出贡献奖"。

郑州办公室紧追国家级中心城市的服务需求,形成"一体两翼",即以传统民商事重大诉讼为一体,以企业拯救与破产、公司证券为两翼的特色服务,在代理金融证券等民商事、融资借贷、上市公司违规担保、建设工程、商超租赁和企业拯救与破产等方面全面发力。郑州办公室入选河南省高级人民法院一级破产管理人,在2021年度管理人考核中被评为优秀,业务一直处于河南区域头部地位。郑州办公室成功办结河南省第一起海林房地产企业破产清算转和解案件,得到周口市中级人民法院表彰;办理的佐今明制药股份有限公司重整案、河南金鸿堂制药有限公司重整案被新乡市中级人民法院选为2021年十大企业破产审判典型案例。郑州办公室在公司证券领域与德恒全平台深度合作,新三板、私募基金、主板、科创板、创业板、北交所IPO、公募REITS、区域性资本市场、地方政府专项债等资本市场业务方面的业务优势日趋彰显。

民盟盟员陈红岩律师提出的《民盟盟员对〈外商投资法〉草案的建议和意见》获优秀社情民意信息奖,被民盟河南省委表彰。陈星星律师撰写的《单位职工刑事犯罪与用人单位民事责任的刑民交叉法律问题研究》

荣获中国法学会律师法学研究会课题论文一等奖。2011—2021年,郑州办公室为法律援助案件的受理点,承办法律援助案件500多件;郑州办公室同心"抗疫";全力"抗涝","7·20"持续特大暴雨袭击河南多地,郑州办公室全体律师踊跃募捐20万元,帮助抗灾重建。

郑州办公室十年奋斗抒写心声。唯有踵事增华、踔厉奋发,方能见证花开,成就未来。

二〇一二年　有福之州

福州,闽台深度合作的窗口。

2011年,我听说国家批准福建在平潭岛设立综合实验区,便去福州平潭登岛转了一圈。热火朝天的建设场面,伴随着"斗茶"的醇香,在热烈的头脑风暴中,我提出"充分利用德恒全球资源,吸引境内外投资者、券商、财顾、审计及法律等服务机构入驻海西,构筑畅通高效的资本集聚平台和引资渠道"的构思,使福州和平潭成为两岸经济融合共同发展的桥头堡。如今的福建海丝中央法务区正有此景象。在平潭见到刘宗宏,小伙子懂法律、懂规矩,很能干。

德誉八闽,日升月恒。2012年1月,北京德恒(福州)律师事务所(简称"福州办公室")获批成立。在刘宗宏带领下,十年迈出三大步,办公场所从正大广场到世纪百联再到融侨中心,面积、人员和业务较十年前实现十倍增长;6次被评为"先进党支部""先进基层党组织"。刘宗宏、陈家堂等6名律师被评为"优秀共产党员""优秀党务工作者";30多名律师分别入选司法部千名涉外律师人才、省市律师协会优秀专业律师人才库、最高人民检察院民事行政检察咨询专家、省司法厅备案审查专家库专家、涉案企业合规第三方监督评估机制专业人员。福州办公室2018年、2020年获评"福州市优秀律师事务所",2019年获评"福建省优秀律师事务所";2022年荣登"2022 ALB CHINA 区域市场排名:华南地区律所和律师新星"榜单。

以研发促业绩,践行社会责任。福州办公室抓大案要案,规范服务流程,打造业务品牌,办理中国贵谷项目预重整、重整,漳州城投集团企业合规管理等重大案件。福州办公室律师的近百篇论文入选省市或华东律师论坛等文集。

积极参与立法普法,参与省海洋渔业厅海岸带综合管理、海洋与渔业维权、海洋基础设施建设和投资活动课题研究,撰写《福建省海域使用管理条例(修订建议稿)》;进社区企业基层提供法律咨询、专题授课,普法节目录制。积极参政议政,刘宗宏、丁文辉、郑珍清、林斌、徐宇丹律师当选人大代表或政协委员,履职建言,提出的多份提案和意见被采纳。积极参与法律公益,服务群众。主动承办法律援助案件;编写《青少年法治教育读本(中学生版)》,为"话说《民法典》"栏目供稿 96 篇;在福州大学法学院设立"德恒奖学金"。积极参与抗疫、救灾、助学、扶贫。参与涉诉信访值班,为社会矛盾纠纷化解提供法律志愿者服务。

毓秀福地,十载耕耘。德恒着眼"一带一路"前瞻性、高站位的全球服务布局,有对福州律师的期待和鞭策。德恒的创新、厚重与包容成就了福州办公室律师踏实内敛、团结奉献的工作作风。未来要继续立德以诚,持之以恒,堂堂正正做人,实实在在做事,极致服务客户,不轻、不妄、不浮夸,脚踏实地,行稳致远,努力打造有风度、有气度、有温度、有力度的福州办公室好律师。

二〇一二年　缘分南京

南京,长江经济带主要节点城市。

南京办公室的创办与一件著名的案件有关。2005 年,担任星客车独立董事的朱德堂与李贵方相识,他对德恒大所风范和律师素养印象深刻,表达了加入德恒的愿望。朱德堂是 2011 年度江苏省优秀律师和司法部党员律师标兵。2012 年 1 月 12 日,我专程到江苏省司法厅提出设立南京分所,承诺"不在传统业务上与本土律师竞争,在业务创新和研究方面争做表率"。2012 年 2 月 27 日,北京德恒(南京)律师事务所(简称"南京办公室")获批设立。

南京办公室现有员工近百人,律师有 70 多人,主任朱德堂;执行主任王煜卓,入选司法部千名涉外律师;党支部书记杜宁,入选江苏省刑事辩护人才库;管委会成员高孟浪律师入选江苏省环境法人才库。人才与业务短板使南京办公室管委会下决心引进人才,但也走了一段弯路,幸好及时控制住了风险。

南京办公室坚持党建引领业务发展,在商事法律服务、企业合规管理、社会稳定风险评估等方面具有一定的领先优势;为外商投资、红太阳股份跨境收购等高端制造企业上市重组直接融资、发行债券、票据、IPO、企业危机处置等提供法律服务。南京办公室在江苏海洋大学、南京大学、南京理工大学知识产权学院设立德恒奖学奖教金和实习基地。王煜卓律师向华中师范大学捐款设立奖学金。2020年7月1日,南京办公室党支部被南京市律师行业党委评为"先锋党组织";南京办公室被评为"2019年南京优秀律师事务所",受到江宁区司法局2019年以来连年表彰。

未来,在全国经济建设"苏大强"的省会,南京办公室应当发展成为律师界的"苏大强"。

二〇一二年　乌鲁木齐

乌鲁木齐,中国西北重镇和面向中亚、西亚的国际商贸中心。

2012年8月,北京德恒(乌鲁木齐)律师事务所(简称"乌鲁木齐办公室")获批成立。2013年5月,乌鲁木齐办公室成立党支部,现有36名党员,党支部书记邱黎勇。2014年以来,乌鲁木齐办公室党支部连续四年被新疆维吾尔自治区律师协会直属分会党总支评为先进党支部。老成持重的张文主任,敢想敢闯能说会道的孙进超,哈萨克族法学博士木拉力,克拉玛依老客邵宇律师及李道静,行政主管买玲……给我留下了深刻印象。

硬件业务提升。他们在专业提升、人才强所、规模化、品牌化建设上扩大德恒在新疆的影响力。乌鲁木齐办公室现有执业律师80名、实习律师和助理24名,员工110人;办公面积1583平方米;业务收入较成立之初增长10余倍。乌鲁木齐办公室建立完备、统一的管理制度,参加德恒北京总部的各种交流学习;推行专业化建设,设立公司证券、劳动法务等13个业务部门与13个团队有效结合。

服务大局创新。党支部带领律师做公益,承担社会责任。乌鲁木齐办公室长期资助贫困生、残疾学生80余人,连续八年与自治区残联共同慰问残疾困难家庭80余户,连续四年多次前往南疆贫困县村,慰问驻村工作队,捐款58万余元。2020年2月3日,全所89人抗疫捐款10万元给乌鲁木齐慈善总会。

服务"一带一路"国际商事调解。2019年9月17日,一带一路商事调解中心天山区法院调解室挂牌成立,《新疆日报》《天山网》作了报道,现已调解案件383起,成功率超过40%;最高人民法院副院长罗东川到调解室调研,充分肯定律师调解员、少数民族调解员参与调解。德恒律师还担任自治区总工会"枫桥大讲堂""枫桥服务e站"公益律师,受到全国总工会的高度肯定。

寒威千里望,玉立雪山崇。乌鲁木齐作为"丝绸之路"上的明珠,自古以来便是沟通东西商贸的重要枢纽,也是丝绸之路和中欧班列的西大门。乌鲁木齐办公室将依托地理优势,为中国与中亚国家交流互鉴、贸易投资提供专业法律服务。

二〇一二年　有为成都

成都,国家高新技术产业基地,有"天府之国"的美誉。

成渝是一家。德恒同步部署成都与重庆。我当面向曾任西南政法大学校长的龙宗智教授讨教。他看好从美国回来的大才——医学、信息和法律跨界博士吴宇宏律师。2012年12月13日,北京德恒(成都)律师事务所(简称"成都办公室")正式成立。

成都办公室生也逢时。2012年,德恒党支部受到中央表彰,德恒党委成立,成都办公室乘势而上,在西南树起一面旗帜。首任主任曾家煜律师奠定了坚实的发展基础;2019年马朝兴律师接任后大力引进人才,律师超百人,业务与行业影响力大幅提升;2022年黄勇律师接任主任,谋划跨越式发展。成都办公室现有专职律师150人,其中50%是党员和硕士、博士,多名律师拥有中外律师执业资格,担任仲裁员和调解员。

2013年11月20日,成都办公室党支部获批成立,2022年7月升格成立党总支,沈建任书记。党员律师参与"四川省全面依法治县红原县示范试点工作""送法进藏区""《民法典》进基层""法律援助值班律师""青少年普法教育"等法治公益;捐款捐物百万元助学、扶贫助农、抗疫。成都办公室党组织获评"四川省律师行业优秀基层党组织""四川省党建标准化律师事务所党组织""成都市律师行业先进基层党组织";三名党员律师获评"成都市律师行业优秀共产党员""成都市律师行业优秀党务工作者""成都市律师行业服务营商先锋优秀共产党员"。

登高望远服务"一带一路"。成都办公室把律师业务和国家"一带一路"建设与四川自贸区服务结合发力,大力发展项目对接、商事调解诉调对接,占领涉外服务高地。2017年,成都办公室与融商中心联手设立"一带一路"服务机制成都办公室、一带一路国际商事调解中心成都调解室,进驻成都双流自贸试验区,成立一带一路国际商事调解中心天府分中心、一带一路国际商事调解(西南)中心、"一带一路"外国法查明(西南)中心。成都办公室管委会率各专业领域精英律师轮流派驻调解室。2019年7月30日,最高人民法院前党组成员、副院长李少平到成都调解室调研,给予积极评价。到2022年6月底,天府分中心受理调解案件2347件,调解成功1689件,涉及金额10.92亿元,调解成功率达71.96%。其中,成都一企业起诉甲方的11个合同纠纷调解成功的典型案例被人民网等媒体报道。①

高素质人才,高品质服务。成都办公室着重引入了一批高素质涉外律师人才,他们学贯中西,通晓国际规则,具有专业素养,善于沟通协作,创新做实涉外法律服务,备受当事人认可与好评。成都办公室为"一带一路"跨境投融资、工程项目、外商投资企业和多个外国驻成都领事馆等提供法律服务。2020年1月,黄勇律师被司法部授予"全国公共法律服务工作先进个人"。2021年7月,成都办公室"党员律师参与'一带一路服务机制'的探索与实践"项目,获评成都市律师行业党委"庆祝建党100周年·护航发展建新功"十大优秀成果。成都办公室荣获"四川省律师行业文化名所""成都市优秀律师事务所""成都市高新区优秀律师事务所""成都市律师行业涉外法律服务发展贡献奖"等荣誉。吴宇宏、黄勇、杨志宏律师入选司法部"全国千名涉外律师人才库",杨小洁、严立律师入选"成都市律师涉外法律服务领军人才库"。成都办公室

---

① 参见《诉前调解助力企业解困 两面锦州彰显司法惠民温度》,载人民网,http://sc.people.com.cn/n2/2021/0412/c379469-34671520.html,查询时间:2022年9月17日。

坚持专业化引领,助力药易购在深交所创业板上市;持续打磨公司与证券、商事争议、地产建设、知识产权、企业破产与拯救、刑事与合规等重点业务领域;为四川省及成都市人民政府提供水利、农业和国家土地督察等立法咨询和法律服务,受到中外企业的好评。

成都办公室积极参与国际组织盛会,为第31届世界大学生夏季运动会提供法律服务,为亚太和西部区域间经贸合作与发展保驾护航。成都办公室入选《法律500强》亚太地区"区域律师事务所推荐榜单","商法卓越律所大奖(区域奖项)2021"榜单,"2023ALB CHINA区域市场排名:西部地区律所和律师新星"榜单。

二〇一二年　腾飞太原

太原,中国中部能源重化工基地。

北京德恒(太原)律师事务所(简称"太原办公室")于2012年12月10日由山西省司法厅批准设立。太原办公室的创立赶上了一个好年份,德恒党建大丰收,党支部升级建立党委。张培义带领40余名律师一举投入太原办公室的创建,太原办公室依托德恒的强大影响力,发展成为美誉度颇高的领衔律师事务所。他们将德恒品牌赋能太原,培养吸收优秀人才,建立起200人的核心团队,增强服务品质与竞争力,业务收入较成立之初增长20倍,经过二次迁址扩张,进驻华润大厦T4座26层、T6座30层和31层,办公面积4200平方米。

十年跨越发展腾飞。太原办公室将以诉讼为主的业务扩大到政府法律服务、金融、证券、建筑工程及房地产、企业拯救与破产、知识产权、涉外业务等领域,建立有11个专业委员会。张培义律师办理了震惊全国的"河南农妇太原非正常死亡案""令某某受贿案"等有深远社会影响的案件。何锐律师代理的"俎某某故意杀人案",被一审法院采纳正当防卫观点而判决无罪;"耿军涉嫌放火案"经发回重审后二审改判无罪,被中国政法大学刑事辩护研究中心列为"2020年度全国十大无罪辩护经典案例"。太原办公室精心服务山西省重点工程"高校园区建设"、旧城改造食品街项目、山西省煤层气公司8000万美元世界银行贷款项目及数十家煤矿的并购重组项目和美特好华北最大物流建设项目。2015年,太原办公室派出70多人与德恒北京总部共同承办中华人民共和国成立以来最大标的2000亿元的联盛重整项目,受到32家公司重整第二次债权人会议债权人和有关各方的交口称赞。同时,太原办公室在金融资产交易、劳动争议、依法行政等方面取得突出业绩。汪忠律师2017年参加印度钦奈第十届亚洲劳动法大会,担任山西省市政府、财政税务、教育环保、体育等多家机构常年法律顾问,获得良好口碑。

2014年以来,太原办公室党支部被评为山西省司法厅"先进基层党组织"及"全国律师行业先进党组织""双强六好省级示范党组织""全省律师行业模范党支部""先进基层党组织"等。

太原办公室对接贫困县广灵县进行"法律扶贫",向山西农业大学贫困学子捐资助学;参加蓝天救援队、社区疫情防控志愿服务,办理刑事法律援助案件,参与涉诉涉访纠纷化解工作。带头人张培义担任德恒管委会委员、中华全国律师协会理事、中华全国律师协会惩戒委员会副主任、山西省律师协会副会长,多次荣获"全国优秀律师"称号,荣登《中国律师》2015年第8期封面人物。他的《律师生涯不是梦》一书吸引一众年轻律师关注。2021年,管委会主任王恩惠荣获司法部"全国优秀律师"称号。2021年,张亮亮及王帅、樊晓慧律师的《企业破产债权审查操作指南》,"一本书看懂企业破产债权审查",一经发行就引发广泛关注。

太原办公室,是新时代德恒发展的见证者、践行者、贡献者。

四、领新时代　深化布局

二〇一三年　领新合肥

合肥,国家科技创新教育基地。

北京德恒(合肥)律师事务所(简称"合肥办公室")成立于2013年1月5日,当时原安徽金晟律师事务所的几位律师给德恒白明亮邮箱发了封邮件,白律师立即进行了回复。我约他们一行五人到富凯见面详谈。这几位当天就确定整体加入德恒。

全面上新发展。合肥办公室设立后聚焦思想、专业发展,积极融入德恒文化,借助德恒平台优势与广泛的全球服务网络,实现新跨越。合肥办公室律师专业化程度和服务能力得到全面提升,在资本市场、知识产权、行政法律、建筑与房地产、破产重整、金融保险、涉外业务、劳动法律、刑事辩护、诉讼与仲裁等专业领域的服务能力大幅提升;实现公司上市发行零的突破;办公面积5000平方米,人员规模150余人,创收较成立之初翻了近十倍。合肥办公室荣获安徽省先进基层党组织、安徽省优秀律师事务所、安徽省五十强律师事务所、合肥市十佳优秀律师事务所、第三届合肥市优秀律师事务所等称号;部分律师担任中国科学技术法学会常务理事及理事,中国刑法学研究会干事,中国法学会行政法学研究会常务理事,最高人民检察院民事行政(知识产权)咨询专家,中华全国律师协会未成年人保护专业委员会委员,中华全国律师协会网络与高新技术专业委员会委员,国家技术转移东部中心评审专家,上海交通大学国家工程实验室特邀研究员,等等;安徽省、合肥市人大、政府及有关部门法律顾问和证券监督、司法行政、争议解决等部门的特约研究员、专家陪审员、涉法事务首席专家等;立法咨询员、特邀行政执法监督员、仲裁员;中国科学技术大学等高校法学教授、副教授及研究生实务导师;上市公司独立董事等专业与公益职务。合肥办公室参与合肥高铁西站、长鑫506项目、京东方等省市重大项目,服务了五分之一的安徽省上市公司。中国科学院合肥物质科学研究院、合肥创新工程院、合肥能源研究院,中国科学技术大学先进技术研究院等科研机构与合肥办公室建立了合作关系。

始终奉献公益事业。合肥办公室自设立以来累计捐赠300万余元,在中国科学技术大学设立"德恒奖学金",在安徽大学设立"德恒科研与教育基金"等;参加"公益律师进社区"活动,深入学校、企业、社区和农村一对一帮扶;每年开展普法讲座近百场;成立"安徽省法律援助中心民事法律援助工作站",党总支书记担任站长,年均承办200余起法律援助案件。合肥办公室积极响应"一带一路"倡议,在庐阳区人民法院挂牌设立安徽首家BNRMC调解室,助力合肥外向型经济发展。

二〇一三年　追梦昆明

春城昆明,中国中西部主要中心城市。

2013年,中国进入新时代,德恒在西部布局中把目光投向云南。

1993年5月,24岁的伍志旭取得证券从业资格后在云南创办"专业精品所",在云南证券法律服务市场中占有一席之地。机缘巧合,我与伍志旭相识。我们畅谈理想,相谈甚欢。他高度认同德恒"德行天下做好事,恒信自然做好人"的准则,风清气正、创新发展、崇德厚道、诚信慎独的传统;也在谋划德恒品牌口碑、发展思路、专业化建设在云南的战略安排。于是,伍志旭与往事干杯,自诩从"总舵主"降身为"堂口负责人",与德恒携手,二次创业再出发。2013年7月30日,北京德恒(昆明)律师事务所(简称"昆明办公室")正式设立,伍志旭律师出任主任。

"我们都是追梦人。" 坚持向着远方,迎着光的方向,不止步的梦想,不忘怀的初心。十年来,昆明办公室以梦为礼,与国同行,以争做新时代中国特色社会主义法律工作者为己任。昆明办公室现担任300余家企业的常年法律顾问,包括云南白药、南天信息、贵研铂业、昆药集团等十余家上市公司和云投、锡业控股、能投集团、城投集团等世界500强和全国500强企业;承办云南白药混合所有制改革和要约收购项目,完成数十个债务融资项目,融资金额达千亿元;承办诸如"泛亚案""绿孔雀保护案""景谷力量生物破产案"等有广泛影响力的案件,聚焦社会热点,扎实做好维权维稳工作。十年来,昆明办公室立足云南、扎根云南,步履不停,探索不止,深度服务云南经济与社会发展,为法治云南、平安云南建设,构建社会主义和谐社会贡献德恒力量。

敬业专业风骨坚挺,职业使命薪火相传。伍志旭律师担任德恒管委会委员、云南省律师协会副会长。他倾心打造了昆明办公室青年行业领军人物,一批"全国优秀律师""云南省优秀律师""云南省法治政府十佳律师""昆明市优秀律师""云南省司法行政系统、律师行业优秀共产党员""云南省法援好人""西山好人"在昆明办公室涌现。3名律师担任省级、区级政协委员和人大代表,4名律师担任省政府、市委、市政府、市纪委、监察委法律顾问。1名律师担任省律协副监事长,近20名律师进入省市律协各专业委员会担任主任、副主任职务,助力依法行政与民主政治建设和律师行业健康发展,传递德恒律师好声音、正能量。昆明办公室有2000平方米的办公场所和配套车位,律师人数较成立时翻三倍,跻身云南省规模所前列。当年仰赖德恒深厚底蕴"筑巢引凤",方今"高朋满座"

"麟阁多才贤"。

爱心扶助，热心为民。四季如春的昆明有德恒人持之以恒的"热心"。十年来，昆明办公室尽自己最大的努力播撒爱的阳光，种下希望的种子，扶贫、助学、抗震、救灾、抗疫、助力乡村振兴，从不缺席；用脚步丈量云岭大地，持续公益捐款近千万元，为上千名大学生、中学生实现梦想提供支持。数百名受助大学生通过昆明办公室相聚，以自己的实际行动传递爱心和善念。做好分内事，影响身边人。聚微光星河灿烂，追梦想成就光荣。

悠悠岁月，铸就辉煌。昆明人在"悠悠呢着"慢生活中，匠心独运，潜心积淀，追逐梦想，不舍昼夜。十年砥砺，他们获得了闪光的荣誉："全国律师行业先进党组织""云南省律师行业党的建设工作省级示范点""云南省律师行业先进党组织""云南省优秀律师事务所""昆明市十佳律师事务所"等。十年奋进，昆明律师在云岭大地熠熠生辉，展现新时代德恒律师风采。

五百里滇池四时春，古南方丝路八方连。云南是"一带一路"滇连东盟的交汇点。共建老挝办公室是昆明办公室"走出去"的第一步。昆明办公室的小伙伴们，期望在伍律师的带领下继续为社会、为国家贡献律师之力。一切才刚刚开始，故事还将继续……

追梦不止，昆明万象……

二〇一四年　好学苏州

苏州，长江三角洲重要中心城市，国家高新技术产业基地。

党的十八届三中全会对资本市场发展作出重大部署，占全国GDP第五的苏州欲登陆资本市场的企业将会井喷，而苏州律师基本未进场。陈海祥很着急，想办法找到德恒要求加入。他经常说的一句话是，他不懂，但能学。2014年7月，北京德恒(苏州)律师事务所(简称"苏州办公室")成立。

以人才为本。苏州办公室的130名律师中，60%以上是硕士、博士，海归有23人，全国检察机关民事行政诉讼监督案件咨询专家4人，BNRMC调解员7人。多名律师具有在司法机关、研究机构、跨国公司、大型国企及金融证券机构工作的经验。办公面积达 2100 平方米,创收更是较成立时增长了十倍。陈海祥主任当选苏州工业园区第二届律师协会会长。

聚焦攻克短板。苏州办公室猛攻证券业务、资本市场服务,走专业化发展道路,压实主体责任,保障专业化分工落实。苏州办公室成立未来学院开展专业培训,对律师进行专业定位,培养出一批批专业特征明显、市场反馈良好的专业律师和领军人才。2015 年 11 月,独立完成第一单服务客户新三板挂牌业务;2016 年 4 月,独立完成第一单企业私募基金登记业务;2016 年 12 月,与德恒北京总部律师合力完成第一单企业合并破产重整项目;2018 年,成功申请到三级破产管理人资质;2018 年,成功签约第一单 IPO 项目。在公司证券、金融、并购、建设工程与房地产、跨境投融资、知识产权、企业拯救与破产、政府与公共服务等领域,苏州办公室律师为 1573 家机构提供服务,其中,帮助 20 家企业成功 IPO。

担当作为,履行社会责任。2018 年,苏州办公室党支部创立"小燕子"党建品牌,荣获"首届江苏省律师行业基层党建工作创新项目奖"。党支部带领全所律师开展进社区、进楼宇、进街道,进行公益讲座、结对共建、精准扶贫,设立奖学金,培养青年律师,关爱老人,帮助未成年人等各项活动共 132 场。疫情期间和《民法典》颁布以来,苏州办公室开设公益讲座 31 场。2020 年,苏州办公室创立"未来学院"品牌,举办线上线下学习培训活动 26 场,培养了一批批更为优秀的后备力量。自 2016 年起,苏州办公室紧跟信息时代步伐,先后开通公众号、视频号等信息平台,定期发布律师事务所动态、专业文章等,浏览量持续攀升,并被多家官方媒体报道转载。

苏州办公室关爱贫困儿童家庭,给困难家庭送粮油食品,给孤寡老人送棉衣;给龙卷风和疫情灾区人民送爱心;给贵州铜仁地区贫困儿童送学习用品和爱心;举办反暴力讲座;深入楼宇讲解《民法典》;进行法治宣讲;等等。新冠疫情发生后,苏州办公室迅速成立志愿者突击队,援赠封控区居民爱心农产品;撰写疫情期间用工问答指南;参与疫情法律专场公益直播。这些善举被"苏州工业园区发布""苏州工业园区慈善总会"等官方公众号发布。苏州办公室律师创业的光阴化作了成堆的卷宗、增长的数字、一块块奖牌和长长的客户名录。苏州办公室在公司证券、金融、并购、建设工程与房地产、企业拯救与破产、跨境投融资、政府与公共服务、劳动与社会保障、知识产权、刑事辩护、环境资源等11个领域形成领先之势。苏州办公室党组织被授予"江苏省律师行业先进党组织""苏州市律师行业党建工作示范点",苏州办公室被评为"苏州市优秀律师事务所"。

苏州办公室把德恒的红色基因化为不竭的动力。在锐意进取的年轻人带领下,苏州办公室正意气风发奔向新的奋斗目标,初心不改,勇往直前。

二〇一五年　厚发温州

温州,国家首批沿海开放城市,中国民营经济先发之地。

2015年7月,北京德恒(温州)律师事务所(简称"温州办公室")成功组建。温州三个律师事务所的大咖加入德恒,领办人是党支部书记、主任金疆,2022年11月,金疆出任温州市律师协会新一任会长,江丁库接任温州办公室主任。缘起对德恒"律师国家队"的心驰神往,承载"党建统领所建"的殷殷嘱托,温州办公室辛勤耕耘,荣获"全国优秀律师事务所""全国律师行业先进党组织""浙江省著名律师事务所""浙江省优秀律师事务所""温州市文明单位"等荣誉。

党建引领,对标决策。温州长期以来就有"墙内开花墙外看"的传统。很多著名企业家的投资主业都在本土之外,欧洲、美国、非洲等地都有成功的温商传奇。产业空心化、城市空心化成为温州各界关注的重点。温州的法律服务市场与律师也有明显的本地化特点。怎样打破这个局限,跳出律师的"舒适圈",突破发展瓶颈？金疆主任作了很多探讨。最终,温州办公室确定以党建引领,把德恒的政治业务优势资源与温州本地资源整合,提升律师创新业务能力,打造出专业服务品牌;以党员为主体,组建德恒先锋服务团、"博士律师团",开展对接服务。

专业建设,厚积薄发。温州办公室跟进德恒总体发展战略,进行专业化和团队化、专业能力和服务能力建设,建立法治研究院,组建16个专业委员会和专业特色律师团队,形成破产重整、企业法律风险防控和危机救济、知识产权、金融地产、行政法务等领先业务板块。自成立以来,破产重整团队承办200多件破产管理案件,其中成功重整及和解29件,预重整成功8件。一批温州本土龙头企业得以脱困重生,诸多案例入选省市两级法院经典破产案例。温州办公室冲出本土,参与办理全国各地企业重整案件,包括康得复材、齐鲁特钢、福建海峡城、龙岩化工、成龙集团、淮南金丰易居、山信粮业等重整,取得瞩目成绩。温州办公室连续多年获得温州市中级人民法院及温州市破产管理人协会"优秀破产管理人"称号。江丁库、郑小雄牵头编写出版《破产预重整法律实务》《房地产开发企业破产若干法律问题分析》《民营企业破产管理法律实务》《个人破产法律实务》等书籍。江丁库律师获评2022年钱伯斯破产领域上榜专业律师。

增量创新,存量扩展。温州办公室拥有一批资深知识产权律师。他们地处电子商务发源地,率先开展网络知识产权、电子商务、科技成果等高端知识产权法律服务,积累了大量国内外案例成果。以知识产权律师为主的"博士律师团"服务创新型科技机构、企业和人才,在推进核电新能源建设、科技创新保护、企业商业秘密保护等方面多重发力,并与多家科技创新企业、研究院、科创园建立合作关系。温州办公室领衔组建"温州市商业秘密保护联盟"。温州办公室在房地产、金融市场具有较高的服务存量,通过所内交叉销售和专业互补拓展业务,在金融地产业务板块律师阵容强大,办理多起重大项目,涉及金额超100亿元;同时办理过一批重大影响的行政诉讼案件,在温州市委、市政府等30余家机关常驻提供法律服务。

参政议政,公益奉献。2022年年初,在温州市党代会及市县(区)人民代表大会和人民政治协商会议上,温州办公室七位律师作为代表、委员躬逢其盛。金疆律师连续三届担任温州市党代会代表,江丁库律师连续三届担任温州市政协委员,倪立赶律师担任温州市人大代表,他们紧扣中心、紧跟核心,结合百姓关心的问题、社会难点问题,调研谋划,提出多项建议提案,为温州贡献律师的力量。

温州办公室公益捐款逾80万元,支持青藏高原、贵州铜仁、四川大凉山、南疆公益、平阳助学、永嘉助学、冬日暖阳行、接力兰小草全民学雷锋、白鹿亭爱心早餐等活动,累计帮助2000余人。朱利明律师领衔的漫画公益普法项目《律师,帮帮帮!》,通过"互联网+"的传播出刊42期,收到良好社会效果。温州办公室办理法律援助案件1000余件。

温州办公室"文化"底蕴浓厚,秉承"德行天下、恒信自然"的理念,"恪守正道,以新制胜"。温州办公室打造律师事务所视觉系统和工作环境,开展系列文化活动,慈善拍卖会、读书分享会、生日会等,传递律师事务所价值观,焕发新的发展动力。温州办公室组织律师参加80期"德恒大讲堂"学习培训,模拟法庭,"鹿苑论法"检察官与律师辩论赛;设立青年律师英才基金;提取400万余元用于律师的学习培训和法律工具的购置。如同一方温厚的沃土,温州办公室吸引着越来越多的青年律师们走进来,扎下去,茁壮成长。

二〇一七年　大爱无锡

无锡,长三角地区中心城市,改革开放"苏南模式"发源地。

2017年1月9日,北京德恒(无锡)律师事务所(简称"无锡办公室")成立。德恒无锡人以自己的专业、爱心与能力作出卓越贡献。

"环保领军律师"与他的青山绿水梦。2020年12月15日,吴晓宇律师获得2021年钱伯斯亚太区环境法领域律师。截至2023年,他承办了15件重大环境公益诉讼案件。二十年来,吴晓宇及其团队为"大自然"作法律代言。他代理的7件环境公益诉讼案件被列入最高人民法院、江苏省高级人民法院公报案例,其中1件被《法治日报》等联合评为年度全国最有影响的十大法治案件,他创造性地在案件中提出惩罚性赔偿和替代性修复制度,后被吸纳进环保立法修订内容。吴晓宇律师被中华环保联合会评为"环境权益维护志愿律师"。

晨光中的"守夜人"。2019年10月13日凌晨5点,无锡办公室主任兼党支部书记王建明律师带领两名小伙伴走出调解室。此时离"312国道无锡锡港路段高架桥侧翻事故"的发生过去了3天;离他接受指派为受害者家属义务援助维权过去了19个小时。这起事故造成正在行驶的两辆汽车被压,车内3人死亡,两个家庭破裂。德恒律师帮助的受害人是还在上初中的女孩,死者是她的父亲。律师们以法律经验在调解谈判中为女孩据理力争,并在当地政府相关部门的见证下签署赔偿协议。律师就所获赔款项未来的保管和使用起草书面备忘录，供她的家属参考。王建明还悄悄通过锡北镇司法所所长向女孩捐助 3000 元。

"我们代表中国"。2019 年 11 月 8 日下午，在卢森堡欧洲会议中心第 63 届国际律师联盟大会中国专场的"一带一路——连结中国与世界"论坛上，站出了年轻的章程和许一佼律师。她们是这次论坛的主持人。

中国专场的会议议题引起世界各国律师的浓烈兴趣，特别是我作了主题发言后，与会者争相提问。会场上的人越来越多，与会者讨论热烈。原本担心冷场的主持人此时信心满满，她们亲眼见证了这一天德恒律师代表中国，在"走出去"国际舞台上发出了中国律师的"好声音"。

特别的爱给特别的他们。2023 年 7 月 20 日，无锡办公室党支部副书记韩庆东律师担任无锡市残联副理事长已有二十个年头了。他分管残疾人维权和法律援助，参与《无锡市残疾人保护条例》等一系列立法工作，义务普法宣讲创建锡山区残疾人维权中心，促成无锡办公室党支部与无锡市特殊需要儿童早期干预中心结对，开展系列"甘雨助残"活动。

高岭之花，欣欣向荣。2021 年 6 月 21 日，无锡办公室执行主任宁飞律师在大雨滂沱的峭壁悬崖下的大凉山崎岖的山路上，驾车行驶了 10 个小时之后，弃车走过用木棍和铁丝建成的湿滑摇晃的吊桥到达河对岸。再爬上一段陡峭泥泞的山路，宁律师来到达昭觉县库依乡依子村向日葵小学。他此行是为无锡办公室助学基金考察落实帮扶对象。宁飞曾连续三年带领律师到海拔 4800 米的青海省玉树藏族自治州曲麻莱县巴干乡麻秀小学，解决他们的供暖系统、燃煤、操场、体育设施等一系列困难，捐赠图书上千册。无锡办公室助学基金已向贵州黎平县、青海化隆回族自治县、四川凉山彝族自治州等地捐赠 60 万元。

正如无锡办公室律师所说，高岭之花只有用爱的雨露呵护、灌溉才能欣欣向荣。

二〇一八年　海南三亚

三亚，中国海南省最南端的"天涯海角"。

2018 年 5 月 15 日，北京德恒（三亚）律师事务所（简称"三亚办公室"）正式设立。三亚办公室与海南自贸港一同成长！三亚办公室在张帆主任的带领下,为三亚市信访局、三亚市总工会、中国人民银行海口中心支行、三亚市海棠区政府、崖州湾科技城管理局等提供法律服务,协助开展与自贸港建设配套的立法调研,促进自贸港法治体系的完善。三亚办公室积极帮助客户了解海南自贸港蓬勃的市场前景、利好的招商政策、高效的行政服务。三亚办公室律师积极参与村(居)法律顾问工作,深入村居、社区,面向群众提供法律咨询、举办法治讲座、调处矛盾纠纷、开展法治宣传,当好基层组织和广大群众的法律参谋,促进社会的和谐稳定。在"半山半岛"破产重整项目上,三亚办公室也提供了"接地"服务。三亚办公室为三亚本土和外来投资者投身海南自贸港建设作出了贡献。

二〇一八年　好友南宁

南宁,是广西壮族自治区首府,地处华南、西南和东南亚经济圈的结合部,与东盟诸国相望,是环北部湾经济区核心的区域性国际城市,中国东盟博览会永久举办地。

北京德恒(南宁)律师事务所(简称"南宁办公室")于2018年11月12日获批成立。"一带一路"倡议的实施和东盟自贸区的成立,使南宁成为一个新的经济发展热点。再度落子南宁,是德恒向东南亚国际化发展的重要布局。

党建强健队伍。南宁办公室广聚骨干律师,开发重大项目,担任平陆运河集团、皇氏集团、桂垦国际(香港)有限公司、广西交通投资集团等的法律顾问;诚信务实的服务受到客户广泛认可,业绩与收入增长迅速;荣登"2022 ALB China 区域市场排名:华南地区律所和律师新星""2023 ALB China 区域市场排名:华南地区律所和律师新星"榜单,两次获得"卡特彼勒-杰出表现奖"。2019年成立南宁办公室党支部,在政治站位、组织建设、学习教育、警示教育、纪律作风上带领全所律师走在前列。支部书记孙海涛和主任梁军抓党建促所建,全所精神面貌蓬勃向上。南宁办公室党支部2021年荣获"广西律师行业先进基层党组织"荣誉称号,2023年获评"第五批自治区两新组织党建工作示范点"。

2023年9月25日,在南宁办公室党支部的党课上,我看到务实上进的老中青党员律师,心里着实高兴。南宁办公室主任梁军荣获"2015—

2019年度广西优秀律师"。蒋爱兵律师荣获2021年度"广西律师行业优秀党员"称号。党支部书记葛靖律师被中国(广西)知识产权维权援助中心聘为海外知识产权专家。蒋爱兵、陆新涛律师被聘为自治区第三方参与信访工作专家库专家。2020年7月,梁军律师出任广西国际商会副会长,法律专业委员会主任。梁军律师当选为广西壮族自治区律师协会第十届律师教育委员会副主任,林敢律师当选为金融证券保险专业委员会副主任,蒋爱兵律师当选为民法专业委员会副主任。南宁办公室有多名持越南律师执业资格的律师和美国海归律师。

服务国家中心大局。南宁办公室在第18届中国—东盟博览会国际会展中心E馆亮相,贾怀远律师、杨伟律师在法律论坛作专题发言,推进BNRSC建设。梁军、杨伟、梁晓丹、李诗文等撰写提交《东盟法律服务市场调研报告》。南宁办公室的海归和持越南律师执业资格的律师正在筹备开拓东盟法律服务和商事调解市场。2020年2月,德恒北京总部、南宁办公室与广西国际商会发起成立法律专家咨询委员会,为企业抗击疫情提供线上咨询,编撰《新冠肺炎疫情下的中国企业常见法律问题与应对》手册。

南宁办公室与广西民族大学法学院进行战略合作,《民法典》新规对行业影响法律问题研讨会、德恒西南五所管理沙龙暨律师创新业务研讨会在南宁成功举办。

南宁办公室多名律师在积极推进《关于使用认罪认罚从宽制度的指导意见》实施中为犯罪嫌疑人、涉罪未成年人提供法律服务。

恒产恒心,长治久安。2021年,南宁办公室购置位于中国(广西)自由贸易试验区南宁片区的绿地中心8号楼31层高端写字楼,面积2100平方米,办公核心区有一面白玉大鼓,上方是层层梯田灯盏,尽显自然田园风光。有恒产者有恒心,南宁办公室正在践行德恒在《区域全面经济伙伴关系协定》(Regional Comprehensive Economic Partnership,RCEP)和东盟法律服务市场的布局,沿着"一带一路"西部陆海新通道阔步挺进。

二〇一八年　有范宁波

宁波,中国东南沿海重要的港口城市、长江三角洲南翼经济中心,是

"海上丝绸之路"东方始发港。

2018年11月18日,北京德恒(宁波)律师事务所(简称"宁波办公室")成立。现有36名合伙人,逾百名律师,2022年创收近7000万元,权益合伙人人均年度创收190万元。

党建示范守正创新。2021年7月5日,宁波办公室党支部荣获宁波市先进基层党组织;2022年1月,宁波办公室被宁波市司法局、律师协会认定为2021年度宁波市"3660工程"示范律师事务所。党支部书记叶子民被评为2020年度宁波市行业先进、2021年度浙江省行业优秀党员,多位同志获得市级、区级及本所优秀党员荣誉。

宁波办公室注重风控、业务、利冲、人事等德恒北京总部统一原则,建立起自身的民主与集中管理规范。6名律师入选宁波市名优律师人才库;叶子民律师担任宁波市第十六届人大代表、海曙区律师行业党委副书记;范芙蓉律师当选宁波市律师协会常务理事、海曙区第十二届政协委员;2022年储慧涛律师获评省级优秀青年;多位律师担任仲裁员、调解员,获得浙江省法学会、律师论坛一等奖等多个奖项。

"德之未来"品牌文化模范。2021年,德恒公益法律服务品牌"德之未来"法治教育进校园和"绿丝带"德恒青年普法工作室正式成立,李人鲲、唐笔晨等多位律师分别受聘担任宁波市、海曙区等地中小学的法治副校长。储慧涛、林聪聪律师参与"浙江律师法律援助志愿服务行动",林聪聪在那曲市司法局做援藏律师。

"同心一德,如月之恒。" 2020年7月,宁波办公室迁至宁波市海曙区月湖金汇小镇崇教巷17号,在"月湖·天一阁"5A景区内的两栋独栋园林式别墅中办公。工作环境优美、舒适,客户感觉上佳。

宁波律师在思考,宁波作为近代以来最早的五口通商城市之一,一百七十年的开埠发展历程积累了深厚的文化底蕴;作为长三角枢纽城市和现代化滨海国际大都市,给予法律服务探索者更大的勇气和发展的可能。德恒律师将在无限可能中创造新的历史。

二〇一九年　风华石家庄

石家庄,河北省省会,中国京津冀地区重要中心城市。

她是一座有着悠久历史的红色城市，也是一座新兴的有活力、有梦想的城市。2019年1月18日，北京德恒（石家庄）律师事务所（简称"石家庄办公室"）经河北省司法厅批准设立。现有员工130余人，其中执业律师110人，中共党员30余人，各民主党派和无党派人士20人。多名律师担任仲裁员、调解员，担任河北省市律师协会副会长的有3人。主任齐明亮是第十四届全国政协委员、河北省人大常委会委员、河北省律师协会副会长。

适时规划，明确定位。 石家庄办公室建立虽晚，但律师年富力强，发展眼光深远，注重扬长补短，探索开拓创新，法律服务能力不断提升，在服务中心大局、履行社会责任方面，成为有影响力的省域大所。石家庄办公室在法律服务新平台上，展现风华正茂的新活力。石家庄办公室坚持党建引领，以党建促所建，以创新促发展，以德恒北京总部的战略布局和品牌优势为依托，专业性和综合性并重，立足省会放眼京津冀，适当辐射国内国际更广领域，提供多层次和高质量的法律服务；积极履行社会责任，建设开放包容、和谐进取、在河北省和京津冀有影响力的律师事务所。石家庄办公室崭露头角，荣列"2023 ALB CHINA 区域市场排名：环渤海地区律所和律师新星"榜单。

专业为基，综合发展。 石家庄办公室建立起房地产与建设工程、劳动与社会保障、金融保险、刑事、公司证券、民商事争议解决、企业拯救与破产、绿色发展和涉农法律服务、政府与公共服务、知识产权10个专业委员会；年度办理民商事、刑事、行政、劳动仲裁、商事仲裁等案件近4000件，提供常年法律顾问、专项法律服务等近900件，业务类型、数量、质量都有了优化提升。其中，某上市公司证券虚假陈述案，某投控集团与某融资租赁公司执行异议纠纷案，全国80余家经销商参与某汽车销售公司破产清算等案件，均取得良好的法律效果和社会效果。2022年5月，石家庄办公室入选河北省高级人民法院一级破产管理人名册。在办理破产与企业拯救业务中，石家庄办公室注重发挥困境企业拯救法律服务联动的整体机制优势。石家庄办公室为河北省及石家庄市近百家政府机构和中央与省属科研、金融、产业集团等超300家单位提供服务。

积极参政议政，建言献策。 石家庄办公室多名律师积极参政议政。齐明亮律师在担任河北省第十三届人大代表、人大常委会委员期间，提交关于加强人才建设、优化营商环境等多项议案,参与审议《河北雄安新区条例》等 80 余部地方性法规。作为全国政协委员,齐明亮律师在第十四届全国政协第一次会议期间,提交《关于制定民营经济发展促进法的提案》《关于将长期护理险纳入基本保险的提案》等多项提案,接受《人民日报》等多家央媒和地方新闻媒体的采访。卢书彦、阎晓佳律师担任石家庄市政协常委,杜会强、孙伟平律师担任石家庄市政协委员,任文军、刘运丽律师分别担任石家庄市桥西区、新华区政协委员,齐亚钦律师担任保定市政协委员,多次提交有价值的提案,积极履职,建言献策。2020 年 9 月 15 日,石家庄办公室成为石家庄市人民政府基层立法联系点。

创新服务"一带一路"。石家庄办公室锚定创新服务"一带一路"与河北省域内国家自由贸易区发展战略,在法律服务创新方面,敢挑大梁做大事。2019 年 10 月 29 日,石家庄办公室承办 BNRSC 与河北省上市公司协会等主办的"一带一路"服务机制与自贸区建设高峰论坛。专家们的真知灼见打开了石家庄办公室律师的发展视野。中国(河北)自由贸易试验区正定片区牵手融商中心共建的一带一路国际商事调解中心正定片区调解室于 2020 年 11 月 10 日正式成立。

党建引领,积极履行社会责任。2019 年 7 月,石家庄办公室党支部成立,林刚任党支部书记。党支部开展党建引领促所建各项工作,带领党员律师设立疫情法律服务热线,捐款捐物,提供法律支持;参与雄安新区征迁与"一带一路"商事调解和"乡村法律医生"服务工作;参加"八五"普法宣讲;参加阜平县寿长寺村法律帮扶服务项目,社会效果良好。司法部和河北省人大、省委统战部等考察调研,对石家庄办公室给予充分肯定。

2021 年,石家庄办公室党支部荣获河北省律师行业先进基层党组织。支部书记林刚、副书记李永强获评河北省"全省律师行业优秀共产党员"。石家庄办公室获得 2019 年度、2020 年度"优秀律师事务所",公益奉献先进集体等荣誉;20 多名律师获评优秀律师。齐明亮、孙伟平、王韬律师被聘为"河北法治智库"专家。2021 年 12 月 17 日,齐明亮律师荣获中共中央统战部颁发的"各民主党派、工商联、无党派人士为全面建成小康社会作贡献先进个人"荣誉称号。

扎根燕赵大地,坚守法律初心,展现冀兴风华。石家庄办公室再接再厉,笃行不怠。

二○一九年　创新西咸

西咸新区位于陕西省西安市和咸阳市之间,是国务院批准设立的首个以创新城市发展方式为主题的国家级新区、第二批国家新型城镇化综合试点地区、开展构建开放型经济新体制综合试点试验地区。2019年4月,我在西安参加BNRSC主办的国际会议期间,与闫玉新等几位资深律师进行深度交谈。2019年,北京德恒(西咸新区)律师事务所(简称"西咸办公室")获批设立。闫玉新担任西咸办公室主任,2023年,他当选陕西省律师协会副会长。创新是西咸办公室迅速发展的法宝。

创新社会服务模式。西咸办公室的创办不走寻常路,以"一带一路"服务创新为落脚点,将德恒的法律商事、公益资源全盘"抄作业"对接到西咸,取得意想不到的效果。

立足陕西自贸区,围绕"一带一路"金融、商事、法律、科技、人才等多元化服务需求,西咸新区管委会、融商中心和西咸办公室三方联合共建综合性服务平台——西咸新区融商法律服务创新中心。"一带一路"服务机制西咸办公室、一带一路国际商事调解中心西咸新区调解室、外国法律查明中心西咸办公室、中国传记文学学会西北创作基地、院士服务中心陆续成立。

西咸新区融商法律服务创新中心汇集国内逾80家律师事务所、公证处、司法鉴定机构、仲裁机构、调解组织、知识产权商标代理企业、法律科技企业等入驻,将体系性法律服务功能下沉到产业园区,延伸至企业和劳动者,辐射至韩城、宝鸡、榆林、西宁等地。该中心将通过发挥平台优势和创新集聚,形成法律服务产业链,致力于打造陕西省和西部乃至全国法律服务"最佳生态圈"。

司法部与陕西省委、政法委等领导到一带一路国际商事调解中心西咸新区调解室调研,给予较高评价。西咸新区融商法律服务创新中心入选陕西省自贸办"中国(陕西)自由贸易试验区制度创新案例"。2021年5月17日,西咸新区融商法律服务创新中心获国家级表彰。

以党建促所建,树立行业新标杆。西咸办公室在成立时同步建立党总支,2021年6月28日升级成立党委。新生的西咸办公室迅速成长为陕西律师行业的排头兵。西咸办公室党组织荣获2023年"全国律师行业先进基层党组织"、2021年陕西省律师行业"先进基层党组织"。西咸办公室获评第五届中国律界公益法律服务高峰论坛暨2017—2020中国律界公益优秀案例。

参政议政,积极履行社会责任。西咸办公室律师积极参加各级立法修法工作,向全国人大就《未成年保护法》《预防未成年人犯罪法》《妇女权益保障法》《能源法》等修订提出修改建议,对"自然灾害防治法"提出立法建议,并拟制《陕西律师条例》。所内三位政协委员累计提交政协提案50余份,为法治建设贡献律师力量。

把老百姓放在心上。西咸办公室捐款逾45万元购买防疫物资运抵武汉抗疫一线。西咸办公室开展线上"公益普法",线下"志愿者"活动逾100人次;与秦岭国家植物园签约,在秦岭脚下植下"德恒绿水青山林"。闫玉新作为陕西省预防青少年犯罪研究会会长,牵头捐款,与陕西省青少年发展基金会合作设立全国首个"预防青少年犯罪专项公益资金",组织多位律师投身预防青少年犯罪工作。陕西省第十二届政协委员张阳秋律师捐赠善款10万元。

创先争优。2021年12月2日,闫玉新荣膺陕西省第三届"十大法治人物"暨"陕西省五一劳动奖章"。这位曾荣获"全国优秀律师""陕西省青年五四奖章""全国法律援助工作先进个人"的律师事务所带头人又添一殊荣。2020年4月29日,禄子文律师因在青少年权益保护,对接中澳、中欧青少年权益合作项目落地,参与社会普法宣传等方面的贡献,荣获"陕西青年五四奖章"。2022年3月3日,副主任宋欢获得"陕西省三八红旗手"荣誉称号。

见贤思齐,择善而从,西咸办公室律师朝气蓬勃地践行初心,砥砺前行。

二〇一九年　义举南昌

南昌,江西省省会,长江中游重要中心城市。

2019年3月8日,北京德恒(南昌)律师事务所(简称"南昌办公室")正式成立,现有员工113人,设有15个专业委员会。肖明任主任兼任南昌市律师协会副会长,8名律师分别担任江西省市律师协会专业委员会主任、副主任职务。南昌办公室党支部于2019年5月17日成立,现有党员律师23名,支部书记王景。南昌办公室入驻南昌市红谷滩区丰和中大道1266号翠林国际大厦28层、30层,办公面积2000余平方米。南昌办公室人员规模和办公硬件处于南昌地区前列。

党建促所建积极作为。2021年11月,南昌办公室党支部获江西省"全省律师行业先进基层党组织"荣誉称号。南昌办公室党支部首创"三师制",坚持党建、公益两手抓,组织全所党员律师组成公益律师服务团,对内帮扶青年律师,对外免费服务生活困难的当事人。南昌办公室党支部与17个村党支部"结对子",共建促脱贫攻坚专项活动,开展公益普法,累计开展公益普法讲座,送法进社区、进企业等公益活动逾百场。王景书记组织党员律师编撰企业疫情防控法律风险手册并发送给企业。南昌办公室2020年度办理扫黑除恶法律援助案件200余件,部分案件取得较好效果。

专业服务改革开放与发展。南昌办公室成立并购与重组、基金与证券、建设工程与房地产、数字经济法律研究、企业破产与拯救、跨境投资、银行与金融等15个专业委员会,为江西省重点企业江西金控集团、江钨集团、江西铜业、大成国资、建工集团等大型国有企业投融资、并购重组、国企改制、企业合规提供专业服务,为江西国企改革实现"江西样板"贡献力量;以专业特长参与脱贫攻坚、乡村振兴;与江西省赣江新区(国家级)、南昌、上饶、宜春经济开发区等建立合作,为债券发行、招商引资等提供专业服务;主动下沉进乡村(社区)、企业园区开展普法与纠纷调解等工作。

履行社会责任,建言献策。2021年,肖明主任担任南昌市红谷滩区政协委员;邹峰副主任为青山湖区第六届政协委员;万剑勇副主任、彭芸律师当选为青云谱区第十届政协委员。南昌办公室律师积极参与江西省内立法,就《江西省平安建设条例》《南昌市数字经济促进条例》等提出立法建议;履行政治协商、民主监督、参政议政职能,为发展献计出力;积极参与行业协会建设。2021年,南昌办公室有7位律师担任南昌市律师协会各专业委员会主任、副主任职务。

引领商事纠纷调解,为多元解纷、提升本地营商环境作出积极贡献。 2020年9月,我到南昌经济技术开发区人民法院签约,合作成立江西省首个BNRMC调解室——南昌经开法院调解室,开启江西省国际商事纠纷调解的先河,目前调解商事纠纷和涉外案件近200件,得到江西省各级法院和最高人民法院的高度认可。调解室为江西多元解纷和提升本地营商环境作出积极贡献。桂峰作为第一批调解员,采取背靠背交流、面对面沟通及实地走访等不同调解方式成功调处数起疑难案件,并督促各方履行义务。

公益律师脱颖而出。 熊瑾是一位乐忠公益的盟员律师,作为民盟江西省直金融经贸支部的副主委,他设立"盟员之家",提交《江西省企业复工之律师建议》,参与编写《新型冠状病毒疫情下企业法律风险手册》,免费发放给企业。

罗元律师线上普法为德恒品牌添砖加瓦。 自2021年8月起,罗元律师通过抖音、快手、今日头条、微信视频号、B站、小红书等平台进行线上公益普法,粉丝逾100万。以抖音为例,共发布206个普法短视频作品,其中《花呗还不起要坐牢吗》播放5200万余次,获赞23.7万;《拖欠三个月的工资会坐牢》播放3300万余次,获赞16.3万。

彭芸、肖晓明律师——携手公益,律动人心。 2021年7月7日下午,彭芸律师在彭家桥街道光明社区开展以"彩礼、嫁妆,能不能返还?"为主题的公益普法讲座。南昌办公室建立"百姓公益法律服务站",开展"电信诈骗安全讲座"公益普法活动。2021年9月,肖晓明律师受邀向南昌市江铃学校师生开展《民法典》宣传讲座,对提高学生法治意识,推动依法治校起到积极作用。

卢冬萍律师——法律援助尽职尽责。 卢冬萍律师在南昌市中级人民法院信访值班室、南昌市第二看守所法律工作站做值班律师,办理法律援助案件15起。她办理的未成年人案件中的2起已由检察机关作出附条件不起诉决定,对挽救未成年人,使其回归社会产生了良好的效果。

二〇一九年　向阳银川

银川,宁夏回族自治区首府,中国西北地区重要中心城市,古丝绸之路商贸重镇,"一带一路"上的凤凰之城,素有"塞上明珠"的美誉。伴随着国家西部大开发重要战略的实施,德恒跟进联动西北丝绸之路经济带,在银川迈出追梦"新形势、新高度、新目标"的新步伐。

2019年9月,北京德恒(银川)律师事务所(简称"银川办公室")成立。2023年,雷挺主任担任宁夏回族自治区第十二届政协常委,银川市律师协会会长。银川办公室坐拥1700平方米现代化办公室,有律师120人,其中党员32人,民主党派人士11人。银川办公室党支部与律师事务所同时挂牌成立。开业之际,我讲了一堂党课,解读以党建引领所建,做"顶天立地"的德恒人。2021年,宁夏回族自治区司法厅党委授予银川办公室党支部"先进基层党组织"荣誉称号。多名党员律师荣获"优秀党务工作者""优秀普法律师""优秀法律援助律师""特殊贡献律师""服务法治政府建设优秀律师"等称号。银川办公室联合支部委员会被宁夏律师行业党委确定为全区党建全统领示范点。2020年7月,银川办公室多名高级合伙人入选宁夏回族自治区第十次律师代表大会、银川市第六次律师代表大会常务理事、理事及各工作委员会和专业委员会主任、副主任。2022年7月,银川办公室荣登"2022 ALB CHINA 区域市场排名:西部地区"榜单;9月,多位合伙人入选 EMCA 法律服务中心第三批合作律师名单。

助力企业破产重整,化解债务风险。银川办公室承办大量企业破产重整成功案例,包括宁夏荣盛铁合金集团、上陵集团、荣昌绒业集团、嘉源绒业集团、远高实业集团等破产重整或转破产清算案件。

银川办公室为自治区重点枸杞产业提供全程法律服务。2020年,为宁夏厚生记枸杞饮品股份有限公司引进泰国天丝集团年产1200万箱"红牛维生素风味饮料"西北生产基地合作项目策划、谈判及合约签署提供全程法律服务;为推进中国枸杞研究院、中国枸杞交易中心建设提供合规法律服务;2021年为中国(宁夏)首届国际葡萄酒文化旅游博览会提供"多维度""全链条""驻在式""全周期""跟进式""全领域"服务。银川办公室助力擦亮宁夏葡萄酒"紫色名片"。

服务法治政府建设。银川办公室服务30多家党政部门依法用权、依法行政。银川办公室为宁夏回族自治区引进外资、打造良好营商环境,就地方性法规、政策和司法环境出具《宁夏回族自治区区域法律指引暨区域法律环境意见书》。

同心致远,"一带一路"。银川办公室坚持将律师业务与国家"一带一路"建设相结合。2019年9月,银川办公室、一带一路国际商事调解中心银川调解室揭牌,多位律师申请成为调解员,并在线下调解室轮流值守,参与调解工作。2021年,茹晓慧律师荣获"2021年度一带一路国际商事调解中心优秀调解员"称号。到2022年7月底,调解室收案452件,进入调解程序115件,调解成功81件,调解成功率70.43%,涉及标的额4.3亿元。

法律援助,公益奉献。银川市农民工维权工作站成立于2007年3月,2019年9月划入银川办公室,专门受理法律援助案件,办公场地由银川办公室无偿提供。到2022年7月底,该工作站办理各类法律援助案件997件,涉及人数1157人,涉及金额2061.84万元,通过诉讼、仲裁、律师调解帮助当事人实际拿到工资、工伤赔偿及其他补偿金额合计720.3万元。2020年6月,银川市德恒和谐社区促进中心是由银川办公室与银川市物业服务中心和金凤区物业服务中心共同发起,经银川市民政局批准设立的社会团体法人,主管部门为银川市司法局。该促进中心坚持研究依法治理、参与社区实践、促进社区和谐,助力基层法治社区的建设与维护。王磊律师十四年来投入13万元资助6名寒门学子走进大学。2020年,银川办公室"捐助希望工程"获"爱心组织"荣誉称号。2022年6月,银川办公室向西北政法大学捐赠100万元,设立德恒涉外法律人才奖学金。

向阳银川,以责任致未来。银川办公室要继续"强筋健骨",做大"业务客厅",秉承"德行天下,恒信自然"的理念,以社会责任为己任,向阳而生、稳健成长。

二〇一九年　海丝厦门

厦门,中国经济特区,东南沿海主要中心城市,海上丝绸之路起点之

一、海丝中央法务区所在地。

三载风雨,渐入佳境。北京德恒(厦门)律师事务所(简称"厦门办公室")于2019年9月25日设立,好学上进的刘豫衡律师担任主任。2020年3月3日,厦门办公室党支部成立,由于厦门办公室发展迅速,党员人数急剧增加至81人。同年12月7日,党支部升级成立党总支,刘雷律师任书记。厦门办公室党建促所建动力强劲,在"专业、创新、开放、共享"的"全民合伙"政策下,采取小步快跑的策略,广纳贤才、凝心聚力,在短短三年时间内发展成200人规模、年创收破亿元的实力大所。

党组织坚强领导、党员冲锋在前,带动群众、守住底线。厦门办公室党总支组织党员律师带动一批党外律师参与抗疫志愿者服务,数次捐款捐物;开展支教、社区公益志愿活动,与厦门同心慈善会达成共建协议;开展主题教育,增强全体律师合规执业、高质执业的意识,做好律师风气的守门员,带动青年律师向组织靠拢。

修炼内功,强化自我。厦门办公室扶持青年,激发活力,培养中坚;在专业上提供平台强化培训,鼓励青年律师走到前台,参与律师事务所公共事务。合伙人、管委会成员、专业委员会主任委员、研究中心主任委员均以"80后"为骨干。

以人为本,服务本位。厦门办公室营造积极向上、平等民主的氛围,律师事务所快速融合、齐头共进;以专业为导向,立足成熟业务,开拓创新业务。厦门办公室不仅整合打造出房地产、建设工程与PPP、知识产权、刑事辩护等在本土颇具影响力的专业力量,还稳步拓展企业破产重整、证券资本市场业务,更是通过设立研究中心的方式探索互联网与大数据、食药与大健康合规等创新细分领域。厦门办公室重视专业领域的横向联合,先后与厦门大学法学院、集美大学海洋文化与法律学院达成共建协议,成立教育实践基地,共同举办电子商务法、文化影视娱乐法论坛等活动。同时,厦门办公室还承担厦门市法学会证券法研究会秘书处工作,积极承担福建省法学会"一带一路"法律研究会工作。

顶天立地,社会责任。厦门办公室以涉外涉台为业务重点,推动海沧区人民法院与融商中心于2020年8月签署合作协议,设立一带一路国际商事调解中心厦门海沧法院涉台调解室。该调解室的工作机制与调解案例多次受到最高人民法院、福建省高级人民法院等的肯定与表扬。2020年,厦门办公室承办"一带一路"倡议下后疫情时代法律服务发展论坛,取得良好反响。厦门办公室积极投身海丝中央法务区筹建。2021年11月5日,海丝中央法务区启动大会暨首届论坛在厦门举行。我代表融商中心与中共厦门市委、政法委签署共建海丝中央法务区战略合作协议,并受聘为首批专家顾问。2022年4月22日,融商中心在思明区人民法院的知识产权调解室正式揭牌成立,融商中心涉台法律查明中心在海丝中央法务区的工作取得良好业绩。

无限的过去都以现在为归宿,无限的未来都以现在为渊源。不受虚言、不听浮术、不采华名、不兴伪事……厦门办公室律师将永远遵循发展规律,与"国之大者"同频共振,做新时代的奋斗者、实干家、追梦人。

二〇二〇年　激情兰州

兰州,甘肃省省会,中国西北地区重要中心城市,丝绸之路经济带的重要节点城市。

大漠戈壁,豪情千里,丝路遗迹……这是人们眼中的甘肃;一碗面,一条河,一座桥,就是"金城"兰州。金城关下母亲河奔腾不息,黄河铁桥百年矗立。从2015年开始,我因各种机遇几次去甘肃兰州,结识"敦煌的女儿"樊锦诗,与她约定去敦煌。"一带一路"催促德恒加快了走进甘肃的步伐。

北京德恒(兰州)律师事务所(简称"兰州办公室")于2020年8月4日经甘肃省司法厅、8月18日经兰州市司法局批准注册成立。兰州办公室逐光而行,激情澎湃,跟随德恒北京总部不断加速的脚步,迅速发展起来。兰州办公室出手不凡,在兰州市城关区甘肃省商会大厦自购3500平方米办公室,环境硬件设施在甘肃省首屈一指。兰州办公室总人数181人,注册专职律师113人,均受过正规的法律教育,其中具有硕士及以上学历的律师占30%以上,均为年富力强、经验丰富的中青年专业律师。杨向赟担任主任。

红色基因孕育党建文化。兰州办公室党支部于2021年1月8日经兰州市律师行业党委批准成立,有党员55人,张军任支部书记。

兰州办公室党支部带领全体党员律师践行"我为群众办实事",与所在社区联络共建,进行公益法律讲座;与兰州市榆中县城关镇的4个社区、18个行政村签署《兰州市村(居)法律顾问合同》,70余名律师组成党员和非党员"1+3"的22个法律志愿工作小组,参与村(居)的法律顾问服务。兰州办公室党支部先后被兰州市司法局机关党委、兰州市律师行业党委选评为"先进党支部",10名律师分别获得"优秀共产党员""优秀党务工作者""优秀律师"称号。

科学规范练好内功。兰州办公室与德恒北京总部机构衔接,建立战略发展委员会、合伙人管委会、监事会、行政支持中心、财务中心、10个专业委员会以及青年律师工作委员会等管理体系,鼓励引导专职律师确立专业化方向,持续强化专业化服务优势。在金融证券、银行保险、建筑房地产、破产重整、财税服务、投资贸易、劳动与社会保障、知识产权、诉讼与仲裁等领域,兰州办公室打造了一批专家型律师,积累了一批有重大影响力的客户。兰州办公室财税服务领军律师具有注册会计师、注册税务师专业资格,成功办理有重大影响的涉税案件。刑事专业委员会成功代理数起无罪辩护案件,并撰写发表专业论文。

服务中心大局定位。兰州办公室与甘肃省内约380家政府、企、事业单位建立固定服务关系,在甘肃省多个主要领域迅速打开了市场:为政府依法行政服务甘肃省委与有关部门机构;为人民银行、建设银行、甘肃银行等15家银行办理207件金融类案件;为金川集团、甘肃省电力投资集团以及兰石重型装备股份、国有资产投资集团等提供常年和专项法律服务;为8家上市公司提供法律服务支持,办理2件非公开发行股票项目、17件债券发行项目;办理近150件建设工程施工合同纠纷案件,在甘肃省建设工程领域具有一定影响力。

公益服务社会责任。2021年10月,突如其来的疫情席卷兰州,兰州办公室党支部、管委会迅速组织开展抗疫普法系列活动。30余名志愿者深入所在社区参与疫情防控活动40余天。全所自发募捐采购生活物资,捐赠给戒毒所、救援队、社区等单位;与兰州大学两所医院签订"一对一"公益法律服务协议,提供抗疫法律服务。

培塑青年支柱血脉。兰州办公室与甘肃政法大学签署人才实习实训战略协议,设立培训基金,由资深律师"一对一"定点帮扶青年成长为"新支柱""新血脉",为律师事务所发展注入"新能量"。

二〇二〇年　匠心贵阳

贵阳,贵州省省会,中国西南地区重要中心城市,区域创新中心。

贵州地处西南内陆,属于长江经济带,是国家生态文明试验区,内陆开放型经济试验区,全国首个国家级大数据综合试验区。遵义会议、四渡赤水,毛主席诗词《忆秦娥娄山关》为人熟知。梵净山、茅台酒享有盛名。少数民族以苗族居多,还有布依族、侗族、土家族、彝族、仡佬族等。1996年,我曾去遵义办理航天汽车改制项目,2016年开始为贵阳保税区做法律顾问,还为贵州省律师协会的律师讲过课。印象中,贵州法律服务市场有发展空间。

生龙活虎的贵阳办公室。贵州宏贯律师事务所的代宏伟与一帮怀揣做中国顶级律师事务所雄心壮志的年轻律师找到德恒。我给他们讲了"德恒故事"。2020年12月,北京德恒(贵阳)律师事务所(简称"贵阳办公室")获批成立。2021年8月28日,德恒管委会张杰军律师出席开业典礼和一带一路国际商事调解中心贵阳白云法院调解室挂牌活动。2022年12月7日,我在茅台集团法治大会做了"茅台如何走好国际化发展中合规经营道路"的演讲。贵阳办公室现代、整洁、气派,民族文化氛围浓厚,红色历史感极强。贵阳办公室成立了党支部和工会、青工委、"一带一路"调解室、合规中心等组织机构,律师过百,18个业务团队,涵盖争议解决、政府与公共服务、建筑工程与房地产、刑事、金融与不良资产、公司证券、破产重整、并购重组、合规等业务领域。贵阳办公室2021年办理了各类案件660件,担任茅台集团等50多家单位法律顾问,年度收入4007万元。贵阳办公室为德恒品牌在贵州发展写下了浓墨重彩的第一笔。

强有力的带头人。代红伟是贵阳办公室管委会主任。他锲而不舍兼容向上的发展思路,推动共治共享合伙人制度不断完善,满足全体律师的发展需求,打造稳定的核心基础;加强团队建设、人才引进和内部培养。"90后"的帅小伙何贝利担任执行主任,他动脑筋,善交流,重品牌宣传文化建设,倾心行政财务管理的工作制度化、精细化、系统化。年轻漂亮的苗族女"土司"杨茜,性格开朗,专业过硬。贵阳办公室推动专业化律师业务培训。青年律师夏勋余展示了贵阳办公室 90 多名青年人生龙活虎的气质风度。

注重品牌建设。典雅的会议室的电子屏幕上,德恒气象和德恒之歌扑面而来。走廊上一面展示全所律师照片和德恒发展里程碑介绍,另一面是中共党史和贵州重要革命人物、中外法治人物介绍。文化墙内容丰富,夺人眼目,激励人心。

党建有力。贵阳办公室党支部有党员 27 名,刘胜涛是党支部书记。党支部政治引领,"两委会"统一党建与所建,带领、指导全所律师践行法治,服务全面依法治国战略。

2021 年 8 月 28 日,贵阳办公室助力贵州围绕"四新"抓"四化"公益法律服务活动正式启动。律师为以高质量发展统揽全局,深入到乡村、农村专业合作社、企业等开展现场公益法律服务。2022 年 4 月 1 日,"中小企业创新发展法律直通车"公益服务包在第十一届 APEC 中小企业技术交流暨展览会——"数字时代中小企业法律服务国际论坛"上发布,贵阳办公室被选为公益法律服务机构,向"专精特新"及"小巨人"企业免费提供 18 项法律服务产品,涵盖公司治理、企业合规、融资上市、知识产权、科技成果转化、股权税务、劳动纠纷、争议解决、房地产与建设工程、游戏产业等领域。

贵阳办公室参加中共云岩区"12·4"国家宪法日宣传活动,提供法律服务,承办观山湖区、白云区的法律援助案件。

贵阳办公室一步一步地将德恒的品牌服务融入多彩贵州的发展大局,书写了德恒律师的风采。

二〇二一年　扬帆青岛

青岛,山东半岛蓝色经济区核心区龙头城市,国家重要的现代海洋产业发展先进区,"一带一路"新欧亚大陆桥经济走廊主要节点城市和海上合作战略支点。

红砖绿瓦,碧海蓝天,临风观海,沙画如诗。2021 年 1 月 12 日,北京德恒(青岛)律师事务所(简称"青岛办公室")正式设立。2021 年 12 月

15日,青岛办公室和青岛办公室党支部"双揭牌"。青岛市司法局和律协领导热烈祝贺,我高兴地宣布:"我们曾经来过,今天天朗气清,政清人和,我们又回来了。德恒肩负着时代使命,不断向前迈进,青岛办公室具有独特区位优势,定会为律师事业和法治进步添砖加瓦。"陈红主任答谢致辞:"德行天下做好事、恒信自然做好人"的理念深深吸引着青岛的优秀律师。我们任重道远,更需策马扬鞭!

与发光者同行。青岛办公室律师员工110余人,多数拥有法学硕士学位,三分之一为党员。多名律师在青岛市律师、体育产业、破产管理人、物业管理、消防等协会任职,担任BNRMC调解员和青岛仲裁委员会仲裁员,首批涉案企业合规第三方监督评估机制专家库专家。青岛办公室办公面积1700余平方米,办公硬件现代化。

建党百年,"又红又专"。青岛办公室党支部发挥党组织"火车头、压舱石、主心骨"作用,带领党员律师参加各类公益活动;与社区街道联建共建,法律援助值班,参与"慈善一日捐"。2022年,井渊源律师被青岛市律师行业党委评为优秀共产党员。陈红、郝天生、朱红忠、徐印喜、孙伟律师获评青岛市律师协会优秀专业委员会委员,李杰、李良祥、宓海军等律师被评为优秀青年律师。

服务"一带一路"与上合示范区。青岛办公室找准自身优势和全局工作的结合点,拓展思路服务大局,设立一带一路国际商事调解中心青岛自贸片区调解室;与上海合作组织示范区"法智谷"签署战略合作协议;与大学、商业协会、公司合作,成立"双碳"法律研究中心,举办第五场德恒财富管理高峰论坛,组建企业拯救与破产清算专业团队、企业合规微信研学群;开展双碳知识讲座,开展商业秘密保护管理体系建设法律服务,举办第六期"双碳"经济前沿法律沙龙。

聚焦中心大局,拓展前沿业务。青岛办公室设立15个专业委员会和2个法律中心,不断夯实传统诉讼业务优势,证券等非诉业务高歌猛进。郝天生律师与德恒北京总部律师牵头助力潍坊金控收购上市公司同大股份;陈红律师历时三年,历经一审、二审、发回重审一审及二审,赢得依法改判,为委托人免除了近1.5亿元经济责任。刘宝纯、宓海军担任胶州市、青岛市西海岸新区第一起涉案企业的合规整改顾问;刘玙律师经办的

"上海汉涛信息咨询有限公司与青岛简易付网络技术有限公司等不正当竞争纠纷案"入选"2021年中国法院10大知识产权案件""2021年山东法院十大知识产权案件";崔美兰律师经办的"GOLFZON VISION计算机软件著作权侵权案"入选"青岛知识产权法庭2021年知识产权司法保护十个典型案件"。

追风赶月莫停留,平芜尽处是春山。青岛办公室将秉承德恒人的温度、高度和风度,脚踏实地、仰望星空,努力推动律师事务所规范化、专业化、品牌化发展,为客户提供更加精准、精细与精致的服务。

二〇二二年　海口再生

海口,海南省省会,"一带一路"倡议支点城市,海南自由贸易港核心城市。

2022年8月17日,北京德恒(海口)律师事务所(简称"海口办公室")经海南省司法厅批准成立,由德恒北京总部派出律师直接运营,办公场地位于海口互联网金融大厦B座3层。

海口,我们曾经来过,那是1993年。岁月沧桑,历史变迁。海口已多年未亲近,虽然办案子做业务经常来海南,但却无所依托。三亚的半山半岛项目催生了三亚办公室。海南自贸港的建设使大岛发生了巨大变化。海口,让我轻轻告诉你,德恒回来了。

2018年是海南建省办经济特区三十周年,中共中央、国务院印发《关于支持海南全面深化改革开放的指导意见》,提出把海南建成"全面深化改革开放试验区、国家生态文明试验区、国际旅游消费中心、国家重大战略服务保障区"。2020年6月1日,中共中央、国务院印发《海南自由贸易港建设总体方案》,支持海南逐步探索、稳步推进中国特色自由贸易港建设,分步骤、分阶段建立自由贸易港政策和制度体系。

海南自贸港建设在中央的大力支持下快速推进,其税务减免、招商引资、流程优化等系列政策持续吸引大批优质内地及外资企业入驻,法律服务需求大幅增长。海南作为"21世纪海上丝绸之路"战略支点之一,随着自贸港的逐渐成形,"一带一路"模式下的区域间合作和"自贸港"模式下的港际跨境贸易进一步激增。德恒此时进驻海南,设立南北两个办公室,可以综合全球办公室的资源为自贸港建设提供金融资本、商务合规、海关与国际贸易、知识产权、跨境投资和并购、医疗健康等领域法律服务。德恒与海南本土上哲律师事务所融合资源,为客户提供既能扎根海南本土,又具有全球特色的法律服务。

发展定位。海口办公室聚焦海南自贸港建设相关新型业务领域,深挖自贸港高端服务业法律市场,根据自贸港的特点和诸多优惠政策,因地制宜打造适应本地市场的独特发展模式。海口办公室将自身在金融资本、商务合规、海关与国际贸易、知识产权、跨境投资和并购等业务领域的强项,发展成一个规范有力、与德恒北京总部联动密切的业务支点。海口办公室充分整合德恒全球的优势,为海南自贸港建设提供高端高效法律服务。海口办公室计划引入"一带一路"服务机制海口办公室、一带一路国际商事调解中心海口办公室、"一带一路"域外法查明中心,汇聚一批行业领军人才,以强大的专业团队,为客户提供全国范围内及辐射全球的全方位、跨法域、综合性、一站式的法律服务和最佳商业解决方案。海口办公室通过提升与创新现有的法律服务,开发与海南自贸港建设所涉及的产业发展相适应的法律服务产品,为自贸港市场主体和政府等社会治理部门提供法律服务。

二〇二二年 雄安新篇

雄安新区,河北省管辖的国家级新区,设有中国(河北)自由贸易试验区雄安片区。

2022年12月5日,河北省司法厅为北京德恒(雄安)律师事务所(简称"雄安办公室")颁发执业许可证。雄安办公室落户"千年大计"的雄安新区,为德恒支持国家重大战略布局建设再添一城。

2017年4月1日,中共中央、国务院决定设立雄安新区,这是深入推进京津冀协同发展的一项重大决策部署,是千年大计、国家大事。雄安新区设立以来,谋划推进重点项目240个,总开发面积超过120平方公里。140多家央企机构在新区注册,325家科技型企业纳入科技企业库,54家企业纳入"专精特新"企业培育库,土地开发、拆迁安置、融资投资、工程招标等法律项目爆发式增长;法律顾问、投资并购、企业合规、公司上市等法律业务前景广阔;纠纷调解、劳动就业、投资理财、法律援助等宜居宜业的法律需求亟待满足。

时代问卷,德恒先行。面对"千年大计,国家大事"将产生的海量法律需求,面对"京津冀协同发展""未来之城"法律蓝海的难得历史机遇,德恒该如何把握?德恒在雄安的底气是早在2018年5月就成立了德恒雄安法律服务中心(筹)。德恒的主攻方向为土地开发、基础设施与市政公用事业建设、政府与公共服务和争议解决等主流业务,为此搭建了具有丰富经验的律师团队。

德恒雄安律师先后牵头或参与筹备"金融与现代服务业支持雄安新区建设""雄安首届高新技术企业论坛""建设工程施工合同纠纷疑难问题与解决之道研讨会"等活动,王刚、岳爱民、贾怀远、李宏远等德恒合伙人现场说法,答疑解惑,疏解难题。贾辉律师所作的《雄安建设的法律思考》,以《河北雄安新区规划纲要》为依据,详细分析雄安新区建设与京津冀建设衔接中的法律依据、发展方向和法律需求。德恒受河北雄安新区土地储备中心雄安新区安新县和雄县政府委托,为多个村落的集体土地征迁提供专项法律服务。德恒获聘2020—2021年度中国雄安集团城市发展投资有限公司在公司治理、投融资、风控管理等领域的常年法律顾问。

服务中心大局。德恒律师为雄安新区管委会、党委会、公共服务局、土地储备中心、雄安集团所属公司和重要国企、新区科技创新企业联合会、容城县工商业联合会、雄县高新技术企业协会等提供顾问服务。2019年,德恒雄安被中共雄县昝岗镇委员会评为"优秀法律顾问",被雄县王马浒村工作营授予"优质合作奖",被安新县征迁安置工作指挥部评为"助力征迁先进单位"。

关山初度尘未洗,三十而立再奋蹄。站在新的历史交汇点上,雄安已踏上新的征程,这座承载着"千年大计、国家大事"的未来之城,正向着建设成为"妙不可言、心向往之"的典范城市迈进。雄安办公室将为之贡献力量。

五、经略港澳 深耕大湾

1997年,香港回归。1999年,澳门回归。中华人民共和国实现了对香港和澳门的主权统一。广东省和香港特别行政区、澳门特别行政区形成一个在中国同一主权和治权下的粤语经济社会发展区域,即"粤港澳大湾区"。推进粤港澳大湾区建设,是推动"一国两制"事业发展的法治新实践。

深化服务粤港澳大湾区

粤港澳大湾区包括广东省广州市、深圳市、珠海市、佛山市、惠州市、东莞市、中山市、江门市、肇庆市和香港特区、澳门特区,"三面环山,三江汇聚",海岸线长、港口群良多、海域广阔,拥有全国约五分之一的国土面积、三分之一的人口和三分之一的经济总量,是中国经济最为发达、人民最为富庶的地区之一。粤港澳大湾区的通信电子信息产业、新能源汽车产业、无人机产业、机器人产业以及石油化工、服装鞋帽、玩具加工、食品饮料等产业集群,是中国建设世界级城市群和参与全球竞争的重要载体。

2019年2月18日,中共中央、国务院印发《粤港澳大湾区发展规划纲要》,粤港澳大湾区的战略定位是充满活力的世界级城市群、具有全球影响力的国际科技创新中心、"一带一路"建设的重要支撑、内地与港澳深度合作示范区,宜居宜业宜游的优质生活圈。粤港澳大湾区以香港、澳门、广州、深圳四大中心城市作为区域发展的核心引擎。粤港澳大湾区的经济形态、法制体系多样,具有复杂的法治历史和国际法律背景,其法律服务也呈现复杂性与多样性。

七星拱卫法律服务支点。新时代以来,国家有关部门对粤港澳大湾区进行了大量调查研究,作出加快布局粤港澳大湾区的战略部署。在香港回归之后,德恒加大了对粤港澳大湾区的布局力度,逐步建立起广州、深圳、珠海、东莞等分支机构,也建立了香港及香港联营、永恒联营等分支机构,德恒在华南地区拥有强有力的专业服务能力。德恒建立了与地方资源接轨的罗湖区德恒法律服务中心,吸收引进港澳台和英国、美国等普通法系具有职业资格的专业人士到大湾区注册执业。

BNRMC 大湾区调解室聚集。2018年,融商中心决定在粤港澳大湾区设立线下调解机构,统称为 BNRMC 大湾区调解室。BNRMC 大湾区调解室是由粤港澳大湾区各个调解室组成的线上线下对接的调解室集群。2019年11月,融商中心任命资深调解员、深圳办公室合伙人涂江丽律师担任BNRMC大湾区调解室主任。经过不懈努力,BNRMC大湾区调解室在粤港澳大湾区已设立深圳前海调解室、广州南沙调解室、珠海香洲调解室、珠海横琴调解室、东莞第一人民法院调解室、东莞第二人民法院调解室、东莞第三人民法院调解室、深圳罗湖调解室、深圳南山调解室、深圳福田调解室、深圳龙华法院调解室。BNRMC大湾区调解室共有在册调解员206名,主要是由来自德恒、星辰、深宝、元善、炜衡、中伦、盈科、天同、泰和泰等二十多家律师事务所的资深律师和国际贸易、建设工程、网络管理咨询、公司管理、线路板行业等方面的资深专家担任调解员。商事调解业务范围涵盖境内外投融资、金融、房地产、建设工程、知识产权、公司证券、科技、破产重整等商事领域。未来,香港调解室将会组建一支由多国及地区调解员组成的国际调解员团队。

BNRMC大湾区调解室商事调解案件成果丰硕。自粤港澳大湾区各调解室(前海、南山、罗湖、福田、龙华、东莞、香洲、横琴)成立以来到2022年12月31日,共收案件14772件,收案标的总金额约98.83亿元,其中进入调解程序的案件4538件,调解成功2610件,调解成功案件标的总额19.3亿元,平均调解成功率为57.5%。

中国(广东)自由贸易试验区自2014年12月31日设立以来,其市场化、法治化、国际化营商环境建设在深圳前海、珠海横琴和广州南沙三个自贸片区逐步显现出来。BNRMC大湾区调解室的发展是一个典型的案例。BNRMC大湾区调解室的涉外案件主要由深圳前海、珠海横琴、广州南沙调解室接收。三个调解室总收涉外案件1060件,标的总金额约19.78亿元,调解成功158件,金额约2.3亿元。其中:

深圳前海调解室收案289件,标的总金额约6.01亿元,调解成功63件,金额约9244万元;涉港案件占涉外案件总数的81.31%,涉台案件占涉外案件总数的10.03%,其他涉外地区和国家包括我国澳门特区和新加坡、马来西亚、美国、加拿大、法国、泰国、越南、坦桑比亚、乌干达等;主要纠纷类别:商业合同类纠纷(26%),民间借贷及借款合同纠纷(46.37%),股权类纠纷(5%),其他还有少数融资类以及知识产权类纠纷。

珠海横琴调解室收案 174 件,标的总金额约 3.07 亿元,调解成功 34 件,金额 83142457.51 元。其中涉澳案件占涉外案件总数的 66.09%,涉港案件占涉外案件总数的 22.99%,其他涉外地区和国家包括我国台湾地区和德国、美国、加拿大、巴西等;主要纠纷类别:商业合同类纠纷(78.73%),其中又以商品房买卖合同(39.08%)为主,其次是民间借贷及借款合同纠纷(23.56%),再次是股东出资纠纷及股权转让纠纷(2.8%)。

广州南沙调解室收案 597 件,标的总金额约 10.7 亿元,其中涉港澳台案件有 484 件,占涉外案件总数的 81%;涉外商事案件中,调解成功 60 件,金额约 5800 万元;主要是票据纠纷(共 287 件,占比约 48%),其次合同类纠纷(如买卖、租赁等,共 276 件,占比约 46%)。

为致敬"一带一路"倡议与人类命运共同体建设十周年,促进海峡两岸暨港澳经贸法律文化交流,推动大湾区跨境法律服务和国际商事调解深度服务"一带一路"建设,2023 年 9 月 20 日至 23 日,永恒联营所举办"一带一路"海峡两岸暨港澳法律服务高端论坛,香港办公室举办新张品茗招待会和多场座谈及参观交流活动,300 余名各界嘉宾与德恒同仁共聚东方之珠,共汇濠江之畔,共话法律创新服务与发展。

二〇〇〇年　笃行广州

广州,广东省会,中国重要的中心城市,国际商贸中心和综合交通枢纽,粤港澳大湾区、珠三角经济区中心城市,"一带一路"倡议的枢纽城市。

2000 年 12 月,北京德恒(广州)律师事务所(简称"广州办公室")成立。最初的管理团队对广东省情地情不甚了解,管理服务水土不服。后来,中山大学法学院周林彬教授倾注了很多心力。经过实践磨合,在吴国权、杨巍、周佳嘉等律师带领下,广州办公室在奋进中完成蜕变,在蜕变中超越自我。

诚信稳健、高效务实。广州办公室诚信稳健、高效务实,以专业、平等、包容、合作的理念,在公司并购、建筑工程与房地产、破产重组、金融证券、融资上市、土地矿产资源、国际业务、争议解决、刑事合规等领域精耕细作,形成核心竞争力。广州办公室现有120多名执业律师,30多个专业团队,多名律师担任广州、深圳等仲裁机构仲裁员及各类智库专家,代理了众多具有重大社会影响力的案件和典型实务诉讼案件;担任企业法律顾问,在华兴银行、广州医药、宝马南中国等资本市场专项服务中取得突破。2009年2月,广州办公室首批入选"广州市规范律师事务所"。海珠区司法局谓之"德操崇高正气身,恒持服务大社群。律法初心坚守志,师名远播力求真"。

党建引领,公益先行。 2003年,广州办公室成立党支部,2021年9月,升格成立党总支,现有50多名党员,党建与律师事务所发展深度融合、高质量推进。广州办公室为60余个村、社区化解邻里物权纠纷等"老大难"问题,与清远市连州丰阳镇社坪村和贵州省黔南州贵定县云雾镇塘满村结对共建,惠农富民产业发展。广州办公室首批被纳入涉外律所库。广州办公室于2018年12月设立涉外法律事务律师调解工作室;于2019年12月27日承办"一带一路"与粤港澳大湾区法律服务高峰论坛;于2020年9月入驻粤港澳大湾区暨"一带一路"(广州·南沙)法律服务集聚区。广州办公室参与社会各界法律公益,助力"良法善治"。

广州办公室党组织获评"2019—2020年度广州市律师行业先进基层党组织""海珠区律师行业抗疫先进单位";2021年度被评为广东省"全省示范化律师事务所党组织",39名律师受到海珠区司法局通报表扬。低调内敛的广州办公室正在粤港澳大湾区建设的推动下,开启新的征程。

二〇〇二年　模范深圳

深圳,国家级经济特区,粤港澳大湾区核心引擎城市,中国特色社会主义先行示范区。

2002年5月13日,北京德恒(深圳)律师事务所(简称"深圳办公室")获批成立。彼时中国刚加入WTO,又一波"下海潮"兴起。吉林大学校友龙云飞、于秀峰认同"德行天下、恒信自然"的理念,集合了一群志同道合的优秀法律人齐聚莲花山下,热血沸腾地开创了深圳办公室。二十余年一路走来,深圳办公室从行业新秀成长为党建、专业、人才、管理、社会责任全面均衡发展的德恒"五好模范生"。深圳办公室执业律师近400人,合伙人数量较成立之初增长10倍,业务收入逾4亿元,每五年翻一番,业专人和,领衔华南地区高品法律服务市场。深圳办公室党组织2017年获评深圳"市级党建工作示范点",2018年获评深圳"律师行业先进基层党组织"。深圳办公室2021年获评"2017—2021年度广东省优秀律师事务所";连续多年入选钱伯斯、《亚洲法律杂志》及《法律500强》等国际权威法律评级机构公布的领先律师事务所榜单。

指弹一挥处,身经百丈峰。2022年5月5日,德才兼备的于秀峰主任写下《指弹一挥处,身经百丈峰——写在德恒深圳成立20周年之际》。他回顾风起南海,2001年年底与龙云飞海外出差酝酿创办深圳办公室的构想。十位合伙人出资在奥林匹克大厦创业。踏着"时间就是金钱,效率就是生命"的节奏,深圳办公室冲刺起步,扩租"全层一统",2016年迁入安联大厦11层,2013年扩展至罗湖商务中心38层。深圳办公室以人为本,服务人民,珍视人才,察纳人意;提携新人,照护老人,淡泊人间;德行天下、恒信自然,务实专业,静水流深;改革创新,迭代超越。于秀峰主任深情提笔:

　　白手十人起,青崖廿载中。
　　同仁多俊采,共事有德恒。
　　指弹一挥处,身经百丈峰。
　　名非我辈愿,法制久成功。

以党建促发展举旗聚力。深圳办公室与德恒北京总部一脉相承,一直将坚定的政治方向作为律师事务所发展的引领。深圳办公室2008年成立党支部,2019年升格成立党委会,下设10个支部,党员143人。深圳办公室党组织始终坚持正确政治方向,创新"党建+公益",探索出一条党建引领促业务提升、为群众提供优质法律服务的创新发展之路。为抗击新冠疫情,党委会组建"战疫有法"法律志愿服务团,认真履行社会责任,为疫情防控与复工复产工作贡献专业力量。深圳办公室党组织举办送法下基层活动,提升群众法律意识和守法意识。开展"百所兴百村"结对共建活动,成立专项法律服务团,解决群众生产、生活实际困难。党建活动成果都化为业务发展的动力。

承担社会责任，创造律师价值。深圳办公室先后有 13 名合伙人律师担任十八届次的市、区两级人民代表大会代表、政协委员，8 名律师担任深圳市人民代表大会常务委员会组成人员法律助理等，部分律师现或曾任深圳市人大法制委员会委员、深圳市决策咨询委员会委员、深圳市人大常委会立法咨询专家、深圳市政协立法协商工作咨询委员等，参与制定上百部行政法规、特区立法和地方政府规章，积极投身参政议政。

深圳办公室积极组织捐款捐物 60 万余元，为疫情防控与复工复产工作贡献力量；发起设立深圳首个帮教涉罪未成年人社工组织"点亮心光"，为困境儿童成长"保驾护航"，该组织受到民政部表彰，荣获"全国农村留守儿童关爱保护和困境儿童保障工作先进集体"称号。众多合伙人积极参加各类公益组织，慷慨解囊支持各种公益活动，先后向德恒公益基金捐赠 100 万元，向深圳市社会公益基金捐赠 100 万元，向"真爱梦想基金"捐赠 100 万元，分别向吉林大学及校友会、安徽师范大学捐赠 100 万元和 20 万元，其他各类捐赠约 150 万元。德恒人以善举传递爱心，践行社会主义核心价值观。

专业分工体现机制优势。2010 年，《德恒（深圳）团队建设改革方案》出台，"刚性"专业化分工制度经历短时"阵痛"后便发挥出巨大作用。"专业分工、团队协作"成为深圳办公室的"金字招牌"与发展基石，为业务发展打开了全新的局面。"业更专，人更合"渗透律师事务所，深入人心，使得律师在自己擅长的领域愈发如鱼得水，享受交叉销售开发收益，拓宽业务覆盖半径，增加业务收入。律师在合作过程中相互欣赏相互认可，携手取得物质和精神的"双丰收"。多团队专业分工协同合作，支持深圳办公室顺利完成了中国平安收购深发展项目、深圳地铁入股万科股份项目、前海招商千亿元级别合资合作项目、思摩尔国际控股有限公司港交所主板上市项目等重大项目，助力德恒在专业榜单连年斩获多项荣誉。

专业研究著述助推法治。秉承德恒北京总部的气质，深圳办公室激励引导各类专才研究氛围浓厚，五大部门学术成果丰硕，案例专著与论文和新媒体文章竞相出新，业务研讨行业推广效果显著。诉讼仲裁部张凌、于秀峰律师翻译《刑事诉讼法》《刑事诉讼的目的》《刑事辩护的技术与伦理》；吕友臣律师主编《海关法律热点问题研究》《海关行政处罚案件的理论和实践》;刘震国律师主编《上市公司重大资产重组疑难实例解析》;苏启云等律师著《万科控制权之争:律师视角》;吕成刚律师等主编《欧亚三十二国基金会法律精义》;房地产与基础设施部李建华、查晓斌律师主编《城市更新法律实务——拆除重建类城市更新操作指引》;劳动关系部周旻律师等著《劳资博弈——解除劳动合同的17种常见情形》;等等。深圳办公室书屋已经成为高品质业务服务的象征。

强班子培新人,确保可持续发展。身处中国改革开放的前沿,政治坚定,能说能干、能打能调、能创能闯的德恒深圳律师,始终保持着"发展才是硬道理"的劲头。二十年来,我们看到深圳办公室党支部詹映峰书记、党委书记陈东银带领党员律师挺在前面,历任管委会主任龙云飞、于秀峰、刘震国和委员涂江丽、苏启云、熊德洲、黎孟龙、廖明霞、郑德刚、李建华、查晓斌,带领全所辛勤耕耘,发展罗湖法律服务中心、深圳前海调解室,进行涉港与涉外诉调对接探索。今天我们又看到肖黄鹤主任带领浦洪、赖轶峰、吕友臣、郭雱率深圳办公室律师在新征程上不懈奋斗的身影。

"少年强,则中国强""青年强,则律师事务所强"。深圳办公室以老带新,成立青年律师工作委员会,带动"80后""90后"参与律师事务所建设;成立女生俱乐部、承担律师事务所视频号制作和二十周年庆典活动等;成功举办三期丰富多彩的青年律师菁英训练营活动,奔赴顶级高校集中"回炉再造",深度进修,全面提升"业务战斗力"模拟法庭;实战演练述标赛、英文午餐会、律师言值提升计划、律师礼仪培训、法律人的时间管理培训、21天时间管理实战训练营、管理合伙人午餐会(与青年律师交流)等催动一池活水,带来春色满园。

红日初升,其道大光。随着国家对粤港澳大湾区的规划发展,愈加明晰了德恒大湾区发展的战略布局。德恒三十而立,深圳办公室集二十余年之功成长为德恒系的模范生,为德恒大湾区布局发展蹚出一条不寻常之路。今天她再次站在新的历史高点,瞄准大湾前海,以更加昂扬的斗志,践行宏大法律使命情怀。

二〇一四年　争先珠海

珠海,改革开放催生,1979年建市,是中国最早的经济特区。北京德恒(珠海)律师事务所(简称"珠海办公室")2014年1月16日成立,现有员工225人,其中律师104名、实习律师45名;硕士51名、博士4名,海归21名;办公面积2500平方米。

珠海办公室党建走在前列。珠海办公室党支部从2015年开始,连年被广东省律师协会党委评为"全省律师行业参与村(社区)法律顾问工作先进党组织"和先进集体;2017年被广东省人力资源和社会保障局、广东省司法厅评为"第三届广东省法律援助工作先进集体";2020年,被评为"2019—2020年度全省律师行业先进基层党组织"。2021年,建党百年之际,珠海办公室被司法部授予"全国优秀律师事务所"荣誉称号。

走进基层,服务人民。珠海办公室党支部与斗门区白蕉镇大托村委会"百所兴百村"党建联建结对共建,走访慰问老党员、帮扶困难群众,进行普法宣讲和义务咨询;多次与狮山街道桃园社区党组织结对共建,共同举办缅怀先烈、五四青年节、整理共享单车、共享文明、端午节社区慰问走访等系列活动。郭蕾、何灿、谭伟华等21名律师在广东省、市律师协会担任副会长、专委会主任、副主任职务。珠海办公室2021年12月25日举办"恰风华正茂北京德恒(珠海)律师事务所2021年会暨颁奖典礼",该活动受到行业内外的关注。珠海办公室的法律公益宣讲项目"锵锵法律行"为企业举办百余场讲座,被评为珠海市新阶联优秀项目。

坚持规范管理。珠海办公室建立合伙人会议、管委会、监事会、纪律委员会制度;对接总部资源与专业要求,设有业务发展委员会、14个专业委员会和15个法律服务团队,形成专业化、品牌化、团队化的法律服务特色;成立编辑部,对珠海办公室公众号及网站进行更新升级。

珠海办公室全所律师业务分为9个专业领域,每位律师选择其中3个作为业务方向。落实配套制度,制定业务分配细则,为律师之间的交叉销售提供了分配标准;提出知识管理的设想,帮助律师在专业领域内不断提高;制订培训计划,为律师提供对外宣传的路径等。专门设立"独立律师考核制度",有效规范律师执业,强化风险意识。设立青年律师发展委员会,由年轻优秀的高级合伙人牵头,落实"德恒珠海青年律师培训专题计划",连续开设27个讲座,主题涵盖民商事、刑事、知识产权、企业合规等多个领域,年轻律师提升了专业及演讲水平和对事务所的归属感,在律师行业颇具影响力。倡导律师办案之余,撰写论文整理知识成果,已有30多名律师撰写的40多篇学术论文获得"优秀论文奖"。

服务大湾区法治建设。珠海办公室律师积极参与特区立法和政府法律服务工作,参政议政,担任政府部门法律顾问;多名律师参与珠海市法律援助处及相关部门的信访值班,接访咨询千余人次,办结大量法援案件;为机关、企事业单位举办40余场《民法典》宣讲活动;与暨南大学等高校法学院共建实习基地。德恒破产重整业务优势在珠海市脱颖而出,张文京律师当选珠海市破产管理人协会第一届理事会常务副会长。珠海办公室发挥毗邻澳门特区跨法域优势,参与粤港澳大湾区以及粤澳横琴深合区法律融合发展,多名律师担任BNRMC调解员、珠海国际仲裁院仲裁员。谭伟华牵头组织韦思达、欧慧红、杨洋、鲍婕、于斐等具有美国加州、纽约州律师资格和澳大利亚商标律师资格的律师成立国际业务团队,成功承办多单跨境服务。谭伟华律师代理澳门钜记食品公司胜诉商标侵权及不正当竞争系列案入选广东省高院"粤港澳大湾区跨境纠纷典型案例"。韦思达律师代理的某民间借贷纠纷认可澳门判决一案,被广东省律师协会评为2019—2022年粤港澳大湾区法律服务优秀案例一等奖。珠海办公室2018年被横琴新区国际知识产权保护联盟秘书处授予"横琴新区国际知识产权保护联盟成员单位"称号;2019年被珠海市新的社会阶层人士联合会授予"战略合作伙伴"。

热心社会公益。珠海办公室多名律师在新冠疫情期间向湖北重灾区捐款;参加抗疫法律公益服务团队;向化州市江湖镇车木根小学和"大手牵小手捐助学龄前儿童""99公益小天使助学"等项目捐款10万余元;参加小天使走访活动,走访斗门区等30户困难家庭,捐赠书包文具多套。珠海办公室被广东省律师协会评为"抗击新冠肺炎疫情先进集体",被珠海传统美德促进会评为"抗击13号台风'天鸽'爱心单位"。

在这个有着悠久南粤文化传统、与澳门特区陆水相接的全新城市,珠海的经济、社会发展与法律服务都有巨大发展空间。两种法域交叉覆盖市场主体,跨境交易带来的利益纠纷甚至违法犯罪都向律师提出了更高要求,地域性业务单一的特点,也向珠海办公室律师提出更高要求。期待珠海办公室更加深刻理解贯彻德恒理念,让党建促所建促发展在珠海生根、开花,取得更加丰硕的成果。

二〇一八年　有品东莞

东莞,珠江三角洲东岸中心城市,改革开放的先行地,第一批国家新型城镇化综合试点地区。

2017年7月,粤港澳大湾区建设正式启动,一个发展潜力巨大的世界级活力湾区正在崛起。改革开放的先行地东莞,地处粤港澳大湾区中心地带,贯穿广州、深圳,邻近香港,交通便利,有"世界工厂"之称。无数港人、莞人和新移民在这里跃跃欲试,追星逐梦。乘着这股东风,一群志同道合、互相欣赏的本地执业律师整合力量,共同商谋,希望成立一家具有全国性影响力的大型综合律师事务所。

北京德恒(东莞)律师事务所(简称"东莞办公室")于2018年10月正式开业。布局东莞,是德恒大湾区发展战略的一步棋。东莞办公室建立五年来异军突起,品牌传播、专业服务、人员规模、业务收入、人均创收等各项指标在莞同行中名列前茅,影响力和美誉度持续提升。东莞办公室办公面积达4000平方米,员工达170人,其中律师108名。党支部书记周云律师与郭春宏主任均出任中华全国律师协会专业委会委员,连续两届任东莞市律师协会副会长及广东省律师协会理事、常务理事。5名律师担任广东省律师协会委员会副主任,5名律师担任东莞市律师协会委员会主任。邹育兵当选东莞市第七届人大代表,周云、张社清、邹育兵获聘广东省人民检察院人民监督员,郭春宏、胡聪沛受聘首批东莞市涉案企业合规第三方监督评估机制专业人员。

党建促所建亮点纷呈。东莞办公室党支部于2018年10月19日成立。支部书记周云带领支委和46名党员,以党建引领,开展联合党建学习、公益助贫、结对共建、送口袋书下基层和"法护玉兰,伴你同行"公益活动,提供公益讲座与法律顾问服务;捐款支援抗击疫情,参与防疫志愿服务活动,与广东海警东莞船艇大队、市司法局茶山分局党支部、广东佑德律师事务所、摩邦律师事务所党支部结对共建。东莞办公室形成合伙人管委会与业务发展执业规范及品牌文化建设制度,编制《管理手册》。东莞办公室党支部被评为广东省律师协会党建工作规范化建设先进党支部、先进基层党组织。

专业化建设效果显著。东莞办公室通过打造团队化建设、专业化建设、标准化建设三根支柱,以专业成就价值,在公司证券、税收法律、破产业务、争议解决等领域均有很强的服务能力,专业化建设效果显著。东莞办公室担任近千家政府及企业法律顾问,连续四年为东莞市住房公积金管理中心承担追缴、行政处罚、行政复议以及诉讼业务等法律服务;IPO业务从零的突破到已签约8个,担任2家上市公司独立董事,为10多家私募基金提供服务,与东莞松山湖科技金融服务中心达成战略合作;办理诉讼案件过万宗,台达电子起诉科创板上市公司专利侵权诉讼第一案、广发银行诉搜于特集团金融借款合同纠纷案等在业内有着广泛影响力。东莞办公室业务收入每年以20%的速度增长;9名律师受聘担任广州仲裁委员会仲裁员、10名律师受聘担任东莞仲裁委员会仲裁委,邹育兵和郭春宏律师获聘最高人民检察院"民事行政检察专家咨询网"专家;谢景生律师勇夺"东莞市2021年度青年律师职业技能大赛"一等奖;16名律师取得全国首批企业合规师资格证。2021年8月,东莞办公室被东莞市工业和信息化局倍增计划工作领导小组选入东莞市"倍增计划"专业服务资源池机构。

公益服务履职奉献。东莞办公室2018年10月26日成功协办"一带一路"倡议下产业升级法律服务高峰论坛;2019年6月联合东莞证券等举办科创板高端研讨会;举办企业家刑事风险的法律知识讲座;进行《资本运作视角下的非上市公司股权激励操作实务》专题讲座;为石龙镇政府宣传《民法典》与依法行政;为东莞市金融工作局开展防范和处置非法集资专场培训。东莞办公室向东莞市慈善总会、英山县、东莞市残疾人福利基金会等捐赠现金30万余元和爱心书包300个;被广东省律师协会授予"抗击新冠肺炎疫情先进集体"荣誉称号。

抓先机双轮驱动发展。东莞地理位置特殊,香港居民约有七分之一祖籍东莞,两地合作招商引资、人才引进等有着最佳错位及联动发展机遇。"香港服务+东莞制造"成为莞港产业深度融合的推动力。地方政府以优惠政策吸引港人港企到当地发展。莞港两地结合自身优势,把两地间经贸合作、制造业合作和科技领域合作推向新阶段,法律服务与国际商事服务必不可少,且有极大的发展空间。东莞办公室律师及时捕捉到信息,与融商中心合作,建立一带一路国际商事调解中心东莞调解室,与东莞市第二人民法院签署诉调对接协议。15名律师被东莞市第三人民法院聘为特邀调解员,在东莞市石碣镇成立以廖辉林律师命名的"廖辉林律师调解工作室"。涉港涉大湾区的案件当事人对东莞调解室寄予信任,将本来要对簿公堂的冲突案件转为以调解解决。东莞调解室连续三年向松山湖辖区的4个派出所、东莞基层法庭派驻专职调解员14名,被东莞市司法局授予"2021年度东莞市调解工作先进单位"。

湾区都市、品质东莞。东莞办公室律师深入参与"湾区都市、品质东莞"建设,做好每一个案件,服务好每一位客户,用专业创造价值,用服务赢得信任,用行动践行"德行天下、恒信自然"的德恒理念。同时,他们融入城市乡村,寄情山水,参加市民活动,与同行运动切磋。2018年东莞办公室足球联队勇夺东莞市律师协会第四届足球联赛桂冠。德恒深莞两地党组织联合开展"追寻建党初心,传承东纵精神"的红色主题教育,"凝心聚力,砥砺奋进"户外拓展、"德恒如意·云启2021"线上年会精彩绽放,整场晚会高潮迭起,其乐融融。全所同仁团结一心、踔厉奋发、笃行不息,站在新的平台,把握新的机遇,谋求更大发展,作出更大贡献。

二〇一九年　德恒香港

香港,是一个高度繁荣的自由港和国际大都市,是全球贸易、金融、航运中心和国际创新科技中心,是中华人民共和国的一个特别行政区,实行"一国两制""港人治港""高度自治""爱国者治港"的基本方针。

1997年7月1日,中华人民共和国政府恢复对香港行使主权,成立香港特别行政区。根据《香港特别行政区基本法》的规定,香港特别行政区在总体上保留其原有的法律制度和律师制度,已取得律师和大律师执业资格的继续有效。"香港特别行政区政府可参照原在香港实行的办法,作出有关当地和外来律师在香港特别行政区工作和执业的规定。"这条规定为香港保留和发展原有律师制度提供了直接的法律依据。根据香港特区《法律执业者条例》的规定,内地的律师事务所如欲在香港特区开办分支机构,必须与当地机构联营满三年才可以合并执业。2023年9月20

日,香港办公室新张品茗招待会在香港中环香港会所大厦花园酒廊举办,中央人民政府驻香港特别行政区联络办公室法律部联络处处长谢涵、中国委托公证人协会有限公司主席许文杰、中国香港大律师公会主席和资深大律师杜淦堃、香港律师会理事袁凯英等领导和来自香港特区政府投资推广署、中国国际经济贸易仲裁委员会香港审裁中心等机构的上百位嘉宾和客户出席招待会,与德恒各地办公室律师代表齐集一堂,共同庆祝香港办公室新张启航。

德恒聚力共建香港分所。早在2015年,德恒管委会就提出在香港特区设立分所的计划。从2016年开始,管委会成员孙钢宏、徐建军、李忠与深圳办公室刘震国、廖明霞律师等人,多次对香港特区十几家律师事务所进行考察。经过与各分所磋商,德恒北京总部决定在香港特区设立德恒律师事务所(香港)有限法律责任合伙。

德恒香港联营。2018年,钟永贤律师团队受德恒邀请成立钟氏律师事务所。2019年11月,历时一年半,德恒香港分所(作为在香港特区成立的外地律师事务所)经香港律师会批准设立,与香港特区本地律师事务所钟氏律师事务所正式联营。联营负责人钟永贤律师拥有香港特区及英国律师资格,在过去二十年主要从事商业、公司上市、收购合并及上市公司合规等法律服务,并具有司法部委任的中国委托公证人(香港)资格。联营期间,钟永贤律师与其他合伙人共同负责德恒香港分所本地法律业务。自2020年开始,虽然受到疫情的不利影响,德恒香港分所及联营所的业务和人员依然在逐步增长。德恒香港分所在内地注册的律师从最初的3人增长到12人,香港特区合伙人及律师人数也增加到40人。

香港办公室。2023年3月,德恒香港分所与钟氏律师事务所联营期满,经香港律师会批准,钟氏律师事务所更名为德恒律师事务所(香港)有限法律责任合伙[DeHeng Law Offices (Hong Kong) LLP,简称"香港办公室"]。至此,德恒在香港特区正式成立了真正意义上的"本地律师事务所"。香港办公室旨在结合两地专业法律人士,为内地及国际客户提供高素质及一站式的跨境法律服务。

香港办公室的服务。香港办公室致力于为客户提供高质量综合法律意见,实现客户的业务战略,并提供创新的解决方案;专业服务领域包括:

企业上市、企业并购、合规与证监会发牌、银行与融资、投资基金、争议解决、公司秘书及其他企业服务;为境外企业进入中国市场以及内地企业在香港特区及亚太地区的投融资业务提供法律咨询,帮助客户在全球范围内实现商业目标,并在复杂的法律环境中为客户保驾护航。香港办公室重视每一位客户,致力于向客户提供优质、高效、专业、个性化及务实的法律服务,作为香港特区本地法律服务机构,为包括金融机构、银行、私募股权基金、国有企业、工商公司、信托和个人在内的客户提供深刻的对本地市场的理解、专业判断。香港办公室律师均精通普通话、英语和粤语,可以与客户及不同中介机构直接畅通地沟通,帮助客户解决涉及多个国家和地区的法律问题。

香港办公室的业务领域。企业上市及相关合规业务是香港办公室的核心业务。香港办公室律师经常受聘于发行人、保荐人、中介机构和包销商担任香港特区法律顾问,对港交所的上市规则、有关上市的法律有深入的认识,曾多次服务于有内地背景的企业,对内地的法律法规及惯例有透彻的了解;同时,与其他专业机构及人士保持良好及紧密的合作关系,为客户提供全面、高效的法律顾问服务。香港办公室律师团队曾多次与有内地背景的企业就发售新股及证券发行事宜合作,擅长就上市所涉及的法律争议或问题提出合适的建议,亦就上市公司有关《香港上市规则》《收购守则》及《香港证券及期货条例》的合规事宜提供法律意见。

跨境投融资方面,香港办公室律师曾参与很多重大的合并与收购案例,在合并与收购领域有丰富的实践经验,能就并购交易所出现的各项问题,提供有效的商业建议以及法律解决方案。香港办公室律师对给予银行及金融机构法律意见有广泛的经验,曾成功处理复杂的大型项目,能为客户提供有建设性的建议以及有效的解决方案;为投资基金包括内地及离岸、私募股权和对冲基金投资提供法律意见。香港办公室可以提供综合的争议解决服务、专业的公司秘书服务及其他企业法律服务。

香港办公室的业绩。香港办公室为数十家内地和外国公司在港交所IPO提供发行人律师和券商律师香港法律服务;参与协众国际控股、招商局资本控股、紫金矿业股份发行、认购港元与美元可换股债券;参与洛阳玻璃股份重大资产重组收购事项募集资金;参与中国疏浚环保控股定向发行融资;代表紫金矿业全面收购在多伦多交易所和纽约交易所上市的 Nevsun Resources Ltd.公司;代表中国最大的黄金公司全面收购一家英国矿业上市公司、一家澳大利亚上市公司,投资一家多伦多矿业上市公司及其他超过 10 项跨境矿业公司并购投资(包括收购/投资吉尔吉斯斯坦、菲律宾、南非、秘鲁、巴布亚新几内亚、俄罗斯及塞尔维亚等国家的矿业公司);参与光大国际供股筹集约 99.62 亿港元;参与泰凌医药、胜利油气管道、联合能源、申万宏源发股供股筹资;为洛阳玻璃、中国有色及中国高速传动股份收购提供服务;代表泛海控股要约收购和记港陆已发行股本约 71.36%;代表中国重汽发行 45 亿元企业债券,代表中国联塑发行 3 亿美元优先票据,代表恒大地产发行 4 亿美元企业债券,代表福清阳控股发行 5 亿美元企业债券,代表老恒和酿造的控股股东成功发行 4 亿港元票据。香港公办室的资本市场服务具有较强大的竞争力。

二〇二二年　澳门联营

澳门,是高度发达的国际自由港,是世界旅游休闲中心,是中华人民共和国的一个特别行政区,实行"一国两制""澳人治澳""高度自治"的基本方针。

1999 年 12 月 20 日,中华人民共和国政府恢复对澳门行使主权,中华人民共和国澳门特别行政区成立,葡萄牙共和国结束自 1553 年以来对澳门的占领和统治。1987 年 4 月 13 日,中葡两国政府签订《中华人民共和国政府和葡萄牙共和国政府关于澳门问题的联合声明》,宣布澳门地区(包括澳门半岛、氹仔岛和路环岛)是中国的领土,中华人民共和国于 1999 年 12 月 20 日对澳门恢复行使主权。回归前,澳门律师制度根据葡萄牙法律建立,深受大陆法系的影响。澳门法官、执业律师几乎都是葡萄牙人,澳门法律用语和法院官方用语是葡语。近年来,《澳门律师通则》的颁布标志着澳门特区律师制度的诞生,澳门特区讲葡文和普通话的律师逐渐增多。

澳门是全球知名的自贸港、旅游城市、离岸中心,也是中国公司向海外葡语国家投资贸易的重要桥梁基地。德恒的许多客户也都在澳门特区设有公司。经过长期调研准备,德恒准备开设德恒澳门分所。2021 年 9

月 5 日,中央发布《横琴粤澳深度合作区建设总体方案》,横琴粤澳深度合作区(简称"横琴深合区")于 9 月 21 日正式挂牌成立。横琴深合区和澳门特区逐步向着"单一市场"的方向演进和发展。德恒与澳门大律师联络探讨,要利用横琴深合区设立的机遇,组建德恒澳门分所。2023 年 2 月 23 日,中国人民银行与中国银保监会、中国证监会、国家外汇管理局和广东省政府发布《关于金融支持横琴粤澳深度合作区建设的意见》(简称"横琴金融 30 条")。德恒澳门分所的人才、业务优势将会得到更好的发展。

德恒永恒(横琴)联营所律师事务所(简称"永恒联营所")于 2021 年 12 月 1 日获广东省司法厅批准,由北京德恒律师事务所与澳门邓永恒许冰律师事务所暨私人公证员合伙联营在横琴深合区设立。永恒联营所是横琴深合区设立后首家内地律师事务所与澳门特区律师事务所的联营,在德恒"中心平台"和"资源共享"的全球战略和布局中,增加了横琴深合区建设及粤澳融合法律服务。永恒联营所现有执业律师 16 人,其中内地律师 12 人,澳门特区、香港特区律师和专家顾问具有英国、巴西、美国纽约州执业律师资格的有 7 人。永恒联营所律师大多数毕业于国内外著名高等院校的法学院系,部分律师在美国、英国、澳大利亚等国家和地区有留学及执业经历,其中,澳门特区、香港特区律师具有中国司法部公证员资格,可以为港澳客户提供一站式港澳和内地公证认证法律服务。永恒联营所法律服务人才专业精道,在对外投融资谈判和国际合作方面具有较高水平,愿意为共建"一带一路"国家提供法律服务。

闪亮的业绩。永恒联营所成立以来,德恒北京总部与澳门特区联营团队合作优势迅速显现。两地律师成功承办一些重大项目,特别是在跨境投融资及资本市场、大湾区房地产项目投资开发及涉外仲裁纠纷方面。其中,在跨境投融资及资本市场方面,两地律师联手成功代理某控股有限公司与某绿色资源科技公司的矿业合同仲裁纠纷一案,达成和解协议,为客户挽回上亿元的损失;为国内知名餐饮集团在澳门商标许可/侵权纠纷提供尽职调查法律服务;助力商业智能软件供应商 SYNERGIES 讯能集思完成数千万美元 A+轮融资;与德恒北京总部、香港分所共同助力内地多家企业(湖州南浔新城投资发展集团、贵阳经济技术开发区国有资产投资经营有限公司)在香港证交所发行境外债券;与德恒北京总部共同为中海晟融澳门债权项目提供专项法律顾问服务;助力某金控集团公司非公开发行公司债券;助力珠海某地产上市公司发行公司债券;等等。2023年4月28日,德恒律师与澳门律师组成服务团队,助力华发控股集团赴澳门特区成功发行首单横琴深合区企业债券,并在中华(澳门)金融资产交易股份有限公司(MOX)、卢森堡交易所(LUXSE)成功上市,得到境外债券市场高度关注。该笔债券是澳门债券市场首笔以人民币计价的非金融类企业债券,也是首笔用中、英、葡三种语言向市场宣布交易、簿记和定价的澳门债券,直接与欧洲资本市场接轨,为合作区内企业赴澳门特区发行企业债券、利用澳门资本市场联通葡语国家资本市场铺平了道路。项目由德恒侯志伟、李嘉慧律师牵头,谭伟华、崔曼莉、韦思达、韩青等律师共同参与。

聚焦大湾区房地产投资与开发。永恒联营所律师担任横琴信德口岸商务中心、励骏庞都、迎来科创、青年国际中心项目、中枢实业及下属横琴三个房地产项目,即横琴永同昌时代科技园、未来中心、智慧空间项目,珠海南水惠民项目,珠海某渔港升级改造项目法律顾问,并受聘担任威尼斯人澳门股份有限公司、澳门钜记食品公司、上市公司远光软件股份、达石药业(广东)有限公司和广东省科学院珠海产业技术研究院等单位法律顾问。

参与"一带一路"商事调解。永恒联营所与BNRMC紧密合作推进粤港澳大湾区的跨境商事纠纷的调解工作。澳门特区执业大律师邓永恒和许冰律师为横琴粤澳深度合作区人民法院特邀调解员、广州知识产权法院特邀调解员、BNRMC调解员,参与大量粤港澳大湾区的跨境纠纷争议的调解。许冰律师充分运用其专业技能及澳门籍人文化习惯的优势,结合对内地与港澳法律差异化的理解与掌握,通过纠纷争议调解,实实在在地帮助涉外涉港澳当事人跨境纠纷的解决。许冰律师积极参与"内地调解员+港澳调解员""内地法官+港澳调解员"的联合调解形式,使争议双方的问题都能在调解过程中得到解答,进一步解决因两地法律法规不同产生的矛盾。

创建法律查明协同机制。许冰律师参与横琴法院和融商中心共同首创的澳门特区调解员协助查明域外法,推动规则衔接。这种由澳门特区调解员协助查明域外法律的查明途径,无须另外出具法律查明意见书,既能缩短法律查明时间,又能降低解纷成本。许冰律师主持办理的多件调解案件均收获良好的社会效应。党的二十大期间,《人民法院报》及最高人民法院新闻平台等都对此作了报道。

六、中国品牌　全球专家

走向全球从哪里起步？改革开放之后中国人"走出去"是留学,中国企业"走出去"是做生意。中国法律服务"走出去"则是去拓展全球法律服务市场。荷兰,这个"世界法律之都"成为德恒的首选。

1999年,德恒经司法部批准,从荷兰海牙起步,随后在北美、欧洲、中东、中亚等地区设立多个海外办公室,同时与英国、美国、加拿大、澳大利亚、新加坡、巴西、阿根廷、德国、法国、瑞士、芬兰、俄罗斯、白俄罗斯、日本、韩国、印度、土耳其、沙特阿拉伯、阿联酋、埃及、埃塞俄比亚、厄立特里亚、坦桑尼亚、刚果(金)、赞比亚等国家和地区在内的160多个主要城市的一流律师事务所建立合作关系。回顾三十年,我们经历了惊心动魄的纽约重生,牵手巴黎,闯进中东迪拜,立足布鲁塞尔,领略硅谷传奇,入驻阿拉木图,进入阿斯塔纳,南下到了老挝,北上握手韩国首尔。一步一个脚印,德恒以全球专家服务,打造中国品牌。

一九九九年　海牙登陆

海牙分所于1999年4月开始筹办。德恒向司法部提交筹建申请后,1999年8月17日,司法部以司发函〔1999〕276号文《司法部关于同意德恒律师事务所在荷兰海牙设立分所的批复》批准设立。1999年10月18日,德恒律师事务所荷兰海牙分所[DeHeng Law Office (The Hague) B.V.,简称"海牙办公室"]获得荷兰注册机构批准设立。德恒曾有多位律师在海牙工作,现派驻的中国律师是宗伟、谢丹。2020年11月,一带一路国际商事调解中心海牙调解室[B&R Mediation Center (The Hague)]在荷兰海牙正式挂牌成立,秘书处设在海牙办公室。

海牙办公室的专业服务领域包括国际贸易、跨境投资咨询、双边招商促进、公司投资并购、知识产权、反垄断,以及涉及中国与荷兰及欧盟等方面的商事纠纷诉讼、仲裁与调解等;服务对象包括跨国公司、中小型企业、金融机构、政府部门、非营利组织和个人等。海牙办公室帮助客户解决涉及多个国家和地区的法律问题;为荷兰和欧洲企业进入中国市场,以及中国企业进入欧洲市场提供法律咨询,帮助客户在全球范围内实现商业目标,并在复杂的法律环境中为客户保驾护航。

海牙调解室致力于维护在中国、荷兰及欧洲各国从事经济、投资、商业活动及其他实体的合法权利和利益,也为中荷之间的商事纠纷,尤其是因新冠疫情产生的商业矛盾提供更多的化解方式,促进纠纷高效解决。

荷兰国土很小但影响力很大。在欧盟国家中,荷兰的声音总有代表性,也发挥着举足轻重的作用。荷兰是欧洲的菜篮子,先进制造、生物科技等高科技企业引领世界潮流。海牙是荷兰的政治中心,也是"世界法律之都",有荷兰女王和司法、财政、外交、国会、枢密院等政府部门,更有各国使馆和联合国国际法院、国际刑事法院、联合国前南斯拉夫问题国际刑事法庭、卢旺达国际刑事法庭及国际仲裁院和联合国禁止化学武器组织等机构驻在。17世纪著名"国际法之父"荷兰神童胡果·格劳秀斯(Hugo Grotius)的铜像矗立在海牙市中心。1594年,他11岁进入莱顿大学,15岁出使法国后到法国奥尔良大学攻读法律,年底通过罗马法的论文答辩,获法学博士学位。他带着路易十三颁授的大金牌回国,在海牙担任大律师。格劳秀斯提出国际法主权学说和调整国家间主权关系的国际法原则。

我在海牙拜访了王铁崖先生、史久镛先生和刘大群法官,他们对在海牙设立中国律师事务所非常赞同。王铁崖先生是国际法泰斗,1997年到海牙就任联合国前南国际刑事法庭大法官。他鼓励我说,中国律师应当多到海牙活动,关注国际法进展,也要关注国际刑事法院。在海牙和平宫,我拜会了著名国际法学家、联合国国际法院大法官,后来历任副院长和院长的史久镛先生。他勉励我说,中国一直争取加入世界贸易组织(WTO),德恒在海牙可以组织实务研究活动,促进欧洲乃至世界了解中国,了解中国法律制度和改革开放的最新政策。先生们的鼓励,使我坚定了办好海牙办公室的信心。现今,王铁崖、史久镛两位大先生已经离开了我们。幸运的是,2018年12月18日,在人民大会堂召开的庆祝改革开放四十周年大会上,我现场见证史久镛先生被党中央、国务院授予"改革先锋称号"。

海牙办公室初建那一年,1999年3月24日,北约发动了对南斯拉夫联盟共和国(南联盟)连续78天的大规模空袭,科索沃战争爆发。同年5月7日,美国飞机轰炸贝尔格莱德樱花路3号的中国驻南大使馆,记者邵云环、许杏虎、朱颖被炸牺牲。随后,联合国成立前南斯拉夫问题国际刑事法庭(简称"前南刑庭")对米洛舍维奇进行审判(简称"米案")。前南刑庭刘大群法官鼓励我,到前南刑庭申请做律师,或许被告信任中国律师呢。2002年1月31日,我向首席大法官克里斯蒂安·罗德(Mr. Christian Rohde)提出申请,米案正式开庭后,我旁听了审理。

斯洛博丹·米洛舍维奇(1941年8月20日—2006年3月11日)曾任塞尔维亚共和国总统(1989—1997)、南联盟总统(1997—2000)。1991年3月16日,米洛舍维奇宣布南斯拉夫社会主义联邦共和国结束,塞尔维亚和黑山组成南斯拉夫联盟。1991—1995年爆发克罗地亚战争,1992—1995年爆发波黑战争。2000年,米洛舍维奇参选南联盟总统失败,2001年4月1日被逮捕,后被送往海牙受审。2002年2月12日,前南刑庭正式开庭审理米案,指控米氏犯有战争罪、反人类罪和种族屠杀罪等60多项罪名。米洛舍维奇不请律师,自行辩护。法庭指派"法庭之友"为他辩护。米氏不愧是律师,在自辩中抓住证人自相矛盾否定证人证言,控诉北约空袭是侵略,科索沃解放军是恐怖犯罪活动,塞族军队是反侵略、反恐怖。

2002年4月8日,《法治日报》记者就米案审判采访了我。我认为米案审判必然牵扯到地区危机、民族冲突、强权政治、大国霸权、民族自决、国际干预甚至反恐。审判台前是联合国大会决议通过建立的前南斯拉夫问题国际刑事法庭进行审判,台后却暗含着国家与国际、主权与人权、民族与民主、国内法与国际法、政治与司法的较量。我作为在海牙的中国律师,跟踪研究米案审理,写成简讯在《法治日报》上连载23

期,报告案件进程。2006年3月11日,米洛舍维奇在海牙监狱中因心脏病去世。2015年2月3日,联合国国际法院裁定,塞尔维亚前总统米洛舍维奇在20世纪90年代初期的波黑战争中未对克罗地亚犯下种族屠杀罪行。①

海牙办公室的建立在荷兰甚至欧洲产生了很大影响。荷兰司法部、西荷兰省外国投资局、海牙市政府和中国驻荷兰大使馆以及在荷中资企业商会等机构都与德恒密切合作,开办各种促进投资贸易WTO研讨会,出席各种欧洲、亚洲经济法律论坛。2002年5月,海牙办公室牵头组织WTO国际研讨会,司法部、中国贸促会和中国证监会等领导到海牙出席会议。2002年9月,德恒带领荷兰投资方到中国考察北京、香港、上海、杭州、广州、厦门、福州、宁波等地互联网创新项目。德恒利用中荷两地优势,为西荷兰省外国投资局在中国的业务推广提供法律和交流服务。

向华人投资当地实业陷法律困境伸出援手。一位华商受海牙市政府邀请投资欧洲商品调拨中心,由政府背书从银行贷款装修租下大卖场,到国内组织货物。这期间,他所使用的会计、咨询公司等都是相关有背景的人员推荐的,来回国际旅行也由他支付费用。商品调拨中心尚未营业即被银行追债,强制查封了他的货场,并拍卖个人住房、仓库物业。他面临无家可归境地。海牙办公室多方联系找到投资人参与拍卖,并支持他继续依法维权。本案提示我们,凡是对外投资一定要入境问禁,不能靠政府说没问题。当出现问题被法律问责时,政府是不会承担责任的。海牙办公室也曾经与一家注册公证员事务所合作,后经评估该所难以达到德恒的发展要求,便及时终止合作。2021年新冠疫情期间,德恒坚决推进BNRMC在海牙落地,为该机构的国际化运作打下坚实基础。在欧洲的调解当事方可以选择到海牙开调解会,并选择便利的调解员参加调解。

---

① 参见《国际法院判决前南遗留问题:塞尔维亚未犯种族屠杀》,载环球网,https://world.huanqiu.com/article/9CaKrnJHrds,查询时间:2023年3月9日。

二〇〇一年　巴黎牵手

2022年6月10日,我收到巴黎办公室主任律师、巴黎上诉法院律师石仁林微信发来的文章《德恒巴黎的二十年》。我阅读后立即给他发微信:"我一口气读完,非常棒!"他的回忆令我想起很多过往,人生如梦,转眼二十年!过往未来,共举德恒,持之以恒。

下面全文奉上。

《德恒巴黎的二十年》

石仁林

德恒律师事务所成立于三十年前,德恒巴黎也发展了二十年。2001年,巴黎律师团队加入德恒,自此与在全球执业的德恒律师并肩奋斗,成为中国律师事务所全球法律服务机构之一。

志同而道合　殊途而同归

德恒巴黎的建立始于偶然也成之必然。偶然,是因为它缘起2000年我和王丽主任在一次巴黎法律界人士晚宴中的相聚。在此聚会中,我们共同探讨了中国律师业和德恒国际发展远景。作为最早在欧洲执业的华人律师,我一直关注中国律师业的发展,所以对德恒的发展壮大早就耳闻。第一次看到"德恒"二字,印象就颇为深刻,缘于我对"恒"字有种特殊的情感。我和家人心中最敬重的人是石恒中,他是我的爷爷,一位毕业于黄埔军校三期的红军政委。而且我坚信人生的一切进步和成功,都离不开一个"恒"字,即持之以恒。

必然,是因为我与王主任对律师业务的发展前景有共识。我们都意识到,中国在2001年加入WTO后,其经济影响力必将在全球范围内进一步扩大,中国经济主体在世界市场也面临更多的挑战。为中国企业保驾护航的中国律师事务所必须拥有全球视野的法律文化和法律服务网络,才能适应中国经济发展的新时代。这正是德恒致力于追求的目标,即成为一家世界级的中国律师事务所,积极应对法律业务的全球化。

这也是西方经济大国律师行业发展的规律。20世纪七八十年代以来,随着跨国公司在全球贸易中的快速发展,西方国家一些律师事务所开始在世界各地广泛设立分所和办事处,为本国企业在世界各国投资、成立公司、签署商务合同以及解决贸易和经济纠纷提供全球化法律保障。中国加入世贸组织后,法律服务全球化将是中国律师团队的必然发展之势。

秉承共识,我和王主任开始探讨中国律师事务所和德恒在欧洲的发展。了解到德恒已经在前一年于海牙设立了欧洲大陆的第一个办公室,我和卢建平教授等其他巴黎法律界人士一同前往德恒海牙交流。海牙对法律人有着特殊的吸引力,在国际法领域有着举足轻重的地位,集中了许多重要国际司法机构,1913年设立的最早的国际司法机构——海牙常设仲裁法院(PCA),1946年设立的海牙国际法院(ICJ)——我国王铁崖教授任职于此,和2002年设立的海牙国际刑事法院都坐落于此。

德恒海牙的设立为德恒的全球化开了一个好头,巴黎的加入则为德恒在欧洲的发展提供了又一个重要支撑点。

无易成之业　亦无不可成之业

2001年,德恒巴黎正式设立。经过15年的协商与谈判,中国于2001年12月11日正式加入世贸组织。这是自1971年中国在政治上恢复联合国的合法席位后,于30年后在经济上成为国际社会的重要成员。此后20年,中国企业和公民大规模走向世界,中国贸易总额超过美国,成为世界第一大贸易国。维护中国公民和企业的合法权益、增强中国法律人在国际事务和经济活动中的话语权和影响力,成为德恒和德恒巴黎的共同使命。

2001年以来,德恒巴黎成为在欧洲大陆为中国企业投资并购、解决国际经济纠纷的重要法律服务团队之一。我们凝聚高学历的法律专业人才,组成熟悉中西方法律文化、处理各类民商事纠纷和掌握非诉法律技巧的优秀团队。在一系列重要的投资业务中,德恒巴黎依托中法欧法律专业知识和中英法三语技能,为客户提供最可行有效的解决方案。

20年间,我们收获了不俗的业绩,成功办理了一系列关系中国企业和公民利益的重要业务。在国际商事仲裁和诉讼领域,德恒巴黎曾在国际商会国际仲裁院成功代理了中国企业诉欧企商标侵权损害赔偿、中国企业与法国知名飞机制造公司合同纠纷等仲裁案。

在国际投资领域,德恒巴黎助力中国企业收购皮尔卡丹大中华地区商标权,收购法国核废料处理公司、德国核电领域锆制精细小管道公司(该公司为法国AREVA德国公司和西门子德国的会员公司),入股意大利冶金工业集团,收购著名法国时装集团,助力中国一家核能公司参与法国核聚变部分项目招投标,协助另一家核能公司在法国收购光伏电站等多个投资项目。

中国企业投资收购欧洲工业企业和敏感业务,经常遇到当地市场准入和投资合规的法律障碍。西方国家虽然标明推崇自由竞争,但并购目标一旦涉及所在国的敏感领域,如军民两用技术、卫生、环境、能源等涉及公共利益的领域,外国投资人就必须进行事前申报,获得当地国家行政许可,否则收购无效并会遭到严重处罚。法国一直对外资进入重要经济领域保持警惕,在1966年就开始带头实施外国投资预先审查制度,设立了一整套对于其认为属于战略性业务或敏感业务的外国投资并购审查制度,随后又不断通过新的法律使这一制度得到加强。

德恒巴黎在办理国际收购业务中,多次协助中国企业克服行政审批障碍。2015年,一家中国公司拟收购一家法国冶金公司,法国政府准备予以拒绝,因该目标公司的部分业务涉及军工设备和高铁,尤其是坦克部件的制造。为了克服准入法律障碍,德恒巴黎律师团队为客户精心规划,就该个案寻找独特的解决方案。除积极争取政商界的支持外,我们还特别组织发挥工会的作用。传统上,法国的工会力量强大,经常组织罢工示威,与政府作对,左右政府的决策。有鉴于此,我们想到利用工会的支持来影响行政机构的决定,实现中国投资计划。

工会和投资人立场达成一致是少见的,这成为最终获得政府审批的决定因素之一。在客户和工会代表的共同努力下,经与法国经济部、工业部、武器装备局长达 6 个月的沟通和谈判,中国公司的收购申请最终在 2016 年 3 月获得法国经济部的批准,尽管附加条件。有趣的是,批准书由现任总统马克龙,时任法国经济部长亲笔签字,该文件成为德恒巴黎保留的珍贵文件之一。该项目的批准是中国企业通过巧妙的方式获得法国政府的信任,突破行政审批障碍的一次成功范例。

当然,我们也体验过市场准入限制闯关失败的痛苦。2018 年,德恒巴黎与合作的德国汉堡律师团队接受委托,协助中国投资人收购一家德国金属旋压机制造公司。为获得德国政府的批准,我带领团队不辞辛苦,4 个月跑了 5 次汉堡和柏林,多次与德国政府部门谈判和沟通。遗憾的是,德国政府最终还是以安全为由,否决了这家中国客户的收购计划。该决定在当时引起欧洲媒体极大关注和众多评论,因为这是第一次一个欧洲国家以保护公共秩序和国家安全为由,公开拒绝一家中国企业的对欧投资。

德恒巴黎国际并购业务还获得了巴黎律师公会的关注。该机构每年圣诞节前举办一次工作晚宴,邀请收并购资金管理额前 100 名律师事务所参加。德恒巴黎因其在此领域托管资金数额大和安全管理的经验,成为唯一每年受邀参加的中国律师事务所。除为经济主体提供法律服务外,德恒巴黎也未忘记律师事务所应该承担的企业责任和社会责任,积极协助华侨社团的护侨工作,为保护华人华侨和留法学人的权益提供法律支持。在华商集体仓库失火损害赔偿案、惩治专门抢劫中国游客的黑帮集团案等一系列公益诉讼中都有德恒律师的身影。

德恒巴黎长期担任中国驻法国大使馆多个领事机构的法律顾问,积极协助领事保护工作,也积极参与维护国家利益的诉讼,曾在巴黎大审法院代表中国驻法国大使馆,成功追究法轮功成员破坏使馆财物的法律责任(新华网对此进行了专题报道)。

持之以恒　乘风破浪

律师业务不同于一般技术服务,它是非常个性化的服务,直接涉及客户最私密的重要信息。律师业务也是非常地域化的服务,律师必须精通执业地的法律、语言和人文。100多年来，欧美文化背景的律师事务所在全球法律服务中占主导地位，中国文化背景的律师事务所参与国际法律服务竞争充满挑战。

数十年的改革开放使中国律师事务所在国内市场得到迅猛的发展，其中数家大型中国律师事务所也开始走向国际，尝试在欧美的重要经济中心设立自己的机构。遗憾的是，这种国际化尝试目前大多未能达到预期目标，甚至被进行司法清算。还有的律师事务所放弃自设机构，选择与英美国家大型律师事务所进行联营。与此不同，德恒选择在全球设立以中国律师为主导的国际化律师事务所战略，并获得了初步成功，成为活跃在世界舞台上的跨国型中国律师事务所。

中国加入WTO的20年，也是德恒巴黎蓬勃发展的20年，中国经济活动不断发展和国际化为德恒律师事务所跨国跨境执业提供了强大的动力。获得拥有百年历史的西方文化主导的律师事务所同等的竞争力，我们还有很长的路要走。但是，我们已经成功起步，比他们拥有更大的进步空间。随着中国主体参与世界经济活动的不断加强，中国文化主导的律师事务所也一定会从国际法律服务市场的配角地位走向主角地位，与欧美文化背景的律师事务所齐头并进。

成功的理由，每个人都有自己的解释和体会。回顾几十年的人生，回顾德恒巴黎的发展，回顾一位中国律师在欧洲的执业经历，我更深切体会到，成功的秘诀就在于持之以恒。

二〇〇一年　纽约重生

2001年从阁楼到世贸中心，再到纽约地标楼——德恒纽约律师事务所。

在德恒即将庆祝其诞生三十年之际，美国的分支机构纽约办公室也进入第22个年头了。提起纽约办公室，在大纽约地区，许多人都知道它"9·11"恐怖袭击幸存的故事，其管理合伙人陈小敏律师连续十一年获得汤姆森路透选出的大纽约地区公司法/商法"超级律师"称号，并荣获华人50杰奖。除了业务上的成就，纽约办公室更以它常年提供社会公益服务而骄傲：它连续十年为华人社区提供免费法律咨询服务，常年担任中资企业在美国最大的商会——美国中国总商会法律顾问。因为每年为非营利机构提供超过 50 小时的服务，陈小敏律师获得纽约州律师协会"帝国州公益奖"。

提起和德恒北京总部的关系，不得不提到陈小敏律师与李贵方的认识过程。大概在 1990 年，陈律师刚进入杨百翰大学的法学博士项目时，认识了当时在那里进修的李贵方。交往时间虽然不长，许多事已记不住了，但有三件事情陈律师记忆犹新。一是贵方当时进修完成后完全可以合法留在美国，但他选择了回国。要不今天的德恒可能是不一样的德恒。二是贵方做的东北馅饼超级好吃，可惜在他离开美国后，陈律师就再也没有机会尝过了。三是杨百翰大学那里的青鱼个头特大，很好钓。贵方将钓来的一下吃不完的鱼放在冰箱里，没想到吓坏了同屋的白人学生。贵方回国后一直和陈律师保持联系，从博士毕业到去北京跟着我一起创业等。1993 年夏，陈小敏从杨百翰大学毕业来到纽约，开始在纽约的一家律师事务所工作。次年年初，我和贵方一起到纽约考察，希望将德恒建成国际大所。作为刚从法学院毕业不久的陈小敏，那时还是个带着巨额债务的穷律师，为了省钱，在皇后区租了一个阁楼居住，每天坐巴士和地铁到曼哈顿上班。有朋自远方来，小敏毫不犹豫地带我们去了他租住的阁楼，带我们参观访问律师事务所。这是陈律师第一次和我见面。从此陈律师也开始了和德恒在法律业务上的合作。所以，纽约办公室的萌芽是从纽约的阁楼开始的。

陈律师和几位志同道合的留学生在纽约创立了第一家留美律师合伙制律师事务所，并在纽约世贸中心租了办公室，成为最早开始进行中国业务的美国律师事务所之一。再后来就是陈律师等加入德恒大家庭，于 2001 年创立纽约办公室，不幸当年发生的"9·11"恐怖袭击摧毁了纽约办公室。在我、贵方及纽约办公室客户和朋友的支持与鼓励下，纽约办公室克服重重困难坚持了下来。不久后，纽约办公室搬到了有一百多年历史的纽约地标大楼伍尔沃思大厦（Woolworth Building），开始了新的篇章。

纽约办公室在德恒全球版图上发挥了重要的战略作用。纽约办公室律师参与了德恒客户在美国的一些重大案件的办理。其中，较有影响的是中国烟草总公司在美国的烟草基金案件,成功与所有涉案州达成和解;长江三峡集团国际仲裁裁决在美国申请承认与仲裁执行案件,经历债权人破产程序,成功追回赔偿款;中国农业银行上市、中国建设银行上市、中建上市涉及美国部分的尽职调查等;美国机器人手术中心并购和 CFIUS 申报案,是中资公司并购美国高科技行业的范例;中建美国巴哈马度假胜地近 40 亿美元投资开发案,成功建成 10 平方千米的巨型度假村;竞标中建美国长岛铁路重建案;河南众品在美国 NASDAQ 上市案。纽约办公室律师针对美国政府的调查与制裁,帮助中资公司成功解除美国司法部 FCPA 调查,帮助中资公司成功从美国制裁黑名单中移除。陈小敏律师一直担任美国中国总商会常年法律顾问,该会是美国最有影响的中资商会。

美国"9·11"恐怖袭击过后不久,陈律师在被媒体访谈律师事务所中国业务前途时提到,只要没有类似的"9·11"恐怖袭击和中美政经关系恶化,律师事务所的中国业务肯定前途无量。不幸的是,这两个事件纽约办公室都遇到了。可幸的是,纽约办公室都坚持下来了。纽约办公室可以骄傲地说,在众多在美国有分所的中国律师事务所,纽约办公室到目前为止仍然是唯一盈利的。

二〇〇四年　迪拜不俗

中东,海湾,阿联酋,迪拜,这是全世界越来越瞩目的热土热点,也是德恒全球法律服务布局首先切入的基石之点。

关注中东。中东包括从地中海东部南部到波斯湾沿岸的 23 个国家与地区,1500 多万平方公里,近 5 亿人口。中东是亚洲、欧洲和非洲及大西洋和印度洋的"两洋三洲五海"之地,是东西方交通枢纽。阿拉伯联合酋长国(简称"阿联酋")、阿曼苏丹国、巴林国、卡塔尔国、科威特国、沙特阿拉伯王国统称"海湾六国",1981 年 5 月 25 日,在阿联酋开会成立海湾阿拉伯国家合作委员会(简称"海合会")。2004 年,中国与阿拉伯国家举办"中国—阿拉伯国家合作论坛"(简称"中阿合作论坛")。2010 年,中阿建立全面合作、共同发展的战略合作关系。2014 年,习近平总书记在中阿合作论坛第六届部长级会议上就中阿关系发展和论坛建设发表重要讲话。同年 3 月 13 日,习近平总书记会见沙特王储兼副首相、国防大臣萨勒曼。2016 年 1 月,中国对阿拉伯国家政策文件从政治、投资贸易、社会发展、人文交流、和平与安全等领域详细阐述全面加强中阿关系的各项政策举措。迪拜是阿联酋迪拜酋长国首府,人口约 355 万,占全国人口的 41.9%。迪拜是中东经济金融中心和客货运输枢纽,旅游、航空、建筑房地产和金融服务发达,拥有世界最高建筑"哈利法塔"、最大面积人工岛"棕榈岛"。2018 年,迪拜被 GAWC 评为年度世界一线城市第九位。

落子迪拜。2004 年,曾在英国留学的贾怀远律师跟我提出要在迪拜设个点的建议。在陌生的异国他乡,他单枪匹马能干成吗?2004 年初夏,我和贾怀远乘坐波音 757 飞机,经停乌鲁木齐飞到迪拜。一出机场如同进了蒸笼,4~50 摄氏度高温炙得通身发热。在迪拜,我们访问了国际仲裁中心主席,他立刻邀请我当仲裁员;与约旦前司法部长连续几天会谈,逐渐了解当地的法律服务情况;拜访中国使领馆官员,了解中阿经济贸易合作情况。街头巷尾,市场海边,国际同行,华人朋友……这趟调研使我下定决心,中东首站必须落子迪拜。贾怀远律师是山东人,骨子里有股子不服输的劲儿。之后不久,贾律师报告说,迪拜办公室成立了。

瞄准建筑工程。迪拜是阿联酋在中东的建筑旗舰之地。当年,迪拜酋长以强大的基建魄力,将 2004 年的迪拜变成世界大工地。全球三分之一的塔吊汇聚于此,四十公里海岸线上一年的基建投资超过 1000 亿美元,是名副其实的"基建狂魔",建筑工程创造了诸多世界之最,也产生了国际基础设施、国际项目融资及矛盾纠纷等争议解决法律服务巨大需求。迪拜办公室以此为主业,贾律师和他的中外律师团队所服务的国际工程项目及投融资项目领域广阔而尖端,包括 DDB(FIDIC 红皮书)、DB、EPC、EPC+Financing、EPC+Financing+Equity、BOT 及 PPP 项目等,跨越了国际工程及国际投融资项目的上下游领域及投资体系。迪拜办公室服务的项目遍及中国和亚洲、中东、非洲、欧洲及中南美洲。迪拜办公室因海湾合作机制,具有能够在海湾六国执业和全球实操服务的优势,取得了跨国非诉讼和诉讼、国际仲裁的丰富经验和不俗业绩。

服务"一带一路"。共建"一带一路"国家与中国公司合作,大举展开"基础设施联通"建设。随之产生的中国公司涉外法律争议纠纷更加多样化和复杂化，对律师的要求越来越高。中国法律服务领域涌现出许多善于处理涉外经济纠纷的涉外律师，他们拥有高超技巧和丰富经验，能够将杂乱问题梳理清晰，庖丁解牛般地让问题迎刃而解。

迪拜办公室被中东当时最大上市建筑公司 Arabtec 聘请为唯一的中国法律顾问。在此期间，迪拜办公室直接参与了世界最高建筑"哈利法塔"项目及诸多迪拜的地标性工程建设；帮助客户解决工程争议，必须亲临工地现场，那就要冒着迪拜四五十摄氏度的高温上工地。中国海外承包商们屡屡为贾律师的工作精神所感动。

在"一带一路"建设深化实施中，中国企业的定位从建筑承包商渐渐扩展到投融资领域。这种转变使得整个海外工程建设和投融资体系站得更高、看得更远，工作重心也从工程本身延伸至整个体系的中下游，即海外投资领域。"一带一路"建设发展规划中，基于 BOT 和 PPP 模式的投建营项目成为主流。中国的海外工程承包业务种类渐渐向 EPC+F 的承包模式转变。承包模式的变化意味着国际工程产业链从建设到投资的进一步延伸，比如，EPC+F 模式包括融资、施工、采购、安装、调试等，而 BOT 和 PPP 模式则在以往的基础上涉及项目建成后的运营和交接。中国国家开发银行与中国进出口银行适应这种变化，提供工程金融服务。作为国际工程及项目投融资法律服务律师，需要参与国际工程从计划到运营管理的全部产业链流程，并拿出专业的决策意见和规避风险策略，为整个项目的生命周期在稳定安全的轨道上提供保障。

中阿英精英律师团队。为了更好地提供海外法律服务，迪拜办公室成立了一支国际化的律师团队，将中国律师、阿拉伯律师和英国的 QC 们组合在一起，根据中国公司的不同需求，量身定做法律服务。团队成员在不同的国家文化中有各自擅长的领域、经验，专业领域上的彼此交叉补充，团队在处理国际化的争议时能够制订和实施更加综合可靠的方案。这种中国律师主导的国际组合，能够为中国企业"走出去"提供更好、更合理高效的法律服务。二十年的实践证明，这一法律服务体系不仅仅对中国公司切实可行，其他国籍的公司和跨国公司也都能够获得优质、高效、可靠的跨境跨域法律服务。在很多中国建设企业的心目中，贾怀远律师的团队是海外建设投资的护航员，不仅在整个项目过程中确保风险最低,也能够最大限度地帮助他们维护权益,挽回损失。

在贾怀远的带领下,迪拜办公室和英国、澳大利亚、沙特阿拉伯、卡塔尔、埃及等十几个国家和地区的律师事务所建立稳定合作关系,服务范围遍及亚洲、中东、非洲、欧洲、北美、中南美洲、澳大利亚及亚洲。身处国外,贾怀远一直没有忘记作为一名中国律师的责任。在国际工程中,中方人员和外方人员发生争议和冲突的事件时有发生,如果处理不够及时妥当,很容易让事件进一步升级。贾怀远对当地语言和文化较为熟悉,因此他总是义无反顾地与双方展开良好沟通,化解矛盾。

中东许多地区并不太平,贾怀远曾多次置身危险当中,甚至直接面对对方的枪口。但每次他都用自己的无畏和镇定将暴躁的对方重新拉回谈判桌,找到双方的诉求核心,从而用法律解决争端。尽管回想起来仍心有余悸,但在千钧一发的事件中,贾怀远也感受到涉外律师沉甸甸的责任。

贾律师参与的精彩案例回放。

案例一:某中国工程公司从一家迪拜建筑公司手中承包幕墙玻璃项目部分,后因金融危机爆发,工程建设受到严重影响。迪拜公司致函中国工程公司要求终止合同,但却长期拖欠巨额工程款。迪拜办公室的律师代理中国工程公司提起了国际仲裁,获得迪拜公司支付欠款和80%仲裁代理费用的胜诉裁决。本案被司法部作为培养千名涉外律师的优秀案例。

案例二:伊朗某公司在迪拜法庭起诉一家中国央企。中国企业一审败诉后找到迪拜办公室。迪拜办公室中阿律师一起代理本案的上诉。经过了二审和终审,迪拜一审法庭的判决被彻底推翻,驳回伊朗某公司的全部诉讼请求,为中国企业挽回了巨额经济损失。本案被评选为2020年"一带一路"维护中国企业海外合法权益优秀法律服务案例。

案例三:中国承包商与印尼业主及其合作伙伴河北某公司于2007年签署了印尼某燃煤电站的设备安装与调试合同。双方因合同纠纷申请CIETAC仲裁。这起仲裁案件的案涉项目从2007年到2022年,历时15年,其中索赔2年、仲裁4年。最终,CIETAC裁决印尼某燃煤电站业主赔偿中国承包商83%的仲裁请求数额,包括支付仲裁费用和中方律师费用。

案例四：2019年年初，中国公司投标全球第三大光伏发电项目中邀请西班牙公司作为分包商一起投标。西班牙公司从最初给中国EPC承包商恶意设置陷阱、多次威胁采取法律行动、假装谈判再次给中国公司设置陷阱之后，在ICC（伦敦）提起仲裁，向中国公司索赔1.1亿元人民币。经过中方律师团队艰苦卓绝的奋战，2022年11月4日，ICC国际仲裁院裁决驳回申请人西班牙公司的全部仲裁请求。

案例五：迪拜办公室贾怀远律师、侯塞因·班奈（Hussain Al Bannai）律师和塞义德（Saeed）律师代理撤销中国承包商提供给EPC项目总包商的履约保函与质保保函案件。2022年5月6日，阿联酋阿布扎比商事法院（Commercial Court of Abu Dhabi）一审判决判令四被告终止并撤销中国承包商提供给EPC项目总包商的履约保函与质保保函，并且判令渣打银行阿布扎比分行将两份银行保函原件退还给中国的开立银行。本案经历第一次申请止付失败、第二次申请止付成功、第三次申请撤销成功。

案例六：中国某央企国内A子公司（简称"A公司"）与伊朗的AMK公司钢材销售合同案一审败诉后，迪拜办公室律师经过一年多大量调查、取证、及时提起上诉、陈述事实、提供证据，并聘请财务专家、海运专家，对支付与海运进行鉴定与评估，最终二审法院全部推翻一审判决。本案被《法治日报》评为"一带一路"优秀法律服务案例。

2023年3月10日，贾怀远律师在司法部委托考核律所涉外示范考核会上，谈了自己二十年躬身海外法律服务的体会。改革开放以来，中国企业的国际业务遍布全球，涉外法律的需求越来越多，中国律师需要在提供法律服务中担当更大的责任，需要主导法律服务的原则、策略和方向，应该成为法律服务的牵头律师（leading counsel），协调其他各方提供优质、高效、全方位、无缝对接的法律服务。

二○一六年　布鲁塞尔

中国加入WTO后，面临的最多的法律问题就是贸易救济和反垄断，其中多数案件来自欧盟。布局布鲁塞尔，加强反垄断法律服务能力就是德恒的工作重点。2012年9月，布鲁塞尔办公室在比利时布鲁塞尔高卢大街 25 号设立。布鲁塞尔办公室依托当地律师事务所 EC Competition Law Advocates sprl., 构建了一支专业素养深厚的律师团队，专精于投资并购、反垄断、知识产权等法律服务，与德恒遍布全球的服务网络能够有效协同，为客户提供全方位法律服务。

布鲁塞尔办公室团队由弗兰克·费恩（Frank Fine）博士负责。弗兰克同时是英国执业律师与美国加州和哥伦比亚特区执业律师，是英国剑桥大学法学硕士和欧共体竞争法博士，美国洛杉矶洛约拉法学院法学博士，自 1986 年起，在布鲁塞尔提供有关欧盟竞争法的法律服务。弗兰克系中国国际反垄断和投资研究中心执行董事，并在中国政法大学担任竞争法客座教授。布鲁塞尔办公室能够为企业提供有关欧盟和各国企业经营者集中申报和调查、反垄断诉讼、知识产权/反垄断问题、反垄断合规和数据保护等方面的咨询服务，尤其是有关欧盟《通用数据保护条列》（GDPR）的咨询，还能够为多个国家竞争主管机构提供咨询服务。

布鲁塞尔办公室律师在专业研究方面硕果累累。弗兰克作为《亚洲法律》中国反垄断法领衔律师和欧盟竞争法欧洲法律专家，《西北国际法与商业杂志》以及反垄断报告专家顾问，担任首部中国反垄断法律评论《中国反垄断法期刊》主编，以及 LexisNexis 出版的三卷活页论文《欧洲竞争法》总编辑。

二〇一七年　阿拉木图

哈萨克斯坦是世界上领土面积第九大的国家，也是世界上最大的内陆国，北邻俄罗斯，南与乌兹别克斯坦、土库曼斯坦、吉尔吉斯斯坦接壤，西濒里海，东接中国。中国和哈萨克斯坦是好邻居、好朋友、好伙伴。2011 年，中哈建立全面战略伙伴关系。哈萨克斯坦的石油、天然气、煤炭、有色金属等矿产资源丰富，地理位置优越，农业基础与生态环境良好，政治与社会秩序比较稳定，是中亚地区经济发展最快的国家。中国是哈萨克斯坦第二大贸易伙伴国，也是哈萨克斯坦第一大出口目的国和第二大进口来源国。2013 年 9 月，习近平总书记在哈萨克斯坦提出共同建设"丝绸之路经济带"的倡议，哈萨克斯坦将"光明之路"计划与"一带一路"倡议密切衔接，为中哈两国企业创造了难得的合作机遇。中国企业进入哈萨克斯坦亦需要防范法律风险。

阿拉木图办公室主任臧洁妹律师曾在大型国企担任法务,凭借自身执业素养和在一流律师事务所执业历练经历,她敏感地意识到中国和哈萨克斯坦双边法律服务的发展机遇。她组织起中哈两国十余名素质过硬的合伙人律师团队。团队成员拥有中国、美国、韩国、加拿大和俄罗斯学习经历和研究生以上学历,可使用中文、俄文、英文、哈文提供国际化的交易、纠纷解决等法律服务。2018年4月13日,哈萨克斯坦阿拉木图市司法局审批同意设立德恒阿拉木图办公室(Deheng Law Offices LLP)。

阿拉木图办公室挂牌后,立即投入繁忙法律服务,先后帮助中国企业在哈萨克斯坦投资及项目开发、金融融资、跨境收购与兼并,代理公司注册、合同与协议的谈判与起草,代理在当地法院的诉讼与法院判决的执行,代表客户对中亚地区能源和基础设施投资等。阿拉木图办公室服务的客户涵盖在哈萨克斯坦所有领域的中资企业,先后参与中资企业收购哈萨克斯坦阿尔金银行,参与中电国际风电项目的收购,参与中资企业投资哈萨克斯坦最大规模的水泥厂、最大规模的大理石厂及最大规模铅锌矿项目;帮助企业在哈萨克斯坦处理经济和环保纠纷,帮助客户挽回数千万元的经济损失。

臧律师积极投身涉外法律服务和涉外法律人才培养工作,阿拉木图办公室与哈萨克斯坦国立大学和哈萨克斯坦管理经济战略研究院(KIMEP大学)签署合作备忘录,帮助哈萨克斯坦高校设立实习基地,培养本土涉中国法律人才。在中国企业海外运营遭受恶意限制时,臧律师全力协助有关部门紧急应对处置重大敏感法律问题,提供专业的法律建议,尤其帮助在哈萨克斯坦中国籍人员处理重大刑事案件。阿拉木图办公室成立以来,以其专业的法律服务能力及精进的服务态度,在哈萨克斯坦各行业积累了良好的口碑。阿拉木图办公室律师还常年积极为中国驻哈萨克斯坦大使馆与领馆免费提供法律咨询和服务,获得了中国驻哈萨克斯坦大使馆和驻阿拉木图总领馆的高度评价。

阿拉木图办公室坐落在阿拉木图繁华的金融中心,为员工创造了高效舒适的办公环境,中哈律师熟练使用中文、哈萨克语、俄语和英语等进行工作。闲暇之余,中哈律师和员工们经常参与马拉松、滑雪等文化体育运动。臧洁妹律师是马拉松爱好者,曾经跑过三次全马、四次半马。问起她成绩,她笑笑说,总是在关门前能跑下来。哈萨克斯坦律师朱迪斯是专业话剧演员,经常参加正规的专业公众演出。在豪华的国际大剧院演出时,没有人会想到她竟是一位德恒律师。

德恒在哈萨克斯坦不断精进,蓬勃向上。臧洁妹律师跟我探讨国际阿斯塔纳金融中心(AIFC)办公室和BNRMC调解室的运作,着力打造专业与行业双轮驱动创新服务品牌。

二〇一八年　阿斯塔纳

哈萨克斯坦历史悠久,1456年建立哈萨克汗国,19世纪中叶遭俄罗斯帝国吞并,1936年建立哈萨克苏维埃社会主义共和国并加入苏联,成为苏联加盟共和国之一。1991年12月16日,哈萨克斯坦共和国成立,于2015年1月1日与俄罗斯、白俄罗斯、吉尔吉斯斯坦等国家成立欧亚经济联盟。哈萨克斯坦的首都是阿斯塔纳。

2018年7月5日,阿斯塔纳国际金融中心(The Astana International Financial Centre,AIFC)成立,旨在吸引全球金融资源。AIFC管理委员会主席由哈萨克斯坦总统担任,下设管理局、阿斯塔纳金融服务管理局(AFSA)和独立法院与国际仲裁中心。AIFC独立法院根据英国法律的原则和规则构建了自己的法律体系,保持独立且与哈萨克斯坦司法系统分开。AIFC证券交易所(AIX)于2017年11月成立,股东包括AIFC、上交所、纳斯达克、丝路基金和高盛集团。上交所是其战略投资方,持股25.1%,德恒为该股份的收购交易提供了法律服务。2018年11月,AIX正式开市,全球最大的铀矿生产商哈萨克斯坦国家原子能公司(Kazatomprom)成为AIX的首家上市公司,正式开启了哈萨克斯坦国有资产私有化的进程。哈萨克斯坦国家主权基金计划于近年将部分哈萨克斯坦大型国有企业在AIX上市。由于上交所收购的缘故,我对AIFC特别关注。

2018年11月23日,德恒阿斯塔纳金融中心办公室(Deheng Law Offices Branch,简称"德恒AIFC")经AIFC审批注册。2019年7月4日,我参加第二届"阿斯塔纳金融日"活动期间,为德恒AIFC挂牌开业,并组织近百人参加"走进德恒AIFC"的盛大开业典礼,AFSA、AIX、AIFC仲裁中心的官员和重要专家悉数出席。

2019年7月1日至4日,第二届"阿斯塔纳金融日"在AIFC举行。同年7月2日,AIFC独立法院与国际仲裁中心举行开业典礼,哈萨克斯坦总统托卡耶夫发表演讲,并主持召开AIFC管理委员会会议。他褒扬AIFC在全球金融中心指数(GFCI)排名中上升37位,位居第51位。我代表德恒和中国建设银行、中信证券、中国产业海外发展协会、中信证券投资银行及中诚信证券评估有限公司代表同AIX签署合作协议。在当天的记者会上,克里姆别托夫表示,AIFC能够对"一带一路"建设起到帮助作用。[1] 当日,《哈萨克斯坦新观察》以《北京德恒律师事务所牵手阿斯塔纳证券交易所,为中企"走出去"保驾护航》为题作了报道。[2]

2019年7月3日,世界多国的专业人士、政策制定者、商界代表、公共服务人士和学术界人士参加了第二届"阿斯塔纳金融日"活动,就资本市场、伊斯兰金融、金融技术和绿色金融等领域的关键发展等主题举办论坛、发表演讲。我在"新丝绸之路的交通连接和地区融合"分论坛上以《"一带一路"融资产业支持项目建设——以企业债券为例》为题发表了主旨演讲。我以中哈两国不断深化"一带一路"建设合作发展的新形势,以企业在AIX发行债券为例,介绍了"一带一路"融资产业支持项目建设的方式之一——境外发行债券及其优势,并介绍了德恒作为法律顾问成功发行境外债券的案例和为三峡工程、中国农业银行改制股票发行上市、上交所战略入股AIX、阿斯塔纳轻轨项目等提供了法律支持。我还向参会人员介绍了BNRMC及其在多元化解决商事纠纷方面的优势。在回答问题环节,我也介绍了BNRMC在阿拉木图和阿斯塔纳设立调解室,并与仲裁机构和法院合作建设多元化纠纷解决机制的情况。

2019年7月,阿拉木图调解室、阿斯塔纳调解室先后在哈萨克斯坦正式挂牌。在哈萨克斯坦期间,我代表BNRMC与IUS国际仲裁中心签署《关于仲裁和调解领域互助合作的协议》。根据协议,在IUS国际仲裁

---

[1] 参见《中国企业入驻阿斯塔纳金融中心,助其实现资金融通》,载中国网,http://news.china.com.cn/live/2019-07/06/content_462709.htm,查询时间:2023年3月9日。

[2] 参见《北京德恒律师事务所牵手阿斯塔纳证券交易所,为中企"走出去"保驾护航》,载《哈萨克斯坦新观察》2019年7月3日。

中心申请仲裁的与中国相关的案件，IUS 国际仲裁中心优先推荐给 BNRMC 调解解决。对于由 BNRMC 主持达成的调解协议，可由 BNRMC 见证并监督履行。BNRMC 也可协助当事人共同申请 IUS 国际仲裁中心根据调解协议进行仲裁确认并履行。该协议的签署，标志着中哈机构诉调对接机制正式建立。

二〇一八年　硅谷传奇

硅谷办公室位于美国加州旧金山湾区硅谷，目前有全职美国律师 10 名，团队成员全部拥有美国法律博士学位，拥有美国多个州的律师执业执照（加州、纽约州、华盛顿州、俄勒冈州、内华达州等），执业法院包括加州多家一审法院、中级上诉法院、联邦第九巡回上诉法院和美国最高法院。硅谷办公室的美国本地执业经验丰富，最大的业务优势为公司法和商业诉讼，拥有美国所有华人律师事务所里能力强大、资历深厚的公司法和商业诉讼团队。另外，硅谷办公室律师还给多家中国企业和硅谷公司提供常年法律顾问服务，涉及美国政府制裁与合规、投资并购、知识产权、劳工法等多个领域。大部分律师都精通中英文，不仅能与中国客户顺利沟通，而且还熟悉中美双边的文化和商业操作习惯，可以为中国客户提供最便利有效的法律服务。

创办人朱可亮律师具有美国法学博士（J. D.）学位，从 2000 年开始成为美国执业律师，拥有二十多年在美国本地执业的经验。朱律师还曾长期担任世界银行、联合国粮农组织等国际机构的法律顾问，多次接受《华尔街日报》《纽约时报》《金融时报》及财新、凤凰卫视等媒体的采访。朱律师在 2020 年经组织并代表美国微信用户因为微信禁令一事起诉特朗普总统，并获得法院禁止令，成功阻止了微信禁令的实施，维护了在美微信用户的权益，成为对抗美国政府滥用总统行政制裁权的一个历史性案例。因为这个案件，美国、中国和全世界的多家大媒体对案件的主要负责人朱可亮律师及硅谷办公室进行了大量的报道。硅谷办公室专门为来自中国国内的企业提供在美国落地与落地之后的法律服务，涉及互联网、软硬件、高新材料、人工智能、生物制药、国际贸易、新能源等多个行业。

硅谷办公室的突出贡献。经过最近几年的发展和多个高知名度案件的曝光,硅谷办公室不仅成为硅谷本地业绩规模和业务能力最强的华人律师事务所,而且在全美已经享有一定声誉。硅谷办公室还成为所有中国律师事务所在美国设立的办公室中最成功的一家。未来,硅谷办公室将扩大地理覆盖范围,在洛杉矶和美国西海岸其他地点搭建团队,以更好地为客户服务。

2022年,硅谷办公室成功代理多起案件,维护了客户在美国的利益。较为突出的有:代理中国中材进出口有限公司在美国的一起合同纠纷案,以管辖权缺失为由阻止美国原告起诉中国母公司;代理规模最大的几家海外电商公司(深圳通拓、深圳泽宝等)起诉亚马逊非法冻结货款和封杀账户的仲裁;2022年年初,代表数万名中国投资人因为投资移民法律失效而起诉美国政府,导致美国国会被迫在2022年4月将该法律延期。此外,硅谷办公室还给多家中国芯片和高新设备企业提供多方面的合规服务,在如何应对美国多层制裁、规避合规风险等方面为客户设计解决方案;为上市公司九安医疗的美国业务提供多方面的法律服务,该公司在美国销售新冠测试产品,2022年在美国获得了上百亿元的收入,一举成为美国在新冠测试领域的最大公司之一。由于其优异业绩,2022年,朱可亮律师被加州知名杂志Daily Journal评为民事诉讼领域"加州年度律师"(California Lawyer of the Year)。朱律师热心公益,专注于保护在美华人的利益。他是非营利组织华美维权同盟(Chinese American Legal Defense Alliance)的创始人和主席,为遭受系统性种族歧视的在美华人提供法律援助。朱可亮律师和该组织在2022年为被美国政府以国家安全威胁为由非法调查、起诉的在美华裔教授和学者提供了大量服务,并已经发起针对美国政府的两起诉讼。

美国法律市场发展动态。2000年的时候,朱可亮刚从美国的法学院拿到博士学位并获得美国俄勒冈州的律师执照,他的第一份工作是在当地的一家美国律师事务所工作。所以朱律师在最开始的执业生涯里,客户全是美国本地客户,没有一个华人或者华人经营的公司。中国公司没有实力来大规模地开拓美国市场。2012年,在中国加入WTO十多年之后,中国经济的实力得到了全面的提升,中国企业的国际化程度日益提高。大量民企走出国门，美国因为其体量和实力成为这些中国企业海外投资的第一选择。在短短几年之内，朱律师的客户基本变成了来自中国的企业和个人。他们有的看中了美国的市场，有的希望在美国收购优质资产，还有的希望获得美国的先进技术。

在硅谷独立建所开业。借着这个时机，朱可亮律师于2013年在硅谷（也就是加州的旧金山湾区）正式开设自己的律师事务所，专门服务这些来美国发展业务的中国企业和个人。那个时期，来美国投资的中国客户都集中精力埋头挣钱，只关注怎么把交易促成，把业务做起来，很少有人关注合规，更没有人关心中美之间的政治关系。这一切被2016年11月的那次美国总统大选颠覆了。特朗普的上台意味着中美关系结束了蜜月，直接进入对抗和冷战时期。从华为、中兴等企业被美国制裁到中美贸易战的打响，可以说中美相互依存的关系在一夜之间烟消云散。因为中美之间的投资并购业务出现了断崖式的下降，一些美国律师同行的业务受到很大影响。朱律师却发现美国律师的价值越来越大了。因为中美之间的政府监管越来越严格，而且中国企业成为美国政府的重点关注对象，中国客户的风险意识越来越强，更需要专业人士（比如律师）的协助，所以合规、纠纷解决等方面的业务反而有了明显的增长。

硅谷办公室的诞生。就在这个时候，机缘巧合，朱律师碰到了德恒的贾辉律师。在接下来的时间里，两人有了一些业务合作。贾辉律师热情地邀请他去德恒北京总部和多个分所包括上海、深圳、成都等地拜访、举办讲座。朱律师后来回忆说。在这个过程中，他对于德恒律师的专业性和品牌凝聚力有了亲身体会。刚好德恒在美国西部没有办公室，所以才会有后来朱律师和德恒的深度合作。当贾辉律师向我介绍朱可亮律师时，我注意到他不同于一般华人律师多做移民等案子，他敢于接大案，做大客户，与美国主流业务律师过手。2018年3月28日，德恒与朱可亮律师签署合作协议，"从此我这边的律师事务所改名为硅谷办公室，正式成为德恒大家庭的一个成员。"朱律师道出与德恒的缘分。

创办国际一流律师事务所。虽然硅谷办公室成立只有短短几年时间，但它已经成为所有中国律师事务所在美国设立的办公室中最成功的一家。首先，中国律师事务所在美国设立的绝大部分办公室都只是"前台办公室",没有几位本地律师,只能承办最简单的业务,复杂一点的业务都需要交给美国律师事务所,他们的作用更多的是给国内的律师事务所提供一个国际化的形象。硅谷办公室在成立之初就已经有了一个成熟的本地律师团队,在商业诉讼、政府合规、投资并购等方面积累了丰富的经验,通过最近几年的发展,硅谷办公室已经成为美国华人律师事务所中的佼佼者,有德恒全球强大的支持,其业务能力得到了中国客户和美国本地主流律师事务所的广泛认可。在短短的几年中,硅谷办公室就已经成功地承办了多起大案。朱可亮律师参与"微信使用者联盟"诉特朗普政府微信封杀案获胜,为德恒甚至为整个社会作出了重要贡献。同时,硅谷办公室也为中国有关方面依法治国与法律合规治理等提出了建设性的法律建议。

二〇二〇年　万象伊始

德恒老挝律师事务所(德恒律师事务所老挝独资有限公司,DeHeng Law Offices Lao Sole Co., Ltd,简称"老挝办公室")成立于2020年12月,位于老挝首都万象西萨达纳县(区)东巴兰通村。老挝办公室与德恒遍布全球的服务网络能够有效协同,可以有效地为客户在老挝进行投资交易和争议解决等方面提供专业法律服务。贾辉博士担任老挝办公室主任,他亦是德恒金融专业委员会总执行委员、跨境专业委员会执行委员、融商中心主席助理与秘书长。

生于"一带一路"建设的前线。老挝办公室的设立基于国家"一带一路"建设的需要。老挝是共建"一带一路"的重点国家,与中国山水相依。两国一直保持着高度的政治互信及战略合作伙伴关系,老挝政府积极响应中国政府提出的"一带一路"倡议。在"一带一路"倡议背景下,中国加强了对老挝的投资,从2015年的9.2亿美元增至2019年的约100亿美元,参与的重大"一带一路"项目包括:中老高铁(昆万高铁:昆明—万象)、赛色塔综合开发区、老挝一号通信卫星地面站等。

设立老挝办公室也是德恒"走出去"在南亚、东南亚布局的重要一步。老挝办公室的设立,将自身国际化战略与国家"一带一路"建设的倡议相匹配,有利于促进中国倡议的"一带一路"建设,尤其是服务在老挝的中国企业和"一带一路"建设项目。

克服疫情困难,努力拓展。老挝办公室的设立经过了认真的调研和考察。2019 年 12 月,贾辉律师一行至老挝进行调研,他们拜访了老挝司法部、中华总商会、吉达蓬集团、Phanthaly Law、中国银行万象分行、中国工商银行万象分行、老中银行、亚太卫星、中审众环老挝分所、中国驻老挝大使馆等,对老挝国家整体情况、中资企业进驻情况、老挝法律服务市场等内容进行调研考察,并在此基础上形成了设立德恒万象办公室的方案。在德恒北京总部和云南、重庆、四川、广西办公室等的大力支持下,老挝办公室于 2020 年 12 月正式成立。

老挝办公室的业务定位以为当地中资企业的公司运营、投资经贸、合规建设、风险防范、纠纷解决、政府法务等方面提供法律服务为主,为中资企业在老挝的投资发展保驾护航。尽管在设立之初就遭遇新冠疫情的不利影响,老挝办公室努力拓展业务,并参与协助中国人民财产保险股份有限公司北京分公司关于中国水利老挝水电站溃坝保险代位权追偿案件,协助中国工商银行老挝分行就老挝万象外交公寓综合体项目银行贷款项目事宜等。

2020 年 9 月 7 日,在由中国服贸会组委会、融商中心主办的第五届"一带一路"综合服务能力建设论坛(2020)暨一带一路国际商事调解中心全球调解员大会上,融商中心线上与老挝中华总商会签署了关于设立老挝调解室的合作协议。老挝办公室的业务将和 BNRSC/BNRMC 的运作紧密结合,不仅为当地企业提供法律服务支持,还可以在商务项目对接、企业运营风险防范和纠纷调解解决方面提供综合专业服务支持。

注重研发,厚积薄发。老挝办公室注重专业研发,撰写多篇介绍老挝法规制度的专业文章,包括《老挝调解制度在民商事纠纷解决中的作用》《投资老挝之劳动合同制度初探》等,并受中国贸促会委托撰写"中老铁路建成后投资老挝相关法律风险"专题研报。

2022 年 9 月 2 日,老挝办公室的贾辉律师与老挝 Tilleke & Gibbins 合作参与编写的《老挝外商直接投资及并购法律指南》,被纳入《RCEP 成员国外商投资及并购法律指南》,2022 年中国服贸会期间在北京国家会议中心举办的第七届"一带一路"综合服务能力建设论坛暨 RCEP 金融与法律服务发展论坛上正式发布,受到广泛好评。RCEP 的生效实施无疑为中国企业在该区域内的投资带来新契机。2021年12月,中老铁路正式通车,连接中国云南省昆明和老挝首都万象,有助于中国西南地区与外部市场相连,未来将给中国投资者带来更多投资机遇。老挝办公室将继续注重专业研发,为中国企业在老挝投资经贸顺利发展和争议解决等方面提供专业高质的法律服务。

二〇二二年　首尔开篇

2022年12月,首尔办公室终于拿下批文。中国和韩国是一衣带水的友好邻邦。七十年前的抗美援朝战争结束后,经过近四十年的尘封,中国和韩国终于在1992年建立正式外交关系。中韩建交以来,两国间的经贸往来日益频繁。到2022年,中国已连续十八年位居韩国第一大贸易伙伴国,韩国跃升为中国的第四大贸易伙伴国。根据中国商务部数据,2021年中韩两国双边贸易额突破3600亿美元,双向投资额累计超过1000亿美元。韩国在生物医药、新能源、汽车产业、半导体等领域拥有世界领先的技术,中国企业与韩国企业在这些领域有着广阔的发展空间。随着中韩双边自贸协定(FTA)的进一步落地及RCEP的实施,中韩经贸合作有了更大的市场红利。

德恒多年来一直为中国企业和韩国企业提供法律服务。2019年,我带领BNRSC和德恒律师团赴韩国首尔参加国际律师大会。亚洲金融协会和我们一道在韩国召开了"一带一路"服务能力建设论坛。我们与韩国国会议员及韩国仲裁学会、韩中法律研究院和知名律师服务机构进行了友好交流互动。德恒部分律师也有在韩国学习法律、从事法律商事工作经验。德恒到韩国设立分支机构的时机已经成熟。

首尔办公室主任祝翠瑛律师是德恒高级合伙人、北京市律师协会涉外律师人才、韩国新世纪律师事务所顾问、韩国债务者回生法学会副会长、韩国法学会理事、大韩律师协会会员、对外经济贸易大学外语学院朝鲜语专业MTI硕士研究生导师、北京市律师协会"一带一路"法律服务研究会委员、北京联合大学国际私法外聘教授。祝律师是对外经贸大学朝鲜语专业学士,韩国首尔国立大学韩国语教育专业硕士,2012年获韩国首尔国立大学韩国语教育专业博士学位。祝律师曾在韩国广场律师事务所(LEE&KO)北京代表处工作,其间参与了包括SK、LG、乐天、锦湖等韩国大集团关联公司的投资并购项目。曾在北京两家知名律师事务所工作,为多家企业提供外商投资、知识产权、反不正当竞争、特许经营、涉韩投资、涉韩诉讼仲裁等领域的法律服务。首尔办公室的团队成员均精通中韩双语,均有硕士或者博士学位,有在中韩两国著名高校学习及中韩知名律师事务所工作的经历。

首尔办公室位于首尔的金融和政治核心区汝矣岛。随着中韩双边自贸协定(FTA)的进一步落地及RCEP的实施,中韩之间以及中国、日本、韩国这三个亚洲经济强国之间,将会有进一步的深化合作与发展。首尔办公室将配合德恒北京总部、德恒各办公室,第一时间响应中国企业赴韩投资、争议解决等领域的各项需求,为客户提供高效、优质的一站式服务。其具体服务如:为在韩国投资的中外企业和其他企业提供法律服务,包括但不限于投资、合规、纠纷解决、金融、证券、税务等方面的法律服务及其他相关咨询服务;为向中国投资的韩国企业或个人提供法律服务,包括但不限于投资、合规、纠纷解决、金融、证券、税务等方面的法律服务及其他相关咨询服务;为德恒全系统客户提供业务协助和支持。同时,首尔办公室根据注册批准,亦可向客户提供商务咨询、投资咨询、经营咨询、市场调查、会展服务、教育培训、翻译及其他相关咨询服务。

首尔办公室致力于为中韩客户提供最优质的法律服务,为众多中韩知名企业跨境投资及纠纷解决提供专业、高效的法律服务,支持中日韩国际商事调解中心建设,促进中日韩企业以调解解决商事纠纷。

第八章　谋道创新

2013年1月,德恒年满20岁。创业二十年,德恒建成了"千人大所",在某些方面也做到了"龙头表率"。对我这个创始人来说,可以向司法部复命了。恰在此时,更大的机遇来了……

2013年9月7日,习近平总书记在哈萨克斯坦发表演讲,提出:"为了使我们欧亚各国经济联系更加紧密、相互合作更加深入、发展空间更加广阔,我们可以用创新的合作模式,共同建设'丝绸之路经济带'。"①10月3日,习近平总书记在印度尼西亚国会发表《共同建设二十一世纪"海上丝绸之路"》演讲,提出:"东南亚地区自古以来就是'海上丝绸之路'的重要枢纽,中国愿同东盟国家加强海上合作,使用好中国政府设立的中国—东盟海上合作基金,发展好海洋合作伙伴关系,共同建设21世纪'海上丝绸之路'。"②

共同建设"丝绸之路经济带"和21世纪"海上丝绸之路"(简称"一带一路")是多么宏伟的构想!"一带一路"构想打动了我,德恒的国际化发展可不可以沿着"一带一路"的大道走呢?以2013年金秋为起点,"一带一路"建设作为承载时代使命的世纪工程,掀开了世界发展进程的新一页。③ 德恒也在"一带一路"建设中开启了新的国际化发展之路。

---

① 《习近平谈治国理政》,外文出版社2014年版,第287页。
② 《习近平谈治国理政》,外文出版社2014年版,第293—295页。
③ 参见《习近平主席提出"一带一路"倡议5周年:构建人类命运共同体的伟大实践》,载中华人民共和国中央人民政府官网,http://www.gov.cn/xinwen/2018-10/05/content_5327979.htm,查询时间:2022年1月12日。

一、"一带一路"国际合作新平台

"一带一路"共同愿景

2015年3月28日,国家发改委、外交部、商务部联合发布《推动共建丝绸之路经济带和21世纪海上丝绸之路的愿景与行动》(简称《愿景与行动》)。《愿景与行动》明确与相关国家及其市场主体以"共商、共建、共享"原则,进行"政策沟通、设施联通、贸易畅通、资金融通、民心相通",推进实施"一带一路"重大倡议。

丝绸之路经济带重点畅通中国经中亚、俄罗斯至欧洲(波罗的海)、中国经中亚、西亚至波斯湾、地中海,中国至东南亚、南亚、印度洋的国际大通道;以沿线中心城市为支撑,以重点经贸产业园区为合作平台,共同打造新亚欧大陆桥、中蒙俄、中国—中亚—西亚、中国—中南半岛等国际经济合作走廊等;以21世纪海上丝绸之路重点港口为节点,参与方共同建设通畅、安全、高效的运输大通道。中巴、孟中印缅两个经济走廊、RCEP国家也包含在"一带一路"朋友圈。

共建"一带一路"搭建起了包容、务实的广泛国际合作平台,150多个国家和30多个国际组织与中国签署了200多份共建"一带一路"合作文件,形成3000多个合作项目。有关企业和组织与中国相关方面签署了共建"一带一路"的第三方市场合作协议。

"一带一路"倡议源于中国,机遇和成果属于世界。

"一带一路"倡议已与蒙古国"发展之路"、哈萨克斯坦"光明之路"、印度尼西亚"全球海上支点"、匈牙利"向东开放"等战略、倡议对接。共建"一带一路"充分利用G20、亚太经合组织、上海合作组织、亚欧会议、亚信会议、澜湄合作机制、大图们倡议、中非合作论坛、中阿合作论坛、中拉论坛、中国—太平洋岛国经济发展合作论坛、世界经济论坛、博鳌亚洲论坛等现有多边合作机制,在相互尊重、相互信任的基础上开展经贸、民生等领域务实合作。

为应对全球气候变化的严峻形势,"一带一路"国际合作平台支持可再生能源发电站,绿色发展共建"一带一路"助力于建设更加美好的世界,构建人类命运共同体。

二、创建"一带一路"服务机制

"一带一路"服务先行

"一带一路"倡议提出后,很多国家的人士包括欧洲、亚洲、非洲甚至中国的官员、商人、银行家、律师和普通百姓等都对此充满好奇。什么是"一带一路"?"一带一路"跟律师有什么关系?怎么参加"一带一路"?怎么服务"一带一路"建设?

"一带一路"倡议就是搞建设做生意。通过认真研究"一带一路"倡议,我曾将自己的领悟告诉朋友:"一带一路"倡议就是促进世界上的人都来这些地方投资做生意。做生意的原则是"三共":共商、共建、共享。各国的人一块商量做生意。"要想富,先修路。""五通"是共建"一带一路"国家最迫切的需求,也是中国经济发展走过的成功之路。"一带一路"倡议,将全球投资贸易发展提升到"构建人类命运共同体"——利益共同体、命运共同体和责任共同体的新高度。"一带一路"把零零散散的国际投资贸易吸引到几十个国家的广阔区域,企业"走出去"有了方向。

入乡随俗,入境问禁。这是我多年做律师的体会。在境外做生意,企业面临的"随俗问禁"和打官司"十案九败"的问题十分突出。"一带一路"建设更是躲不掉、绕不开这些法律问题。如何破解这些难题?律师自然当仁不让。

2014年年初,我出差欧洲。荷兰冬天的夜晚寒气逼人,"一带一路"琢磨起来很烧脑。德恒1999年在荷兰"登陆"欧洲大陆,目睹中国加入WTO前后的变化,国际贸易迅猛增长,外商对中国的投资也迅猛增加。但很多企业也遭受到WTO"三反"调查和制裁,跨国跨境的纠纷不断增加。一些中国企业尤其民营企业开始关注到欠发达国家投资布局,将自身的优势产能转移到这些地区。"一带一路"倡议的提出,聚焦东西古代丝绸之路、海上丝绸之路国家,这些国家将成为巨大的投资首选地,急需的项目正是中国改革开放率先建设的"路道桥水火电"等。德恒的很多客户都会参与"一带一路"建设,所以要抓住这个时代机遇。

德恒长期服务跨境客户业务,尤其是近几年为"走出去"的中国企业提供了大量法律服务。共建"一带一路"国家有不同的法律生态、属于不同的法系,社会治理差别很大。每一个项目具体到对接落地阶段,其中法律问题很多,律师尽调任务繁重。很多企业首先考虑项目是否可行、能否赚钱,以及资金来源等,法律意识却不强。"一带一路"建设需要海内外信息、政策、法律、标准、金融、财务、咨询、环境、文化以及投资、交易、风控、化险和法律救济等专业机构提供的服务。这些服务单靠一个行业、一个单位单打独斗是不可能完成的,要靠很多的服务机构,要靠多方面的服务能力,多种类的服务工具和产品以及跨行业的专业人士。也就是说,大规模的跨境投资贸易需要高质量的商事与法律服务,需要建一个"一带一路"服务机制。

欧洲同事听了我的想法,他们大为赞同,但怀疑难度太大干不起来。接着我跟国内外的一些朋友,包括律师、会计师、商标专利代理人、投资银行、金融、保险公司和商会一遍又一遍地讨论、研究。大家最终达成共识:"一带一路"建设一定需要律师、会计师、评估师、审计师以及投资、咨询、设计等专业服务,一家一家地去找,费时费力,也不一定能找到最合适的专业机构和专业人士,应当创设一个包括众多专业服务机构在内,具有多种服务能力的一站式综合性专业服务平台。

"一带一路"服务机制

谁来创建这个平台?如何搭建这个平台? 在"一带一路"建设中,创办一个新的平台必须要有实体,要有法人形式,那就要"动本"即要看谁出资,所建的主体形式是有限责任还是无限责任。只要到这个层次,就会陷入传统的风险共担(Joint Venture, JV)形式。谙熟此道的法律、会计、商事机构,都不愿意出手。我反复琢磨研究,提出一个"一带一路"服务机制构想,英文表达为"The Belt & Road Service Connections"。构想建立一个既不合资也不合伙,既不投资也不担风险,既推广"一带一路"又能为其服务的多边专业服务联络机制。服务机制参与各方成员各司其职提供专业服务。在服务机制平台上,谁服务,谁收费,谁受益,谁承担责任。

我的构想受到中国产业海外发展协会、中国五矿化工进出口商会和中国民营经济国际合作商会、中非民间商会以及中国开发性金融促进会等单位的赞同和支持。尤其是以"商事调解"解决"一带一路"建设中的矛盾纠纷的想法受到著名"多元化纠纷解决"专家中国人民大学范愉教授、著名国际私法专家、清华大学车丕照教授和著名国际商事仲裁专家、对外经济贸易大学沈四宝教授的一致称赞和支持。我越谈越有信心,马上动手把"一带一路"服务机制的制度框架搭起来。

我在德恒找到几位专家型律师组成"一带一路"研究小组,其中有英国海归李嘉慧律师、美国海归贾辉律师和几位"80后"小朋友,有学习数学的谢征、物理学硕士刘利和学习外国文学的鞠思佳等。2015年,"一带一路"服务机制方案成形。如何开始运作?我们在等待那个历史时机。

在米兰启动"一带一路"服务机制。意大利 CBA 律师事务所(简称"CBA")的首席合伙人安吉洛·伯尼索尼(Angelo Bonissoni)发出热情邀请:"请到米兰来。"他说,中国 2010 年上海世界博览会特别精彩,2015 年世界博览会在意大利米兰举行,一定会让他印象深刻,欢迎"一带一路"服务机制在这里启动。意大利在"一带一路"上的地位确实不一般。我接受了意大利朋友的建议,确定在意大利米兰世界博览会期间启动"一带一路"服务机制。伯尼索尼先生作为"一带一路"服务机制意大利共同主席,负责主持启动仪式。

2015 年 10 月 1 日(当地时间),德恒与 CBA 等机构联合在意大利米兰召开国际投融资研讨会。在首先举行的"一带一路"服务机制启动仪式上,我宣布"一带一路"服务机制(BNRSC)成立。[①] 面对来自各国的金融、法律专业人士,我道出选择意大利米兰的理由:"选择在意大利推出这一机制,是因为意大利是古代丝绸之路的终点,也是海上丝绸之路的交汇点,现已成为东西方经贸交流与合作的热点地区。意大利总是在重大的时间窗口,承担起中国和西方的商贸文化科学等诸多交流,过去、现在、未

---

① 参见王星桥:《德恒律师事务所在意大利推出"一带一路"服务机制》,载中国民营经济合作商会官网,http://www.ciccps.org/News/Shownews.asp?id=680,查询时间:2023 年 1 月 12 日。

来都是丝绸之路的重要使者和益友。"

意大利前驻华大使白达宁(Bradanini)在启动仪式上致辞表示,意大利和中国之间首要的是相互了解,BNRSC有助于迅速向中国企业提供相关资讯,使其了解当地政治、经济和法律环境。① 伯尼索尼先生认为,BNRSC的法律服务从国际的角度来讲,可以给中国和意大利的企业带来好处,也可以给其他国家的企业带来好的服务,意大利本地的服务机构要有全球的思维,要紧跟全球的趋势。出席会议的意大利方面金融机构表示,愿意为来欧洲投资贸易的中国机构提供融资支持。

BNRSC宣告启动后,获得海内外多家商会、协会和法律商事服务机构的响应。BNRSC采用邀请制,邀请全球愿意为"一带一路"建设提供服务的法律与商事机构,包括律师、会计师、评估师、审计师、税务师等事务所,金融保险等各类服务机构进入服务机制。服务机制以项目需求为引导,以国别产业政策为保障,以专业研究为基础,以多边合作方式为组织实施,多层次资源配置,聚焦"项目对接、风险化解、纠纷调解"服务。这一机制将建成一个能为参与共建"一带一路"国家投资与项目落地实施和经贸往来提供系统服务的互动平台。BNRSC由德恒牵头发起,联络共同发起人有:意大利CBA律师事务所、奥地利Wolf Theiss律师事务所、中国民营经济国际合作商会、中国五矿化工进出口商会、中国产业海外发展协会、中国开发性金融促进会、中非民间商会、中国知识产权运营联盟、哈萨克斯坦国际商会、深圳罗湖法律服务中心和北京德恒公益基金会。随后,百余家法律、会计、评估、保险、金融、商协会等机构陆续接受邀请加入服务机制。可以说,BNRSC为专业中介机构打开了一扇创新服务之门。

"一带一路"项目对接服务

BNRSC的核心是服务,成员围绕"项目对接、风险化解、纠纷调解"核心功能,在"一带一路"投资贸易、基础建设以及文化交流、服务贸易等方面提供法律与商事综合服务。

---

① 参见王星桥:《德恒律师事务所在意大利推出"一带一路"服务机制》,载中国民营经济合作商会官网,http://www.ciccps.org/News/Shownews.asp?id=680,查询时间:2023年7月10日。

德恒主动投身"一带一路"建设,为我国企业"走出去"、为外国企业"走进来"提供大量项目对接实施法律服务。共建"一带一路"国家的国际工程、跨境投融资并购等成功案例都有德恒律师的身影。

助力法德中国彩灯文化节。2017年2月,法国盖亚克市与自贡市结为国际友好城市,签署系列合作协议,决定2018年年底在法国盖亚克市举办"环球灯会"。德恒吴建安博士和吴宇宏、邓桢等律师组成工作组提供双边服务。在中国彩灯火化节项目合作中,将纠纷解决首选BNRSC下的国际商事调解条款写入合作合同。该模式也被德恒律师服务于在德国汉堡举办的"感知中国+环球灯会",成为2017年G20峰会上的一道风景线。德国、法国举办"中国彩灯文化节"带动了英国朗利特、爱丁堡、爱尔兰都柏林等欧洲其他国家接连成功举办,受到当地政府的支持和民众的喜爱。中国彩灯文化节项目现已推广到日本、加拿大和美国等地。德恒作为本项目法律顾问一直跟进其全球推广。律师顾问以流利的法语、英语和汉语为中国彩灯传统文化"走出去"项目提供法律咨询和建议,促成外方和中方达成合作,起草中法、中英和法英等双语法律文件,参与协商谈判、沟通、翻译及落地行政手续的备案和办理等。德恒特别将BN-RMC写入合同来解决可能发生的纠纷,提高了中外合作互信,保证了项目的友好顺利进行。

斋月十日城电气化轻轨项目。2022年7月3日,德恒贾怀远律师牵头服务中国中铁—中航国际联合体建成埃及曼苏尔车站启用暨斋月十日城电气化轻轨项目通车。

服务中资企业承建卡塔尔首座光伏发电站项目。2022年10月18日,卡塔尔阿尔卡萨800兆瓦光伏电站投产,卡塔尔埃米尔(国家元首)塔米姆、首相兼内政大臣哈立德、能源事务国务大臣卡比等官员出席仪式。① 本项目由贾怀远律师牵头提供法律服务。

突破"法律不可能"——首例通过立法程序收购控股权项目。德恒陈巍律师受中国黄金的委托,担任收购俄罗斯国家战略级金矿——克鲁

---

① 参见《中国企业承建!卡塔尔首座非化石燃料发电站正式投产》,载京报网,https://news.bjd.com.cn/2022/10/19/10191013.shtml,查询时间:2023年1月14日。

奇金矿70%股权项目牵头法律顾问。但是俄罗斯法律明确禁止外国国有企业通过交易取得俄罗斯战略性企业的控制权,本项目推进难度很大。德恒律师认真研究、深入探讨论证,敏锐地发现俄罗斯《战略投资法》对外国国企投资的严格管控与目前中俄两国加强合作、鼓励投资的意愿存在矛盾。德恒律师提出从立法上寻求突破,即创立法律的例外来推进本项目的大胆设想。

德恒律师协调指导俄罗斯、英国、泽西岛及我国香港特区的律师进行全面严谨的法律尽职调查,代表客户谈判并起草极为复杂的交易文件,最终签署的文件达数千页。德恒律师积极协助客户与中俄两国政府部门沟通、反复谈判,最终促成中国和俄罗斯政府签署《中华人民共和国和俄罗斯联邦政府关于克鲁奇金矿开采项目合作协议》。2018年7月,该协议经俄罗斯国家杜马(下议院)、联邦委员会(上议院)分别审阅批准。2018年8月3日,俄罗斯总统普京批准该协议。项目获得俄罗斯法律上的豁免。2018年9月,印度阳光公司签署股权转让协议。2019年6月7日,目标公司70%股权完成转让交割。本项目开创了"金砖"国家框架下中、俄、印矿业开发合作的先河,具有里程碑式的意义。

创造性地依法办事办成事。德恒接受国家开发银行委托,担任其向某非洲国家提供主权授信贷款项目的牵头法律顾问,协调项目当地律师和贷款合同管辖法律师,为项目的尽调评审、融资文件起草及贷款变更等提供全程法律服务。本项目是在习近平总书记和该国总统共同关心和支持下实施的,是中非合作论坛又一个惠民成果的落地生根。

法律赋强风险防范与保险化险

BNRSC成员有多家保险公司,为海外工程建设承包商与分包商提供保险与再保险服务。德恒的法律服务为保险公司的保险赋强法律保障。贾辉律师带领团队完成项目交易架构设计,并参与具体保险产品的创新性设计,通过草拟海外工程保函、再保险临分协议、追偿权补偿协议及各类型担保协议,成功满足海外工程保障需求,并有效防控相应工程违约等风险的发生。同时,对于海外出单公司出具的保函进行再保险分入业务、追偿权或因保函发生变更或者出单公司行使任意解除权等行为受到的影响及担保母公司作为国有企业,其出具担保函保证承包商履行补偿义务的合规风险,德恒律师经过广泛调研及深入探讨,采用委托追偿关系模式,协助客户完成跨境交易的风险转移。

德恒还为2019年闻泰科技268亿收购荷兰安世半导体项目、新希望六合中法合资项目、浙江元筑并购荷兰AIRCRETE项目、总规模1000亿元人民币的中俄地区合作发展投资基金设立项目、中国最大海外工程投资172亿美元的印度尼西亚凯燕河5级水电站工程项目、投资42亿美元的科威特机场项目、沙特阿拉伯5000亿美元投资项目等提供法律服务。同时,BNRSC共建单位也通过各自的专业服务,提供各国有价值的项目信息及合作方资源,包括各国政治、经济及法律等研究报告和风险评估报告、项目尽职调查报告、海外投资分析报告、市场及客户分析报告、可行性分析报告、环境影响评价报告、政府审批报告等。组合专业团队提供项目信息和资源对接、财务、会计税务、审计、评估、金融及保险、人力配置、培训及其他商事服务。

形成国际合规治理与成员联动化险能力。服务机制依托共建单位平安保险、苏黎世保险、英国化险公司、江泰保险经纪公司、安保公司等,在安全保护策略与管理、合规及风险控制、危机预防与应对、全球外派人员安全、公司治理与内控监管、涉密信息与网络安全、全系列保险方案、知识产权与品牌信用、社会责任、道德及合规咨询、诉讼及争议支持、恐怖主义及安全事件处理、腐败/欺诈及监管调查、绑架勒索和威胁响应等多方面提供安全专业服务和危机预防与应对服务,为"一带一路"建设项目提供全球化险支持。平安保险开发了境外人身安全员工绑架险和海外投资并购保证保险和反向分手费保险;中保创科技提供海外保险损余物资在线拍卖服务;安保公司和全球性风险咨询公司为企业提供在各国应对恐怖主义、绑架等风险的解决方案等。

BNRSC的"项目对接、风险化解、纠纷调解"三大服务功能前后贯通,为"一带一路"建设提供了综合支撑及保障体系。[1]

---

[1] 参见孙莹:《国际商事调解12个案件化解风险涉及金额4亿元——"一带一路"综合服务的靓丽风景线》,载央广网,http://china.cnr.cn/gdgg/20180530/t20180530_524252596.shtml,查询时间:2023年3月10日。

三、创建一带一路国际商事调解中心

毋庸讳言,凡是合作就会有争议,就会有纠纷。商人间的矛盾最好用商事谈判沟通解决。"一带一路"项目建设投资、工程承包、货物贸易、服务贸易活动,要"遵循国际法治,注重商事调解"。

国际法治推崇国际商事调解

在各国及地区的法治体系中,商事调解作为多元化纠纷解决机制中的重要一员,已经被纳入国内和国际商事纠纷解决的法律程序之中。在双边和多边投资与贸易协议原则下产生的商事合同,采用"调解"的方式解决产生的矛盾与纠纷也受到联合国、欧盟等国际组织的鼓励。全球范围内的"多元化纠纷解决"或曰"替代性纠纷解决"商事争议得到快速发展,书写了当今国际法治的"和谐"篇章。

《联合国国际贸易法委员会国际商事调解示范法》支持因合同引起的与合同关系或其他法律关系有关的纠纷,应当事人请求,由"调解人"协助当事人设法友好解决。2014年7月,联合国国际贸易法委员会决定拟定一部旨在鼓励通过调解方式解决商事争议的公约。2015年年底,该委员会秘书处推出了国际商事调解公约和示范法初稿。2018年6月26日,该委员会第51次会议通过《联合国关于调解所产生的国际和解协议公约》。公约鼓励以商事调解替代诉讼解决国际商事争议的价值取向,支持当事人自主选择调解解决国际商事争议。

2019年8月7日,联合国第51届大会通过的《联合国关于调解所产生的国际和解协议公约》的最终文本在新加坡开放签署,亦称《新加坡调解公约》,包括中国、美国、韩国、印度、新加坡、哈萨克斯坦、伊朗、马来西亚、以色列等在内的46个国家和地区签署了公约。中国商务部前部长助理李成钢代表中国签署公约,该公约此后在纽约联合国总部开放供各国签署。[①] 我们在现场见证了这一重大历史时刻。

---

① 参见《中国签署〈新加坡调解公约〉》,载中华人民共和国中央人民政府官网,http://www.gov.cn/xinwen/2019-08/08/content_5419644.htm,查询时间:2023年10月12日。

《新加坡调解公约》的讨论产生过程,也是我们构思"一带一路"国际商事调解规则的过程。国际商事调解被各国及地区广泛接受,但是经过调解程序达成的调解协议或和解协议,能否获得执行？除了当事人自愿执行,能否获得各国及地区的执行程序便利,换句话说,能否具有执行中的法律强制力？这是"一带一路"建设和平发展,有效解决国际商事合作矛盾纠纷的关键。《新加坡调解公约》解决了这个难题。《新加坡调解公约》签署后,商事和解协议将得到跨国执行。国际律师协会(IBA)也引入了一套特别的投资人与国家间争端解决的和解规则。[1] 截至2023年,共有57个国家签署公约,12个国家批准公约。[2] 该公约已于2020年9月12日起生效。[3]

《新加坡调解公约》填补了通过调解方式解决国际商事纠纷的和解协议无法在相关国家或地区予以执行的空白。实质上。它也改变了国际仲裁在国际争端解决中"一裁定局""一裁独大"的格局。《新加坡调解公约》与《纽约公约》《选择法院协议公约》共同构建起了调解、仲裁、审判三足鼎立的国际民商事争议解决及执行框架,体现了国际投资贸易的多边主义,增强了商事调解组织的国际公信力和调解协议书的国际执行力。《新加坡调解公约》契合了"一带一路"共商合作的精神,可以看成法律版的"民心相通",也使得"一带一路"国际商事调解更加具有国际法治"硬"实力。

构建国际商事调解功能主体

以"法眼"观之,"一带一路"建设最大的忧虑是相关项目纠纷解决问题。从理论上说,"一带一路"投资建设项目形成的所有合同都有可能产生法律纠纷。所有的跨国跨境的商事法律矛盾纠纷,都需要当事人自己

---

[1] 参见毛晓飞:《商事和解协议有望得到跨国执行——访联合国贸法会秘书长Anna Joubin-Bret女士》,载法治网,http://www.legaldaily.com.cn/index/content/2018-05/21/content_7548856.htm?node=20908,查询时间:2023年1月10日。

[2] 参见《状况:〈联合国关于调解所产生的国际和解协议公约〉》,载联合国国际贸易法委员会官网,https://uncitral.un.org/zh/texts/mediation/conventions/international_settlement_agreements/status,查询时间:2023年11月17日。

[3] 参见《〈新加坡调解公约〉正式生效》,载中华人民共和国商务部官网,http://www.mofcom.gov.cn/article/i/jyjl/e/202009/20200903002931.shtml,查询时间:2023年10月12日。

选择纠纷解决方式,选择管辖国别、法律、机构,并且要事先写入合同。从实践上看,久负盛名的国际商事仲裁成为跨国跨境纠纷解决的首选。但"一裁终局"使得看起来"温和"的仲裁,成为不可再行救济的"终极"裁判。这种救济方式与"一带一路"的"共商、共建、共享",实现"构建人类命运共同体"还是不够契合。

如何把"一裁终局"的强硬裁判,转变为"你情我愿"的共商共享,关键在于将"一裁了之"转变为"调解和解"。"一带一路"商事调解需要两个关键因素:一个是规则,一个是机构。BNRSC构建了商事调解服务功能,邀请各国专家组成国际商事调解专家委员会。在专家委员会指导下,逐步建立起一个广域覆盖,便利联络,程序规则透明,简洁高效,省钱省力的商事纠纷解决平台。该平台是尊重当事人意思自治,推动调解公正独立、公平合理,自愿达成和解协议并履行的纠纷解决机制。

如何将BNRSC调解委员会的"纠纷调解"功能落地实施?需要创建一个能够承担国际商事调解服务的平台实体。这个平台创建需要"天时、地利、人和",而这一动力支持总是来得那么及时。2016年8月,最高人民法院《关于人民法院进一步深化多元化纠纷解决机制改革的意见》(法发〔2016〕14号)发布。该意见明确提出"推动多元化纠纷解决机制的国际化发展。充分尊重中外当事人法律文化的多元性,支持其自愿选择调解、仲裁等非诉讼方式解决纠纷。进一步加强我国与其他国家和地区司法机构、仲裁机构、调解组织的交流和合作,提升我国纠纷解决机制的国际竞争力和公信力。发挥各种纠纷解决方式的优势,不断满足中外当事人纠纷解决的多元需求,为国家'一带一路'等重大战略的实施提供司法服务与保障"。我研读后,与最高人民法院司法改革领导小组办公室的同志沟通切磋,提出愿意在该意见的基础上进行探索实践。于是,德恒依托BNRSC的国际资源和技术能力,与国家发改委、商务部、全国工商联的三家直属商协会共同发起成立北京融商一带一路法律与商事服务中心。

最高人民法院司法改革办公室致函融商中心(法改〔2016〕32号),邀请融商中心作为最高人民法院司法改革办公室"多元化纠纷解决机制改革项目子课题单位",要求融商中心"积极参与最高人民法院司改办组织的调研、试点和改革探索。完善BNRSC,为建立健全我国多元化纠纷解决机制作出应有贡献"。最高人民法院司法改革办公室原副主任王会伟指出,"中心的成立,是律师行业为国家'一带一路'重大战略提供司法服务与保障的重大尝试,也是促进各类纠纷解决机制跨界融合的实践基地,为商事调解制度创新、机制创新开辟了新天地"①。融商中心与BNRMC同步建立,开发了先进的覆盖全球的线上与线下对接的互联网调解系统,面向全球招募调解员,承接商事纠纷案件,开展包括但不限于"一带一路"国际商事调解工作。2016年10月18日,BNRSC在北京成立执行机构融商中心。② 中央电视台以《北京:一带一路法律与商事服务中心成立》播发新闻。

BNRMC调解平台实施调解与诉讼、仲裁、公证对接,线上与线下、国内与国外、官方与民间对接的"六对接"模式和"九统一"工作标准。BNRMC成立以来,国际商事调解工作进展迅速,在中国、意大利、法国、尼日利亚、巴西、泰国、老挝、马来西亚等国家和地区设立了110个线下调解室,全球690名调解员,其中外籍及港澳台籍调解员150名。BNRMC自2017年开始接办案件,受理案件数量逐年递增,目前总数达1.7万余件,其中涉外案件占7%。案件纠纷类型③以商事合同为主,当事人涉及中国及亚太、欧美、非洲等40多个国家及地区④。

制定调解规则与调解员诚信规范

融商中心以中国法律为本,参考联合国关于调解、互联网调解和调解执行等方面的公约和国际商事调解范例,制定《北京融商一带一路法律与商事服务中心一带一路国际商事调解中心调解规则》(简称《BNRMC调

---

① 《王会伟副主任在一带一路国际商事调解中心成立仪式上的致辞》,载一带一路服务机制BNRSC微信公众号,https://mp.weixin.qq.com/s/0X56qlDP7yUSM_zmVN0xYw,查询时间:2023年10月9日。

② 参见北京融商一带一路法律与商事服务中心网站,http://www.bnrsc.com/Home/Article/events/aid/114.html,查询时间:2019年7月10日。

③ 包括买卖、货运、租赁、股权、融资、保理和民间借贷、代位求偿、票据、信用卡、建设工程及道路交通、劳动争议、家事、侵权等50余种。

④ 涉外案件当事人来自美国、英国、奥地利、日本、巴西、澳大利亚、迪拜、老挝、巴基斯坦、马来西亚、泰国、越南、新加坡、加拿大、法国、丹麦、瑞士、百慕大、巴哈马、乌干达、坦桑尼亚、尼日利亚、中非共和国等40个国家及地区。

解规则》《北京融商一带一路法律与商事服务中心一带一路国际商事调解中心调解员行为规范》(简称《BNRMC 调解员行为规范》)、《北京融商一带一路法律与商事服务中心一带一路国际商事调解中心调解员任职条件》(简称《BNRMC 调解员任职条件》)、《北京融商一带一路法律与商事服务中心一带一路国际商事调解中心调解流程》(简称《BNRMC 调解流程》)及《案件管理工作流程(内部)》《办案文书指引(内部)》《"一带一路"法律查明中心法律查明服务规则(内部)》等一系列调解与法律查明规范和管理制度。融商中心将联合国国际贸易法委员会《关于网上争议解决的技术指引》倡导的"公正、独立、高效、实效、正当程序、公平、问责和透明原则"的基本理念吸收进 BNRMC 互联网调解制度。融商中心尊重国际法治和各国法律,尊重和考虑"一带一路"建设相关各国的国情与需求,关注国际商事调解与互联网调解发展情况,并为自身的发展与完善作出规范。

针对国际商事调解特点,《BNRMC 调解规则》开创性地提出了标准示范条款:"本合同各方一致同意将因本合同产生或与本合同有关的任何争议或分歧,先行提交 BNRMC 并按其当时所实行的调解规则调解,且该调解规则自动并入本条款。"该示范条款所体现的"调解前置"理念得到专家充分肯定,符合国际发展趋势,也是最高人民法院所推动的多元化纠纷解决机制司法改革的重要内容,并被中国北京、成都、深圳、西安、广州、珠海等地法院在多元化纠纷解决机制建设中成功实践。

BNRMC 在其网站发布了一系列调解与法律查明规范和管理制度规定,规范了 BNRMC 的原则、受案范围、职能以及调解的依据,以独立、公正、自愿、高效、节俭、保密为原则,受理包括但不限于与"一带一路"相关的国际商事纠纷。BNRMC 以当事人明示的法律适用选择为依据,并综合考虑公平、公正原则、国际商事惯例、市场规则以及各有关当事人所在地的公序良俗等进行调解,以保证调解协议的最终顺利履行。

BNRMC 以东方智慧吸收现代调解国际经验,把诉讼、仲裁、调解有机地融合到一个协调统一机制中,可以说是中国对于世界争端解决制度发展所作出的一份独特的重要贡献。BNRMC 的纠纷化解机制以更便捷、更具普适性的方式呈现在世界人民面前,供全球商事主体选择适用。

《BNRMC调解规则》在调解员选择、法律适用、调解时间空间选择、调解协议执行等方面体现"自愿共商"的法治特质。BNRMC在调解制度设计、运行机制和调解书的中外文本中体现了中国话语权。

建立BNRMC互联网调解系统

针对"一带一路"建设跨国跨境的调解需求，BNRMC开发了具有自有知识产权的互联网调解系统并于2016年10月18日上线运行，在国内首开国际商事网上调解（ODR）之先河，目前已升级至互联网调解会议版的手机版。当事人无论身在何处，无论何种状态，只要通过互联网登录调解中心网站（http://www.bnrmediation.com），就能够获得调解服务。当事人在网站上可以完成选择调解员、递交申请、提交材料、缴费等程序。BNRMC利用互联网智能辅助技术，将调解规则导引、调解员培训、纠纷案例学习、调解资源整合、远程调解、在线培训、诉调对接、在线确认等多项在线服务功能融为一体，形成独有的纵向贯通、横向集成、共享共用的在线纠纷调解模式，为纠纷双方和调解员提供更为有效的工作平台。

BNRMC在线调解系统上线运行这一新生事物引发了广泛关注。2016年10月21日，国务院新闻办公室播发消息："据了解，一带一路国际商事调解中心由北京融商一带一路法律与商事服务中心设立，是在最高人民法院司法改革办公室的指导下，经过多次研究讨论，共同推进的多元化纠纷解决机制的又一新成果。BNRMC的建立是吸收中国传统调解文化、借鉴现代调解经验的国际商事纠纷解决的'中国方案'，对于有效解决'一带一路'建设过程中可能发生的各类商事纠纷将发挥重要作用。"[①]

创制"六对接"工作模式

BNRMC的互联网调解能否在线下对接落地？如何保证调解协议中的"共识""承诺"获得司法确认并执行？且看"六对接"大招。

[①] 《一带一路国际商事调解中心网络调解系统正式上线》，载中华人民共和国国务院新闻办公室官网，http://www.scio.gov.cn/ztk/wh/slxy/31200/Document/1495095/1495095.htm，查询时间：2023年4月5日。

BNRMC 创造了"六对接"工作模式。BNRMC 的调解系统实现线上与线下对接、调解与诉讼对接、调解与仲裁对接、调解与公证对接、国内与国外对接、民间与官方对接。国际商事调解"六对接"从程序上将多元纠纷解决的司法改革成果等诸项规定与 BNRMC 互联网调解、国际商事调解、民间调解等优势有机结合起来,发挥出积极能效。

线上与线下对接。BNRMC 开发的在线调解系统可以便捷当事人在互联网上登录 BNRMC 网站申请立案、在线调解、在线签署调解协议,当事人也可以选择 BNRMC 与国内外机构合作设立的 100+线下调解室面对面调解,实现在数字技术支持下的全球多元纠纷解决线上线下对接与联动。

调解与诉讼对接。近年来,最高人民法院主导开展多元化纠纷解决司法改革,推动法院系统将传统的诉讼与调解组织开展"诉调对接"。最高人民法院和各地各级法院与融商中心在多元解纷方面开展了大量探索实践,形成指导规范。融商中心作为最高人民法院多元化纠纷解决司法改革项目子课题单位,此举推动了融商中心参与中国多元解纷改革理论探索与实践创新。

以北京市朝阳区人民法院调解室为例,BNRMC 与朝阳区人民法院创新建立"调解+速裁"合作机制。中心派调解员与秘书编入法官团队辅助处理案件。北京市高级人民法院将 BNRMC 纳入"北京法院诉调转案系统全市行业调解组织名录"。北京法院国际商事纠纷一站式多元解纷中心邀请 BNRMC 与 CIETAC、北京仲裁委员会等首批入驻。

BNRMC 与北京、深圳、珠海、广州、成都、重庆、西安等地(含 12 家自贸区)法院合作设立了 60 个诉调对接调解室,开展了涉外涉港澳台民商事、金融、知识产权、破产重整等案件诉调对接、调解加速裁、分级选择司法确认、调解书申请法院支付令等探索创新。最高人民法院领导到江西南昌、四川天府、新疆天山等地法院调解室调研,对 BNRMC 的调解工作给予充分肯定。司法部将融商中心纳入全国涉外法律服务示范机构评选名单。

调解与仲裁对接。"仲调对接"符合国际商事解纷潮流。BNRMC 受理的案件达成调解协议后,可以选择到合作的仲裁机构申请仲裁,请求仲裁委员会组成仲裁庭,按照和解协议的内容作出仲裁裁决。BNRMC受理的案件经调解但未达成调解协议的,当事人可以根据仲裁协议到仲裁机构申请仲裁,继续进行仲裁程序。经仲裁机构转交调解的案件,经调解达成调解协议的,当事人可以选择自动履行、司法确认执行、仲裁确认执行,也可以选择公证确认履行。仲裁机构转交的案件,未调解成功的,当事人可以继续依据仲裁协议申请仲裁,也可以选择起诉至法院等其他方式解决纠纷。BNRMC与CIETAC、中国海事仲裁委员会以及北京、广州等15家仲裁机构签订协议,开展调解与仲裁对接合作。

调解与公证对接。BNRMC与北京、成都、西安等各地公证处合作开展调解书公证、公证调解书申请法院支付令等工作。这项工作与公证领域的赋强公证既有竞争,又有合作。调解与公证对接对于已经达成调解、和解协议,但需要一定履行条件成就情况下的延迟履行提供了法律鉴证保证。

国内与国外对接。BNRMC与意大利、俄罗斯、荷兰、巴西、俄罗斯、哈萨克斯坦、马来西亚、老挝、泰国、尼日利亚、沙特阿拉伯等国家的仲裁、调解、法律服务机构合作设立国别或地域调解室,开展诉调、仲调和调解与调解对接。2019年,BNRMC与阿斯塔纳国际金融中心国际仲裁中心签约,积极探索调解、仲裁与诉讼的三方衔接,开创国内调解组织与国外法院、仲裁与调解组织直接诉调对接、仲调对接、调调对接的先例。2020年,BNRMC在国际法律机构和组织云集的荷兰海牙挂牌线下调解室。2021年年初,尼日利亚拉各斯调解室线下挂牌运行。2022年,BNRMC新设瑞士、厄瓜多尔、沙特阿拉伯等调解室,巴西圣保罗调解室获批注册。2023年,土耳其、南非调解室签约设立,中非民间商事调解中心和中日韩国际商事调解中心相继签约启动。全球线下调解室总数增至110间。

民间与官方对接。共建"一带一路"国家在进行投资、贸易以及工程建设等商事活动中所出现的矛盾纠纷最适宜以官方、半官方和民间商会组织等的参与下调解解决。BNRMC与BNRSC共建单位及官方、半官方机构包括国家发改委指导的中国产业海外发展协会和商务部指导的中国五矿化工进出口商会,中华全国归国华侨联合会、中华全国工商业联合会所属会员组织、商会、协会和资本市场主体行业管理组织,如证券基金业协会、期货业协会等形成联系机制。中国民营经济国际合作商会和中非民间商会参与发起BNRSC。同时，BNRMC与一些国外的官方半官方组织，如西班牙、葡萄牙的政府招商机构，哈萨克斯坦国际商会、仲裁机构、法院和巴基斯坦、秘鲁、巴西、俄罗斯工商会等国外半官方机构单位形成合作关系，共同推进商事调解的进行，以及调解达成的调解、和解协议的执行。一些国家的使馆领馆也欢迎以民间国际商事调解的方式来解决涉事国家商人之间的纠纷。

实施"九统一"工作标准

BNRMC通过制定"九统一"国内工作标准，从国内外调解室调解规则、线上线下管理制度、诉调对接办案流程、案件质量控制标准、类型案件调解标准、国内外调解员申请者资格认证与培训及资源配置等九个方面统一，打通纠纷的多元化解渠道，保障商事调解协议的执行。

一是调解规则统一。BNRMC建立完善了"一带一路"国际商事调解规则等系列调解制度体系，国内国外的调解员和线上线下设立的各国调解室均须遵守该等统一规则和统一示范条款。

二是线上线下管理制度统一。BNRMC建立了线上调解和线下调解管理规范，对调解室的运营管理、调解员培训考核、办案业务质量控制、风险合规、法律责任、推广宣传等活动实施统一规范管理。

三是诉调对接办案流程统一。BNRMC将自主接收调解案件和法院及相关机构委托调解案件以及调解员管理等梳理固化形成统一工作流程指引，统一办案环节设置，明确流程导引和预警，统一办案流程规范化技术支持。案件从接受委派、受理、正式调解到形成调解书、结案归档全程规范化运行，程序公开透明，便于当事人监督。

四是案件质量控制标准统一。BNRMC建立调解质量评查制度，统一办案结案质量控制标准，对案件数量、结案质量、流程监控、典型案例、调解成功率、调解书履行率等数据进行汇总分析通报；对调解室、调解员、调解秘书明确分工、落实责任，提高案件的调解质量和效率。

五是类型案件调解标准统一。BNRMC强化调解员钻研类型案件标准调解模式。各调解室通过审理案件、汇总编著指导性或参考性案例，建立完善类案调解指导制度,确保类案类调标准统一。

六是在线调解服务功能统一。BNRMC 互联网调解系统 3.0 版面向调解员、调解秘书、当事人三方用户,向国内外所有调解室提供案件当事人在线申请、进度查询、空中调解室在线调解服务;优化调解员信息查询、培训考核、后台案件管理与操作、结案归档等工作平台,实现申请、举证、质证、调解以及送达文书等程序在线完成;实现数字归档、信息共享、资源整合、数据分析和数据资源的保密与共建共享。

七是区域专业服务规范统一。BNRMC 致力于推动区域内商事调解与法律服务建设模式统一,搭建"标准+特色"的区域商事与法律服务平台。BNRMC 已在亚太、中欧、中亚和中国粤港澳大湾区、长三角、京津冀、济青烟等区域内建立自贸区多元解纷对接体系。BNRMC 开通"一带一路"法律查明在线服务,制定中英文查明规则,与广州等政法系统合作共建"一带一路"域外法查明(广州)中心,建立拥有 50 多家国内外知名法律数据公司和机构及 3000 多名专家的查明资源库。

八是调解员资格认证统一。BNRMC 对国内外调解员申请者实行统一资格认证与培训,将包括但不限于中国香港、澳门特区以及台湾地区的调解员须承认中华人民共和国一个中国原则作为调解员资格认证的前提。调解员须公平、公正、专业、独立。我所编著的《"一带一路"国际商事调解》(北京大学出版社)为调解员统一培训教材。

九是调解员资源配置统一。BNRMC 将调解员名单全部上网实名公开,资源配置公开透明,全球任何当事人可以自主选择调解员。根据域外国别需求,BNRMC 在国外的调解室调解员由中方和当地调解员组成。如阿斯塔纳调解室、吉隆坡调解室等各有中外 10 名调解员参与工作。

建立起覆盖全球的 100+线下调解室

BNRMC 对共建"一带一路"国家以及相关国家的商事纠纷调解服务能力取决于线上系统的进一步运作,也取决于线下调解室的实体建设。依托 BNRMC 线上线下、诉讼调解对接的这些机构及其开设在不同国家的分支单位,BNRMC 的国际商事调解服务已能够覆盖全球 80 个国家的

170个城市,实现了线上线下调解的结合与联动。

BNRMC与各方合作机构签署协议,依靠自身的机构网络建立线下调解室,为BNRMC的调解提供线上和线下的工作条件与服务。这些合作机构及其支持调解办公的地点包括:德恒在国内40个城市的办公室及其在巴黎、比利时、海牙、迪拜、纽约、旧金山硅谷、芝加哥等地的办公室,还包括意大利CBA律师事务所、奥地利Wolf Theiss律师事务所、瑞士Schellenberg Wittmer律师事务所、葡萄牙Abreu Advogados律师事务所等机构及其在各国的办事机构,都能够为BNRMC的调解工作提供办公、设备以及人力资源的支持。目前BNRMC建立起了在全球的近170个城市开展线上线下调解工作的基础。

未来,BNRMC将进一步加快海外调解工作室的布局进程,开拓国际商事调解业务市场,将"九统一"调解工作标准落实到全球调解系统,为快速增长的国际商事调解业务提供更完善的基础保障。同时,BNRMC要加强研究与探索,畅通线上线下业务流程,促使"一带一路"国际商事调解与不同国家、不同法律体系、不同法律语境和管辖下的商事调解对接,及时化解各种当事人,包括法人、自然人以及社会管理机构之间的纠纷,促进不同法域的司法确认,力争以调解机制解决"一带一路"建设中的矛盾与争议,促进"一带一路"建设"和谐"发展。

聘请600+全球专业调解员

BNRMC的调解员均须按照融商中心颁行的调解员条件和道德标准要求,通过申请批准程序加入BNRMC成为持调解员证书上岗的调解员。首先,申请者需要经过网上或网下申请程序,向BNRMC递交调解员申请书,随后参加BNRMC组织的专业培训与考核,考核合格者通过资格认证,获得BNRMC颁发的调解员证书,正式成为BNRMC的调解员。持证的调解员根据案件当事人的选择和BNRMC的任命,通过利冲审查后,可以承担BNRMC调解工作。

BNRMC现有国内外调解员690名,由张月姣、沈四宝、车丕照、范愉、陶景洲等知名专家、专业律师、仲裁员、行业专家和商界达人等组成。其中,外国国籍和中国港澳台籍调解员超过百名,占调解员总数17%。

BNRMC 调解员主要来自中国、美国、法国、英国、意大利、奥地利、荷兰、比利时、德国、瑞士、葡萄牙、西班牙、巴西、印度、马来西亚、老挝、泰国、尼日利亚、南非、新加坡等国家及地区,可以提供 18 种语言调解服务。

BNRMC 的调解员有的曾从事过立法、司法、审判、仲裁、调解、律师、商事、外交、教育、文化等多种职业,具有丰富的社会经验,对本国法律熟悉,对国际法治具有一定的知识与理解。有的还是某一专业领域的权威专业人士,例如,厄瓜多尔籍调解员赫克托·比亚格兰·西佩达(Héctor Villagran Cepeda)曾任厄瓜多尔交通部部长、厄瓜多尔驻华商务参赞,现任厄瓜多尔太平洋大学亚太中心主任,Villagran Lara Attorneys 合伙人。BNRMC 香港籍调解员石美云,从 2018 年起常驻深圳前海调解室,成功调解近百起涉港案件。BNRMC 澳门籍调解员许冰是澳门特区执业大律师,熟悉粤港澳大湾区法律法规,灵活运用多语言优势,成功调解横琴粤澳深度合作区人民法院委派的多起涉澳案件。

四、意思自治的商事调解受到推崇

坚持当事人自治的"和为贵"调解原则

法律是社会认同的共同行为规范。在形成法律、执行法律、修改法律、落实法律的过程中,社会成员需要表达自己的意志。反映到纠纷解决领域,纠纷解决需求与社会纠纷解决资源不平衡、纠纷解决机制发展不充分之间的矛盾日益突出,单一的司法救济渠道远远不能满足人民群众日益增长的多元化纠纷解决需求。[①] 社会管理模式的局限不能适应日趋复杂的社会公共事务的发展,有些矛盾纠纷需要整合国家、社会、企业、个人等各种力量,综合运用法律、行政、经济、社会等各种方法予以调和解决。矛盾纠纷解决需要坚持人民当家作主和依法治国的有机统一,充分发挥各类社会主体的自主性、自治性,尊重当事人意思自治,合理设计诉讼与非诉讼纠纷解决方式之间的协调与衔接,为纠纷当事人提供适宜、高效、便捷的纠纷解决方式和路径。

[①] 参见龙飞、赵毅宇:《赋强公证制度在多元化纠纷解决机制中的功能定位》,载中国法院网,https://www.chinacourt.org/article/detail/2018/06/id/3330018.shtml,查询时间:2023 年 7 月 10 日。

国家治理体系与治理能力是一个国家制度和制度执行力的集中体现。多元化纠纷解决机制作为社会治理体系中的重要组成部分，需要职能主体和利益主体的多元参与，共同制定发展目标，各主体平等协商、相互作用，打造共建共治共享的社会治理新格局。① 这是中国社会由"管理"迈向"治理"的根本原因所在，也是实现人民当家作主和依法治国有机统一，实现国家治理体系和治理能力现代化的重要举措。

"和为贵"的调解理念在中国有数千年传统，调解以其平等和谐、灵活柔韧、协商互利以及便利、快速和经济等优势，最适应国际经济活动规律和需求，多元化纠纷解决司法改革实践形成具有中国特色的资源整合、功能互补、相互协调的多元化纠纷解决体系，充分尊重了"自治—调解—裁判"的纠纷递进解决规律。②

调解应是国际法治解纷首选

目前，世界上许多国家都鼓励当事人通过调解机制解决纠纷，各国关于适用调解机制的活动也在不断开展。调解制度与调停、仲裁、专家裁定等共同构成了替代性纠纷解决方式。替代替纠纷解决机制（ADR）最早起源于20世纪80年代的美国，由于当时商事纠纷激增，法院负担过重，为了减轻法院负担，ADR应运而生。自此之后，ADR在英国、澳大利亚、日本和德国等国逐渐开展起来。ADR的理念及其关于调解的法律、规则、办法、公约、规范等，无一例外地受到各国的欢迎，各国相继出台与调解制度相关的法律，为该制度的运行与发展提供法律和制度方面的保障。例如，1998年美国的《联邦替代性纠纷解决法》、1999年英国的《伦敦国际仲裁院调解规则》、1997年新加坡的《社区调解中心法令》等。俄罗斯的调解制度随着国际社会上ADR的兴起，才逐渐确立。俄罗斯的调解制度主要适用于解决经济、劳动、家庭等因民事法律关系产生的纠纷。多元纠纷解决、替代性纠纷解决、在线纠纷调解、诉讼调解对接、调解书司

---

① 参见龙飞、赵毅宇：《赋强公证制度在多元化纠纷解决机制中的功能定位》，载中国法院网，https://www.chinacourt.org/article/detail/2018/06/id/3330018.shtml，查询时间：2023年7月10日。
② 参见龙飞、赵毅宇：《赋强公证制度在多元化纠纷解决机制中的功能定位》，载中国法院网，https://www.chinacourt.org/article/detail/2018/06/id/3330018.shtml，查询时间：2023年7月10日。

法确认与司法执行等,成为21世纪全球司法改革的主要方向。低成本、小代价、快速解决矛盾纠纷,成为全球和平发展的法治与社会治理领域的主旋律。

2018年,中央全面深化改革领导小组会议审议通过《关于建立"一带一路"国际商事争端解决机制和机构的意见》,倡导通过调解、仲裁等方式解决国际商事纠纷。最高人民法院支持建立"一站式"国际商事纠纷多元化解决机制,设立国际商事法庭。2020年10月,中国贸促会联合全球40多个国家和地区的商会法律服务机构,共同发起成立国际商事争端预防与解决组织。

习近平总书记在第三次"一带一路"建设座谈会上对继续推动共建"一带一路"高质量发展提出部署,要求在"一带一路"建设中"要坚持把非诉讼纠纷解决机制挺在前面"。高质量发展就是要提高投资质量效益,更好控制风险,有效解决法律纠纷,推动共建"一带一路"相关方更高水平合作,不断降低亏损,取得新的收益与成效。

"一带一路"国际商事调解及互联网调解系统这一新生事物,既有对多元纠纷解决方式的理论探讨,又有立法方面的制度创新和法治建设方面的改革实践,还有和国际法治理论与实践的对接与探索。BNRMC的实践已经在国际上树立起"独立、中立、专业"的法治形象,从已经调解成功的案例来看,BNRMC能够为"一带一路"建设真正获益,提供看得见、用得上的法律服务与保障。

商事调解实践法律公正价值

"一带一路"建设参与方是互利互惠的利益共同体,在签订合同时,建议首选调解解决纠纷;在发生纠纷时,"坚持把非诉讼纠纷解决机制挺在前面"。在BNRMC的帮助下,不少商事纠纷的当事人化干戈为玉帛,握手言和。

跨越时空与疫情的握手言和——国际买卖合同纠纷调解案。2021年4月14日,某巴西出口商就因疫情引起的咖啡豆买卖合同纠纷自主向BNRMC提出调解申请,经北京调解室联络,位于大连的被申请方同意参与调解,并经由当事人同意指定调解员后,选定用英文进行调解。BN-

RMC 协助分处四地的当事方代表、第三人及调解员开始时差下的调处工作。在资深调解员陈辉的主持下,本案先后召开四次线上调解会议,邀请第三人加入调解,历时四个月成功签订调解协议。在涉案欠款支付方式及库存货物处理等关键问题上,双方均作出了妥善安排,并在约定时间内自动履行完毕。至此,涉案历时两年,几近断联的双方得以握手言和,争议得以根本化解。巴西方还介绍引导其他巴西企业向 BNRMC 提交调解申请。本案从双方完全断联加之疫情的阻隔,到调解成功并自动履行完成,为国际商事贸易的纠纷解决提供了宝贵的经验。

粤港澳大湾区调解室七子联动,推广"内地+港澳""双调解"模式。"一个国家、两种制度、三个关税区、三种货币"之下的粤港澳大湾区建设,是新时代中国特色社会主义法治建设的重大课题。2019 年《粤港澳大湾区发展规划纲要》支持粤港澳仲裁及调解机构交流合作,为粤港澳经济贸易提供仲裁及调解服务。《全面深化前海深港现代服务业合作区改革开放方案》(2021)、《横琴粤澳深度合作区建设总体方案》(2021)和《广州南沙深化面向世界的粤港澳全面合作总体方案》(国发〔2022〕13号)均要求粤港澳大湾区要搭建一站式民商事纠纷解决系统平台。前海是"特区中的特区"和中国新一轮改革开放的"桥头堡",承担"深港现代服务业合作区""国家自贸区试验区"和前海保税港区等国家战略,也是国家唯一批复的社会主义法治建设示范区。

2017 年 7 月,深圳市前海合作区人民法院(简称"前海法院")院长带队到 BNRMC 调研,就"线上线下对接、诉讼调解对接"案件的管辖权确定、对接机制建设、线上调解信息化等探讨切磋。2018 年,双方签订《建立诉讼与调解相衔接多元化纠纷解决机制合作协议》,一带一路国际商事调解中心前海法院调解室挂牌,建立"常驻调解员+资深调解员"的联合调解模式,26 名经验丰富的调解员进驻前海法院开展调解工作。自此,BNRMC 在广东自贸区南沙、横琴片区及深圳、东莞、香港特区、澳门特区等地的调解室调解员陆续与法院多元解纷机制对接,形成粤港澳大湾区调解室七子联动。

在一起美国著作权侵权纠纷案件中,因争议双方注册地、实际营业地均在不同城市,遂启动在线视频调解系统。双方当事人分别在北京和深圳的调解室参加调解,由在北京的外籍调解员和在深圳的调解员共同主持调解。双方达成调解和解并在线在《调解协议》上进行电子签名,自动履行结案。当事人对线上调解的过程非常满意,认为这种调解模式既经济又高效,应该被广泛推广。

在一起涉港澳物业服务合同纠纷系列案中,31起案件的被告均涉港澳。周笑银调解员与当事人以家乡话沟通,与法院立案庭紧密配合。该系列案近半数在调解后以被告自动履行、原告撤诉的方式结案。

珠海横琴调解室2022年成功调解房地产合同纠纷系列案,涉及96个案件。海南省某地一开发商在销售其旗下物业产品时推出其促销产品,消费者购买后,其购房优惠以月度返还的形式由关联的广东横琴公司逐年返还。2020年下半年横琴公司出现延付或暂停履行的情形,业主遂在横琴法院起诉。因该纠纷争议人数众多,为化解矛盾避免激化舆情,横琴法院委派至珠海横琴调解室集中调解处理。谭伟华调解员组织专班小组展开调解工作。该系列案标的额大、群体性纠纷多、社会敏感度高。通过协调管理,建立类案跟踪的工作方法,通过法院平台的衔接,紧密跟踪类似案件的处理过程和结果,调解员的高效协作打破传统调解员单打独斗的局面,扩展纠纷化解的承载量,第一时间协助法院化解纠纷舆情,解决当事人的纠纷争议。

粤港澳大湾区调解室涉港案件以民间借贷、居间委托合同、股权转让纠纷居多,涉澳案件以道路交通、知识产权、遗产继承、不动产纠纷居多。当事人涉及中国大陆与港澳台地区以及亚太、欧美、非洲等40多个国家。

融资租赁纠纷商事调解成功获司法确认。2020年,某融资租赁有限公司(简称"申请人")与中国某能源工程、某智慧能源、某国能电力有限公司以及分别位于湖南、江西、浙江、江苏等地的7家子公司(简称"被申请人")及第三人因融资租赁合同纠纷发生争议。各方将争议提交北京调解室,选择以调解方式解决此次"同一申请人、不同被申请人"的7件系列争议。2017年9月,申请人与被申请人签订《融资租赁意向书》,约定由申请人提供最高额不超过人民币5亿元的融资租赁额度,全部用于被申请人的子公司购买天然气分布式能源站生产设备,后签署《融资租赁合同》、不可撤销的连带责任《保证合同》。申请人按照《融资租赁合同》

的约定向设备出卖人支付了租赁物购买总价款,履行了出租方的租赁物价款支付义务。但被申请人逾期支付租金及利息。七案共计逾期支付租金及利息约合人民币2200万元。

本案融资租赁纠纷法律关系比较复杂,法律适用涉及物权法、合同法和民事诉讼法等相关法律。申请人在向BNRMC提交调解申请前,各方当事人曾就案涉纠纷进行多次协商沟通,但就和解方案的内容均无法达成一致。被申请人及第三人分处各地,案涉五方,七案"串联"。调解员认为,案件事实清楚,争议点主要集中在剩余租金本金的支付方式、逾期利息计算方式以及因被申请人未开具增值税专用发票致使申请人未能及时抵扣进项税额。调解员通过补充增加第三人加入调解,协助申请延长调解时间等程序,使被申请人充分感受到调解工作人员对和平解决争议所做的努力,认识到协议履行方式等相关问题的可调解性。各方在程序上通力配合,历时四个月,摒弃分歧。2021年3月,各方在北京调解室签订调解协议。申请人随即就调解协议向北京市西城区人民法院提交司法确认申请书及承诺书。2021年4月,本案经西城人民法院出具司法确认民事裁定书。

本案的典型意义在于BNRMC是设立在北京市西城区的独立调解组织,已和全国40多家法院签订诉调对接合作协议,从而被各法院纳入特邀调解组织,已处理案件近2万件。本案当事人依据BNRMC出具的调解协议依法向北京市西城区人民法院申请司法确认于法有据,法院出具的司法确认裁定也赋予调解协议以司法强制力,对于纠纷及时有效解决、降低当事人维权成本等具有示范作用,也为积极推进调解组织与人民法院多元纠纷解决和诉讼服务体系对接提供了成功的实践探索。从已有的司法实践来看,在通过司法诉讼手段解决融资租赁纠纷压力与日俱增的情况下,调解机制愈发成为一项化解融资租赁纠纷的重要选择。

成功调解涉阿富汗、伊拉克商事合同纠纷。义乌作为一座融入全球的城市,现有各类外资主体8000多家,其中外商投资合伙企业2000多家,约占全国的70%。近五年起诉至法院的商贸纠纷数量,每年均达5000余件。2021年6月,融商中心与义乌市贸促会正式签署《合作框架协议》,BNRMC调派具有丰富调解经验的调解员驻场义乌市国际商事法律服务中心,协助义乌市贸促会逐步建立国际商事纠纷调解流程及机制,通过调解高效化解国际商事纠纷。

2020年4月,阿富汗商人穆罕默德向常州某公司采购一批电器,双方签订《采购合同》约定,采购金额总价为65万余元。此后穆罕默德按照合同约定内容支付了一定数额的定金。其后,买卖双方因合同无法履行,约定取消订单并签订退还定金的协议。但常州某公司仅退还部分定金。穆罕默德寻求 BNRMC 帮助,希望可以解决合同纠纷。骆江斌调解员受理并负责调解。案件受理后,调解员仔细审阅研究采购合同和定金退还协议,并与当事人进行深入沟通,不断缓和当事人之间因不信任而产生的摩擦。调解员基于双方合同约定对双方争议焦点事实进行逐一核实,为当事人系统解读涉案法律规定;参考类似案件的法院判决,对相关责任分配问题进行分析,引导双方以互利共赢的态度进行协商,结合实际情况对还款方案作出合理约定,最终达成新的可实际履行的还款方案,纠纷得到圆满解决。

骆江斌调解员受理的另一起调解案件,双方当事人分别为伊拉克买方和诸暨卖方,双方于2019年曾就一批服装的买卖达成约定,货款总额达100万美元。合同履行过程中,因伊拉克买方资金周转困难,故仅支付了部分货款,剩余近数十万美元款项迟迟未能结清。鉴于涉案款项已拖欠两年多,故诸暨卖方申请调解。调解员在了解基本事实后,一方面向伊拉克买方释明拖欠货款的法律后果及责任,另一方面也与诸暨卖方沟通,希望其考虑双方以往友好合作的关系适当调整欠款金额。经过数轮沟通,并经调解员居中对双方诉求意见的反复撮合和确认,双方最终达成一致的解决方案并签署调解协议,伊拉克买方即时履行了义务并清偿了双方最终达成一致的10万美元货款。此类纠纷是义乌市外贸纠纷中的典型案件,近年来,浙江义乌、青田、丽水等地涉外商事纠纷案件数量增长趋势明显,以商事调解化解此类涉外经贸纠纷具有重要示范意义。

多元纠纷解决机制改革背景下的仲调对接。在多元化纠纷解决机制改革背景之下,打通调解与仲裁的对接渠道,相互借力,有机衔接,协同发展乃改革应有之义,在现有仲裁机构"仲调结合"的体例之下,2019年,北京仲裁委员会与 BNRMC 合作承办了一起仲调对接案件,申请人有6项仲裁请求,当案件转接到 BNRMC 时,经过张月姣调解员 5 个小时专业耐心的调解,调解成功 4 项请求。各方签署了调解协议。当案件转回到仲裁程序后,仅有两项需要仲裁。当事人认为此种仲裁与调解对接的方式务实、高效、节省,张月姣调解员不愧是当过 WTO 上诉机构大法官,水平很高,又很接地气。

成功调解涉德国企业的货运代理合同纠纷。2021 年 6 月 18 日,天津自由贸易试验区人民法院完成了一起涉外商事案件的调解工作,本案系天津首例通过"多元化解'一带一路'国际商事纠纷机制"完成调解的案件。本案系德国某公司与天津某国际物流股份有限公司之间的货运代理合同纠纷。双方因国际货物运输合同的履行产生纠纷,如若适用正常的审判程序,将涉及德国法律的查明、涉外证据的收集等流程,审判程序非常烦琐,不但会极大增加原、被告双方维权的时间、经济成本,还会对本地企业走出国门开展国际合作带来消极影响。立案后,原、被告双方各持立场,天津自由贸易试验区人民法院法官与 BNRMC 调解员对案件进行联合调解,本着公平公正的原则,经过多轮调解、线上线下反复沟通,完成了案件的调解,从立案到完成调解,仅用了两个月时间。调解员王治刚介绍道,在调解初期,双方对各自该承担的责任与费用争议很大,"我们尽量考虑了双方损失的因素,最后双方当事人都非常理解,各自做了一些让步,而且也对'一带一路'国际商事调解非常感兴趣,觉得通过 BNRMC 解决很方便,不用天天打官司,可以做到一次性了结"。对于调解过程和结果,"方便"也是企业最直接的感受。"我们觉得这个结果很好,确实在调解过程中节省了很多的时间和精力,加快了双方达成一致的速度。"被告方代表、天津某国际物流股份有限公司项目负责人表示,作为业务中的委托方,公司在调解过程中也进行了部分妥协,但纠纷的迅速有效解决并未损害双方合作基础,双方均有意向继续合作,签订新的合作协议。

天津自由贸易试验区人民法院 2020 年 8 月 21 日成立"一带一路国际商事诉调对接中心",与融商中心建立合作机制。2021 年 4 月 20 日"一带一路国际商事调解中心天津滨海新区(自贸)法院调解室"设立,正式开展"一带一路"国际商事多元解纷工作。

涉澳家事纠纷温情化解。2022年3月,横琴法院法官和BNRMC澳门籍调解员联合调解一起涉澳抚养权纠纷。该纠纷双方已于多年前离婚,婚内育有一子。其中一方为澳门籍人士,另一方为未成年子女的抚养权人,其因病无法继续履行抚养义务,澳门籍人士遂向横琴法院起诉请求抚养权的变更。进入审理程序后,当事人双方向法院申请诉中调解,横琴法院委托BNRMC进行诉中调解。珠海横琴调解室通过广东法院诉讼服务网一体化诉讼服务平台向被告送达调解告知书,经多方协商后采用线上视频调解的方式进行。该诉中调解采用审判员、调解员联合调解的形式,结合线上线下合并调解同时进行,其中一方当事人以线上方式出席。

许冰调解员是澳门特区执业大律师,特别询问了争取抚养权一方当事人的抚养意愿、工作情况及经济保障能力,很快梳理了事实情况,当事人对抚养权的变更均表达了自己的意见,达成一份抚养权变更的调解协议。法院以该协议为基础制作调解书,圆满地解决了案涉争议。此次联合调解以横琴法院为平台基础,携手BNRMC真情服务两地人民群众,家事纠纷温情处理,为深合区的多元化纠纷解决提供新路径。

尼日利亚友人三年纠纷三日调解结案。2014年,尼日利亚籍Joyce(化名)向深圳X公司购买了一批电子元器件。买方Joyce收到货后,认为卖方X公司的部分货物质量不符合要求,经几次要求补换货后,货品质量、数量仍然不符合要求。Joyce想与X公司面谈,但对方拒绝接听电话和任何沟通。2018年8月,Joyce到前海法院求助。前海法院工作人员引导Joyce先采用调解程序。

BNRMC港籍调解员石美云与尼日利亚籍当事人耐心沟通,充分尊重当事人的调解意愿,提出了初步调解方案。被申请人接到电话,情绪十分激动,向调解员诉说自己的难处和不满。调解员讲述了申请人的苦衷,最终被申请人在电话中承诺补货,此方案经调解员沟通说服得到了申请人的同意。第二天,被申请人立即履行自己的承诺,发出补换货物,验收合格后,履行完毕。短短三日之内,本案就履行完成。尼日利亚籍申请人Joyce手写了一封感谢信:"中国的线上调解专业、高效、便捷!为调解效率点赞。"

多元解纷巧化解涉韩知识产权纠纷系列调解案。2020年7月,广东自由贸易区南沙片区人民法院(简称"南沙法院")转给我一起涉外知识产权纠纷系列案。韩国某动漫公司对多名中国籍被告提起诉讼,主张其享有著作权的多个动画形象被被告擅自用于商品销售宣传,严重侵害原告的合法权益,并给原告造成巨大的经济损失。

借助广州市中级人民法院在线纠纷多元化解平台,我指派调解秘书林启迪与案涉各方取得联络,并就各方调解意向分别进行充分沟通。各方当事人对侵权事实基本没有争议,对于赔偿金额和被告责任的分担,两方都讳莫如深。于是,我采用当事人自治方式,让他们自己谈好赔偿,不过问具体数额,各方自动履行后由我签字结案。这一招很奏效,当事人自愿达成和解并签订协议。被告方在签署调解协议后两个工作日内即履行完毕赔偿付款义务,我作为调解员在线签署了调解协议,原告方收到款项当日即向法院申请撤诉。在该系列案调解过程中,一切流程手续及案件报告全部在线完成并提交法院,调解的保密、便捷、高效性也得到了当事人的高度认可。

通过这一系列案的成功调解,我有两个体会:一是调解员要充分依托互联网、大数据和人工智能技术,有效利用法院和各调解组织已经建立的互联网数据资源,实现在线阅卷、邀请召开调解会议、视频调解、文书制作、自动归档等。二是调解员要充分尊重国际商事调解的当事人自治,尽一切努力促使当事人自行协商一致,自愿达成责任承担合意,从而自动快速履行调解协议约定,有效避免执行困难。通过调解解决此类涉外知识产权及竞争纠纷,亦是为完善国际知识产权多元化纠纷解决机制所作出的积极探索。

五、打造"一带一路"服务机制全球影响力

"一带一路"服务机制

俗话说,行百里者半九十。一些创新之举,下了文件,挂了牌子,开了大会,上了媒体,然后,就没有然后了。我带领以德恒律师为主体的专业队伍全情投入,出钱出力出人,全力推进,打造"一带一路"服务能力建设,形成可持续发展的长效机制。

2016年5月25日,在哈萨克斯坦阿斯塔纳"博鳌亚洲论坛能源资源与可持续发展会议暨丝绸之路国家论坛"亚欧产能合作分论坛上,我受邀作题为《对接"一带一路"与"光明之路",共创哈中美好未来》的发言。我认为,"一带一路"对接"光明之路",将推动区域协同发展,助力全球经济复苏。①。

2016年9月4日,经济日报社、中国经济网、经济日报新闻客户端联合主办"经济圆桌"节目。我在对话中提出,"一带一路"是拉动世界经济发展的一个增长点、动力源;中国企业在"一带一路"沿线输出了大量先进的项目和产能。②

2017年5月14日至15日,第一届"一带一路"国际合作高峰论坛在北京举行。在光明智库、光明网主办的《"一带一路"光明谈》系列视频访谈中,我与清华大学车丕照教授就"一带一路"建设中的法治建设、法律政策和纠纷解决进行评论。③ 我认为,"一带一路"建设的基本原则是共商、共建、共享,通过"五通"来具体实现。几乎所有的基础建设,包括高速公路、铁路、港口、码头、电厂等项目最终都要落在合同上。合同就是一个法律文件,这些法律文件包含项目实施、技术标准、融资需求等,需要贷款担保、保险等专业机构的参与。法治建设是"一带一路"建设的基础,法律服务关口一定要前移,在项目刚开始的时候,法律人才就要上到第一线去,跨国的BNRSC正是缘起于此。

车丕照教授认为:这是个很好的机制,这个创新是把公司、协会、行会、律师事务所以及中介机构连接起来,提供全方位的服务,而且约定将来一旦出现纠纷,到这个机构来按照规则调解,这是一件非常有意义的事情。这是一个合法的有效的契约安排,由法律保障效率。要注重柔性和刚性结合。一些政府间的协议、备忘录、企业间的宣言、倡议等,都是既有刚性一面,又有很大的弹性。这也将会是中国对国际法治的贡献之一。

2017年5月21日,《民主与法制时报》以《"一带一路"法律服务的探

---

① 参见《蓝迪国际智库出席博鳌亚洲论坛能源资源与可持续发展会议暨丝绸之路国家论坛》,载中国日报网,http://caijing.chinadaily.com.cn/2016-05/26/content_25478767.htm,查询时间:2023年1月10日。

② 参见《王丽:中国企业在"一带一路"输出大量优质项目》,载中国经济网,http://www.ce.cn/xwzx/gnsz/gdxw/201609/05/t20160905_15604430.shtml,查询时间:2023年1月10日。

③ 参见《"一带一路"中的法治建设:为"五通"助力护航》,载光明网,https://theory.gmw.cn/2017-04/25/content_24292121.htm,查询时间:2023年1月10日。

索者》为题对 BNRSC 进行专题报道:首创 BNRSC 平台,随后又提出并建立 BNRMC,为中国参加全球治理的法律实践探索出一条新路。①

2017 年 6 月 21 日,《首都建设报》专题报道《创新"一带一路"法律综合服务机制》。② 2017 年 7 月 21 日,我撰写《打造我国"一带一路"商事调解的中心地位》③一文。2017 年 8 月 31 日,北京市国有资产监督管理委员会的培训会上,我作《"一带一路"产能合作与风险防范》专题报告。国有资产监督管理委员会与企事业单位主、分会场 2000 余人接受培训。2017 年 9 月 7 日,司法部领导,北京市委、政法委调研德恒,对"一带一路"建设争端解决中实施国际商事调解给予充分肯定。

2020 年,在中国法治国际论坛上,我发言建议"把国际商事调解作为'一带一路'争端解决首选",尽快通过商事调解法,尽快批准《新加坡调解公约》。2021 年 11 月 5 日,在福建厦门海丝中央法务区启动大会暨首届论坛我受聘首批"海丝中央法务区专家顾问",提出探索建立海丝争端化解新支点。

《关于"一带一路"国际商事调解原则的宣言》

2018 年 10 月 10 日,BNRSC、融商中心和意大利 CBA 律师事务所在意大利罗马召开"'一带一路'国际商事调解论坛暨'一带一路'国际商事调解中心调解规则评议研讨会"(简称"罗马会议")。会议由《BNRSC 调解规则》起草人与中国、意大利、英国、法国、德国、奥地利、西班牙、荷兰、巴西、俄罗斯、印度、巴基斯坦、尼日利亚等各国专家对 BNRMC 的调解规则展开研讨与评议。经过 10 月 9 日的预备会和 10 日的评议研讨,与会各国专家对《BNRMC 调解规则》的原则给予充分认可,通过并形成《关于"一带一路"国际商事调解原则的宣言》。来自 12 个国家的 21 个机构和调解员代表签署该宣言,意味着国际社会承认 BNRMC 的构建符合国际

---

① 参见张晓娜:《"一带一路"法律服务的探索者》,载民主与法制网,http://e.mzyfz.com/paper/paper_17202_4733.html,查询时间:2023 年 1 月 10 日。
② 参见《创新"一带一路"法律综合服务机制》,载首都建设网,http://sdjsb.bjd.com.cn/html/2017-06/21/node_300.htm,查询时间:2023 年 1 月 10 日。
③ 参见王丽:《打造我国"一带一路"商事调解的中心地位》,载人民法院报网,http://rmfyb.chinacourt.org/paper/html/2017-07/21/content_127998.htm?div=-1,查询时间:2023 年 1 月 10 日。

法治并对国际商事纠纷解决提供公共产品与制度贡献。国际法律专家、律师共同见证了东西方的和谐共赢与国际调解事业的最新发展。①。

鉴于《关于"一带一路"国际商事调解原则的宣言》在罗马创制,该宣言简称为《罗马宣言》,于2018年10月10日对外公布。《罗马宣言》公布后,引起国际上一些法律机构和调解组织的关注,并支持"一带一路"国际商事调解重要原则,相继申请加入并签署《罗马宣言》。次日,新华社以《多国签署〈罗马宣言〉指导"一带一路"国际商事调解》为题刊发新闻。签署并发布针对"一带一路"国际商事调解具有重要指导意义的里程碑式文件《罗马宣言》,是中国律师参与国际法治的生动实践。

《一带一路服务机制北京倡议》

"一带一路"倡议提出十年来,"一带一路"精神被写进重要国际机制成果文件,日益成为国际合作共识。一大批重点合作项目全面推进,共建"一带一路"得到全球范围内的支持。

2019年4月25日至27日,第二届"一带一路"国际合作高峰论坛在北京举办。4月25日上午,《一带一路服务机制北京倡议》(简称《北京倡议》)发布会在北京召开。来自中国、意大利、印度尼西亚、马来西亚、厄瓜多尔、巴西、英国、越南、俄罗斯、新加坡、德国、奥地利等多个国家律师事务所、调解中心、仲裁中心的代表近百人与会。意大利安吉洛·博罗索尼(Angelo Bonissoni)先生、英国尼尔·桑普森(Neil Sampson)先生和资深调解员塞西莉亚·林赛徐(Cecilia Xu Lindsey)女士、奥地利克里斯蒂安·米科施(Christian Mikosch)先生、印度尼西亚法比安·巴迪·帕斯库尔(Fabian Buddy Pascoal)先生、越南奎恩(Quyen)女士、新加坡钟庭辉(Chung Ting)先生及厄瓜多尔前交通部长、资深律师合伙人赫克托·维拉格兰·塞佩达(Hector Villagran Cepeda)先生等讨论《北京倡议》文本,并承诺将贡献全球服务能力融入北京"一带一路"服务平台。

最终,12个国家的23个机构和代表共同签署《北京倡议》。《北京倡

---

① 参见韩家慧:《多国签署〈罗马宣言〉指导"一带一路"国际商事调解》,载新华网,http://www.xinhuanet.com/2018-10/11/c_129969561.htm,查询时间:2023年1月10日。

议》是针对创新"一带一路"服务模式,推广 BNRSC,将全球服务能力融入北京"一带一路"服务平台的里程碑式的文件,推动 BNRSC 在"项目对接、风险化解、纠纷调解"的舞台上发挥越来越大的作用。

同日下午,我受北京市发展和改革委员会邀请出席第二届"一带一路"国际合作高峰论坛地方合作分论坛,发表题为《以全球专业能力服务"一带一路"建设》的演讲并宣布《北京倡议》发布成果,我向来自各国的政府官员们介绍"共商"建立 BNRSC,"共建""一带一路"全球专业服务能力,"共享""一带一路"项目服务成果,亮出以国际商事调解解决"一带一路"商事争端的"东方经验"和"北京名片"。人民网、光明网、央广网、环球网、法治网、北京周报、21 经济网、学习强国等多家媒体平台以《〈一带一路服务机制北京倡议〉在京发布》《一带一路服务机制主席王丽:为丝路建设贡献专业服务力量》等为题报道、转发,受到国内外社会的关注。①

《"一带一路"绿色金融宣言》

2019 年,在韩国首尔世界律师大会年会(International Bar Association,IBA)期间,BNRSC、中国产业海外发展协会、韩国仲裁学会、融商中心共同主办"一带一路"综合服务能力建设论坛(简称"首尔论坛")。亚洲金融合作协会、中国民营经济国际合作商会、中非民间商会、德恒等单位共同支持,来自中国、韩国、英国、美国、意大利、奥地利、巴西、印度、哈萨克斯坦、越南、厄瓜多尔、智利、秘鲁、波兰等国家和地区的金融、评级机构和法律服务机构,专家学者、法官、仲裁员、调解员、法律专业人士和百余名嘉宾出席论坛,围绕"一带一路"服务能力建设和金融支持、《新加坡调解公约》在各国的协作与执行、"一带一路"国际商事调解和调解员履职能

---

① 参见相关链接:http://epaper.gmw.cn/gmrb/html/2019-04/30/nw.D110000gmrb_20190430_2-06.htm,查询时间:2023 年 1 月 10 日。
http://news.gmw.cn/2019-04/30/content_32795724.htm,查询时间:2023 年 1 月 10 日。
http://m.people.cn/n4/2019/0426/c23-12635809.html,查询时间:2023 年 1 月 10 日。
http://world.huanqiu.com/exclusive/2019-04/14791162.html?agt=15438,查询时间:2023 年 1 月 10 日。
http://www.legaldaily.com.cn/index/content/2019-04/26/content_7843852.htm?from=groupmessage,查询时间:2023 年 1 月 10 日。

力及"一带一路"法律与商事服务等议题进行深入探讨。

在首尔论坛上,56 位各国代表共同签署了《"一带一路"绿色金融宣言》(Declaration on the Principles for "Belt and Road" Green Finance),支持可持续性发展原则和"一带一路"绿色金融,关注在共建"一带一路"国家的投资经营活动对气候、环境和社会方面的潜在影响,了解东道国相关社会文化环境标准、法律法规,将环境、社会和治理(ESG)因素纳入决策过程,开展深度环境和社会尽职调查,必要时,在第三方机构的支持下制订风险防范与管理方案,持续推动绿色金融原则在 BNRSC 各机构及其相关机构的适用和落实。

BNRMC 专家委员会主席张月姣女士在论坛致辞表示,为中小企业在海外项目中减少风险,提供服务、融资及以调解的形式和平解决争议是促进"一带一路"项目落地实施非常重要的主题。BNRMC 的丰富案例说明 BNRSC 这个平台是起作用的。面临当前的国际形势和全球经济下行影响,BNRSC 要聚焦功能创新,依托人才优势开展专业问题研究,在国际上依法科学地维护权利和权益;BNRMC 要关注案件调解质量,打造国际商事调解典型案例和国际商事调解专业人才窗口;调解员要积极承担推广作用,钻研同类案件标准调解模式,推动服务机制向纵深发展,提升服务价值。她表示,服务机制的创设体现了一种民间法律与商事服务机构的开拓精神、家国情怀,凸显了法律人的责任心、事业心、进取心。

《共建"中欧班列通标"北京倡议》

"一带一路"建设历时十年,很多项目已落地实施,铁路通车、电厂发电,部分项目进入收获期。新冠疫情期间,中欧班列有效拉动亚欧贸易,而中欧班列数字丝绸之路需要数字经济的支持。

2022 年 9 月 2 日,中国服贸会第七届"一带一路"综合服务能力建设论坛暨 RCEP 金融与法律服务发展论坛在北京召开,论坛发布《共建"中欧班列通标"北京倡议》,倡议秉承"普惠包容、合作共赢"理念,倡导融通国际货运协约协定标准,推行中欧班列通标,提升数字化服务能力,服务共建国家地区经济发展。BNRSC 与北京市法学会系此次论坛共同主办单位,北京市发展和改革委员会、中国地方铁路协会、中国香港特别行政区投资推广署、斯里兰卡驻华大使馆、西班牙马德里投促署中国(北京)代表处、中国铁路经济规划研究院有限公司、中国国际金融股份有限公司等国内外相关政府部门、商会协会、企业单位、专家学者、金融及法律界实务工作者以及多家媒体积极参与,近百人现场参加论坛。

第十二届全国政协副主席、国家电子政务专家委员会主任王钦敏视频致辞,他对自BNRSC启动以来,一直坚持"一带一路"综合服务能力建设,致力于项目对接服务、风险化解服务和国际商事纠纷调解服务取得的成绩表示祝贺,并支持此次论坛关注公共数据和社会数据在资源要素的融合、赋能数字经济走出去项目方面的问题,支持论坛发布《共建"中欧班列通标"倡议》。

中国航天科技集团有限公司高级技术顾问(中国工程院院士、国际宇航科学院院士)王礼恒,从战略高度要求,加快信息网络基础设施的建设,推动空间信息基础设施的升级,加快布局卫星通信网络、卫星互联网的建设,提升卫星通信、卫星导航定位、卫星遥感的支持能力,构建全球覆盖、高效运行的通信导航遥感空间信息体系,要做好"天地一体、云网融合",为更多的用户提供服务;要加强国际合作,加快服务贸易数字化的发展,希望在原"一带一路"空间信息走廊的基础上,推动数字丝绸之路的深入发展。他现场签署《共建"中欧班列通标"北京倡议》并表示,中欧班列是中国与欧洲及"一带一路"国家经贸合作的重要载体,制定中欧班列国际统一运行的规则标准,提供过境的便利,对提高运行效率意义重大。

中国工程院原副院长、中国工程院院士邬贺铨指出,中国的服务业和其中的数字服务业以及数字服务贸易的发展目前仍然低于世界平均水平,数字服务业和数字服务贸易是新的机遇。数字服务有很强的贸易属性,特别是跨境服务、云服务等平台型服务,为服务业企业"走出去"提供了更丰富的路径。"一带一路"国家在RCEP和CPTPP等框架下应积极合作,研究跨境数据流动,法律是数字服务贸易的保障,在促进数字服务贸易发展中应不断完善相应法律并提供更好的法律服务。

"一带一路"综合服务能力建设论坛

"一带一路"综合服务能力建设论坛是BNRSC的重要阵地,从2016

年首届开办,已连续举办了八年,每年在国内外分别召开两场论坛,国内论坛在中国服贸会期间举办,国际论坛在 IBA 大会期间举办。"一带一路"综合服务能力建设论坛取得突出成果。新华网、人民网、央广网、法治网等多家媒体报道及转载播发逾千篇次。① 这段不平凡的发展历程值得回顾。

2016 年 5 月 29 日,首届"一带一路"综合服务机制高峰论坛(2016)暨"一带一路"服务机制第一次全球会员大会在北京召开。② 近百家商协会、企业进行项目推介,以信息整合、资源共享、风险化解和纠纷调解为主线,促进国内外专业服务机构和企业就共赢参与、互利合作展开研讨。大会选举产生 BNRSC 主席团,创建融商中心,作为服务机制落地执行机构。

2017 年 5 月 31 日,BNRSC 举办第二届"一带一路"法律与商事综合服务能力建设论坛;10 月 9 日,在澳大利亚悉尼举办"一带一路"服务机制 2017 悉尼论坛。两论坛主题为"专注服务,创造价值,提供让机制成员和社会大众受益的综合服务",就 BNRMC 及其在线调解系统服务、加强法律与商事服务理论研究与能力建设进行交流研讨。③ 第二届能力建设论坛提出服务机制能力建设规划蓝图和实施步骤,促进服务能力与需求对接。中国社会科学院国家全球战略智库常务副理事长兼秘书长王灵桂在论坛上作《"一带一路"国际合作峰会解读》的主旨演讲。他提出,用大的历史眼光、大的科学眼光来看"一带一路",就能清楚地理解"一带一

---

① 相关链接:http://www.xinhuanet.com/silkroad/2018-10/11/c_129969561.htm,查询时间:2023 年 1 月 10 日。

http://caijing.chinadaily.com.cn/2016-05/30/content_25537962.htm,查询时间:2023 年 1 月 10 日。

http://www.xinhuanet.com//fortune/2017-06/01/c_129623067.htm,查询时间:2023 年 1 月 10 日。

http://www.legaldaily.com.cn/Lawyer/content/2018-05/31/content_7557985.htm?node=75895,查询时间:2023 年 1 月 10 日。

http://www.cnr.cn/sxpd/shgl/sf/20190429/t20190429_524596436.shtml,查询时间:2023 年 1 月 10 日。

② 参见《"一带一路"综合服务机制高峰论坛(2016)在京举行》,载中国日报网,http://caijing.chinadaily.com.cn/2016-05/30/content_25537962.htm? 920,查询时间:2023 年 1 月 10 日。

③ 参见邱晓敏:《一带一路商事与法律服务能力建设峰会在京举行》,载新华网,http://www.xinhuanet.com/fortune/2017-06/01/c_129623067.htm,查询时间:2023 年 1 月 10 日。

路"倡议的背景。它是一个面向全球的倡议;"一带一路"实现五通,最关键的最重要的是"民心相通";要打造自己的话语体系,去影响感召"一带一路"沿线所有的参与者;希望 BNRMC 能够推广到全世界,把所有的矛盾都调解好,这样"一带一路"的建设会欣欣向荣,更加繁荣。

2018 年 5 月 30 日,第三届"一带一路"综合服务高峰论坛暨"一带一路"服务能力与综合需求对话论坛(2018)在北京举办。六个项目需求对话小组分别进行了绿色投资、产业园区、互联网交易、争端解决、化险服务等方面的研讨对接①,总结交流服务机制发展和国际商事调解的全球实施工作。10 月 10 日,举办罗马会议——"一带一路"国际商事调解论坛,发布《罗马宣言》。

2019 年 4 月 25 日,第四届"一带一路"综合服务能力建设论坛在北京举办;9 月 28 日,"一带一路"服务能力(2019)首尔论坛在韩国首尔召开。北京会议签署发布《北京倡议》,首尔论坛发布《"一带一路"绿色金融宣言》。两会承诺将全球服务能力融入北京"一带一路"服务平台,支持可持续性发展原则和"一带一路"绿色金融。

2020 年 9 月 7 日,第五届"一带一路"综合服务能力建设论坛(2020)暨一带一路国际商事调解中心全球调解员大会在北京举办。中国服贸会展会序厅将"'一带一路'法律与商事综合服务平台"与青蒿素、中欧班列等八珍并肩列展,在展台上,印有中英文调解员名字的红金丝带迎风飘舞。2020 年 6 月,中国商务部发函将"一带一路"法律与商事综合服务平台作为北京市服务业扩大开放综合试点最佳实践案例向全国推广。

2021 年 9 月 5 日,第六届"一带一路"综合服务能力建设论坛在北京举办。论坛以"'一带一路'与北京'两区'建设法治环境保障"为主题,授牌启动北京市"一带一路"法律商事创新服务平台,集中讨论"双循环"新发展格局下,推进共建"一带一路"高质量的发展与创造北京"两区"建设良好法治环境,合作搭建和项目推动落实该届中国服贸会倡行的"服务促

---

① 参见苏明龙:《2018 第三届"一带一路"综合服务高峰论坛暨"一带一路"服务能力与综合需求对话论坛在京召开》,载法治网,http://www.legaldaily.com.cn/Lawyer/content/2018-05/31/content_7557985.htm? node=75895,查询时间:2023 年 1 月 10 日。

进发展"。

2022年9月2日,第七届"一带一路"综合服务能力建设论坛暨RCEP金融与法律服务发展论坛在北京召开。论坛重点研讨"数字经济赋能'一带一路'高质量发展"与"RCEP金融与法律服务发展",将解决通勤对接、一票到底等数字技术问题列入服务能力建设议题,发布《共建"中欧班列通标"北京倡议》和《RCEP成员国外商投资及并购法律指南》,推动BNRSC链接RCEP。

2023年9月4日,第八届"一带一路"服务机制全球大会暨法律与商事综合服务能力建设论坛在京举办。我在《全球专家服务"一带一路"和谐共赢》主旨报告中总结了八年来BNRSC致力于法律商事综合服务能力建设,在项目对接、风险化解和纠纷调解服务方面取得的成果和贡献。南非国际仲裁中心、广州汇智蓝天法律查明中心和敦煌市司法局分别与融商中心签署合作协议。中国人民大学范愉教授、北京金融法院李艳红副院长和来自中国、巴基斯坦、马来西亚、澳大利亚、尼日利亚、纳米比亚等20多个国家的大使、参赞、BNRMC调解员、法律查明人员和律师分享了项目对接、风险和化解与纠纷调解诉调对接等国际法治理念与成功经验。大会发布《拉美十二国外商投资及并购法律指南》和《纳米比亚投资项目精准对接指引》。

BNRSC八年奋斗,硕果累累。

六、创建"一带一路"创新服务平台

创新是人类社会发展的源泉,法律服务创新是法治社会发展的不竭动力。德恒与融商中心对标北京"两区""三平台"服务需求,落实共建"一带一路"规划要求,精耕细作"一带一路"法律服务市场,巩固发展BNRMC,创新建立北京市"一带一路"法律商事创新服务平台。在创办国际一流律师事务所的征程中,德恒与融商中心两轮驱动,互相赋能,比翼奋飞。

在新发展理念指引下,在"十四五"开局之年,北京作为首都锚定率先基本实现社会主义现代化目标,加快构建新发展格局,建设现代化产业

体系,实行高水平对外开放,提升国内国际双循环水平,全力推动"两区"建设和"三平台"机制化运行,打造改革开放新高地。

2020年9月11日上午,中央政治局委员、北京市委书记蔡奇到德恒进行"两新"组织党建工作调研。我汇报德恒党员律师服务中心大局,办好老百姓委托,做"顶天立地"的律师和创新服务"一带一路"的做法。蔡奇书记肯定德恒党建、服务基层、业务做得好,鼓励我们为北京"两区""三平台"建设多作贡献。

建立起5+1创新服务平台

2021年春天,我向北京市委领导呈交《"服务北京'两区''三平台'建设,创建'一带一路'法律商事服务创新产业平台"方案》。该方案经北京市"两区办"、北京市推进"一带一路"建设工作领导小组办公室调研推动,市长陈吉宁批示。9月2日,北京市推进"一带一路"建设工作领导小组办公室下发《关于同意成立"一带一路"法律商事创新服务平台的函》(京"一带一路"办〔2021〕10号),要求融商中心充分发挥专业资源优势,积极推进"一带一路"法律商事创新服务,搭建商事调解服务、项目融资服务、法律智库服务、科技法律服务和法律查明服务等平台。

2021年9月5日,在中国服贸会"一带一路"与北京"两区"建设法治环境保障暨第六届"一带一路"综合服务能力建设论坛上,北京市发展和改革委员会党组成员、副主任,北京市推进"一带一路"建设工作领导小组办公室副主任戴颖宣读《北京市"一带一路"法律商事创新服务平台》批函,正式授牌启动"一带一路"法律商事创新服务平台(简称"创新服务平台")。10月20日,在2021金融街论坛年会平行论坛上,融商中心发起共建"金融街创新服务智库",聚集金融法律国际人才,防范与化解金融风险。①

创新服务平台聚合BNRSC国际资源,吸引国内外专业服务机构入驻,形成包括专业智库,项目咨询与融资,双向经贸投资中的企业合规体

---

① 参见《来了!来了!金融街论坛上的法治声音》,载搜狐网,https://business.sohu.com/a/496427107_121106842,查询时间:2023年4月23日。

检、域外法律查明与尽调、风险预防与纠纷多元解纷,科技法律服务,涉税早期中立评估,产业及综合法律商事服务等"5+1"法律商事创新服务功能。

创新服务平台之智库服务

融商中心立足"一带一路"法律与商事服务能力建设,撰写调研报告与研究报告。2017年,完成北京市法学会年度课题"'一带一路'背景下北京市打造商事纠纷解决中心的路径"的研究报告;2019年,向中国法学会提交"中华人民共和国商事调解法"的立法建议及草案专家意见稿;2020年,完成中国法学会年度部级法学研究重点委托《构建疫情防控国际合作体系研究》报告;2021年,完成《〈新加坡调解公约〉与北京市打造"一带一路"商事纠纷解决中心的对接路径探析》研究报告;2022年,完成"北京市在国际交往背景下的域外法律查明路径研究""北京市'两区'建设法治环境保障"法学研究重点课题。2020年,出版专著《"一带一路"国际商事调解》。

融商中心的研究与实践受到国家有关部门和社会的关注,也给了我们更多发展机会。2019年,我受邀在第二届"一带一路"国际合作高峰论坛地方合作分论坛发言,发布由各国机构签署的《北京倡议》。2020年,我受邀在中国法治国际论坛(2020)发言,建议"把国际商事调解作为'一带一路'争端解决首选"。2021年,我受邀在"2021首都法学家沙龙——涉外法治人才培养专题研讨会"发言,提出涉外法治人才培养建议。2021年与2022年,我作为福建省海丝中央法务区首届专家,两次演讲推进BNRSC链接RCEP的中国方案。在国家发改委与全国工商联专题会上,我就"六稳""六保"企业高质量"走出去",共建"一带一路"等提出建议。2022年,作为全国政协第十四次专家协商会专家,我就"粤港澳大湾区多元化纠纷解决机制的建立与完善"建言。在中国国际经济交流中心与中国产业海外发展协会共建"一带一路"座谈会上,我提出中国要尽快批准《新加坡调解公约》的建议。在国家发改委外资司(港澳台办)与香港特区政府投资推广署中资企业在港投资及科创合作座谈会上,我发言提出,要加强科创知识产权保护与数据出境服务。

创新平台之金融街创新服务智库

融商中心落实京"一带一路"办〔2021〕10 号文件要求,在金融街论坛年会(2021)上发起"共建金融街创新服务智库倡议"。中国期货业协会、新华基金、意大利 CBA 律师事务所等国内外百余家金融与法律专业机构积极响应。金融法律服务既是防范化解风险的殿后者,更是金融创新制度设计的领衔者,还是金融运行监管风控的护航人。金融风险防范是金融界的急难愁盼,金融专家与法律专家合作需要共同的服务平台。

2022 年 4—6 月,金融街创新服务智库与融商中心牵头与中央和京津冀三地 35 个法律金融机构合作举办"京津冀"协同助力金融稳定与发展系列实务论坛。在主题为"以多元解纷护航金融发展"的天津分论坛上,最高人民法院法官希望融商中心充分用好优势资源,发挥平台纽带作用,助力打造金融纠纷调解的金字招牌。2023 年 4 月 7 日,金融街创新服务智库与亚洲金融合作协会财富管理合作委员会、北京仲裁委员会、德恒金融专业委员会共同举办"财富管理和金融资管争议"专题活动,从财富管理的供给侧变革、财富管理领域典型产品风险观察、高净值个人的个税管理、金融资管争议解决深度观察、资管争议仲裁新发展、争议解决视角下的金融资管等多角度分享真知灼见,我提出,金融法律服务要领衔制度创新,投资者保护、合规经营和风险管控成为财富管理业务重要的发展方向。

金融街创新服务智库已发表文章报道百余篇,研究形成《养老项目法律风险防范指引》《碳排放权法律属性及质押规则研究》《元宇宙现状及法律问题研究》《资管领域信义义务规则体系》《保险公司合规管理风险防范指引》《2022 年度金融资管争议解决深度观察》《德恒财富管理风险案例集(2022)》《德恒财富管理年度法律观察(2022)》《2022 年度金融资管争议解决深度观察》等。

创新服务平台之商事调解服务

随着北京市"两区"建设的纵深发展,各类涉外民商事纠纷案件大幅增长,应当做好风险防控工作。依托 BNRMC 国内外调解员优势及在线调解系统搭建的创新服务平台、调解平台，引导企业做好纠纷解决设计，以调解赢得时间，以时间换取空间，优先通过调解解决问题，提升国际商事调解水平，降低区域内企业损失和减少解纷成本，保障企业合法权益，为"两区"建设提供高质量的法律服务，共建良善法治。

创新服务平台之项目融资服务

创新服务平台启动与"一带一路"节点城市、专精特新聚集区域、新能源产业、科技创新产业平台与自贸园区等相关项目。2022年以来，项目对接平台，牵手需求与供给方，发布专精特新"小巨人"企业培育与融资指引，推介"保险理赔企业冗余资产处置"等项目，为优质项目匹配融资、法律、财务咨询等专业服务资源，精准对接专业服务。2023年，平台项目对接扩展到20多个国家大使馆的招商推广活动。这些国家的驻华大使参赞亲自到访德恒，与融商中心和德恒联手开展商务项目推介。纳米比亚大使馆与长沙办公室在长沙召开的推介会就有多个企业意欲加深与纳米比亚的项目对接。

创新服务平台之域外法查明服务

融商中心建立"一带一路"域外法查明中心和合作数据库，根据法院、仲裁机构或企业需求委托查明域外法律，包括目标地的成文法、权威判例、法律适用规则、政策、国际公约等，为中国和欧美及"一带一路"沿线80多个国家180多个城市与法域等出具查明处理书，开展全局性、战略性、前瞻性的研究咨询和服务工作，提升区域内企业风险感知、识别和防范能力，提升北京法院国际商事纠纷一站式多元解纷中心司法审判与纠纷解决的国际法治水平。

创新服务平台之科技（院士）法律服务

德恒目前已经为中国科学院和中国工程院以及两院院士进行法律服务三十年，德恒客户都在人工智能、量子信息、生物技术等前沿技术领域具有中国最高水平，有的在全球也处于领先水平。促进高精尖人才与产业向北京聚集，德恒有得天独厚的条件。德恒律师担任国家网信办和北京市

"两区"办数字跨境试点工作专家组成员,支持北京市2020年11月启动的数据跨境流动安全管理试点工作,举办数据安全宣讲会,就《数据出境安全评估办法》的重点难点,同300多家企业闭门研讨交流,解疑释惑。

院士法律服务再出发。2023年4月26日,融商中心、德恒联合中国科学院、中国工程院进行"科技法律服务大会及世界知识产权日系列活动"。杨振宁、王礼恒、陆佑楣等20位院士出席大会,有很多院士写来了祝贺信函。在会上,我报告了院士公益法律服务工程实施情况,总结了服务中国科学院和中国工程院及全体院士三十年的成果,和向院士学习、向科学家致敬的德恒人心路历程。王礼恒院士情真意切的视频讲话感动了场内外参会法律人和科技工作者。大会向三位律师颁发终身成就奖。在最新科技挑战、法律风险防范、知识产权维权三个论坛上,院士专家与法律专家分享了精彩前沿科技。在青年科技法律工作者座谈会上,超前的思维与挑战启迪新一代法律人摩拳擦掌,表示要不忘初心,把院士法律服务和青年科技工作者服务结合深化、提质增效,勇于接受挑战,解决科技法律需求。

为响应北京市打造国际科技中心的计划,德恒将两院院士公益法律服务工程与科技(院士)法律服务中心并行工作,为院士及其团队、科研企事业单位、科技人员提供知识产权和科技创新发展技术转化、投资孵化、突破"卡脖子"的技术与资金瓶颈服务。科技(院士)法律服务平台将改变把科技等同专利简单交易变现的粗放路子,不断把科学技术成果转变成生产力。

中国品牌,北京名片

融商中心创建以来,开局好,起步实,踏石留痕,步履稳健,完成了《北京市推进共建"一带一路"三年行动计划(2018—2020年)》赋予的任务,又承担了《北京市推进"一带一路"高质量发展行动计划(2021—2025年)》打造"1+N"国际商事法律服务平台重要任务,积极推进"一带一路"法律商事创新服务平台建设。

2023年3月22日,在北京国际投资合作研讨洽谈会上,北京市发展和改革委员会副主任戴颖表示,首都开放型经济逆势增长,国际投资快速恢复。五年来，北京地区累计进出口总值近14.6万亿元，累计实际利用外资超过750亿美元；累计对外投资超过340亿美元，存量突破110亿美元，在全国排名第三；对外投资遍布全球六大洲139个国家和地区；涉及国民经济统计体系的全部18个行业。德恒和融商中心已将RCEP投资并购，中日韩区域合作，中日韩国际商事服务，纳入持续发展的增长极。为了更好地为企业保驾护航，北京国际化商事法律服务能力不断提升。北京拥有2000多家律师事务所，约3万多名执业律师，外国代表机构80多家，涉外律师人才数量全国第一，本地律师事务所境外分支机构遍布全球，BNRMC已拥有690名专业调解员和上万名法律、财务、金融保险等行业的专家、律师、会计师、评估师、审计师等，境内外线下调解室达110间，累计调解成功案件达两万余件。[1]

展望未来，我深信，有"一带一路"倡议的十年实践，有BNRSC的八年奋斗，有"一带一路"法律与商事服务和国际商事调解的两轮驱动，德恒今后的发展将是前景远大，前途无量。德恒将聚焦新时代推进共建"一带一路"新发力点努力工作：扩大BNRSC朋友圈，链接RCEP；深化融商中心和BNRMC服务；聚焦数字经济支持"项目对接、风险化解、纠纷调解"作出新成效；落实四个宣言倡议提出的各项任务；发挥"一带一路"法律商事创新服务平台五功能；着力将"六对接"覆盖到线下调解室；坚持以服贸会为依托，办好新一届综合服务能力建设论坛；充分挖掘平台资源，提供咨询、信息、查明、化险、调解、培训、论坛、智库八个方面的创价服务；将"九统一"调解工作标准落实到全球调解系统，在国际法治的"全球实践"中，铸造"一带一路"法律商事创新服务的中国品牌、"北京名片"。

---

[1] 参见马婧：《北京服务展现软实力》，载北京日报客户端，https://bjrbdzb.bjd.com.cn/bjrb/mobile/2023/20230927/20230927_022/content_20230927_022_1.htm?storyId=AP65134f38e4b0237986fa726e&userID=5bf0d5a4e4b0d1a6e48949ef,1&isshare=1&channelId=newspaperBjrb&columnId=5f094d91e4b086b26e065171&contentType=12&isBjh=0，查询时间：2023年7月5日。

第九章　德恒之道

"人生天地间,各自有禀赋。为一大事来,做一大事去"(陶行知《自勉并勉同志》)。我何其幸运,投身国家改革开放,将三十年青春付诸德恒。德恒何其幸运,投身法律服务"试验田"耕耘,将三十年奋斗付诸改革开放,奋进于中国特色社会主义新时代。

德恒之道,是过往序章,是德恒秘籍,是未来之期。

德为先,恒久远。

德恒缘起改革开放,承担光荣使命。德恒人胸怀大志,誓办"千人大所"。秉承德恒之道,将"德行天下"融入法律服务的大道之行。德恒之道旨在服务党和国家中心大局,办好客户的委托,为人民排忧解难。德恒之道在于以专业服务为本,追求法律公平正义。德恒之道在于守正创新,恒信自然,做党和人民满意的好律师。

回望德恒三十年的发展历史,总结自己三十年创业的心路历程,我深深感受到德恒之所以能从无到有,从小到大,又好又快发展,关键在于坚持党建促所建,走中国特色社会主义律师之路,不走改旗易帜的歪路邪路;坚定依法维权,维护社会公平正义,不受各种因素威逼诱惑;坚持"中国品牌,全球服务"的独立自主国际化发展道路,不丧失品牌附庸外部势力;坚持创新驱动发展战略,守正出奇,创新发展;秉持法治德治,坚强意志品质,坚守诚信可靠;坚持高质量服务,坚持全心全意为人民服务。这就是"德恒之道"。

德恒人心怀天下,志存高远。德恒人厚德载物,仁者爱人。

一、践行初心使命

建好法律服务的"试验田"

作为中国法律服务的"试验田",中国律师事务中心肩负着重大使命:为中国的企业走向市场、进入国际经济体系,为中国社会主义市场经济新体制的建立,为中国法律服务市场的形成和发展起到龙头和表率作用。

德恒承继中国律师事务中心的使命,初心不改,奋力拼搏,实现了"千人大所"的奋斗目标,登上"全国先进基层党组织"的高地。作为亲历者、受益者、践行者,我越发感到,做一个法律服务"试验田"的耕耘者,此生无憾。

做党和人民满意的好律师

2010年,中央领导同志到德恒调研,德恒律师聆听了中央领导对律师的要求,即律师诚信为本,执业为民,这支队伍应当成为党和人民可以放心的队伍。

德恒之道之"德行天下做好事",就是要为广大人民群众提供看得见、信得过、用得上的法律服务。德恒律师要坚定政治信仰,德才兼备,一专多能,知行合一,争做行业翘楚;要有良好的道德品质:尊法重道,诚信正派、明辨是非、律己慎独;要有公道正派的法律品格:公平公正,民主法治,公道正派,与人为善;要有坚强的意志品质:坚定不移,吃苦耐劳,学习审辨,攻坚克难;要有团结合作精神:奉献担当,善作善成,坦诚豁达,爱护包容;要有高尚的精神气质:胸怀远大,守正清廉;要有深厚的公益情怀,脚踏实地为人民服务,勇于担责,慷慨奉献。

以法律服务追求法律公正

德恒之道在于支持和保护律师依法履职,尽力维护当事人合法权益,维护法律正确实施,维护社会公平正义。作为"行走的法律",面对人们对法律的"急难愁盼",律师应当伸出援手,坚决依法维护权利,办好每一件代理,追求法律公正。法律帮助是律师的使命,既要对国家治理包括立法、执法、司法建言,又要在实践层面为当事人提供具体法律服务。

德恒三十年来始终与时代同向同行。在时代考卷面前,德恒人勇于学习实践,用法律人的正义良知和聪明才智,以律师的实践智慧与巨大勇气,交出一张张法律服务答卷。

二、党建促所建　促创新促发展

打铁还需自身硬。强化律师事务所党组织建设,实现党建全覆盖,建立政治坚定、业务精良、组织管理有力的党委会与管委会领导班子。发挥党组织在律师事务所发展中的火车头、主心骨作用,保持政治定力和发展动力,带动律师事务所走正道,不折腾,实现又好又快高质量发展。

建强党建品牌,打造德恒品牌

德恒党建第一品牌。新时代以来,创新党建品牌矩阵。党建品牌带动律师事务所管理与服务品牌提升,带动公益服务,带动团建和新联会。党员带动律师骨干攻坚克难,成长发展。

建党百年获殊荣,激励奋进

建党百年之际,德恒党委获得中央表彰,是律师界的光荣,创造了律师党建新高度。德恒要把党建优势化为前进动力,查短补弱,全面进取;解决律师"急难愁盼",改善律师事务所管理;以研发带动业务创新发展;严格风险管控;加强合伙人队伍建设;激励全所律师奋力跃进,打造国际一流律师事务所。

走新时代中国特色社会主义律师之路

德恒之道在于坚持走中国特色社会主义律师之路,方向不变,步伐不偏,摒弃干扰,勇毅向前。目睹江湖"怪圈",多少雄心勃勃的律师被外部"打杀"和内部"卷杀",栽倒在瞎折腾上。举什么旗,走什么路,确实是律师生死存亡的首要问题。新时代德恒律师"不走封闭僵化的老路,也不走改旗易帜的邪路",坚定不移走中国特色社会主义律师之路;奋进新征程,建功新时代;创出领衔"第一"业绩,解决群众的急难愁盼;应对国际经济贸易法律风险挑战,创造性地为"一带一路"服务,取得丰硕成果。德恒获得了"服务中心大局不张扬、服务基层百姓接地气"的好口碑。

三、与时代同行　为法治贡献

德恒之道在于学习实践,研究建言,践行践诺,为社会主义法治建设作贡献;要前瞻立法指导意义,学以致用,引领服务,创造法益价值;要在法律服务实践中发现、研究法律的空白、滞后、错误与亟待解决的问题,提出立法建议。

"市场经济就是法制经济"的先声

做时代的前瞻者。20世纪90年代之初,我在《法制日报》接连发表两篇文章。《论市场经济与法律保障》一文中提出"市场经济就是法制经济"的观点,论证市场经济关系需要法律界定和规范,市场经济运行过程的各个环节需要法律保障,市场平等竞争需要良好的法治环境,市场经济的扩张需要以法律为前导,政府主要依靠法律实施对市场经济的管理、调控和服务,社会公平与效率需要法制保障,依靠法律打击犯罪、保障市场经济健康发展。"市场经济越发展,法制建设越深化,法制体系越健全。从这个意义上可以把市场经济看作是法制经济。"①《论市场经济与法律导向》一文提出:"要在中国建立和完善统一、开放、有序、竞争、宏观调控的现代化市场经济制度,必须相应地建立和完善统一、规范、稳定、强制的、契合国际法律体系规范与惯例的法律制度和法律体系。着力建立和完善社会主义民主政治和法制社会环境。通过广泛的民主法制教育和丰富的民主法制实践,提高全民的民主意识和法制观念,提高法律服务质量和行政执法水平。注意发挥法律在建立市场经济新体制中的领航与导向作用,以便少走弯路,使社会主义市场经济迅速建立、发展并及早走向成熟。"②这两篇文章成为讨论"市场经济就是法制经济"的先声,也是我敢

---

① 王丽:《论市场经济与法律保障》,载《法制日报》1992年12月24日,第3版。
② 王丽:《论市场经济与法律导向》,载《法制日报》1993年1月28日,第3版。

于"下海"创办律师事务所的底气。

首提创办律师"千人大所"

"千人大所"不是梦。1993年,我提出"中国应当有千人大所"。经过三十年艰苦奋斗,德恒成为拥有五千名律师的"千人大所",带动中国律师界出现数十个千人大所。德恒率先服务经济建设主战场三峡工程,引领律师法律服务国家中心大局。1994年,德恒首提《社会弱者法律帮助计划》,该计划得到联合国妇女发展基金会(UNIFEM)等国际基金组织的关注和支持,1995年下半年,该计划部分内容被纳入联合国妇女发展基金会中国妇女义务法律援助项目。1995年,第四届世界妇女大会邀请我出席并在小组会上发言。

首创中国第一所律师学院。德恒致力于新型法律人才培养,创办德恒律师学院,获得世界银行"中国法律经济技术援助项目"支持,培养十届本科生。1998年,德恒律师学院学生首次参加全国律师资格考试,通过率为76.5%。德恒之道在于以人为本,把法律人才的培养从校园引到律师事务所,把事业成功的大律师引入课堂。

首提"律师刑事责任豁免"。我在博士论文《律师刑事责任比较研究》中,提出应当对"律师执业实行刑事法律责任豁免"。答辩委员认为论文"具有重要的理论价值和实践意义,弥补了刑法学研究中的一项空白"。以博士论文为基础形成的《律师刑事责任比较研究》一书获司法部第四届"金剑文化工程"图书奖一等奖。《中国律师》2001年第3期发表我的署名文章《律师应有刑事责任豁免权》。"律师刑事责任豁免"建议被之后几经修改的刑法、刑事诉讼法和律师法等所采纳。德恒之道在于敢于依法维权,为优化律师执业环境作出贡献。

翻译出版《英国刑法》。1999年,我在牛津大学访学期间拜访史密斯教授,请他为中文版《英国刑法》书写前言。2001年,《英国刑法》由法律出版社出版。该书成为高校刑法学生必读的教科书。

翻译出版《刑事证据》。2002年,我去海牙拜访联合国前南斯拉夫问题国际刑事法庭理查德·梅法官,获得他授权翻译《刑事证据》一书。《刑事证据》于2007年由法律出版社出版。这两本书的翻译出版为中国刑法学、证据学研究提供了比较参考。

德恒之道在于德恒人坚持法律研究，并为法学教育贡献力量。

为经济体制改革研究建言

2003年，我带领德恒律师参加新组建的国务院国资委首个"中央企业负责人业绩考核办法（年度）"制订工作，并参与编写《中央企业负责人考核办法实施指南》。之后，德恒律师又陆续参加各级各地国有资产监督管理委员会建章立制的法律服务。

向统战部提交《民营经济发展环境与制度安排》。2009年，受统战部委托，我完成4万字报告，剖析民营经济发展现状与存在问题，提出改善民营经济发展的法治环境政策与保护产权的制度安排的建议受到决策层重视。

提出混合所有制改革关键在于产权平等保护。2014年10月14日，我在《中国企业报》第12版发表《混合所有制改革的关键在于完善产权平等保护制度》一文，就如何完善产权平等保护提出看法建议。

完成国家发改委委托项目"产权保护制度的研究"。2015年，我牵头德恒数十位律师完成国家发改委委托的项目"产权保护制度的研究"，提交10万字的报告《完善产权保护制度的研究》。2016年11月27日，《中共中央、国务院关于完善产权保护制度依法保护产权的意见》正式公布。该报告提出的一些观点和建议获得了采纳。

提交报告《中央企业董事考核》。2015年，我作为课题组长承担国务院国资委项目，提交4万字的报告《中央企业董事考核》。同年12月10日，国务院国资委进行中央企业董事考核方案论证会。

提出落实"诉讼保全担保责任保险"政协提案。2015年，在北京市政协委员会上，我提出在北京法院实行诉讼保全担保责任保险的提案。该提案被北京市高级人民法院指定北京市第四中级人民法院试点落实。2016年2月25日，北京市第四中级人民法院召开新闻发布会，向社会发布该方案的落实情况，提案的落实，解决了当事人诉讼担保难与执行难的问题。

弘扬企业家精神，依法保护企业家。2017年5月11日，我在国家发改委弘扬企业家精神座谈会上建议给企业家应有的社会地位，依法保护企业家，弘扬企业家精神。2017年12月11日，孙钢宏、李广新律师承担国务院发展研究中心"发展混合所有制经济问题研究"课题下属子课题"关于完善混合所有制企业产权保护的建议"和"关于完善国有资产评估与进场交易的建议"。研究报告分别刊载在国务院发展研究中心《调查研究报告》第173号和第174号。

为优化法治营商环境建言。2019年,我与王轶楠律师向全国工商业联提交《权益保护与民营经济冤假错案平反案例研究》。2022年,德恒刑事专业委员会向最高人民检察院递交《落实"少捕慎诉慎押"司法政策存在的问题及对策建议》《充分发挥检察职能,优化法治营商环境》的建议文件。德恒律师出版《涉企刑事裁判要旨总梳理》《认罪认罚从宽制度中律师辩护问题研究》;刊印《金融证券刑事业务通讯合集》;参与起草《中小企业合规管理体系有效性评价》团体标准;推出"企业刑事合规专项法律服务"产品与《公安机关管辖经济犯罪案件历年追诉标准变化对照表(2010—2022)》。2023年1月,最高人民法院刑事检察第十厅致函德恒,对德恒的公益支持表示感谢。

为科学决策论证进行基础建设。法律理性和法律实践对法律逻辑的影响源远流长。《论证的使用》(The Uses of Argument)(北京语言大学出版社2016年版),作者斯蒂芬·图尔敏(Stephen Toulmin)揭示了亚里士多德"三段论"逻辑学体系在面对复杂的科学、社会问题时存在的局限性,提出借鉴法学模型的"图尔敏论证模型"。他倡导逻辑学应该研究工作中的逻辑和日常生活实践中的逻辑。法庭上控辩双方的对抗是生活中最常见的论证案例。该书在法哲学和法律实务中的影响越来越大。我参与了该书的翻译工作。

承担部级课题"构建疫情防控国际合作体系研究"

2020年年初受中国法学会委托,我主持完成中国法学会2020年度部级法学研究重点委托课题"构建疫情防控国际合作体系研究",课题编号:CLS(2020)ZDWT15。[①] 报告提出,以构建人类命运共同体为国际疾

---

① 课题承担人:北京融商一带一路法律与商事服务中心;课题组成员:王丽、贾辉、吴宇宏、王一楠、秦韬、黄勇、陶鑫良、谢丹、林启迪、赵轩。

控观的价值指引，尊重东西方国家的疾控主权与应对方式，推动建立国际共同责任与国别责任担当的法律体系等建议。该研究为国家抗击疫情国际合作作出了贡献。

参与立法修法法治建设

长期参与各级各类立法与修改工作，提出大量建议建言和修改意见，为法律职业打下坚实的法律基础。党的十八大以来，德恒律师对《国家安全法（草案）》《北京市空气重污染应急预案（征求意见稿）》《死刑复核法律援助案件辩护指引》《预算法实施条例（修订草案征求意见稿）》，以及最高人民法院、最高人民检察院《关于办理渎职刑事案件适用法律若干问题的解释（二）（征求意见稿）》，最高人民法院《关于刑事申诉代理律师阅卷若干问题的规定》，中华全国律师协会《辩护律师与在押犯罪嫌疑人、被告人会见通信的规定》，中华全国律师协会《关于贯彻执行〈关于建立律师参与化解和代理涉法涉诉信访案件制度的意见〉的实施意见》等大量法律法规、行业规定提出修改、完善的意见；对《关于推进以审判为中心的刑事诉讼制度改革的意见》《监狱法（送审稿）》《治安管理处罚法（修改意见稿）》《国家安全机关办理刑事案件程序规定》《人民检察院刑事申诉案件异地审查规定（试行）（征求意见稿）》《中华人民共和国国际刑事司法协助法（草案）》《中华人民共和国人民陪审员法（草案）》《人民检察院公诉人出庭举证质证工作指引》《全国刑事法律援助服务规范》《法官法》《检察官法》《防范和处置非法集资条例（草案）》《社区矫正法（草案）》《刑事诉讼法（草案）》《人民检察院办理审查逮捕案件听证审查实施办法（征求意见稿）》，以及最高人民法院、最高人民检察院、公安部、国家安全部、司法部《关于办理刑事案件严格排除非法证据若干问题的规定（征求意见稿）》，最高人民法院《关于进一步推进案件繁简分流优化司法资源配置的若干意见（征求意见稿）》，公安部《关于〈中华人民共和国看守所法（公开征求意见稿）〉公开征求意见的公告》，《律师办理刑事案件规定》及其释义，最高人民法院、最高人民检察院、公安部起草的关于扫黑除恶工作的司法解释等提出意见和建议。参与《刑法修正案（十一）（草案）》《野生动物保护法》《企业破产法》《建筑法》《传染病防治法(修订草案征求意见稿)》的修订工作;参与《预防未成年人犯罪法》立法研讨会;开展关于《著作权法(修正案草案)》《数据安全法(草案)》和《外商投资法(草案)》的审查、修订、研讨,并向有关部门提交法律意见。

德恒律师受全国人大财经委委托,组织起草了《税法通则(草案)》,受到财经委致函感谢。德恒与融商中心组织专家起草了《中华人民共和国国际商事调解法(专家版草案)》,提交有关部门参考。德恒律师在国家立法与行政执法领域始终密切跟进,服务奉献。

为全面依法治国议政建言

参政议政、**服务法治**。德恒上百名律师担任全国和省市县各级党代表、人大代表、政协委员和各级人大、政府立法工作专家委员会委员。2023年,德恒律师齐明亮和在珠海办公室执业的澳门特区律师邱庭彪担任了中国人民政治协商会议第十四届全国委员会委员。他们依法履职,提出大量改善立法、司法、行政工作的议案、意见与建议。

为"依法行政"做好顾问参谋。德恒律师担任大量各级党和国家机关、部门与事业单位法律顾问,参与各类法律论证、咨询、评审、评议活动等公共决策事项,提供法律建议,完成委托调研与研究。

参与"十四五"规划法治建设。德恒律师张韬作为国务院《"十四五"国家知识产权保护和运用规划》编制指导专家,参与"十四五"规划专家谈的编写。许春明律师作为国家社会科学基金重大项目首席专家,主持"新形势下我国参与知识产权全球治理的战略研究"(项目批准号:21&ZD165)项目。陶鑫良律师自2019年以来,连续多次参加国家知识产权局知识产权专家咨询委员会咨询会议,提供专业法律咨询建议。

参与数字经济网络安全立法与规划。2022年,德恒网络与数据研究中心参与政策规章制定及国家重点项目六项;参与国家区块链、智能合约等重点研发计划;参与撰写《中国电子商务报告(2021)》(国家电子商务白皮书)、《中国网络零售市场诚信发展报告》;参与中国科学技术协会项目评审;参加"西方网络制裁对国家数据安全的影响闭门研讨会",并做专家发言;参与中国科技新闻学会元宇宙科技传播、数据合规、刑事合规、齐白石代表作原作NFT数字藏品交易,为区块链平台、区块链沙盒、智能合约、头部大数据在线等前沿领域进行法律服务。

2021年10月29日,国家互联网信息办公室发布《数据出境安全评估办法(征求意见稿)》。王一楠律师作为国家网信办专家参与该办法的制订。德恒律师为全国相关企业提供法律解读和数据出境合规法律培训与服务,并为相关部门的政策研究提供有力支撑。

做环境资源保护立法与法律服务先行者。德恒环境资源专业委员会对最高人民法院《关于审理生态环境损害赔偿案件的若干规定(征求意见稿)》、最高人民法院《关于审理生态环境侵权纠纷案件适用惩罚性赔偿的解释(征求意见稿)》提出修改意见;参加《黄河保护法(草案)》的立法研究与起草修改;参与《北京市控制吸烟条例》《石家庄市西柏坡红色旅游区保护与管理条例(草案)》等地方立法协商,并提出立法建议。

为国家能源事业提供服务并建言。德恒律师为国家能源法律法规的立法、修改与行政执法、行政复议及应对行政诉讼案件进行全天候跟进服务。2021年,接受国家能源局委托,我带领高辰年、王建文、王敏律师提出《关于对〈中华人民共和国能源法〉(专家论证稿)的修改完善建议》。

关于电子烟监管的立法建议。2021年,我和王敏律师向国家烟草专卖局提交《电子烟相关监管研究与建议》研究报告,供《烟草专卖法实施条例》修订参考,推动电子烟的管理规范。

参与文物文化遗产保护立法与决策咨询。王建文律师参与《文物管理法》、国家文物局《关于鼓励社会资本参与文物保护利用的若干意见》的修订;参与起草制订、修订北京市推进全国文化中心建设领导小组《关于加强文物保护利用改革的实施意见》《北京市长城保护员管理办法》和北京中轴线申遗保护工作办公室《文物腾退安置统筹机制》。

为2022年北京冬奥会、冬残奥会提供法律支持。德恒承接国家体育总局奥委会备战办研究课题,提交《典型运动员(运动队)商业生态构建研究》课题报告。受加拿大奥委会邀请,德恒担任其代表团运动队北京冬奥会、冬残奥会期间法律顾问,2022年3月收到加拿大奥委会向德恒发来感谢信和纪念品。丁亮律师代表首都法律服务工作者参加2022年北京冬残奥会火炬传递。

举办专业论坛推进法治建设。德恒论坛坚持创办三十年,紧扣时代主题常办常新:家族财富管理系列活动之"慈善信托&基金会"实务研讨会,"新时代·大变局跨境投资法律论坛——越南篇"线上专题讲座,世界知识产权日"数据安全与保护实务论坛"主题活动,"仲裁法修改以及仲裁公信力"专题研讨与调研沙龙,"企业资产处置路径和实务"主题交流活动,"数据出境安全评估办法"实务研讨会,PPP项目纠纷处理研讨会,国际商事调解论坛(2022),"贸仲杯"国际商事仲裁模拟仲裁庭辩论赛培训活动,财富管理高峰论坛,《公司法》修订实务研讨会。德恒协办了中国法学会保险法学研究会2022年年会,第七届"税务司法理论与实践"高端论坛等,聚智聚力,德恒律师始终把握时代需求,站在法律服务前沿。

为深化律师制度改革建言。2017年6月6日,在中共中央办公厅、国务院办公厅《关于深化律师制度改革的意见》下发一周年之际,中央督导组到司法部进行调研督导。司法部召开深化律师制度改革座谈会,我参加座谈会并发言,提出要支持中国律师提高"走出去"能力,支持中国品牌的大型律师事务所走向世界,服务"一带一路"建设。

为推动律师国际化发展建言。2016年12月30日,司法部、外交部、商务部、国务院法制办公室联合印发《关于发展涉外法律服务业的意见》。我提出建议,要支持中国律师参与"一带一路"等国内外部委合作机制;支持中国律师机构参与国际法律交流活动;支持"一带一路"国际商事调解;建立以中国律师为主导、外国律师和专家广泛参与的法律纠纷解决机制;建立共享和外国法律查明机制。

提升中国涉外律师法律服务能力。2022年1月26日,司法部召开涉外法律服务座谈会,我提出提升中国律师涉外服务能力,探索一条适合中国律师事务所的国际化之路,加强涉外律师队伍建设,为中国涉外法律业务发展创造良好法治营商环境,建立跨法域执业风险防范机制。

坚持独立自主维护权益的国际化发展

德恒之道在于走自主国际的发展道路。德恒国际化发展是从办案到办所,一步一步走出来的。从1993年代理反倾销案件开始涉外业务国际合作,从合作办案到合作办分支机构,德恒水到渠成地开启了国际化发展之路。海牙办公室为了解国际上的法律环境事件提供了阵地。我们中国律师得以到联合国前南斯拉夫问题国际刑事法庭旁听对米洛舍维奇的庭审,写出庭审见闻在《法制日报》连载。中国加入 WTO,中国企业"走出去"参与全球化发展,必须要有保护自己的法律体系。德恒跟着客户步伐逐步在国外开设分支机构办公室,就是要走出一条不受他人控制、"以我为主",独立自主的全球发展之路。

德恒之道在于依法进行跨国维权。中国加入 WTO 以后先是遇到大规模的"三反一补"调查诉讼,后是遇到西方国家尤其是以美国为首对中国企业实施的一系列制裁与长臂管辖措施,德恒律师进行了针对性研究,提出《"长臂管辖"之法律研究》的应对建议。硅谷办公室律师就美国司法的"长臂管辖权"对于中国企业的最新影响提出分析应对建议,帮助被 FBI 以经济间谍罪逮捕的硅谷芯片设计华人工程师成功脱罪回归,说服美国司法部主动撤案。

朱可亮律师是美国微信用户起诉特朗普总统案件的主要策划人和核心诉讼律师,以美国宪法原则赢得了诉讼,逼迫拜登总统撤销特朗普总统封杀微信的行政令。本案的成功应了中国的一句古话:以其人之道还治其人之身。国际法律维权正是要以其法律维护我之权利。

四、奋进新时代建功立业

德恒之道在于始终把人民放在心上

德恒的名字充满了公益的内涵。德恒坚持三十年如一日,开展义务法律服务、扶贫助教、入疆入边捐助救灾、抗疫特捐、环境保护等服务社区、抗疫救助院士服务。"爱心助你上大学"帮 86 名困难学生完成学业。"真爱梦想公益"帮助关爱留守儿童。从"及笄"到"耄耋",德恒人始终把人民放在心上。"德行天下做好事"成就德恒之名。

德恒之道在于为企业搭建法律桥梁

创造性服务对外开放。德恒律师担任多种社会公益身份,比如中国产业海外发展协会副会长,中华全国工商业联合会国际合作委员会副主任,中国民营经济国际合作商会副会长,中非民间商会副会长、监事长,BNRSC主席等职务,在商会、协会里为会员提供服务。为解决"入境问禁"问题,德恒为企业提供所在国的法律规范和标准等技术要求,以及国际经济贸易规则、自由贸易区规则、区域性经济特区规则。德恒制定行业行为规范,提供国际法治培训、国际合规建设;帮助企业依法依规则保护自己投资、服务、财产、产权、声誉等合法权益;倡导企业坚决依法维权,并以国际商事调解优先救济。

把促进中非合作作为法律服务新基点。中非民间商会是全国性、非营利性民间商会组织,我担任两届副会长,现任监事长,王一楠律师当选副会长。BNRMC在尼日利亚拉各斯设立调解室。2022年,中非合作论坛中方后续行动委员会秘书处聘请德恒作为其法律顾问。2023年以来,科特迪瓦、纳米比亚、尼日利亚和委内瑞拉、斯里兰卡、尼泊尔、巴基斯坦等国共同促进中国企业到非投资,促进项目招商落地。德恒和融商中心的法律与商事服务桥梁作用受到非洲国家的欢迎和支持。在2023年第三届"一带一路"国际合作峰会论坛上,融商中心及中非民间商会签约设立中非民间商事调解中心,旨在通过努力使商事调解服务覆盖非洲各国。

为RCEP国家的投资并购提供法律指南。RCEP涵盖35亿人口,GDP总和占全球总量1/3,是全球规模最大的自贸区。2022年,陈巍、丁亮等律师牵头组织RCEP国家律师同行,撰写《RCEP国别投资并购指南》。该书是区域内投资并购的工具书。RCEP是德恒国际业务的重要区域。

深化国际商事服务。彭先伟律师牵头承担国家发改委、中国社科院法学所"涉外海事商事仲裁、海运保障等相关重大问题研究"课题;承担交通运输部战略规划项目"《国际贸易术语解释通则》各贸易术语项下海运附加费问题及政策研究";为中国国际货运代理协会《中国国际货运代理协会提单标准条款》的制定承担三个项目;接受商务部委托,承接"铁路提单国际公约起草研究",为铁路国际通标支持提供法律基础;参与撰写中国国际商会/国际商会中国国家委员会《国际贸易术语解释通则2020:全面解读与法律指引》一书(第六章),为海事海商法律实务提供重要的法律基础。

跨境服务高水平"走出去"。德恒为136个国家的重大投资、并购、融资、建设及相关争议纠纷提供优质的法律服务,涉及矿产资源、能源电力、半导体、材料、高新技术以及金融、IT及互联网、交通物流、医疗、农业、文化服务等产业。其中经典案例包括2022年收购英国矿业上市公司,近百亿美元银团贷款等重大复杂交易,涉及48个法域的100多个涉外争议解决案件及非诉交易项目;收购某英国上市企业100%股权;收购秘鲁某水电站;收购哈萨克斯坦光伏电站项目。德恒作为近二十家境内外金融机构银团的中国律师,服务于银团与某公司65亿美元和21亿欧元的贷款项目;永恒联营所助力商业智能软件提供商完成数千万美元A+轮融资。德恒参与澳大利亚、哈萨克斯坦、意大利等国家和中国香港特区的诉讼、仲裁及仲裁裁决的承认和执行等法律服务。德恒律师作为争端裁决委员会(Dispute Adjudication Board, DAB)裁决员助力中国国际工程项目顺利完工。

创造性地建立"一带一路"服务平台

BNRMC的建立使BNRSC、国际商事调解的构想得以落地实施。BNRMC与调解员管理规则公布实施,BNRMC互联网调解系统上线运行。BNRMC线上线下调解室覆盖了四大洲,全球调解员队伍实质开展调解工作,接办案件逾2万件,成为"一带一路"上各国商事调解组织中受理案件最多的调解组织。

参与举办国内外法律服务论坛。德恒与融商中心已经能够主办大型的高端国际研讨会与论坛。中国服贸会论坛的第1—8届"一带一路"服务能力建设论坛已成为有影响力的品牌。以此为核心,以德恒各专委会为依托,德恒主办参办合办协办了众多国内外法律研讨会,层次高,频度高,参会者众,影响面大。2022年,德恒参与举办的有:中国—迪拜新能源合作交流会(3月24日);美国加州—中国线上贸易交流会(4月7日);《中小企业合规管理体系有效性评价》团体标准第三次专家研讨会(4月9日);国家医疗保障局数据安全制度体系专家研讨会(5月6日);"保护与传承"——袁隆平院士纪念活动(5月22日);昌平区重点上市企业和储备上市企业座谈会并发表主题讲话(9月15日);"乡村振兴德法融 扶贫攻坚恒志远"主题系列活动(9月17日至18日);成都网络安全大会暨数据治理峰会(9月26日);"家国同构·传承太平"中国企业家传承论坛(10月22至23日);2022金融街论坛年会之"合规法律服务赋能'专精特新'企业高质量发展"(11月22日);中韩律师协会第二十一届交流会(12月28日);等等,在国际法律舞台上发出了中国律师的声音。

讲好"一带一路"好故事。2019年,中央电视台外籍记者司徒建国(Stuart)制作的《"一带一路"国际商事调解访谈》专题片向全球播出。我总主编的《"一带一路"列国人物传系》100卷本也在2023年9月由中国传记文学学会和华文出版社、当代世界出版社、五洲传播出版社盛大发布。这些"民心相通"的好故事必将广为流传。2023年是"一带一路"倡议与"人类命运共同体"建设十周年,新华社24小时全球多点联动直播《"一带一路"服务机制专访报道》;新华网中国国际服务贸易交易会专访《"一带一路"服务机制:发挥专业资源优势 打造"一带一路"法律商事综合服务平台》;2023"'一带一路'北京印记"网络主题传播活动现场专访融商中心和德恒,主题为"通过高水平法律服务,推进规则融通"。我们欣喜地看到,"一带一路"连通各国基础设施建设之路,联通各国人民交流互鉴,连接东盟RCEP与上合、金砖、非盟国家,朋友圈越来越大,中国式现代化建设带动发展中国家坚定信心走自己的现代化发展之路。BNRSC搭建起全球法律商事专业人才合作平台,"一带一路"国际商事调解更以"和天下"之博大胸怀,弥合争端排忧纠纷,支持联合国倡导的以《新加坡调解公约》为代表的国际商事法治新秩序。

五、中国品牌　全球服务

中国品牌,全球发展

德恒之道在于永远保持德恒的中国品牌。德恒的全球合伙人认识到,要建设一流的国际律师事务所,就要打造高质量涉外服务队伍,提高国际化服务水平,坚定不移走独立自主的全球化发展道路;紧密结合

BNRSC,通过服务中国企业"走出去",加快国际布局和人才培养,提升全球服务能力;抓住机遇,战略布局;坚守中国律师品牌,保持中国律师业务主体,坚持为中国客户提供全球服务;将金融街品牌律师事务所、品牌律师的高水平服务拓展到国外每一个德恒办公室,在全球继续建立服务办公室,加密全球服务网络建设,服务高水平对外开放。

从发展的大局和前进的关键处用力。德恒要把研发创新作为应对竞争、破解内卷的武器,抢抓头部先导业务,深化多层次资本市场建设服务,提升资本市场律师服务素质与业务能力。三十年间,德恒抓住中国法律服务市场多次发展机会,在经济体制改革、基础建设发展、国企改制以及民企周期性危机破产拯救方面,培塑专业律师,获得优质客户。新时代重拳反腐为刑事辩护律师创造成长机会;中国加入WTO,为贸易救济跨境律师创造机会;公平竞争市场监管,造就强有力的贸易救济法律服务能力。

在国家重大发展战略中谋划服务创新。北京"两区"(自贸区、试验区)"三平台"(中国服贸会、中关村论坛、金融街论坛年会)建设,长江经济带、粤港澳大湾区建设和"一带一路"倡议实施等,为德恒业务布局和交叉营销以及创新BNRSC,创建BNRMC提供了机会。德恒驻在的中国"金融监管一条街",为打造金融街品牌律师事务所、品牌律师和金融创新服务智库提供了机会。德恒深谋远虑,抓住机遇,以服务中心大局的公益之心,扎进法律服务发展的广袤沃土。

在依法治国重大进程中拓展服务机会。德恒律师既能为经济发展服务,又能为"反腐扫黑"服务。"全面依法治国"中的依法行政造就了德恒大批优秀行政法和诉讼律师。"十年磨一剑"强力"反腐扫黑除恶",使德恒刑事法律业务当仁不让地走在全国前列。抓住机遇的眼界与能力来自对国家发展中心大局的把握与跟进,其结果为德恒带来新的发展动力。当然,德恒也要化解律师做大事与能力不足的矛盾,创新付出与眼前利益的矛盾,公益付出与业务成本的矛盾,律师事务所品牌与团队和律师个人的矛盾,运用系统思维、辩证思维、多维用力,庖丁解牛,因势利导,化解矛盾。德恒人不惧大浪淘沙,踔厉奋发,方得以创新发展,蒸蒸日上。

创新驱动,守正出奇

德恒之道在于在服务中心大局中,创新服务平台,拓展服务空间。德恒以专业服务国家战略,以公益服务人民大众,创造出法律专业服务与法律公益服务两个平台。这两个平台又有国内国际两个方向的延展界面,法律服务核心能力在全球各个国家和诸多领域得到发挥。在党的二十大确定的以国内大循环为主体、国内国际双循环相互促进的新发展格局下,德恒统筹推进国内国际两个平台建设,坚持立足内需市场战略基点,吸引全球要素,充分利用国内国际两个市场两种资源开展法律服务。

德恒坚持发展才是硬道理。德恒坚持以习近平新时代中国特色社会主义思想为指导,结合党的二十大提出的"战略思维",确立发展战略与目标任务。德恒运用"历史思维",总结汲取三十发展经验,对标党的二十大提出的创新发展任务,构建律师事务所新发展格局;运用"辩证思维",把握"守正出奇"的对立统一,在保持优良传统的同时,谋划跨界多维创新,坚持"创新思维",站在服务高质量发展、高水平对外开放"头部"一线,深入研究经济社会发展创新带来的新产业新业态新模式新需求,创新全链条法律服务拓展和全要素服务延伸新格局,创新律师事务所管理机制和手段,运用数字科技,提高发展质量和效益;运用"系统思维",把党建工作落实到专业拓展、业务创新、客户维护与人才建设上,实现全覆盖。

全方位服务法治中国建设。德恒贯彻法治思维,全方位服务法治中国建设。德恒人牢记"底线思维",防范化解律师事务所内外部风险和矛盾问题,提高科学的思想方法与实践能力;合伙人管委会和专业委员会分工跨域合作,打造全方位、立体化、一专多能、全覆盖服务矩阵,育英布阵小雁展翅、群雁高飞,全球擘画创新发展的新格局;防范执业风险,守规矩,把底线,敢碰硬,严内核,控利冲,全程质量控制,重信誉,做公益,履行社会责任;党委会与管委会带领合伙人团结奋斗,担当奉献,聚焦法律人使命任务,打造金融街品牌律师事务所、品牌律师,奋进新征程、创造新辉煌。

建设国际一流中国律师事务所

锚定发展目标任务。德恒的目标任务一是党建品牌建设保持先进性,实现新进步。进一步巩固党建优势,党建促所建成效显著。进一步提高德恒品牌影响力和社会美誉度,使金融街品牌律师事务所形象深入人心,一批品牌律师获得市场认可。二是律师事务所和律师法律服务能力大幅度提升。律师事务所的综合服务能力和专业服务能力基本覆盖主流法律业务。在高精尖法律服务方面具有相应专家律师,合伙人质量进一步提升。三是律师事务所综合实力取得新发展。坚持新发展理念,实现律师事务所规模、发展质量、收入水平稳步提升,律师人数规模和律师事务所总收入保持在第一梯队,人均收入位次在现有基础上大幅提升。四是律师事务所治理效能得到新提升。制度建设取得明显成效,一体化程度稳步推进,精细化管理逐步提升,风控能力显著增强。基本建成智慧律师事务所。实施"法律+科技"战略,推动互联网、大数据、人工智能和律师事务所发展建设深度融合。五是国际化水平显著提高。国际业务布局进一步加强和优化,加快东南亚等地的布局,加强与欧美老牌律师事务所的合作和联盟,实现法律服务全覆盖。国际排名与国际影响力显著提升,涉外法律服务人才储备位居领先地位,全球服务能力和水平进一步提高。六是汇集公益力量,创建公益品牌。利用德恒公益基金会,坚持投身公益服务、法律援助、环境保护、扶危济困、贡献教育,提高基金会运作能力和专业化水平。七是律师事务所全球服务网络更加增强。在中国各省市主要经济区域城市设立办公室,达到全覆盖。在亚洲 RCEP 国家和欧美主要经济区域城市建立办公室。在全球包括非洲建立办公地点并与 BNRSC 合作,在共建"一带一路"国家建立调解室,实现全覆盖。

精细化高质量法律服务。认真对标学习研究新发展格局,为经济高质量发展、科技创新能力建设、依法治国和法治中国建设,为金融稳定创新、绿色低碳发展、黄河流域大保护,为民营经济"两个健康"提供精细化、高质量法律服务。充分发挥德恒全球优势,服务于"五位一体"建设、国家安全与社会稳定。发挥"一带一路"创新服务平台效能,做大商事调解,做强金融街品牌,做实项目对接,服务于统一的国内大市场和

"一带一路"RCEP国际大循环与高水平对外开放,推动构建人类命运共同体。当好国家与省市政府及多部门法律顾问,做好立法和"依法行政"顾问参谋。办好人民群众委托,引导群众"做社会主义法治的忠实崇尚者、自觉遵守者、坚定捍卫者"。把反腐败斗争与刑事辩护"辩证统一",维护法律公平正义。确保律师事务所与律师永远不变质、不变色、不变味。

练好内功,深化服务统一大市场。坚持德恒"一盘棋"系统观念,加强全局性谋划、整体性推进,全面推进一体化制度建设。对标研究国内统一大市场的形成态势,跟进布局德恒全方位服务。调动从总部到分所、从合伙人到律师、从专委会到业务团队以及所有辅助人员、行政人员的积极性,增强整体风险防控能力。打造专委会与研究中心相得益彰的业务管理体系,将"明德慎刑法律研究"、税法研究、城市发展研究、黄河流域环境保护、粤港澳大湾区创新研究和融商中心的 5+1 平台相衔接。推进总部与分所、分所之间关系的规则梳理,更新管理办法,明确隶属关系以及权利义务,实现集团式机构合理匹配。建立总部和分所在业务、人员、品牌、投诉、税务等方面的联动原则与流程。适时推进科学预算管理,实现发展质量、业务结构、人员规模、发展速度、收入效益与安全防范的统一,努力实现德恒整体又好又快发展。

依托国内国际双循环,拓展服务国际合作。坚持法律服务升维耕耘跨境与国际业务,聚焦服务"一带一路"建设;坚持在服务"一带一路"建设中推行"放之四海而皆准"的国际商事调解规则。依托德恒全球办公室、BNRSC 和 BNRMC 平台,与共建"一带一路"国家各类机构协力,推介和对接资源,拓展外部合作网络,提升国际化影响力和外部合作能力。继续积极稳妥推进全球主要经济区域国家法律服务全覆盖,加快业务布局,拉长长板,补上短板。统筹培养涉外法律服务人才,以司法部涉外律师人才库为基础,将各级人才库专家纳入 BNRSC,加大培养力度,为"一带一路"争端解决培养和储备涉外争议解决人才。充分发挥北京市"一带一路"法律商事创新服务平台 5+1 功能,办好 BNRMC、科技(院士)法律服务中心、域外法律查明中心、项目对接融资中心、智库服务中心和金融街创新服务智库。筹建好中日韩国际商事调解中心和黄河流域经济发展一体化服务平台，打造"一带一路"国际公益品牌。

六、德行天下　恒信自然

"山积而高，泽积而长"。发于中国，长于改革开放，而立于中国新时代的德恒，经历了三十年栉风沐雨，写下了三十年壮怀人生。德恒以服务经济建设主战场和服务"一带一路"创新平台，引领中国律师市场化、法治化、全球化的发展，践行了司法部赋予我们的使命。德恒人懂得，人类社会没有法律是不行的，而法律不是万能的，唯有法治与德治相向而行，才有人类光明的未来。

厚德载物，仁者爱人。德恒人深谙"人法地，地法天，天法道，道法自然"（老子《道德经》第二十五章）。法律的力量是有边界的，制定者规定了其管辖边界。道德的力量是无边界的，信仰者传播了其信仰的力量。古之圣贤将道德看作人们需遵从的最高价值，尊为"天意"，将"天人合一"作为中华文化的美德。"道法自然"，尊重自然，遵从自然规律，"人与自然和谐共生"，是人类解决自身终极问题的最高境界。

德行天下做好事

树立崇高理想，脚踏实地工作。德恒把追求法律公正作为职业追求，把德治法治作为行动指引。律师要勤勉尽责，恪守职业道德，做身子正、思想正、行为正的人，即"德行天下做好事"；在个人修为上要遵从诚信法则，做一个高尚的、纯粹的、有道德的、有益于人民的人，即"恒信自然做好人"。德恒人因德而聚，因信而恒。德恒发展三十年中经历了合作、合伙到特殊的普通合伙，合伙人从无限连带责任到有限连带责任。德恒对不同身份的当事人平等对待，对各种类型的法律委托尽职尽责，敢于依法维权，善于维护大局，不被威胁利诱所动摇，努力办好每一个当事人的案件。德恒律师有远大理想又脚踏实地，懂规矩守底线又讲道义善待人，深耕专业，出奇制胜，功不唐捐。在"德行天下"的长途跋涉中，德恒合伙人牢记"国之大者"胸怀天下，为实现法律人的法治中国梦，为追求公平正义砥砺奋斗、精诚合作、竭诚奉献。此谓"德恒之道"。

做"顶天立地"的律师。"顶天"——服务党和国家事业的中心大局,特别是服务国家高质量发展的关键客户、重大项目、核心技术、创新攻坚等新发展格局的重要领域;"立地"——办好老百姓的托付,解决群众的急难愁盼。"顶天立地"意味着律师既要谙熟专业领域的法律政策,又是"一专多能"复合型的专业法律操盘手;既有全局观念与宏观站位,又有实践智慧与落地执行能力;既能在法理层面提出法治建设的专业建议,又注重解决实际问题,尤其是在复杂疑难问题处理方面能够顾全大局,坚持以人民为中心,提供合法有效的法律服务。"顶天立地"的律师要服务全面依法治国与社会基层治理,依法为当事人维护合法权利;善用诉讼、非诉讼与多元纠纷解决等多重法律服务资源,争取在每一个案子中为当事人追求到法律公正。"顶天立地",做党和人民满意的好律师,就是"德恒之道"。

以法律服务追求公平正义

律师是法治建设的重要力量。法律服务应以服务满意度衡量。律师不是挣钱机器,用GDP衡量律师是危险的取向,或行业竞争过度造成内卷,甚至出现律师为了钱去充当法律掮客,发生行贿、违法犯罪等恶性事件。当下,这种现象也造成社会对律师的负面评价。律师是社会主义法律工作者,应该将社会公平和正义作为自己的基本价值目标。律师应当在维护当事人合法权利和利益的过程中追求法律的公正和社会的公平正义,同时实现自己的正当法律劳动价值。德恒律师推崇的是勤勉尽责,诚信执业,竭诚服务,追求公正,倾情奉献,和谐社会。

做追求法律公正的律师。律师职业"维权"天然具有"对抗性"。诉讼中的法律"对抗"是法律规定的正当程序,是依法保护人民法律权利的法治保障。在刑事诉讼中,代表犯罪嫌疑人、被告人的代理律师与代表国家追究犯罪的国家公诉机关进行抗辩;在民事诉讼中,代理一方的律师进行起诉、应诉。法律"对抗"中的律师面临执业自由、生命安全、关系金钱、威胁利诱等各种压力与风险。我提出"律师在执业活动中的人身权利不受侵犯,律师在法庭上发表的代理、辩护意见不受法律追究"的律师刑事责任豁免被2007年10月28日第十届全国人大常委会第三十次会议通过修改后的《律师法》所明确。德恒律师在"维护当事人合法权益,维护法律正确实施,维护社会公平和正义"上履职更加有底气,意志更加坚定。这亦是"德恒之道"。

以法律公益建设和谐社会

高举公益的大旗踔厉奋进。德恒人从法治建设大公益到捐资出力的具体公益活动都努力为之。德恒从总部到分所,从北京到全国各地,普遍建立公益基金会,或与社会公益机构合作对接。德恒律师进行了成百上千次捐款、捐物、捐劳动、捐法律服务,做公益法律咨询、代理,是老百姓"信得过的好律师"。德恒坚持三十年如一日,服务一千多名两院院士,帮他们解决身边的麻烦事。德恒人把"德行天下做好事"的外延从法律内延展到法律外,帮助农村及老少穷边地区儿童上学,帮助特殊儿童得到正常孩子们应得的关爱与快乐。德恒人把群众的冷暖放在心上,疫情、地震、水灾、旱灾、风灾、雪灾、火灾、事故、意外落水……每次都有德恒人的捐赠和帮助,也有勇敢的广州办公室小李跳水救人……德恒人进工厂、农村、社区、楼宇……给基层群众送普法宣传、抗疫防护物资,垃圾分类、邻里纠纷、物业麻烦也都有德恒律师帮助排忧解难。三十年来,德恒涌现出多少可歌可泣无名英雄、典型人物,这就是德恒公益力量。

在法律维权中履职尽力。德恒诉讼"维权"律师法律功底深厚,职业责任感强。不管委托人现在或曾经是多么"权高位重""有钱有势",德恒律师都不卑不亢,依法合规,履职尽力。不管办案机关包括看守所对律师何种态度,德恒律师都不屈不挠,克服困难,尽力"维护当事人合法权益,维护法律正确实施,维护社会公平和正义",并能顾全大局"不张扬"。德恒之道就是践行律师宣誓:"忠于中华人民共和国宪法、忠于祖国、忠于人民,拥护中国共产党领导、拥护社会主义法治,忠实履行中国特色社会主义法律工作者的神圣使命,执业为民,依法从业,勤勉敬业,诚信廉洁,维护当事人合法权益,维护法律正确实施,维护社会公平正义,为建设富强民主文明和谐美丽的社会主义现代化强国努力奋斗!"

恒信自然做好人

德恒之道在于德行即力量。德恒律师是这样一群人,他们有初心使命,有理想抱负,有无私奉献,有团队合作精神。他们热心公益,做事求真务实,专业精益求精。他们有一种可信可靠、低调谦和气质。德恒律师做人做事信得过靠得住,拿得起放得下,尽职尽责可堪信任。德恒律师在风险压力面前不怵不怂,勇往直前;在攻坚克难的关键时刻拼得上去,赢得下来;在身心极限压力面前,在灾难祸患、围困失利面前受得住,撑得下来;在荣誉、金钱利益面前放得下心态,从善如流。德恒人待人:真诚坦荡,豪爽大气,重情重义,提携后辈,倾力相帮。德恒人做事:低调谦和,善待客户,忠于委托。德恒人在服务中恪守诚信、信守承诺,谨慎将客户变成朋友、将朋友变成客户,警惕与客户变成对头,切忌将朋友变成敌手。德恒人反对不正当竞争;遇到违法侵害和非法纠缠,定会坚决抗争。

德恒之道在于口碑即荣辱。德恒看重口碑。律师事务所接受委托、做代理、办业务讲求可信可靠。德恒招请与培养律师讲求"靠谱",新人面试、律师考核,最看重其人品口碑。德恒办大案、做大事,并不是每个案子都能挣大钱,德恒律师要的是"德行天下做好事"的范儿。德恒需要律师在政治上不糊涂,法律上有底线,办事上讲诚信,业务上拼专业,服务上见实效。德恒的口碑源于律师工作认真负责,做事公道正派,办案智勇周全,做人谦虚谨慎、自律慎行,待人善良宽厚,对客户忠诚守信,为社会贡献爱心。德恒律师保持着"可信可靠,低调谦和"的"德恒范儿"。

以德恒文化凝心聚气和人

德恒之道在于心归之处是家园。在新冠疫情之前,德恒一年一度召开盛大年会,超过一千名同事参加。德恒每年要召开数场地方机构开业、专委会年会、专业研讨会、专业论坛等会议,邀请所内外同事和客户及相关法律服务机构参加。一场场法律盛会是享誉海内外的专业饕餮盛宴。每逢节庆,包括元旦、春节、三八、五一、五四、七一、国庆、中秋和"3·15"、知识产权日、宪法日、教师节……各个节庆纪念日都举行有意义的聚会活动。德恒党建与律师文化建设紧密结合,各种活动正气满满,人气旺盛。德恒系统有大球小球运动队,每年有各种联赛,凝聚团队意识,释放青春飞扬。德恒全系统的足球、篮球、羽毛球、乒乓球、高尔夫球团队等几乎都能够在内外部各级各类比赛中拿到名次。德恒乒乓球队拼劲儿十足,2019年拿下中华全国律师协会举办的联赛的冠军。德恒系统的文艺表演更是人才济济,百花齐放。德恒春晚丰富多彩,编导演播,吹拉弹唱,东北二人转、苗族踩鼓舞、维吾尔族舞蹈、安塞腰鼓、朝鲜民族舞、现代民族舞,京剧、豫剧、越剧、昆曲、黄梅戏、信天游、武术、话剧、朗诵、相声、小品、活报剧、钢琴、大提琴、小提琴、二胡、古琴、吉他演奏、独唱、合唱、民歌、花腔……既有民族风,又有国际范儿。新冠疫情暴发之前,德恒春晚汇集东西南北全球德恒人的代表参加,规模超过千人。

七、我与德恒

源于时代

我与德恒的缘分源于伟大的"改革开放"时代。1977年恢复高考,给了我改变命运的机会,开启了上大学、教学生、做官员、当律师的人生。1992年,邓小平"南方谈话"提出建立社会主义市场经济体制,开启了"胆子再大一点,步子再快一点的"的改革开放。由此,我得以"下海"筹建中国律师事务中心,开启了从国家干部到执业律师的转型。随着律师管理体制不断改革发展,弹指一挥三十年,德恒作为中国品牌,建成国际化的"千人大所"。时代选择了我,我也回报了时代。今天,我可以向司法部复命,德恒已经完成司法部交给的"建立市场经济新体制律师事务所"的任务。德恒践行了"服务国家中心大局,办好客户和老百姓的委托"的期望。德恒党委在新时代获得了"全国先进基层党组织"的崇高荣誉。我感谢时代,感谢司法部对我的信任与支持,感谢德恒同事们携手奋斗三十载,成就今天的德恒。

共同成长

职业生涯同创共生。德恒创立之时是我律师执业的元年。德恒和我在两个三十年的时空中,人生与事业交互促进,律师与律师事务所相得益彰。公民、律师、合伙人、首席全球合伙人、管委会主任、律师事务所主任、党组织书记,多重身份使得我自己必须加倍努力学习,躬身实践,以身示范。身为律师,必须成为律师业务行家和为客户依法维权、为群众排忧解难的高手;身为律师事务所主任,必须成为引领律师事务所发展、把关定向、攻坚克难的带头人;身为律师事务所党组织负责人,必须带领德恒做好党建,促进所建和队建,做党和人民满意的好律师事务所、好律师;作为首席全球合伙人,必须高站位、看长远,布局战略发展,守正出奇跻身头部,严格防控执业风险;作为"德行天下、恒信自然"德恒精神倡导者,虽处江湖之远,也要心怀"国之大者",为法治中国建设,为新时代中国特色社会主义现代化强国建设,为中华民族伟大复兴作出应有的贡献。

在"斗争"中历练发展。法律服务是接受当事人委托,或进行刑事诉讼中的代理辩护,或进行民事诉讼中的代理起诉或应诉,案涉两造。一个案件中,律师只能代理一方,同另一方进行"斗争"。经过取证、提告、举证、开庭审理、质证、辩护等一系列必要的法律程序,法官作出判决,胜诉方获得"斗争"胜利,败诉方可以上诉、二审、申诉或提起检察院抗诉等程序,继续进行"斗争"。从这个意义上说,律师事务所和律师三十年来的工作都是围绕"斗争"展开的。在刑事案件中,律师面临国家反腐败、追诉犯罪的"伟大斗争",包括"打虎拍蝇""扫黑除恶""追逃追赃"等,向腐败违法犯罪做斗争。律师参与"斗争"的方式是为被国家追诉的犯罪嫌疑人提供法律服务,提供"无罪、罪轻、减轻或免除刑事处罚"等辩护。"斗争"的机会要经过当事人与律师的双向选择,甚至激烈的竞争后才能确定。律师有权接受或拒绝当事人的选择,一旦确定代理关系,律师必须依法全心全意为当事人做好服务,不能在案件未来所面临的"斗争"面前退缩。在为张子强、顾雏军等人辩护的案子中,我经历了很多的"斗争",一次又一次地作出了"坚决"的选择。

风雨同行,共同成长。在这三十年里,我"下海"在市场风浪里搏击,经历过各种风险场面,看到过形形色色的人物,自己从一个不愿意交恶的教书人,练成为一个心底宽阔,不怕对手,敢于斗争,善于斗争的人。

执业中的王律师,上得了庭审对峙,下得了监所会见,写得出代理辩词,喊得出昭雪申冤,讲得了法律,说得服法官、检察官,还能够向上建言。三十年日升月恒,年轮增进,我看惯了人的生与死,成与败,荣与辱,备尝了维权者的"痛并快乐着"的滋味。三十年里,自己能跟百姓拉呱,能与领袖交谈,能为法治建言,也能与对手谈判,还能与犯罪嫌疑人隔窗会见。三十年里,我在国际讲坛讲中国律师,在"一带一路"建设中讲中国故事,回应老外疑惑——"我是共产党员"。三十年里,自己能在法律里行走,招商谈判,监管审辨,诉讼对抗,执行保全,仲裁代理,调解解难;能在法律外与谈,嘘寒问暖,院士服务,公益救助,救灾帮教,倾情奉献。三十年里,我练成了一个"消防员",紧急时一个电话,立即动身;危难时挺身而出,即刻维权。

唯期"德厚天行健,恒信诚久远"。

难忘时刻

三十年,回望来时路,总有一些人久久难忘,总有一些事常常回味,总有一些画面时常浮上脑海。难忘时刻,回味绵长。

难忘1992年11月的一席谈话,我"下海"创建了德恒。幸运!时代之选。

难忘1993年夏天,登上宜昌三斗坪中堡岛,赫然望见周总理手书"中堡岛"石碑矗立在草丛中,从此与三峡结了缘。2002年11月6日,在三峡工程明渠截流工地上,李鹏总理听说了我是三峡工程法律顾问,殊不知我已经给三峡干了十年。三峡!永远的爱。

难忘1999年,荷兰海牙分所开业,海牙荷兰语名称Den Haag像极了De Heng,真是缘分。

难忘2002年,在南非约堡,朱镕基总理接见我们非政府组织代表,我报告了"9·11"恐怖袭击炸毁纽约办公室。走出去!真的很难。

难忘2006年7月,在阿姆斯特丹——北京老爷车拉力赛土耳其安卡拉至特拉布松的高山上,我坐的车急刹车滑到悬崖边的瞬间。

难忘2018年12月8日,在西昌航天发射中心,我盯着嫦娥四号奔月时火箭腾空而起的那个时刻。

难忘两次在天安门观礼台上看大阅兵：2009年10月1日，国庆六十周年大会；2015年9月3日，世界反法西斯战争暨中国人民抗日战争胜利七十周年庆祝大会，现场聆听习近平总书记讲话。幸运！难忘终身。

难忘2010年1月29日，我向到德恒调研的习近平总书记汇报工作。2012年8月，在中组部专家北戴河休假活动中，又受到习近平总书记接见并合影。2021年，在人民大会堂参加"两优一先"表彰大会，我再次受到习近平总书记接见并合影留念。

难忘2020年9月11日，蔡奇书记到德恒调研党建工作，夸德恒是金融街品牌律师事务所、品牌律师。党建！领航的力量。

难忘2015年10月1日，在意大利米兰启动BNRSC，之后有了融商中心、BNRMC以及《罗马宣言》《北京倡议》《"一带一路"绿色金融宣言》《共建"中欧班列通标"北京倡议》和"一带一路"法律商事创新服务平台(5+1)。共建人类命运共同体。

难忘2023年3月22日，北京市发改委再次表彰融商中心。创新！一路风景。

难忘2023年4月26日，在中国科技会堂，科技法律服务大会暨世界知识产权日活动(2023)对德恒律师三十年科技法律服务与二十年中国科学院和中国工程院院士公益法律服务工程隆重总结表彰。善哉！德恒律师。

难忘的人

三十年间，一些亲历经常在脑海里闪回。

最难忘，一进门就给我和贵方下跪的老太太那双满含眼泪的眼睛，她掏出两个"袁大头"，感谢为她解决了丈夫被"医死"的医患死结。

难忘很多客户、朋友、同事、同行，远离喧嚣，埋头苦干，在工地、车间、高原、井下、办公桌、审判庭，天涯海角……不慕虚荣，为人真诚，做事踏实，埋头苦干，堪为楷模。

难忘很多法学大家笔耕不辍，著作等身，建功法治，提携后学。

难忘有人金玉其外，背信构骗，攻讦诽谤，陷人不义；还有人乖张，怪异,惹是生非,孤家寡人。

岁月是面鉴人镜,岁月是把无情刀。出来混!总要还。

神奇趣事

三十年间,我也经历了一些神奇趣事。

曾有一次,我在帕提亚海中独自一人游向大海远处,不觉出发时脚蹬在礁石上已受伤。我没带任何装备孤身在阴沉的海里往深处游,突然环顾四周,只见茫茫一片,向任何方向都看不到海岸。忽地一个浪涌扑来,灌了满口海水。"没有神仙皇帝,只能靠自己。"我心里一横,赌了个方向奋力游起来。赌对了!我竟然游回了岸边。一上岸,右脚刚出水便血流如注,被人架到了医院。

还有一回,从海牙去荷兰史基浦机场乘机,下了火车却忘拿手机。于是,马上电话跟踪,疯狂驱车追到阿姆斯特丹,竟找到手机取回后还赶上了飞机。

在德国黑森林雾雨中乘索道上山,心念着云开日出。登顶后竟然天光大开,太阳出来了,一刻钟工夫刚照完相,复又阴雨。

在博斯普鲁斯海峡游泳,眼镜掉进水里。我埋头扎进水底,天哪,竟然在石缝里找到了。我抓开石头,紧紧抓住了眼镜。当我举着眼镜冒出水面时,看见的人都惊呆了。

在亚马孙河万顷褐色茶水与碧水奔腾并流中,我和建军竟看到两条粉色河豚在波光粼粼的河面一跃而出闪闪发光。驾船的当地人说,观此异象者必有大福。

最有科技含量的是2018年10月的一天,我们从荷兰驱车到布鲁塞尔,"大管家"秘书丢了手机。求助警察无果后,自己群策群力。经中欧隔空定位,开车追踪,最后这个手机竟然失而复得。

是命中注定?还是人定胜天?天之道。

奔向未来

未来,是人类前进的方向。未来,是向你飞奔而来的时间,是你沿时间坐标飞奔而去的远方。

我,三十年做律师,颇多感悟,体会铭心。我,何其有幸,时代选择了我,赋我使命。

路虽远,行则将至;事虽难,做则必成。

德恒天下,仁者爱人。

后　记

德恒从创立到今天整整三十年了。提笔写这本书,差不多用了两年的时间。原想写成一本由我汇总的、各个专业委员会编写的每个专业领域各一章及各分支机构各写一篇文章的合集,从中可以看出德恒发展的时空逻辑:在时间上,建立分支机构的里程碑完全能够展示出来;在空间上,国内和国际布局亦能够看出发展的格局。但是,在实际写作中遇到了困难。大律师的法律文书著作信手拈来,但小传写作差强人意。

我内心纠结,这个苦力就非我莫属了。好在三十年亲身经历挥之不去,一些人和事记挂在心里。疫情肆虐期间,自我隔离也是写作的好机会。近两年来,从早到晚,我就是不停地敲键盘,当然也克服了"死机、未存、丢文、乱码"等困难(这段要让秘书们笑话啦)。

今日,终于完成了书稿主文,书罢前言,又写下后记。本来要把更多人和事写进来,但每日夜半遭家人催促关机睡觉,心里蛮打怵,实在是没有精力添补打磨了。对没有被提到、没有被说足的同事朋友深表歉意。待到德恒四十年总结时,一定会看到你们的精彩故事。在此,请见谅吧。

这本《德恒之道》有幸得到德高望重的世纪老人邹瑜先生为之作序。今年6月9日,我去邹瑜先生家看望这位期颐老人。他头脑清醒,言语风趣,亲笔签上自己的名字,专门写上"时年一百零三岁"。先生拉着我的手和九十高龄的老伴梁阿姨把我送到电梯口,口里念叨着"送客送到村东头"。这让我感到幸福就是这样的。

我要感谢在德恒发展三十年中给我们支持帮助的所有人,感谢各级党组织的引领,感谢法律界和专家学者、律师同行与我们为法治进步所做的"鼓与呼"和"知与行",感谢德恒同事们锲而不舍的团结合作与勤奋努力，感谢德恒家人们对德恒律师的关爱与付出，感谢那些与我们一起创造了中国经济社会发展辉煌成就，通过我们的法律帮助获得新生、自由、财富、价值和荣耀的客户们……

我更要感谢三十年来在我个人成长进步中给我以健康、信心、智慧、勇气和力量，为德恒发展提供支持帮助的所有人，包括我的家人和朋友。你们是我勇毅前行的加油站、永动机。

总结三十年，我们看到了成绩，看到了不足，也看到了未来的努力方向。冀望德恒百尺竿头，更进一步，在建设新时代中国特色社会主义现代化强国的奋斗中贡献新的力量。

德者，恒也。

祝大家安好，常乐。

王　丽

二〇二三年十二月八日